两岸新编中国近代史

A NEW HISTORY OF MODERN CHINA WRITTEN
BY SCHOLARS ACROSS THE STRAIT

典藏版

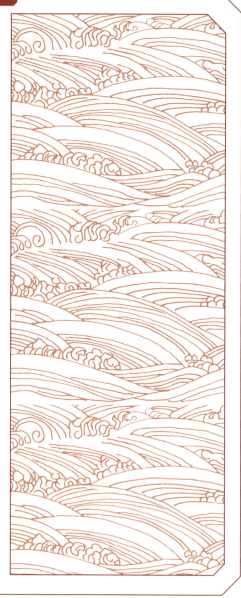

第三卷　民国（上）

王建朗　黄克武 —— 主编

社会科学文献出版社
SOCIAL SCIENCES ACADEMIC PRESS (CHINA)

目 录

辛亥革命："低烈度"与大业绩

当历史跨入 20 世纪，清王朝的覆灭已经成为迟早的问题。本来就已是众矢之的，而贪婪与虚伪更让它变得回天无力。相反它的反对者愈挫愈勇，愈来愈强大，不断加重的民族危机和社会矛盾让革命变得义无反顾，成了 20 世纪开局的中国主旋律，以致利害两顾，各种势力也不得不顺势站队，以免与腐朽一起沉沦。大风暴行将到来，至于何时到来，何地先起，一时还难以预测。值得注意的是，当风暴卷起，大厦将倾之际，从它那里分过利益得过好处的列强却宣布"中立"，拒绝伸出援手，即便统治者内部也迅速纷生异心，众叛亲离，这一曾经虎虎生威的天朝终于走到历史尽头。走到这一步，归根结底在于皇权专制制度已经背时没落，在于庙堂之上的那些人患得患失，私心过重。历史由过程中无数细枝节点演绎而成，每个节点、每次演绎和每段过程，都是奔向那一结果大大小小的累积与汇流。

辛亥革命绝非简单的旧式革命，它有欧美式的坐标和现代化的成分，因此具有时代性和世界性。辛亥革命强调暴力，坚持暴力，但暴力的程度并非想象的那么激烈，那么死板，相反辛亥革命在实行暴力的同时，实际上对分寸、阶段的把握还是比较准确，也就是说它对为什么实行暴力有所考量，并且在实行过程中富有理性。因为问题错综复杂，关系到方方面面，比如对胜与败的理解，破与立的转换，局部与大局的处理，效果与成本的比较，目标与可能性的衡量，革命与列强态度的变化，内部凝聚与动力保持问题等，应该说革命党人基本做到了保持清醒，审时度势，有原则有斗

---

* 本章由廖大伟撰写。

争，同时也有理性适度的妥协让步，而这一切的转换全取决于实力以及实力的转换。从帝制到共和，辛亥人铸造的是千年壮举，开启的是亚洲先河，说到底，这是一次全新的探索，一种旷古未有的尝试，而先驱们之所以百折不挠，实缘于救亡图存的迫切，为了世界之林能有中华一席，为了民族振兴能够实现。辛亥革命胜利了，它终结了千年不变的王朝轮回，埋葬了腐朽没落的专制皇权，建立了模式一新的中华民国，开创了顺应潮流的共和时代，在政治、文化、经济、社会等领域谱写了辉煌业绩，从思想意识、制度模式、经济发展和国家走向等诸多方面做出了不可磨灭的历史贡献，为后世留下了非常宝贵的经验教训和思考启迪。诚然辛亥革命没有能够走到底，走到它希望到达的那一步，诚然革命后的共和时代瞬息夭折，现代化的进程受到影响，但是如果设身处地地想一想，难道不觉得"毕其功于一役"的标准实在强人所难，难到近乎苛求前人。辛亥革命的主要功绩究竟是什么，那就是为中国社会的精神面貌和价值理念带来了巨变，创造了民主政治的先决条件和良好契机，由此可言，它不只是打落一顶皇冠，而且开辟了中华民族振兴有为的希望之路。

一 大风暴的偶然与必然

辛亥革命从武昌起义到清帝退位，历时 125 天，如果从运动的角度和广义的概念上看，又得从兴中会成立算起，一直到二次革命。

1911 年 10 月 10 日晚，武昌城内新军起义。次日拂晓，黄鹤楼升起红底十八星大旗，武昌首义宣告成功，以黎元洪为都督的湖北军政府随之成立。很快汉阳、汉口"光复"，鄂省各属也纷纷发难。10 月 22 日，邻省湖南响应，长沙不久被占领。湖南起义的第二天，江西九江又告独立，其省会南昌也顺利易手。截至 12 月下旬，内地十八省除了直隶、甘肃、河南均已脱离清政府。1912 年元旦，当选临时大总统的孙中山在南京宣布中华民国就此成立，几天以后南京临时政府组建，统一行使独立各省的民主政治权力。这期间除了革命的汹涌，民心的向归，也演绎着清政府的出兵图救，立宪党人的观望两端，袁世凯的手段心计，以及列强的对华态度，所幸的是，经过南北交战又妥协和谈，历史最终有惊无险，走到了理性了

结的那一步。2 月 12 日，清帝明诏退位，"将统治权公诸全国，定为立宪共和国体"。[①]袁世凯公开表态："共和为最良国体"，"永不使君主政体再行于中国"，[②]由是逊帝与皇室的优待条件得到确认。

武昌起义是个爆炸性的新闻，敏感者立刻想到"革命"一词。10 月 11日，英国《泰晤士报》驻华记者莫理循（G. E. Morrison）向报社发出武昌突变的电讯，只是《泰晤士报》编辑部在处理和刊发来稿时出于谨慎，将"革命"改成了"起义"（rising）。[③]最早明确用"革命"来称谓并且连续密集报道的是《民立报》，10 月 12 日该报设置"武昌革命大风暴"等多个专栏，并且从此每天多版面大容量地跟踪报道革命进展与相关信息，应该说这样明确的定性和这样快速的发稿在当时事发突然及通信手段、出版技术之下颇为不易。考虑到《民立报》系革命党人机关报，由立场而决定的表现似属特例，那么一向严谨中立的《申报》当可代表社会一般的反应和判断。事实上在 10 月 13 日，《申报》也刊登了《武昌革命》等 4 篇报道，而且之后热情不减，天天都高度关注事态的发展，显然作为"把关人"，《申报》的编辑已经嗅到武昌一举已非一般意义上的动乱与反叛，而是一场非同寻常并将持续发酵的革命风暴。尤其不可思议的是，距事发大约一个月后，一本专记此事的《中国革命史》便在上海编成出版。编者写道："中国革命自古有之，惟在本朝以今岁为烈"，"此次革命甫越数星期，响应之地已非一处，国民对于此事莫不十分注意"。[④]又过未久，署名渤海寿臣的人也编写出版了一本《辛亥革命始末记》，[⑤]从此"辛亥革命"约定俗成，一直沿用到如今。

武昌起义有基础有条件有准备，尤其文学社和共进会扎实努力，酝酿多时，"运动新军"卓有成效。当这两个革命团体实行联合统一步调后，一切似

---

① 《清实录·宣统政纪》卷 70，中华书局，1986，第 1293 页。
② 《袁世凯致南京孙大总统、参议院、各部总长、武昌黎副总统电》，《近代史资料》总第 25号，中华书局，1961，第 117 页。
③ 《达·狄·布拉姆来函》（伦敦 1911 年 10 月 13 日），〔澳〕骆惠敏编《清末民初政情内幕——〈泰晤士报〉驻北京记者袁世凯政治顾问乔·厄·莫理循书信集》（上），刘桂梁等译，知识出版社，1986，第 761 页；"Serious Rising at Wuchang," The Times, Oct 12, 1911, p. 8.
④ 苏生：《中国革命史》，辛亥年九月，上海，出版者不详，原书无页码。
⑤ 渤海寿臣辑《辛亥革命始末记》，五族民报社，1912。

乎顺理成章，指日可待，可是历史恰恰常有偶然和意外。1911 年 9 月 24 日，文学社与共进会开会制订起义计划，议决实行联合指挥的原则，约定 10 月 6 日（农历中秋）举行起义，① 不料南湖炮队事件却突发而至。23 日晚，驻武昌南湖的新军第八镇炮队八标三营左队几名已为共进会会员的士兵为几位退伍战友置酒钱行，酒酣失言，与值班排长发生冲突。由于事发突然，毫无思想准备，所以一时十分纠结，② 所幸革命党人最后冷静下来，觉得秘密并未彻底暴露，一切还是按原计划进行为好。事发之后，各级军官也怕承担责任，所以最终以"酗酒滋事"敷衍了过去。但这件事产生了严重后果，当局变得警觉起来，加强了军队管制和人员防范，并宣布中秋节这天实行戒严。③ 这样一来，原定 10 月 6 日的起义因为风险陡然增加，不得不向后推延。

起义时间延后，革命党人仍继续准备。不料这时又一件事情突发而至，原来 10 月 9 日革命党人在汉口俄国租界宝善里 14 号秘密机关配制炸弹，打算起义时以此炸毁敌方军事指挥所。④ 下午 3 时许，担任过共进会会长的刘公的弟弟刘同来到该处，他一边抽着纸烟，一边漫不经心地一旁观看。就在一时疏忽之际，突然纸烟的火星碰着了火药，瞬时大火燃起，在场的人见扑灭不成，纷纷迅速逃离。当租界巡警赶到时，现场残留的文件、票据、火药和炸弹暴露了革命党人准备行动的秘密。俄国租界当局立刻通告了湖北官员。湖广总督瑞澂闻之大怒，下令严加搜捕，于是从这天傍晚到次日凌晨，武汉地区所有的秘密机关均被查获，先后数十人被抓捕，其中杨洪胜、刘复基、彭楚藩三人惨遭处决。暴露身份的革命党人纷纷躲避，尚未暴露的心急如焚，想铤而走险，可是这时联络已经不畅，命令已经无法送达，革命党人群龙无首，指挥系统陷入瘫痪。

经过一整夜的搜捕，似乎局势已控，此时又搜到一份革命党人名册，瑞澂当即下令"按名捕杀"。可是就在瑞澂得意之际，情形突然又变，局势顿时逆转。10 日晚 8 时半许，一声枪响划破夜空，枪声来自武昌城内，开枪的是新军第八镇工程八营士兵程正瀛。原来该营二排排长陶启胜晚上查

---

① 李春萱：《辛亥首义纪事本末》，中国人民政治协商会议湖北省委员会编《辛亥首义回忆录》第 2 辑，湖北人民出版社，1957，第 190 页。

② 李西屏：《武昌首义纪事》，《辛亥首义回忆录》第 4 辑，湖北人民出版社，1961，第 24 页。

③ 章裕昆：《文学社武昌首义纪实》，三联书店，1952，第 31 页。

④ 邓玉麟：《辛亥革命起义经过》，《革命文献丛刊》第 7 期，1947 年，第 16 页。

房，见士兵金兆龙正在擦枪，由是恶声责问晚上为何擦枪，难道想要"造反"。[1] 金兆龙确实是个革命党，见其责问索性大声呼喊"动手"，一旁的战友程正瀛应声而起，举枪便射，陶启胜见势不妙，拔腿便逃。[2] 结果这枪响就像约定的信号，八营等待起义已久的官兵纷纷持枪奔出营房，开始行动。瞬时武昌城内城外枪炮齐鸣，起义在不经意间突然变成了现实。

曹汝霖将武昌起义爆发归咎于瑞澂，说"鄂督瑞澂搜得叛军名册，牵涉新军士官很多，士官恐株连，遂先发响应。假使瑞澂处以镇定，将名册销毁，即可使反侧者安心，徐图处置，何至酿成大祸。乃瑞澂操切从事，不查真伪，一律按册严捕；遂使未变之军，全部叛变"。[3] 孙中山也说过："武昌之成功，乃成于意外，其主因则在瑞澂一逃；倘瑞澂不逃，则张彪断不走，而彼之统驭必不失，秩序必不乱也。"[4] 确实瑞澂的处置方法和逃避行为激化了矛盾，助长了事态，但这种影响并不能达到改变根本的程度。分析武昌起义之成因，当然可以探讨一些个人因素，比如瑞澂的行为表现所起的作用，不过如果过分放大个人因素，而不考虑历史的"合力"和已然的趋势，以为非如此历史将走向另一面，结局可能截然相反，那历史的运动创造就会陷入虚幻与无常的境地。然而事隔多年，辛亥百年之际，仍有人称武昌起义是一场意外，革命成功纯属偶然，偶然成就武昌起义。[5] 武昌起义会不会爆发，历史已经有了答案。辛亥革命该不该，属于主观价值判断题。从总结历史经验教训和探索社会发展规律的角度出发，任何历史评价和是非判断当然都可以"百花齐放"，但是这样的评价与判断必须尊重历史，尊重那个时代和具体背景，尊重历史的发展逻辑和形成的结果。如果强调一点而不及其他，看到一隅而轻率结论，甚至为了标新立异故意混淆主次，肢解历史细节，颠覆历史主流，显然不符合历史唯物主义和辩证唯物主义。

武昌起义为什么会爆发，归根结底是时代变了，社会变了，变了的时

[1] 周占奎：《工程第八营发难纪实》，《辛亥首义回忆录》第 1 辑，湖北人民出版社，1957，第 172 页。

[2] 熊秉坤：《武昌起义谈》，《中国近代史资料丛刊·辛亥革命》（本章以下简称《辛亥革命》）第 5 册，上海人民出版社，1957，第 90 页。

[3] 《曹汝霖一生之回忆》，中国大百科全书出版社，2009，第 92 页。

[4] 《建国方略》（1917 年至 1919 年），《孙中山全集》第 6 卷，中华书局，1985，第 243 页。

[5] 李泽厚：《告别辛亥革命》，《信睿》总第 6 期，2011 年；张鸣：《辛亥革命，偶然发生的》，《书摘》2011 年第 5 期；陆建国：《1911：辛亥》，知识出版社，2011。

代，变了的社会诉求，势必引起整个社会的更大变化，而且将一切矛盾聚矢于清王朝的专制统治。历史为什么会在这个时候出现革命高潮这一幕，因为时机与条件已经具备。

1840 年英国的坚船利炮率先撞击中国大门，得胜后逼迫清政府割地赔款和五口通商，并获得领事裁判权和最惠国待遇，接着其他国家援引此例，也纷纷前来强索特权利益。中西碰撞，国门洞开，"天下"裂变成"万国"，而新对手不仅强悍还很贪婪。世界一下子变了，变得陌生，以前朝贡体系中的天朝上国，忽然成了新的世界弱肉强食的对象。然而列强仍不满足，19 世纪末掀起一轮瓜分狂潮，20 世纪初干脆驻军于华北与各个租界。驻京公使团成了清政府的"太上皇"，中国的财政经济大权也被控制，甚至为了抢夺地盘和势力范围，为了进一步加大对华投资和商品倾销，为了强取路权、矿权和政治贷款权，列强之间也展开角逐，日俄两国在中国东北就不惜交战。列强之所以能对中国称王称霸，步步进逼和渗透，一是缘于差距确实存在，二是与清政府腐朽无能、媚外求安分不开。两千多年来中国实行封建王朝君主专制统治，皇权神圣不可侵犯，老百姓饱受压迫与剥削，却被要求逆来顺受。小农经济的生产模式，儒家文化的保守主义倾向，高度集权和差别有序的社会状况，既束缚了人们的思想、个性和社会活力，也限制了农业文明向高层次文明发展，加上土地等财富资源的高度集中，权贵寄生阶层的日益庞大，王朝轮回的周而复始，以及"家国同构"与家国之间的实际脱节，这一切在不与西方发生冲撞时还可维持，一旦碰撞和较量，劣势和弊端就会暴露无遗。这样的王朝在鼎盛时期尚可政令四方，威仪周边，但在没落时期则无力应对内忧外患。

可怕的是，封建专制统治者对此木然无知，一直沾沾自喜于天朝上国的认知里。1840 年以后，皇权专制遭到直面西方的挑战，腐朽无能的清王朝却屡屡丧权辱国以求偏安。《辛丑条约》签订后西太后竟然要"量中华之物力，结与国之欢心"，[①]"洋人的朝廷"已不再犹抱琵琶半遮面，甘心绑上外国势力的马车。中国半殖民地半封建的境遇是帝国主义与封建专

---

① 故宫博物院明清档案部编《义和团档案史料》下册，中华书局，1959，第 945—946 页。有学者认为"量中华之物力，结与国之欢心"言有语境，意有前提，"量"的意思并非无限量和无条件，而是限定在确保清王朝统治的范围之内。详见王开玺《"量中华之物力，结与国之欢心"新解》，《近代史研究》2006 年第 4 期。

制势力共同造成的，帝国主义和封建专制势力成了中华民族前进道路上的障碍，而其中最直接的障碍便是封建专制势力的代表清王朝。从这个意义上说，清王朝作为中国末代封建王朝受社会冲击，遭人民唾弃，被时代淘汰，被历史埋葬，那是注定的事，辛亥革命正是清王朝封建专制统治下各种矛盾激化的产物。托克维尔在论述法国大革命时说，路易十六统治时期作为法国末代王朝被推翻，在于它自身难以解脱困境，法国大革命的确"使世界措手不及，然而它仅仅是一件长期工作的完成，是十代人劳作的突然和猛烈的终结。即使它没有发生，古老的社会建筑也同样会坍塌"，只是缓慢地一块一块地塌落，而"大革命通过一番痉挛式的痛苦努力，直截了当、大刀阔斧、毫无顾忌地突然间便完成了需要自身一点一滴地、长时间才能成就的事业"。① 法国大革命绝非偶然，它是旧制度下社会演进和矛盾激化的必然结果。同样武昌起义的爆发，革命风暴的到来，也是同样的道理。

在国势日仄、西学东渐的背景下，先进知识分子曾有过如何通过现代化而拯救民族的一些思考，那些开明官绅也曾有过求富求强的努力与实践，但最终都因为没有触及根本而不是收效甚微就是昙花一现。直至甲午战争，"泱泱大国"竟输给"蕞尔小邦"的日本，震惊和剧痛才使更多人真切认识到政治体制非改变不可，因为不变中国已无出路。此后中国政治舞台崛起了两股崭新的力量，一股是主张变法图存的维新改良派，一股是力行反清共和的彻底革命派。两股社会政治力量大多是知识分子，都代表了新兴民族资产阶级的利益诉求。不同的是，前者还寄望于朝廷，走温和道路；后者则不抱幻想，采取暴力行动。

自从 1894 年兴中会成立及次年在广州举行起义，革命党人便表现出屡仆屡起、百折不回的英雄品格和气概。19 世纪这样的暴力革命不受欢迎也不被理解，但是随着民族资本主义进一步发展和民族矛盾、阶级矛盾的错综交织及尖锐加剧，渐渐地，这样的举动获得了社会愈来愈多的认可。孙中山在回忆中曾有这样的描述：

当初次之失败也，举国舆论莫不目予辈为乱臣贼子，大逆不道，

---

① 〔法〕托克维尔：《旧制度与大革命》，冯棠译，商务印书馆，1992，第 60 页。

咒诅谩骂之声，不绝于耳；吾人足迹所到，凡认识者，几视为毒蛇猛兽，而莫敢与吾人交游也。惟庚子失败之后，则鲜闻一般人之恶声相加，而有识之士且多为吾人扼腕叹惜，恨其事之不成矣。前后相较，差若天渊。吾人睹此情形，中心快慰，不可言状，知国人之迷梦已有渐醒之兆。加以八国联军之破北京，清后、帝之出走，议和之赔款九万万两而后，则清廷之威信已扫地无余，而人民之生计从此日蹙。国势危急，岌岌不可终日。有志之士，多起救国之思，而革命风潮自此萌芽矣。①

确实如孙中山所述，20 世纪一开始情形就变得不一样，便迎来革命的新时代。1902 年梁启超曾有过感叹，他说："二十年前，闻西学而骇者比比然也，及言变法者起，则不骇西学而骇变法矣；十年以前，闻变法而骇者比比然也……及言民权者起，则不骇变法而骇民权矣；一二年前，闻民权而骇者比比然也，及言革命者起，则不骇民权而骇革命矣。今日……骇革命不骇民权者，百而得一焉，若骇变法骇西学者，殆几绝矣。"②

革命党人以民主共和为诉求，以暴力行动为手段，宣传"民而无权，国权何有"的逻辑理念，③ 疾呼非革命不可的理由。他们认为："我中国今日不可不革命，我中国今日欲脱满洲人之羁缚，不可不革命；我中国欲独立，不可不革命；我中国欲与世界列强并雄，不可不革命；我中国欲长存于二十世纪新世界上，不可不革命；我中国欲为地球上名国、地球上主人翁，不可不革命。"④ 20 世纪最初几年秘密革命团体在国内开始涌现，1905年华兴会、兴中会、光复会等团体中的精英在东京成立了以孙中山为领袖的中国同盟会，实现了革命政党的统一领导，制定了"驱除鞑虏，恢复中华，创立民国，平均地权"的政治纲领。同盟会成立，大大增强了革命力量，显著促进了革命的发展。自同盟会成立到武昌起义前，同盟会暨其他秘密革命团体先后共发动了十多起武装暴动，尽管这些努力均失败了，但它们动摇了清王朝的统治，进一步扩大了革命的影响，为以后革命高潮的

---

① 《建国方略》（1917 年至 1919 年），《孙中山全集》第 6 卷，第 235 页。
② 梁启超：《敬告我同业诸君》，《新民丛报》第 17 号，1902 年。
③ 《二十世纪之中国》，《国民报》第 1 期，1901 年。
④ 邹容：《革命军》（1903 年 5 月），华夏出版社，2002，第 8 页。

到来创造了有利条件。

　　清末最后十年，清王朝并非无动于衷，清政府也在进行改革，从 1901 年"新政"，到 1906 年"预备立宪"。其间虽有快慢，甚至进中有退，但朝向基本没变，轨迹还算清晰。问题是清政府控制的改革，总是不能满足社会朝前走的步伐，总是迟缓于社会需求和民众心理所期待的节拍。尤其到了后期，满汉畛域的悄然强化，政改过程进进退退，结果不仅民众抱怨，革命党人造反如常，甚至立宪派暨不少汉族大员也心寒失望。清政府改革是失败的，为什么失败，一是来迟了，二是迟了以后还缺乏诚意，一心只想要消弭革命，一心只考虑皇权永固。阎锡山曾言："戊戌立宪，成世帝王。丙午立宪，国破家亡。"[1] 意思是国家大举不可误时，一旦错过，则此一时彼一时，结果完全不同。诚如斯言，虽然前后相差数年，但时代氛围和社会认知已不同，既然时代社会已不同，那么改革更要在真诚的路上按着承诺切实进行，否则可能招致灭顶。

　　知识分子及社会各界大受刺激，初发于甲午战败，再引于日俄战争。两国在中国东北交战，清政府竟然不敢多言，其交战结果，也出乎意料。经过明治维新的日本能于十年间既战胜中国又战胜强俄，顿使朝野舆论大哗，"恍然知专制昏乱之国家，不足容于廿襄清明之世界，于是立宪之议，主者渐多"，不仅康有为、梁启超等人在海外鼓吹，张謇等人倡导于国内，甚至政府官员如盛宣怀、袁世凯等也有奏请，甚至枢臣懿亲"亦稍稍有持其说者"。[2] 感觉"新政"已难应对时局，1906 年西太后不得不宣布"预备立宪"，但同时又以"目前规制未备，民智未开，若操切从事，涂饰空文，何以对国民而昭大信"为由，不确定"立宪实行期限"。[3] 只是看到依然不妙，清政府才于 1908 年颁布《钦定宪法大纲》，确定预备期限为九年，然而还是强调"皇帝统治大清帝国，万世一系，永永尊戴"，"君上神圣尊严，不可侵犯"。《大纲》体现了三权分立精神，明确规定："按君主立宪政体，君上有统治国家之大权。凡立法、行政、司法，皆归总揽，而以议院协赞

---

① 《阎锡山日记》，1947 年 1 月 1 日，九州出版社，2011，第 217 页。
② 《立宪纪闻》，《辛亥革命》第 4 册，第 12 页。
③ 《宣示预备立宪先行厘定官制谕》，故宫博物院明清档案部编《清末筹备立宪档案史料》上册，中华书局，1979，第 44 页。

立法，以政府辅弼行政，以法院遵律司法。"① 可是当西太后一死，改革不仅没有加速反而出现了倒退，亲贵们不仅排斥汉族大员，更在1911年5月推出了"皇族内阁"。耐心没了，立宪派和部分官员于是开始动摇甚而转向。

1911年历史到了转折关头，这一年形势确实已经"大非昔年可比"。② 是年4月经过精心准备，革命党人再度发难于广州。尽管过程惨烈，结果还是失败，但"事虽不成，而黄花岗七十二烈士轰轰烈烈之概已震动全球，而国内革命之时势实以之造成"。③ 黄花岗之役失败后，新成立于上海的同盟会中部总会又策划长江流域的起义。中部总会"置本部于上海，置分会于各处"，④ 确定湖北首义、四方响应之战略，派人到湖北、湖南、安徽、四川、江西等地进行联络。中部总会的努力，促进了文学社和共进会的联合，加速了湖北首义的进程。这一年远在美国的孙中山也非常自信，因为国内的情报不断表明南北方军人都人心思动，各省军队都有革命的同志，只要有一定经费，国内即"可成蜂起之势"，⑤ 所以孙中山欣喜认为"吾党无论由何省下手，一得立足之地，则各省望风归向矣"。⑥ 然而风暴来得比他判断的还要快，同时最先"得手"的不是四川或者两广，而是不曾料想到的湖北武汉。

其实首义起于武昌毫不奇怪，"九省通衢"的武汉开风气较先，群众爱国热情和进步思想也较浓烈。整个武昌起义过程中，无论是爆发之初、战时支援、战后维护，都得到人民大众的积极拥护和支持，除捐助钱物外，有的人还直接加入起义军。武汉也向有革命传统，1904年有了革命团体科学补习所，1905年、1908年汉口手工业工人罢工和群众反抗斗争，1907年又成立了文学社和共进会。革命需要长期准备和精细安排，文学社、共进会秘密经营多年，成功策反占半数以上的湖北新军，使新军成了武昌起义

---

① 《光绪朝东华录》，中华书局，1958，总第5979页。

② 《复宗方小太郎函》（1911年7月16日），《孙中山全集》第1卷，中华书局，1981，第524页。

③ 《建国方略》（1917年至1919年），《孙中山全集》第6卷，第242页。

④ 上海社会科学院历史研究所编《辛亥革命在上海史料选辑》，上海人民出版社，1981，第7、9页。

⑤ 《胡汉民致孙中山函》（1911年6月21日），黄彦、李伯新选编《孙中山藏档选编（辛亥革命前后）》，中华书局，1986，第41页。

⑥ 《复邓泽如函》（1911年8月21日），《孙中山全集》第1卷，第534页。

的主力，清王朝的军队竟然变成它自己的掘墓人。除了当地已有的革命条件和基础，国会请愿尤其是保路运动又及时提供了有利契机。辛亥这年清政府忽然宣布广州、四川、两湖商办铁路收归国有，实际是要将其卖给外国人，于是激起了保路运动。川汉筑路的钱，主要来自绅商、地主甚至农民阶层，政府既要收回国有又不将股金变现归还，因此酿成了民变暴动。为了镇压川民暴动，清政府遂从湖北调兵，如此造成武汉地区兵力虚空，这个时机被革命党人及时抓住了。

由上可见，当年武昌起义之爆发绝非偶然，当年卷起革命风暴也不属于意外，因为历史的合力已经汇流成河到达了那一步，所以即使不在这里发生也一定会在那里发生，即使不在这个时候也一定会在那个时候，总之一定会发生，不会因为某个人的做法、某件事情的突发所能遏制、避免和扭转。辛亥革命出现诸多意外和偶然，只能说明整个过程极其复杂与惊险，它并不能否认必然性在其中所拥有的支配地位和主导作用。

二 革命的情势与理性的革命

用暴力求达推翻清王朝，革命党人先后发动起义十数起，这还不计暗杀、爆炸诸行为。但革命不是最终目的，暴力实属情不得已，1905 年孙中山曾经谈到过这个问题，他说："当今之世，中国非改革不足以图存。但与清政府谈改革，无异于与虎谋皮。因此，必须发动民主革命，推翻这个昏庸腐朽的政府，为改革政治创造条件。"[①] 显然一方抱定"推翻"之旨，那注定较量为你死我活。可是既然属于暴力革命，又为何说其有理性，关键在于暴力革命是否一味暴力，革命到了一定火候是否收放及时，事实上当革命初具话语权不久，革命党人便已采取暴力与和平兼备的方法来争取实现预期目的，从而减少因战争带来的破坏力。

武昌起义不久，袁世凯便开始试探议和罢兵的可能性，他看出事态严重，主张"剿抚兼施"。袁急迫提出议和，是基于对情势的判断。在其看

---

① 《与杨度的谈话》（1905 年 7 月下旬），郝盛潮编《孙中山集外集补编》，上海人民出版社，1994，第 27—28 页。

来，"在此潮流转变之下，民心思动，已非一朝，不是单靠兵力所能平定"，[①] 何况"乱党颇有知识，与寻常土匪为乱，情势迥有不同。且占据武汉，是负嵎之势已成。又兼厂工未停，火器日出不穷，势力如此之大，诚有不可轻视者"。[②] 袁如此执着议和，也是出于对列强旨意的迎合与顺服。当时列强大多倾向中国内部实行和解，因为稳定的中国更符合它们的根本利益。也因为如此，列强希望袁世凯能够扮演和平使者，而不是一个武夫，他们认为："在中国人民与满清王朝之间，没有任何人能够比袁世凯更适于充当调停者的角色。"[③] 此外袁世凯还有自我保护的盘算。自从诏请其出山，袁之左右均纷纷"力劝"不要仓促"应命"。袁本人也不无顾虑与担忧，回想当年无辜被黜，如今复出又将如何，清廷一旦得救，是否覆辙重蹈，经验最后让袁世凯认定议和是一条争取主动、保护自我最有利的途径，只有开辟此道，形成议和之局，才能造成舍我不能、立于不败的境地。袁世凯的这番心思，时人少有窥探，唯其密友徐世昌知人知心，他说："以项城才略经历，自属过人，其对于时局，言剿改而言抚，言抚进而言和，纯出于项城之主持。汉口、汉阳以兵力威胁南方，攻占以后，决定不再进兵，只清理河淮南北一带，以巩固北方，即南京亦不派重兵往援。所有谕旨，均从宣布德意着笔，而资政院迎合民意，亦供项城之利用，经此酝酿，乃促成南北议和之局，此中运用，则非旁观者所能尽知也。"[④]

议和倡自袁世凯，重要的是革命党人的反应以及这样的反应基于怎样的考虑。起先武昌方面并不在意，因为士气正旺，又有各地响应。可是10月底情势突然严峻，一是武汉战事发生逆转，二是袁世凯即将北上组阁。战事变化和袁氏动向使武昌方面不得不加以正视。当时革命党人的心态颇为复杂，既有估计"袁此次出山无甚关系，彼既是汉人，如有一线天良，决不能为满奴出力，若能夺荫昌兵柄，与民军一致，我辈亦可利用"；也有认为"袁世凯是个野心枭雄，自小站练兵即得军心。北方人只知有袁宫保，

① 张国淦编《辛亥革命史料》，龙门联合书局，1958，第269页。
② 《冯国璋致寿勋函》（1911年10月25日），中国第二历史档案馆编《中华民国史档案资料汇编　第一辑　辛亥革命》，江苏古籍出版社，1991，第189—190页。
③ 《朱尔典爵士致格雷爵士函》（1911年10月30日），《英国蓝皮书有关辛亥革命资料选译》上册，胡滨译，中华书局，1984，第5页。
④ 张国淦编《辛亥革命史料》，第269页。

不知其他，彼之声势，非荫昌可比"。① 利用之畏惧之，矛盾心状交织一起，反而加重了盼其"来归"的急切。黎元洪终于承诺："公果能来归"，"将来民国总统选举时，第一任之中华共和大总统，公固不难从容猎取。"② 黄兴也表示，望"建拿破仑、华盛顿之事功"，"翻然速来"。③

互相试探往返拉近了距离，11月7日袁氏派人直接来武昌沟通。使者带来"君主立宪"方案，竭力说服武昌方面接受虚君共和。黎元洪拒绝了，明确表示"不将皇上推倒"便无从议和。④ 推翻帝制，建立民国，本革命宗旨，系基本原则，因此君主立宪不可能被接受。但是要实现革命宗旨，完成历史使命，事实上又必须面对袁世凯这道难题，绕不过现实中的这道坎。革命阵营为什么会接受袁世凯的议和倡议，除了战场的因素，更主要的在于袁世凯的个人因素，因为他不仅深得列强的青睐，而且拥有强大的实力，所以他的向背将直接影响时局的发展变化。时人普遍认为，如果袁氏矢忠清廷，坚持与革命为敌，战争势必旷日持久，如果相反，革命就能迅速成功。人们也普遍担心，一旦战事拖延，将会出现列强干涉的局面。回国途中的孙中山在与胡汉民、廖仲恺谈话时指出："革命军骤起，有不可向迩之势，列强仓猝，无以为计，故只得守其向来局外中立之惯例，不事干涉。然若我方形势顿挫，则此事正未可深恃。戈登、白齐文之于太平天国，此等手段正多，胡不可虑?"⑤ 普遍的忧虑和担心说明一个很现实的问题，那就是革命尚未有足够的实力和绝对胜利的把握，假如有足够的实力和绝对的把握迅速推翻清王朝并能够战胜袁世凯，那么议和之举就不会发生，妥协也就无从谈起。况且革命阵营内部也矛盾重重，其中既有地域集团间的争斗，也有同盟会与原立宪党的攘夺。错综复杂的明争暗斗，难免"诸军步调不一"，多少也损耗了原本就不足够的实力，这也是导致议和成为事实的一个因素。

双方均有议和的需求，但不意味道路平坦。从书信往来到人员沟通，有了进展但又停顿了，袁世凯于是请列强出面斡旋。11月中旬经汉口俄国

① 杨玉如编《辛亥革命先著记》，科学出版社，1958，第138页。
② 张国淦编《辛亥革命史料》，第281页。
③ 《致袁世凯书》（1911年11月9日），湖南省社会科学院编《黄兴集》，中华书局，1981，第82页。
④ 《闵尔昌旧存有关武昌起义的函电》，《近代史资料》1954年第1期。
⑤ 《与胡汉民廖仲恺的谈话》（1911年12月21日），《孙中山全集》第1卷，第569页。

总领事的撮合，双方又进行了数次会谈。由于各自坚持原有方案，谈判依旧无果。[①] 看借外力仍不成，袁又试图从革命内部打开突破口。13 日袁抵北京，旋约见刚释放出狱的汪精卫，说服他与杨度合作，以"国事共济会"名义提出停战，及将"君主民主"付诸"国民会议"公决的主张。[②] 可是这些主张南北均不认可，"资政院不力议决，内阁不为代奏，而武昌军政府亦无回电，上海回电只承诺国民会议，于停战与否并未提及"。见"和平"攻势一挫再挫，袁世凯转而又求助军事行动，认为"若不挫其锐气，和谈固然无望，余半世威名亦将尽付东流"，[③] 由是下令清军强渡汉水，27 日攻陷汉阳，迫使武昌方面接受英国调停，签署了武汉临时停战协定。

攻陷汉阳的前一天，袁氏便请英国调停，袁所以忽战忽和，如其子袁克定所言："武昌力弱，攻取尚易，惟东南各省代表已集该处，即兵力能得，而东南人心恐失，不如暂留以为政治发达之具。如武昌停战，我可停攻。英使调停期间，必得好果。"[④] 果然英国公使朱尔典（J. N. Jordan）立刻指令汉口代总领事葛福（Herbert Goffe）派人乘机斡旋，结果在汉阳易手日得到了双方画押。[⑤] 事实上自协定签订之日起，武汉地区便实行了停战。12 月 4 日，袁世凯又提出建议：延长停战时间，扩大停战范围，同时双方指定全权代表并组成代表团来全面深入"讨论大局"。[⑥] 该建议获得滞留汉口租界各省代表的首肯，他们决定以"推倒满洲政府"等四项条件为谈判原则，"请伍廷芳来鄂，与北使会商和平解决"。[⑦] 相隔两天，清廷也正式认

---

① 《李国镛自述》，《近代史资料》1961 年第 1 期；《关于停战的清方档案》，《辛亥革命》第 8 册，第 193、194 页。

② 《国事共济会宣言书附简章》，刘晴波主编《杨度集》（湖湘文库甲编），湖南人民出版社，2008，第 538 页。

③ 《与弟世彤书》，《袁世凯家书》，"中央研究院"近代史研究所编印，1990，第 61—62 页。

④ 转引自陈旭麓《辛亥革命史的分期和研究中的若干问题》，《学术月刊》1961 年第 10 期。

⑤ 关于停战日期认定，见章开沅、林增平主编《辛亥革命史》下册，人民出版社，1981，第 260 页。另 1911 年 12 月 3 日英国驻华公使朱尔典致外相格雷（E. Grey）电中"从现在到 12 月 6 日晨八时停战终止"一语可资佐证。见《英国蓝皮书有关辛亥革命资料选译》上册，第 105 页。

⑥ 《朱尔典爵士致格雷爵士电》（1911 年 12 月 4 日发自北京，同日收到），《英国蓝皮书有关辛亥革命资料选译》上册，第 133 页。

⑦ 刘星楠：《辛亥各省代表会议日志》，《辛亥革命回忆录》第 6 集，文史资料出版社，1981，第 246 页。

可议和，隆裕令由袁委派全权代表"驰赴南方，切实讨论，以定大局"，①当日袁遵旨派唐绍仪为全权，并指定代表各省的议和人员。

事情变得顺利，可是革命阵营内部又出现问题。事关阵营格局，因为革命重心东移。革命重心取决于各省代表，而代表抵鄂，正逢汉阳失守，武昌告急。代表们正当坐困租界愁云密布之际，12月4日忽然传来攻克南京的消息，大为振奋，于是立刻决定"临时政府设于南京"，并电告留沪代表一周内赴宁，共同选举临时大总统。② 南京是六朝古都，一向为东南政治中心，关键是南京"光复"的现实意义，不仅东南一片从此底定，而且及时扭转武汉战局形成的颓势，使信心重归，大局"益振"。③ 缘于战事而产生的地位消长和重心东移，自然而然牵带出议和是否易地之问。其实地点不过为问题表象，名分才是争持关键，由地点而赋予的名分，意味着领先与主动，意味着把舵领航的名正言顺，意味着在权益分配中占有优势。

12月9日，唐绍仪等离京南下，与此同时，各省代表也正式推定伍廷芳为民军议和全权总代表。黎元洪立刻电告伍廷芳，并派江苏代表雷奋专程赴沪"迎迓"。④ 就在这一天，上海公共租界董事、英国商人李德立（E. S. Little）致黎元洪一份电报引燃了争端。电云："德立侨华已三十年，曾历二十二省，故不忍坐视糜烂。因特屡电商准袁内阁派员议和，民政府已允可，届期有代表磋商。沪上为公共保护中立地，于议和最属相宜。"黎复电称地点已商定，"唐使早晚可到"汉口，⑤ 显然在黎看来，只要唐使沿京汉线抵达武汉，一切都会迎刃而解，可是不曾想到，伍廷芳随即也提出同样要求。12月10日，伍正式复电履职，不过他说东南正筹组临时政府，"各省留沪代表，未许廷芳一日远离，又交涉甚繁，实难遵召"，他恳请黎元洪"转致唐公，速来沪上，公同谈判"。⑥ 上海是列强在华重要基地，考虑到在

① 《宣统三年十月十七日旨》，《辛亥革命》第8册，第200页。
② 《时报》1911年12月11日；刘星楠：《辛亥各省代表会议日志》，《辛亥革命回忆录》第6集，第246页。
③ 《孙中山全集》第6卷，第244页。
④ 曹亚伯：《武昌革命真史》下册，中华书局，1930，第408页。
⑤ 曹亚伯：《武昌革命真史》下册，第411页。
⑥ 曹亚伯：《武昌革命真史》下册，第409页。另，伍廷芳前一份回电日期一般均以张国淦《辛亥革命史料》所载12月10日为准，然伍后一份回电有"已详皓电"句，故当认定直接当事人所记12月9日为准。

沪议和更有利于施加影响，因此英国公使朱尔典便以驻华公使团领袖公使的名义要求袁世凯"对唐绍仪发出指示，要他前往上海会谈"。朱尔典的明确表示，让袁世凯不得不改变打算。① 南下代表团于 12 月 11 日行抵汉口，唐隔日渡江与黎会晤。由于各方态度明朗，黎也顺水推舟，表示理解。14日由湖北军政府王正廷、胡瑛及谭人凤等陪同，北方代表团乘船东下于 17日抵沪，② 至此地点之争尘埃落定。

在汉议和固属不宜，但何以最终落实上海，而没有考虑南京，这是由多种因素促成。上海虽属江苏省辖地，行政级别不高，但开埠以来便以工商经贸及文化交流而闻名，尤其进入 20 世纪后，又于政坛崛起，张园国会、苏报案、《民立报》、同盟会中部总会等，均表明这个城市已跻身于政治场域，享有一定盛誉。上海也是中外公认的"中立地"，在租界及其周围可以确保安全，况且上海交通便利，通信发达，影响也大，诚如各省都督府代表联合会成立宣言称："吾国上海一埠，为中外耳目所寄，又为交通便利、不受兵祸之地。"③ 另外汉阳之失让武昌陷入窘境，南京之得更使它威望再跌，反之上海却于一得一失间获取了政治上的有利地位。再者辛亥革命前，上海已聚集了一大批政治精英和社会名流，"一市三治"的特别市政保障了政治活动家的安全，提供了组织、策划、宣传革命的种种便利。及武昌起义爆发，上海追随独立，更多的精英名流云集于此，结果利益趋同结成区域同盟，蕴含的能量交辉迸发，其中既有同盟会中枢人物陈其美、宋教仁及后来的黄兴等，也包括江浙巨绅和沪上寓公张謇、汤寿潜、赵凤昌、伍廷芳及章太炎、程德全、熊希龄等。圈子里虽也时有不谐和之声，然而对外基本还能保持一致。其后临时政府设定南京，但由于许多准备还未就绪，故有望进入政府之人仍大多滞留上海，他们打算待基本成熟后才一同赴宁。如此，与南京近在咫尺，尤其有大批精英名流云集的上海，便成了最大的得势者。正是由于这批人的一时云集和结盟，才使得上海的地位声望飙升，才使得上海于革命重心由武汉向南京转移过程中有可能扮演临时大本营的角色，从而在议和易地争持中最终被认可。

① 《朱尔典爵士致格雷爵士电》（1911 年 12 月 12 日），《英国蓝皮书有关辛亥革命资料选译》上册，第 160 页。
② 郭孝成：《议和始末》，《辛亥革命》第 8 册，第 68 页。
③ 《程德全、汤寿潜致陈其美电》，《民立报》1911 年 11 月 14 日。

立足上海的革命党人对"政府设鄂"本来就有想法，他们认为黎元洪权力过大不利于同盟会，因此派人专程赴鄂劝说黄兴返沪另创局面。12月1日黄兴果然返沪，于是上海方面立刻电请各省代表迅速由鄂"折回"，表示"组织临时政府之议，决不因汉阳之失而阻"。① 隔日又传来南京"光复"的消息，上海的信心更大，步伐更快。沪军都督府随即出面召集紧急会议，连续两天讨论时局问题，与会者有留沪各省代表及黄兴、陈其美、宋教仁、章太炎、程德全、汤寿潜等，还有从苏州急电召来的张謇。12月4日上海方面又举行规模更大的"联合"大会，投票选举黄兴为大元帅，黎元洪为副元帅，一致决议将临时政府设于南京。会后发出通电："驻沪各省都督府代表联合会前经拟定以武昌为临时政府，现在南京已下，鄂军务适紧，乃复决定暂设南京。昨日浙江汤都督、江苏程都督、沪军陈都督均至代表会……公举黄兴君为假定大元帅，又举黎元洪君为副元帅，黎君兼任鄂军都督，仍驻武昌，其已经赴鄂，代表业由沪会电请回沪，不日到齐，再赴南京，举行正式典礼，现援鄂之军、北伐之军待发，急需统一之号令，故从权先举云。"② 按照规定，留沪各省代表只是承担通信联络，"以为鄂会后援"，并不具有临时政府首脑的选举权和临时政府所在地的决定权，至于非代表的各方人士，更无这样的权利，所以12月4日上海"联合"大会做出的决定，立刻遭到在鄂各省代表的反对和谴责，他们认为此举"既不合理，又不合法"，决定由黎元洪"电沪都督予以查实"，"请其宣告取消"。③ 黎元洪当然更加恼火，也更希望上海方面能够声明取消这一决定，④ 可是尽管通电各地，表明自己反对的立场，无奈此时已不似从前，通电毫无效果。在鄂各省代表鉴于临时政府"暂设南京"的事实，所以也没有对上海方面做进一步的追究，结果上海方面不合法的决定实际上得到了大家认同。

1911年12月18日下午，双方代表在上海公共租界市政议事大厅正式开谈，出席和谈的有民军议和全权总代表伍廷芳，湖北军政府代表王正廷，议和参赞温宗尧、王宠惠、汪精卫、钮永建，代表袁内阁出席的有全权代

---

① 《致各省谘议局电》（1911年12月1日），陈旭麓主编《宋教仁集》上册，中华书局，1981，第369页。

② 《选举假定大元帅》，《时报》1911年12月5日。

③ 刘星楠：《辛亥各省代表会议日志》，《辛亥革命回忆录》第6集，第247页。

④ 曹亚伯：《武昌革命真史》下册，第404页。

表唐绍仪，议和参赞杨士琦，随员欧庚祥、许鼎霖、冯懿同、赵椿年，参加会议的还有英、日、美、德、法、俄驻沪总领事以及外商代表李德立。此为第一次会议，达成停战为先、各自下令的一致意见。①

12月20日下午，双方又举行第二次会议。因停战期将满，双方同意继续停战7天，时间为12月24—31日，这次停战将陕、晋、川"皆包括在内"，② 是为第一个全国范围的停战协议。停战问题谈妥，双方又转入实质性谈判。伍廷芳声明："今日人心倾向共和，若非承认共和，别无议和之法。"唐绍仪表示赞同，并说"袁氏亦赞成，不过不能出口耳"。唐认为，目前需要"筹一善法，使和平解决"，"自武昌起事之后，我曾拟一折，请国民大会决定君主民主问题，服从多数之取决，清廷不允。现时我尚持此宗旨，盖此办法，对于袁氏非此法不行也。其军队必如此乃可解散。开国会之后，必为民主，而又和平解决，使清廷易于下台，袁氏易于转移，军队易于收束。窃以为和平解决之法，无逾于此也"。对此建议，伍最初认为没有必要，理由是汉口各省代表早有议决，但唐认为汉口各省代表会不能代表全国，未独立各省"亦须到矣"，他还暗示国民大会的结果"非共和政体不可"，对此无须多虑。在唐的坚持下，伍最终原则上接受了这一方案。③

召开国民大会，并不是一个新的主张，唐绍仪此次如此坚持，意不在于它的结局是民主还是君主，而是借助它的形式，"使清廷易于下台，袁氏易于转移"。唐绍仪对自己的使命十分清楚，就是实现袁的内心愿望，使他顺利而又体面地当上大总统。

袁世凯当初是主张"君主立宪"的，尽管他的"君主立宪"实际等于"虚君共和"，用其本人话说，即"欲保存清室，剥夺其实权，使仅存虚名"，④ 但毕竟是要保留大清皇帝。袁世凯一度如此主张，并非如有人所说的那样，是把它作为同革命方面讨价还价、"意固别有所在"的筹码，而是确实认为这个方案"实为经常之计"，适用于国情，也比较稳妥，能兼顾三方，既照顾清廷的面子，又达到革命的一般要求，而自己则享受最大的实

---

① 观渡庐编《共和关键录》，《辛亥革命》第8册，第82页。
② 曹亚伯：《武昌革命真史》下册，第476页。
③ 观渡庐编《共和关键录》，《辛亥革命》第8册，第77、79、81页。
④ 1911年11月20日莫理循致《泰晤士报》电，转引自白蕉《袁世凯与中华民国》，上海人文月社，1936，第379页。

惠。可是经过一番试探之后，袁世凯明白这个办法不容易实现。革命党人愿意做出让步，推袁为临时大总统，但前提是清帝必须下台，袁必须放弃"君宪"拥护共和。对袁世凯来说，政体问题本来就不是第一位的，关键是自己的势位，"无论政体如何解决，总期权操于我"。① 现在的问题是，不赞成共和就不能达到个人的目的，而要公开赞成共和又难以启口，正如一位当事人所说的那样："项城之权，全由保护满廷而得，既已显膺重寄，即不能不故作声势，以掩众目。一旦而欲反其所为，万无此理。且贵族虽已引避，挟制之习未除，项城势处两难，动辄得咎。"② 袁世凯的微妙心理和尴尬处境，唐绍仪当然清楚，他之所以坚持召开国民大会，就是要以"国民公意"给袁从容"转移立场"制造一个台阶，寻找借口，使袁既能当上民国的总统，又不致落下篡夺清政权和忘恩负义、欺侮孤儿寡妇的恶名。

唐、伍正式谈判，更多采取的是私下密商，幕后交易。袁内阁指派的湖北谈判代表张国淦曾说："伍、唐同乡老友，共和主张，又同在一条路线。有赵凤昌者，曾在张文襄幕，与伍、唐俱旧识，有策略，此次革命，活动甚力。赵住上海南洋路，伍、唐遂假其寓所，每夜同往聚谈。在议场时，板起面孔，十足官话，及到赵处，即共同研究如何对付北方，以达到目的。赵……在沪久，革命党人及江浙知名人士，尤其张、汤等，皆能联络。据魏宸组告余：'所有和议中主张及致北方电，俱是夜间在赵寓双方商洽，精卫与本人常到彼处。'"③

幕后穿针引线出谋划策的关键人物是赵凤昌，袁世凯之所以委托唐绍仪为总代表，不仅因为"与唐自朝鲜同患难，以至北洋为堂属，北京为官僚，故能如身使臂，如臂使指"，④ 还因为"绍仪甲午以后，在上海作寓公时，曾与凤昌相识，极为投契"。⑤ 关于这个"赵老头子"在当时所扮演的角色和所发挥的作用，到沪以后同唐绍仪"每日盘桓在一起"的冯耿光事

---

① 《张广建致邮传部电》，《近代史资料》1958 年第 4 期。
② 廖少游：《新中国武装解决和平记》，中国社会科学院近代史研究所近代史资料编辑组编《辛亥革命资料类编》，中国社会科学出版社，1981，第 350 页。
③ 张国淦编《辛亥革命史料》，第 292 页。
④ 陈旭麓等主编《辛亥革命前后》（盛宣怀档案资料选辑之一），上海人民出版社，1982，第 265—266 页。
⑤ 刘厚生：《张謇传记》，上海书店，1985，第 194 页。

后曾有过比较详细的叙述：当时北京来电，唐绍仪往往看过后就去打电话，"我们总以为是找伍廷芳商量，却不料是找赵凤昌"。"我觉得奇怪，就问他：'你有要事不找伍秩老，为什么先打电话给他？'他说：'秩老名义上是南方总代表，实际上作不出什么决定，真能代表南方意见，能当事决断的倒是这个赵老头子。赵曾在张南皮任两广总督的时候，做过他多年的亲信幕府，后来又跟张到湖广总督衙门做幕，可以说是参与机密，言听计从的。他官名凤昌，字竹君，江苏常州人，读书很多，不仅对新学很有研究，由于随张多年，国内情形、政治军事了如指掌。由于后来张推荐赵到沪举办洋务，接触江浙两省的时人很多，尤其为张季老所尊重，张、赵交亦笃厚。现在江浙的程雪楼、汤蛰仙和南方的几个都督同赵都有交情。民党中人对国内情形并不怎么熟悉，张是提倡实业救国的新人物，孙、胡、汪等民党领袖对张不仅慕名，而且很佩服很重视。他们为了熟悉情形，有不少事要请教张，而张往往趋而谋之于赵，张每自南通来沪，必住赵家，这样民党中人自然尊敬赵了。因此，南方要人如孙、汪、陈其美、程雪楼等有重要的事也来决策于赵。又因他长年病足，不能下楼，大家为了迁就他，就到他南阳路私邸惜阴堂去会见或开会，在和议过程中每星期当中总有一天或两天，程德全、汤寿潜、张謇、汪兆铭、陈其美等曾在赵家聚会。所以他实际是众望所归、洞悉全盘局势的南方策士，通过他反而好办事了。'经他这一席话，我才恍然理解。我在唐处所见，差不多天天唐要与赵通电话，赵在当时和议中的重要性，由此可见了。"①

　　除了赵凤昌，还有一位重要幕后人物张謇。袁世凯知道，在革命阵营中，除孙中山、黄兴等外，"张謇亦有一部份之潜势力"，这就是原江浙立宪派人，所以他面嘱唐绍仪南下后必须设法"先晤张謇探其意旨"，必尊重他的意见而行事。②唐绍仪动身南下前即致电赵凤昌："请公约同东南人望如张季老、汤蛰老赴汉会议为幸。"③及抵上海，唐果然立即通过赵与张约见。"绍仪第一次晤謇，先代世凯致殷拳之意，并询问整个局面，应如何措理，愿听张的指示。绍仪口风已露出：若推举袁世凯为总统，则清室退位，

①　冯耿光：《荫昌督师南下与南北议和》，《辛亥革命回忆录》第 6 集，第 362—363 页。
②　刘厚生：《张謇传记》，第 194 页；《张謇与辛亥革命》，《辛亥革命回忆录》第 6 集，第 265 页。
③　《赵凤昌藏札》，《辛亥革命在上海史料选辑》，第 1070 页。

不成问题。张謇答言：'所谓南北议和也者，依照现在形势，乃是项城与同盟会要人之谈判，与苏、浙两省，并无多大关系。苏、浙之独立，乃被动而非主动，目的只在不遭战争。尤其是苏省各地军队复杂，号称都督者有八人之多，若不拥戴程德全，不知如何收拾。因此原因，对于项城根本无所要求。但我只能代表苏、浙两省人民贡献意见，而不能保证同盟会之必能听从。此事全仗你的手腕及能力如何。'绍仪听了，对张謇说：'四先生所说，开门见山。我当听从指示，尽力为之。'"① 张謇与袁世凯原本关系就不一般，辛亥革命爆发后，以张謇为代表的原江浙立宪派更是希望"强有力"的袁世凯能够掌握最高权力，以使社会不发生更大的动荡，因此，他们愿意配合唐绍仪，努力使这场谈判朝着有利于袁世凯的方向发展。不过张謇说的也是事实，他们只是配角，并不能左右大局，如果得不到革命党人的同意，要使议和成功是不可能的。

至于列强，不仅竭力撮成双方在上海谈判，而且还公开干预。12月20日，日、美、德、法、俄、英驻沪领事各遵照本国政府的训令向谈判双方发出照会："中国目前的战事如继续进行，不仅使该国本身，而且也使外国人的重要利益和安全，容易遭到严重的危险。""吁请双方代表团注意，必须尽快达成一项协议，以便停止目前的冲突。"② 表面上看，列强似乎不偏不倚，但实际上是向革命方面施加压力，要他们向袁世凯妥协，依从袁的条件尽快达成协议。英国驻华公使朱尔典曾特地指示驻沪总领事傅磊斯（H. Fraser）"尽可能同唐绍仪保持密切接触"，"尽最大努力协助双方达成协议"。③

经过两次正式会谈和一系列紧张的幕后活动，谈判议和的基调定了下来。但是唐、伍之间并没有马上举行第三次会谈，而是整整拖了10天，原因是北京尚无确切的答复。12月24日，袁与奕劻会晤朱尔典，表示将电告唐绍仪，即在今后的三个月内各省选举代表，按照双方商定的办法组织国民大会，由此决定政体问题。25日，袁世凯召开内阁会议，决定"对于共

---

① 刘厚生：《张謇传记》，第194页。
② 《朱尔典爵士致格雷爵士电》（1911年12月15日），《英国蓝皮书有关辛亥革命资料选译》上册，第167页。
③ 《朱尔典爵士致格雷爵士电》（1912年1月6日），《英国蓝皮书有关辛亥革命资料选译》上册，第209页。

和，已可承认"。① 27 日，唐绍仪致电袁世凯请代上奏，电曰："民军宗旨以改建共和政体为目的，若我不认共和，即不允再行开议。默察东南各省民情，主张共和已成一往莫遏之势。"而"和议一辍，战端再起，度支之竭蹶可虞，生民之涂炭愈甚，列强之分裂必乘，宗社之存亡莫卜"，故请"明降谕旨"，召集国民大会以公决君主民主，"以定指归"，如此"使皇上公天下之心昭然共喻，则皇室必能优遇，宗祀得以永存"。② 袁世凯接电后立刻与徐世昌、奕劻分别密商，并约请部分王公亲贵讨论，决定由内阁奏请隆裕太后召集王公大臣会议。28 日，袁与各国务大臣具名上奏，内称唐绍仪计无所出，苦心焦思，以为只有速开国民大会，征集各省代表，将君主共和问题付之公决之一法，曰："臣等接阅之下，忧心如焚。内察民情，外观大势，实逼处此，无可转圜。言和则词说已穷，言战则饷械两绌。即俯如唐绍仪国会公决之请，而用正当选举之法，选合格代表之人，其手续与时期均非旦夕所能藏事。革党迫不及待，尚不知能否听从？而决定如何政体亦难预料。事关存亡解决，非阁臣所敢擅专。惟有吁恳召集宗支王公，速行会议，请旨裁夺，以定大计。"③ 在袁世凯的逼迫下，隆裕太后于当天召集王公会议讨论，并颁下懿旨："予惟我国今日于君主立宪、共和立宪二者以何为宜？此为对内对外实际利害问题，固非一部分人民所得而私，亦非朝廷一方面所能专决，自应召集临时国会，付之公决。"④ 12 月 29—31 日，唐、伍接连举行了三次会谈，就停战具体执行、清帝逊位待遇和满蒙回藏待遇等问题进行讨论，特别对国民会议代表组成和开会地点反复磋商，决议移入上海租界。不料袁世凯电令"仍主北京"，并坚持各省代表重新选举。因所议条款不被认可，于是 1912 年 1 月 1 日唐绍仪电请辞任。1 月 2日，袁世凯电准唐绍仪辞任，并电告伍廷芳，此前唐所签订的各条约因"未先与本大臣商明"，故有"必须声明及碍难实行"之处，现唐已卸任，

---

① 胡祖舜：《武昌开国实录》（下），武昌久华印书馆，1948，第 39 页；杨玉如编《辛亥革命先著记》，第 256 页。
② 《宣统三年十一月初八日清议和总代表唐绍仪致内阁总理袁世凯电》，《辛亥革命》第 8 册，第 222—223 页。
③ 《宣统三年十一月初九日致内阁总理袁世凯等奏折》，《辛亥革命》第 8 册，第 225—226 页。
④ 《宣统三年十一月初九日懿旨》，《辛亥革命》第 8 册，第 155 页。

"嗣后应商事件，先由本大臣与贵代表直接往返电商"。① 袁世凯一纸电文从根本上否认了唐、伍达成的协议，顿使议和濒临破裂。

袁世凯缘何突然有如此大的变化？除了唐、伍达成的国民会议代表组成和开会地点的协议显然有利于独立各省，使其不能操纵自如外，主要在于南京临时政府宣告成立，孙中山当上了中华民国临时大总统。于是他一边撕毁双方业已达成的协议，一边公开质问对方"选举总统是何用意"，并暗中授意段祺瑞、冯国璋联络北洋军官，通电反对共和，表示要为君主立宪"奋力战斗"。革命党方面并无意与袁决裂，成立南京临时政府是因为"东南诸省久缺统一之机关，行动非常困难，故以组织临时政府为生存之必要条件"。而孙中山出任临时大总统也只是"暂时承乏"，一旦时机成熟，即辞待袁。② 孙中山不仅在当选之日对袁世凯有此解释，而且在 1912 年 1 月 2 日再次电告袁世凯："文不忍南北战争，生灵涂炭，故于议和之举，并不反对。虽民主、君主不待再计，而君之苦心，自有人谅之。倘由君之力，不劳战争，达国民之志愿，保民族之调和，清室亦得安乐，一举数善，推功让能，自是公论。文承各省推举，誓词具在，区区此心，天日鉴之。若以文为有诱致之意，则误会矣。"③ 尽管孙中山一再坦诚相告，可是袁世凯仍不相信，进一步探询清帝退位后自己当选总统"有何把握"。针对袁世凯的担心，孙中山于 1 月 15 日再次公开表示："如清帝实行退位，宣布共和，则临时政府决不食言，文即可正式宣布解职，以功以能，首推袁氏。"④ 与此同时，张謇也致电告袁"甲日满退，乙日拥公，东南诸省，一切通过"。⑤经过一番摸底证实，尤其得到孙中山明确保证后，袁世凯唯恐夜长梦多，一改"犹抱琵琶半遮面"的姿态，急忙指示袁克定、梁士诒："为我电致少川（唐绍仪）、杏城（杨士琦）、精卫，并转秩庸，谓事在必行，义无反顾，惟不能自我一人先发。已将斯旨，训示北洋诸镇将及驻外专使，旅沪疆吏，令联衔劝幼帝退位，以国让民。"⑥ 从此袁加快了逼宫的步伐。

---

① 观渡庐编《共和关键录》，《辛亥革命》第 8 册，第 102 页。
② 《致袁世凯电》（1911 年 12 月 29 日），《孙中山全集》第 1 卷，第 576 页。
③ 《复袁世凯电》，《孙中山全集》第 2 卷，第 5 页。
④ 《复伍廷芳电》，《孙中山全集》第 2 卷，第 23 页。
⑤ 《劝告袁内阁速决大计电》，《张季子九录·政闻录》卷 4，中华书局，1931，第 1 页。
⑥ 甘簃：《辛亥议和之秘史》，《辛亥革命》第 8 册，第 118 页。

　　表面上议和一度陷于停顿，双方甚至剑拔弩张，大有"用战争来解决问题"之势，实际上彼此始终无意将议和的大门彻底关闭，战争的架势"仅在于装饰外表"，"并无进一步从事战争的热情"。唐绍仪虽已不具全权代表之名，但仍奉命留在上海斡旋折冲。唐、伍公开和谈虽已取消，但惜阴堂里的秘密交易仍在继续。南京临时政府成立，逼使袁世凯必须在君主民主问题上迅速表明态度，现在他最关心的是清帝如何退位，自己如何出任大总统。袁世凯希望清帝自行退位而南京临时政府同时取消，由他在天津另立一个统一临时政府，从而"撇开北京与南京"，不受"挟持"，将支配局势的主动权完全掌握在自己手中。1月19日，袁世凯正式致电伍廷芳向南京临时政府提出这一方案，当即遭到严正拒绝。孙中山令伍廷芳电告袁世凯：（1）清帝退位，放弃一切主权；（2）清帝不得干预临时政府组织之事；（3）临时政府地点，须在南京；（4）孙总统须俟列国承认临时政府，国内改革成就，和平确立，方行解职，袁世凯在孙总统解职以前，不得干预临时政府一切之事。①

　　1月22日，孙中山又公开发表声明："若袁能实行断绝满政府关系，变为民国国民之条件，则文当仍践前言也。"他提出解决问题的具体办法：（1）清帝向中外宣布退位；（2）袁世凯同时宣布政见，绝对赞成共和主义；（3）孙中山辞职；（4）由临时参议院选举袁世凯为临时总统；（5）袁世凯宣誓遵守临时参议院所定之宪法。他表示"此为最后解决办法，如袁并此而不能行，则是不愿赞同民国，不愿为和平解决，如此则所有优待皇室八旗各条件，不能履行，战争复起，天下流血，其罪当有所归"。② 由于孙中山等革命党人的坚决抗争，袁世凯不得不放弃在天津另立临时政府的计划，不得不同意按照上述五项具体办法进行磋商。双方最终在清帝退位的优待问题上达成协议。2月6日，南京临时参议院通过《清室优待条例》。12日，清廷被迫接受优待条件，并颁布皇帝退位诏书，至此辛亥议和终获成功。

　　因为辛亥革命最终收官于议和，故有人认为低烈度，不彻底，甚至以此否定革命。其实低烈度属实，不彻底未必，以此否定革命则令人费解。曾有亲历者批评道："在今日视之，或议当时同志，毫无反帝国主义思想，

---

①　张国淦编《辛亥革命史料》，第311页。

②　《致伍廷芳及各报馆电》，《孙中山全集》第2卷，第34—35页。

实则时代相距三十余年，不审当时情事，率议前人是非，未有当也。"①

辛亥革命低烈度，从战事角度也可以成立。一是真正交战的地区有限，实打实的仅出现在武汉地区与南京地区，其他不是规模很小就是呈现一边倒。二是时间跨度不长，前后不过125天，其中武汉之战断断续续49天，南京之战忽顿忽起才26天。三是伤亡程度不算大，以最惨烈的武汉之战为例，据统计武汉之战49天里，起义军战死4300余人，受伤4100余人，加起来伤亡不到8500人。② 清军方面伤亡估计更少，因为南下参战的北洋军武器装备和作战素养都要明显优越。所以诚如有学者所指出的，辛亥革命是一场低烈度的革命，革命的破坏性并不大。③ 但是低烈度不等于不革命，暴力仅仅是革命的手段与方法之一，它不代表革命的全部，更不意味暴力程度越高对抗程度越强革命就变得越彻底，相反低烈度恰恰说明辛亥革命是理性的，不盲目，不冲动，审时度势，适可而止。革命不代表一往无前，迂回转移未必不是一种策略。辛亥革命除了暴力行动，还包括谈判妥协等和平方式，但前提是实现共和，推翻帝制。再说革命绝非仅有战场的刀枪，还有文宣的笔墨，革命党人在舆论阵地同样表现卓越，富有智慧，前前后后如雨后春笋般涌现的报刊书籍起了很大作用，关于"反清和民权"的鼓动，关于革命正当性的宣传，孙中山不仅具体指导了《民报》的创办和前期的编辑工作，还明确了《民报》的使命是将革命的主义"灌输于人心"。该时期著名的报刊还有陈少白主编的《中国日报》、章士钊主编的《苏报》和于右任主编的《神州日报》与"竖三民"（《民呼日报》《民吁日报》《民立报》）等。

其实低烈度也有实际顾虑，情非得已，因为要考虑列强的态度，担心革命时间过长会引起国际干涉，所以武昌起义一开始就以中华民国鄂军都督黎元洪的名义向各国领事发出照会，声明革命旨在推翻专制政府，建立民国，无排外性质，希望各国应严守中立。④ 列宁曾指出："对于一个真正的革命家来说，最大的危险，甚至也许是唯一的危险，就是夸大革命性，

---

① 李廉方：《辛亥革命首义记》，湖北通志馆，1947，第127页。
② 张难先：《湖北革命知之录》，商务印书馆，1946，第379页。
③ 张鸣：《由低烈度的辛亥革命说起》，《中国民营科技与经济》2013年第2期。
④ 曹亚伯：《武昌革命真史》中册，第67页。另，该照会早在起义前就已拟定，见《红档杂志有关中国交涉史料选译》，张蓉初译，三联书店，1957，第329页。

忘记适当地和有成效地运用革命方法的限度和条件。真正的革命家如果开始用大写字母开头写'革命'二字，把'革命'奉为几乎是神圣的东西，丧失理智，不能最冷静最清醒地考虑、权衡和检查一下究竟应该在什么时候、什么环境、什么场合采取革命行动，应该在什么时候、什么环境、什么场合转而采取改良主义的行动，那他们就最容易为此而碰得头破血流。真正的革命家，如果失去清醒的头脑，一心设想什么'伟大的、胜利的、世界性的'革命，在任何场合、任何情况下都能够而且应该用革命方式来解决种种任务，那他们就会毁灭，而且一定会遭到毁灭（不是指他们事业的表面的失败，而是指内部的破产）。"[①]

三 革命的世界性和现代性

社会变迁到一定程度，必然要解决政治体制问题。解决这一问题，历史上一般有两种方式，一种是政府主导并控制下的改良渐进方式，一种是推翻政府重建新体制的暴力激进方式。清末的时候，第一种方式已在运行，然而不久就被革命党发动的武装起义所终结。正因如此，学术界对辛亥革命的评价总是存在分歧，有着不同的见解和观点。其实暴力革命尽管产生社会阵痛，需要付出相当大的代价，但有时实属迫不得已，不得不采取这种方式。因为不采取这种方式，付出的代价将会更大，社会疼痛将会持续甚至加剧。所谓长痛不如短痛，道理是也。对辛亥革命的评价，必然涉及清政府对政治体制改革是否真正有诚意。事实表明，掌握清政权的亲贵集团不仅心胸狭隘，不舍私利，而且行为举措越发与时代要求拉大距离。专制皇权不除，亲贵集团不倒，政体改革便难有成效，中华民族也难以振兴，因此采用革命的方式，显然有它的必要性。

评价辛亥革命，主要看其结果，革命是否推动了国家与社会的进步，或者是否为国家与社会的进步创造了更好的条件和契机。事实证明，辛亥革命的坐标设定是世界的和现代化的，它为中国社会的精神面貌和价值理念带来了巨大变化，创造了民主政治建设的必要条件和良好契机。由此它

---

① 《论黄金在目前和在社会主义完全胜利后的作用》（1921年11月5日），《列宁选集》第4卷，人民出版社，1972，第575—576页。

并非只打落了一顶皇冠,而是开辟了中华民族振兴有为的希望之路。

辛亥革命爆发后的中国,即刻践行政治民主化。临时国会立法权与临时大总统行政权的分立制衡,集中呈现民主政体的性质构成与民主政治的创试成效,政治民主与否,关键在于事实认定。民主政治应当是个完整的形态,即既存在于整个过程,包括政治的决定过程和实践过程,也体现于各个环节,包括制度的制定、确立和执行、监督。

各省都督府代表联合会 1911 年 11 月 15 日成立于上海,后迁汉口、南京,南京临时政府成立后代行临时参议院职权,迨 1912 年 1 月 28 日临时参议院正式组成,宣告解散。辛亥革命爆发后的民主政治创试阶段,一直采用一院制议会制度,由单一议院承担临时国会职能,而冠以"临时",是因为它的组成,所有的代表或参议员均属各省委派,而非大选直接产生。中华民国建国之前,各省都督府代表联合会就已经在行使立法权,其不仅扮演着临时国会的角色,事实上也起到了临时国会的作用。东南社会精英最初发起该会,原本就是想让它成为临时国会,[①] 希望能联合独立各省,发挥临时国会议政立法的作用,担负起"议建临时政府,总持一切,以立国基"的重任。[②] 发起者的用意在告白天下之后,也确实得到反清阵营的迅速响应和支持,由此使之能够如期成立,并且不断得到加强和完善。

由于武汉方面的坚持,各省都督府代表联合会 11 月下旬决定迁鄂。至 12 月初,已有 11 个省代表共 23 人实际到会。[③] 联合会在汉口期间,实施立法创制和议政功能。

首先看具体行事。11 月 30 日,各省都督府代表联合会召开在鄂第一次会议,公推谭人凤为临时议长。12 月 2 日,议决制定临时政府组织大纲,并委托雷奋、马君武、王正廷负责起草。12 月 3 日,表决通过《中华民国临时政府组织大纲》,由独立各省代表 22 人签名,当日予以公布。时尚未独立的直隶省、河南省已有谘议局代表与会,但会议决定未独立各省代表不具正式代表法律资格,故其与会者没有表决权,也不能在正式文件上签名。12 月 4 日,议决临时政府设于南京,并各省代表选举临时大总统也在

① 《宣布临时国会成立计划》《江浙两省代表雷奋等致各省电》,《辛亥革命在上海史料选辑》,第 1052、1063 页。
② 《程德全、汤寿潜致陈其美电》《沪军都督陈通电各省都督文》,《民立报》1911 年 11 月 14 日。
③ 具体名单见张玉法《民国初年的国会》,《中央研究院近代史研究所集刊》第 13 期,1984 年。

南京，"有十省以上之代表到南京，即开选举会，临时大总统未举定以前，仍认鄂军都督府为中央军政府，有代表各省军政府之权"。时内地共18省，10省以上代表到会，即超过半数，达到举行选举的有效规定。12月5日，议决"如袁世凯反正，当公举为临时大总统"，暨议决与袁世凯所派代表的和谈条件："一、推倒满清政府；二、主张共和政体；三、礼遇旧皇室；四、以人道主义待满人。"① 从以上主要日程来看，各省都督府代表联合会在权力行使的各个环节，注意行事公正和程序民主，凡决定的人选，均经过"公推"，采用多数意愿，凡设定的文本及做出的规定，均经过"议决"，服从多数主张。

再看文本设定。各省都督府代表联合会制定、通过并颁布的《中华民国临时政府组织大纲》，是一个关于国家政权如何组建、行政权和立法权如何分割制衡的法律性文件。全文共分4章21条，分别对构成国家权力的总统、议会，以及行政各部产生办法、责权界际及互相关系做了较为明确的规定。具体内容可概述为：第一，关于临时大总统。临时大总统由各省都督府代表选举产生，"以得票满投票的三分之二以上者当选"，投票权每省以1票为限。临时大总统有"统治全国""统率海陆军"之最高行政权，经参议院同意，还有宣战、媾和、缔约及任用各部部长、派遣外交使节、设立临时中央审判所等权力。第二，关于参议院。参议院为立法机关，享有最高立法权。参议院由各省都督府选派3名（最高限额）参议员组成，每人均有表决权。参议院有半数参议员到会，即有议决政府预算、税法、币制、发行公债、暂行法律及各部部长人选之权力，并有权检查政府出纳，但有关宣战、媾和、缔约，须到会参议员2/3以上同意才可议决。参议院议长由参议员以记名投票法互选，过半数以最高得票者当选。参议院未成立前，暂由各省都督府代表联合会代行职权，但表决权每省1票。第三，关于立法权与行政权的关系。参议院有义务议决临时大总统交议事项，有义务答复临时大总统咨询事项。参议院议决事项，临时大总统"如不以为然"，可于10天内交参议院复议，如到会参议员过2/3仍持原议，临时大总统应

---

① 刘星楠：《辛亥各省代表会议日志》，中国人民政治协商会议全国委员会文史资料研究委员会编《回忆辛亥革命》，文史资料出版社，1981，第349—352页；张难先：《湖北革命知之录》，商务印书馆，1946，第391、394页。

照执行。第四，关于政府行政各部。行政机关设立外交、内务、财政、军务、交通五部，各设部长1人。各部所属职员编制及权限，由部长规定，经临时大总统批准施行。①

按照上述规定，未来的临时政府，是由立法机关参议院和行政机关临时大总统、各部部长组成，临时大总统由参议院选举产生，并对参议院负责，既是国家元首，又是政府首脑。这个文本并非尽善尽美，② 但显然盈溢着民主精神，高度表达了对民主政治的追求。其所设定的国家公权力的组成模式和分权制衡的关系原则，尤其对立法权和行政权的责权确立与界际，在中国的法律文本史上无疑为首创，从而从制度上规定了中国民主政治的基本方向和主要模式，孕育了民初的民主政体，而该文本如此制定与得以颁布，本身也折射了民主政治和法制原则在时代呼唤中的价值伸张。

作为同盟会总理、革命党领袖，孙中山一开始便对各省都督府代表联合会予以认同和尊重。1911年11月16日，各省都督府代表联合会在上海成立后的第二天，孙中山即于伦敦获得消息，随后致电《民立报》并转各地军政府，表示"欣慰"，③ 公开表明态度。固有政治理念往往决定政治家的眼光。仿效欧美，设立国会，一直是孙中山共和理念和建国模式中的主要基点，也是他孜孜以求政治民主化的一大愿景。此前他向法国记者还谈到这个问题，说："吾意拟于他日试行联邦之中国，另设中央之上、下议院，统筹全局。"④ 因此，虽然"上海议会之组织"他未能亲历其中，但它的问世还是让他感到高兴。还有，孙原本担心国内革命"太过迅速、容易"，反会遗留一些后患，⑤ 而且也忧虑国内革命至此仍缺乏一个应有的中心。在他看来，黎元洪或许有这样的想法，遗憾的是此人"缺乏将才，无法久持"。⑥ 正因为有这些担心和忧虑，所以当获悉有"上海议会之组织"，孙中山自不免喜从心来。

---

① 张难先：《湖北革命知之录》，第391—393页；刘星楠：《辛亥各省代表会议日志》，《回忆辛亥革命》，第350—352页。

② 参见廖大伟《南京临时政府的筹建及其民主模式的设定》，《国父纪念馆馆刊》2004年第12期。

③ 《致民国军政府电》（1911年11月16日），《孙中山全集》第1卷，第546—547页。

④ 《驻美使馆书记生周本培报孙中山与法国记者谈话纪录》，《历史档案》1985年第1期。

⑤ 《孙中山三赴纽约》，《近代史资料》总第64号，中国社会科学出版社，1987。

⑥ 《致咸马里电》（1911年10月31日），《孙中山全集》第1卷，第544页。

孙中山如此迅速地获得这一消息，唯一的可能是来自国内的电报。那么是谁发了电报，传递了这个消息，现有史料未能给予确凿答案。可能是《民立报》中的某人以个人或报社名义拍发，因为孙中山电致《民立报》请转致各地军政府，因此不排除系此来电的复电。另有说该电为"攻克上海、苏州和杭州的将军"所发，如是此人则为陈其美。不过此说所依据的资料使人难以比对判断，① 因此同样只能存疑。由此便牵带出一个问题，当时身处海外的孙中山如何与国内保持联系，是否有固定的渠道，紧密度如何，这一问题的解答关系到这段时期孙中山在同盟会以及国内真正地位和影响的评估，关系到对其人际网络的判断，很遗憾，根据现有资料，尚不能形成清晰的答案。

孙中山是将各省都督府代表联合会认同于国会而加以尊重的。11月中旬他曾向英国记者表示："已草定一共和宪法条文"，拟"请其友商校，然后呈诸国会"，相信"其中条文当为全国所赞许"，另外还将"前往上海，专为联合各省回复秩序"。② 显然他认为他所起草的"共和宪法条文"，必须经过国会，即各省都督府代表联合会的审议通过才能产生法律效应，而他之所以拟往上海，正是因为国会在那里，他相信彼此一旦合作，目前国内革命的无序状态一定会迅速得到改善。

孙中山对各省都督府代表联合会认同与尊重，既是对国会地位、权力的认同与尊重，更是对民主政治的认同与尊重。这种基于理念的认同与尊重，不仅对联合会的大胆行事至为重要，而且为以后政治运作和权力规范，尤其是临时大总统与临时国会的实际关系处理，奠定了良好的基础。

孙中山经选举而成为中华民国首任临时大总统，不过不是全体公民直接投票选举，而是由内地18个省的代表以每省1票的投票方式在3名候选人中选举产生。这样的选举程序，通过这种选举方法产生国家元首，在当时不仅属于空前，而且相当了不起。道理很简单，当时尚不具备全体公民直接"通过竞争性的选举来挑选领袖"的客观条件，只能通过各省代表按照可能的民主程序来投票选择，做到间接民主选举。而具体落实，诸如候

---

① 转见张振鹍《辛亥革命时期的孙中山与法国》，《辛亥革命七十周年学术讨论会论文集》中册，中华书局，1983，第1457—1478页。

② 《与英国记者的谈话》（1911年11月中旬），《孙中山全集》第1卷，第559页。

选人产生、选举程序和规则设定、最后投票等，也只能由已经行使临时国会权力的各省都督府代表联合会来完成。

　　一心筹建临时政府的各省都督府代表联合会，起先并未考虑孙中山为临时大总统的人选，因为他在海外，远水解不了近渴。但当接到上海来电，获悉孙中山行将抵沪时，已聚集南京的各省代表则一片欣喜。原来12月21日晚，广东都督胡汉民致电沪军都督陈其美和时在上海的黄兴，告知与孙中山即将由香港"同英邮船来申"，① 随即陈其美将此消息转致南京，请各省都督府代表联合会"派代表赴沪欢迎"。23日各省都督府联合会全体会议上通报了这一情况，于是决定由代理议长景耀月指定马伯援、王有兰、许冠尧作为代表赴沪迎接孙中山。②

　　为什么获悉孙中山归来，各省都督府代表联合会便立刻显示出如此热情，因为孙中山是全国公认的革命领袖，如果他能担任临时大总统，则名正言顺，众望所归。再者，此时临时政府组建因黄兴、黎元洪大元帅、副元帅之争正临难产，故各代表"闻中山先生返国，皆欣然色喜，以为此问题可顺利解决也"。③ 另外，这一时期要求孙中山出任临时大总统的社会呼声此起彼伏，尤其同盟会机关报《民立报》上的系列文章虽未明确主张，但字里行间无不潜含造势之意。如12月15日刊登的《孙中山之归讯》，称孙已在归国途中，不日可到上海，"闻此处民主党（指同盟会——引者注）拟举为大总统，然孙意不肯就职"。④ 20日发表马君武撰写的社论《记孙文之最近运动及其人之价值》，文章先解释孙中山为筹款而滞留国外，然后大段写道："孙君具一种魔力，能使欧美人士，无论其居何等地位，一接谈之后，即倾倒、赞美之。故欧人前此惟知中国有李鸿章，李死惟知有袁世凯，今则惟知有孙逸仙，而袁世凯次之。外人之敬重孙君，非为其为革命党首领之故也，以为有孙君之热忱、忍耐、博学、远谋、至诚、勇敢及爱国心，而复可以为革命党首领。""孙君虽非军事专门家，然其最近十年间所专研究者为战术学，又屡起举行革命，富于经验。至于财政及外交问题，则吾

① 《广东胡督来电》，《申报》1911 年 12 月 23 日。
② 刘星楠：《辛亥各省代表会议日志》，《回忆辛亥革命》，第 357 页。
③ 王有兰：《迎孙中山先生选举总统副总统亲历记》，尚明轩、王学庄、陈崧编《孙中山生平事业追忆录》，人民出版社，1986，第 779 页。
④ 《孙中山之归讯》，《民立报》1911 年 12 月 15 日。

敢断言，通计中国人才，非孙君莫能解决矣。孙君之真价值，如此日人宫崎至谓其为亚洲第一人杰。"① 25 日孙中山抵沪，《民立报》即又发布了《孙中山归国记》《访问孙中山先生》等系列消息。

也许各省都督府代表联合会还不十分知晓，此时孙中山前来沪、宁，已准备"身当其冲"，希望能"主持大计"。② 12 月 25 日孙中山一行抵达上海，第二天各省都督府代表联合会便获得一个一听即明的信息："王正廷报告，前数日黄克强君已允来宁组织政府，迨孙中山先生抵沪后，黄君又变更主张，请速由代表会议选举临时大总统。"来自同盟会的暗示恰好与联合会的设想契合，于是会议当即做出决定："十一月初十日（12 月 29 日——引者注），开会选举临时大总统。"③ 而在同一天，同盟会高层已在讨论另一个问题，即选举出来的这个总统应该具有怎样的权力。包括孙中山在内，多数人主张总统制，将国家元首与政府首脑合而为一，于是决定分头推动，照此努力。

12 月 27 日，各省都督府代表联合会的迎孙代表到达上海并拜访了孙中山。经过会谈，双方就如下问题达成一致：一是选举大总统，不称大元帅；二是袁世凯拥护共和，就让位给袁；三是究竟称大总统还是临时大总统，是否大总统就职之日即宣布改用阳历，因事关重大，由联合会讨论决定。

兹录迎孙代表之一王有兰回忆，可见详细：

> 欢迎代表，于辛亥年十一月初七日（12 月 26 日——引者注）晚乘火车赴沪，初八日晨八时到沪，寓三马路孟渊旅社，即驱车访英士于龙华都督府，旋偕谒中山先生于静安寺路斜桥总会后小洋房内。首由君武申述欢迎之意后，即谈到组织政府问题，兹当时谈话要点，略志如下：
>
> "同人谓：代表团拟举先生为临时大元帅，先生之意如何？
>
> "先生答：要选举，就选举大总统，不必选举大元帅，因为大元帅的名称，在外国并非国家之元首。
>
> "同人谓：在代表会所议决的临时政府组织大纲，本规定选举临时大

① 马君武：《记孙文之最近运动及其人之价值》，《民立报》1911 年 12 月 20 日。

② 《与胡汉民廖仲恺的谈话》（1911 年 12 月 21 日），《孙中山全集》第 1 卷，第 569—570 页。

③ 刘星楠：《辛亥各省代表会议日志》，《回忆辛亥革命》，第 358 页。

总统，但袁世凯的代表唐绍仪，到汉口试探议和时，曾表示如南方能举袁为大总统，则袁亦可赞成共和。因此代表会又议决此职暂时留以有待。

"先生答：那不要紧，只要袁真能拥护共和，我就让给他。不过，总统就是总统，临时字样，可以不要。

"同人谓：这要发生修改组织大纲问题，俟回南京与代表会商量。

"先生又谓：本月十三日（农历十一月）为阳历一月一日，如诸君举我为大总统，我就打算在那天就职，同时宣布中国改用阳历，是日为中华民国元旦，诸君以为何如？

"同人答：此问题关系甚大，因中国用阴历，已有数千年的历史习惯，如毫无准备，骤然改用，必多窒碍，似宜慎重。

"先生谓：从前换朝代，必改正朔、易服色，现在推倒专制政体，改建共和，与从前换朝代不同，必须学习西洋，与世界文明各国从同，改用阳历一事，即为我们革命成功第一件最重大的改革，必须办到。

"同人答：兹事体大，当将先生建议，报告代表团决定。"

是日谈话，约三小时。①

这次会谈，是孙中山与各省都督府代表联合会的代表第一次正式接触，也是孙中山与联合会第一次发生直接关系，双方当事人以选举人代表与候选人的身份进行了会谈。会谈中既有各自想法的提出，也有对方的认可或存异，不过显而易见的是，双方的务实和彼此尊重，双方对民主原则、民主程序和民主权利的共同认同与尊重。民主的体现，在于规定的程序和原则的权威性，看能不能对必要的程序和规定的原则予以坚持。

迎孙代表当晚返宁，第二天由马君武向联合会汇报了与孙中山会谈的内容。经讨论，会上决定不必将总统位置继续留待袁世凯，"惟临时大总统名称，除去临时字样，因各省有未独立者，正式宪法，尚未制定，正式总统亦无从产生"，故"仍须冠以临时字样"，同时决定次日即举行临时大总统选举，并接受孙中山改用阳历的建议。②

① 王有兰：《迎孙中山先生选举总统副总统亲历记》，尚明轩等编《孙中山生平事业追忆录》，人民出版社，1986，第779—780页。
② 王有兰：《迎孙中山先生选举总统副总统亲历记》，尚明轩等编《孙中山生平事业追忆录》，第780页。

当天晚上，临时大总统选举程序启动，先进行候选人投票。无记名"投票后，并未开箱"，候选人名单留待次日正式选举时揭晓。12月29日举行正式选举，汤尔和为会议主席，王宠惠为副主席，袁希洛为书记，刘之洁为监选员。据会议代表谷钟秀1914年的回忆，当日到会者共43人，代表着17个省。[1] 首先开箱揭晓临时大总统候选人，结果分别为孙中山、黄兴、黎元洪。按规定，本次投票选举每省一票共17票，以得票2/3以上为当选，果不出意料，孙中山以16票当选，另一票由浙江代表投给了黄兴。临时大总统选定之后，联合会又做出3项决议：（1）各省代表具签名书，交正副议长赴沪欢迎孙中山来宁就职。（2）通电各省都督府，请派参议员3名来宁组织参议院；未到任前，暂由现各省代表1—3人代行参议员职务。（3）参议员由各省都督府选派，至于各省谘议局所派代表，仍称某省代表，但只得列席参议院会议。接下来的两天内，联合会又做出3项决议：一是由伍廷芳转告唐绍仪选举结果；二是自阴历十一月十三日起改用阳历，以中华民国纪年，称中华民国元年1月1日；三是择日修正《中华民国临时政府组织大纲》。

1912年1月1日，孙中山在各省都督府代表联合会特派代表陪同下，偕胡汉民、庄思缄、荷马李（Homer Lea）一行乘专列离沪赴宁，当晚10时许在临时大总统府内举行了宣誓就职仪式。

各省都督府代表联合会代理议长景耀月首先致辞："今日之举，为中国五千年来所未有。我国人所希望者，在共和政府之成立，及推到满清专制政府，使人享自由幸福。孙中山为革命创始之人，富有政治学识。各省公民选定后，今日任职。愿孙中山始终爱护人民自由，毋忘全国人的期望"[2]，并在此"向全国国民宣誓"。孙中山遵行宣誓道："倾覆满洲专制政府，巩固中华民国，图谋民生幸福，此国民之公意，文实遵之，以忠于国，为众服务"，并再次承诺："至专制政府既倒，国内无变乱，民国卓立于世界，为列邦公认，斯时文当解临时大总统之职。"[3] 接着由景耀月代表各省都督府代表联合会将中华民国临时大总统印授予孙中山。

孙中山是中国历史上第一位经各省代表选举产生的国家元首暨政府首

① 关于出席人数有多种说法，此据谷钟秀《中华民国开国史》，文星书店，1962，第34页。
② 蔡寄鸥：《鄂州血史（之三）》，刘萍、李学通主编《辛亥革命资料选编》第4卷上册，社会科学文献出版社，2012，第13页。
③ 《临时大总统誓词》（1912年1月1日），《孙中山全集》第2卷，第1页。

脑，就职伊始，即"向全国国民宣誓"。这样的方法产生这样的领袖，这样的领袖做这样的宣誓，一切都属于中国前所未有的创举，而且意义重大，影响深远。在民主国家，通过投票选举的方法来公开、自由、公平地选择自己的领袖，既是民主权利的行使，也是民主政治的表达。国家领袖既由各省代表选举产生，则必须向选举者负责，受选举者制定的法律规章的制约。而各省代表的选举，又意味着国民意志的选择，所以临时大总统不仅要向各省代表负责，还要向全国国民负责，因为他由选举而获得的权力归根结底来自全国国民。

对于代行临时参议院，作为临时大总统的孙中山有自己的基本态度和价值认同，1912 年 1 月上旬在复中华民国联合会函中曾经谈到这个问题。孙中山认为，民选参议院固然必要，"唯势有缓急，有先后，临时参议院由各省都督派员组织，原不过一时权宜"，但有它的存在价值，需要它在立法及政权建设规划上做出贡献，因为"光复"各地军政刚刚起步，各端头绪繁多，此刻"欲召集省议会选举议员，机关、手续俱无从着手"，而如果等到民选参议院成立再"议立法"，则不利"临时政府建设"，故举行民选参议院"在此时不特理有不可，盖于势有不能也"。[1] 1 月 24 日他在给国民协会的复函中再次陈述了自己的看法。他指出："方今虏氛未靖，战祸方延，执行政务，首贵敏速。若组织民选议事机关，必先定选举制度及组织选举机关。而各地秩序未复，计即自今开办，至速非数月之久不能成立，揆之时势，似嫌太缓。参议院由各省都督派员组织，本一时权宜办法，而在此过渡时代，力取简易，不遑他计也。"[2] 从这些复函中可以看出，孙中山虽然认为代行临时参议院为非直接民选机关，但在此特殊"过渡时代"却有着不可替代的价值，时代需要有这么个机构来行使立法权，代表民意。由此，孙中山对代行临时参议院的尊重，实际上是对民意的尊重。

那么经过选举而当上临时大总统的孙中山，是否能与代行临时参议院职权的各省都督府代表联合会分享权力而保持制衡？彼此究竟如何处理临时国家元首所拥有的行政权与临时国会所拥有的立法权？由于彼此几乎天天发生关系，此处选择两则个案加以考察。

---

① 郭汉民：《孙中山佚文辑录》，《辛亥革命史研究会通讯》第 30 期，1987 年。
② 《国民协会文牍》，《民立报》1912 年 1 月 25 日。

其一，临时政府各部行政长官的产生。

临时大总统就职之日，南京临时政府行政各部尚未组建。关于行政各部组建，《中华民国临时政府组织大纲》已有规定：其一，政府行政机关，设外交、内务、财政、军务、交通5部，各设部长1人。其二，各部部长，由临时大总统任命，但须经参议院同意。其三，各部所属职员编制及权限，由部长规定，经临时大总统批准施行。

政府行政机关只设5部，显然无法满足实际需要，行政各部的权限如何，《中华民国临时政府组织大纲》也未有明确规定。然而要改变原来的设置，明确行政各部的权限，则必须说服代行临时参议院启动对《中华民国临时政府组织大纲》重新审议程序，使之能够得以修改和补充。非经这一程序，则不能改变原定的设置，也不能明确行政各部的权限，这是一个涉及法律规定的原则问题。事实上，仿照美国模式而制定的《中华民国临时政府组织大纲》确实存在明显的缺陷，因为美国不仅设置一个总统职位，还设置一个副总统职位，美国政府的行政机关也远远不止5个部。所以1912年1月2日，各省都督府代表联合会以代行临时参议院身份首次开会，便通过了《中华民国临时政府组织大纲修正案》，对原来的大纲做了适当的修正和补充。①

修正案通过的第二天，代行临时参议院即举行临时副总统的投票选举，结果缺席的黎元洪以满票当选。这一天孙中山列席了会议，待临时副总统选举结束后，他向会议提交了《中华民国临时政府中央行政各部及其权限》案，请求审议通过。《中华民国临时政府中央行政各部及其权限》共5项条款，内容主要为：（1）临时政府设陆军、海军、外交、司法、财政、内务、教育、实业、交通9部，各部设总长、次长各1名，次长由临时大总统简任。各部次长以下行政人员由总长酌情确定人数，并分别荐任、委任。（2）陆军总长管理陆军，经理军事教育、卫生、警察、司法，并编制军队事务、监督所辖军人军佐；海军总长管理海军一切军政事务，监督所辖军人军佐；外交总长管理外交及外人事务，并在外侨民事务，保护在外商业，监察外交官及领事；司法总长管理民事、刑事诉讼事件，及户籍、监狱、保护出狱人事务，

———————————
①　详见《修正中华民国临时政府组织大纲》，《中华民国史档案资料汇编　第二辑　南京临时政府》，江苏人民出版社，1981，第8页。

并其他一切司法行政事务,监督法官;财政总长管理会计、库帑、赋税、公债、钱币、银行、官产事务,监督所辖各官署及府县与公共之会之财产;内务总长管理警察、卫生、宗教、礼俗、户口、田土、水利工程、善举公益及地方行政事务,监督所辖各官署及地方官;教育总长管理教育、学艺及气象事务,监督所辖各官署、学校统辖学士、教员;实业总长管理农、工、商、矿、渔、林、牧、猎及度、量、衡事务,监督所辖各官署;交通总长管理道路、铁路、航路、邮信、电报、船舶、造船事务,监督所辖各官署。(3)次长辅助总长管理部务,监督各局职员。^① 该议案顺利获得通过。

通过上述文本之后,临时大总统孙中山又依法向代行临时参议院提交了临时政府各部总长的人选名单。最初提交的名单是:陆军总长黄兴、海军总长黄钟英、外交总长王宠惠、内务总长宋教仁、财政总长陈锦涛、司法总长伍廷芳、教育总长章太炎、实业总长张謇、交通总长汤寿潜。这份名单是经过深思熟虑、平衡方方面面而提出的,然而遭到了代行临时参议院的否决。代理临时参议员们多数对内务、教育、外交三总长持反对态度,他们认为宋教仁年轻气盛,锋芒毕露,章太炎标新立异,好唱反调,王宠惠资格尚嫩,不足以执掌外交。最初的名单未获通过,孙中山一时对代行临时参议院颇有微词。但尽管如此,孙中山及其党内同人还是持有清醒的民主意识,坚守宪政至上的原则和立场。《中华民国临时政府组织大纲》明确规定,行政各部部长人选必须获得参议院审议通过,才能由临时大总统加以任命,这是法律规定,任何人都必须遵守。这中间经过黄兴的沟通,做了大量的解释工作,随后孙中山还是遵循代行临时参议院的意见,又提交第二份各部总长的人选名单:陆军总长黄兴、海军总长黄钟英、外交总长王宠惠、内务总长程德全、财政总长陈锦涛、司法总长伍廷芳、教育总长蔡元培、实业总长张謇、交通总长汤寿潜。这份名单最后获得了通过。

其二,关于战和问题的质询与复咨。

此事缘于宣布独立的山西、陕西两省在南北停战期间受到清军攻击。1月19日代行临时参议院就此做出决议:(1)质问政府继续停战14日事,不特未得参议院同意,且未通知参议院,实为违背临时政府组织大纲。(2)继

---

① 《中华民国临时政府中央行政各部及其权限》,《中华民国史档案资料汇编 第二辑 南京临时政府》,第6页。

续停战事，无论已否实行，仍当立即进兵，救援山、陕。山、陕属我国范围，自由进兵，与和议条款并无违背。（3）停战期间，江皖所有行进军队，当与武昌援山、陕之军，同时并进。

为郑重起见，代行临时参议院还特向临时政府移送了《咨大总统文》：

> 自议和以来，清军阴施其远交近攻之手段，既攻陷山西，复集兵河南，以为大犯陕西之举；近且闻清军由甘肃进兵，与驻豫清军成夹攻陕西之势，危险万状。陕西果失，则清军即长驱窥我南京。观袁世凯致段祺瑞电，有陕西土匪不在停战之内等语，其阴险狡猾之战略，已于言外；且将唐绍仪所签之约，任意推翻，有何和约之余地。我临时政府趑趄观望，竟冒冒然将议和日期一再继续，殊不可解；亦未闻有统筹全局之计划，甚至继续停战之约，并不通告本院，尤为骇异，兹本院于本日开会，议决办法三条，除推举参议员赵士北、王正廷、陈承泽三员面陈外，抄祈查照办理，并希先行见得施行，此咨。①

孙中山接到咨文后，当日复咨加以说明：

> 查此时和局未终，停战期满。故之一方电求停战，不欲遽与决裂，故未及提出。且议和一事，早经公认，此次展期，乃由此一事发生，并非另生一事，似与临时政府组织大纲尚无违反。至议和成否，于数日内解决。现在用兵方略，当以鄂、湘为第一军，由京汉铁道前进，宁、皖为第二军，向河南前进，与第一军会合于开封、郑州之间；淮、扬为第三军，烟台为第四军，向山东前进，会于济南、秦皇岛；合关外之军为第五军，山、陕为第六军，向北京前进。一、二、三、四军既达第一之目的，复与第五、六军会合，共破虏巢。和议一破，本总统当亲督江、皖之师，此时毋庸另委他员。②

两则个案，清晰地呈现出立法权与行政权的分立制衡。

---

① 刘星楠：《辛亥各省代表会议日志》，《回忆辛亥革命》，第363—364页。
② 《临时政府公报》第2号，1912年1月30日。

　　从上述孙中山与各省都督府代表联合会的实际关系，可以认定辛亥革命爆发后中国民主政治创试的这一事实存在。那么那时为什么能够创试，根本在于世界潮流与时代精神的要求及赋予。

　　正如熊月之所言："近代以来，民主制度逐渐推广，以致成为世界潮流。在 19 世纪，民主还是要否实行、能否实行的问题；到 20 世纪，民主已是如何实行、如何改善的问题"。[①] 辛亥革命既是一场推翻少数人专制的反清革命，也是一场适应世界潮流的共和革命，其宏伟追求是实现民主，从政治到社会争取彻底的变革。这种民主的意识和呼唤，早在革命爆发之前酝酿已久，呼之欲出。迨革命爆发之后，人们渴望民主进步和被压抑了多年的政治热情一下子喷涌而出，"此间舆论已大张一种主义，谓将来中国必立共和政体之新政府，其总统大约孙逸仙充之"。[②] 在此基础之上，辛亥革命爆发后中国民主政治的创试，首先，与各阶层尤其是资产阶级急迫的参政议政欲望和意识有关，与时代民主氛围有关，与当时政治环境有关，各阶层迫不及待要通过民主政治获得自己的政治保护和政治权利。各省都督府代表联合会立法权的行使和临时大总统孙中山行政权的运行，实现了现代政治民主分权和制衡这两大原则，无论是主动或者被动，具有话语权的政治势力或政治精英——革命党人、"光复"各省领袖、东南原立宪派人士等均公开赞同政治民主的走向。即使代表北方官僚暨军人利益的袁世凯，迫于潮流的压力，也于民国创建前夕表达了对共和政体的接受。[③] 当时整个政治氛围、社会心理以及力量条件，均为创试政治民主添夯了基础，资供了可能。其次，一定程度地代表民意，具有临时议会性质的各省都督府代表联合会适时而生，并且迅速规范有效地行使立法职能，其地位和权力不久获得各政治势力的实际尊重和普遍认可。最后，法律文本的制定，使新政权的创建程序、政府模式、人选产生、权力结构和国家性质等得到了相应的保证。

　　尽管这段时期中国民主政治的创试还不那么完善，而且可谓昙花一现，但毕竟这事实的存在还是令人欣喜感叹，给后世留下了丰碑，提供了回味。对历史的评价，前段历史所提供基础与这段历史所取得成效彼此之间距离

---

① 熊月之：《中国近代民主思想史（修订本）》，上海社会科学院出版社，2002，第 1 页。

② 《欧洲关于中国变乱之要电》，《民立报》1911 年 10 月 15 日。

③ 1911 年 12 月 25 日袁世凯召开清政府内阁会议，决定"对于共和，已可承认"。见胡祖舜《武昌开国实录》（下），第 39 页；杨玉如编《辛亥革命先著记》，第 256 页。

的大小是重要依据，而当时如何民主、进步，最简捷的办法就是学习和模仿西方先进的政治。因此，辛亥革命爆发后中国民主政治的取向和践行，外在的是世界潮流的吸引，内在的是中国社会的公共需求和来自民众的内心动力，所以自然而然地成了一种政治时尚。

辛亥革命的爆发，激发了近代中国早已有之的民主意识和呼唤，反专制的革命本身又加深了社会对一切事物之民主价值的认同和评判，离开民主的价值，就得不到社会的拥护。而世界范围内第一波民主政治的浪潮，欧美乃至日本民主政治所焕发出的先进，同样具有鼓舞性和诱发性，所以那时中国能够如此创试，其中也有所谓的"滚雪球"效应。

当然，辛亥革命爆发后中国民主政治得以创试，同当时的政治精英，尤其与孙中山这位主要当事人自身具有的民主思想和意识密切关联。孙中山最突出的优点，就是不断地向世界上最先进的东西学习，并能消化吸收，这其中就包括西方先进的政治制度。他曾说道："我们为志士的，总要择地球上最文明的政治法律来救我们中国，最优等的人格来对待我们四万万同胞。"①

特殊的人生经历，使得孙中山的民本、民主意识比当时一般中国人更加强烈。早在投身革命之前，他即有"国以民为本"的思想，投身革命以后，"民为邦本，本固邦宁"的思想更加坚定。② 至于未来的政治模式，孙中山在兴中会创建时提出"创立合众政府"，即已不是泛泛的"民权""民主"，而是具体到政权性质、政府模式层面。辛亥革命爆发前，1910 年 4 月孙中山在美国芝加哥曾经谈到他此生有"三个目的：推翻满清政府；创立共和政体和按照美国政府一样的方针组织国家"。③ 当获悉革命爆发，1911 年 11月 1 日发表"对外宣言"时孙更明确表示以后的中国要建立"联邦共和政体"。④ 其实早期革命时，他已立志："余以人群自治为政治之极则，故于政治之精神，执共和主义。"革命进行中他"希望在中国实施的共和政治，是

① 《在东京中国留学生欢迎大会的演说》（1905 年 8 月 13 日），《孙中山全集》第 1 卷，第281 页。
② 《上李鸿章书》（1894 年 6 月）、《香港兴中会章程》（1895 年 2 月 21 日），《孙中山全集》第 1 卷，第 17、22 页。
③ 英国《每日电讯报》1911 年 10 月 15 日，转见《孙逸仙在美国》，《参考消息》1981 年 9月 24 日。
④ 《孙中山的外交观点与实践》，《国外中国近代史研究》第 4 辑，中国社会科学出版社，1983，第 16—17 页。

除立法、司法、行政三权外还有考选权和纠察权的五权分立的共和政治"。他还说道："革命成功之日，效法美国选举总统，废除专制，实行共和。"他批评所谓中国人不能实行民主政治这一说法："吾侪不可谓中国不能共和，如谓不能，是反夫进化之公理也，是不知文明之真价也。且世界立宪，亦必以流血得之，方能称为真立宪。同一流血，何不为直截了当之共和，而为此不完不备之立宪乎？语曰：'取法于上，仅得其中。'择其中而取法之，是岂智者所为耶？鄙人愿诸君于是等谬想淘汰洁尽，从最上之改革着手，则同胞幸甚！中国幸甚！"①　正是有此根深蒂固的民主意识和共和思想，所以他才有"人民即是主人，官府即是公仆"的思想境界和行为规范，才有"国家既为大家所有……国政百端，绝非少数人所能办理，必合全国"及"义务、权利两相对待，欲享权利必先尽义务"的清晰理念，才有"乃期为全国人民负责任，非为一己攘利权"的服务意识。②　对于议会、政府与法律之间的关系，他认为："法律者，治之体也，权势者，治之用也，体用相因，不相判也。"③　议会与政府的权力行使，都必须合乎法律规定。

　　民国酝酿，起先是一个一元制权力过渡结构，即各省都督府代表联合会实际行使中央权力，迨民国开局则形成二元制权力结构，即行使行政权的临时大总统与行使立法权的代行临时参议院分享国家权力。民主政治在辛亥革命爆发后的中国得以创试，正是基于它尚不成熟和完善，但绝不能轻估这一创试的意义，因为它已起始，且在趋于成熟和完善中。辛亥革命创造了前所未有的大业绩，给后来留下一个难得的好范例。

---

① 《与宫崎寅藏平山周的谈话》（1897年8月中下旬）、《与该鲁学尼等的谈话》（1906年11月15日）、《在檀香山正埠荷梯厘街戏院的演说》（1903年12月13日）、《在东京中国留学生欢迎大会的演说》（1905年8月13日）附同题异文，《孙中山全集》第1卷，第172、319、226、283页。

② 《在石家庄国民党交通部欢迎会的演说》（1912年9月21日）、《在北京湖广会馆学界欢迎会的演说》（1912年8月30日），《孙中山全集》第2卷，第479、423页。

③ 《驳保皇报书》（1904年1月），《孙中山全集》第1卷，第236页。

第二章

北洋政治的"乱"与"治"

一 制度建构：根本法的炮制与"法统"之争

《临时约法》的制定与新旧约法之争

1912 年 3 月 11 日，孙中山以临时大总统名义颁布《中华民国临时约法》，以取代此前制定的《临时政府组织大纲》。两相比较，《临时约法》最大的不同是将已经实施的总统制改为责任内阁制。在总统之外复设"总理"是改制的标志。但《临时约法》规范的责任内阁制并不完备，要害在于改制之后未能确定总统府与国务院孰为最高行政中枢。约法规定临时大总统代表临时政府总揽政务，公布法律，统率全国海陆军，制定官制官规，任免文武官员；同时又规定"国务员辅佐临时大总统，负其责任"，"国务员于临时大总统提出法律案、公布法律及发布命令时须副署之"。从条文上看，既然作为内阁长官的国务员只是"辅佐"总统，而总统被赋予"总揽政务"之权，则总统府应为最高行政中枢。但问题并非如此简单。盖总统虽可"总揽政务"，但国家的实际政务总是通过政府各部门来推进实施的，加之"副署"权的规定，也就赋予国务院以巨大的权力。同盟会的一份通电亦承认："民国约法，采法国制。参议院为最高之机关，而国务院为责任之主体，总统所发布之法制、命令及一切公文，皆须国务院副署，始能发

---

  * 本章由杨天宏撰写。

生效力，其实权握在国务员之手。"① 由于总统府和国务院都被赋予相当的行政权，而《临时约法》又"并未说明内阁是对总统或是对议会承担责任"，于是一国之内同时具有两个行政中枢的政体格局。

将总统制改为内阁制并不符合孙中山的一贯主张。居正《辛亥札记》记载说，同盟会于 1911 年 12 月 26 日聚会孙中山寓居的上海哈同花园，开会讨论政府组织方案。宋教仁主张内阁制，"总理力持不可"。② 居正提到的这次聚会，即"讨论总统制与内阁制之取舍"的同盟会"最高干部会议"。与会者除孙中山外，尚有黄兴、汪精卫、陈英士、宋教仁、马君武、居正、张静江等。孙中山在会上明确阐述了自己的意见："内阁制乃平时不使元首当政治之冲，故以总理对国会负责，断非此非常时代所宜……余亦不肯徇诸人之意见，自居于神圣赘疣，以误革命之大计。"③ 这次会议虽未能说服宋教仁放弃责任内阁制的主张，但同盟会核心领导层多数人的意见已经趋同。会后黄兴前往南京，同正在那里筹建临时政府的各省代表会商推举孙中山为临时大总统。12 月 29 日，17 个省代表开会选举临时大总统，孙中山以 16 票当选，3 天后宣誓就职。不久，临时参议院在南京成立。中国历史上第一个总统制共和国政权得以诞生。

但孙中山的主张很快就发生了变化。1913 年春孙氏语涉政体的一次演说，暴露出其主张的前后矛盾，他说："至于政府之组织，有总统制度，有内阁制度之分。法国则内阁制度，美国则总统制度。内阁制度为内阁负完全责任。内阁差〔若〕有不善之行为，人民可以推倒之，另行组织内阁。总统制度为总统担负任责，不但有皇帝性质，其权力且在英、德诸立宪国帝皇之上。美国之所以采取总统制度，此因其政体有联邦性质，故不得不集权于总统，以谋行政统一。现就中国情形论之，以内阁制度为佳。我的国民，莫不主张政党内阁。"④ 孙中山显然不至忘了自己不久前曾说过内阁制"断非此非常时代所宜"，此时却又说出这番话，可见其思想中的实用主义色彩。

将总统制改为责任内阁制带有限制袁世凯专权的明显意图，但这一举

---

① 朱宗震、杨光辉编《民初政争与二次革命》上册，上海人民出版社，1983，第 54 页。
② 陈旭麓主编《宋教仁集》上册，中华书局，1981，"序言"，第 9 页。
③ 陈旭麓主编《孙中山集外集》，上海人民出版社，1990，第 47 页。
④ 《在神户国民党交通部欢迎会的演说》，《孙中山全集》第 3 卷，中华书局，1984，第 44 页。

措犯了因人立法之忌。对此，深通法律的罗文幹曾做过透辟分析，指出："共和改创，孙不得不让位于袁以完成统一，而孙氏之党恐袁专擅，乃假手法约，设种种规定以束缚之，行政之权务求减削，立法之权事事扩张。袁本官僚，不知立宪，故元年参议院、二年国会初开，孙党（席位）多，大权既操之立法，而立法又多属己党，孙此时以为可以制袁之死命矣。吾人今日苟手南京约法，开卷一读，几皆属意见之条。"①

《临时约法》另一重要制度性规定是通过立法来限制行政首脑的职权发挥。其显著特征在于赋予立法机构——参议院以广泛的权力，在利用立法权来束缚行政权的时候，却没有想到立法部门的权力也应当有所制约。这集中表现在"同意权"的设置上。《临时约法》第33条规定，临时大总统有任命文武官员的权力，但任命国务员及驻外大使、公使，须得参议院之同意。有此规定，本来属于行政方面的人事权也就在相当程度上转移到立法方面，但对与之对应的行政如何反过来制约立法没有任何具体规定。这显然是说不过去的。所谓分权制衡是双向互动的。西方责任内阁制国家寻求立法行政制约之道，除规定议员可以对政府"动议指摘"，以及对政府提出"不信任投票"，迫使其倒阁或借以纠正其为政之弊外，大多同时规定行政首脑在必要时有依法解散国会的权力。《临时约法》只有"同意权"而无"解散权"，揆诸参议员之本意，大概是想操政治上之主动，制人而不受制于人。殊不知这种做法却因与其鼓吹的分权制衡理论不相吻合，不但不能收限制行政首脑之效，反而授人以柄，引起反对派的激烈反对，认为这样做不仅造成权力结构的"畸轻畸重"，在法理上难以成立，而且使政府丧失"独立机关之性质"，无以发挥应有的效能。

对于《临时约法》在政体规划上的缺陷，革命派中一些有识之士也有所认识。谭人凤就曾指出参议院被不适当地赋予"干涉军事计划之大权"，认为以参议员操持军务政务，正所谓"筑室谋道，安有成功之冀望"。一度比较激进的陈英士，在时过境迁以后写信给黄兴回顾革命失败的教训，也承认民国初建，以革命派为主体构成的参议院"时有干涉政府用人行政之态度，卒至朝野冰炭，政党水火，既惹袁氏之忌，更起天下之疑"。已多少

① 罗文幹：《狱中人语》，沈云龙主编《近代中国史料丛刊》正编第16册，文海出版社，出版时间不详，第94页。

悟出《临时约法》未能合理划分立法与行政权限的问题。曾经是革命队伍中一员的章太炎更是明确指出，临时政府建立后，在政治建设方面无能为力，了无建树。"政府之无能力，在参议院之筑室谋道，议在锥刀，破文拆字。用一人必求同意，提一案必起纷争，始以党见忌人，终以攻人利己。"因而提出尽快"改定约法"的建议。①

由于各方大致形成这样的认知，修改《临时约法》，完善国家根本法的任务提上议事日程。袁世凯担任临时大总统后，相关工作即展开。根据《临时约法》宪法由国会制定的规定，1913年4月8日国会正式召开后，便按照国会组织法，由两院各选30人为宪法起草委员，负责宪法起草。天坛被选作会场，起草工作历时3个月。委员分属众多党派，意见歧出，争辩激烈，最后由国民、进步两党"调和公意"，完成全稿，因起草地为天坛，故称《天坛宪法草案》。起草期间，袁世凯曾向国会提出"约法增修咨询案"，试图解除国会对总统的束缚；国会议员以宪法草案正在起草，不必修订即将废除的临时约法，未予采纳。

从内容上看，《天坛宪草》较之《临时约法》有所改进，赋予行政首脑对于国会的解散权，如草案第75条规定"大总统以参议院列席议员三分之二以上之同意，得解散众议院，但同一会期，不得为第二次之解散"；与此对应，第43条则规定"众议院对于国务员，得为不信任之议决"，在法理上较《临时约法》更加完善。王宠惠事后评论说：昔宪法起草委员会聚于天坛，成宪法草案113条。"此草案萃法学巨子于一堂，而经若干次之讨论始有此结果，洵可为吾国宪法史上放一异彩。"②但《天坛宪草》在对《临时约法》做出部分修改的同时，依然保留国会对于行政首脑任命官员的同意权，继续实施责任内阁制，与袁氏之意相忤，加之所提"约法增修咨询案"被国会否定，袁乃授意各省督军及民政长官出面反对，有谓宪法草案"比较《临时约法》弊害尤深"之语。

由于袁氏压迫，国会不久即放弃先定宪法、后选总统的原议，制定《大总统选举法》并"依法"选举袁为大总统。国会议员做此妥协，是想通过选举来缓和与袁的关系，以完成宪法的制定工作。然而，尽管多数宪法

---

① 《章太炎之政见》，《时事新报》1912年5月7日。
② 《宪法危言》，《王宠惠先生文集》，中国国民党党史会，1981，第129—131页。

会议成员表现出对民主制度建设的执着，宪法草案全案也经过三读，初步完成了宪章条文的草拟和审议，却一直没能公布。以后，随着袁世凯解散国会，由两院议员组成的宪法会议消弭于无形，中华民国历史上第一部宪法的制定也随之流产。

不过袁世凯似乎并无根本否定宪政的打算。按照张绍曾的判断，袁世凯虽不满《临时约法》，但也认为国家不能无根本法，故解散国会后，便着手另造一个有利于自己的根本法。为此，袁组织了政治会议并由此衍生出约法会议，于1914年5月1日推出《中华民国约法》。该约法吸纳了袁提出的《临时约法增修案》并订有制宪程序，规定由参政院推举委员10人组织宪法起草委员会。但不久帝制发生，制宪工作随之终止。[①] 身与其事的张国淦曾将新旧约法做过仔细比较，认为新约法最明显的特征在于恢复总统制，并部分取消了《临时约法》赋予国会对行政首脑的限制。一定程度上，新约法的制定有政治会议中"法律派"（如法制局局长施愚及顾鳌等人）的作用。该约法条文虽系彼等屈从袁之意旨而定，但既要经约法会议形式通过，法律派的意志也会有所表现。这主要体现在从法律的角度修正《临时约法》中他们认为有悖法理的部分，如立法单方面制约行政，以及有关人民权利的规定无"于法律范围内"的限制条件等。

袁世凯在推行帝制过程中，曾罗致包括杨度、严复等在内的主张君主立宪的学者为之鼓吹，也聘请包括美国宪法学家古德诺（F. J. Goodnow）在内的西人为其所为作符合国情民意的论证。这就产生一个问题，即袁世凯希望实施的究竟是专制君主制还是立宪君主制？通常认为袁的中外顾问主张的是君主立宪而袁向往的则是君主专制，两者有本质区别。但何以主张君主专制的人要礼聘主张君宪的人作为自己的政治顾问呢？这显然是说不通的。既有的解释是：由于古氏许多言论更倾向强调君主制与共和制的区别而非立宪君主制与专制君主制的区别，所以很容易让帝制派偷梁换柱，在君主制名义下以专制君主制替换立宪君主制。就事实而言，袁最终实施的帝制显然更加有类前者而不是后者。但即便接受这样的解释，袁究竟是热衷封建帝制复辟，还是因不能区分立宪君主制与专制君主制，并在试图

---

① 《民国制宪史概观》，杨琥编《宪政救国之梦：张耀曾先生文存》，法律出版社，2004，第72—74页。

效法克林威尔和拿破仑在非常时期以非常手段集权行政的冲动下将君主立宪做成了畸形，也还需要认真论证才能给出令人信服的答案。这涉及不同政体的辨析。梁启超认为，辨析政体属性的关键不在君主还是共和（民主）而在立宪。在这一问题上，如果大多数可以视作袁统治的社会基础和政治支撑的人都主张立宪，袁为何偏偏要与他们在政治上大异其趣呢？或许袁弥留之际回答徐世昌如何接办其身后事之垂询时仅说出的两个字可以回答这一问题，这两个字是"约法"。①

袁世凯去世后，黎元洪继任大总统，《临时约法》及约法上一切机关均行恢复。鉴于《临时约法》毕竟非同宪法，迫国会重开，乃权衡利弊，接受《天坛宪草》，继续其未竟事业，制定根本法。因《天坛宪草》系仓促成篇，对最有争议的地方政制问题未遑议及，故国会审议草案，便有议员提出有关地方制度的意见。但辩争激烈，未有结果。再往后，因对德宣战问题，政潮大起，督军团压迫国会不成，恼羞成怒，借口宪法已议决，各条不合国情，要求解散国会，遭黎元洪拒绝。各督军遂纷纷举兵，以至张勋进京，拥清帝复辟，解散国会，制宪又成画饼。

段祺瑞马厂誓师打倒复辟之后，国会得以恢复。鉴于南方自身分裂，段决定组织被称为"安福国会"的第二届国会，并选出委员起草宪法，于1919年8月将草案议决。草案内容与《天坛宪草》相似，无须具论。但段的政治举措却导致了新旧国会之争和持续数年的"毁法"与"护法"冲突，酿成战乱。对于孙中山领导的护法运动，既有研究大多予以正面评价，但时人杨荫杭的认知则有所不同，他指出："因北方武人破坏法律，于是乎有护法，用意至善也。然频年护法，频年内乱，人民怨讟于内，信用丧失于外，而法律之破坏如故，北方武人之跋扈如故，则知所谓护法者，实未尝有丝毫之成绩。虽爱护护法者，亦不能为护法者讳也。不但此也，广西人护法，广东人亦护法。同是护法也，何以一转瞬间，广西人与广东人又互相吞噬，一若有不共戴天之仇？向者与北方不能相容，固曰法律破坏，广西人与广东人不能不合力以护之也。试问今之所护，又是何物？"②

---

① 《北洋从政录》，杜春和编《张国淦文集》，北京燕山出版社，2000，第356页。

② 老圃（杨荫杭）：《护法之末路》，《申报》1920年10月5日。

中国第一部宪法的产生及夭折

1920 年夏，皖系为直系打倒，由安福系操纵第二届国会完成的宪法草案自然不被尊重。1922 年 6 月，直系打倒奉系，"法统重光"，1917 年去职的总统黎元洪复职，被解散的第一届国会再度恢复，但国会制宪并不顺利。其间国会有减少法定出席人数避免流会以促成制宪之议，因府院之间屡起纷争，直至黎总统被迫离职，直系控制局面，政潮趋平，方致力于制宪，将 1917 年悬而未决各原案及修正案重付审议，并将审议结果交宪法起草委员会起草。此番制定的宪法共 13 章、141 条，其与此前两稿宪草不同之处，主要是"国权"与"地方制度"两章。"国权"一章列举中央与各省各自权限若干条，其未经列举事项，性质关系国家者属之国家，关系各省者属之各省。"地方制度"一章将地方分为省县二级，省得自主制定省宪，唯制宪机关之构成由国宪规定。此外，民元以来争持不休的同意权与解散权的关系问题，也以共存的方式得到解决。1923 年 10 月 10 日，宪法全案由宪法会议公布。于是，从 1913 年天坛起草，经 1916 年、1917 年的论争，再经南方护法时代重新审议，整个制宪工作至此总算告成。从法制史的角度观察，这是中国历史上第一部成文宪法，价值和意义非同寻常。

不过宪法虽经制定公布，却又产生了合法性的争论并直接影响了这部宪法的命运。曹锟当选总统及制宪过程中，因议员南下者甚多，难以达到法定开会人数，为吸引议员赴会，曾发给 500 元出席费，后又填发面值 5000 元的支票，待投票结果出来后兑现。这 5000 元的支票，被视为曹锟贿选的"千古铁证"，众议员邵瑞彭据此向检察机关提起控告。种种迹象表明，曹锟谋当总统期间，确有重大行贿嫌疑。但要在法律上认定为"贿选"，将授受双方按刑律论处，需要考虑的因素尚多。根据议院法，众议员是应领取薪俸的，标准为岁费 5000 元。但因国会时开时停，加之政府财政困难，议员薪俸，"减成发给，至多月份未有过三百廿元者"。至欠薪总数，据国会方面统计，"政府积欠民二、民六及民十一岁费旅费等项，每人应得 4600 余元"。议员因生活困难，多次索饷，至有要求吴景濂"辞职让贤，勿尸首席"者，对政府造成巨大压力。直系方面此时开出 5000 元支票，是否有补发欠薪以示好议员的考虑？这显然是应该纳入思考范围的问题。从程

序上讲，据有关资料记载，支票发出之前曾"疏通异党"，并"邀集三十六政团"讨论支款额度，"经两旬期间之切实协商"，确定为5000元。虽然各方如何协商的具体材料未见其详，但揆诸常理，行贿这种有违政治道德的行为是不会通过协商方式（特别是与异党沟通方式）决定的。反过来说，既系各方协商决定，就很难认定只是曹锟及其统领的直系一方在"贿选"，但如果认定系各方共同"贿选"，则其他方面又未必有行贿的主观动机。

一些官方文件曾涉及经费支出的性质。蒋雁行在给曹锟的密电中透露，为联络南下议员回京，政府曾许以"回京费二百、三百、四百及多数五百元者不等……此间之出席薪费，仍旧照发，以全面子，并各给以五百元之川资，即可北上，决无问题……据佩绅在沪所得信息，奉省筹六十万，浙省二十万，以四十万给参议院，以四十万补发在沪人员正费"。① 从密电中可以清楚看出，所支经费的名目是"薪费""川资"及补发南下议员的"正费"。

正因为是在这样的名目下支付，所以接受支票的议员大多能安然受之。曾经接受5000元支票的议员汪建刚就明确表示，自己"虽然接受了众议院会议科所送补发的岁费五千元，但并未附带什么条件，也没有在选票上写过曹锟的名字，自认为比较干净，常常向人撇清"。② 汪氏在这里强调了两点：一是接受的款项系"众议院会议科所送补发的岁费"，二是付款"并未附带什么条件"。关于前一点，反直人士一直将其说成"票价"，但汪氏则强调他接受的是"补发的岁费"。这虽然带有自我辩解的成分，但欠薪是事实，在欠薪的前提下议员将直系所开支票理解成"补发的岁费"，应该说得过去。身与其事的陈垣30年后检讨往事，亦称曹锟系"利用补发欠薪的名义，凡参与选举者就在出席时交给你五千元支票一张"；既系"补发欠薪，受之何愧"，故陈接受了支票。③ 虽然当时官方文件中未见"补发的岁费"的正式提法，但蒋雁行给曹锟的密电罗列的支款名目间接透露了支款的补欠性质。而有无附加条件对于判断支票性质更为重要。关于这一点，

① 引文见《蒋雁行致曹锟密电》（1923年9月24日），中国第二历史档案馆编《中华民国史档案资料汇编 第三辑 政治》（2），第1418页。

② 汪建刚：《国会生活的片段回忆》，《文史资料选辑》第82辑，中国文史出版社，1986，第191页。

③ 《检讨卅年前曹锟贿选事》，陈智超主编《陈垣全集》第22册，安徽大学出版社，2009，第627—629页。

吴景濂曾发表可以"出席不选曹"的谈话；对此前曾"拆台"后又出席的议员，亦曾有"投票自出，票价照付"的承诺，足证汪氏无附加条件的说法。

汪氏强调的两点应为判断曹锟是否贿赂议员以求当选的关键。因属"补发的岁费"，且无附加条件，故汪能问心无愧地接受支票，且能按照自己的意愿不投曹锟的票。此外，还有一部分议员，以为曹氏既无袁、段之凶，亦无袁、段之才，将其推为总统，或有利于国会实施对政府的监督，并借此完成制宪，将国家带入宪政轨道，故投票支持曹锟，其投票与接受支票并不发生直接联系。

曹锟是在直系与反直各方斗争的大背景下谋当总统的。当是之时，双方斗争异常激烈，手段亦无所不用其极。以北京国会多次开会未达法定人数的原因为例，姚震在致奉方重要人物杨宇霆的信中坦承："北京三次开会未成，皆我方设计破坏"使然；又称"直方选举，经我方极力破坏，三月以来，各会皆未成立"。反直各方破坏北京国会开会的手段是出钱收买议员。"安福系公然在京收买不出席议员"，奉方收买议员开出的价码"自六千元开盘以至一万元收盘"；对南下议员的"岁费"和"从前欠发的岁费"，奉方亦全力筹发。大选"拆台费"仅浙卢方面就提供了 300 万元，出现了与"贿选"相对应的"贿不选"行径。就是向京师地方检察厅提供支票作为"贿选"证据的反直议员邵瑞彭，因支票并未作废，也从李思浩那里以"借支"的方式兑现了 5000 元，一举两得，名利双收。反直各方攻击曹锟"贿选"，其实严格地说，反对派的"贿不选"才是真正的行贿，因为津沪方面虽汇聚了部分国会议员，但数量远不够法定人数，且国会机关及国家行政中枢不在津沪，反对派连给议员发放"岁费"的资格都没有。反直各方如此动作，迫使直方以牙还牙，以非常手段加以应付。更有甚者，进行议会斗争的同时，双方都秣马厉兵，做军事上打垮对方的准备。吴佩孚就明确提出了以"选费作战费"的设想，张作霖、卢永祥亦紧张备战。可见双方的斗争已经超出合法的议会斗争范畴。既然争的是政治，单纯从法律立场来思考问题，也就难得要领。即便退一步言法律，由于有关"贿选"的指控主要是曹、吴的政敌提出，一些关键性的证据也是与直系对着干的人所提供，真假难辨，定谳难度极大。

从国会构成来看，除了直系议员之外，反对派议员亦复不少，而支票发放对象是所有出席议员，且总统候选人不止曹锟一人，如果说发放支票是在"贿选"曹锟，岂不意味着同时也在"贿选"他人且"贿不选"曹锟？这在逻辑上显然是说不过去的。

综合上述因素，直系在总统选举前夕给议员开具支票的做法不能说没有行贿嫌疑，然而在欠薪的前提下通过各方协商公开发放支票以示好议员与秘不示人的行贿毕竟有所区别，在找到具有法律效力的切实证据证明其确属"贿选"之前，暂将其定性为通过兑现某种承诺以寻求支持的不规范的政治行为似乎更加妥帖。

但是在当时的语境下，此举被反对派及舆论普遍解读为"贿选"，并因此引发各地汹涌的反贿选风潮、奉系联络粤孙与浙卢倒直的战争及否定议会制度的思潮。虽然也有相对平和的主张，如张君劢就提议，对于曹锟当选，可"以国民投票的形式承认之"，并得到江苏国会议员凌鸿寿的响应，但这毕竟不是主流。当是之时，激进派明显占据上风，激进人士甚至以"娼妇不能产合法之婴儿"为由，否定其视为"猪仔"的议员制定的宪法。本来从文本角度看，这一宪法对此前的约法及宪法草案做了诸多修改，避免了此前根本法的某些缺陷，不无可取之处。但"十年来苦心争持的宪法，竟在这样的时机和环境的里头宣布，真是宪法的大大不幸！这种宪法在当时有实权的人眼中完全等于废纸，那更不用说了"。[1] 第二次直奉战争之后，随着曹锟政权被推倒，宪法随之废弃，在中国仅断断续续实践了不到十年的国会制度，也因议员贿选的指控而成为牺牲品。

曹、吴倒后，段祺瑞主政，不认从前一切根本法，提倡善后会议处理政局，以国民会议改造政治。在段主持下，善后会议制定国民代表会议规则，根据这个规则，组成了国宪起草委员会。到1925年12月，又草成一个《中华民国宪法案》。这个宪法案乃南京国民政府成立以前宪政运动的最后一幕，亦为民初宪法草案的最后一篇。[2]

---

① 《民国制宪史概观》，杨琥编《宪政救国之梦：张耀曾先生文存》，第72—74页。
② 有关北洋时期制宪及曹锟"贿选"问题颇为复杂，非简短篇幅能道尽内涵，杨天宏已有专文详论。

时人对民初制宪经验的分析总结

综观民初及北洋时期宪政史可以看到，《临时约法》制定之后，中国政治便形成"护法"与"毁法造法"竞争的格局。关于该约法与民初政局的关系，鲍明钤在《中国民治主义》一书中指出："当国家从绝对专制转为民主共和，缺乏议会民主的实践经验和程序，立法机构便立即获得了任命总理、内阁部长、大使等的同意权，这给议会干涉国家行政以众多机会。"鲍氏认为，《临时约法》这一缺陷，"使中国付出了内战的沉痛代价"。[①] 事实也正是如此。《临时约法》付诸实施后，革命派控制的立法部门与袁的行政部门冲突不断，终至发生二次革命。以后，几乎每次制宪，都有战争发生：袁世凯炮制"袁记约法"并公然称帝，引发了护国战争；袁死后黎元洪继位，恢复民元约法，又因宣战问题府院争持不下，张勋拥清帝复辟，导致段氏马厂誓师起兵动武；孙中山在南方建立非常国会及护法军政府之后，又有牵动南北的"护法"与"毁法造法"之争，屡动干戈；逮至曹锟制宪，又触发推倒曹、吴的直奉战争。整个北洋时期的制宪，可以说无一不与战争发生联系，以至时人得出这样的结论："宪法为不祥之物，其得之也，必先以杀人流血于前，其失之也，亦必继以杀人流血于后。"[②]

不过民初政治的乱源主要并不在主导制定《临时约法》的革命党人。革命党人鲁莽灭裂，固然要对当时的政治动荡负一定责任，但其主观愿望是要使中国朝着他们理解的"民主共和"方向发展，尽管其所作所为能否将中国导向这一方向尚有疑问，但袁世凯却是要将中国政治发展引至标榜"立宪"的君主制方向。本来，推翻清朝统治之初，"君宪"未尝不可作为中国政制的一个选项，但在"共和"制度业已建立的前提下再行"君宪"也就意味着改制，而改制必然伴随的利益调整能否为各方接受显然是一个需要认真对待的问题。此外，由于袁自己也未必能分清"君宪"与专制帝制的区别，其形同专制的"君宪"被同样可能弄不清两者区别的时人普遍界定为"帝制复辟"并起而抗争，也就十分自然了。

---

① Mingchien Joshua Bau, *Modern Democracy in China*（The Commercial Press，Limited，Shanghai 1927），p. 98.

② 《宪法危言》，《王宠惠先生文集》，第129—131页。

然而民初及北洋时期的主要问题并不在此，而在一党或一派制宪，缺乏广泛的代表性，顾及了党派的得失却不甚顾及国家利益，将约法或宪法做成了维护特定党派利益的制度规范，做成了因一人或一时而定的"根本法"。王宠惠曾针对民初根本法制定过程中存在的问题强调："宪法之制定，有二要义焉：一曰，宪法者非因一人而定，乃因一国而定也。二曰，宪法者非因一时而定，乃因永久而定也。""宪法必依一国之恒态而定，不能依一时之特别事故而定。此特别事故，倏然而兴，亦溘然而灭。若不惜以一国宪法殉之，其结果将变更时起，国无宁日。"① 很明显，民初及北洋时期的根本法制定均未遵守这样的原则。

此外，根本法未规定现役军人不得任总统，亦是民国制宪的重大缺陷。曹锟谋当总统并极力推进选举之时，议员彭养光曾通电宣告其"罪状"，其中一条是："军人非免役六月后，不得为总统选举之竞争，欧美先例，限制綦严。锟手握重兵，何求不得，将来总统帝王，为所欲为。"② 但彭的指责在当时的中国并无法律依据，因作为宪法重要组成部分的总统选举法并无这样的限制。梁启超意识到这一问题的重要性，在曹锟谋当总统期间，曾致函劝其不争总统，且倡行天下，"主宪法上规定现役军人不能当选总统"，③ 以提倡文治，但未被采纳。问题在于，不仅曹锟时代，整个北洋时期所制定的根本法，无论是约法还是宪法，也无论是临时的还是正式的，均无此规定。总统尚且可以现役军人担任，地方行政由手握重兵的实力派操控，也就不可避免。

通常认为《临时约法》体现了近代民主精神而袁记约法则处处为专制集权张本。毋庸讳言，袁记约法浸润着很强的集权行政首脑的意识，但袁氏炮制新约法，从政治技术角度分析，只是矫枉过正，从一个极端走向另一个极端罢了。在这一问题的认知上，罗文幹的分析或可供参考，他写道：

新约法内容，一言以蔽之，袁氏为己之约法也。其病与南京约法

① 《中华民国宪法刍议》，《王宠惠先生文集》，第2—4页。
② 刘楚湘：《癸亥政变纪略》，荣孟源、章伯锋主编《近代稗海》第7辑，四川人民出版社，1987，第223页。
③ 《梁启超致曹锟书》，刘楚湘：《癸亥政变纪略》，荣孟源、章伯锋主编《近代稗海》第7辑，第183页。

同。南京约法困袁，新约法便袁，皆非为国为民之约法也。故南京约法行政之权唯恐其大，新约法行政之权唯恐其小；南京约法立法之权唯恐不伸张，新约法唯恐不缩小。于是内阁制改而为总统制矣，议员得指派矣，总统选举得指定矣……此走一极端，彼走一极端，前者出于私，后者亦出于私，所谓反动力者是也。[1]

《临时约法》是同盟会议员主导炮制的，然而，不仅与同盟会处于竞争状态的人批评其不成熟，就是孙中山也对之不满，他曾说过，在南京所定民国约法，内中只有"中华民国主权属于国民全体"一条是他所主张的，其余都不是他的意思，他"不负这个责任"。[2] 孙中山之所以拥护这个他自己都不满意的约法，是因为该约法将适用于袁世凯就任大总统之时，革命派普遍认为可以用来束缚袁的手脚。殊不知这样做与袁世凯炮制新约法一样，都将根本法做成了适用一人一事一时的制度规定。既然不是从国家长远利益考虑来规划根本制度，人存政存、人亡政息也就不可避免。到了20世纪20年代中期，国家根本法建设的规范化问题仍然悬置。罗文幹认为，今后制定宪法欲免再蹈覆辙，必须同时具备三大要素：非为一人一时制定；合于国家的历史、国情、人心及风俗；有制裁力，非装饰品。[3] 罗氏所言，可谓民初及北洋时期制宪活动经验的最好总结。

二　取舍变化：国会及政党的建构与解构

民初国会的建构与衰亡

中华民国肇建之时成立临时参议院，作为正式国会召开之前的立法机关，但参议院并非严格意义上的代议机构。按照《临时约法》有关参议员资格及产生办法的规定，参议院由"各地方选派之参议员组织之"，"其选派方法，由各地方自定"。"自定"出来的办法当然不尽是公开选举，结果

---

[1]　罗文幹：《狱中人语》，沈云龙主编《近代中国史料丛刊》正编第16册，第96—97页。
[2]　孙中山：《在广东省教育会的演说》（1921年4月4日），《孙中山全集》第5卷，中华书局，1985，第497页。
[3]　罗文幹：《狱中人语》，沈云龙主编《近代中国史料丛刊》正编第16册，第98页。

参议员由推举产生者有之,由地方行政委派者有之,甚至有按军方意志产生者。于是,本来应该自下而上产生、代表民意的参议员在很大程度上丧失了其应有的代表性。美国公使柔克义(W. W. Rockhill)曾批评说,以这种方式产生的参议员,只是一批刚刚从美国、日本或英国留学归来的戴着眼镜、身穿礼服的年轻空想家,脑子里装满了马上进行全面改革的乌托邦梦想,没有人确有经过考验的才干。[①]

按照该院制定的国会组织法,第一届国会由参众两院构成,议员的产生与西方议会选举一样,基本是在各政党之间进行。国民党在主张议会政治路线的宋教仁主持下,对议会席位志在必得,在本部和分部均设有专门机关,强调须"停止一切运动,来专注于选举",谋取国会里半数以上议席,以实现组建政党内阁的政治抱负。其他各党(如由中华民国联合会改组而成、被视为中国政党诞生标志的统一党及共和党、民主党等)也不甘落后,竭尽全力争取两院地方选票。选举结果为国民党在众议院596个席位中获得269席,在参议院274个席位中获得123席,其他各党及跨党者分享参众两院剩余的席位,国民党虽然未能在两院得到半数以上席位,比较其他各党则居于明显的优势地位。

1913年4月8日,中华民国第一届国会在北京举行开幕大典。议员到会者682人,其中众议员503人,参议员179人,占议员总数870人的78%。会议期间,两院分别举行议长及副议长选举。国民党议员张继当选参议院议长,汤化龙当选众议院议长。第一届国会的成立是中国政治制度史上具有重大意义的事件,近代国人自甲午之后孜孜以求的被认为导致西方国家民主自由的代议政制,终于在形式上得以建立。

值得注意的是,第一届国会开会期间政党局势发生了重大变化。首先是国民党独大的局面促成与国民党对峙的其他各党的合并。国会开会翌月,经梁启超发起,共和、民主、统一三党合并组成进步党。合并之后的新党在参议院中占有69席,在众议院中占有154席,与国民党的议席差距缩小。

---

① 〔澳〕骆惠敏编《清末民初政情内幕——〈泰晤士报〉驻北京记者袁世凯政治顾问乔·厄·莫理循书信集》(上),刘桂梁等译,知识出版社,1986,第962页。另外张朋园的研究表明,"百分之九十的同盟会成员年龄在17岁至26岁之间"(见张著 "The Background of Constitutionalists in Late Qing China," in Eto Shinkichi ed., *China's Republican Revolution*, University of Tokyo Press, 1994, p.72),由此可推知参议院议员的年龄构成。

其次是国民党以宋案为由武装倒袁，削弱了其在国会内的力量。二次革命发生后，部分国民党议员南下反袁，留在国会内从事合法斗争的国民党议员数量减少，这对国民党而言固然不是好事，但国民、进步两大政党对峙的议会政治格局却因此而大致形成。

但民初国会的发展经历了诸多坎坷。二次革命之后国民党人仍居较多席位的国会能继续存在的一个重要原因在于总统选举尚未完成。当完成总统选举后，袁世凯即以二次革命为由，命令北京军警将二次革命发生时仍隶国民党党籍的350余名国会议员的证书及徽章收缴。但两院议员尚有520人，国会仍拥有开会的法定人数，且其中仍有一定数量的国民党人。于是袁世凯再次下令，在二次革命前已脱离国民党籍并加入他党的议员，亦视为国民党，其议员资格同样取消。第二次被取消议员资格者为80余人。两次共取消438人，仅剩议员432人，已不足半数，不能举行合法会议。11月13日，两院议长发出通告，宣布本届国会"停止议事"。1914年1月10日，袁政府又下令对滞留在北京的国会议员予以遣散，"给资回籍"。袁世凯虽未宣布废除国会制度，但至少他一直视为眼中钉的第一届国会因此而中止。

第一届国会中止之后，袁世凯组织了参政院，成立时间是1914年7月3日。按照新约法，参政院为总统的最高咨询机关，在立法院成立之前代行立法职权。该院存在时间不长，其首次开会的议程包括议决以下法案：违令惩罚法案；诉讼法案；诉愿法案；纠弹法案。袁氏组织的参政院既有代行立法机关的功能，立法机关存在之必要此时尚未被其完全否定，则可断言。

袁世凯死后，"法统重光"。此时国家已隐然南北对峙。北方推出黎元洪接任大总统，却因究竟是依据《临时约法》还是依据袁氏颁行的《大总统选举法》，导致新旧约法之争。争议包含了国会恢复这一更加重大的问题。南方因利益所需，主张恢复旧国会，但就法理分析，还有诸多难以解释的疑问。盖被袁氏解散的国会，从1913年4月8日开幕起，到1916年4月8日，已满三年法定期限，按国会组织法，众议院议员应当解职。即便恢复旧法统，也只应适用旧国会选举法，重新改选。若以国会代表民意的原则而论，则民意并不恒定，故应依旧法改选方才合理。但改选需要较长时

期,而此时国民党的势力范围不过西南数省,改选必为北洋势力所操纵,故坚持恢复旧议员之说。李剑农认为,北方拥戴黎氏是为政治上的方便,南方拥护旧国会也是政治上的方便。新旧约法的争议表面上是"护法",实际上是政治上的势力之争。① 直到 1916 年 6 月 25 日李鼎新以宣布海军独立,段祺瑞确定黎氏依《临时约法》"继任",旧国会亦宣告复活。

但复活后的国会仅维持了一年,便因对德宣战案引出的复辟而再度解散。其间国会改造的问题被多次提出。北方在段的操纵及研究系鼓吹下,对旧国会进行强行改造,结果造成安福系控制国会的局面,而南方根本就不承认北方对国会的改造。旧国会一被解散,海军总长程璧光即辞职南下。孙中山亦于 1917 年 7 月 20 日抵粤,旋即发表护法宣言,并邀请国会议员南下。因不到法定开会人数,乃于 8 月 25 日召开国会非常会议,不久选举孙中山为大元帅,正式成立护法军政府。因孙中山与西南军阀存在政见分歧,非常国会除了完成对孙的选举之外,别无表现。

迨第一次直奉战争以直系获胜结束,国会才再次重开并完成制宪。但曹、吴的政治作为激起的反动对国会亦影响甚大,其直接后果就是国会分裂。在总统选举紧张进行时,参众两院部分议员鉴于北京已成直系的势力范围,发起"国会南迁运动",试图阻止直系操纵大选。国民党、政学系、安福系多数议员等,相继离京至沪,以上海湖北会馆为国会移沪集会筹备处,以"大寿第"为办事处,展开政治活动。反直议员本欲使北京国会因不足法定人数而不能召开会议,以阻止直系控制的总统选举,但因南下议员人数有限,且一些议员南下之后复被拉拢北上,未能遂愿。其在南方从事政治活动的初衷亦因江浙方面的抵制而未能实现。

1924 年 10 月第二次直奉战争爆发,曹、吴政权崩溃,段祺瑞重新执政,国会的命运因此到了生死存亡的时刻。在直系的政治统治业已被推倒的形势下,对反直各方而言,废除旧国会乃顺理成章之事,当时舆论也不乏这样的主张。

国会参众两院为维持自身存在做了最后的努力。此时的国会实际上已分裂为留在北京的旧国会议员和因反对贿选而南下驻沪的议员两个部分。在举国上下对贿选的讨伐声中,拒贿议员为避免玉石俱焚,一面极力与曹

---

① 李剑农:《中国近百年政治史(1840—1926)》,复旦大学出版社,2002,第 424—425 页。

锟"划清界限"，一面积极活动反直各方实力派，寻求支持。1924 年 11 月
4 日，参众两院拒贿议员吕复等 80 余人，在聚会之后发出通电，声称曹锟
贿选，"论法律则干犯国家刑章，言道德则破坏社会廉耻，此次擅开战祸，
牺牲国家人民生命财产，更难数计，仅令退避，不足蔽辜，应行严加监视，
依法诉追，方足以伸纲纪而正人心"。① 10 日，移沪国会议员召开会议，做
出清除贿选分子及"伪会"等决议。23 日，国会反贿选议员在北京召开非
常会议，推举代表谒见段、张、冯等，希望能维持"民意机关"的存在，
并主张由非常国会"选段为临时总统"。北京的旧国会议员因涉嫌受贿，对
于自身命运更为关注。政变不久，众议院便召开秘密会议，讨论"国会自
卫"问题。

虽然国会为挽救自身命运做了最后的努力，仍回天乏术。1924 年 11 月
19 日，参与天津会议的反直各实力派代表议决解散旧国会，决定现在将办
未办之选举，一律停止，并议剥夺第一届"贿选"议员选举权与被选举权。
与此同时，临时执政府司法部敕令逮捕"贿选"议员。11 月 30 日，地检厅
派出大批司法警察，分头会同各区巡警大捕"贿选"议员。"受贿"议员人
人自危，纷纷逃避。其被出票捉拿者，共有百余名，有彭汉遗、陈家鼎等
10 余议员被捕。12 月 8 日，地方检查厅检查官率同法警至众院搜索"贿选"
证据。12 月 14 日，北京临时执政府会议正式做出推翻"法统"的决定，并拟
就三项命令：（1）"去年十月所公布之伪宪法，兹撤消之"；（2）"民国元年，
临时约法，失其效力"；（3）"参众两院除拒绝贿选议员，参与建国大计外，
所有两院机关，应即消灭"。②

尽管如此，执政府的举措，也只在废除既存国会，并不具有废除国会
制度的含义。段祺瑞在执政之初，曾宣告将通过召开国民会议来解决国家
根本建设问题，并任命林长民为宪法起草委员会委员长，负责制定新的宪
法，以后又设立了参政院，作为临时立法机构。1925 年 12 月 11 日，国宪
起草委员会以逐条表决的方式，通过《中华民国宪法案》，并咨达临时执政
府，请提交国民会议讨论通过。从宪法草案可知，在未来的正式国家机关

---

① 《时事日志·中国之部》，《东方杂志》第 21 卷第 23 期，1924 年，第 139 页；《国会议员
请监视曹锟》，《申报》1924 年 11 月 13 日。

② 《执政府表示革命行为》，《顺天时报》1924 年 12 月 15 日。

中，国会制度仍将保留。未来的国会"仍采两院制，然参议院颇近似与普通上院性质迥异之德国新宪法之联邦参议院"。① 然而，由于1926年以后段祺瑞政府面临统治危机，国民会议没能如愿召开，新宪法无法通过，从而形成旧国会废除，新国会的产生没有法理依据的局面。至是议会完全消灭，民国初期之议会政治乃告一段落。

国会政治是一种民众普遍参与的政治，当多数本应参与其中的人形成国会"万万不能存立"之共识，国会制度赖以生存的社会基础即十分薄弱。民初国会政治消亡，此实关键因素。这种共识的形成既与民初国会政治实验不甚成功有关，也与当时国人思想日趋激进，对于在中国仅仅试验了13年的议会政治失去信心和耐心有关。在国人追求政治"新事物"的过程中，1924年堪称重要的转折点。这一年，苏联与北京政府签订《中俄解决悬案大纲协定》，表示放弃帝俄时代获得的条约权利，赢得国人好感。列宁在部分国人（至少是知识精英）心中的地位一举超过威尔逊，跃居"世界伟人"之首。与这一转变几乎同时发生的，是国人在政治上对西方的疏离和与苏联的接近。在主张废除旧国会并且对国会制度消亡应负重要责任的国民党领袖中，相当一部分人具有亲苏并效仿其制度的倾向。在苏联的影响下，中国政治中激进化的步伐加快，以英美作为样板的西方的代议制度自然会被国人"重新估价"。

由于政治思想激进，在审视政治现象时，本来属于人的问题很容易被简单地当成制度缺陷，从根本上予以否定，不知道一种制度从建立到成熟完善需要经历漫长的过程。不必讳言，民初国会政治弊端重重。但这种现象并非中国独有，在世界政治史上，各国代议制的实施也都出现过许多不尽如人意的现象。以选举为例，即便代议制最为成熟的英国，也一度出现"贿赂公行"，选票"涨价"的情形。② 在美国，"参议院在提名方面的丑闻"更是成为"全国以极大的兴趣关心、注视和讨论的少数几件事情之一"。③ 对于议会政治中的这类现象，西方国家不少政治学者曾经从制度角度展开分析和批判。值得注意的是，尽管意识到有严重弊端，西方国家仍然通过改

---

① 《林长民之宪法起草谈话》，《顺天时报》1925年11月15日。
② 邱昌渭：《议会制度》，上海三联书店据世界书局1933本影印，2014，第81—82页。
③ 〔美〕威尔逊：《国会政体：美国政治研究》，熊希龄、吕德本译，商务印书馆，1989，第45、130页。

良，保留并完善了议会制度。中国政治家和民众对议会的批评主要集中在人的道德这一层面，基本上没有就制度的弊端做深刻分析，却废除了旧国会，并在事实上否定了国会制度。这种因噎废食的做法显然是缺乏说服力的，无怪乎当时便有人提出"此又岂制度之过哉"的质疑。[①]

正是在一般国人对国会乃近代民主最重要的制度建构缺乏认识的这一思想及政治语境下，政治家得以毫无顾忌地处置国会。国会制度在民初政治舞台上消亡，从政治实践角度观察，很大程度上是实力派考虑政治利益得失的结果。

以反直各方的政治关怀为例。段祺瑞具有集权倾向，向来不喜欢国会捆绑其手脚。担任临时执政之后，为解决财政困难并示好各国，段曾试图在满足法国要求的前提下解决金佛郎案并召集关税会议，却遭到国会议员的反对。一些议员甚至还反对段祺瑞担任执政，认为段氏执政"在国法上毫无依据"。段氏最终决定以"革命"手段解决国会问题，议员"不合作"应当是主要原因。孙中山在经历长期"护法"之后，此时已放弃"法统"，主张召开国民会议寻求"根本解决"。孙氏之所以放弃"法统"，一个重要原因在于，此时国民党议员在国会中的人数已十分有限，国会议席对国民党实现自己的政治理想已无多大价值，而召开国民会议，国民党则可用党团操纵的方法加以控制。因此，孙中山对国会持极力否定的态度。奉张则于此问题素不十分重视，其看重的是实际政治权力，无国会故可随心所欲，有国会亦可凭借实力实施操纵。

反直三角同盟首脑的利益关怀，从政治上决定了旧国会的命运和国会制度的前途，而在舆论上对这种政治决策提供支持的，则是民众业已形成的国会当废的认知。正如国会议员刘以芬事后分析的那样："三角同盟之领袖，其态度既已如此，即令无贿选罪名，而国会能否保存，尚属疑问，况自贿选以后，又为全国所共厌弃乎？"[②]

---

①　刘以芬：《民国政史拾遗》（民国史料笔记丛刊之一），上海书店出版社，1998，第49页。美国学者林霨认为，民初国会虽成效未彰，且经常不能发挥实际权能，但在整个北洋时期，却一直是国家立法活动的中心，这是研究者不应忽略的。参见 Arthur Waldron, *From War to Nationalism*：*China's Turning Point, 1924–1925*（New York：Cambridge University Press, 1995），p.264.

②　刘以芬：《民国政史拾遗》，第48—49页。

民初政党的建置与蜕变

民国初年，由于结社合法化，加之内阁政治前景的引诱，各色各样的政党组织如雨后新笋，大量涌现。据不完全统计，当时国内新成立的公开团体共有 682 个，其中政治团体就有 312 个，政党政治的前景开始显现。但是，政党太多亦难以实践政党政治，所谓"政党少则国事举，政党多则国事废"，说明了这层道理。当时国内号称政党的组织大多够不上政党资格，针对这种情况，一些政治家（如章士钊、章太炎等）曾顺应政党发展趋势，主张"毁党造党"，对既有政党加以改造，促使其朝着成熟方向发展。到第一届国会开会之初，经分化组合，中国的政治性团体虽仍为数不少，但以相对稳健的进步党和较为激进的国民党为主轴的两大主流政党相互竞争的政治格局，已初步形成。

然而要指望民初政党在短时间内发育成熟几乎是不可能的。这一阶段的中国政党突出表现出以下特征。

其一，缺乏共同的政治信仰。虽然每个政党都标举自己的"党纲"，却没有成为党员的共同信仰。为争取议会中的多数席位，各党都拼命拉人入党。以国民党为例，国会召开前夕，国民党为造成大党声势，千方百计拉人入党，程德全、张謇、梁士诒、赵秉钧、朱启钤等"思想政见枘凿不相入者"，都成为争取对象。黄兴甚至"劝袁世凯出来作国民党的领袖，说要如此，政府方有后援，政局才能安定"。袁世凯老谋深算，当然不会入其彀中，却发现可以借此将自己的人打入国民党内部，使之反过来为其所用。到 1912 年 9 月赵秉钧组阁时，终于出现"府方授意一体加入国民党"这一政党史上奇特的现象。[①]

其二，缺乏对异党的宽容精神。实施政党内阁不能只有一个党，必须有与之对立的党。既有对立党，则主张、利害必有差异。在这种情况下，"政党对于他党，必有优容之气量"。[②] 对此，民初不少政党领袖均津津乐道。但在实际政治生活中，人们看到的则是完全相反的情形。国民党骂进步党为"官僚党"，喋喋不休；进步党骂国民党为"暴民党"，没完没了。两党议员

---

① 张国淦：《中华民国内阁篇》，《近代史资料》总第 40 号，第 159—160 页。
② 梁启超：《莅民主党欢迎会演说辞》，《饮冰室合集·文集之二十九》，中华书局，1989。

在国会开会时经常大打出手，国会大厅成了党人斗殴的场所。更有甚者，则公开主张杀人。不仅袁世凯该杀，就是唐绍仪、熊希龄、章炳麟也都在该杀之列，丝毫没有政治上宽容异己的精神，使人们对政党政治大失所望。

其三，缺乏广泛的社会基础。政党应当植根于社会，植根于民众之中，这是政党力量的源泉。然而，民初的政党差不多成了"读书绅士阶级的专用品"。进步党系旧日立宪派人士所组成，他们当中多新旧制度下的既得利益者，其疏于与社会各阶层的联系自不待言。就连同盟会和后来的国民党成员，除了孙中山和少数几个人外，都相当保守。他们不仅很少关心改进下层民众的状况，保障妇女的权利，甚至对要求这些权利的民众实施镇压。这就使民初政党缺乏社会根基，如水上浮萍，稍遇风雨，便会被打得七零八落。

从政治运作层面观察，与国会命运多舛相似，发育尚不成熟的中国政党歧路亡羊般走上了与其标榜效法的西方政党不同的发展路径。

第一次国会召开前夕，中国的政党政治一度呈现可能走上西方路径的前景。在宋教仁等人努力下，同盟会做出艰苦的改建政党的努力，通过合并友党，组建中国国民党，将过去的革命党初步改造成在议会舞台从事合法政治活动的政党，以激进的姿态，与相对保守、后来合组成进步党的各党围绕即将召开的国会席位竞争角逐。在此过程中，政治家初步形成两党政治的观念。宋教仁曾明确提出"政党宜二大对峙"的主张。① 梁启超亦认为两党制是世界政治的潮流，各国政党皆有激进、渐进两派，中国近年来亦大致形成两派，不同政党若能一心为国，各谋发达，中国之进步将不可限量。② 对于政党政治不可或缺的宽容精神，宋、梁等人亦极力提倡，强调从事政党政治须有包容异己的器量，对于他党不可有嫉忌心，且尤必望其发达，彼此竞争角逐，共谋政治进步。

不幸的是，因宋案的发生，中国刚刚开始的政党政治发生了方向性改变。一方面，国民党重新回到革命党的政治立场；另一方面，留在议会内的各党派也越来越不称其为政党。随着国民党在后来国内政治斗争中获取胜利，中国的政党政治再也没有回到在议会舞台上多党运作的状态。

---

① 《致北京各报馆书》，陈旭麓主编《宋教仁集》下册，第421页。
② 梁启超：《莅民主党欢迎会演说辞》，《饮冰室合集·文集之二十九》。

宋案发生后，留在国会内的国民党议员和其他各党议员曾做出维护国会及政党政治的积极努力。宋教仁被刺身亡，作为同样主张议会民主制的进步党党魁——梁启超不免有物伤其类之感。为维护政党政治正常运作，经梁极力主张，进步党开始谋求与留在国会内的国民党人合作，以抵制政府戕残国会的阴谋。二次革命发生后，袁世凯采取种种手段迫害留在国会内从事合法政治活动的国民党议员，致使国民党议员人数急剧减少，这构成了对国会本身的威胁。梁启超对此深感忧虑，他意识到，如果问题不能在国会内部加以解决，"其势非假院外势力以解决之不可"。为抵制袁世凯对国民党的进一步迫害，他甚至正告袁世凯，不要以为"兵威既振，则国会政党不复足为轻重"，指出凭借武力来维持的局面，终究是难以长久的。[①]

但梁启超的悉心呵护并没有让国会逃脱厄运，依托国会而存在的政党亦随着国会舞台的坍塌而星散。在袁世凯死后国会重组过程中，曾经的政党纷纷改变名称，是一个值得注意的现象。当时不少政党改称"会"，如进步党蜕变成宪法讨论会和宪法研究会，国民党之一部组成欧事研究会，另一部组成宪法商榷会，从宪法商榷会又衍生出政学会等；有的改称"俱乐部"，如林森、居正等在宪法商榷会中隐然独立的丙辰俱乐部及王正廷、褚辅成脱离益友社组成的政余俱乐部；有的成为以某些政治人物聚集场所为代称的团体，如客庐、韬园等；有的被称为"系"，如从进步党演化出来的研究系以及新旧交通系、安福系。到曹锟时代，又有与保派联系紧密的宪友俱乐部、宪法学会，有吴景濂以民宪同志会为基本力量组成的诚社、匡庐，有从匡庐分裂出的南庐及民治社等。逮及段祺瑞任临时执政，新旧交通系转而投靠张作霖；安福系分裂为以王揖唐为首的安徽派和以曾毓隽为首的福建派，争衡于段之左右；政学会与国民党开始有大批党人出入国民军中；研究系则以1917年联段渊源，对段表示同情。

当时几乎所有政治团体都不再以"党"作称谓，应与民初政党政治呈现乱象招致国人批评有关，而"君子不党"的传统观念在民初遭到批判之后此时再度复活，亦发挥了潜在影响。从组织结构上看，与民国元年、2年不同，这时所谓政团及结社大多没有基层支部，其力量和影响可想而知。

---

① 丁文江、赵丰田编《梁启超年谱长编》，上海人民出版社，1983，第675页。

但这些改头换面的政团仍不甘销声匿迹，最典型的是研究系。当反复辟成功、段祺瑞执政之后，脱胎于进步党系统的研究系以为有了用武之地，希望通过改造国会，实践政党政治理想，却因安福系和交通系把持，无法发挥作用。研究系是国民党议员大部离开国会后唯一保留政党性质的派系，其改造国会努力的失败，标志民初政党政治的终结。

而离开国会之后的国民党，则改变政治路线，回归革命党立场。以孙中山为代表的同盟会领袖在民国肇建时虽然接受了"改会为党"的既成事实，但思想认识仍停留在革命时代，在民国已经建立的历史条件下，表现出明显的"继续革命"甚至"不断革命"的思想与行为倾向。

在国民党回归革命路线的过程中，二次革命是一大关键。这次革命的原因及表象十分复杂，经过政治家的诠释和学者的研究，也就更加云遮雾障了。曾经担任袁世凯幕僚的张一麐在事隔20多年后写道："宋案之始，洪述祖自告奋勇谓能毁之。袁以为毁其名而已，洪即嗾武刺宋以索巨金，遂酿巨祸。袁亦无以自白。小人之不可与谋也，如是。"①今天看来，当时所有针对袁世凯的怀疑都合乎情理，后来袁世凯复辟称帝的历史亦证明了孙中山革命倒袁的正当性。但这里有两个问题不应忽略：其一，所有认为袁世凯就是刺杀宋教仁主谋的判断迄今都还没有找到直接的具有法律效力的证据。从法律上讲，嫌疑人不等于罪犯，不能率尔认定袁是宋案主谋。其二，袁世凯虽有帝制自为倾向，但毕竟上台不久，尚无充分政治表现，非比后来称帝败露之时，反对者可以取得师出有名的主动。在这种情况下，成熟的政治家一般不会轻举妄动，而是等待其政治敌手劣迹充分暴露后再行发难。相信"多行不义必自毙"，这是一种政治智慧。孙中山则不然，在没有找到袁世凯就是宋案主谋的直接证据、袁帝制自为尚未充分暴露且自身力量不足以推倒袁氏的情况下贸然发动二次革命，是其政治生涯中的一次败笔。汤化龙说："今昔情形迥异，革专制之命，其名顺；革共和之命，其名逆。"②本来，孙发动二次革命是希望维护自己参与首创的共和民主制度不被践踏，但在未能真正说服国人，甚至连身边的多数革命党人也还没

①　白蕉：《袁世凯与中华民国》，荣孟源、章伯锋主编《近代稗海》第3辑，四川人民出版社，1985，第44页，"红梅阁主"眉批。

②　《驳汤化龙致黄兴电》（1913年7月29日—8月13日之间），马勇编《章太炎书信集》，河北人民出版社，2003，第517页。

有被说服就贸然宣布武装倒袁，显然使自己陷于"革共和之命"的尴尬境地。二次革命发生后孙中山等人很少博得社会同情，旋归失败，是有原因可寻的。

唐德刚认为："在民国史上，第二次革命实际上是第一次内战。坏事怕开头，打了第一次内战，以后就有第二次了。如果说第一次是个偶然，第二次就是必然了。"① 其实，与后来频繁发生的内战一样，民国"第一次内战"的爆发亦非偶然。袁世凯的专制集权及民初政治的乱象固有以成之，但国民党人也责任攸关：在"毕其功于一役"的革命未能肤功立奏的情形下，在"革命军起，革命党消"的主张备受批判的思想政治语境中，国民党以革命手段来解决与袁世凯为代表的政治势力的矛盾，是符合其自身思想逻辑的。而这种思想和行为倾向，又不可避免会激起本来就有"反革命"冲动的敌对一方先发制人的考虑。故当孙中山等人谋划发动二次革命时，袁世凯很快就找到了发兵镇压的理由："现在看透孙、黄，除捣乱外无本领。左又是捣乱，右又是捣乱。我受四万万人民付托之重，不能以四万万人之财产生命，听人捣乱！自信政治军事经验，外交信用，不下于人。若彼等能力能代我，我亦未尝不愿，然今日诚未敢多让。彼等若敢另行组织政府，我即敢举兵征伐之！"② 于是，民初政治形成这样的恶性互动：革命一方以极端的思想行为向反革命一方不断提供以同样极端的手段加以对付的合理性证明，而反革命一方的倒行逆施又反过来不断证明着革命的合理性。双方互激互促，民初政象也就益形险恶。

二次革命更为重要的意义在于改变了国民党的政治路线。严格地说，倒袁并非革命，真正赋予这一事件以革命含义的是，在这次行动中，孙中山再次改组其党，打出"中华革命党"旗帜，重新制定党纲党章，公开回到革命党立场，在事实上摒弃了西方式的议会政治道路。孙中山特别强调中华革命党"为秘密团体，与政党性质不同"。在活动方式上，将以"积极武力"，组织"革命军起义"，扫除障碍，"奠定民国基础"。鉴于二次革命已告失败，以武装颠覆现政权为目标的"三次革命"主张不旋踵即

① 唐德刚：《袁氏当国》，广西师范大学出版社，2004，第83页。
② 《袁总统令传语国民党人》，原载1913年5月24日上海《时报》，收入荣孟源、章伯锋主编《近代稗海》第3辑，第45页。

已提出。中华革命党的一份党务报告称："吾党欲图三次革命，与袁氏反对，则吾党所占之地位，即为先天之国家。"有了二次革命，复图三次革命，以后又主张"四次革命"。① 孙中山及其追随者最终陷入"革命尚未成功，同志仍须努力"的不断革命境地，并在很大程度上决定了其后中国政党政治的走向。

三　重心失却：北洋军政体系的解构与重建

北洋渊源与袁世凯的"去北洋化"

北洋军政体系有一个漫长的历史形成过程。语其渊源，则始于英法联军之役后清政府设立南北洋大臣之时。甲午战后，袁世凯督直，例兼北洋，在天津附近的小站设练兵处，建造兵营，北洋派军人以此发轫。清末袁氏开府北洋，宪政党人多为北洋幕府罗致，遂有以北洋为政治中心的主张，"北洋派"三字亦开始在时论中出现。

李鸿章死后，北洋派最高领袖是袁世凯。袁能够在清末民初国家政治中占据重要位置，其原因有三：一是具有经济及军事实力，二是在统治集团中属相对趋新一派，三是与清廷有很深的矛盾。因为与清廷有矛盾，以"反满"为重要诉求的革命派在清末政制鼎革中便可与之结成暂时的政治联盟；因为相对趋新，故在民初的政制建设中，各方都对之抱有一定期望；因为有实力，担心在华利益在政制转型的混乱中受到损害的外国人便普遍看好他，即便是对其怀有戒心的革命党人，也因缺乏实力，不得不与之妥协。这一切，成为袁世凯建构并维系北洋军政体系的重要基础。

凭借这一基础，袁世凯很快取代孙中山，成为中华民国临时大总统。按照通常的认知，袁作为北洋最高领袖，本应固化内部，但当就任临时大总统之后，却悖论式地表现出"去北洋化"及寻求"新旧合作"的倾向，试图将自己的统治拓展成代表性更强的国家政权统治形式。本此想法，袁世凯曾打算邀孙、黄、黎诸巨头于1912年10月10日聚首北京，共商国是，以便签署一个具有广泛代表性的施政纲领。盖民国政权虽已大体构建，却

---

① 《在汕头各界欢迎会上的演说》，《孙中山全集》第4卷，中华书局，1985，第112—113页。

未明确施政纲领，政局亦呈乱象，孙、黄、黎若能应邀进京，确立施政纲领，则政局将有望趋于稳定。但副总统黎元洪因张振武案发生，不敢贸然入京，四巨头会议遂开成三巨头会议。孙、黄、袁经几番讨论，最后确定施政大纲八条，用电报征得黎元洪同意，于9月25日由总统府秘书厅正式通告，并根据八大政纲商定了四项实行手续。

袁世凯此举意义重大，不仅以各方领袖聚首的方式象征国家统一，也为巩固自己的地位奠定了社会基础。之后，袁控制的北京政府在国家基本制度建设方面做了大量工作。值得注意的是，袁世凯虽被视为北洋军阀首领，担任大总统期间却鼓励文治，并在一定程度上促成文治主义思潮的再度兴起。本来，北洋集团中就有主张文治的一派。该派肇始于北洋幕府，袁世凯当政时禁止军人干政，幕府中有政治才干者得以登进。王士珍、徐世昌就是北洋集团中"文治派"的代表，而各级政府机关，也网罗了大量的知识精英。[1]

在职官制度建设方面，袁世凯的举措对于北洋体系尤其具有解构意义。北洋中人多行伍出身，而袁政府却通过制度建构来任用文人。以北洋政府制定的文官铨叙法规为例，从1912年袁世凯就职临时大总统开始，几年时间里，北洋政府制定并颁布了《中央行政官官等法》《文官考试法草案》《典试委员会编制法草案》《文官任职令》《文职任用令》《文官甄用令》《文官高等考试令》《文官普通考试令》《文官高等考试典试令》《文官普通考试典试令》等数十种法规。为防止官吏违法失职，确保国家机器正常运转，北洋政府还颁布《文官惩戒条例》，逐步确立完备的文官铨选、任用及惩戒制度，使行政机构的运作有法可依，趋于有序，亦使北京政府在与"北洋"相反的政治轨迹上，渐行渐远。

研究者通常强调北洋时期的种种乱象，对于袁世凯执政时的作为更是不遗余力加以抨击。其实袁世凯主政时期，因致力于经济法规建设，社会经济呈现良性发展状况。袁恪守自由发展工商业的原则，为规范经济行为，曾指示工商部从速调查国人工商习惯，参考各国法律及成规，筹订划一办法。在其大力督促下，各种经济法规在清末修订新律的基础上得以继续修

① Odoric Y. K. Wou, *Militarism in Modern China: the Career of Wu P'ei-fu, 1916-1939* (Studies of the East Asian Institute, Columbia University, 1978), p. 83.

订或完善，民初经济立法也因此呈现一段难得的"黄金时期"。从数量上看，短短几年间制定颁布法规数十部，约占整个北洋时期所定经济法规之半，初步形成了中国近代经济法律体系的架构。从质量来看，中国经济法律体系中的重要法规几乎全部产生于 1915 年以前，其后的立法主要表现为对之前立法的补充和完善。从效果上看，民初经济发展的速度与总量均超过晚清几十年的总和，这与袁世凯执政时期相关法律法规的制定、颁布，以及实施对工商业的保护是分不开的。

袁的另一重要作用在于超越包括北洋在内的集团利益，在共和政权肇建时维持了中国作为多民族国家的统一和社会稳定。研究民初政治史的人谈统一往往只是关注南北即外国人所说的"中国本部"的统一，忽略了多元性的民族国家的统一。有关政权转移与社会动乱的因果关系，从来政权转移都将冒此风险，而当国家"中心势力之欠缺"时，这种风险会更大。当是之时，除了土匪、兵痞乘乱作恶之外，新政权面临的离心因素尚多。清初整合到国家统一体内的蒙古、新疆、青海等地在失去清朝的制度维系之后能否继续在中国版图内存在，成为政治家必须应对的当务之急，从长远来看，其重要性甚至超过国内的政制转型。章太炎等人主张在北京建都，并不是要迎合袁世凯，而是出于"五族共和"能否实现的现实考虑。迎袁专使蔡元培等遭遇的被认为系袁导演的北方兵变，即便找到袁世凯是其幕后导演的证据，也很难证明北方不存在发生大规模社会动荡和蒙古、青海、西藏离异的危险。在这种情况下，一个为各方倚重的权势重心的存在，对于政制转型中的中国，无疑具有非同寻常的意义，而袁世凯就是这样的权势重心。袁世凯致函孙中山解释其不能遽即南下的原因，有谓"奉江两省，时有摇动，外蒙各盟，迭来警告"，[①] 亦可见其对蒙古等"外藩"离异的严重关注。

毋庸讳言，袁氏执政多有违反现代民主政治原则之处。作为一个旧官僚出身的国家元首，袁缺乏民主意识，手段陈旧，难以将中国引至现代政治指引的方向。但袁的价值在于提供了许多同时代人不能提供的东西。诚如罗文幹所言："较诸袁氏死后之执政者，则袁氏已不可及矣。袁氏之世，

---

① 袁世凯：《致孙中山电》（1912 年 2 月 21 日），《骆宝善点评袁世凯函牍》，岳麓书社，2005，第 335—336 页。

法令能行也，国库裕如也，各省肯解饷不敢截留也，官制官规非毫无定制也，中央之政不必请命于军阀也，对外尚能统一也，吏治也有考绩也，仕途不冗滥也，百官不能躐等也，官方尚能整肃也，登庸有考试也。"罗认为，如果将袁与华盛顿、拿破仑相比固属非伦，但此十余年来国家稍得安宁者，亦仅有袁氏在位之日而已。①

然而"袁氏当国"期间的作为，对于北洋来说则是近乎灾难性的。盖袁无论当总统还是做"皇帝"，都不能以派系首领而必须以"天下共主"的身份任事，否则其统治的政治基础就会薄弱。袁就任临时大总统之初，高调邀请孙、黄、黎三巨头聚首北京，就是在表示自己是"天下共主"而非北洋领袖。然而，那些具有政治抱负的北洋同辈和后起之秀却因不能从袁建构的政局中看到前途和希望，持不合作的态度。袁氏鼓励文治，强调"军民分治，军人不干预政治"，主张政府官员通过考试选拔录用，但北洋人物大多出身行伍，对其近乎排斥自己人的做法多不认同。袁积极立法，示以法制立国，而北洋武人多跋扈，能自觉接受法律约束者甚少。作为北洋最高领袖，袁世凯的所作所为并未以北洋的利益为归依，某种意义上袁自己已在背离"北洋正统"，这使北洋军政体系面临解体的严重局面。通常认为北洋体系是袁身后才分崩离析的，其实无须等待袁死去，还在其在位之时，"北洋"就已经名存实亡了。

因而当袁氏称帝时，他首先感受到的威胁并不是革命派的反对，而是北洋派内部的离心离德。被称为"北洋三杰龙虎狗"的王士珍、段祺瑞、冯国璋，王是"龙"，在袁最需要的时候却云遮雾罩，见首不见尾；段是"虎"，此时已经露出猎食本性，开始觊觎袁的身后了；冯是"狗"，关键时刻不仅不见帮主子咬人，却两次密电袁，要其"敝屣尊荣"，促其退位。至于其他麾下爱将，也都个个靠不住。就是当初极力劝袁称帝、被袁派往西南坐镇的陈宦，受到袁器重的陕南镇守使陈树藩，以及袁予以"不次之擢"的汤芗铭，均反目相向，以至时人借用中药汤头，谑称袁系误服"二陈汤"致死。袁死后，北洋体系正式解体，某种意义上，袁世凯才是北洋体系崩坏的肇始者。

① 罗文干：《狱中人语》，沈云龙主编《近代中国史料丛刊》正编第16册，第74—75页。

北洋体系裂变与"北洋正统"幻灭

袁世凯死后，北洋体系在事实上一分为二，出现了直皖分野。本来，袁氏在时行政集权中央，军队统于一尊，并无派系可言。袁死后，群雄失驭，各植势力，各昵所亲，遂有强为区分直系皖系者。而被视为皖系首领的段祺瑞与被视为直系首领的冯国璋初无直皖成见，直到后来此疆彼界，俨然区分，世所公认，才不得不屈就事实，但"北洋正统"观念，仍不时浮现。护国战争之后继任大总统职位者为黎元洪，段祺瑞以总理掌握实际权力。后因对德宣战问题府院争持不下，引来督军团干政和张勋拥清废帝复辟，复引来段祺瑞马厂誓师反复辟及复辟失败。之后段"拥戴"冯国璋任大总统，自己以国务总理名义再度操持国政。段有"再造共和"之功，却推举不属自己派系的人出任总统，说明其北洋的归属感尚高于皖系的身份认同。而冯国璋担任总统、段祺瑞任总理、王士珍任陆军总长的军政格局，亦使北洋派人心大振，对北洋的政治前景寄予新的期望。

但北洋的解体仍不可避免。因府院权限不明，冯、段关系很快就因徐树铮而出现裂痕。洪宪帝制失败、国会恢复后，段出任内阁总理，徐以名士、策士身份为其谋划。而徐刚愎自用，喜弄权术，与内务总长孙洪伊积不相能，孙乃联络被视为直系且与段出现关系裂痕的冯，谋制徐倒段。久之，遂有直皖派系之分别。继直、皖两系生成后，奉系亦逐渐坐大。1912年袁世凯任命张作霖为第二十七师中将师长，1918年9月段祺瑞任命张作霖为东三省巡阅使，被视为北洋旁支的奉系军政势力开始显赫并逐渐将势力插入关内。在北方军政体系发生裂变的同时，南方则形成以唐继尧为首的滇系和以陆荣廷为首的桂系。此外，还有山西的阎锡山，徐州、兖州一带的张勋，以及四川境内分别控制不同地盘的大小实力派。在时人杨荫杭看来，这种局势颇与五代时的分裂气象相仿佛。杨氏认为，斯时的北京政府好似梁、唐、晋、汉、周居于中原；督军各有地盘，犹如南唐、吴、越、汉、蜀、楚、闽各据一方，因而发出"呜呼，今日之时局，五代之时局也"的感叹。①

---

① 杨荫杭：《兄弟阋于墙》《今之时局》，《老圃遗文辑》，长江文艺出版社，1993，第53、12页。

既已裂土成"侯",则彼此间的利益之争不可免,而战争则成为解决利益冲突的重要方式。据统计,1916—1928年共发生140余次战争。如果把小规模武装冲突也计算在内,则仅四川一省在这期间就发生了400余次"内战",遑论全国!但北洋时期的战争规模,持续时间,所涉空间,伤亡人数似乎都被严重放大了。以当时规模最大的几次战争为例。直皖之战始于1920年7月14日,至19日段祺瑞辞职战争结束,延续不过6天。第一次直奉战争始于1922年4月29日,至5月5日奉军战败退回关外,战争进程也只有6天。第二次直奉战争从1924年9月15日开始,到10月23日北京政变发生,也就大致结束,即便以月底吴败退时计算,持续时间也只有一个半月。从伤亡上看,其实当时一场战役下来,伤亡一般为几百人,多的有几千人。

罗文幹认为,战乱并非北洋时期的时局特征,"非战非和",老百姓感觉"不痛不痒"才是这一时期国家与社会的特征。他写道:"非战非和,此不生不死之局,统一之最大障碍也。使其战而一方胜也,则力胜者理强,可以统一。或使其七年之间无日不战也,则虽胜败未分,而其首先民穷财尽者不得不降,又可以统一。今则不然,有时战,有时不战,而胜败不分,无强弱之别,因其不常战也,人民不甚感直接之苦痛,于是不痛不痒,年复一年,人民既漠然视之,当局者遂得以各逞其私欲,而私欲之难合,不待智者而知也。"[1] 所谓因其不常战,人民不甚感直接之苦痛,故漠然视之,道出了当时国家及社会的实情。

然而罗的关注重心并不在此,在其论述中着重表达了国家统一的理念。他并不一味反战,而是希望形成强势的一方来推进统一,即便通过战争手段也在所不惜。所谓形成"强势一方"就是要建构权势重心,但这样的重心在袁之后已经丧失。章士钊的观察与罗相似,认为袁之后北洋政治已陷入僵局,天下重心失却,成为中国政治面临的最大问题,希望在"天然的重心"丧失的情况下,寻求各方"共建之重心",以维持国家。[2]

其实为罗、章所忧虑者,也正是后袁世凯时代北洋军政首领试图解决的问题。首先被推出来建构权势重心的是冯国璋,但因与皖段关系不谐,

① 罗文幹:《狱中人语》,沈云龙主编《近代中国史料丛刊》正编第16册,第83页。
② 《时评》(1926年1月23日),《章士钊全集》第6卷,文汇出版社,2000,第77页。

冯难当此任。1918年10月，冯在担任了一年零四个月的总统之后，被安福国会逼迫下台（一年后即死去），由徐世昌取而代之。徐之所以能够继任，是因为他在北洋派中具有较高地位。按照时人说法，徐乃"纯粹北派主盟，对于南人绝无关系者也。其在北派，实兼为官僚、军人两派之领袖，世凯死，足统辖北洋文武者，徐氏一人而已"，系没有争议的"北洋正统"。① 就任之后，徐世昌标榜偃武修文，以和平、统一、发展为职志。11月15日，徐发起在北京召开各省督军会议，下令对南方停战，并定于次年2月召开南北议和会议，以促成和平统一。

　　徐氏标榜文治的国际背景是第一次世界大战以协约国的胜利而告结束。时任美国总统威尔逊在国会演说，主张确定约章，组织国联，以各国相互保障政治自由、领土完整及国无大小一律平等为原则，激起国人对文治、和平统一的遐想。如陈独秀就认为："欧战后世界上各国的思想制度，都要大大的改变，这是逃不出的事实，人人都承认了的。"他甚至认为："现时东洋各国的当局，象中国的徐总统，象日本的原内阁，都是文人出身，总算是东洋和平的一线光明，也就是东洋各国国民的真正亲善种子。"② 曾任翰林院编修的教育家严修对徐实施文治也寄予厚望，他劝主张南北统一的黄郛去见徐，有谓："东海是民国第一次文人当政，无论如何他不至于主战，宜多输以新知识，促成其文治主张。"③ 可见时人对实施文治期待之殷。

　　但徐的文治不过是标榜"以文驭武""废督裁兵"，试图将军权集中于陆军及各省省长悉由中央改派文职官员担任而已。曾经称徐为"北派主盟"的警民氏写道："世有望徐氏就任实行民主制者，吾敢称之曰梦呓。盖北洋派中诸人，实无一人谓民主制可实行者，不仅徐氏为然也。徐氏对于人民及议员，必取敷衍主义，所谓面从心违，或久使自懈是也。"④ 其实姑不论徐的文治是否具有以现代政治观念来治理国家的含义，就是徐氏自己确定的政治目标，也并无实现之可能，原因在于缺乏军政实力。徐氏能够在北洋各派系激烈的角逐中一时胜出，位列总统，靠的是号称"正统"的北洋

---

① 警民：《徐世昌》，沈云龙主编《近代中国史料丛刊》正编第40册，第85页。
② 《欧战后东洋民族之觉悟及要求》，《陈独秀著作选》第1卷，上海人民出版社，1984，第430—432页。
③ 沈亦云：《亦云回忆》上册，传记文学出版社，1968，第155—156页。
④ 警民：《徐世昌》，沈云龙主编《近代中国史料丛刊》正编第40册，第75页。

元老身份和居间调和者的角色，其长处在善于因势操纵。但这并不可靠，政治家需要的是实力。由于缺乏实力，在1920年2月20日召开的南北议和会议上，徐遭遇了非同寻常的政治尴尬：一方面，因深谙段祺瑞主张武力统一，不得不联络直系和西南实力派以贯彻其和平统一主张；另一方面，考虑到由皖段支持的安福国会乃其膺任总统的法律依据，故当皖系主战派破坏南北和谈时，又不敢与其决裂。而因其系由安福国会推选，反皖段的一方又不予承认，甚至有视之为"私生总统"者。故整个和会期间徐都首鼠两端，没能表达自己的真实意图。更有甚者，西南实力派因在和会期间受皖系干涉，不能实现自己的主张，转而反对徐世昌标榜的文治，认为徐氏等人"以文治派自居，平时固极相宜，乃非当下可能应付一切者"。①

南北和议无果而终，旨在武力统一的战争接踵爆发。1920年7月直皖之间发生战争，皖系败北，由皖段推上台面的徐世昌虽依旧坐在大总统位置上，但其政治掌控力已严重削弱，号令不出京城。1922年第一次直奉战争后，获胜的直系控制了北京政府。不久，同样号称"北洋正统"的曹锟、吴佩孚幕后操纵旧国会，指徐世昌任总统为"非法"，迫其去职。随着徐的去职，北洋"文治派"重建北洋权势重心的努力也就宣告失败。

从1920年夏与皖系开战到1924年第二次直奉战争发生，是直系与皖奉及西南实力派角逐竞雄的时期。此时的直系在北洋各派系中最具实力，其外交上亲英美的路线反映了巴黎和会至华盛顿会议期间多数国人的外交取向，其在政治上打出"恢复法统"旗号，亦可暂时缓和与执意护法各方的矛盾，因而颇为国人看好，成为国家权势重心重建及实现统一新的希望所在。

直系自身也存在诸多问题。首先是内部出现裂痕。第一次直奉战争后，直系把持中央政局，但随着权势上升，曹、吴身边的人各有打算，各拥其主，内部开始出现保、洛分别。因曹锟、吴佩孚以直鲁豫巡阅使与副使身份分别驻节保定和洛阳，故二人身边的政治集合又被称为"保派"和"洛派"。吴虽表面上保持着对曹作为"直系盟主"地位的承认与尊重，但其自我中心主义亦不时表现出来。保洛之间这种复杂纠葛的关系，直接影响到直系控制下的北京政局。其次是"贿选"惹来的政治麻烦，致使曹、吴通过恢复旧国会所获致的统治"合法性"丧失殆尽。加之镇压京汉铁路工潮，

① 丁中江：《北洋军阀史话》（3），中国友谊出版社，1996，第236页。

导致国人对直系认知改变，其统治的"合道性"在国人心中失却。直系统治的政治及社会基础严重削弱，给敌对各方以联合倒直、谋求东山再起的机会，第二次直奉战争由是爆发。

这次战争出人意料地以反直三角同盟获胜而告结束。嗣后段祺瑞受各方推举，出任临时执政府执政。尽管曾有人试图提升这次政治变动的含义，将发生在北京的政治鼎革称为"革命"，段祺瑞亦多次主张废除"法统"，赤地新立，但曹、吴倒后中国政治的变化不可能是一场真正意义上的革命，因为它没有导致国体或政体的实质性变化。在并未形成一切推倒重来的政治格局下，战争善后只能以整合北洋军阀政治权力体系的方式进行。而当时最严峻的问题，是如何将分散的各军阀派系暂时维系在一起，尤其是使已经退到长江、企图卷土重来的吴佩孚表态拥护中央，不至重启战端。在这个问题上，反直三角同盟推出段祺瑞，打的仍然是"北洋正统"牌。奉军将领何柱国曾分析说："段以北洋元老的资格，对于北洋军阀，无论哪一个，虽然都吸不住，却都罩得下"，[①] 道明了三方的考虑。

1924 年 11 月 24 日，段祺瑞入京就临时执政职。段氏就任后面临的最大政治难题，是如何改变国家四分五裂的现状，对北洋集团进行整合，使之集于自己麾下，形成新的政治共同体和权势重心。

段祺瑞用以整合北洋体系的资格是"北洋正统"，具体手段是利用北洋各派系间的矛盾，促成或保持各派力量的"均势"，以维持北洋旧体系的继续存在。其苦心为冯、张分配地盘，将苏皖畀奉张，陕甘畀国冯，目的全在于此。不过这种"均势"只被段祺瑞维持了不到一年。1925 年 10 月，以孙传芳为总司令的五省联军以"拥段反奉"为号召，不顾段之调停，向奉军发起攻击。以后各派军政势力怀抱不同目的，彼此大动干戈。浙奉战争的爆发，宣告了段祺瑞整合北洋体系努力的失败，建立在各方"均势"之上的段执政的政治生命，也因这场战争的爆发而临近终结。

段祺瑞没能如其所愿，成功整合北洋军政体系，当然也就没能延续临时执政府的命运。这样的政治结局，与皖系实力过早衰退有关。皖系政治上可能有所作为的时代，是在袁世凯死后段以国务总理控制北洋政府时期，

① 何柱国：《孙段张联合推倒曹吴的经过》，《文史资料选辑》（合订本）第 51 辑，中国文史出版社，1986，第 28 页。

以及讨伐张勋，"再造共和"，继续掌握政权的几年内。1920年直皖战争败给曹、吴之后，其权势的巅峰期已经过去。第二次直奉战后段能复出，不是因为具有实力，而是因为奉张与国民军争执不下，捡了个政治便宜。然而依靠权力平衡推出来的政治领袖日子从来都不好过，因为平衡很容易被打破，维系政治统治所需的是实力，而这正是段最为缺乏的。蛰居复出的段氏，已经近乎手无寸铁，毫无凭借。执政不到两个月，便有人将段氏与徐世昌相比，指出他"已入十年东海境地"。① 在这种情况下，段祺瑞政府要想成为袁世凯那样可以对全部北洋军人发号施令的政治权力中心，几乎是不可能的。

其实何止段祺瑞，袁世凯之后的北洋各派领袖中，没有哪一位具有能够整合北洋军政体系的能力。如前所述，首先被推举出来建构权势重心的冯国璋因与皖段关系无法协调，难当此任，接着又有徐世昌、吴佩孚、段祺瑞等粉墨登场。徐世昌属"文治派"，缺乏实力，欲以文驭武，不啻梦呓！吴佩孚一度拥有较强实力，又被认为是北洋嫡系，却因支持曹锟"贿选"丧失政治号召力，复因坚持武力统一导致北洋支派离心，加之为反直三角同盟战败，已不足膺此重任。曹、吴之后力量相对强大的张作霖与北洋嫡传各派关系较远，就连在北洋中"分属后辈"且新近战败的吴佩孚，也"一向不把张作霖当作北洋正统"。从直系分离出来的国民军首领冯玉祥政治上反复无常，难以自立。至多只能算是北洋旁支的西南各军阀陷于内争，或不具备问鼎中原之实力，或本来就胸无大志，苟且偷安。整个后袁世凯时期，能够为北洋各派公认的权势重心一直没能形成。

个中原因，其实就在吴佩孚蔑视张作霖时所持守的"北洋正统"上。北洋在近代历史上曾经是一举足轻重的政治军事存在，但在袁世凯之后便已式微，不可复振。后袁世凯时期此伏彼起的战争及政治上变动不居的局势，更是使曾经对北洋抱有希望的国人从心理上厌弃了这一军政集团，而北洋自身亦四分五裂，一蹶不振。不管是直系还是皖系，在整个北洋已越来越不为世人看重的情况下，即便被承认为"北洋正统"，亦无号召天下的能力，更何况皖、直、奉、浙及西南、西北各实力派，谁也不承认对方是"正统"。

① 《国内专电·北京电》，《申报》1924年1月7日。

北洋面临的遭到民心厌弃且内部又无法整合的衰颓状态，以及国民党自我改造之后呈现的崭新气象，解释了后来国民革命军北伐没有遭遇太大困难就取得胜利的原因。

四　分合诉求：地方与中央的治权之争

中央权力式微与地方自治滥觞

民国肇建，因袁世凯北洋势力强大，中央积极有为，加之"一般学者盛倡中央集权"，地方势力受中央权势及舆论的双重压抑，暂时没有表现自身意志的机会。宋案发生后，孙、黄指令李烈钧、柏文蔚、胡汉民起兵反袁。袁在对外借款成立后，立意动武，宣称"跋扈之都督（李、柏、胡三人）在所必除"。时蓝建枢以岑春煊代表之资格，进言调和，袁断然拒绝道："今日并非调和南北问题，乃系地方不服从中央，中央宜如何统一问题。宋案自有法院，借款自有议会，我与岑君等皆不能说话。君系现役军人，尤不能说话。至李烈钧等为地方长官，于行政之系统上，中央不能不求统一之法。"① 袁不以南北名义处理赣宁方面发起的二次革命，而强调其用兵系讨伐不服从中央的"地方"，凸显了北京政府的强势地位及维持中央集权的政治诉求。

不过清末民初中央集权的程度已十分有限，镇压二次革命时袁世凯表面的跋扈，也多少有些色厉内荏的味道。张君劢曾指出，有人说清朝及袁世凯当政时集权，其实斯时中国中央之权远不及德美联邦政府之权。各省自练军队，自定币制，中央政府除官吏任命权外，无任何权力。他认为，中国之患不在单一，也不在集权，而在野心家肇乱和无所节制。② 恽代英也认为，民初政象纷乱，与辛亥政制鼎革中国以民主取代君主，却未具备起码条件有关，现代政治制度建构必须具备的人的主观条件尤其不成熟。因为"早熟"，民众（甚至其精英分子）都还不知道怎样过现代政治生活，而革命却把"皇帝的尊严"打倒了，只得挂个"民治的招牌"出来，结果造

---

①　李剑农：《中国近百年政治史（1840—1926）》，第 350 页。

②　罗文幹：《狱中人语》，沈云龙主编《近代中国史料丛刊》正编第 16 册，第 4—5 页。

成"群雄争长"的局面。①

　　如果说，袁世凯在世时尚能勉强维持中央对于地方的行政掌控，袁世凯身后的中国则已无严格意义上的中央政府可言。杨荫杭在观察北洋时期政局时曾做过一番历史比附，认为当时的中国已呈现春秋战国似的分裂格局：中央政府对于各省，有如东周之于诸侯；南北相攻，皖直交讧，滇蜀不靖，有如诸侯列国之侵伐争霸。只是春秋战国学术兴盛、人才辈出，北洋时期则晦盲否塞，春秋战国争霸之诸侯尚知招贤礼士，北洋时期则黄钟毁弃，瓦釜雷鸣，由此区分出两个时期优劣高下。② 陈冠雄抨击军阀把持国家中枢、干政乱政的行径，有"武人乱纪""傀儡中央"之语，更可见当时局势的严峻。③

　　在这样的政治格局下，中国的权势重心发生转移，北京所具有的俯视天下的崇高地位迅速下降，国内政治家对它的重视程度亦远不如前。北京乃京师重地，是中国政治权力的重心所在，一切上升性的社会流动都指向北京。到北京去的人总不免怀着"朝圣"心态，历朝历代的觐见制度，就是利用臣民对于"圣上"和"京师"的敬畏而制定的。然而这种状况在几年间就变成了昔日辉煌，北洋时期的紫禁城已经暮色笼罩。唐绍仪 1924 年11 月 27 日的一次谈话清楚地说明了这一点："北京所发生之事实，于全国无重大影响，北京乃一隅，而非全国，且不能统治全国。当今急需在乎联合各省成就一种结合，庶日后渐能遵从合宜之当轴。"④ 章士钊甚至认为，北洋政治已成僵局，天下重心失却，"北京不期而有地方化之虞"。⑤

　　中国政治趋向"分"的局势之出现，与自治思潮兴起有关。时人黄抱一在分析其因果关系时指出：袁世凯死后，地方割据局面逐渐形成。此时的中央既不能以法律手段谋根本建设，也不能以军政手段使统一成功，国门之内，水深火热，岌岌不可终日，国门以外，他族势力之压迫，国民自

---

①　《民治运动》，《恽代英文集》（上），人民出版社，1984，第 336—337 页。关于辛亥革命前人们政治心理认识的幼稚，恽代英曾对比说："在未革命以前，许多太热心的人，以为只要光复，只要民主，便可以糖馒头从天而降的，现在总可以证明是妄想了。"见《恽代英文集》（上），第 224 页。

②　杨荫杭：《今之时局》，《老圃遗文辑》，第 12 页。

③　陈冠雄：《奉直战云录》，收入"近代史料笔记丛刊"，中华书局，2007，第 155 页。

④　《唐绍仪与外报记者谈话》，《申报》1924 年 11 月 27 日。

⑤　《章士钊全集》第 6 卷，第 275—277 页。

决之思潮，又予国人以强烈刺激。郁久必发，不得于彼，则泄于此，自治呼声遂勃然兴起。

1915 年章士钊发表《学理上之联邦论》一文，援引西政，认为联邦制的各邦与单一制下各省只有权力程序的差别，并无根本原则的不同，提出中国在舆论条件成熟之后，原有各省区亦可以"邦"的形式"联"在一起，而无碍民族国家的统一。[①] 章氏此文，引发了一场涉及中央与地方关系的国家体制问题讨论。以后，"联邦制"的设想逐渐演变成"联省自治"主张。1922 年 9 月 10 日，胡适在《努力周刊》上发表《联省自治与军阀割据》一文，提出联省自治是打倒军阀的"重要武器"，认为改变军阀割据现状的第一步是建立基于省自治的"联邦制统一国家"。胡适宣称，中国是最不宜于实行中央集权的国家，强行实施的结果必定是中央对地方鞭长莫及，而地方又没有人民自治，只好由军阀来割据。因而消灭军阀割据"唯一的办法"，不是武力统一，而是加强区域性的人民自治（self-government，不是autonomy），用联省自治来达到民族国家的统一。

倡导联省自治的当然不仅限于胡适，南北双方上海和议期间，自由主义者及左翼知识分子多半支持联省自治。他们通过创办《新安徽》《新浙江》《新江西》《新山东》等刊物，阐述并宣传联省自治的政治主张。一向主张社会改良的《东方杂志》《太平洋》《改造》等刊物，亦积极宣传联省自治或联邦制，冀以打击军阀政治，保障人民权利。

联治践行及其对北洋集权体制的侵蚀

按照时人设想，联省自治大致可分两步进行：首先由各省自定宪法（或称省自治法），依据省宪组织省政府，治理本省；然后由各省选派代表组织联省会议，制定联省宪法，完成国家统一。"联治"的最终目的，乃在突破现行的单一制，将中国改造成联邦制国家。这一设想践行于 1920—1924 年，参与省区共 10 个，包括直接卷入南北之争的粤、桂、闽，介于南北之争中间地带的鄂、湘、川、陕，地处西南、受北方影响较小的云、贵，以及直皖战后仍受皖系控制同时又跟南方有密切关系的浙江省，10 个省都有规模不等的自治及联治举动。

---

① 《章士钊全集》第 3 卷，第 379—398 页。

在这 10 个省中,湖南的自治成就较为显著。该省自治运动开展较早,产生条件有两个:一是张敬尧的"劣政"损害了湖南军人和士绅的利益,二是内战使湖南损失惨重。于是在成功"驱张"之后打出自治旗号,试图在南北之争环境下寻找一块生存空隙。该省自治经历了谭延闿和赵恒惕两个时期。自治运动兴起后,旅居京津的湘绅熊希龄、范源濂等极力附和,主张"湘人自决";旅沪湘人组成的湖南改造促进会也提出"湘事湘人自决",主张"以后南北武人一律退出湖南境地以外,永毋再入湖南境地与湖南人为敌"。湖南的自治走向联省是与制宪活动同时并举的。1920 年冬成立制宪筹备处时,赵恒惕正式提出联省自治主张。翌年 2 月,当筹备制宪时,赵派欧阳振声赴川与刘湘接洽两省联治。4 月公布宪法草案之后,赵又支持湖北民党李书诚与在湘鄂军团长夏斗寅,密谋驱逐督军王占元,企图在驱逐王之后,建立联治的基础,同时联络在湘西的川军熊克武部,成立湘、鄂、川联军,约定攻鄂成功后在长沙组织"联省政府"。1921 年底,湖南公布省宪,次年 9 月,赵恒惕当选省长。赵联络湘、鄂、川三省推进的区域自治,乃联省自治运动的主要成绩。[1]

在广东,因陈炯明极力倡导,自治运动亦开展活跃。但与湘、川、浙诸省试图建立"军绅政权"不同,陈氏的自治是标榜人民管理自己的事,以村县"直接民主政权"来抵制地方军阀势力。他支持彭湃在海陆丰领导的农民运动,就是基于这样的考虑。1921—1922 年陈与孙中山政见龃龉,孙中山拒绝采纳和平协商方式,在广东财政极其困难的情形下,决定兴师北伐,引起陈不满。对孙要求其放弃联省自治,陈更是断然拒绝,声称:"炯秉'联省自治主义'而奋斗,冀行此主义以救国,中山赞成联省,则我听其令;若中山仍效北方军阀,作武力统一迷梦者,则我虽助中山,而粤人不谅我也。"[2] 陈、孙因政见不同,分道扬镳。胡适在分析主张武力统一的孙中山与主张联省自治的陈炯明"冲突"原因时指出:"孙文与陈炯明的

---

① 但三省各有自己的利益(如四川,当遭到滇军进犯时,又表现出偏向北洋的倾向),其联盟并不牢靠。待到吴佩孚出兵干预,不仅其"联省自治"破产,就连湘省的制宪活动,亦一并宣告失败。后起的湖南实力派只好联络已经为国民党控制的两广以抵御北方,谋求自身利益的保护。见黄士衡《赵恒惕的省宪活动》,政协全国委员会文史资料研究委员会编《文史资料选辑》第 30 辑,文史资料出版社,1980,第 160—169 页。

② 段云章等编《孙文与陈炯明史事编年》,广东人民出版社,2003,第 757 页。

冲突是一种主张上的冲突。陈氏主张广东自治，造成一个模范的新广东；孙氏主张用广东作根据，做到统一的中华民国。这两个主张都是可以成立的。但孙氏使得他的主张，迷了他的眼光，不惜倒行逆施以求达他的目的"，是一种"短见的速成手段"。① 其中称陈、孙二人的主张均可成立，未免模棱，但认为陈氏旨在建立一个自治的"新广东"，应该很能概括陈在广东的政治作为及其与孙氏冲突的性质。

其他地区的实力派亦纷纷实施与中央若即若离的区域性统治，所提口号体现了强烈的地方意识。如孙传芳在控制闽浙后，作为地方建设的一部分，曾雄心勃勃提出"大上海计划"，要将租界之外的上海建成一个可供其他地区效法的"模范城市"以及远离战火的"非战区"。浙江甚至成立省宪起草委员会，所草省宪经省议会议决并于1921年9月9日宣布，几年后又通过了《浙江省自治法》。担任西北边防督办的冯玉祥亦做出姿态，筹划地方建设，奉行"大西北主义"，力图将陕甘建成能独立行使权力的区域。与此相对应，云贵及广西实力派则提出"新西南主义"，谋求该数省区的独立性。

作为自治或联治的重要表征，政治权力分配上的地域排他性也逐渐凸显，"由某省人督某省"的口号开始在较大范围内被接受。1920年秋，《东方杂志》一篇署名文章指出：近来"鄂人治鄂""闽人治闽"一类说法，喧腾国中，本省人主张，全国人赞和。其具体主张，不外"省长必任命本省人"，"本省行政机关必尽以本省人组织之"。② 北京政变不久，陕督刘镇华致电段祺瑞，请调河南，而以胡景翼督陕，理由是自己为河南人，而胡为陕西人。李景林继王承斌督直，亦因其为直隶人。张作霖派张宗昌赴山东接收德州兵工厂并占据徐州，后又决定以之督鲁，原因在于张宗昌系山东籍。在四川，至迟在1926年，支持自治的军绅各界提出的"川人治川"口号得到实现。"虽然不能说四川人已完全统治了自己的省份，但至少那些掌权者都是出生于本省。这些人完全掌握了川省事务，并将这一权力行使了近十年之久，使自治理想成为现实，尽管这并不意味着四川已从中国的国

---

①　《联省自治与军阀割据——答陈独秀》，欧阳哲生编《胡适文集》第3卷，北京大学出版社，1998，第371—375页。

②　说难：《何谓自治》，《东方杂志》第17卷第20号，1920年，第2页。

家政治中退出。"① 顾敦鍒说,联治运动中,不但独立各市在事实上脱离中央政府掌控,而以省政府为最高监督机关,在法律上也取得几乎同样的地位。② 顾氏所言,客观反映了中央与地方关系的变化。

在当时,自治常以"联省"的形式展开,联省自治就是联邦制,这一点颇为一般研究者忽略,而其抵抗直皖军阀武力统一以图地方割据的用意却被反复强调。其实时人早就道明了两者同一的关系。既系"联邦",就应该效法联邦制国家(如美国),将中央和地方的权力义务在宪法上划分清楚,中央制定国宪,地方制定省宪,各施其治。这一政治诉求直接影响到制宪实践。如前所述,袁氏帝制败亡,国会重开,再度审议民二宪法草案,即有议员提出关于"地方制度"的意见。逮曹锟"贿选"成功,政潮趋平,复致力于制宪。所定宪法设有"国权"与"地方制度"两章,"国权"一章列举中央与各省各自权限若干条,其未经列举事项,性质关系国家者属之国家,关系各省者属之各省。"地方制度"一章将地方分为省县二级,省得自主制定省宪,惟制宪机关之构成由国宪规定。③ 这无异从国体上将中国由单一制改为联邦制,只是未用"联邦制"的称谓而已。

随着地方势力膨胀,中央权力逐渐被抽空。此时,严格意义上的中央军权已不复存在,掌握军权的是分散各地的实力派。陆军部和海军部不仅没有任何直接统辖的军队,对各省军队也没有调度指挥权。孙中山指示李烈钧不就执政府参谋总长职而为之力争江西地方职务,充分说明了中央军事职能部门在地方实力派人士心目中的地位。地方行政权力的分配也体现了实力派的操控,争执异常激烈,像苏、直、豫、鲁、赣等省省长、督军任命,与其说是中央的安排,不如说是地方实力派意志的体现。更有甚者,一些地方实力派无视中央,自我委任,陈调元宣布自任苏督、王桂林宣布自任江苏省省长就是典型事例。

如果说,19世纪末,中国的地方主义是一种"分"在客观上尚有利于

① Robert A. Kapp, *Szechwan and the Chinese Republic: Provincial Militarism and Central Power, 1911-1938* (New Haven and London: Yale University Press, 1973), p. 21.
② 顾敦鍒:《中国市制概观》,《东方杂志》第 26 卷第 17 号,1929 年,第 33—42 页。
③ 见该宪法第 124 条至 135 条。

"合"的"中央方向上的地方主义"（center-oriented regionalism），① 那么此时的地方主义显然已偏离了以前具有的"中央方向"，这使政局呈现极为动荡不稳的状况。政治代谢的周期由民初的三四年变成两年甚至一年。以北京政变后执政的段祺瑞为例。本来，段是直奉战争之后受各方拥戴，在"非段莫属"的舆论中登上临时执政位置的，然而上台不到两个月，便有人将其与徐世昌相比。时论甚至将段执政的北京政府视为"世界政治史上……最无权能之政府"。② 以后段的处境越发困难。从 1925 年下半年开始，北京频频发生民众"驱段运动"，地方实力派尤其是南方国民党人开始利用这种运动，以实现自己的目的。"三一八"事件之后，中国事实上已处于无中央政府状态，成为地方实力派的天下。1926 年 4 月 20 日，临时执政府宣告解体。段氏穷途末路的境遇，堪称北洋政治的一个缩影。在自治和联治的严重冲击下，统一的中央政权已经名存实亡。然而，这种由联治造成的对北洋军政体系的冲击，却又为政治家在另外的政治框架内寻求国家统一创造了有利条件。

经由联治的国家统一新途径

1920 年代初，中国的政治思想呈复杂多元性状。一方面，自治及联治闹得规模宏大，对集权中央的政府体制造成严重冲击；另一方面，中国传统政治理念仍根深蒂固，大一统依然是从传统中走过来的多数国人在国体方面的重要诉求，而西方列强近代以来对中国侵略激发出的危机意识及民族主义情绪，又提示国人须对西方自治思潮泛滥对以统一为基本前提的中央集权体制的消解保持必要警惕，于是形成"自治"与"统一"呼声竞鸣，国人难以抉择的局面。对此，《东方杂志》一篇署名文章曾做过如下述评：

> 统一和自治，可算近来中国政治上最当令的两个名词了。舆论用他，经世家用他，官阀军阀也用他，国人几年来厌乱的心理，在这两

---

① Harold Z. Schiffrin, "Military and Politics in China: Is the Warlord Model Pertient?", *Asia Quarterly* 3（1975），pp. 196–197.
② 《王吉占之〈对时局下一观察〉》，《国闻周报》第 2 卷第 8 期，1925 年，第 3—6 页。

个名词里已完全表出来了。这两件事果然办得好，中国政治便会渐入正轨。①

通常认为，联省自治与统一民族国家的建构是对立的，因为推进联治的人不免具有以地方割据来抵御北洋军人武力统一的用心。但北洋时期的政治实践表明，联治虽然削弱了北洋政府操控的中央权势，阻碍了直皖军阀的武力统一，却并不总是构成统一的对立力量。因为联治虽然解构了北洋体系，却可能成为新的统一国家的建设性因素。

在统一和自治问题上，胡适与陈独秀的辩论颇能揭示当时持不同主张的人各自的政治及思想考量。1922 年 8 月 10 日，陈独秀在《东方杂志》刊登文章，批评主张联省自治的人未曾研究中国政治纠纷的根源何在，引起胡适反驳。二人的辩论涉及如何判断联省自治作为一种制度和作为在中国现实环境中实践之区别问题。

陈独秀并未直接反对联省自治，但他认为，中国的联省自治并不是发生于人民的要求，而是发起于湖南、广东、云南等省的军阀首领，有违自治宗旨。在陈独秀看来，联省自治的要害在于不知中国问题的病根何在。他认为，中国政治纠纷的根源，是大小军阀各霸一方，把持兵权、财权、政权，致使法律及舆论均归无效，实业教育一概停顿，而无关乎中央权大地方权小的问题。地方权力已经够大了，若再扩大地方权力，不知还要扩大到什么地步？况且地方自治作为民主政治的原则，其实施应重在城、镇、乡基层，如果把地方自治范围扩大到省一级，则已不是地方自治，而是采用联邦制，属于国家组织的问题了。

胡适的回应似乎很到位，他强调了四点：一是中国不宜于组建单一制国家，军阀割据是武力统一的恶果；二是今日中国只是督军、总司令的权大，而地方的权力极小，两者不可混为一谈；三是军阀之所以权大，是因为地方无权及中央虽有权却无力制裁军阀；四是制裁与打倒军阀的武器在于增加地方权限，在于各省自治基础上的联邦制统一国家的建构。

陈、胡等人的论辩范围很小，如果在较大范围内探寻读书人的认知，

① 康白情：《自治的统一与统一的自治》，《东方杂志》第 19 卷第 11 号，1922 年，第 1 页。

则可发现陈独秀的意见虽然激进，却相对主流。1925 年上半年，华北五大学举办辩论会，辩论的题目是"中国宜用武力统一"。辩论结果，正方胜者四，反方胜者一。反对武力统一的叶含章对此评论说：正方主张中国宜用武力统一的理由，和一般老百姓希望某一派得胜的思想不谋而合。他们不把民国以来的痛苦归罪于军阀，反倒归罪于不统一。迷信武力的大学生尚且如此之多，其余各界，可想而知。[①] 任职清华的张彭春在同一年就表达了类似的对于统一的企盼，表示"无论什么，能统一的权力总比没有好"。

学者带有理论思辨色彩的讨论分别被主张统一和联治的军阀用作实现自己政治目的的理论依据。北洋时期，被视为"北洋正统"的皖直两系主张武力统一，而多少有些边缘化的南方军事集团则主张联省自治。南方的实力不及北方，如果要北方接受其主张，一定要合乎北方的利益，有利于解决其面临的问题。当时北方的问题主要是与联省自治仅一字之差的"联省统治"，即一个大军阀统治几个省，维系这种统治的是巡阅使或经略使制。北方提出的解决之道是由具有实力的军政领袖在整合北洋军政体系的基础上推进武力统一，而南方的目的是要通过联省自治打破北方的武力统一，把一个大军阀统治几个省的局面改造成一个督军只管一省且相对独立于中央的局面。双方主张有如方凿圆枘，难以契合。

症结在于，不仅南北双方的诉求难以彼此兼容，在政治实践中，各自的举措也都未必具有可行性。杨荫杭一语道破了问题之所在：北方之咎不在亟求统一，而在不能自行统一，反欲统一南北；南方之咎不在不苟求统一，而在不能自行统一，反自以为有操纵南北统一之权。更为要命的是，南北皆无惠民之政并因此失却民心。[②] 对此，罗文幹曾做过透辟分析。他认为南北人民同样痛苦流离，生命、自由、财产同样不保；盗匪横行，未见北方多而南方少；商工凋零，南北无异，南设苛税，北增外债；官吏贪暴未见差别，两军纪律同样松弛。这种情况致使普通国人难辨孰善孰恶，"于是合固可，分亦无不可，其分也听之，其合也亦听之"。[③]

南北军阀之间及其各自内部的斗争给国民党坐大提供了机会。1925 年

① 叶含章：《武力统一》，《现代评论》第 2 卷第 50 期，1925 年，第 7—9 页。
② 杨荫杭：《统一之奇谈》，《老圃遗文辑》，第 137 页。
③ 罗文幹：《狱中人语》，沈云龙主编《近代中国史料丛刊》正编第 16 册，第 83 页。

以后，北洋内争愈演愈烈，且规模扩大，无暇顾及南方，国民党及粤军乃能以武力统一广东。李宗仁的新桂系取代旧桂系控制广西之后，国民党成功使两广新兴军事力量集合在三民主义旗帜下，逮至唐生智逐走赵恒惕占领湖南并与两广联手，南方初步形成相对统一的数省势力范围。此时，尽管湘桂对于广东仍有其独立性，彼此关系仍为"联"而非已然"合"为一体，但这种"联"与貌合神离的关系毕竟不同，系在各方均对三民主义有所认同的基础上的集合，这无疑壮大了国民党的力量。与北洋对立的"南方"亦因此从实际仅有西南向政治内涵不同、空间范围更广的"南方"拓展。以前与北方抗衡的"南方"主要是指滇、桂、黔三省，粤、桂、湘的军政整合不仅拓展了"南方"的范围，也改变了中国地缘政治的格局。1925年击退滇军进犯，意味着西南中的西部衰落而东部崛起，趋时的舆论也开始以广义的"南方"取代仅有西南的狭义"南方"来称谓北洋的对立面，南北对峙的局势再度形成。

自治或联治必然涉及如何"治"的问题。在这一问题上，国民党的做法与其他"联治派"明显不同。1921年3月，孙中山发表演说，公开表示"党人治粤"是国民党在广东的执政方针，并以此为基础，提出"以党治国"的概念和奋斗目标。他告诉其党人，"以党治国"在英国、美国等国是有先例可援的；表示要达到"以党治国"的目的，应赶快下手，结合团体，操练党员，宣传党义；强调要把广东作为国民党实行党义的试验场和民治主义的发源地，再由广东推行到全国，"长江、黄河都要为本党底主义所浸润"。① 孙中山把英美多党执政历史中的特例当成国民党"以党治国"的先例，固然牵强，但"党治"亦属文治，如果仅仅是作为一种过渡，对于改良中国政治亦不无裨益，但若将"党治"作为一种治国方略，推广全国，则早先地方自治的宣传也就成为具文。

按照"以党治国"的逻辑，军队的改造也被国民党列入日程。为区别于军阀单纯的军事力量，"民军""党军"乃至"国军"的概念被慎重提了出来。曾经担任国民革命军总司令部政治部主任的邓演达对此做了明确表述。他在一次演说中强调，要"使军队受党的指挥，使军事的训练和政治的训练并重，使革命的武力与民众结合"。在稍后发表的一篇文章中，他再

① 《在中国国民党本部特设驻粤办事处的演说》，《孙中山全集》第5卷，第472—481页。

次强调军人必须"无条件的听从党的决定，接受党的制裁"。李宗仁在九江牯岭与蒋介石讨论革命方略时，亦强调了这一问题的重要性，主张"扫除中国军队传统以个人为中心的恶习，使全国军队一元化，使革命军成为单纯党的军队，庶几将来可蜕变为国家的军队，为三民主义建国而奋斗"。为实施党对军队的领导，国民革命军推行了党代表制度、政治工作制度，设立了政治部，建立起党领导军队的政治体制。虽然在国民党统治下，其军队始终未能真正如李宗仁所愿，由"党军"蜕变为"国军"，但"党军"较之同时代军阀的私人武装，差异亦是实质性的。这一系列变化，使推进"统一"的重任别无选择地落在走了一段自治及联治路线的国民党肩上。

第三章

北洋外交的成败

北洋政府统治时期（1912—1928）[①] 是列强势力在中国影响最大，同时是中国民族意识勃发的阶段。当时全球国际政治及东亚外交格局都发生重大变化，欧战前帝国主义外交受到美国参战之威尔逊主义及俄国革命提出之列宁主义的严厉批判，也受到殖民地半殖民地民族主义的挑战，这些外交潮流在中国互相激荡。欧战后新的国际秩序形成，国际联盟与共产国际相继建立，东亚国际局势也由英日同盟主导到日本企图独霸，再转变到英美合作压制日本以及苏联倡导反帝，变化既大又急，中外关系复杂。中国国内则有北洋外交、广州外交与地方外交的错综互动；外交官群体中留日及同文馆出身者逐渐淡出，英美留学生站到台前，崛起一批优秀的外交人才。当时的中国外交既有重要的国际会议、国际组织参与，有频繁的多边及双边国际交涉，也有国内中央与地方的互动，而外交事务与内政发展更是息息相关，致使北洋外交丰富而多元，是近代史中重要的研究领域；同时对北洋外交的研究与理解，也密切影响到学界及国人对中国近代史的理解与诠释。

然而，迄今北洋政府时期仍是中国近代史中学术研究较薄弱的阶段，北洋外交又是北洋史研究中争议最大的部分。过去两岸学界对北洋外交多

---

* 本章由唐启华撰写。

① "北洋政府"一词带有贬义，并非严谨之学术用语。正式名称应是"北京政府"（1912—1928）。但用"北洋外交"一词来称呼民初北京政府之外交表现，意涵比较明确，本章因此使用"北洋"一词，但绝无贬义。参见唐启华《"北洋外交"研究评介》，《历史研究》2004年第1期。

持较负面的评价，历史研究因而重视革命党在民初的地位，肯定主张"反帝废约"的孙中山及广州政府，贬抑主张修约的北京政府。自 20 世纪 20 年代起，这种论述早已深入人心，多年来教科书中对北洋外交多是贬抑的。

20 世纪 80 年代以来，两岸外交档案及相关史料开放出版，国际法等相关学科的引用等，都让北洋外交史研究有很大的突破，研究成果逐渐肯定北洋外交在部分个案上的成绩。经 20 多年研究成果的积累，近年来几本重要著作的出版，除趋向于肯定北洋外交的成就，对其历史地位有相当不同的评价外，进而提出新诠释框架，大幅度改变了学界对北洋外交的理解，甚至于有可能转移诠释典范，改变吾人对近代史的理解脉络。

一　北洋时期的外交

袁世凯时期的外交

1912—1916 年是袁世凯掌政时期，袁氏在辛亥革命期间，凭借北洋新军扮演"强人"角色，内有立宪派附和，外得英国支持，成功压制革命党，成为新成立的中华民国的主政者。袁氏于 1912 年 3 月在北京就临时大总统职后，首要外交课题在于维持中国领土，当时外蒙古及西藏都宣布"独立"，背后各有俄国及英国势力为后盾，日本也积极煽动满蒙"独立"。此外，列强要求中华民国承认条约及依惯例所得之既得权益，并利用新政府需款孔急，国际银行团借 2500 万英镑之"善后大借款"给中国政府，进一步取得盐务稽核所及监督财政等控制权。中华民国开国之初的外交局势，可说十分棘手。

袁世凯对内以优势军力击败国民党，解散国会，并以新约法取代《临时约法》，让大总统握有不受国会监督的行政大权，对外与英俄交涉，在经贸权益上让步，同意外蒙古、西藏"高度自治"，换取名义上收回蒙藏主权。袁氏之独裁统治，虽破坏民主共和精神，但使中国迅速恢复秩序，国基稍固，并至少在表面上维持中国领土完整。

1914 年欧战爆发，中国宣布中立。然而日本借口英日同盟对德宣战，出兵山东，中国被迫划定战区，欧战战火延烧至中国。日本占领胶州湾及胶济铁路沿线后，于 1915 年初对中国提出"二十一条要求"，欲继承德国

在山东权益，扩展日本在南满东蒙利权，并进一步将势力由福建伸展至长江中游，甚至想借欧洲列强无暇东顾之机，以第五号之"希望条件"各款，全面控制中国。袁世凯面临此危机，全力与日本周旋。日本以军力威逼，并以支持革命党相要挟，欲以秘密谈判方式速战速决，迫袁氏全盘接受条件。袁氏则运用拖延战术，指示外交总长陆征祥与日本逐条交涉，并将日本要求内容泄露给相关之英、美各国，希望引起列强干涉，并派亲信赴日，扩大日本外务大臣加藤高明与元老间之嫌隙。最后，日本不耐袁氏之拖延，提出最后通牒，将第五号留待"日后商协"。袁氏以内外环境不利，且日本也有让步，决定避免战争，接受日本通牒；双方以两个条约、13件换文等方式，订定《中日民四条约》。虽然不少史家认为袁氏在"二十一条"交涉中，为达成帝制野心对日本屈服，丧权辱国，但近人之研究显示，袁世凯努力与日本周旋，其外交实已达当时中国国力所能取得的最好结果，签署的《民四条约》，较诸"二十一条"原案，已打了很大的折扣。签约之后，袁氏又订定诸多国内法规限制日本国臣民在满蒙取得土地从事工商各业，张作霖、张学良父子也持续在东北贯彻抵制，让日本获得的条约权益实际上无法落实，留下许多悬案。日本则坚持在满蒙的条约权益，认定中国不尊重日本条约权益，双方冲突不断。①

　　然而数十年来"二十一条"的损害被夸大，袁世凯、张作霖都成了卖国媚日的国贼，北洋政府也被讥为亲日，导致国人长期将"二十一条"与《中日民四条约》相混淆。1933年蒋廷黻就感慨地说："局外的人评论外交最易不公不平，尤其在国事紧张的时候；更足证为中国的外交当局者不但对付外人难，对付国人尤难。"②

　　袁氏认为日本对华野心应已基本满足，而西方列强忙于欧战无暇东顾，中日交涉结束不久就推动帝制。当时欧美各国多表示不干涉，甚至有表示支持者；日本在"二十一条"交涉期间对袁氏的手段颇有戒心，亟思乘隙摧抑，袁氏帝制让日本有可乘之机，遂佯示赞成，实则欲擒故纵，待机而动。迨袁氏帝制运动全面展开，日本两次主导列强向袁氏提出警告，袁氏

① 参见唐启华《被"废除不平等条约"遮蔽的北洋修约史（1912—1928）》（本章以下简称《北洋修约史》），社会科学文献出版社，2010，第五章。
② 蒋廷黻：《民国初年之中日关系——〈六十年来中国与日本〉第六卷》，天津《大公报》1933年9月18日。

答以帝制绝不致引起动乱，列强在华利益不会受影响，并表示本年之内不会改制。日本暂且保持观望，然不禁止日本人民支持中国各反袁势力之活动。蔡锷之自北京出走天津，经日本、中国台湾、越南而入云南，明显受日本人之帮助。1915 年底，云南护国军起，讨伐袁氏帝制。1916 年初，西南各省逐一响应，袁氏知日本支持反袁，派心腹周自齐赴日疏通。日本见反袁势力渐成气候，决心倒袁，先借故拒绝周自齐赴日，3 月 7 日内阁决议大力支持反袁势力，摧抑袁氏以清除称霸东亚之主要障碍。袁氏知事不可为，乃宣布撤销帝制，向反袁势力让步，谋求妥协，然为时已晚，最后遭各方压力，病发身死。袁氏死后，北洋政府再无人可维持国家统一，日本在华势力大为扩张。

参加欧战与华工派遣

北京政府在欧战爆发之初，保持中立，中日"二十一条"交涉后，外交总长陆征祥即向袁世凯建议：唯有参战，取得参加战后和会资格，才有挽回《民四条约》中丧失权利的机会。但因日本阻挠，而中国本身内部因帝制而起动乱，此议暂时作罢。待袁氏死后，日本以大敌已除，其在华势力更加扩张，又得英法保证支持日本战时所得成果，乃改为支持中国参战，乘机进一步控制中国。北京政府也亟思在外交上有所突破，乃借参加欧战之机会，加入协约国阵营，战后得以战胜国身份参与国际新秩序之重建；并以国内昂扬之民族主义，配合"联美制日"外交方针，在巴黎和会、国际联盟及华盛顿会议中，努力收回国权，提升国际地位。

1917 年美国借口德国无限制潜艇政策违反国际航海自由，造成美国轮船被击沉，宣布对德国绝交，并邀请各中立国一同行动。北京政府内阁总理段祺瑞及梁启超等力主参战，以提升国际地位，实则段氏欲以参战为名扩张皖系势力。大总统黎元洪，及国会议员、孙中山等多以事不关己反对参战，实则担心皖系势力膨胀。两派争执不休，国会虽通过对德绝交，但反对宣战，并罢免段祺瑞职。段氏下野后，皖系督军纷纷宣布独立，声讨北京政府。黎元洪召张勋入京调解，张勋则乘机遂其复兴清室之宿愿，率军入京解散国会，拥宣统复辟。黎氏在宣布下野前，恢复段祺瑞总理职，命其讨伐张勋。段氏原不欲出，在梁启超劝说下，誓师讨伐，张勋复辟失

败。共和恢复后，副总统冯国璋任总统，段祺瑞掌实权，拒绝重开国会，另行改选所谓"安福国会"。孙中山对段氏破坏法统不满，率旧国会议员南下广州集会，成立军政府，宣布护法，中国南北分裂。段氏则于 8 月 14 日对德宣战，废止中德、中奥条约，并向日本借款，编练参战军，又与日本签订共同防敌协定，日本在华势力大肆扩张。

过去学界认为中国虽宣布参战，实则对外宣而不战，对内战而不宣推行武力统一，评价较差。王建朗近著则指出北洋政府不仅希望通过参战获得战后处分权这一长期利益，还希望获得延付庚款、提高关税等现实利益，战后他们的要求也得到了一定程度的满足，标志着中国外交政策从消极到积极的转变。参加一战为中国参加巴黎和会、阐明自己的观点、提出和解决中国所面临的问题提供了可能的机会，因此参战标志着中国外交政策从消极回避转向积极参与，北京政府后期的积极外交由此开端。①

香港大学历史系教授徐国琦近年出版了两本探讨中国与欧战的专书：*China and the Great War：China's Pursuit of a New National Identity and Internationalization*（Cambridge，UK and New York：Cambridge University Press，2005，中文译本有马建标译《中国与大战——寻求新的国家认同与国际化》，上海三联书店，2008）及 *Strangers on the Western Front：Chinese Workers in the Great War*（Cambridge，Mass.：Harvard University Press，2011，暂译《西线的陌生人——一次大战的华工》），广获学界好评。②

《中国与大战》一书指出中国的一战外交和国际化努力，是中国史乃至国际史的重大事件，此时中国内忧外患集于一身，内政外交密不可分，要理解一战对中国的意义，必须打破樊篱，从内政、外交、社会与国际关系逐一考察。徐著与前人著作最大的不同是从国际史的视野探讨中国与一战的关系；从中国参战目的、"以工代兵"的参战政策、中国"外交政治群体"的形成以及大战对中国内政外交的长久影响，肯定中国政府借宣战而废除了中国与德奥间的不平等条约、中国跻身巴黎和会及参与国际新秩序等成就。尽管中国对巴黎和会的结果感到失望，但因此对世界有了新的想

① 王建朗：《北京政府参战问题再考察》，金光耀、王建朗主编《北洋时期的中国外交》，复旦大学出版社，2006，第 1—30 页。

② 吴翎君：《从徐国琦新著 *Strangers on the Western Front：Chinese Workers in the Great War* 谈国际史的研究方法》，《新史学》第 22 卷第 4 期，2011 年，第 183—215 页。

象，并由此探寻新的国家认同。过去以欧洲为中心的一战史研究，终于有了全方位视野下中国角色的切入点。

2011年2月出版的《西线的陌生人》一书，是在《中国与大战》第四章的基础上，更深入地探讨一战时期华工对欧战的贡献。此书广泛搜集了散落世界的各种材料，如个人书信、日记、基督教青年会（YMCA）报告和官方档案，包括中国、英国、法国、加拿大、美国等各地官方和私人图书馆，甚至有华工后裔提供的资料。其挖掘资料之丰令人惊奇，特别是首次披露过去被加拿大政府刻意封锁的加拿大华工资料，以及大量引用英国利兹大学（University of Leeds）关于华工营外籍军官的书信和照片，让该书展现细腻生动的华工生活史面貌。

该书发挥了以中国为主体的国际史研究方法的特色，探讨14万华工的动员究竟有何意义，以中国下层社会阶层的农民或边缘人来透视中国，以其作为东西文明的信使，将华工个人或群体的生命导入更加广阔复杂的国家、族群和国际的空间，赋予历史的深度和意义。首先点出作为国际史一环的一战华工史的重要性。英法征集华工的过程，与英法在非洲、印度和越南等殖民地的劳工招募有着根本的不同。中国非殖民地国家，而华工的动员数目却最为庞大。过去对华工的研究仅止于中、英、法三方面，该书作者找到美加两国罕见的文件，说明1917年美国参战后，随即向法国借调1万名华工，写下一战时期中美两国人民同在异域合作的经验，而华工于1917—1920年借道加拿大远赴欧洲及返回中国的悲惨过程，更是长期被加拿大政府刻意隐瞒。

一战华工的角色在西方长期被漠视，不惟学术界不重视，事实上整个西方世界对一战华工的集体记忆正在逐渐消逝中。涉及欧战华工招募的英法等国家从一开始就不愿对外公开这一事实，一方面，因为中国最初为中立国家，动用华工有违协约国家的立场，同时需要向中国人求援的事实，毕竟对英法两国的殖民帝国形象有碍。另一方面，中国政府亦封锁华工信息，因中国直到1917年才参战，不希望德国获悉中国与英法间的"以工代兵"策略。这批华工多数为文盲，留下的资料相当有限。法国政府在1980—1990年代，于靠近中国城附近的小公园内建造一战华工纪念碑，这是世界仅有的一座纪念一战华工的纪念碑。重建一战华工历史的迫切感，正是该书作者撰写

此书的主要动力。

徐国琦这两本专书都以"中国中心"的国际化轨迹，将中国与一次大战、华工与一次大战的主题，通过多国档案的比较和全球视野，将近代中国的命题纳入全球史视界，探索中国式国际主义的兴起，以及中国人寻找新的国家认同的历史轨迹。他认为国际化指的是近代中国积极参与国际体系，而国际化的过程亦促进中国与外部世界和国际体系的交互作用，中国化的推动力则来自中国与世界在社会、思想、经济、意识形态及文化资源等方面的接触与互动，因此，中国化是国际化的最后目标。

巴黎和会与华盛顿会议

1918 年 11 月欧战停火，次年初在巴黎召开和会，中国厕身协约国之列，也受邀出席。北京与广州合组中国代表团与会，以北京外交总长陆征祥为代表团团长，邀王正廷及驻美公使顾维钧、驻英公使施肇基、驻比公使魏宸组任全权代表，组成一支庞大代表团，为中国近代外交史上空前之举。一般认为代表南方的是王正廷，王氏曾任武昌军政府外交司长，1912 年任唐绍仪内阁工商次长，1913 年国会召开王氏当选参议院副议长。广州军政府成立后，王氏任外交次长，后受军政府之托，与郭泰祺、陈友仁赴美寻求支持，自 1918 年春夏之交即居于纽约。陆征祥经美国赴欧参加和会途中，邀王氏同行，许以次席代表之位。故王氏于 1918 年 12 月 27 日成为北京政府正式委任代表南方的全权，后来军政府以王氏之列席和会已成事实，于 1919 年 2 月 10 日追加其任命。[①] 其后广州政府派伍朝枢携傅秉常、伍大光、黄凯等三员赴欧，充议和随员，于 1919 年 2 月初起程，3 月抵法，此为广州正式派遣的和会代表。但因伍氏抵会太迟，未能列名全权代表，只能以襄办公使地位参与会务，列席内部讨论，而不列席和会。伍氏虽不满，但为顾全大局只能隐忍。[②]

1919 年 1 月陆征祥率中国代表团抵巴黎，知悉中国在和会仅有两个席位，力争三席不果，法国外交部告以：全权人数各国政府可自行决定，惟

---

① 廖敏淑：《巴黎和会与中国外交》，中兴大学历史研究所硕士学位论文，1998，第 65—67 页。
② 参见唐启华《五四运动与 1919 年中国外交之重估》，《五四运动八十周年学术研讨会论文集》，政治大学文学院编印，1999，第 63—92 页。

列席和会人员不得超过议定之数，因此引发复杂的全权代表名次问题。陆氏在17日代表团内部会议中宣布：为国家全局利益，拟请大总统任命五位代表，依次为陆征祥、王正廷、施肇基、顾维钧、魏宸组，电呈大总统任命。北京政府考虑后，大总统徐世昌电令五全权名次更动为陆、顾、王、施、魏。但陆氏已与王氏出席18日和会开幕会，且陆曾允诺王：不管中国得到几个席位，王都是当然代表，因此陆再电北京更改王为次席，顾为第三席。这一名次更动事件在代表团内引起很大反弹，王、施遂对陆、顾处处杯葛，造成很多困扰。①

当时国人受美国总统威尔逊主张之"十四点和平计划"影响，对巴黎和会期许颇高，除山东问题外，还奢望能将中国所受条约束缚一举解除。中国代表团在和会中共提出德奥条件、山东问题、废除"二十一条"、希望条件等四份说帖。其中对德奥条件，大部分被和会接受，列入对德奥和约之中。废除"二十一条"及希望条件两事，大会认为不属于和会范围，婉转拒绝，建议日后提交拟议中的国际联盟处理。山东问题中日激烈辩争，日本以战争贡献、实际占领、中日已有成约为由，且得英法同意，主张德国在山东权益应交给日本。中国代表顾维钧则以领土主权完整、情势重大变迁、民族自决、最后通牒法律效力有争议等理由，一一驳斥日本立场，要求和会将山东直接归还中国。由于顾氏之发言精彩，一时颇得国际同情，国人咸以为胜券在握。然而和会中公理正义原则不敌利益交换的政治现实，加以日本以不参加国际联盟为要挟，逼使威尔逊妥协，最后大会决定山东原德国权益交给日本。4月底消息传回国内，北京及各地反日情绪高涨，加以研究系推波助澜乘机攻击安福系，遂引发五四运动，以"外争主权，内除国贼"为诉求。北京政府试图镇压，但在全国民意压力下，乃将安福系亲日外交家免职，巴黎和会中国代表团也拒绝签署对德凡尔赛和约。

拒签和约常被认为是受五四运动的影响，因国民之压力，阻止北京政府之卖国。事实上，五四运动之后北京政府曾训示代表团不保留则不签字，后经征询各方意见，加上阁议及段祺瑞意见，5月下旬以后，则倾向于不能保留也要签字。但直到签约日为止，代表团未收到明确的训令。代表团内部多次讨论，决定力争保留否则拒签；与国内五四运动之"外争主权"或

---

① 　廖敏淑：《巴黎和会与中国外交》，第72—76页。

巴黎留学生、华工、侨胞的示威，应无冲突，南北外交方针也无大差异。中国代表利用国内舆论一致反对签字，加强拒签之立场，国内舆论与代表团之态度，可说是相辅相成。

巴黎和会中国外交失败，八十年来似已成为定论。然由全盘及长远角度看，中国在巴黎和会中的外交成果，应属难能可贵。总结中国在巴黎和会中之成绩，除对德《凡尔赛和约》，因有关山东条款中国力争保留被拒，6 月 28 日未签署该约。9 月 15 日中国签署对奥地利和约，结束与奥国之敌对状态，收回奥国在华特权，并因此成为国际联盟之创始会员国。11 月 27 日中国签署对保加利亚和约。1920 年 6 月 4 日中国签署对匈牙利和约。至于对土耳其和约，中国全权代表因约中各国保有种种特权，为中国所欲设法解除而未能者，决定不予签字。过去学界认为，中国在巴黎和会因为山东问题失利，而且废除《民四条约》及希望条件两项说帖，和会皆未受理，实为外交失败。但是山东问题虽因强权政治影响，中国失利；中国代表在和会中据理力争，又力争保留，最后拒签对德和约，争取到日后公平处理的机会，终在华盛顿会议中得到有利的解决，这样的结果长远来说不能算失败。废除《民四条约》后来也在华会中得到部分的成功，希望条件说帖则是中国向国际社会表达对不平等束缚的不满，为日后中国要求修改不平等条约、争取平等国际地位的重要宣示。同时中国以战胜国一员的身份，参与 20 世纪第一个重要国际会议，参与国际新秩序的制定，成为国际联盟创始会员国，象征中国进入国际体系，并为国际社会接纳的重要里程碑。[1]此外，中国签署三个和平条约，及几项国际协定公约，废除部分不平等条约，收回部分特权，并表现出不畏强权，不屈不挠争取国权的积极外交精神，得到部分国内外学者的肯定。[2] 而中国年轻外交家在和会的表现突出，展现许多新的外交特色，更是令人印象深刻。巴黎和会中国外交的成绩实应重新评估。

[1] Zhang Yongjin, *China in the International System*, *1918-1920*（London, Macmillan, 1991），pp. 187-196；另参见唐启华《北京政府与国际联盟（1919—1928）》，东大图书公司，1998，第 6—7 页。

[2] 如 Robert T. Pollard, *China's Foreign Relations*, *1917-1931*（New York, 1933），书中即做此主张。张忠绂《中华民国外交史》亦认为："巴黎和会对于中国之处置虽多未能使中国满意，但中国已因巴黎会议而获得相当之结果，当无疑义。"（正中书局，1984，第 284 页）

巴黎和会基本上只对欧洲战后秩序做出安排，并未处理远东太平洋区域在欧战时发生的权力变迁种种问题；为调和列强利益冲突，限制海军军备竞赛，重建战后和平，乃有华盛顿会议的召开。美国对日本战时在远东及西太平洋的扩张，尤其是日本独霸中国之意图深具戒心，两国互相视对方为假想敌，战后持续进行造舰竞赛，远东太平洋之国际局势颇为紧张。加以美国国会不愿批准《凡尔赛和约》，山东问题成为中、美、日争执焦点。英国夹在美日之间，左右为难，一方是战时盟友，一方是20年"英日同盟"的伙伴。英国先召开帝国会议，讨论英日同盟是否延续，会中加拿大与澳大利亚、新西兰争论不决。美国总统哈定当选后，邀集战后五强，也是五大海军强国——英、美、日、法、意，讨论海军军缩及远东太平洋问题，并邀请中国参加，后又续邀与远东太平洋利益相关之荷兰、葡萄牙、比利时，一共九国与会。

由于山东问题，中国代表拒签对德《凡尔赛和约》，北京外交部并屡次拒绝日本直接交涉的提议，原欲于1920年底国联第一次大会时提出，因评估局势不利而中止，只宣言保留日后提出之权利。1921年夏，当北京政府筹划如何将鲁案提出国联第二次大会时，接到美国邀请参加华盛顿会议，遂决定将此问题提出华会。

中国对华会有相当的期许，但是当时国内问题重重，北京政府财政困难，对外借款的偿还时有拖欠，未能善尽国际义务；加以南北分裂，北京政府意欲仿巴黎和会模式合组代表团与会，广州政府非常大总统孙中山坚持北京为非法政府，欲自组代表团代表中国，遭美国拒绝后，拒不参加北京代表团，并宣称不承认华会有关中国之决议。北京政府任命驻美公使施肇基、驻英公使顾维钧、大理院院长王宠惠为代表，南方代表伍朝枢拒不参加。中国代表团组织庞大，主要目标是希望列强勿再侵犯中国主权，并提案修改条约收回已失国权，尤其注重山东问题。

北京政府广泛收集各方意见，拟定与会宗旨，希望能借此会建立远东国际集体安全机制，欲于此次会议之后，中国在20年中不使国际地位发生危险，并在会前具体训令代表在提案中最注意者厥有四端：取消英日续盟；取消特殊地位；订立公断条约；关税自由。由国家安全角度看，北京政府的目标应属正确，然而民间舆论最关心，也是广州政府力主提出的山东问

题、取消"二十一条"及修正条约等案，北京外交部只列为次要提案，这种期许的落差，带来日后许多纷扰。

华盛顿会议于 1921 年 11 月到次年 3 月在美召开，会议分两大部分，海军军缩问题由五大海军国参与，远东太平洋问题则九国全数参与。结果远太部分通过《九国公约》，列强正式承认"门户开放"原则，宣称尊重中国领土主权完整，给北京政府完全机会发展。列强并同意中国海关增收 2.5% 的"华会附加税"，但要由列强开会讨论开征条件。各国同意调查中国法权改良情形，决定是否放弃在华领事裁判权。此外英法同意归还威海卫、广州湾等部分租借地，及其他一些小让步。山东问题则由中日代表在会外谈判，英美代表从旁协助，结果日本同意归还胶州湾及胶济铁路，从山东撤军，中国则要付 4000 万日元赎回日本资产，未付清前日本仍保有部分铁路及行政之控制权。海军军缩方面，五强同意主力舰比例为 5：5：3：1.75：1.75，限制主力舰吨位及主炮口径，10 年内不造新舰等限制军备办法。"英日同盟"由英美法日"四国协商"取代。

总体而言，华盛顿会议成功完成海军军备限制，调和英、美、日三强在远东西太平洋地区的利益。"英日同盟"废止，改由英美合作制压日本；日本虽被迫将欧战时的扩张成果大部分退出，但得到西太平洋海军优势地位，最关键的满蒙利益得到列强默认。三强都满意于此结果，同意共同在华合作，战争危机暂时化解。华会条约安排列强在远东太平洋之利益，与巴黎和会之《凡尔赛和约》共同形成所谓"凡尔赛—华盛顿体系"，成为欧战后全球主要政治外交秩序。然而华会不是为解决中国问题而开，对中国修改条约之要求，辄称若中国改革达到西方水平，就愿意放弃在华条约特权。中国在华会中较具体之收获为名义上收回山东权利，此外得到列强善意承认中国领土主权完整，但"门户开放"实质上只限于长城以南；列强虽同意修改部分条约特权，然而其在华基本利益未受影响，并联合在经济上宰制中国。

华会前后国人对此会之批评甚多，当时舆论关心何时提出鲁案与取消"二十一条"问题，国民外交代表余日章、蒋梦麟及留美学生则日日监督代表团。由于山东问题是国人最关心的外交要案，全国聚焦于此，1921 年 12 月 1 日中国代表接受英美调停，与日本会外直接交涉山东问题，舆论多表不

满，攻击为卖国，导致代表团内争，三位代表先后请辞。赎回胶济铁路谈判，也因新任阁揆梁士诒与日本公使小幡会面，引起"借日款"与北京谈判风波，直系乘机倒梁，吴佩孚率本系督军联电声讨，学生走上街头抗议，逼使梁士诒下台。对于谈判结果为日本仍然实质掌控胶济铁路，民意也多不惬。加以广州政府拒绝派代表出席，否认华会决议，对华会结果多所贬抑，国人对华会遂多视为另一次外交失败。派系斗争常借外交问题发端，舆论、学生对政府衡不信任，是北洋外交特色之一。对于华会结果，当时民间舆论及国共两党的评价就不好，[1] 至今两岸学界对于《九国公约》及各决议案，仍多视为帝国主义相互勾结共同侵略中国的盟约，把中国置于国际帝国主义共同支配的地位。[2]

平心而论，若以北京政府的角度观之，中国对华盛顿会议的主要外交目标基本上都得以达成。华会中"英日同盟"由"四国协商"取代，固非中国之力，但使日本不能再借"英日同盟"以东亚宪兵自居，形成东亚门罗主义。《九国公约》使列强承认中国门户开放原则，尊重中国领土主权完整，不再干涉中国内政。英美合作，日本对华收敛，在新的远东国际秩序中，中国处境大为改善。而关税条约及修改条约各决议案对中国皆属有利。

北京政府对华会结果的自我评价属审慎乐观，担心的是内政纷争，影响到各议决案的实施。然而，北京政府的担心不幸言中，中国内乱不已，北京政府无实行华会各项承诺的能力。列强重申承认并支持北京政府，孙中山领导的广州政府宣言不承认华会决议，不断攻击列强支持北京，又因关余问题屡与列强发生冲突，最后实行联俄"容共"，与另一个被华会排斥的政府合作，共同对抗"华盛顿体系"。加以法国为金法郎案，不肯批准华会关税条约，关税会议迟迟不能召开。结果中国与列强互相指责，认为对方要为华会决议不能实行负责，民间舆论及广州政府更振振有词称列强对华之善意是"口惠而实不至"。[3]

---

① 　当时国共两党对华会条约的评论，见王立新《华盛顿体系与中国国民革命：二十年代中美关系新探》，《历史研究》2001年第2期，第59—62页。

② 　程道德主编《近代中国外交与国际法》，现代出版社，1993，第201页。

③ 　参见唐启华《北洋外交与"凡尔赛—华盛顿体制"》，王建朗、金光耀主编《北洋时期的中国外交》，第47—80页。

国际组织之参与①

19世纪末20世纪初，世界政治中帝国主义当道，列强竞相扩张军备，互结军事同盟，争夺海外殖民地及势力范围，国际社会暗潮汹涌，大战危机迫在眉睫。同时国际和平运动也风起云涌，鼓吹和平裁军，其中影响最大的就是1899年、1907年两次海牙保和会的召开。该会虽常因未能防止大战爆发，被评价为失败，但会中议定各项国际公约，已为20世纪裁减军备、战争文明化及以法律和平解决国际争端奠下难能可贵的基础，并影响日后国际联盟（League of Nations）乃至联合国（United Nations）的成立。

第二次保和会中，曾讨论第三次会期，虽未定议，但有7年为期开下届会的共识，即1914年前后召开，各国应于会前两年将所有提议问题预送海牙公会研究。辛亥革命之后，袁世凯于1912年3月10日在北京就临时大总统职，陆征祥任外交总长，他参与过第一、第二次保和会，对筹备第三次会最热心。1912年5月陆氏回国接掌外交部，6月被任为国务总理，7月为组织内阁，遭参议院否决，进而被弹劾，陆氏提出辞呈，终于在9月24日解职。陆征祥辞国务总理职后，与张謇发起组织国际法会，预备修改条约及第三次保和会提议案。外交部也呈请临时大总统袁世凯派大员研究海牙保和会。11月2日，临时大总统令：特派陆征祥设会研究。陆征祥遂组织保和会准备会，自1912年12月12日开成立会后，每星期开会一次，直到1916年4月下旬。

保和会准备会成立会中，陆征祥报告该会宗旨为筹备第三次保和会事宜。其后数次会议，订定会议章程，调集卷宗，收集相关书籍资料，并决议先从研究讨论第二次保和会画押未全各条约入手，再研究未行签押各条约，及第三次保和会提案问题。第一阶段研究第二次保和会各条约，至1914年春已大致讨论完毕。该年夏欧战爆发，中国宣布中立，通告各国不得在中国领土、领海及租借地交战。然而，8月23日日本对德宣战，9月2日日军登陆山东。次日中国划定战区，25日日军占据胶济铁路潍县车站，破坏中国中立。保和会准备会遂进入第二阶段，研究第三次保和会提案，

① 详见唐启华《清末民初中国对"海牙保和会"之参与（1899—1907）》，《政治大学历史学报》第23期，2005年；《北京政府与国际联盟（1919—1928）》。

首先讨论局外中立国权利义务问题，尤其集中于论租借地问题，既可准备第三次保和会提议之条件，亦可在此问题内研究领土主权。会中确定中国对租借地之主权，租借地非得地主之同意，不能擅以兵力攻击之，研究将来在第三次保和会提出此问题，使租借地不致受战事波及。

保和会准备会议决第二次保和会各条约，于1915年1月30日呈报大总统，关于海战各约拟请补押，国际捕获审检所条约拟请缓画。因陆军部对欧战爆发后，是否补押陆战规例有疑虑，要重新检讨利害，遂由统率办事处会同参谋、陆军、海军三部，及训练总监等开特别会议，讨论陆战规例第三条：交战国违犯章程各条，如有损害则须赔偿，凡属于军中一切违犯之事，唯该国是问。特别会议认为，近年国民程度业经进步，辛亥以来，国内迭次用兵，强暴之行动已少，国际战争时如清甲午、庚子之往事，断不致再见，议决画押。时值筹备洪宪帝制，待政局安定后，1916年12月11日奉大总统批准，1917年5月9日送达荷兰外交部，经过60日后发生效力。8月14日大总统布告中国对德国、奥国立于战争地位，并声明中华民国政府仍遵守海牙和平会条约，及其他国际协商关于战时文明行动之条款，罔敢逾越。

巴黎和会结束之后，国际外交重心转到国际联盟。中国在和会期间即积极参与国联的创立，希冀以此国际集体安全机制保障中国权益，并期望能将山东问题、废除《民四条约》等案提交国联解决。一时之间，国人对国联兴趣颇浓，纷纷成立相关组织。国联盟约制定后，被列为对德、奥和约之首章，但是美国国会因故不愿批准对德和约，加以威尔逊竞选连任失败，美国未能加入国联，此新创之国际组织因此理想主义色彩大减，仍由英、法、意、日等旧式列强操控，沦为维持其战胜果实的机构。国人对国联大失所望，不再关心；但北京外交部，尤其是顾维钧，仍积极参与。1920年底国联第一届大会中，中国被选为行政院（Council，或译为理事会）四席常任会员英、法、意、日外，四席非常任会员之一，在外交史上意义重大，史家认为这是中国真正以平等地位加入国际家庭之始。北京外交部将顾氏改任驻英公使，兼出席国联行政院会议代表，与列强代表共同讨论处理国际大事，并自愿承担头等会费，以加重中国在国联的分量。1921年9月，顾氏轮值行政院会议主席，并以此身份主持国联第二届大会开幕式，

是为中国在国际坛坫空前的殊荣。此后，中国连任行政院非常任会员两年，直到1923年才落选，1926年又选上任期两年。总计北京政府在国联八年中，共有五年被选入行政院，同时王宠惠也当选海牙国际法庭副法官，北京政府对国际联盟的参与，是中国参与国际组织中重要的一页。

国联秘书厅经费，原由会员国依万国邮政联合会之例，分为七等分摊，中国与英、法、日本等大国并列为一等国，承担5.23%的最高额会费。顾维钧等认为：出费既多，遇事在会发言，或可较有把握，固亦不无裨益。后来改为依据各国户口及净收入两项为标准，自1923年起调整摊费比例，英、法为第一等，中国与意大利、日本、印度列为第二等，分摊6.89%的会费，反而较旧办法负担更重。1924年中国负担的会费甚至高于日本（因关东大地震后减少会费）、意大利两常任会员国，同时中国竞选连任行政院席失利，体认到出费之多寡，与实际国际地位似亦无甚关系，于是不断要求减低会费负担。纵使如此，北京政府财政困难，根本无力负担国联会费，连年拖欠，遂成为国联最大债户。[①]

五卅前后的对外交涉

列强虽在巴黎和会及华盛顿会议中，口头上、原则上都表达对中国要求修改条约之善意回应，但遇到实际问题交涉时，辄借口中国内乱频仍、改革不力多方推托，不但不愿放弃条约特权，甚至还想进一步控制中国。1924年5月，一列津浦铁路快车在苏鲁交界附近之临城被土匪抢劫，车上一名英籍乘客被击毙，20多名外国籍人士遭绑架成为肉票。外交团要求北京政府迅速救援外籍肉票、赔偿损失、严惩失职地方官，并保证不再发生类似事件；英国公使麻克类（J. R. Macleay）甚至主张应由外交团监督改良中国铁路警察，以维护在华外人生命财产的安全。北京政府答应优厚抚恤、赔偿损失，并设法让土匪交出人质，但拒绝由外国设立护路警察。外交部利用列强间的矛盾，一些国家不愿见英国进一步扩大对华影响，无意配合英国行动，加以北京政府自行聘请瑞典警官协助中国改良警政，打消外国借口，终于让英国企图未能得逞。

华会中，英法允诺将威海卫、广州湾等租借地交还给中国，以劝诱日

---

① 详见唐启华《北京政府与国际联盟（1919—1928）》，第四章。

本归还胶州湾，但会后法国因金法郎案拒谈广州湾事，英国对归还威海卫也不热衷。事实上威海卫旧租约到 1923 年已届期满，北京政府与英国展开谈判，到 1924 年秋达成协议，定于 11 月签约归还，然而因第二次直奉战争爆发，外交总长顾维钧出亡，签约之事遂延搁下来。此外，华会中列强同意在各国批准华会条约后三个月内，召集关税特别会议及法权会议，讨论给中国加征华会附加税及是否放弃领事裁判权事宜。但是因法国要求中国改以金法郎支付庚子赔款，遭北京政府拒绝，法国政府以不批准《九国公约》，并联合意、比等国，以扣留关余向北京政府施压。直到 1925 年临时执政段祺瑞需款孔亟，向法国屈服，法国才批准条约，关税、法权两会因此拖延近三年才召集。

国人早已对华会后列强拖延修约深感不耐，加以五卅惨案爆发，国人民族主义情绪高涨，更不能满足于华会方案，倾向于更激进的诉求。1925 年 5 月，因上海租界内日本纱厂华籍工人遭杀害，上海学生及市民群起抗议，组织游行，遭公共租界巡警取缔，部分学生被拘押于老闸捕房，5 月 30 日数千学生群众聚集捕房前，要求释放被拘学生。租界警察开枪驱散群众，造成多人死亡。此案引发全国民族主义情绪，纷纷攻击列强在华条约特权为中外冲突根源，广州政府废除不平等条约的诉求得到国人支持。北京政府于 6 月 24 日向外交团抗议，也采用"不平等条约"一词，要求列强惩处失职警官，抚恤死亡人民，并尽速修改条约。几经交涉，外交团同意抚恤，失职警官去职，并同意从速召开关税、法权两会。

然而五卅惨案在全国引起民族主义情绪高涨，6 月在汉口及广州都发生游行示威，群众与外国租界军警又发生冲突，造成多人死伤，更加深国人痛恨列强之条约特权。广州政府在沙基惨案后，于联俄"容共"背景下集中反英，对英经济绝交，发动省港大罢工，进而以较激进之革命外交，不承认既有条约，宣称要废除不平等条约，以群众运动为后盾，采激进攻击方式，迫使英国与广州交涉，并争取到国人支持。

关税会议及法权会议于 1925 年底在北京召开，关税会议原定讨论允许中国加征华会二五附加税之条件，中国代表在昂扬民意支持下，提出关税自主要求，列强代表于 11 月 19 日原则上同意自 1929 年 1 月 1 日起中国关税自主。但次年春北京附近又起内战，中国代表多数出亡，关税会议被迫

中止，列强代表宣布延会。法权会议于 1926 年春发表调查报告，认为中国现阶段法庭、法典、监狱皆未达西方标准，列强尚不能放弃在华领事裁判权。关税、法权两会无具体成果而结束，国人皆认为列强无修改条约之诚意，对不平等条约之攻击愈趋激烈。

过去学界对于关税及法权会议评价不高，杨天宏近来的研究颇值得注意。他认为法权会议是北洋政府通过外交途径撤废治外法权的一次尝试，在改变由不平等条约建构和规范的近代中外关系问题上，北洋政府自巴黎和会起就要求废除治外法权，并依据华盛顿会议决议要求召开法权会议，并在会议过程中付出了艰辛努力，法权调查也得到部分省区实力派的配合，最后通过《调查法权委员会报告书》，但未能建议实时撤销治外法权，中国代表提出了保留意见。法权会议折射出的北洋外交是一种带有改良色彩的"修约"外交。在中国尚不具备彻底废除不平等条约实力的历史条件下，立足"修约"应为务实的选择。虽然囿于内外条件，北洋政府未能实现撤废治外法权的初衷，但会议确立的一些中外关系原则，也为后来彻底废除不平等条约奠定了法理基础。在论文结语中，杨天宏指出：中国废除治外法权的愿望没有通过法权会议的召开得以实现，但非外交失败。首先，在会议上中国代表向世界表达了强烈的废除领事裁判权的呼声，使与会各国代表在报告书中承认领事裁判权在中国只是一个历史的范畴，为中国在条件成熟的时候最终废除领事裁判权等外人在华特权提供了法理依据。其次，外人在华超越条约规定的特权开始受到限制规范。最后，为促成会议召开，北洋政府在改良法律制度方面做了一些除旧布新的工作，这有利于中国法制的近代化建设。总之，在法权会议期间，北洋政府推进的"修约"外交取得了一定的成绩，虽与设定的目标存在距离，但也并非毫无意义。①

关于关税会议，杨天宏指出，中国代表在巴黎和会及华盛顿会议中提出修改不平等条约问题，华盛顿会议对于中国提出的关税自主要求，通过《关于中国关税税则之条约》，决定先召开修正税则、税率会议，并筹备召集关税特别会议，讨论"裁厘"和"二五增税"。五卅前后，国内民族主义情绪持续高涨，北洋政要亦表示出对不平等条约的强烈不满。早在会议筹

---

① 杨天宏：《北洋外交与"治外法权"的撤废——基于法权会议所作的历史考察》，《近代史研究》2005 年第 3 期。

办之初，北洋政府便决定"以关税自主并裁厘为确定政策"。会议中北洋政府强硬力争关税自主，表达了突破华府会议有关中国关税问题原则框架的意向。对于中国提出的关税自主要求，各国普遍将裁撤厘金作为同意中国关税自主的先决条件。中国代表声明：关税自主应明白规定于条约内；裁厘系中国改革内政的主动表示，并非关税自主的交换条件；中国准备在1928年2月底之前分两期完成裁厘。此声明让外国代表陷于被动，通过了中国关税自主并裁撤厘金，允许中国国定关税定率条例于1929年1月1日发生效力，为后来南京国民政府宣布取消协定关税、实现关税自主提供了国际协约的依据，厘金的裁撤也因此提上中国的改革日程。杨天宏在结语中指出：关税会议的成果是北洋政府在做出一定让步和妥协后取得的，后来一些研究者也批评北洋外交家软弱无能，其实这样的批评并不公允。关税会议上中国代表全力争取关税主权，获得各国对中国关税自主的承诺。后来的南京国民政府很大程度上正是依据北洋政府与各国签订的有关协定，通过进一步的外交努力和内政改良，最终废除了协定关税的条约规定，实现了关税自主。关税会议的成果在与北洋政府敌对的国民党革命成功之后为后者继承享受，前者却因未能实时收获自己种下的果实而被宣布为外交上的失败者。[1] 杨天宏透过扎实的个案研究，给予北洋修约外交以中肯的评价。

二　北洋政府修约交涉与成果

民初平等订约的努力[2]

清末中国先后与英国、法国、美国、瑞典、挪威、俄国、德国、丹麦、荷兰、西班牙、比利时、意大利、奥地利、秘鲁、巴西、葡萄牙、日本、墨西哥等18国订约，设使领通商务。这些"有约国"皆享协定关税、领事裁判权及最惠国待遇等，加以无约国人民得请求有约国领事保护，归有约国领事裁判，事实上凡在中国之外国人，均在中国法权之外。

民国肇造之后，外交上承袭清末改革内政以修正条约的方针，然因内

① 杨天宏：《北洋外交与"华府条约"框架的突破——关税会议的事实与问题分析》，《历史研究》2007年第5期。
② 参见唐启华《北洋修约史》，第二章。

争不断，政局动荡，司法改革成效有限，中国主权仍受中外条约的层层束缚。尤其是 1915 年与日本"二十一条"交涉后签订的《民四条约》，因丧失许多国权，被时人目为"国耻"，认为是另一个不平等条约。1917 年中国参加欧战之后，对内引发复辟政争，导致南北分裂；对外因对日"西原借款"及签署《中日共同防敌协定》，经济上及军事上受更多的控制，故国人对民初外交一般评价较低。

但是若由近代中国修约历程考察，民国初年出现一些新的方向，为日后修约运动所承袭。民国成立之后，即由国务会议议决：嗣后对清遗留之各不平等条约不得续延，亦不得再订相似之约。由 1912—1918 年的几个订约谈判过程看，北京外交部在内外不利的处境中，已有以平等互惠订约的观念，并努力推动。对原无约国，在谈判订约时，不愿再给予领事裁判及协定关税等特权。如与古巴谈判订约时，要求事事平等，即使谈判不成，也不愿迁就。1915 年签订之《中华智利通好条约》，互享最惠国待遇，且未明文给予领事裁判权，被后世史家誉为第一个平等条约。但由《外交档案》看，当时外交部认为领事裁判权包括在最惠国待遇之内，待日后修约观念更强时，才坚持最惠国待遇不能包含领事裁判权。

1918 年签订的《中华瑞士通好条约》是最后一个给予外国领事裁判权、协定关税的不平等条约。该约正文虽属平等互惠，但因瑞士坚持要与其他各国同等待遇，加以北京政府急欲在瑞士设使馆，终于在附件做出让步，但也加一条"俟中国将来司法制度改良有效时，瑞士国即与他缔约国同弃其在中国之领事裁判权"。

对原有约国，中国则借参战废止了德、奥在华条约特权，打破了列强在华之联合控制。对德、奥宣战，废止中德、中奥条约，是中国外交史上之创举，收回了德、奥享有的租界、领事裁判权及协定关税等不平等特权。虽然由于外国享有的片面最惠国待遇，协定关税条款未能全部贯彻，但已打破清末以来列强联合对华、牢不可破的条约网，为日后逐步解除条约束缚，打开一个难能可贵的缺口。

总之，1912—1918 年北京政府的订约、修约努力，可称为北洋修约的萌芽期，或可称之为新旧交替之过渡期。虽有其因国力不足的先天限制，有时无法强力贯彻宗旨，不免迁就，但已表现出当时外交部对新订各约，

努力朝平等互惠的大方向努力，不愿再失权利；尤其参加欧战，更是一大契机，为废止旧约特权、收回已失国权开创了可贵的先例。

《中德协约》《中奥商约》谈判[①]

欧战结束后，1919年北京政府修约方针具体形成并朝三个方向同时进行。对战败国，如德奥，继承1917年绝交宣战以来之方针，在巴黎和会中提出《对德奥条件说帖》，要求废除旧约，重订平等条约，得到允准，日后得以成功订立平等新约。对协约国，尤其是五强为首的17个有约国，中国代表团在和会中总括朝野修约各种建议，向大会提出《希望条件说帖》，要求协约各国同意修改旧约。此说帖虽遭和会议长推诿给国际联盟，但已是中国首次在国际会议中，提出对条约束缚的不满，要求改正。另一个重要的新方向，即对无约国及战后新成立诸国，坚持平等订约，不再给予领事裁判权及最惠国待遇。

对战败国方面，1921年《中德协约》是第一个重要成果。中国利用参加欧战机会，废止德奥旧约，但巴黎和会议定的对德《凡尔赛和约》，除山东条款招致国人强烈不满，也未提及另订平等新约。此外，战事赔偿要由协约国赔偿委员会统筹处理，俘房收容费各国一律放弃。中国因山东问题拒签和约，以大总统布告方式，中止中德间战争状态，但是北京政府一时仍在补签和约或中德单独议约之间犹豫不决。1920年初德国表达议约善意，北京政府决定脱离协约国团体单独与德国议约，接受德国派代表来华商谈。

北京外交部掌握德国亟欲重返中国市场之筹码，等待德方先提出议约要求，并确定谈判宗旨，宣布德人来华必须得中国允许，坚持关税自主、放弃领事裁判权及最惠国待遇、德国需承担《凡尔赛和约》对华义务等条件，坚持去除所有旧约的不公正条款，订定完全平等之新约。加以北京政府手中握有大批德侨在华私产，使得谈判时中国更居有利地位。德国急于恢复对华商务，在谈判过程中，基本接受中国条件，采取舍名求实方针，注重德国人民在华失去条约特权后，如何实质上享有关税上之公平竞争地位与司法上之保障。同时，为了早日收回在华德侨私产，作为重回中国市场的根基，德国在赔偿问题上做了许多让步，同意支付中国战事损失、俘

---

① 参见唐启华《北洋修约史》，第四章。

房收容费等不愿给其他协约国的利益，换取中国停止清理并归还德产。谈判中双方虽有争执，但大致圆满结束，中国成功地与一个旧条约列强，缔结完全平等的新条约，北京政府的外交可称成功。德国则取得实质上与条约列强同等之关税，司法上享公平对待之承诺，成功重回中国市场。中德对此结果皆表满意。

《中德协约》的签订，使中国虽未签署《凡尔赛和约》，却完全享受到和约中的利益，避免受和约中山东条款的约束，还得到协约国所无之俘虏收容费，德国甚至承诺支付战事赔偿。中国与德国订定了第一个完全平等的新条约，德国放弃一切在华特权，尊重中国完全主权。《中德协约》是第一个明文规定无最惠国待遇、治外法权、协定关税，完全平等互惠的条约，一方面可作为日后与各国议定新约之范例，另一方面也松动列强在华之特权地位，对协约国列强修改旧约产生道义上的压力。

《中德协约》本质上是临时协定性质，签约后双方解除宣战以来颁布之各种战时措施与法令，恢复正常之外交与商务关系。留下战事赔偿及债务问题、商订正式通商条约两件事，待日后解决。前者于 1924 年双方以换文方式解决，后者则一直未曾商订，但是并未妨碍中德关系之迅速发展。

第一次世界大战后之德国赔偿问题，十分棘手。[①]《中德协约》中德国允诺支付中国战事赔偿，经三年谈判，终于在 1924 年 6 月 6、7 日，中德互换《解决中德战事赔偿及债务办法》等三换文解决。[②] 此次中德换文，是1921 年《中德协约》的补充，解决了中德间自宣战以来的财务问题，其根本性质在赎回德产。北京政府因手中握有大批收管的德产，自始即以清理德产为要挟，迫使德国一再让步；在谈判过程中，北京政府虽降低赔款总数，但争取到由德国政府清理中国政府欠德商之债务，大幅度减少了中国之债务负担，此外还能取得部分现金收入，北京政府相当满意。德国不愿付《凡尔赛和约》之赔款，对协约国赔偿委员会消极抵制；对未签和约的

---

① 战后协约国要求德国认罪，负担天文数字的巨额赔款，引发许多纠葛。参见王绳组主编《国际关系史》第 4 卷，世界知识出版社，1995，第六章。

② 《财政部档案》称此案为"对德索偿"，《外交档案》中正式名称为"解决中德战事赔偿及债务办法"换文；当时报纸、杂志多称之为"德发债票案"。英国外交档案（F.O.）称之为"中德财政协定"（Sino-German Financial Settlement）。参见唐启华《北洋修约史》，第四章第二节。

中国却不顾阻力愿意支付战事赔偿，主要原因即在赎回在华德产，并使德华银行复业，早日恢复在华商务。

整体而论，《中德协约》不仅是近代中国第一个平等新约，而且是第一个，也是唯一的对外以战胜国身份取得战事赔偿，在中国外交史上有其重大意义。[①] 就中国参战之财政层面而言，中国未实质出兵，却能取得德国战事赔偿，可谓付出少而收获大。战前德国在华拥有庞大资产，德国人持有大笔中国政府债票，中国政府尚欠德国商社大笔债务。财政部认为依1924年换文安排，中国所得赔偿总数约8400万元；此外宣战期间，中国所捕获之德国船只，均作为战利品，不予发还或赔偿；收回天津、汉口德国租界；德国部分庚子赔款不再支付。该项庚子赔款，连同船只估价、租界代价，及此次所得赔款，共合约2.5亿元之多。由此一角度看，参战对中国在内政方面固然有不良影响，但就外交及财政而言，实有不容忽视的收获。

德奥同为欧战之战败国，中国因加入协约国阵营对德奥宣战，得以废除旧约，战后以战胜国身份参与巴黎和会，对奥《圣日耳曼和约》顺利签署，在中国表示不愿恢复旧约后，两国以无约国基于平等立场谈判成立新约。1925年10月19日，《中奥通商条约》在维也纳签订。此约为正式商约，对通商事宜规范详细。自1919年中国坚持平等订约原则以来，签订之《中德协约》《中俄协定》仅属原则大纲，内容简略寥寥数条。《中奥通商条约》21款，规定详密，成为日后中国与各国议定新通商条约之先例与蓝本。综观《中奥通商条约》，条文确实体现了中国坚持的平等相互原则，中国对奥国赔偿军费问题，未多做坚持；对遣返奥侨费用及驱逐舰定价两案，同意暂时搁置，以换文得奥国承认日后磋商。在关税、法权及最惠国待遇方面，则自始坚持，终得奥国让步。惟在关税税则方面，稍有模糊空间。

《中俄协定》谈判[②]

1924年5月31日签署的《中俄解决悬案大纲协定》（简称《中俄协定》）是北洋修约史中十分重要，也是迄今遭误解最多的个案。此协定是

---

① 第二次世界大战后，台海两岸先后对日放弃战争赔偿要求，使德国赔偿成为至今中国唯一对外取得之战争赔款。
② 参见唐启华《北洋修约史》，第六章。

北京政府与革命国家交涉、订立的第一个平等条约，对列强在华均势影响很大。此案交涉时之南北外交互动，对广州外交及孙中山之联俄"容共"影响也很大。对于理解北洋修约及广州革命外交，尤其是南北外交之互动关系，此案至为重要。

过去学界在讨论中苏谈判时，常认为谈判的基础是苏俄两次宣言，及《中俄协定》第三条正式承认废止旧约重订新约。苏联执行对华平等、尊重中国主权之新外交，协助中国反帝废约之说，数十年来似乎已成定论。然而，此说基本上反映了苏联及当时亲苏之国共两党的观点，认为中俄旧约的废除，全系苏联的慷慨大度，北京政府在外交上追随协约国列强，一再拖延承认苏联，最后在民意舆论强大压力之下，才勉强与苏联订约，坐享苏联对华平等慷慨的成果。

事实上，俄国革命后北京政府及东北、新疆当局即已清理旧俄在华特权。黑龙江当局率先于 1917 年底乘俄乱收回旧俄违法在中东路区许多侵及中国主权之处。新疆督军杨增新及各地商会，则一再向北京政府请求中俄《伊犁条约》于 1921 年再次期满时务必修改，去除不平等条约束缚。新疆当局于 1920 年 5 月与苏俄中亚当局签订《伊犁临时通商协定》，实质收回俄商贸易免税特权及治外法权，创下与苏俄交涉先例。是年 9 月 23 日大总统命令：停止旧俄使领待遇，北京外交部遂依循对德宣战后清理德奥在华条约权益，收回租界、领事裁判权等之先例，对苏俄颁布各项法规，收回俄租界及领事裁判权，并取消中东路区内之各级俄国法庭。相形之下，苏俄第一次加拉罕（L. M. Karakhan）对华宣言于 1919 年 7 月 25 日发布，次年 3 月传到中国。1920 年 10 月第二次加拉罕宣言，交张斯麐带回中国。准此，东北当局收回中东路区主权之行动，及新疆当局的清理行动主张，早在加拉罕宣言传到中国之前就已开始。至于北京政府之停止旧俄使领待遇，则很可能是受到加拉罕宣言的影响。事实上，中苏谈判时苏联多次借口中国没有及时答复两次对华宣言，不肯承认受两次对华宣言的束缚。中苏谈判的基础，应是 1917—1922 年北京政府与东北、新疆地方当局，把握有利时机不断清理旧俄在华条约权益，造成中苏正式谈判开始时，旧俄特权已绝大部分被收回的既成事实。

北京政府这些清理作为，多系片面临时措施，在国际法上，必须由中

苏两国正式订约来确认。中苏几经谈判，终于在 1924 年 5 月签署《中俄协定》15 条，除恢复邦交外，苏联政府立即放弃租界、庚子赔款、领事裁判权（第 10、11、12 条），这几条均为已被北京政府清理，事实收回者。另"在会议中"解决商约、关税平等、划界、航行、中东路、赔偿及外蒙古问题（第 2、3、7、8、9、13、14 条）。换言之，因各主要条文均有"在会议中"之但书，其本质只是将来解决悬案的大纲。中俄旧约并未废止，苏联只承诺将"在会议中"议定新约取代旧约，另以《密件议定书》规范帝俄对华旧约在新约订定前"概不施行"。

结果应在一个月内召开、六个月内完成的中苏会议，却迁延了一年三个月才勉强开幕，陆续召开之各分委员会，因双方认知差距过大，无法达成共识，到 1926 年夏已大体停顿。不久张作霖驱逐加拉罕，进而搜查北京苏联大使馆，中苏外交关系实质断绝，中苏会议随之告终，未能获致任何具体成果而终。中苏新约未能订定，旧约又概不施行，中苏间条约关系陷于含混状态，等于维持现状，实质上默认了 1917—1922 年北京政府清理旧俄条约权益的成果。

过去学界对 1924 年《中俄协定》评价过高，多认为苏联放弃旧俄在华条约特权，是第一个平等对华的大国。然而，《中俄协定》签署后，苏联想要的承认与中东路管理权，皆得实惠，中国所要的外蒙古与废止旧约等项，因中苏正式会议未获致具体成果，形同虚文。由中苏会议之研究，可考察早期中苏关系之实质。苏联在华宣传反帝废约，立足点就是其在《中俄协定》中放弃所有旧约特权，平等对华，与帝国主义列强之坚持条约利益、干涉中国内政者大不相同。但在实质上，就废约而言，苏联在条文上虽表示废止旧约，实际上则坚持既得利益，不肯完全放弃条约特权。北京政府在谈判时坚持摆脱条约束缚，以《密件议定书》约束苏联旧约效力，又能弹性借重苏联以牵制华会列强，以《中俄协定》得一大国为友邦，共同对抗条约体系，增强了中国外交的地位。北洋修约虽受中国内部分裂的牵制，但仍持续开展，并获致相当成果，应给予公允的评价。

苏联与北京政府谈判建交时，广州政府与苏联也有密切的联系，《中俄协定》签署前后，正是孙中山决定联俄"容共"，以及反帝废约论述形成的关键阶段。1923 年初《孙越宣言》发布之后，孙中山回到广州，到年底

"白鹅潭事件"后，决心倒向苏联。苏联之援助孙中山，有利用广州在外交上对北京施压，利于中苏谈判的考虑。孙中山则大力压制党内反对声浪，决心联合苏联反帝废约，以取得苏援。

其他平等订约交涉①

如前所述，北京政府始终致力于对无约国订定平等条约，1915 年与智利订约，为第一次用浑括主义，未明订给予领事裁判权，但最惠国待遇是否包括领事裁判权在内，并未言明。1918 年，与瑞士谈判订约时，仍认为给治外法权为惯例。因此，《中华智利通好条约》可否视为第一个平等条约，尚有争议。1919 年 4 月 27 日大总统令：对无约国平等订约从此贯彻执行。到 1928 年 5 月 26 日，北京政府覆灭前一周，签订最后一个平等条约为止，十年间北洋订约观念有长足之进展，并获致不俗的成果，是北洋修约史中重要的一环。

与原无约国谈成的第一个平等条约是玻利维亚，于 1919 年 12 月 3 日在东京签订《中华玻利维亚通好条约》，依瑞士约除去附件，并换文声明最惠国待遇不包括领事裁判权，比智利约更进一步，开创成功先例，朝野称善，有学者视之为第一个平等条约。1920 年 6 月 1 日在罗马签订《中华波斯友好条约》，明白去除领事裁判权，但外交代表仍享有最惠国待遇。

1920 年以后，北京政府分别与原无约国如波斯、希腊，及新成立之芬兰、波兰等国谈判，签署平等条约。芬兰先派领事来华，原想先通使再订约，北京外交部不允，以不发给领事证书，逼迫芬兰非订约不可。芬兰对治外法权及关税问题想回避，后依德约办法声明解决，1926 年 10 月 29 日在芬都赫尔辛基签订《中华芬兰通好条约》，内容为当时北京外交部平等条约之标准版本，此约也是北京政府签署并互换生效的最后一个通好条约。

波兰于欧战后独立，列席巴黎和会，加入国际联盟，该国侨民旧隶俄籍流寓东北者很多，复国以后纷纷恢复波兰原籍，与中国关系日益纷繁。波兰派代表来华在北京议约，原来只想订通好条约，后扩大为通商友好条约，通商部分多援《中奥商约》之例，最后于 1928 年 5 月 19 日签订《中波兰友好条约》。此外，1919 年后北京坚持不再给领事裁判权，第一个就用

---

① 参见唐启华《北洋修约史》，第七章。

于希腊。该国希望先派使领再议约，北京政府不允，以无约国人民对待希侨，逼使希腊不得不订约，几经谈判，双方于 1928 年 5 月 26 日在巴黎签订《中希腊通好条约》，此为北京政府签订的最后一个条约，八天后张作霖即离开北京，北京政府随即倾覆。波兰及希腊之条约均尚未互换生效，南京国民政府不承认中波条约，于 1929 年 9 月 18 日另于南京签订内容大体相同之《中波友好通商航海条约》。至于希腊之约，南京政府虽承认之，但要去除声明文件，最后于 1929 年 9 月 30 日中希《通好条约》在巴黎重签，加一换文，1930 年 6 月 14 日在巴黎互换。

由北洋时期各平等谈判订约个案观之，自民国肇造之初，即有平等订约之观念，但在欧战期间，只能先求正约平等，附件仍有让步失权。1919 年确立平等互惠订约政策后，初则注重不给治外法权、协定关税，各约交涉重点在关税、法权，多仿中德之例以换文声明。1922 年起，注意到最惠国待遇，1924 年确立关税自由及剔除最惠国条款，为订新约最要主旨，订约不再提最惠国待遇，改为照享受国际公法应得之待遇。1926 年后，又注重条约有效期限及修约之规定，主张条约有效期限越短越好，以便随时可修改。1926 年 11 月关税会议通过关税自主案后，外交部订约皆以 1929 年 1 月 1 日为实行国定税则之日，对关税更不可能让步。总而言之，北京政府逐步增加平等与国，减少条约特权国数目，对条约列强产生压力。

北洋末期"到期修约"的实施与成果①

广州政府联俄之后，外交趋于激进。1924 年国民党一大制定通过之党纲，提出要"废除不平等条约"。该年底孙中山发表《北上宣言》再次强调废约，抵北京后对段祺瑞之"外崇国信"十分不满。1925 年 3 月 12 日孙中山逝世，《总理遗嘱》中表明要在最短期间实现"废除不平等条约"，自此废约成为革命党之旗帜。五卅之后，国人激烈排外，废约之说利于宣传，容易打动人心。北京政府较温和之修约方针则不受青睐，常被视为妥协投降，至今仍常被忽视。

1925 年五卅及沙基诸惨案发生后，北京政府于 6 月 24 日对华会列强提出《修约照会》，要求将中外条约重行修正，俾合于中国现状暨国际公理平

---

① 参见唐启华《北洋修约史》，第八章。

允之原则。四日后，国民党发表第二次《废除不平等条约宣言》，对北京政府之修约照会提出严厉批判，云："废除与请求修改截然二事……本党兹再郑重宣言，对于不平等条约应宣布废除，不应以请求修改为搪塞之具。"这个宣言凸显"修约"或"废约"为两条截然不同之道路。事实上，"修约"或"废约"的差异并不是那么黑白分明，北洋末期对条约列强的"修约"有重大突破，应同时注意到南北外交间"修约"与"废约"间的互动，才能较全面理解当时的中国外交。

北京外交部在内部检讨时认为：国人对于不平等条约之废止呼声日烈，似此情形若不早为设法，恐酿成社会之纷扰，似应速筹办法急谋改善，以副国人之希望。而修约有两种办法，同时向列强提议修改旧约中有碍中国主权及片面性质与不合时宜之条款；或是就个别国家条约将届期满或将届修改时期者，陆续提商修改。前者交涉困难，中国过去屡次向列强提出，都无实效。果然，9 月 4 日华会八国修约复照，称："对于中国政府修正现有条约之提议，愿予加以考虑，但视中国当局表证愿意且能履行其义务之程度为标准。"至此，向各国合并提议修约一途，无法达成具体成果。

北京外交部遂舍过去与列强集体交涉修改条约方式，利用个别条约修约期限条款要求修约，发展出"到期修约"策略。依当时国际惯例，修约通常指的是商务条款，中外条约都订有修约年限，一般是十年，北京外交部决定利用此一条款，向个别到期条约国家要求修约，且不限定为商务条款，以"情势变迁原则"为由，[1] 要求修改约中不平等之政治条款；对方若不肯谈判，则期满废约。北京政府希望以此策略，避开与列强集体交涉，而十年之内所有旧约皆可修订完成，达到修改条约目的。1926 年 2 月，北京国务会议通过此策略，开始实施。当年到修约期限的中外条约有三个，分别是《中比通商友好条约》《中日通商友好条约》及《中法越南通商条约》。外交部于到期前六个月通知三国要求修约，并择定国力较弱之比利时为试金石，希望能成功建立"到期修约"之先例。

1926 年 7 月国民革命军誓师北伐，10 月与英国达成协议，停止罢工，

---

①　"情势变迁原则"认为条约效力之继续，基于"事状如恒条款"（clausula rebus sic stantibus），一旦条约成立时之特殊情势消灭，当事者即有解除条约之权利。参见唐启华《论"情势变迁原则"在中国外交史的运用》，《社会科学研究》2011 年第 3 期，第 135—147 页。

英国默认国民政府征收二五附加税，这被认为是"革命外交"之一大成就。北伐军顺利进入长江中下游，英国体认到国民政府势力勃兴，为保护其在华广大利益，及控制之中国海关，决心改变对华政策，与国民政府接触，争取国民党中之温和派。于是英国于12月向华会列强宣布《变更对华政策建议案》，主张列强应体认中国人民修约要求之正当性，立即与中国谈判修改条约。首先应无条件允许中国征收华会附加税，此税由中国地方当局自设机关征收，不必通过海关总税务司交给北京政府。英国新任驻华公使蓝普森（M. W. Lampson）亲赴武汉会晤国民政府外交部部长陈友仁，表达英国之善意，但国民政府仍采激进对外手段，1927年初，群众强行收回汉口、九江英国租界，并以其为"革命外交"最高成就。控制北京政府的张作霖对英国不再支持北京不满，威胁破坏英国在华北利益。英国面临危机，决心贯彻新政策，一方面派人到武汉谈判交还汉浔租界事宜，一面派遣大军防卫上海租界，同时也向张作霖示好，愿与北京政府进行修约谈判。

此时，北京外交部"到期修约"策略也有进展，中比条约于1926年10月26日到期，外交部通知比利时要求修约时，比方以原约中规定只有比利时单方面有权提议修约，拒绝谈判，并宣称要向海牙国际法庭提出解释条约条文案。北京外交部不顾反对毅然进行，比利时后来同意谈判修约，但主张在新约未谈成之前，旧约仍然有效。北京外交部则主张新约要在6个月内议定，否则旧约到期失效，以避免比利时借谈判拖延。到10月底比利时仍不愿接受外交部条件，外交总长顾维钧当时兼任内阁总理，并摄行大总统职权，为北京政府名义上的国家元首，毅然在11月6日宣布废止中比条约，这是中国外交史中破天荒的壮举。比利时一方面准备诉诸国际法庭，一方面希望列强一致对北京施压，然而不久恰逢英国宣布《变更对华政策建议案》，主张顺应中国修约要求，比利时乃决定让步，同意与北京政府展开谈判。1927年1月，中比修约谈判开始，比利时并主动宣布归还天津比租界，表达善意。

1927年1月27日英国也向北京政府提出修约建议七条，表示可以谈判归还天津英租界，以安抚张作霖。然而张作霖2月1日断然免去英籍海关总税务司安格联（Francis Aglen）职务，英国公使蓝普森抗议无效，决定与张作霖妥协。中英归还天津租界谈判，在张作霖之安国军总部主导下展开，

到 4 月份已大体谈妥。同时中日、中法修约谈判也陆续展开，北京政府"到期修约"顺利展开。

同时，国民政府之"革命外交"趋于激进，3 月 24 日进入南京之部分国民革命军，有攻击列强侨民之过激行为，与列强炮舰发生严重冲突，造成军民伤亡。此南京炮击案，使英国对华新政策濒临破产边缘，也促成国民政府内部之分裂，蒋介石先于 3 月底宣布不以群众运动方式收回租界，进而于 4 月 12 日在上海实行"清党"，18 日南京国民政府成立，史称"宁汉分裂"。南京政府在外交上趋于温和，压制群众运动，不再宣称要废约，且暂时集中全力于宁汉间之内争，外交上趋于消极。

南京政府成立后，列强对华外交重心转移至此，与北京政府之交涉也转趋消极。1927 年 6 月，张作霖在北京就军政府大元帅职，任命王荫泰为外交总长。王氏继续执行"到期修约"方针，然列强因南方"革命外交"威胁减轻，对北方"修约外交"反而不再刻意配合，静待中国内战尘埃落定。是年 11 月 10 日中西条约到期，北京外交部通知西班牙要求谈判修约，西班牙否认中国有废除西国人民在华治外法权的权力，拒绝谈判。11 月 12 日北京外交部宣布废止中西条约。南京政府外交部部长伍朝枢于 10 月 23 日发表对外宣言，重申未经国民政府许可之条约或协定一律无效，并照会西班牙公使，声明中西条约期满应即作废。12 月 5 日南京国民政府也明令废止中西条约，并公布新约未定前处理两国关系之临时办法七条。

北洋末期的"到期修约"方针是中国外交的重要环节，但被"废除不平等条约"遮蔽，其历史意义与成果几乎完全被忽视。由上述可知"到期修约"是五卅之后北洋修约一大突破，并创获成功先例，诚为当时中国外交的主要脉络。过去学界只注重"革命外交"，未考虑到国民政府之"废约"不合国际惯例，并非外交之常态，事实上无法执行，不能累积成果，主要是革命高潮时的宣传。北洋"到期修约"有法理依据，引用《国联盟约》及"情势变迁原则"，利用旧约中修约之条款，诉诸国际公理正义及民意支持，又得益于 20 世纪 20 年代，国际上苏联、土耳其、暹罗、秘鲁、墨西哥等国废约、修约潮流，及国内南方政府之废约威胁，迫使列强让步，取得丰硕成果。

北伐统一之后，北京政府虽然倾覆，其外交方针则对南京国民政府产

生很大的影响。南京政府的国际法人地位继承自北京政府，是代表全中国的中央政府，其外交显然与广州、武汉政府之革命性质不同，与北京政府相近似。从世界观来看，南京外交不再走联俄路线，放弃了打倒列强、废除不平等条约的世界观，改走英美路线，等于加入了威尔逊主义的世界秩序，显然与广州政府、武汉政府大不相同，反而与北京政府比较接近。从政策层面上来看，南京政府的外交方针，尤其在对待中外条约方面，表面上仍继承广州、武汉以来"革命外交"之名，但已强调不用群众暴力，改采合法手续修改条约的方式。北伐成功后，南京政府外交部部长王正廷于1928年7月7日，发表有关一切不平等条约宣言：（1）中华民国与各国间条约之已届期满者，当然废除另订条约；（2）其尚未期满者，国民政府应即以正当之手续解除而重订之；（3）其旧约业已期满而新约尚未订者，应由国民政府另订适当临时办法处理一切。其精神与1926年2月2日北京内阁通过的"到期修约"方针一脉相承，而值得注意的是，当时担任北京外交总长的就是王正廷。

北洋末期"到期修约"留下丰富的遗产，北伐完成之后，南京国民政府在"改订新约"时，明显继承北洋政府的方针。从北洋、南京外交连续性视角考察，可对中国外交史有更深入与全面的理解。

北洋外交的历史地位常被定性为卖国外交，近年来由于外交档案史料开放，外交官日记、回忆录出版，及各国外交档案使用方便，北洋外交研究有较大的进展与突破，其成绩越来越受到肯定。此外，由于北洋外交的多面性，研究者从北京政府及各国外交档案中看到北洋视角及各国的观点，近年出版的几本重要著作为中国外交史与近代史提供了新的研究视角与理解架构。加以近年中国的快速成长，隐然是和平崛起中的世界大国，其对过去中外交往历程的理解与世界未来之和平密切相关，而国人也需要与新时代相应的平允开阔世界观。以上种种趋势与发展，让外交史研究的前景十分光明，而北洋外交可能是其中最有机会突破的领域。

外交史研究的基础是基于一手史料、多国档案的实证个案研究，近年来大批实证个案研究，重建了许多重要事件的史实，让学界对北洋外交的理解更清晰。诸如中日"二十一条"交涉、参战问题、中俄协定、关税会

议、法权会议等，都有扎实个案研究提出新的评价。基本上肯定北京政府是当时中国中央政府，承担主要的对外交涉责任，外交官表现相当称职等。在实证研究的基础上，透过多国档案对照研究，让北洋视角、革命史观，以及日本、英国等国的观点在北洋外交领域交织，学界由此对北洋外交有了更多元的理解与诠释，诸如，对于过去革命史观重视广州外交的观点，有所补充；注意到中国外交的连续性，清末到北洋到国民政府外交的传承关系；对南北外交的互动及修约、废约相辅相成的关系越来越清楚等，大幅度突破过去长期垄断近代史的诠释及狭隘民族主义观点。

大陆外交史学界拥有强大的优势，即实证外交史研究的兴盛，及崛起中的世界大国地位，让此领域研究前景光明。就前者而论，近年来西方、日本及中国台湾地区史学界中传统外交史都趋于没落，大陆的外交史实证研究却因档案开放，呈现方兴未艾之势，现在正是广为吸收各方研究成果，采纳众家之长，迎头赶上的最佳时机。就后者而论，中国是21世纪崛起中的世界大国，其外交史经验的研究与反省，可帮助国人理解过去中国与世界的互动，对于塑造历史观、世界观有很大的影响。正如王建朗所称：中外关系史的研究在一定程度上影响着社会的认识，对人们正确认识外部世界也发挥着积极的影响。[1]

强调列强侵华及国人奋勇抗争，以及革命党救国北洋卖国之论述，有其特殊的时代背景，有利于在国家危亡之际凝聚民心救亡图存。但在今日，在注意到中国外交中失败屈辱的一面时，也要注意到中国外交的成绩和由屈辱到崛起的历程，回归中国自身历史发展脉络，将中国外交史与全球外交史联结，将内化与国际化相结合，注意清末外交到北洋、国民政府外交之传承与创新；传统东亚世界秩序近代的演变，和东亚各国外交史加强对话；吸取国际史的优点，让东西世界秩序能平等对话。如此，可以帮助国人理解近一个半世纪来中国与世界的互动历程，进而结合传统东亚文化与现代文化，提出对全球有吸引力的秩序价值观念，庶可有助于国民建立平允开阔的历史观与世界观，为中国和平崛起奠下观念基础，为建构世界和平做出贡献。

---

[1] 王建朗、郦永庆：《50年来的近代中外关系史研究》，《近代史研究》1999年第5期。

第四章

训政框架下的国民政府

　　1928 年 6 月，国民革命军进入北京，北伐军事结束，全国在形式上宣告统一，中国国民党奉行总理孙中山遗教，依据《建国大纲》，国家建设由军政时期进入训政时期。

　　训政是孙中山依据中外史实及政治学理，对国家发展进程提出的主张。学者指出依据孙中山的解说，训政具有三个主要精神：一是训政的作用，在训导人民会做国家的主人；二是训政时期为过渡时期，其工作为建设地方，实施地方自治；三是训政时期，国民党立于执政地位，以党治国。① "以党治国"实为重点，即由国民党一党统治之意，② 国民党掌握政权治理国家，政权则为国民政府。

　　"国民政府"一词最初见于孙中山 1906 年发表之《同盟会革命方略》中"军政府宣言"；③ 1924 年 1 月，孙中山于国民党一大提案建立正式组织，将军事时期的革命政府改组为国民政府。但因广东情势未定，直至 1925 年 3 月孙氏逝世时，国民政府并未成立。迨东征击溃陈炯明部，及敉

---

① 李云汉：《中国国民党史述》第 3 编，中国国民党党史会，1994，第 4—5 页。

② 王世杰、钱端升：《比较宪法》，中国政法大学出版社，2004，第 444 页。按，《比较宪法》原为王世杰个人著作，初版于 1927 年由商务印书馆出版，1936 年增订三版，主要增加"中国制宪史略及现行政制"一编，改与钱端升合著；1943 年增订四版，为中国政法大学出版社重印依据之版本。

③ "今者由平民革命，以建国民政府，凡为国民皆平等以有参政权。大总统由国民公举，议会以国民公举之议员构成之，制定中华民国宪法，人人共守。敢有帝制自为者，天下共击之。"见《同盟会革命方略》，秦孝仪主编《国父全集》第 1 册，近代中国出版社，1989，第 234 页。

平杨希闵、刘震寰之滇桂军谋叛后，广州革命基地大致底定，国民党决定实践孙中山遗志，改组陆海军大元帅大本营，成立国民政府。1925 年 7 月 1 日，国民党中央执行委员会公布《国民政府组织法》，第一条明定"国民政府受中国国民党之指导及监督，掌理全国政务"，确立"以党治国"的"党治"原则。但此时为军政时期，国民政府的本质是革命政府，以打倒军阀与反对帝国主义的侵略，统一全国为政治号召，党治应为孙中山所称"以党建国"。[①] 至北伐完成，全国统一，进入训政时期，正式施行"以党治国"的党治原则，政府虽仍名为国民政府，但是在训政的框架下，建立起新的组织架构及党政关系。

　　本章将由训政体制的建立、中央制度的演变、党政关系之发展，及从训政到宪政等方面，探讨在训政框架下的国民政府。此时期的"国民政府"，学者认为有几种不同的含义，范围各异，第一是指 1928 年以后的中国政府，与之前以北京为首都的政府相区别；第二是指五院制的中央政府，《国民政府组织法》即是中央政府的组织法；第三是指国民政府主席、国民政府委员会和文官处、参军处、主计处等而言，这几个机关办公处所称为国民政府；第四是指训政时期党治下的政府而言。[②] 本章所称国民政府，包括了第一、第二、第四几种含义，主要指中央政府而言，地方政府不在讨论范围内。

一　训政体制的建立

孙中山的建国程序论

　　孙中山对于革命建国的过程，采取分阶段的循序进行，训政为其建国程序中，由军政至宪政的过渡阶段。孙中山早在 1906 年发表《同盟会革命方略》"军政府宣言"中，即将革命建国的工作以军政府为中心，分为军法

---

① 　王正华：《国民政府之建立与初期成就》，台湾商务印书馆，1986，第 383—384 页。

② 　陈之迈：《中国政府》第 1 册，商务印书馆，1945，第 141—142 页。陈氏说法基本上延续并扩大王世杰、钱端升于《比较宪法》中所称，国民政府有广、狭两义，广义的国民政府包括中央政府的全部，狭义的国民政府则仅指国民政府主席与国民政府委员会而言。见《比较宪法》，第 439 页。

之治、约法之治、宪法之治三期，军法之治为军政府督率国民扫除旧污的时代；约法之治为军政府授地方自治权于人民，而自总揽国事的时代；宪法之治为军政府解除权柄，宪法上国家机关分掌国事之时代。其目的在于使国民循序渐进，养成自由平等之资格，建立中华民国之根本。①

1913 年二次革命失败后，孙中山重整革命阵营，在东京组织中华革命党，以实行民权、民生两主义为宗旨，以扫除专制政治、建设完全民国为目的，并且再度提出革命建国分期进行的主张，改为以党为中心，规划军政时期、训政时期、宪政时期的三个程序。但中华革命党军政、训政、宪政的建国三程序，并未能获得实行，而在随后的一段时间，孙氏对于三程序的主张亦有若干调整。

1919 年 10 月，中华革命党更名为中国国民党，以三民主义为宗旨，以创立五权宪法为目的。1920 年 11 月，《中国国民党总章》修正公布，虽然仍然列入革命建国程序的主张，但是只有军政、宪政两个时期，将训政时期并入军政时期，规定："自革命起事之日至宪法颁布之日，为革命时期，在此时期，一切军国庶政悉由中国国民党负完全责任。"② 不过此项革命程序的规定，在日后总章修订时，不再出现，原因"可能是受俄共党章的影响，亦可能因为不必把建国程序加载党章"。③ 1924 年 4 月，孙中山发表《国民政府建国大纲》，重新将革命建国程序的主张列入，规定"建设之程序分为三期：一曰军政时期；二曰训政时期；三曰宪政时期"。"在军政时期，一切制度悉隶于军政之下。政府一面用兵力以扫除国内之障碍，一面宣传主义以开化全国之人心，而促进国家之统一。""凡一省完全底定之日，则为训政开始之时，而军政停止之日。""凡一省全数之县皆达完全自治者，则为宪政开始时期。""全国有过半数省份达至宪政开始时期，即全省之地方自治完全成立时期，则开国民大会，决定宪法而颁布之。"④ 9 月发表的《制定建国大纲宣言》，陈述制定国民政府建国大纲之意义，并宣布"今后革命势力所及之地，凡秉承本政府之号令者，即当以实行建国大纲为唯一

---

① 秦孝仪主编《国父全集》第 1 册，第 234 页。
② 萧继宗主编《中国国民党党章政纲集（增订本）》，中国国民党党史会，1976，第 29 页。
③ 总章修订包括 1920 年 11 月 19 日、1923 年 1 月 1 日、1924 年 1 月 30 日。见张玉法《近代中国民主政治发展史》，东大图书公司，1999，第 253 页。
④ 秦孝仪主编《国父全集》第 1 册，第 623—625 页。

之职任"。① 不过直至 1925 年 3 月，孙中山病逝北京，他的建国程序仅止于主张，而未能付诸实施。

　　1925 年 6 月 15 日，国民党中央执行委员会全体会议议决："中国国民党中央执行委员会为最高机关；改组大元帅府为国民政府。" 19 日，国民党中央执行委员会根据上项决议，设立中央政府，定名为国民政府，"关于政治之方针，由政治委员会决定，以国民政府之名义执行之"，确定"以党治国"的原则。24 日，陆海军大元帅大本营总参议代行大元帅职权胡汉民通电，接受国民党中央执行委员会关于政府改组决议案，并于 27 日发布改组政府训令，说明"以党治国，为国民党确定之党纲，只以屡年征讨，未暇设施……今粤中诸逆业已肃清，瑕秽既荡，即应确定党治之主张……本政府为秉承先大元帅之遗训与国民党之政纲，所以有此次改组之决议"。② 7 月 1 日，国民政府在广州正式成立，开始执行孙中山"以党治国"的主张。惟此时国民政府统治范围仅有两广地区，执行军政时期相关措施，一方面以武力扫除革命障碍，一方面从事建设工作，1926—1928 年的北伐期间，方将此项措施陆续推行至全国，并于北伐军事行动告一段落后，由军政进入训政时期。

胡汉民的国民党训政主张

　　1928 年 6 月，北伐军事行将告一段落之际，正在欧洲考察的国民党中央执行委员胡汉民、孙科于 3 日自法国巴黎致电南京国民政府主席谭延闿等，表示今后党国发展，当依孙中山建国精神，实施训政，并拟定《训政大纲》，请谭等代为提出中央讨论。谭氏于是月 9 日、13 日两度复电，说明原案已提出中央，并定期召开国民党第二届中央执行委员会第五次全体会议（简称"二届五中全会"，以下各届中全会均采简称）讨论。18 日，胡汉民、孙科自德国柏林再度致电谭氏，进一步提出《训政大纲提案说明书》，说明提案缘由，强调北伐完成，国民党应依总理所定建国程序，实施训政，并从原则与制度两方面，解释《训政大纲》之内容。

　　《训政大纲提案说明书》由胡汉民、孙科共同具名，但是当时孙科在法

---

①　许师慎编《国民政府建制职名录》，"国史馆"，1984，第 14 页。

②　《大元帅为改组政府令》，许师慎编《国民政府建制职名录》，第 24 页。

兰克福，全稿系由胡汉民撰写。虽然胡称其从柏林以电话与孙科就此稿
"往复商榷，得其同意，因代签名"，实际上应是胡氏的主张。[①] 胡氏对《训
政大纲》提出四项原则性的说明：（1）革命的武力之胜利，必然以革命的
建设保障之，今后本党能否保持内外人心一致付与之信仰，完全以能否实
行建设为判断。（2）吾人既以党的力量扫除革命之障碍，则当以党的力量
造成真正之统一，且必以党的力量负起训政之全责。（3）本党训政之责任，
为一种政治的保姆之责任，为欲此种理论之实行，则必确定实行之方法，
于训政大纲中，分别规定政治会议与国民政府之纲领，以明示党与政府之
关系，与其蕲向训政目的所必经之途径。（4）从革命程序言之，训政之目
的在于宪政之完成；本党责任在于培植五权宪法之基础，而期其最后之
完成。

《训政大纲》在制度上，以中央政治会议为全国实行训政之最高指导机
关；改组国民政府，实施五权制度，设立法院、行政院、司法院、考试院、
监察院，分掌国务。胡氏对此提出五项说明：（1）政治会议对于党，为其
隶属机关，但非处理党务机关；对于政府，为其根本大计与政策方案所发
源之机关，但非政府本身机关之一。（2）国民政府为参与政治会议之机关，
而非隶属政治会议之机关；国民政府为五院汇集之总枢纽，政府常务委员
五人分任五院主席，合五院之组织而总称之为国民政府，政府常务委员五
人中，指定一人为政府主席，除对外代表国家外，其权力地位与其他常务
委员同。（3）各院与立法院之关系，因有政府常务委员为立法院当然委员
之规定，而得平衡之联络。同时因国家行政计划与政策之必须立法、行政
两院交互决议与执行，故于立法院则设置分组委员会，于行政院各部则予
以出席立法院及其分组委员会之权。（4）司法行政与司法审判二者，宜分
不宜合，以保持司法独立，因此大纲以司法部掌司法行政事务，以司法院
掌理独立审判之全责。（5）大纲中明示政府各院部事务员吏，必须经过考
试铨叙，使得任用保障；行政院各部及立法院分组委员，俱有任用专门人
才之规定，以立革新吏治之楷模。

综合而言，胡氏以为《训政大纲》之根本原则，"完全本于总理建国之
旨"，谓："在向于宪政时期进行的途程中，所有军政、训政，皆为本党建

---

① 《训政大纲提案说明书》，许师慎编《国民政府建制职名录》，第78页。

国时期之工作，一切权力皆由党集中，由党发施政府，由党员任褓母之责。故当由党指导，由党拥护，在人民未经政治训练及未完全了解实行三民主义以前，惟有党能代表全国人民负建国之大任，亦惟有党能领导全国人民向三民主义实现之目标而前进。"[1]

是时北伐军事行动甫告一段落，东北地区尚待易帜，国民党虽奉行总理孙中山遗教，但对于统一后的政治制度似未有进一步的思考。胡汉民被学者称为"中国国民党诸领袖中，对于训政理论作有系统之阐述，并为训政时期党政制度之主要拟议者"，[2] 孙科为孙中山哲嗣，两人提出的《政治会议及国民政府组织纲领案》及《训政大纲提案说明书》，内容明确，论述详细，为国民党提供了国家发展的蓝图。

训政纲领

1928 年 8 月，国民党二届五中全会在南京举行，通过《政治问题案》，决议依据《国民政府建国大纲》，设立司法、立法、行政、考试、监察五院，逐渐实施；五院设立之次序，由中央常务委员会议决定。[3] 9 月 3 日，胡汉民自欧洲返抵上海，18 日赴南京。9 月 20 日，国民党中央执行委员会常务委员会加推胡汉民、孙科为常务委员，并在两人提案的基础上制定《训政纲领》，于 10 月 3 日通过，作为训政时期基本依据，其内容如下：

第一，中华民国于训政时期，由中国国民党全国代表大会代表国民大会领导国民行使政权。

第二，中国国民党全国代表大会闭幕时，以政权付托中国国民党中央执行委员会执行之。

第三，依照总理建国大纲所定选举、罢免、创制、复决四种政权，应训练国民逐渐推行，以立宪政之基础。

第四，治权之行政、立法、司法、考试、监察五项付托于国民政府，总揽而执行之，以立宪政时期民选政府之基础。

---

① 《训政大纲提案说明书》，许师慎编《国民政府建制职名录》，第 78—84 页。
② 李云汉：《中国国民党史述》第 3 编，第 6 页。
③ 秦孝仪主编《中国国民党历届历次中全会重要决议案汇编》（本章以下简称《历届历次中全会决议案汇编》）（1），中国国民党党史会，1979，第 102—103 页。

第五，指导监督国民政府重大国务之施行，由中国国民党中央执行委员会政治会议行之。

第六，中华民国国民政府组织法之修正及解释，由中国国民党中央执行委员会政治会议议决行之。

会中同时通过《中华民国国民政府组织法》，8 日，由国民政府明令公布，10 日，五院制国民政府正式成立，以蒋介石为国民政府主席兼陆海空军总司令、谭延闿为行政院院长、胡汉民为立法院院长、王宠惠为司法院院长、戴传贤为考试院院长、蔡元培为监察院院长。

1929 年 3 月，国民党第三次全国代表大会在南京举行，通过胡汉民提出之《确定训政时期党、政府、人民行使政权、治权之分际及方略案》，对于党、政府、人民行使政权、治权之实际的分际与方略，做出明确规定：

第一，培植地方自治之社会的基础，宣传训政之方针，开导人民接受四权使用之训练，指导人民努力完成地方自治所必备之先决条件，并促进一切关于地方自治之工作，由中国国民党中央执行委员会指挥，并监督下级党部推行之。

第二，依据总理遗教，决定县自治制之一切原则及训政之根本政策与大计，由中国国民党中央执行委员会政治会议行之；但政治会议行使是项职权时，对外不发生直接之关系。

第三，实施县自治制及执行一切训政之根本政策与方案，由国民政府及其所属主管机关行之。

第四，中国国民党中央执行委员会政治会议，在决定训政大计指导政府上，对中国国民党中央执行委员会负责；国民政府在实施训政计划与方案上，对中国国民党中央执行委员会政治会议负责。

第五，中国国民党最高权力机关，为求达训练国民使用政权弼成宪政基础之目的，于必要时，得就人民之集会结社言论出版等自由权，在法律范围内加以限制。

第六，中华民国人民须服从拥护中国国民党，誓行三民主义，接受四权使用之训练，努力地方自治之完成，始得享受中华民国国民之权利。

第七，实施训政之成绩，由中国国民党最高权力机关考核之，至训政终了，宪政开始之时，由中国国民党最高权力机关负责召集国民大会，决定宪法而颁布之。

该案重点在规范党、政府、人民三者行使政权、治权的分际，作为《训政纲领》之补充，然而就治权本身，国民政府五院及所属各机关之权限应如何划分，亦宜有所规定。因此于 1929 年 6 月举行之国民党三届二中全会通过胡汉民所提《治权行使之规律案》，规范国民政府五院行使之权限，并规定："各级政府之行政范围，已经划分者，应各守其范围，其逾范围者，以越权论；其受侵越而不提出抗议者，以废职论。"①

国民政府依据以上《训政纲领》《确定训政时期党、政府、人民行使政权、治权之分际及方略案》《治权行使之规律案》等三种法规，确立训政时期的基本规范。至 1931 年 5 月，国民会议通过《中华民国训政时期约法》，作为训政时期最高法典，训政体制臻于完备。

训政时期约法

训政时期是否需要制定约法，国民党内有不同的意见，1928 年 8 月，二届五中全会曾就关于约法之提案进行审查，建议："训政时代，应遵总理遗教，颁布约法。此次全会，应即组织中华民国约法起草委员会，限期完毕；由中央执行委员会议决，赶于第三次全国代表大会开会时，呈请通过公布。"但是会议讨论后，仅决议："训政时期，应遵照总理遗教，颁布约法"，并未决定组织起草委员会，限期完毕。② 1929 年 3 月，国民党三大通过《根据总理教义编制过去一切党之法令规章以成一贯系统确定总理主要遗教为训政时期中华民国最高根本法案》，决议："确定总理所著三民主义、五权宪法、建国方略、建国大纲、及地方自治开始实行法，为训政时期中华民国最高之根本法；举凡国家建设之规模，人权民权之根本原则与分际，政府权力与其组织之纲要，及行使政权之方法，皆须以总理遗教为依归。"③

---

① 秦孝仪主编《历届历次中全会决议案汇编》（1），第 129—130 页。
② 《训政时期颁布约法案》，秦孝仪主编《历届历次中全会决议案汇编》（1），第 96 页。
③ 秦孝仪主编《中国国民党历次全国代表大会重要决议案汇编》（本章以下简称《历次全会决议案汇编》）（上），中国国民党党史会，1978，第 77—78 页。

是项提案为胡汉民等所主张，实际上否决了二届五中全会之决议，惟当时对于是否制定约法问题，意见并非一致。1930 年 7 月，国民党第一、二、三届中央执监委员与南京政府敌对者，在汪精卫与西山会议派及阎锡山、冯玉祥等领导下，在北平举行国民党扩大会议，以制定约法为号召，延请学者专家拟定约法草案，嗣以张学良表示拥护中央，派兵入关，约法起草工作随扩大会议转往山西太原，于 10 月底通过《中华民国约法草案》，世称《太原约法》。扩大会议旋因阎、冯兵败，宣告停会而无形解散，《太原约法》亦成为宪政发展过程中的一纸文献，其最大功能在唤起国人对于制定约法之注意，进而促成南京国民政府颁布约法。①

1930 年 10 月 3 日，蒋介石于讨阎、冯军事行动尚未告终之际，致电中央执行委员会，建议"提前召开第四次全国代表大会，确定召集国民会议之议案，颁布宪法之时期，及制定在宪法颁布以前训政时期适用之约法"。② 是项建议经是年 11 月举行之国民党三届四中全会通过，决议"于民国二十年五月五日召集国民会议"。③ 然而由国民会议制定约法，引起胡汉民反对，遂因政见不合，胡于 1931 年 3 月 1 日辞去国民政府委员及立法院院长职务，进而导致部分支持胡氏的国民党中央执监委员在广州成立中国国民党中央执监委员非常会议及国民政府，与南京方面对抗，形成宁粤分裂局面。

1931 年 5 月 5 日，国民会议在南京开幕，12 日三读通过《中华民国训政时期约法》（简称"约法"），6 月 1 日国民政府明令公布。除前言外，约法共 8 章、89 条，依次为总纲、人民之权利义务、训政纲领、国民生计、国民教育、中央与地方之权限、政府之组织、附则，为国民党与人民在训政时期共同遵守之根本大法，就政府组织而言，正式确立训政时期的中央及地方政治制度。

---

① 董霖：《中国政府》第 1 册，世界书局，1941，第 464—465 页；荆知仁：《中国立宪史》，联经出版公司，1984，第 389 页。

② 周琇环编注《蒋中正"总统"档案·事略稿本》（以下简称《事略稿本》）第 9 册，"国史馆"，2004，第 18 页。

③ 《召开国民会议案》，秦孝仪主编《历届历次中全会决议案汇编》（1），第 191—192 页。

二 中央制度的演变

五院制国民政府的建立

训政时期中央政府的名称延续军政时期，亦为"国民政府"，其法理依据为《国民政府组织法》，施行五权分立的中央政制。训政时期，以党领政，《国民政府组织法》前言中明确说明国民党"指导监督"国民政府，曰："中国国民党本革命之三民主义、五权宪法建设中华民国，既用兵力扫除障碍，由军政时期入于训政时期，尤宜建立五权之规模，训练人民行使政权之能力，以期促进宪政，奉政权于国民。兹谨本历史上所授予本党指导监督政府之职责，制定国民政府组织法。"[1]"指导监督"一词，为延续1925 年 7 月 1 日公布之《国民政府组织法》第一条"国民政府受中国国民党之指导及监督，掌理全国政务"，[2] 所不同者为此时在"指导监督"之上增加了"本历史上所授予"等语，就前言内容来看，此应指国民党"本革命之三民主义、五权宪法建设中华民国"，由军政时期进入训政时期，以期达于宪政时期，是将国民党遵循孙中山建国程序之历史责任明文载于《国民政府组织法》，以增加"指导监督"国民政府之合理性。

《国民政府组织法》全文共 7 章、48 条，规范国民政府及五院职权与组织。国民政府总揽中华民国之治权，统率陆海空军，行使宣战、媾和及缔结条约之权，行大赦、特赦及减刑复权。国民政府以行政、立法、司法、考试、监察五院组织，各院为国民政府各该职权之最高机关，并得依法律发布命令。国民政府设主席委员 1 人，委员 12—16 人；五院院长、副院长由国民政府委员担任。国民政府主席代表国民政府接见外使，举行或参与国际典礼，并兼中华民国陆海空军总司令，因故不能执行职务时，由行政院院长代理。国民政府以国务会议处理政务，国务会议由国民政府委员组织，国民政府主席为国务会议主席，院与院之间不能解决之事项，由国务

---

① 《中华民国国民政府组织法》（民国 17 年 10 月 8 日），许师慎编《国民政府建制职名录》，第 483 页。

② 《中华民国国民政府组织法》（民国 14 年 7 月 1 日），许师慎编《国民政府建制职名录》，第 28 页。

会议议决之；公布法律、发布命令，经国务会议议决，由国民政府主席及五院院长署名行之。行政院、司法院、考试院、监察院关于主管事项得提出议案于立法院；立法院设立法委员，监察院设监察委员，由各该院院长提请国民政府任命。[①]

1928年10月8日，国民党中常会议决：任蒋介石、谭延闿、胡汉民、蔡元培、戴传贤、王宠惠、冯玉祥、孙科、陈果夫、何应钦、李宗仁、杨树庄、阎锡山、李济深、林森、张学良为国民政府委员，以蒋介石为国民政府主席，以谭延闿为行政院院长、胡汉民为立法院院长、王宠惠为司法院院长、戴传贤为考试院院长、蔡元培为监察院院长；10日，国民政府主席蒋介石暨国民政府委员和五院院长在南京国民党中央党部宣誓就职，五院制国民政府正式成立。

10月16日，国民政府举行首次国务会议，议决公布行政、立法、司法、考试、监察五院之组织法，20日，国民政府正式公布。行政院为国民政府最高行政机关，应首先成立，19日，国民党中央政治会议召开临时会议，议决行政院各部会首长，29日，行政院正式开始办公。继行政院之后，11月16日，司法院正式成立；12月5日，立法院正式成立；1930年1月6日，考试院正式成立。监察院则因筹备期间，院长人事更迭，迟至1931年2月2日始正式成立，为五院中最后一个成立的院。[②] 此外，国民政府尚有参谋本部、军事参议院、训练总监部等直属军事机关，及审计院、法官惩戒委员会、中央研究院、中央银行等直属机构。

国民政府之政治体制，依《国民政府组织法》规定，系沿用1925年7月国民政府成立初期之设计："国民政府以委员若干人组织之，并于委员中推定一人为主席"；"国务由委员会议执行之"，采委员制。[③] 但之前系依委员制之特性，由委员推定一人为主席，对主席职权未加规定；此时则是将

---

① 《中华民国国民政府组织法》（民国17年10月8日），许师慎编《国民政府建制职名录》，第483—488页。
② 许师慎编《国民政府建制职名录》，第98—114页。
③ 《中华民国国民政府组织法》（民国14年7月1日），许师慎编《国民政府建制职名录》，第28页。《中华民国国民政府组织法》于1928年2月修正，改为常务委员制："国民政府由中央执行委员会推举委员若干人组织之。并推定其中五人至七人为常务委员，于常务委员中推定一人为主席。"

委员区分为主席委员一人与委员若干人，且主席委员系由国民党中央执行委员会选任，并非由委员推定。《国民政府组织法》明文规定国民政府主席代表国民政府，接见外使，并举行或参与国际典礼，同时兼中华民国陆海空军总司令，这是一项主席单独行使的军事职权，就此而言，国民政府之委员制并非纯粹的委员制，而是具有总统制精神的委员制，亦有学者主张应视为"总统制"。[①] 而此项关于国民政府主席职权之规定，成为日后《国民政府组织法》多次修正的主因。此外，《国民政府组织法》规定司法院之职权为"掌理司法审判、司法行政、官吏惩戒及行政审判"，其中"司法行政"属司法院职权，抑行政院职权，各方意见不一，为《国民政府组织法》修正的另一个原因。

《国民政府组织法》之修正

《国民政府组织法》为国民政府之法理依据，自 1928 年 10 月 8 日公布起，至 1948 年 5 月 20 日国民政府结束、行宪政府成立止，先后有 1930 年 11 月 24 日、1931 年 6 月 15 日及 12 月 30 日、1932 年 3 月 15 日及 12 月 26 日、1934 年 10 月 17 日、1942 年 12 月 12 日、1943 年 5 月 29 日及 9 月 15 日、1945 年 11 月 5 日、1947 年 4 月 17 日及 21 日等 12 次修正，其中 1947 年的两次修正与训政过渡至宪政有关，将在第五节讨论，其余第一、二、三及第九次之修正属政治体制之变革，第四至第八次修正主要为院与院之间的职权调整，分别说明如下。

甲、政治体制之变革

其一，1930 年 11 月 24 日第一次修正原因，为行政院院长谭延闿于 1930 年 9 月 22 日病逝，蒋介石于 11 月 18 日经国民党三届四中全会推选兼任行政院院长，为适应权力结构变化而进行。修正重点为权力中心由国民政府转移到行政院，国民政府的国务会议改称国民政府会议，行政院会议改称国务会议。国民政府会议处理院与院间不能解决之事项；原本"公布法律命令，经国务会议议决，由国民政府主席及五院院长署名行之"，改为"公布法律，由国民政府主席署名，以立法院院长之副署行之。发布命令，由国民政府主席署名，主管院院长之副署行之"。国务会议由行政院院长、

---

① 　王世杰、钱端升：《比较宪法》，第 418 页。

副院长及各部会首长组织，原属行政院会议议决事项改为国务会议议决。依据修正后的《国民政府组织法》，原本五权分立的政治设计，成为行政权一权独大，立法、司法、考试、监察四院正、副院长以国民政府委员身份参加国务会议处理国务的权力，无形中被解除，埋下日后政局不安定的因子。

其二，1931 年 6 月 15 日第二次修正，系因《中华民国训政时期约法》于 6 月 1 日经国民政府公布，其中第七章"政府之组织"之"中央制度"部分对国民政府的组织做了相当程度的变革。① 《国民政府组织法》遂依据《约法》进行大幅度的修正，删除"前言"，第一章改为"总则"，说明该法之立法依据为："国民政府依据中华民国训政时期约法第七十七条之规定，制定中华民国国民政府组织法"；国民政府委员人数增加，由原先的 12—16 人，包含五院正、副院长，改为 16—32 人，国民政府主席及五院正、副院长为当然委员；并增列"国民政府主席"与"国民政府会议"两章，明定国民政府主席职权，稍有出入者，为国民政府主席之人事任免范围，除原规定五院院长及各部会首长外，增加五院副院长及陆海空军副司令；公布法律、发布命令除国民政府主席依法署名外，增加"关系院院长副署"。修正后的《国民政府组织法》，国民政府组织由原本具总统制精神的委员制，成为名符其实的"总统制"，国民政府主席权力大幅提升，有学者认为其职权较总统制国家之元首，有过之而无不及。②

此次修正对司法院的职权亦进行调整，由原本"司法院为国民政府最高司法机关，掌理司法审判、司法行政、官吏惩戒及行政审判之职权"，改为"司法院为国民政府最高司法机关，掌理司法审判之职权"，将"司法行政、官吏惩戒及行政审判"等移除，但是对司法院的组织并未进行相应的调整。

其三，1931 年 12 月 30 日第三次修正，将国民政府主席的权力大幅度削弱，成为不负实际政治责任的虚位元首；五院各自对国民党中央执行委员会负责。这次修正距离前次修正仅隔半年，修正原因在于宁粤合作的政治妥协。

九一八事变发生后，国民党党内因胡汉民事件引起的宁粤分裂，在各

---

① 许师慎编《国民政府建制职名录》，第 495—496 页。
② 董霖：《中国政府》第 1 册，第 462 页。

方敦促下展开会谈，以期团结合作，共赴国难。会谈于 1931 年 10 月 26 日起在上海展开，前后进行 7 次会议，至 11 月 7 日结束，双方决议关于政治问题，改革中央政制，其原则为：（1）使五院能独立负责，行使职权，以实现五权制度之精神；（2）使政治系统与组织简单化，以增加政治效能，而避免重复转折，责任分散之病；（3）使政治实际上民主化，中央政治机关，应参加民选分子，使政府与人民关系日益亲切，共同负担建立宪政之目的。双方决定宁粤各自召开国民党第四次全国代表大会，共同举行四届一中全会，修改国民政府组织法，改组国民政府。① 而在进一步洽商四届一中全会开会事宜时，粤方以蒋介石下野为前提，如果蒋不下野，则粤方各中央执监委员不能赴南京开会。蒋介石为促成宁粤双方切实合作，决定辞去国民政府主席兼行政院院长、陆海空军总司令各职；12 月 15 日，中央常务委员会临时会议决议通过蒋氏辞职案，以林森代理国民政府主席、陈铭枢代理行政院院长。

1931 年 12 月 22 日，国民党四届一中全会在南京开幕，25 日通过《关于中央政制改革案》，将国民政府主席改为虚位元首，对内对外代表国家，但不负实际政治责任；五院各对中央执行委员会负责，行政院院长负实际行政责任。② 次日，通过依据前案修正之《修正中华民国国民政府组织法案》，取消"国民政府主席"章，相关条文并入"国民政府"章；28 日，会议推举蒋介石、汪精卫、胡汉民三人为中央政治会议常务委员，选任林森为国民政府主席，孙科、张继、伍朝枢、戴传贤、于右任分任行政、立法、司法、考试、监察五院院长。12 月 30 日，国民政府明令公布修正后的《中华民国国民政府组织法》；1932 年 1 月 1 日，国民政府主席林森暨国民政府委员、五院院长、各部会首长宣誓就职，新政府正式成立。

修正后之《国民政府组织法》，虽然第一章"总则"仍维持其法源为"依据中华民国训政时期约法第七十七条之规定制定"，但是受政治因素影响，新修正之组织法关于国民政府主席职权显然与《约法》规定矛盾，政治体制实际上已与《约法》所定之中央制度相异，由"总统制"改为类似

---

① 刘维开：《国难期间应变图存问题之研究——从九一八到七七》，"国史馆"，1995，第 40—41 页。

② 秦孝仪主编《历届历次中全会决议案汇编》（1），第 261 页。

欧美政制的"内阁制"，国民政府主席仅是一个仪式性的国家元首，政务实权在行政院，院长总揽行政大权。

其四，1943年9月15日，国民政府公布组织法第九次之修正，是为配合国民政府主席林森病逝后的政局发展。林森于1943年5月因脑溢血病情恶化，无法执行职务，而《国民政府组织法》原有国民政府主席因故不能执行职务代理之规定，在1931年12月第三次修正时被删除，因此中常会于5月29日召开临时会议，决议修正《国民政府组织法》，是为第八次修正，于第十三条国民政府主席任期规定后，增列"国民政府主席因故不能视事时，由行政院院长代理之"一项。

8月1日，林森逝世，中央常会临时会议决议由蒋介石代理国民政府主席；9月10日，国民党五届十一中全会通过《国民政府组织法修正条文》，为第九次修正，重点为删除国民政府主席不负实际政治责任、不得兼其他官职等条文，以国民政府主席为陆海空军大元帅，并有提名五院院长、副院长呈请国民党中央执行委员会选任之职权，使国民政府主席重新成为负实际政治责任之国家元首；国民政府主席对国民党中央执行委员会负责，五院院长对国民政府主席负责。此次修正大致恢复第三次修正前的规定，政治体制亦回复为"总统制"。

乙、院与院间的职权调整

其一，1932年3月15日第四次修正，为对司法院职权之修正。《国民政府组织法》第六章"司法院"第三十七条原规定："司法院院长兼任最高法院院长。司法院副院长兼任公务员惩戒委员会委员长"，修正为："最高法院院长得由司法院院长兼任。公务员惩戒委员会委员长得由司法院副院长兼任"，使该两职的任命具有弹性，可以由司法院正、副院长以外人士担任。

其二，1932年12月26日第五次修正，系因1931年12月第三次修正之《国民政府组织法》将立法及监察两院委员名额各增加1人，改为立法委员50—100人、监察委员30—50人，并增列"委员之半数，由法定人民团体选举，其选举法另定之"，嗣因1932年12月国民党四届三中全会通过召集国民参政会议案，并拟定1935年召开国民大会议决宪法，该项条文似无执行必要，遂恢复原定立法及监察委员名额，为立法委员49—99人、监察委

员 29—49 人，并便于议事表决。

其三，1934 年 10 月 17 日第六次修正，系将司法行政部由行政院改隶司法院；司法院原规定为"国民政府最高审判机关"，改为"国民政府最高司法机关"。

其四，1942 年 12 月 12 日第七次修正，系因司法行政部由司法院改隶行政院，司法院所属单位删除司法行政部，第二十四条行政院会议议决事项第五款"荐任以上行政官吏之任免"，改为"荐任以上行政司法官吏之任免"。

其五，1945 年 11 月 5 日第十次修正，系第二十四条行政院会议议决事项第五款"荐任以上行政司法官吏之任免"，改为"简任行政司法官吏及县市长之任免"。

《国民政府组织法》之修正，不论政治体制之变革或五院职权之调整，对于国民政府之运作确实会有一定程度之影响，但是五院的基本制度仍然维持。

五院组织之发展

国民政府五院制系遵循《国民政府建国大纲》之规定，各院职权之法理依据为《国民政府组织法》，各院组织之依据则为各该院组织法。1928 年 8 月 30 日，国民党中常会讨论二届五中全会决议设立立法、行政、司法、考试、监察五院案，决定先草拟组织法。[①] 10 月 3 日，中央政治会议议决，推蒋介石、孙科、胡汉民、戴传贤、李煜瀛、张静江、蔡元培、王宠惠、李济深、吴敬恒、谭延闿等为五院组织法起草委员；[②] 8 日，中央政治会议临时会议通过行政、立法、司法三院组织法，12 日通过考试、监察两院组织法；20 日，国民政府明令公布："兹制订国民政府行政院、立法院、司法院、考试院、监察院组织法公布之。此令。"[③]

---

① 许师慎编《国民政府建制职名录》，第 85 页。
② 王正华：《南京时期国民政府的中央政制（一九二七—一九三七）》，政治大学历史系研究部博士学位论文，1997，第 213 页；许师慎编《国民政府建制职名录》，第 85 页。
③ 《国民政府公布行政院等五院组织法令》（1928 年 10 月 20 日），中国第二历史档案馆编《国民党政府政治制度档案史料选编》（本章以下简称《政治制度档案选编》）上册，安徽教育出版社，1994，第 160 页。

1. 行政院

行政院为国民政府最高行政机关，如前所述，其权力随《国民政府组织法》之修正，自 1930 年 11 月后日渐重要，1931 年 12 月后，行政院院长负实际行政责任，行政院成为训政时期之政治中心。

行政院以行政院会议为处理政务之重心，依《国民政府组织法》规定，其议决事项包括提出立法院之法律案、预算案、大赦案、宣战案、媾和案；荐任以上行政官吏之任免；行政院各部及各委员会间不能解决之事项；其他依法律或行政院院长认为应付行政院会议议决事项，日后在《国民政府组织法》修正过程中有若干调整，但变化不大。

行政院之组织，依 1928 年 10 月公布之《行政院组织法》规定，设内政部、外交部、军政部、财政部、农矿部、工商部、教育部、交通部、铁道部、卫生部、建设委员会、蒙藏委员会、侨务委员会、劳工委员会、禁烟委员会等；11 月 28 日，中央政治会议通过行政院各部会组织法，除劳工委员会并未设立外，各部会陆续成立。《行政院组织法》并规定："行政院经国务会议及立法院之议决，得增置、裁并各部、各委员会及其他机关。"[1]据此，行政院因应外在环境的变化，除外交、财政、教育三部及蒙藏、侨务两会外，[2] 其余各部会大多经过分割、裁并，兹就各部之调整略述如下。

内政部　内政部为 1927 年 4 月国民政府奠都南京后设置的机构，初名民政部，后更名内政部，设民政、土地、警政、卫生等司，掌管相关行政业务。训政开始，卫生司裁撤，改设卫生部；1931 年 3 月，中央政治会议决议，设立警察总监，掌理全国警察，惟该单位并未成立；土地行政原属土地司，后改名地政司掌理，1941 年 12 月，国民党五届九中全会通过《设置地政署案》，设置地政署直隶行政院，1942 年 6 月，行政院地政署正式成立，内政部地政司裁撤归并，1947 年 5 月，地政署改为地政部。

军政部　军政部成立初期，掌管全国陆海空军行政事宜，设陆军署、海军署、航空署、军需署、兵工署等，嗣后因各军种业务划分，所掌管仅

---

[1]　《国民政府公布行政院等五院组织法令》（1928 年 10 月 20 日），《政治制度档案选编》上册，第 160—161 页。

[2]　侨务委员会于 1929 年 5 月改隶中国国民党中央执行委员会；1931 年 8 月，复改隶国民政府。见刘维开编《中国国民党职名录》，中国国民党党史会，1994，第 89 页。

为全国陆军行政事宜。① 1929年4月，国民政府设立海军部，隶属行政院，海军署裁撤；1938年1月，海军部裁撤，归并海军总司令部。1932年8月，因蒋介石以军事委员会委员长兼任中央航空学校校长，为促进航空行政统一，航空署划归军事委员会指挥，名义上仍属军政部，至1934年5月，航空署改组为航空委员会，正式改隶军事委员会。1944年12月，军政部业务再做调整，将兵役署划出，另设兵役部，隶属行政院，办理全国兵役事宜，至1945年10月，兵役部撤销，相关业务重归军政部掌理。

农矿部、工商部 1930年11月17日，国民党三届四中全会通过蒋介石等提《刷新中央政治改善制度整饬纲纪确立最短期内施政中心以提高行政效率案》，关于中央制度组织之变革，建议变更行政院之组织，将农矿、工商两部合并为实业部；② 12月，实业部正式成立。1937年全面抗战爆发后，为因应情势，1938年1月，实业部改组为经济部，并将全国经济委员会之水利部分、建设委员会及军事委员会相关业务单位并入。1940年3月，行政院设农林部，经济部所属农林业务及其附属机构划归该部管辖。

铁道部 铁道行政在军政时期原属交通部路政司主管业务范围，1928年10月五院制国民政府成立，将铁道行政自交通部划出，设立铁道部，管理并建设全国国有铁路，规划全国铁路系统，并监督商办铁路。全面抗战爆发后，为实行战时体制，简化中央机构，国防最高会议常务委员会议决议，交通与铁道两部合为交通部，全国经济委员会之公路部分归并，送请国民党中常会核备。1938年1月1日，铁道部与交通部正式合并，一切铁路行政事务，仍由交通部路政司主管。

卫生部 卫生行政原属军政时期内政部业务，设卫生司，1928年10月五院制国民政府成立，卫生行政由内政部分出，设卫生部；1930年11月，行政院组织调整，卫生部并入内政部，成立卫生署；1935年6月，卫生署升格，改隶行政院；1938年1月，行政机构调整，卫生署改隶内政部，全国经济委员会之卫生部分并入卫生署。至1940年卫生署再度升格，隶属行政院；1947年4月，行政院扩大组织，卫生署改为卫生部。

---

① 《军政部组织法》（民国30年2月18日修正公布），《军政十五年》，"国防部史政编译局"编印，1981，第9页。
② 秦孝仪主编《历届历次中全会决议案汇编》（1），第198页。

建设委员会 原为 1928 年 2 月国民党二届四中全会后所设置，五院制国民政府成立，改隶行政院，至 1930 年 11 月复隶属国民政府，职权为：（1）遵照实业计划，拟制全国建设事业之具体方案，呈国民政府核办；（2）国民建设事业有请求指导者，应为之设计；（3）办理经国民政府核准试办之各种模范事业。1938 年 1 月，并入经济部。①

禁烟委员会 1928 年 8 月设置之初，直隶国民政府；10 月五院制国民政府成立，改隶行政院，1935 年 6 月 5 日明令裁撤，另设禁烟总监，由军事委员会委员长兼任，办理全国禁烟事宜。

除调整外，行政院亦因业务需要而增置部会如下。

水利部 国民政府成立初期，水利行政事权分散，治水事业机构复杂，1933 年 10 月全国经济委员会成立后，始逐渐统筹全国水政。② 1938 年 1 月，经济部成立，将原属全国经济委员会之水利部分并入，设水利司专司其职。1941 年 7 月，行政院遵照国民党五届六中全会决议，设全国水利委员会，③统筹全国水利建设及预筹战后水利复兴工作，并接管原属经济部所辖之水利事业及水利机关；1946 年改称水利委员会；1947 年 4 月，行政院组织调整，水利委员会改组为水利部，为全国主管水利最高行政机构。④

粮食部 1940 年 7 月，国民党五届七中全会通过《拟于行政院增设经济作战部并设置战时经济会议加强经济行政效率适应长期抗战需要案》《请确定全国粮食管理政策并建立各级管理机构案》等，据此，行政院增设全国粮食管理局，实行全国粮食管理政策。1941 年 4 月，国民党五届八中全会通过《在行政院内设置贸易部与粮食部案》，撤销全国粮食管理局；1941 年 5 月，粮食部正式成立。

---

① 许师慎编《国民政府建制职名录》，第 105 页。
② 见《行政院水利委员会（含水利委员会）》，http://archives. sinica. edu. tw/main/economic09. html，"中央研究院"近代史研究所档案馆。
③ 五届六中全会决议设置"农林水利部，专司农垦水利事宜"，行政院表示为节省人力财力起见，于院内先设置水利委员会。见《中国国民党第五届中央执行委员会常务委员会第 176 次会议记录》，《中国国民党第五届中央执行委员会常务委员会会议纪录汇编》（本章以下简称《五届中常会会议纪录汇编》）（下），中央委员会秘书处编印，时间不详，第 719—720 页。
④ 《行政院水利委员会（含水利委员会）》，http://archives. sinica. edu. tw/main/economic09. html，"中央研究院"近代史研究所档案馆；许师慎编《国民政府建制职名录》，第 103 页。

社会部 1938 年 4 月，国民党五届四中全会通过《改进党务及调整党政关系案》，调整中央执行委员会组织，21 日，中常会通过《修正中央执行委员会组织大纲》，其中将原民众训练部改为社会部，"掌理各种民众团体中党员工作之指导，协助民众团体之组织，并策进其事业"。[1] 1939 年 11 月，国民党五届六中全会通过《调整党政军行政机构案》，其中关于社会部者，为"社会部可改隶行政院，但其职权应明确规定，所有合作救济事业及养老慈幼等一切社会工作似应画归该部管理，而该部原管民众运动之指导等项，似仍应属之党务部门"；[2] 1940 年 10 月，社会部正式改隶行政院，管理全国社会行政事务，原属内政部掌管之社会福利事务，及经济部所属之合作事业，亦划归该部。

全国经济委员会 1931 年 6 月，国民政府为促进经济建设，改善人民生计，设立全国经济委员会，掌理国家经济建设及发展计划之设计、审定、监督、指导及特种经济建设之实施等事项，隶属行政院；1933 年 9 月，改隶国民政府。[3]

2. 立法院

立法院为国民政府最高立法机关，以院长、副院长及立法委员组成，有议决法律案、预算案、大赦案、宣战案、媾和案、条约案及其他重要国际事项之职权。立法委员名额 49—99 人，人选标准为："首重其在党之历史。必其人为党国效忠，在革命过程未有违背党义之言论行动；于法律、政治、经济有相当学识经验者。"[4] 其任免，依《国民政府组织法》规定，由立法院院长提请国民政府任命，任期两年；1931 年 6 月随国民政府主席职权之调整，修正为"由立法院院长提出人选，由国民政府主席提请国民政府依法任免"；1931 年 12 月修正之《国民政府组织法》，国民政府主席不负实际政治责任，立法委员之任免改为"由立法院院长提请国民政府主席依法任命"，并增列"委员之半数，由法定人民团体选举，其选举法另定之"，不过并未实行，而此次修正亦在"任期二年"下，增加"但得连任"

[1] 秦孝仪主编《历届历次中全会决议案汇编》（1），第 452 页。
[2] 秦孝仪主编《历届历次中全会决议案汇编》（2），中国国民党党史会，1979，第 21 页。
[3] 《全国经济委员会档案》，http://archives.sinica.edu.tw/main/economic01.html，"中央研究院"近代史研究所档案馆；许师慎编《国民政府建制职名录》，第 105—106 页。
[4] 许师慎编《国民政府建制职名录》，第 107 页。

之但书，使立法委员不受任期两年之约束。

立法院院长、副院长及委员组成立法院会议，会议以院长为主席，各院院长及行政院各部会首长得列席。委员除出席立法院会议外，并得参加各委员会。依 1928 年 10 月公布《立法院组织法》，立法院设法制、外交、财政、经济委员会，后又增设军事委员会；各委员会设委员长一人，由院长指定，委员由立法委员担任。

3. 司法院

司法院之职权，如前所述，随司法行政之归属而调整，当司法院掌理司法行政时，为"国民政府最高司法机关"；当司法院不掌理司法行政时，为"国民政府最高审判机关"。

司法院依 1928 年 10 月公布《司法院组织法》，以司法行政署、司法审判署、行政审判署及官吏惩戒委员会组织之。司法行政署综理司法行政事宜；司法审判署对于民、刑诉讼事件，依法行使最高审判权；行政审判署依法掌理行政诉讼审判事宜；官吏惩戒委员会依法掌理文官、法官惩戒事宜。11 月修正组织法，更改各单位名称，除官吏惩戒委员会不变外，其余分别改为司法行政部、最高法院、行政法院。[①]

司法行政事务于 1925 年 7 月国民政府在广州成立时，由大理院兼管，设司法行政处；1926 年 1 月，国民政府以行政、司法分立，设司法行政委员会，直隶国民政府，管理民、刑事及司法行政，至是年 11 月令俟司法部成立后裁撤。[②] 1927 年 4 月，国民政府奠都南京，设司法部，专责掌理司法行政。1928 年 10 月五院制国民政府成立，更名司法行政部，隶司法院；1932 年 1 月，随国民政府组织调整，改隶行政院；1934 年 10 月，复改隶司法院；1943 年 1 月，再度改隶行政院，此后司法行政确定由行政院掌理，未再进行调整。

官吏惩戒委员会于 1931 年 6 月公布《公务员惩戒委员会组织法》，改名为公务员惩戒委员会，分中央公务员惩戒委员会与地方公务员惩戒委员会两种，中央公务员惩戒委员会掌管全国荐任职以上公务员及中央各官署

---

① 《中央政治会议第 162 次会议通过〈修正司法院组织法〉》（1928 年 11 月 7 日），《政治制度档案选编》上册，第 279 页。

② 许师慎编《国民政府建制职名录》，第 32 页。

委任职公务员之惩戒事宜；地方公务员惩戒委员会，分设于各省及直辖市，掌管各该省及直辖市委任职公务员之惩戒事宜。中央公务员惩戒委员会与地方公务员惩戒委员会均置委员长一人、委员若干人；中央公务员惩戒委员会委员长依《国民政府组织法》规定由司法院副院长兼任，后修正为"得"由司法院副院长兼任，自 1937 年 8 月起另行特任；地方公务员惩戒委员会委员长依《公务员惩戒委员会组织法》规定，省由高等法院院长兼任，直辖市由地方法院院长兼任。

4. 考试院

考试院为国民政府最高考试机关，依 1928 年 10 月公布《国民政府组织法》，其职权为"掌理考选、铨叙事宜。所有公务员均须依法律经考试院考选、铨叙，方得任用"。1931 年 12 月修正为"依法行使考试、铨叙之职权"，其职权为考试、任用、铨叙、考绩、级俸、升迁、保障、褒奖、抚恤、退休、养老等。[1] 考试院设考选委员会及铨叙部，依《考试院组织法》规定，考选委员会掌理考选文官、法官、外交官及其他公务员事项，考选专门技术人员事项，办理组织典试委员会事项，考选人员之册报事项，以及其他应办事项；铨叙部掌理公务员之登记、考取人员分类登记、成绩考核登记、公务员任免审查、公务员升降转调审查、公务员资格审查、俸给及奖恤之审查登记等事项。[2] 考试院的组织变动不大，值得注意者，为抗战期间，考试院为建立地方人事行政，以相关省区为单位，设立铨叙处，战后并扩大设置考铨处，掌理各该省区考选、铨叙事宜，使考试院建立由中央至地方的机构网络，对于树立考试院的权威，推进考铨行政有一定作用。[3]

5. 监察院

监察院为国民政府最高监察机构，依法行使弹劾及审计两项职权，依《监察院组织法》规定："监察院以监察委员行使弹劾职权"；"监察院关于审计事项，设审计部掌理之。"

监察委员名额及任命方式，依《国民政府组织法》规定，最初为 19—29 人，由监察院院长提请国民政府任命；1931 年 6 月修正，增为 29—49

---

① 许师慎编《国民政府建制职名录》，第 112 页。
② 《政治制度档案选编》上册，第 164—166 页。
③ 肖如平：《国民政府考试院研究》，社会科学文献出版社，2008，第 64—66 页。

人，由监察院院长提出人选，由国民政府主席提请国民政府依法任免；1931年12月修正，改为30—50人，由监察院院长提请国民政府主席依法任免，并增列"前项委员之半数由法定人民团体选举，其选举法另定之"；① 1932年12月再度修正，恢复29—49人，任免方式维持原规定，此后直至1947年方再有所调整。监察委员无任期规定，且有《监察委员保障法》之保障："监察委员非有左列情事之一者，不得免职、停职或罚俸：一、经国民党开除党籍者；二、受刑事处分者；三、受禁治产之宣告者；四、受惩戒处分者。监察委员非经本人同意，不得转任。"② 因此除非死亡或自请辞职，监察委员的变动不大。

监察委员之职责在行使弹劾权，依《弹劾法》规定，监察委员得单独提出弹劾案，经提案委员之外的监察委员三人审查通过后，即可将被弹劾人移付惩戒。为保证监察委员提出弹劾案不受干扰，《弹劾法》并规定弹劾案提出后，不得撤回，监察院院长对于弹劾案不得指使或干涉。③ 此外，依《监察院组织法》规定："监察院院长得提请国民政府特派监察使，分赴各监察区行使弹劾职权。监察使得由监察委员兼任。监察区由监察院定之。"④ 监察使于其所派监察区内巡回视察，设监察使署；监察区之划分有以一省为单位者，如河北监察区、江苏监察区；有以两省为单位者，如河南山东监察区、安徽江西监察区；有以三省为单位者，如甘肃宁夏青海监察区等；一般以两省为一监察区者最为普遍。

监察院另项关于审计之职权，由审计部行使。国民党在五院制国民政府成立前，于1928年2月二届四中全会通过修正《国民政府组织法》，设立审计院，负责审计工作；五院制国民政府成立，审计权归监察院行使，审计院于1931年2月改名审计部，隶属监察院。

---

① 　监察院会议曾决定"民选监察委员选举法之原则"，但因事实上困难，未能施行。见许师慎编《国民政府建制职名录》，第113页。

② 　《国民政府修正公布〈监察委员保障法〉》（1932年6月24日），《政治制度档案选编》上册，第311页。

③ 　《国民政府修正公布〈弹劾法〉》（1932年6月24日），《政治制度档案选编》上册，第312—313页。

④ 　《政治制度档案选编》上册，第166页。

三　党政关系的发展

党政联系机制的建立

训政时期，以党领政，国民党指导监督国民政府，但是党与政府属于不同的组织体系，两者之间没有直接隶属关系。依据党治的设计，国民党的领导机制中央执行委员会对于国民政府的政策与施政有最后决定权，但是中央执行委员会不能直接指挥国民政府，必须通过训政指导机构传达；国民政府对中央执行委员会负责，但不直接与中央执行委员会接触，而是经由训政指导机构转呈。从 1928 年 10 月国民党通过《训政纲领》、成立五院制国民政府起，至 1937 年 8 月为因应全面抗战成立国防最高会议止，系以中央政治会议（后改名"中央政治委员会"，以下统简称"中政会"）为全国实行训政之最高指导机关，亦即作为党政间沟通联系的机构。[1] 1937 年 8 月，中政会通过设立国防最高会议，对中政会负责，但是受到时局的影响，中政会召集困难，无法按期开会，国防最高会议事实上取代了中政会的位置，[2] 党政关系的发展亦随之发生变化。1938 年 3 月，国民党临时全国代表大会通过《改进党务并调整党政关系案》，决定调整党政关系的原则为：（1）中央采取以党统政的形态；（2）省及特别市采取党政联系的形态；（3）县采取党政融化，即融党于政的形态；使党政关系趋向制度化。[3]

中央政治会议，初名中央政治委员会，1924 年 7 月成立，最初系作为孙中山在政治及外交问题之咨询机构。孙中山逝世后，1925 年 6 月，中政会对该会之地位、权限决议："（一）在中国国民党中央执行委员会内设政治委员会，以指导国民革命之进行；（二）关于政治之方针，由政治委员会

① 刘维开：《训政前期的党政关系（1928—1937）——以中央政治会议为中心的探讨》，《政治大学历史学报》第 24 期，2005 年，第 120 页。
② 刘维开：《战时党政军统一指挥机构的设置与发展》，"中华民国史专题第三届讨论会秘书处"编《中华民国史专题第三届讨论会论文集》，"国史馆"，1996，第 349 页；陈之迈：《中国政府》第 1 册，第 35 页。
③ 秦孝仪主编《历届历次中全会决议案汇编》（上），第 315 页；参见李云汉《抗战期间的党政关系（一九三七——一九四五）》，庆祝抗战胜利五十周年两岸学术研讨会筹备委员会编《庆祝抗战胜利五十周年两岸学术研讨会论文集》，中国近代史学会、联合报系文化基金会，1996，第 1—19 页。

决定，以政府之名义执行之。"是将中政会正式纳入中央执行委员会之组织系统，成为国民党中央的一个机构，并于 1926 年 1 月，第二次全国代表大会修正《中国国民党总章》，增列"中央执行委员会遇必要时，得设立特种委员会。（如政治委员会）"一条，使中政会的设立合法化，并在随后举行的国民党二届一中全会，通过《中央执行委员会政治委员会组织条例》，确认政治委员会为中央执行委员会特设之政治指导机关，对中央执行委员会负责。① 1927 年 9 月，宁汉合作，成立特别委员会代行中央执行、监察委员会职权，一度取消政治委员会，至 1928 年 2 月二届四中全会后，恢复设立，改名为"政治会议"，作为中央执行委员会特设之指导机关，对中央执行委员会负责，并规定其权限为："法律问题，经中央政治会议议决，由中央执行委员会交国民政府执行；凡重要政务须经中央政治会议议决，交国民政府执行。"②

以中政会作为训政时期最高指导机关之政制设计，源于前述胡汉民、孙科之建议。两人所拟定《训政大纲》，分"政治会议"及"国民政府组织纲领"两部分，其中"政治会议"部分，明确规范政治会议之地位及决议与讨论事项，拟定："一、以中央政治会议为全国实行训政之最高指导机关。二、政治会议讨论及决议之范围如左：甲、建国大计；乙、施政方针；丙、对内对外应取之政策；丁、政府各院委员、各部部长人选问题；戊、军事大计；己、各政治分会决议之审查。三、政治会议之决议，由政府常务委员负责执行。四、政治会议之决议，有提交政府各院讨论决定执行者，由各院主席负责办理。五、政治会议对外不发生直接关系。六、政治会议不直接处理政务。七、政府常务委员为政治会议当然委员。八、政治会议规程另定之。"③ 而在《训政大纲提案说明书》中，对于政治会议作为全国训政之发动与指导机关，则有更明确的说明："政治会议对于党，为其隶属机关，但非处理党务之机关；对于政府，为其根本大计与政策方案所发源之机关，但非政府本身机关之一。"其与国民政府之关系，为："国民政府

---

① 刘维开编《中国国民党职名录》，第 28、38—39 页。

② 杨幼炯：《近代中国立法史》，商务印书馆，1936，第 335 页；刘维开编《中国国民党职名录》，第 40—41 页。

③ 胡汉民、孙科：《政治会议及国民政府组织纲领案》，许师慎编《国民政府建制职名录》，第 73—77 页。

在发动政治根本方案上，对政治会议负责；但法理上仍为国家最高机关，而非隶于政治会议之下也。"① 事实上，两人的提案中除了维持中央政治会议名称外，在组织、职权等方面，与正在运作之中央政治会议有相当大的差异，引发党内不同意见，因此二届五中全会并未依照两人的建议修正中央政治会议之职权。迨胡汉民于8月底自欧洲返国，与各方交换意见，国民党中央常会乃以胡孙提案中关于政治会议之意见为底本，于10月25日修正通过《中央执行委员会政治会议暂行条例》（以下称《暂行条例》），全文共13条，其内容基本上依照提案之规划，以政治会议为"全国实行训政之最高指导机关"，对中央执行委员会负责。②

中政会在国民党的组织架构上，隶属中央执行委员会，对该会负责。1935年11月第五届中央执行委员会成立，政治会议改组为政治委员会，组织亦随之进行调整，至1937年11月，暂时停止运作，其职权由国防最高会议代行。中政会根据《暂行条例》规定，不直接发布命令及处理政务，而是将会议决议直接交国民政府执行。③ 所谓"决议"，即是中政会之职权，为："甲、建国纲领，乙、立法原则，丙、施政方针，丁、军事大计，戊、国民政府委员、各院院长、副院长、各部部长、各委员会委员及委员长、各省省政府委员、主席及厅长、各特别市市长、驻外大使、特使、公使、及特任、特派官吏之人选。"④ 此项规定大致上遵循上述胡孙拟定政治会议职权订定。至1930年3月，三届三中全会修正通过中央政治会议条例，职权增加议决"财政计划"一项，并缩减人事任命的范围，修正为："甲、建国纲领，乙、立法原则，丙、施政方针，丁、军事大计，戊、财政计划，己、国民政府主席及委员，各院院长、副院长及委员，及特任、特派官吏之人选。"⑤

① 胡汉民、孙科：《训政大纲提案说明书》，许师慎编《国民政府建制职名录》，第82页。
② 《中执会第179次常务会议通过〈中央执行委员会政治会议暂行条例〉》，《政治制度档案选编》上册，第38—39页。
③ 《中执会第179次常务会议通过〈中央执行委员会政治会议暂行条例〉》，《政治制度档案选编》上册，第38—39页。第五届中央执行委员会通过《中央执行委员会政治委员会组织条例》中，删除原《政治会议暂行条例》"不直接发布命令及处理政务"的规定。
④ 《中执会第179次常务会议通过〈中央执行委员会政治会议暂行条例〉》，《政治制度档案选编》上册，第38—39页。
⑤ 《三届三中全会通过〈修正中央执行委员会政治会议条例〉》，《政治制度档案选编》上册，第41页。

1935 年 12 月，政治会议改组为政治委员会，职权再度调整，取消"建国纲领"，增加"中央执行委员会交议事项"，并将"军事大计"改为"军政大计"，为："甲、立法原则，乙、施政方针，丙、军政大计，丁、财政计划，戊、特任、特派官吏及政务官之人选，己、中央执行委员会交议事项。"① 中政会的职权不论如何修正，就字面上来看均十分广泛，几乎涵盖施政的各个层面，有学者认为这些修改只是文字上的改变，"其职权则早已到了无可扩充的地步"。② 但是条例所规范的职权真正落实到政治会议中讨论与决议事项，则有相当大的落差。从历次会议的决议案，可以发现国民政府的五院中，实际上只有行政、立法两院与政治会议的关系密切，司法、考试、监察三院大多只有人事任免或法律制定的关系，其他部分十分有限，显示国民党在党治的前提下，对于以党领政的运用仍然有其限制，党政关系的重点是行政、立法两方面。而在人事任免方面，虽然是以党领政，事实上，政治会议除了条例所列官吏能直接任免外，对于国民政府所提报的人事案只能事后追认，没有事前的同意或不同意。③

中政会运作上的另一个问题，是委员资格及制度一再调整，无法充分反映党的决策。④ 中政会最初采委员制，以国民党中央执行委员、中央监察委员及国民政府委员为当然委员；此外，中央执行委员会亦得就具有资格者推定担任，但其人数不得超过中央执行、监察委员的当然委员名额之半数；⑤ 委员互推 1 人为主席，除为开会时之主席外，别无特殊的职务。⑥ 嗣后随政局发展，从 1929 年 3 月国民党三大成立第三届中央执行委员会，至1931 年 11 月举行第四次全国代表大会，前后两年零 8 个月，是中政会组织调整最频繁的时期。其中有两个重点，一是中央执、监委员参加人数的调

---

①　《中央执行委员会政治委员会组织条例》，《五届中常会会议纪录汇编》（上），第 9 页。

②　陈之迈：《中国政府》第 1 册，第 96 页。

③　刘维开：《训政前期的党政关系（1928—1937）——以中央政治会议为中心的探讨》，《政治大学历史学报》第 24 期，2005 年，第 121 页。

④　刘维开：《训政前期的党政关系（1928—1937）——以中央政治会议为中心的探讨》，《政治大学历史学报》第 24 期，2005 年，第 97 页。

⑤　《中执会第 179 次常务会议通过〈中央执行委员会政治会议暂行条例〉》，《政治制度档案选编》上册，第 38—39 页。

⑥　陈之迈：《中国政府》第 1 册，第 102 页。

整，一是取消与恢复国民政府委员与军政首长的参与。[1] 1931 年 12 月，四届一中全会通过《中央政治会议组织原则》，决议："（一）中央政治会议以中央执行委员、中央监察委员组织之；（二）中央政治会议设常务委员三人，开会时轮流主席；（三）中央候补执、监委员得列席政治会议。"会议并推举蒋介石、汪精卫、胡汉民为常务委员。[2] 此项决议主要为配合《国民政府组织法》之修正，以及第四届中央执行、监察委员会系结合宁、沪、粤三方面委员组成，而扩大中央执、监委员对中政会的参与，并将中政会由主席制改为常务委员制。此后至 1935 年 11 月第五次全国代表大会举行前，除了 1932 年 12 月四届三中全会曾修正通过"以中央执行委员会常务委员为中央政治会议常务委员"，将常务委员由 3 人增加为 9 人外，始终维持这样的原则。[3] 但是此一时期的政府首长中，除五院院长及少数部会首长具有中央执行、监察委员身份外，大多数不具备上述身份，形成中政会在讨论政策推行与法律原则时，没有执行政策及法律之相关部会首长参与的情形。[4] 中政会为解决这一问题，便于党政沟通，通过对于非中央执行、监察委员的行政首长以特许列席方式与会。不过随着特许列席人员增加，往往出现列席多于出席的窘境，遂有以中政会为主要批评对象的改革中央政治制度要求。[5]

1935 年 12 月，第五届中央执行委员会成立，改组政治会议，设置政治委员会，于五届一中全会通过《中央执行委员会组织大纲案》，规定中央执行委员会设政治委员会，由中央执行委员会就中央执、监委员中推定主席、副主席各 1 人，委员 19—25 人组织，为政治之最高指导机关，对中央执行委员会负责；并规定："政治委员会开会时，中央常务委员会主席、副主席、国民政府主席、五院院长、副院长、军事委员会委员长、副委员长均

①　刘维开：《训政前期的党政关系（1928—1937）——以中央政治会议为中心的探讨》，《政治大学历史学报》第 24 期，2005 年，第 94 页。
②　《中央政治会议组织原则并请推举中央政治会议常务委员案》，秦孝仪主编《历届历次中全会决议案汇编》（1），第 268 页。
③　王世杰、钱端升：《比较宪法》，第 453 页；陈之迈：《中国政府》第 1 册，第 101 页。
④　以 1932 年为例，行政院所属各部会首长具中央执、监委员或候补中央执、监委员身份者，有军政、财政、实业、内政四部部长及侨务委员会委员长，其余外交、司法行政、海军、交通、铁道、教育等部部长及蒙藏委员会委员长均不具备。
⑤　陈之迈：《中国政府》第 1 册，第 104—106 页。

应出席。"① 这使中政会由原先的党政沟通桥梁，而成为集合党政军三方面领导人，彼此交换意见的一个重要机构。1936 年 1 月 9 日，第五届中常会第三次会议复通过："中央执、监委员会常务委员应一律出席于中央政治委员会"，② 以加强中央执监委员会与政治委员会之联系。相关规定延续至1937 年 11 月，中政会停止运作为止。

卢沟桥事变发生后，中央为因应对日抗战需要，决定设立国防最高会议，为全国国防最高决定机关，对中政会负责，于 1937 年 8 月正式成立。国防最高会议设主席、副主席各一人，委员若干人，以国民政府军事委员会委员长为主席，国民党中央政治委员会主席为副主席，分别由蒋介石及汪精卫担任。国防最高会议的职权，依《国防最高会议组织条例》规定，为：（1）国防方针之决定；（2）国防经费之决定；（3）国家总动员事项之决定；（4）其他与国防有关重要事项之决定；并为适应战时需要，赋予国防最高会议主席紧急命令权，规定"作战期间，关于党政军一切事项，国防最高会议主席得不依平时程序，以命令为便宜之措施"，使国防最高会议可以超越职权的限制，成为党政军最高决策机关。③ 另一方面，国防最高会议对中政会负责，受时局影响，中政会召集困难，往往无法按期开会，国防最高会议既作为党政军最高决策机关，乃于 1937 年 11 月通过《非常时期中央党政军机构调整及人员疏散办法》中，决议"中央政治委员会暂行停止，其职权由国防最高会议代行"。④ 此后，国防最高会议除了作为党政军最高决策机关外，亦因代行中央政治委员会的职权，自然承担起中政会作为党政联系枢纽的职能。1938 年 4 月，国民党五届四中全会通过《关于改进党务及调整党政关系案》，决议中央政治委员会"以决议案报告于常务委员会"；⑤ 因国防最高会议代行中央政治委员会职权，自此国防最高会议之会议决议案于会后例行呈报中央执行委员会常务委员会核备。

---

① 秦孝仪主编《历届历次中全会决议案汇编》（1），第 380 页。
② 《五届中常会会议纪录》（上），第 9、16 页。
③ 刘维开：《战时党政军统一指挥机构的设置与发展》，《中华民国史专题第三届讨论会文集》，第 348 页。
④ 《国防最高会议常务委员第三十一次会议纪录》（民国 26 年 11 月 15 日），中国国民党党史会藏。
⑤ 《总裁提出对于改进党务及调整党政关系案审本修正案之修正意见》，秦孝仪主编《历届历次中全会决议案汇编》（1），第 451 页。

国防最高委员会

1938 年 12 月，汪精卫自重庆出走，发表"艳电"，主张对日求和，使抗战情势受到重大冲击。为了减弱汪氏行动所产生的冲击，重整抗日阵营，强化内部力量，蒋介石决定将行政院各部会，甚或其他院会，划归军事机关直辖，以解决当时所面临的人事与机构的困境。[①] 1939 年 1 月，国民党五届五中全会修正通过《国防最高委员会组织大纲》，设置国防最高委员会，隶属国民党中央执行委员会，统一党政军之指挥，并代行中政会职权；委员长由国民党总裁担任。同时不另设国防最高会议，由国防最高委员会直接负责，成为一个决策兼执行的机关。

国防最高委员会于 1939 年 2 月正式成立，国防最高会议随之结束。国防最高委员会与国防最高会议在性质与职权上并不相同。就性质言，国防最高会议仅是全国国防最高决定机关，对中政会负责；国防最高委员会则是统一党政军之指挥，并代行中政会之职权。就职权言，国防最高会议在组织条例中有职权规定；国防最高委员会在其组织大纲中没有职权的规定条文。有学者认为国防最高委员会是全面抗战以来，从设置国防最高会议起，为适应战时体制，"逐渐演进而成的强有力的战时统一指挥的机关"。[②]

国防最高委员会设委员若干人，由党政军三方面之领导阶层担任，在党为中央执行委员会常务委员、中央监察委员会常务委员，政为国民政府五院院长、副院长，军为军事委员会委员，此外，由委员长提名，经中常会通过者亦可为委员。委员人数没有定额，但始终维持在 40 人左右；再由委员长指定 11 人为常务委员，组成常务会议，为国防最高委员会最高决策机构。

就其设立的经过及职权来看，国防最高委员会应该具有最广泛、最强大的权力，有学者对于该会作为党政军的联系机关持肯定态度，认为："国防最高委员会最大的作用仍在党政军三方面的密切联系。鉴于过去这三方面脱节的情形，它的联系工作自有足多者。"[③] 亦有参与者表示："我们所期望要把党政军关系打成一片，建立一个战时体制，统一指挥，发挥最高效

---

① 《王世杰日记》第 2 册，"中央研究院"近代史研究所，1990，第 15 页。
② 张公量：《战时政治机构的演进》，《东方杂志》第 37 卷第 5 号，1940 年，第 24 页。
③ 陈之迈：《中国政府》第 1 册，第 122 页。

能的这个理想，一直是未曾圆满的实现过。"① 从实际运作来看，该会确实没有达到原先设定的目标，作为该会决策中心的常务会议不一定能对攸关国家前途的军政大计做最后的决定，反而成为一个审查预算、制定法案、协调党政军各单位意见的机构。此种状况的形成，从制度设计及组织运作上分析，有以下几个原因。第一，国防最高委员会委员长蒋介石，身为国民党总裁、行政院院长、军事委员会委员长，集党政军领导权于一身，国防最高委员会委员长的身份不一定能增加他的权力，但是能使他充分掌握党政军三方面的领导权，同时可以在既有的党政系统之外，通过国防最高委员会另行建构一套党政设计、考核系统，并可借此关切地方事务。至于国防最高委员会的运作并非他所关注的重点，特别是在1944年之前，蒋很少亲自主持常务会议，使该会作为一个最高决策机构的重要性大幅降低。第二，国防最高委员会在组织系统上隶属中央执行委员会，虽然依组织大纲规定，可以指挥中央执行委员会所属之各部会及国民政府五院、军事委员会及其所属各部会，但是究其实际，党务系统的中常会并未因国防最高委员会的成立而停止活动，军事系统的军事委员会仍然掌握军事事务的主导力量，使国防最高委员会仅能指挥行政系统。但是当时仍然是训政时期，不能不遵循训政体制的规范。行政院作为国民政府最高行政机关，即使国防最高委员会决议执行事项，亦必须按照法定的职权和政务处理的程序。在这种情况下，国防最高委员会很难达到党政军统一指挥的目标。第三，国防最高委员会代行中政会职权，承续原属中政会执行的事务，使该会办理许多与国防没有直接关系的事项；此外，中政会之决议案依规定于会后要报告中常会，国防最高委员会既然代行中政会职权，亦必须将决议案报告中常会，使国防最高委员会与中政会没有太大的区别。曾先后参与中政会及国防最高委员会运作的学者，即表示国防最高委员会执行职务的实际情形与中政会并无多大分别，所不同者在于前者的事务较后者繁杂，以及前者的秘书厅比后者的秘书处更为庞大而有力。② 而曾经担任国防最高委员会秘书长的张群亦指出："国防最高委员会事实上几乎又退回到中央政治委

---

① 张群：《三十年来党政军关系之回顾》，革命实践研究院，1954，第11页。
② 王世杰、钱端升：《比较宪法》下册，第217页。按，王世杰曾任中央政治委员会法制专门委员会主任委员及国防最高委员会法制专门委员会主任委员。

员会的地位，仅仅只能代替中央政治委员会的职权，而没有能发挥统一指挥党政军的力量。"① 第四，蒋介石为推动行政三联制，贯彻行政改革的决心，在国防最高委员会下设置中央设计局与党政工作考核委员会。但是设计与考核是党政部门原有的工作，并非新增加的业务。因此两机构在进行其工作时，不可避免地会发生工作重叠、职权如何划分的问题，难免引发原执行机构的不满及叠床架屋的批评。而设计、考核的结果，各单位是否切实遵行，亦令外界质疑。②

1943 年 8 月，国民政府主席林森病逝，9 月，国民党五届十一中全会通过修正《国民政府组织法》，将国民政府主席职权由不负实际政治责任改为负实际政治责任，并为陆海空军大元帅，选举蒋介石为国民政府主席，同时兼任行政院院长。至此，蒋介石名符其实地成为国家最高权力领导者，党政军受其统一指挥，国防最高委员会是否有继续存在的必要，成为一个可以讨论的议题。1945 年 5 月，国民党六届一中全会通过蒋介石交议《国防最高委员会仍应设置案》，决议国防最高委员会与中央执行委员会的关系及国防最高委员会的职权，均暂不变更，但是将中央执行、监察两会常务委员参加常务会议的身份由列席改为出席。③ 根据是项决议，国防最高委员会在抗战胜利后仍继续运作，但是其重要性较以往更低，并多次与中常会举行联席会议。至 1947 年 3 月，国民党六届二中全会据蒋介石指示通过决议："战事业已结束，国防最高委员会应即撤销，恢复成立中央政治委员会，为本党对于政治最高指导机关，其组织人选，由总裁提请常务委员会决定之。"④ 4 月 1 日，中央常务会议通过《中央执行委员会政治委员会组织条例》，规定："中央执行委员会政治委员会为本党对于政治之最高指导机关，对中央执行委员会负其责任。"4 月 24 日，国防最高委员会宣布撤销；28 日，中央政治委员会举行第一次会议，正式恢复运作，党政关系的

---

① 张群：《三十年来党政军关系之回顾》，第 10—11 页。
② 刘维开：《国防最高委员会的组织与运作》，《政治大学历史学报》第 21 期，2004 年，第 159—160 页。
③ 《总裁交议：国防最高委员会仍应设置案》，秦孝仪主编《历届历次中全会决议案汇编》（2），第 391 页。
④ 中央委员会秘书处编《中国国民党第六届中央执行委员会常务委员会会议纪录汇编》（以下称《六届中常会会议纪录》），中央委员会秘书处，1954，第 187 页。

联系亦回复至战前状态。

四　从训政到宪政

结束训政的准备

依照孙中山建国程序之主张，训政时期是从军政时期到宪政时期的过渡阶段。1929 年 6 月，国民党三届二中全会通过《训政时期之规定案》，决议："训政时期，规定为六年，至民国二十四年完成。其训政工作分配年表，交政治会议根据中央决议，于十八年九月前制定。"① 依《建国大纲》规定，训政时期以县为自治单位，"凡一省全数之县皆达完全自治者，则为宪政开始时期"，会议并通过《完成县自治案》，要求 1934 年底以前完成县自治。②

1931 年 11 月，国民党四大主席团以九一八事变发生，"国难正急，中央亟应延揽各方人才"，提议于中央执行委员会领导下组织国难会议，以期集思广益，共济时艰。③ 1932 年 4 月，国难会议在洛阳举行，会中关于政治制度改革决议：（1）政府如期结束训政，召开国民大会，制定宪法；（2）在国民大会未召集前，设立中央民意机关，定名为国民代表会，应于 1932 年 10 月 10 日成立。④ 针对该项决议，中政会曾召开过三次谈话会，讨论设立国民代表会问题，⑤ 形成训政时期设立民意机关参与中央政事的决定，并建议机关名称为国民参政会。后经送交中央常务委员会，提出于是年 12 月举行的国民党四届三中全会，通过《请定期召集国民参政会并规定组织要点交常会切实筹备以期民意得以集中训政早日完成案》，决定于 1933 年内召集国民参政会；⑥ 嗣后因故并未执行，延至全面抗战期间始告设置。四届三中全会同时修正通过孙科等提《集中国力挽救危亡案》，拟定 1935 年 3 月召开国民大会，议定宪法，并决定宪法颁布日期；立法院应从速起草宪法

① 秦孝仪主编《历届历次中全会决议案汇编》（1），第 128 页。
② 《完成县自治案》，秦孝仪主编《历届历次中全会决议案汇编》（1），第 129 页。
③ 秦孝仪主编《历次全会决议案汇编》（上），第 140 页。
④ 沈云龙：《国难会议之回顾》，氏著《民国史事与人物论丛》，传记文学出版社，1981，第 348—349 页。
⑤ 三次谈话会时间，分别为 1932 年 4 月 29 日、5 月 6 日及 8 月 5 日。
⑥ 秦孝仪主编《历届历次中全会决议案汇编》（1），第 299—300 页。

草案。立法院根据是项决议，于 1933 年 2 月组织宪法起草委员会，展开宪法起草工作，至 1934 年 2 月，宪法草案初步定稿，公布全文，征求各界意见。1934 年 10 月 16 日，立法院三读通过《中华民国宪法草案》，共 12 章、178 条；11 月呈报国民政府，转呈中央，提出于四届五中全会讨论，决议："中华民国宪法草案，应遵奉总理之三民主义，以期建立民有、民治、民享之国家，同时应审察中华民族目前所处之环境及其危险，斟酌实际政治经验，以造成运用灵敏，能集中国力之制度，本草案应交常会依此原则郑重核议。"① 中常会于 1935 年 10 月审议完成，议决下列五项原则，交立法院作为修正草案之标准：（1）为尊重革命之历史基础，应以三民主义、建国大纲及训政时期约法之精神为草案之所本；（2）政治之基础应斟酌实际政治经验，以造成运用灵敏，能集中国力之制度，行政权行使之限制不宜有刚性之规定；（3）中央政府及地方制度在宪法草案内应于职权上为大体规定，其组织以法律规定之；（4）宪法草案中有必须规定之条文，而事实有不能实时施行或不能同时施行于全国者，其实施程序应以法律定之；（5）宪法条款不宜繁多，文字务求简明。② 立法院遵照中央所定原则，重行审定宪法草案，于 1935 年 10 月 25 日三读通过修正，共 8 章、150 条。11 月，国民党五大通过《召集国民大会及宣布宪法草案案》，并授权第五届中央执行委员会决定宣布宪法草案及召集国民大会日期，惟务须于 1936 年内实施。③ 12 月，五届一中全会通过《关于召集国民大会及宣布宪法草案案》，决议 1936 年 5 月 5 日宣布宪法草案，11 月 12 日开国民大会，国民大会代表之选举应于 10 月 10 日以前办竣；并通过设宪草审议委员会，负责审议宪法草案。1936 年 5 月 1 日，立法院三读通过再修正宪法草案，经国民政府于 5 月 5 日明令公布，世称"五五宪章"，共 8 章、148 条。

《五五宪草》公布后，国民政府于 5 月 14 日公布立法院审议通过之《国民大会组织法》及《国民大会代表选举法》，于 7 月 1 日施行；15 日，国民大会代表选举总事务处于南京正式成立，开始办理国民大会代表选举事务，原定 10 月 10 日前办理完竣，但因中日情势紧张，部分省区不接受中

---

① 秦孝仪主编《历届历次中全会决议案汇编》（1），第 305—306、334—335 页。
② 王世杰、钱端升：《比较宪法》，第 435 页；董霖：《中国政府》第 1 册，第 469—470 页。
③ 秦孝仪主编《历次全会决议案汇编》（上），第 231 页。

央政令，各地代表大多未能如期选出等因素，国民党中央于 10 月 15 日决定延期召开国民大会。12 月，西安事变发生，亦影响各地选举事务进行。1937 年 2 月，五届三中全会通过《关于国民大会之提案案》，决议于 1937 年 11 月 12 日召开国民大会制定宪法，并决定宪法施行日期。① 未几，抗日战争全面爆发，国民大会代表选举工作暂停，国民大会之召开随之延期。

战时党派合作

前已述及，卢沟桥事变发生后，国民党中央为因应对日抗战需要，于 1937 年 8 月设立国防最高会议，为全国国防最高决定机关。8 月 11 日，中政会决议于国防最高会议之下设置国防参议会，邀请在野各党派领导人士及社会贤达参加，以集中意见，团结御侮。训政时期，国民党以党领政，党外无党，全国只有一个合法的政党，即国民党，这个决定虽然丝毫没有变更国民党"党治体制"，但实际上承认了国内仍有其他党派存在，"不合中国国民党以党训政原则"，可以说是政治上的一大突破。学者称此为"国民党'开放政权'的表示"，"开创了国民党执政以来邀集各党各派各方共商国事之先河"。②

国防参议会设参议员，于 8 月 17 日举行第一次会议时，已聘定张伯苓、胡适、张君劢、蒋梦麟、马君武、曾琦、李璜、黄炎培、沈钧儒、张耀曾、毛泽东、晏阳初、傅斯年、梁漱溟、蒋百里、陶希圣等 16 人为参议员，嗣后陆续增聘罗文幹、颜惠庆、施肇基、徐谦、左舜生、甘介侯、张东荪、杨赓陶等 8 人。③ 国防参议会参议员总计 24 人，均是以个人身份聘请，但是基本上容纳了国民党以外的各党派，包括中国青年党、国家社会党、中国共产党、中国社会民主党、救国会、村治派、职教社、平教会等主要负责人，及学术、外交、司法、军事等方面的代表性人物。

国防参议会的职权，依规定参议员有听取政府关于军事、外交、财政

① 秦孝仪主编《历届历次中全会决议案汇编》（1），第 418—419 页。
② 王世杰、钱端升：《比较宪法》，第 489 页；董霖：《中国政府》第 1 册，第 385 页；陈瑞云：《现代中国政府》，吉林文史出版社，1988，第 287 页；林炯如、傅绍昌、虞宝棠：《中华民国政治制度史》，华东师范大学出版社，1995，第 301 页。
③ 刘维开：《战时党派合作的开端——国防参议会研究》，《纪念七七抗战六十周年学术研讨会论文集》，"国史馆"，1998，第 122—123 页。

等方面报告之权，以及对国防最高会议提出意见书的建议权；并赋予参议员会内言论免责权，以保障言论自由。[①] 国防参议会原则上每周集会两次，由国防最高会议主席或副主席主持，主席蒋介石忙于军务，很少出席会议，实际上由副主席汪精卫主持一切。开会时，负责军事、外交等相关单位主管官员列席，以备参议员咨询，参议员亦得要求政府就某一特定事件派员做较为深入的报告，使之对于抗战情势有所了解。而参议员的背景不同，对问题的理解各异，亦可以透过参议会交流，沟通彼此意见，开启了党派合作的契机。但是国防参议会是一个建议机关，而不是一个民意机关，当时在野党派希望的是政府能成立一个民意机关，在无法达成目标之前，亦希望能扩充参议员的名额。1937 年 12 月，南京沦陷，国民政府迁都重庆，国防最高会议以情势变化，需扩大网罗各方人才，决定扩充国防参议会参议员名额为 75 人。全案经呈送蒋介石以国防最高会议主席核定后，即于1938 年 1 月，展开各项部署。不过在此同时，蒋介石有意召集国民党临时代表大会或中央执行委员会全体会议，以解决设置民意机关等问题，目的在"调和党外分子不平之气"，并防止"华北伪组织假借民意名义，成立某种组织，以反抗党治"。[②]

1938 年 2 月 3 日，国民党中常会决议，定于 3 月 29 日召开临时全国代表大会；次日下午，汪精卫约集相关人士讨论民意机关的产生方法及其职权范围等问题，决定在非常时期应有国民参政会之组织，设置民意机关正式列入临全会讨论的议案之一，扩充国防参议会参议员名额之部署遂告中止。[③] 3 月 31 日，国民党临时全国代表大会通过《国民参政会组织法大要案》，决议："在非常时期应设一国民参政会，其职权及组织方法交中央执行委员会详细讨论，妥订法规。"[④] 次日，大会通过《抗战建国纲领决议

---

① 周天度：《一九三七年的国防参议会》，引自闻黎明《国防参议会简论》，《抗日战争研究》1995 年第 1 期，第 90 页。

② 刘维开：《战时党派合作的开端——国防参议会研究》，《纪念七七抗战六十周年学术研讨会论文集》，第 129—130、146—147 页。

③ 刘维开：《战时党派合作的开端——国防参议会研究》，《纪念七七抗战六十周年学术研讨会论文集》，第 148 页。

④ 林泉编《中国国民党临时全国代表大会史料专辑》（上），中国国民党党史会，1991，第 250 页。按，本案系与《组织非常时期国民参政会以统一国民意志增加抗战力量案》并案讨论。

案》，作为"抗战建国"最高准则，其中"政治"方面为："组织国民参政机关，团结全国力量，集中全国之思虑与识见，以利国策之决定与推行"，①进一步确认组织国民参政机关为"抗战建国"之重要工作之一。4月7日，五届四中全会修正通过《国民参政会组织条例案》，12日，国民政府明令公布，随即展开参政员之选任工作。6月16日，国民党中常会通过国民参政会参政员名单，国防参议会参议员除蒋梦麟外，均受聘为参政员；17日，国防参议会举行第六十四次会议，此为该会最后一次会议。国防参议会前后存在10个月，由于中央表现出"集思广益，开诚布公"的态度，使参议员对于抗战情势有所了解，中央对于参议员提出的各项建议，亦能予以充分重视，获得参议员高度的评价，进而加强了对政府领导抗战的信心。②

　　6月21日，国民政府明令公布第一届国民参政会参政员名单；7月6日，国民参政会召开第一届第一次大会，国民参政会正式成立。在此之前，国家社会党代表张君劢、中国青年党代表左舜生分别致函国民党总裁蒋介石、副总裁汪精卫，表示精诚团结、共赴国难。蒋汪两人亦联名复函张左致意，重申国民党临时全国代表大会宣言及《抗战建国纲领》之要义。而民青两党与国民党交换函件后，即以合法政党参与抗战。③此举较邀请各党派代表以个人身份参加国防参议会更进一步，实质承认国民党以外各党派之存在，打破训政时期国民党"党外无党"的党治框架。

　　国民参政会参政员名额，依《国民参政会组织条例》定为200名，④其产生方式，100名分别自各省市、蒙古、西藏等地区及海外侨民符合资格人士中，依规定名额遴选；100名由政府于曾在各重要文化或经济团体服务三年以上、著有信望，或努力国事、信望久著之人员中遴选。第一届国民参政会参政员除自各省市、蒙古、西藏等地区及海外侨民遴选之100名外，由政府遴选之100名中，包括了各党各派及无党派人士，除国民党外，各党派的领导人均延揽在内。而就全数200名参政员之党派而言，属国民党者80

①　秦孝仪主编《历次全会决议案汇编》（上），第342页。
②　刘维开：《战时党派合作的开端——国防参议会研究》，《纪念七七抗战六十周年学术研讨会论文集》，第151—152页。
③　李云汉：《中国国民党史述》第3编，第441—443页。
④　国民政府于1938年4月12日公布《国民参政会组织条例》，名额为150名，后经修正，增为200名，于6月21日明令公布。

名，属各党各派者约 50 名，无党派者约 70 名；国民党虽然人数最多，但未过半数，可以作为宪政时期民主政治之实验。1940 年 12 月《国民参政会组织条例》修正，第二届名额增加为 240 名，其产生方式及名额分配亦有所调整，改为各省市、蒙古、西藏等地区及海外侨民符合资格人士中遴选者增为 102 名，政府遴选者增为 138 名；1942 年 3 月修正，第三届国民参政会参政员总额维持 240 名，修改各省市与政府遴选名额，改为 180 名自各省市、蒙古、西藏等地区及海外侨民符合资格人士中遴选，较原规定增加 78 名；60 名由政府遴选，较原规定减少 78 名。此项修正使得具国民党籍之参政员人数增加，成为参政会的多数党。① 1944 年 9 月再做修正，第四届参政员总额增为 290 名，自各省市、蒙古、西藏等地区及海外侨民符合资格人士中遴选增为 215 名，政府遴选增为 75 名，各增加 25 名。各届的参政员被视为"一时的人望，可以代表人民说话"，论者称："虽然不是由人民选举的，它却很能反映全国的民意。"②

国民参政会的职权，依《国民参政会组织条例》规定，初期拥有提案权、决议权、建议权及询问权；1940 年 12 月修正，增加调查权；1944 年 9 月再修正，增加"政府编制国家总预算，应于决定前，提交国民参政会或其驻会委员会作初步审议"，即有限度的预算审议权。③ 参政员任期 1 年，国民政府认为有必要时得延长；每 3 个月开会一次，会期 10 天，必要时得开临时会。国民参政会自 1938 年 7 月成立，至 1948 年 3 月正式结束，前后历时近 10 年，共召开 4 届 13 次会议，协助政府，以完成抗战使命，对于国家民族有"不朽之贡献"。④

外人曾以国民参政会形式类似西方国会，有称之为中国的战时国会，但究其性质并非民主政治下的议会，亦非行政咨议机关，而是介于议会与咨议机关之间。⑤ 就党派参与而言，各党派参政员大多自居于党派会议立

---

① 张玉法:《近代中国民主政治发展史》，第 272 页。
② 陈之迈:《中国政府》第 1 册，第 266 页。
③ 李云汉:《中国国民党史述》第 3 编，第 462 页；马起华:《抗战时期的政治》，秦孝仪主编《中华民国政治发展史》，近代中国出版社，1985，第 1230—1239 页。
④ 《国民政府主席蒋中正对国民参政会惜别茶会致词》（民国 37 年 3 月 28 日），秦孝仪主编《中华民国重要史料初编——对日抗战时期　第四编　战时建设》（本章以下简称《战时建设》）（2），中国国民党党史会，1988，第 1621—1622 页。
⑤ 王世杰、钱端升:《比较宪法》，第 494 页。

场，无党派之社会贤达有时又以调停者自居，其代表各党党意的色彩实较
民意气氛浓厚。① 但是国民参政会之存在对于训政体制，实有其特殊意义，
论者曾指出：“参政会之产生与其继续存立，已显示吾国政治的动向。此一
事实的重要性，不容否认”，“其在抗战时期所留下的经验，于吾国民治制
度前途，决不会漫无影响”。②

国民参政会在推动制宪工作方面亦有促成作用，曾于1939年9月成立
由参政员组织之宪政期成会，建请政府早日召集国民大会，公布宪法与实
施宪法，并对《五五宪草》提出修正草案，供制宪时参考。③ 1943年11月，
国防最高委员会设置宪政实施协进会，由国民党中央执行委员、国民参政
会参政员及富有政治学识经验或对宪政有特殊研究人士共同组成，以国防
最高委员会委员长即蒋介石为会长。该会至1946年3月结束，对于修改宪
草，促使制宪国民大会的召开，有相当贡献。④ 1945年3月，蒋介石以宪政
实施协进会会长身份宣布于是年11月12日召集国民大会；5月，国民党六
大复对此事加以决定，国民大会筹备工作亦随之展开，嗣后以抗战胜利，
政治情势变化，该项工作暂时延后进行。

政治协商与制宪行宪

抗战胜利后，国民政府与中国共产党在重庆进行为期43天的会谈，世
称“重庆会谈”，双方代表于1945年10月10日就所达成协议签署《政府
与中共代表会谈纪要》，内容包括关于和平建国的基本方针、关于政治民主
化问题、关于国民大会问题、关于人民自由问题、关于党派合法问题、关
于特务机关问题、关于释放政治犯问题、关于地方自治问题、关于军队国
家化问题、关于解放区地方政府问题、关于奸伪问题、关于受降问题等12
项，其中关于政治民主化问题之要点为：“迅速结束训政，实施宪政，并应
先采必要步骤，由国民政府召开政治协商会议，邀集各党派代表及社会贤

① 李云汉：《中国国民党史述》第3编，第462页。
② 王世杰、钱端升：《比较宪法》，第494页。
③ 《宪政期成会对国民参政会第一届第五次大会报告书》（民国29年4月），秦孝仪主编《战
　　时建设》（2），第1658—1659页。
④ 张玉法：《近代中国民主政治发展史》，第274页。

达协商国是，讨论和平建国方案及召开国民大会各项问题。"① 根据该项要点，国民党决定国民政府为在宪政实施以前，邀集各党派代表及社会贤达共商国是，特召开政治协商会议。与会者共 38 人，依各政党分配名额，计国民党代表 8 人，共产党代表 7 人，青年党代表 5 人，民主同盟、国社党、救国会代表各 2 人，职教社、村治派、第三党代表各 1 人，无党无派代表 9 人。②

政治协商会议于 1946 年 1 月 10 日开幕，至 1 月 31 日闭会，历时 21 天。分政府组织组、施政纲领组、军事组、国民大会组、宪法草案组等 5 组进行讨论，共召开综合会议 10 次，达成关于扩大政府组织者、《和平建国纲领》、关于军事问题者、关于国民大会者、关于宪法草案者等五项协议，由国民政府于 1946 年 2 月 1 日公布。③ 其中关于扩大政府组织者关系国民政府组织变革，为训政过渡到宪政的重要工作，分为：（1）关于国民政府委员会者，明定"中国国民党在国民大会未举行以前，为准备实施宪政起见，修改国民政府组织法，以充实国民政府委员会"，其要点为：国民政府委员会为政府最高国务机关，委员名额定为 40 人，由国民政府主席就国民党内外人士选任之；一般议案，以出席委员过半数通过之；其性质涉及政纲政策者，须出席委员 2/3 之赞成，始得议决。（2）关于行政院方面者，行政院各部会长官均为政务委员，并得设不管部会之政务委员 3—5 人，由各党派及无党派人士参加。（3）其他中央及地方行政机关之用人，应本唯才唯贤之义，不得有党派之歧视。另附注 5 项，要点为国民政府委员名额半数由国民党员担任，半数由其他党派及社会贤达担任；行政院各部会首长及不管部会之政务委员，将以 7 席或 8 席由国民党以外人士担任。④ 1946 年 3 月，国民党六届二中全会据蒋介石指示通过议案，依政治协商会议协议，国民政府委员会及行政院之组织均有所修正，自应就现行《国民政府组织

---

① 《政府与中共代表会谈纪要》（民国 34 年 10 月 10 日），秦孝仪主编《中华民国重要史料初编——对日抗战时期 第七编 战后中国》（本章以下简称《战后中国》）（2），中国国民党党史会，1981，第 97—102 页。
② 《政治协商会议会员题名录》，秦孝仪主编《战后中国》（2），第 111—117 页。
③ 全文见《政治协商会议协议事项》（民国 35 年 2 月 1 日公布），秦孝仪主编《战后中国》（2），第 229—243 页。
④ 《政治协商会议协议事项》（民国 35 年 2 月 1 日公布），秦孝仪主编《战后中国》（2），第 229—231 页。

法》分别整理列入。① 4 月 1 日，中常会与国防最高委员会举行临时联席会议，通过《修正〈国民政府组织法〉案》，扩大国民政府委员人数，以 40 人为限，由国民政府主席就国民党内外人士选任之；行政院设政务委员，分任各部部长、各委员会委员长，必要时得设不管部会之政务委员 5—7 人。惟修正后之组织法未见国民政府立即公布施行。

1946 年 12 月 25 日，制宪国民大会三读通过《中华民国宪法》，1947 年 1 月 1 日，国民政府明令公布，同时公布《宪政实施之准备程序》，进入宪政实施准备期。3 月，国民党召开六届三中全会，通过《宪政实施准备案》，规定"自中华民国宪法公布之后，至依据宪法召集国民大会之日为止，本党之政治设施，应以从速扩大政府基础，准备实施宪法为中心"；② 并决议国民政府增设副主席一人。4 月 17 日，中央常会通过选任孙科为国民政府副主席、张群为行政院院长、孙科为立法院院长、居正为司法院院长、戴传贤为考试院院长、于右任为监察院院长及孙科等为国民政府委员；18 日，国民政府明令改组，28 名国民政府委员中，除五院院长为当然委员外，计国民党 12 名、青年党 4 名、民主社会党 3 名、社会贤达 4 名。蒋介石以国民政府主席身份发表谈话，表示此次国民政府委员会之改组，"乃我国自训政进入宪政之重要步骤"，"使各政党及社会贤达得以参加全国最高之政治决策机构"。③

1947 年 4 月 21 日，中常会通过蒋介石交议，规定《国民政府组织法》为由训政至宪政过渡期间的组织法，将《国民政府组织法》第一条"国民政府依据中华民国训政时期约法第七十七条之规定，制定中华民国国民政府组织法"，修正为"国民政府依据中华民国训政时期约法第七十七条之规定，为由训政达到宪政之过渡期间，特制定中华民国国民政府组织法"；并将第十五条"国民政府主席对中国国民党中央执行委员会负责，五院院长对国民政府主席负责"，修正为"国民政府五院院长、副院长，由国民政府主席选任之"。④ 是年 12 月 25 日，《中华民国宪法》正式施行，为使政权衔

①　《六届中常会会议纪录》，第 187 页。
②　秦孝仪主编《历届历次中全会决议案汇编》（2），第 466—467 页。
③　《蒋主席为国府改组成立发表谈话》（民国 36 年 4 月 18 日），秦孝仪主编《战后中国》（2），第 798 页。
④　《六届中常会会议纪录》，第 415 页。

接，国民政府于是日公布《训政结束程序法》，规定国民政府及五院等行使原有职权之停止时间。[①] 1948 年 5 月 20 日，行宪第一任总统蒋介石、副总统李宗仁宣誓就职，行宪政府正式成立，国民政府依《训政结束程序法》规定即行停止，中华民国正式由训政时期进入宪政时期。

从 1928 年开始的训政，原本预定为期 6 年，于 1935 年结束，进入宪政时期，但是受到日本军事侵略等因素影响，使训政时期延迟到 1948 年方结束，前后长达 20 年。

训政时期为孙中山提出革命建国三程序中，由军政时期到宪政时期的过渡时期，其主张最早见于 1906 年之《同盟会革命方略》，但具体规划则在 1924 年 4 月发表的《国民政府建国大纲》，然而至孙中山逝世，一直未有使此项规划实行的条件。1928 年 6 月，国民革命军北伐军事告一段落，全国统一，国民党以军政时期结束，决定奉行总理遗教，遵照《建国大纲》之规定，进入训政时期。然而孙中山在《国民政府建国大纲》中，关于训政时期仅以县自治为主要内容，对中央制度并未有何主张，国民党乃依孙中山"五权宪法"内容，建立一个异于欧美及中国以往所实行三权分立的政府体制，于国民政府下，设置行政、立法、司法、考试、监察五院，施行五权之治。

训政时期，以党领政，党权高于一切，但是党与政府为两个不同的组织体系，为贯彻党治，党与政府之间需有一个联系管道，以建立关系。全面抗战之前，党与政府间的联系，透过中央政治会议或中央政治委员会进行；全面抗战发生后，则由国防最高会议、国防最高委员会相继代替中政会行使其职权。党政关系实为训政时期出现的新制度，但是就实际运作而言，政府毕竟有其独立性，中政会作为全国实行训政之最高指导机关，往往无法发挥其指导监督的功能，反而成为一个形式上配合政府施政的机构，失去了以党领政的真正作用。

对日全面抗战爆发，使原本预定结束训政的制宪工作被迫中止，然而国民党在"集中意见，团结御侮"的前提下，设置国防参议会，承认现实政治状况，邀请在野各党派领导人士及社会贤达共同参与，共商国是，突

① 秦孝仪主编《战后中国》（2），第 788—789 页。

破训政时期"党外无党"的主张，开启党派合作的先河。嗣后成立国民参政会，团结全国力量，集思广益，以利国策之决定与实行，同时为日后的政治发展提供明确的方向。至抗战胜利，及早结束训政进入宪政时期，成为国民党无法回避的政治议题与迫在眉睫的政治目标，因此有重庆会谈、政治协商会议等，终于 1946 年 12 月 25 日国民大会三读通过《中华民国宪法》，1947 年 1 月 1 日国民政府公布，是年 12 月 25 日正式施行，训政时期随之宣告结束，进入宪政时期。

第五章

国民党的派系与内争

一　国民党派系的结构特点

国民党同此前控制中央政权 17 年的北洋政府有着本质的不同，特别是在组织形态方面，国民党始终强调的是"以党治国"。但国民党又是一个复杂的混合体，很难实现高度统一的意志和严密的纪律。1928 年底东北易帜后，国民党实现了全国统一。其实，谁都知道这只是在形式上完成了统一，在它内部始终派系林立，纷争不断，并多次发展到大规模的分裂和武装冲突，成为民国政治史中异常引人注目的现象。

对这种现象，以往大陆学界通常把它归结为"新军阀混战"。这样说并非没有根据，因为当时中国政治所表现出来的主要斗争形式是战争，主要组织形式是军队。蒋介石始终视军队如生命，离开对军事的控制，便没有他 22 年的统治可言。但仅仅如此理解，会导致研究者过多地把注意力集中在各派军事势力的角斗上，特别是在北伐后才纷纷归顺国民党的地方实力派身上，而忽视它背后更深层次的矛盾——国民党内部拥有不同历史渊源的政治派系间的斗争。

为什么说国民党内部的派系政治是更深层次的矛盾？原因在于，这个政权统治的合法性，来源于孙中山创建的中国国民党。孙中山领导的辛亥革命，推翻了统治中国几千年的君主专制制度，他在中国人心目中享有很

---

* 本章由金以林撰写。

高的威望，成为一面旗帜。在国民党统治时期，孙中山被尊为"国父"，上自中央政府，下至全国的中小学校，每星期都要举行"总理纪念周"，诵读"总理遗嘱"。

按照孙中山1906年在《革命方略》中的设计，革命分为三阶段："军法之治""约法之治"和"宪法之治"。"军法之治"的目的是推翻皇权；"宪法之治"是建立民权，但矛盾之处在于"革命之志在获民权，而革命之际必重兵权，二者常相抵触"。怎样做到"解除兵权以让民权"，孙中山认为，需要经过一个"约法之治"的阶段，其目的是"军政府与人民相约，凡军政府对于人民之权利义务，人民对于军政府之权利义务悉规定之"，以此来防止军权膨胀，不致抑制民权发展，以期能循序渐进，步向民主。[①] 但在军权向民权过渡期间，究竟依靠什么力量来实行约法之治，孙中山没有说清楚。1914年，孙中山建立中华革命党。其党章规定：革命进程分为军政、训政、宪政三个时期。它同《革命方略》规定的三个阶段其实是一致的，规定从革命军起义到宪法颁布前的时期，"一切军国庶政，悉归本党负完全责任"。[②] 这就是"以党治国"思想的由来。特别是国民党一大改组后，更强化了"一党专政"的党国体制。在他领导之下的国民党，因不同历史渊源形成了众多的政治派系。它们彼此之间，大体是平等的派系，各有所长。

孙中山去世三年后，国民党完成了国家的统一。按"总理遗教"所确定的三阶段，其统治形式应进入"训政"时期。在"以党治国"的体制下，自然是由国民党来"训政"，以实现"总理遗教"。即便各派政治势力角斗时，如果得不到党内高层派系的支持，也只会被看作地方割据势力，无法形成大的局面。

国民党的成员构成十分复杂，各派系组织或因教育、职业和社会背景不同，或因其组织纽带如地缘、亲缘、业缘和政见的组合各异，以及所控制和凭借的资源有别，其表现形态呈现出复杂纷繁的面相，存在着不同的政治主张和利益冲突。国民党内部的派系政治，就是在这样的政治大背景下展开的，因而不能忽视这种权力网络的演变和外部环境的影响。孙中山

① 《孙中山全集》第1卷，中华书局，1981，第289—290页。
② 《孙中山全集》第3卷，中华书局，1984，第97页。

在世的时候，凭借他的巨大威望和个人魅力，还能笼罩和控制全局。国民党一大通过的《中国国民党总章》明确规定："本党以创行三民主义、五权宪法之孙先生为总理。""党员须服从总理之指导，以努力于主义之实行。""总理对于中央执行委员会之决议，有最后决定之权。"①

蒋介石在国民党内的地位原本属于"后进"，完全是靠黄埔军校起家完成北伐，因而获得党内的地位。但仅靠"军权"而无"党权"，很难在"以党治国"体制下建立起稳固的统治。正如李剑农早在 20 世纪 30 年代初所言：1924 年国民党的改组"可说是中国政治新局面的开始。因为此后政治上所争的，将由'法'的问题变为'党'的问题了；从前是'约法'无上，此后将为'党权'无上；从前谈'法理'，此后将谈'党纪'；从前谈'护法'，此后将谈'护党'；从前争'法统'，此后将争'党统'了"。②这正是国民党不同于北洋军阀统治的一大特点。尽管蒋介石仍保留着浓厚的传统观念，始终抓住军权牢牢不放，但他又不能忽视国民党内根深蒂固的"党统"观念。

由此可见，国民党内的种种纠纷，实由派系而生，而表面的团结，从来不曾弥合派系造成的裂痕。"派系"成为民国政治中一个永远抹不去的符号。在国民党统治时期，政治的特点就是派系活动的普遍化，特别是国民党的派系活动，影响着民国政治全局的发展。

相对而言，国民党内或许认为"派系"一词含有贬义色彩，因此长期以来党国领袖大都对此保持缄默。这和北洋军阀时代大小军阀公开承认自己所隶属的派系态度完全不同。但是，如同北洋军阀可以明确划分为"直系""皖系""奉系"一样，国民党内同样存在着诸多的政治派系。有趣的是，"国民党的政治人物都十分谨慎，尽量不暴露自己的派系身份"。③这种派系冲突，自民国以来就成为近代中国政治进程中的突出现象。有论者直截了当地指出："我们可以说 1928—1937 年这十年中的国民党政治是'派

①　中国第二历史档案馆编《中国国民党第一、二次全国代表大会会议史料》（上），江苏古籍出版社，1986，第 92、94 页。

②　李剑农：《最近三十年中国政治史》，太平洋书局，1931，第 531 页。

③　Hsi-sheng Ch'i, *Nationalist China at War: Military Defeats and Political Collapse, 1937-1945*（Ann Arbor: University of Michigan Press, 1982），pp. 196-198.

系政治'。"① 而在诸多论述中所提到的"派系政治"（Factional Politics）并不等同于近代西方社会所说的"党派政治"（Oppositional Politics）或"政党政治"（Party Politics）。黎安友给"派系"一词定义道：它是一个"在被保护人关系基础上动员起来参加政治活动，并由一些阶层而不是许多阶层的个人组成"的结构。他认为："所有这些结构（派系）都有一个共同特点，即首领（或副首领）与追随者之间的关系模式是个人对个人，而不是个人对全体。从结构上看，派系是由一个或几个中心点连接而成，它在个人互换关系基础上得到补充和协调。我将这种关系称作被保护关系。"②

近代中国出现的这些派系，都存在着严重的个人与个人之间相互依赖的关系。在中文里"派系"一词包含两层含义，即"派"和"系"。尽管单独一个"派"字更为准确的英文解释应为"faction"，而"系"则含有群体结构与活动规模较小的意思，最好称为"clique"。例如在蒋介石"派"下，可以再划分出"CC系""黄埔系""政学系"等。但在近代中国派系冲突的现实中，这两个词又是相互混用，在概念上并无实质性的区别。例如，我们常把阎锡山、李宗仁等的政治势力分别称为"晋系"和"桂系"，但他们同时又都是"地方实力派"；"改组派"隶属汪精卫，但从没有人称之为"改组系"，而张发奎、唐生智等人控制的武装势力，一向被人视为汪派，却很少有人将张、唐看作"改组派"；同样在"太子派"中既包含了王昆仑、钟天心等年轻一辈的"再造派"，而马超俊、傅秉常等人仍被视为太子派中的"元老派"，彼此间从不混淆，在当事人那里也分得一清二楚。

从以上众多看似复杂的国民党派系中，我们不难将其分为三类。特别是在讨论国民党内的政治冲突时，必须严格区别对待这三类派系。

第一类派系，是指在长期追随孙中山革命过程中，特别是在国民党改组前已拥有一定政治地位的党内领袖同其追随者形成的政治派系。这类派系的活动范围不局限于国民党内，经常会超越这一范围，并同某些不满于中央的地方实力派联合，挑战中央政权的合法性。但他们的一系列行为，

---

① 田宏茂：《1928—1937 年国民党派系政治阐释》，朱华译，《国外中国近代史研究》第 24 辑，中国社会科学出版社，1994，第 66—81 页。

② Andrew J. Nathan, *Peking Politics, 1918—1923: Factionalism and the Failure of Constitutionalism* (Berkeley: University of California Press, 1976), p. 32.

还是在努力寻求党员的支持，追求国民党的正统性，以控制全部或部分中央权力为目的。他们与地方实力派的政治取向有着明显的不同。这类派系大致可分为蒋介石派、胡汉民派、汪精卫派、西山会议派、太子派等。

这类派系是为掌握党的正统权力机构，如中央委员会而形成竞争关系，彼此间的纠葛既涉及意识形态，也掺杂权力和利益之争，主要表现在全面抗战以前。当然权力之争与主义之争是有一定区别的，但在国民党高层的政治纠葛中，无论是谁，都要高举孙中山和三民主义这面大旗。这里面有因意识形态的不同而加剧派系冲突的一面，但更多的则表现为借主义大旗，争权夺利。特别是当国民党由广东一隅发展成为全国的执政党后，权力之争远远超过治国理念的分歧。对此我们可以理解为，这类派系主要是指国民党组织结构内存在的众多的"派"（faction），它们都统一于国民党的旗帜之下，都以孙中山继承者自居，彼此之间是一种对等关系。

第二类派系，是以地域为基础的政治军事集团，如冯玉祥的西北军、张学良的东北军、晋系阎锡山、桂系李宗仁，以及四川的刘湘、云南的龙云、山东的韩复榘等。虽然这些人名义上都可以算是国民党的上层人物，但他们投奔或效忠国民党大都始于北伐前后。尽管他们拥有相当的实力，并时常对中央政权表示怀疑和不满，但由于在党内的资历很浅，一旦想挑战中央的合法性，除了在党外拉帮结伙外，需要联合党内拥有一定历史地位的领袖来反抗中央。在北伐后爆发的历次党内武装反蒋斗争中，地方实力派大都如此，并以不同的组合参与其中。如果没有一批党内有影响力的重要人物和派系势力的加入及支持，地方实力派就无法代表所谓的"党统"，自然更谈不上"护党"，因此很难发挥大的作用。从"地方实力派"这个名词本身来讲，就包含着强烈的地域色彩。

第三类派系，则以蒋为核心而分立竞争，虽说始自全面抗战前，但主要发展，则是在全面抗战以后。某种程度上，蒋介石也有意将自己一"派"势力分成若干"系"，以便于他的统治，这是中国传统的驭人之术。此类派系之间尽管矛盾重重，但都效忠于蒋氏个人。其实，并非只有蒋"派"之下才有"系"，几乎每"派"之下，都分别存在着一些"系"。它们彼此之间在党内冲突中不断分化组合，以寻求政治利益的最大化。

"派系林立"与"派系纷争"是国民党最具特色的政治文化，在某种意

义上可以说民国政治就是"派系政治"。然而，国民党派系政治的运作，既凸显又隐秘。说其凸显，国人几乎尽人皆知其存在；说其隐秘，是因为"派系"在国民党法理上是"非法"的（如胡汉民主张"党外无党，党内无派"①）。各派系的活动大多处于幕后，局外人很难察悉其内情真相。

这正是国民党内派系结构的一大特点。

二　北伐前国民党的地域性

孙中山关于中国人乡土观念强而国家观念弱的见解，常为学界所征引。他在《三民主义》一书中曾痛切指陈："中国人对于国家观念，本是一片散沙，本没有民族团体。"而形成鲜明对照的是，"中国有很坚固的家族和宗族团体，中国人对于家族和宗族观念是很深的……只要彼此知道是同宗，便非常之亲热，便认为同姓的伯叔兄弟……如果是同省同县同乡村的人，总是特别容易联络"。② 这种观念在当时的中国确实普遍存在。它是自给自足的自然经济仍占支配地位下的产物。正如陈志让在研究民国政治冲突时所称，"派系斗争又与中国传统的文化有不解之缘"，③ 地域色彩或许就是其中的一种具体表现。④

孙中山祖籍广东省香山县。事实上，他从开始领导革命起，便在有意无意间逐步形成一批以广东籍为主的亲信，他们长期追随孙氏并为其所信赖。以中国同盟会成立前的三个主要革命团体来说，孙中山领导的兴中会成员绝大多数是广东人。据冯自由《兴中会会员人名事迹考》一文所列，兴中会会员 286 人中，271 人是广东人，占 95%；⑤ 而湘籍的黄兴、宋教仁等领导的华兴会的成员大多是湖南人，宋教仁甚至在日记中把华兴会称为"湖南团体"；⑥ 光复会的主要成员蔡元培、徐锡麟、秋瑾、陶成章，以及后

①　蒋永敬：《民国胡展堂先生汉民年谱》，台湾商务印书馆，1981，第 377 页。

②　《孙中山选集》，人民出版社，1981，第 674—675 页。

③　陈志让：《军绅政权——近代中国的军阀时期》，三联书店，1980，第 163 页。

④　王奇生：《党员、党权与党争：1924—1949 年中国国民党的组织形态》，上海书店出版社，2003；吴振汉：《国民政府时期的地方派系意识》，文史哲出版社，1992；章清：《省界、业界与阶级——近代中国集团力量的兴起及其难局》，《中国社会科学》2003 年第 2 期。

⑤　冯自由：《革命逸史》第 4 集，中华书局，1981，第 23—64 页。

⑥　陈旭麓主编《宋教仁集》下册，中华书局，1981，第 546 页。

来的章太炎等则都是浙江人。

地域观念，在同盟会时代的内部冲突中就起了相当重要的作用。孙中山在辛亥武昌首义前领导的十次武装起义，有八次在广东，另两次是广西镇南关起义和云南河口起义。孙中山的战略是在广东发动起义，容易得到海外饷械的接济，先夺取两广，再挥师北上。由于为组织这十次起义而艰难筹集的人、财、物力全部用于孙中山的家乡（或接近广东），因而引起华兴会和光复会成员的不满。特别是黄花岗起义失败后，同盟会中以宋教仁、谭人凤为首的湖南成员另组同盟会中部总会，筹划在长江中下游组织武装起义。而此前章太炎、陶成章等原光复会成员甚至在同盟会内部发动两次"倒孙风潮"，最终自立门户，恢复光复会，分任正副会长。①

民国成立后，原已出现裂痕的同盟会又联合几个小党，更名为国民党。虽然同盟会仍推孙中山为理事长，但实际权力掌握在代理理事长宋教仁手中。1913 年初，宋教仁领导国民党在国会选举中赢得最多席位，但宋却在组阁前遭袁世凯暗杀。于是孙中山、黄兴等人发动二次革命，讨伐袁世凯。1914 年，孙中山在总结二次革命失败的原因时，曾归结为党内意见分歧，意志不能集中。为此，孙组建中华革命党，要求党员入党时要按手印，宣誓效忠领袖。这引起黄兴等人的不满，拒绝加入，从此同盟会彻底分裂。而加入中华革命党的成员，多为长期追随孙中山的原兴中会成员。这其中却有一位非粤籍重要人物，即蒋介石的盟兄、浙江人陈其美，为孙中山所倚重。

陈其美 1906 年在日本加入同盟会，但从未加入过光复会，1910 年在陈其美的引见下，蒋介石在日本第一次拜谒孙中山。陈同光复会领袖陶成章矛盾重重，而陶又反对孙中山。据蒋介石日记记载，孙中山致友人信中曾提到"陶成章之罪不容诛"。民国成立初，陈其美命蒋介石暗杀了陶成章。1916 年陈又遭袁世凯暗杀。陈死后，蒋介石才正式投入孙中山阵营，他在多年后的日记中还记道："余之诛陶，乃出于为革命、为本党之大义，由余一人自任其责，毫无求功、求知之意。然而总理最后信我与重我者，亦未

---

① 参见杨天石《同盟会的分裂与光复会的重建》，《杨天石文集》，上海辞书出版社，2005，第51—88 页。

始非由此事而起，但余与总理始终未提及此事也。"① 但蒋在投奔孙中山的8年间，前后辞职14次，甚至在被孙中山任命为黄埔军校校长之后，因不满孙中山对其不够信任而辞职，并致信称："先生不尝以英士之事先生者，期诸中正乎？今敢还望先生先以英士之信中正者，而信之也。先生今日之于中正，其果深信乎？抑未之深信乎？中正实不敢臆断。"②

事实上，孙中山在世时，对蒋介石的信任远不如对其他粤籍党人。在孙中山的基本干部中有所谓"上三""下三"之说。"上三"为胡汉民、汪精卫、廖仲恺；"下三"为朱执信、邓铿、古应芬。这六人都是清一色的广东人。③ 甚至在职业军人方面，当孙中山把广东作为革命根据地时，基于现实的考量，也不得不倚重粤籍人士。例如1923年孙中山命令驻福建各军回师讨伐陈炯明时，鄂籍的黄大伟和粤籍的许崇智论实力和功勋都在伯仲之间，但孙任命许崇智为总司令，使黄大伟认为广东人排外一怒而去。有人以此事质问孙中山时，孙很明确地回答："现在要打陈炯明不得不用汝为，他是广州高弟街人呵！广东人没有话说。"④ 特别是1924年国民党改组后，广东被尊称为"革命策源地"，而有别于国内其他省份，其地位和影响不言而喻。蒋介石在投奔孙中山不久，曾在日记中写道："遵中师（孙中山）之规模，争二陈（其美、炯明）之精神，学胡（汉民）汪（精卫）之言行，则可以担当国家责任也。"⑤ 此时，在蒋的心目中，除陈其美外，能"担当国家责任"者也都是广东人。

孙中山去世后，广东人的革命正统意识不仅没有削弱，反而不断强化。1926年，在国民党第二次全国代表大会上，广东籍代表吴永生竟正式向会议提出："大会中许多广东同志都是不懂各省方言的，本席在代表团时屡经提出要翻译粤语，何香凝同志亦曾说过，但未见实行。现请主席团以后对

---

① 《蒋介石日记》，1943年7月26日。原件藏斯坦福大学胡佛研究所，下文引用蒋日记行文标明日期者不再出注。

② 蒋介石：《复上总理书》（1924年3月2日），中国第二历史档案馆编《蒋介石年谱初稿》，档案出版社，1992，第164页。

③ 沈云龙、谢文孙访问纪录《傅秉常先生访问纪录》，"中央研究院"近代史研究所，1993，第23页。

④ 陈劲先：《辛亥革命后孙中山在广东的几起几落》，《文史资料选辑》第24辑，中国文史出版社，1962，第13页。

⑤ 《蒋介石日记》，1921年5月23日。

于各项重要报告及决议，都要翻译粤语。"当天，会议主席邓泽如即请陈其瑗将北方省籍代表于树德、丁惟汾的报告译成粤语。在以后数天的会议文献中留下不少这样的记录："提案审查委员会报告处分西山会议案。（由路友于同志代表报告，陈公博同志翻译粤语。——原注）全文如下……"① 但在国民党二大上，并没有见到会议记录中有听不懂粤语的他省代表，要求将粤语译成国语的记载。国民党的全国代表大会，不用国语作为会议的正式语言倒也罢了，竟通过今后重要提案都要译成粤语的决议，可见粤籍国民党员地方意识之强，这也反映出粤籍党员在国民党内所处的特殊地位。

直到 1929 年国民党在南京召开三大讨论是否处分汪精卫等人而引起激烈辩论时，胡汉民仍分别以国语和粤语发表演讲，重申此举之必要。② 尽管此时会议地点已移出粤境而入江苏，国民党也由控制广东一省而变为全国的执政党，但在全国代表大会上讨论重要议案时，党的领袖胡汉民依然要以粤语来加以强调，足以说明这种地方意识对中央仍产生着不容忽视的影响。

国民党内这种强烈的地域意识，局外人或许看得更清楚。早在 1922 年冬，有一个外国人来广东，他根据自己的亲身感受对汪精卫说：

> 喂！这不是国民党得了广东，却是广东得了国民党呢！你看国民党进了广东之后，只看见广东，不看见国民党了！③

这也正是孙中山去世后，唯有汪精卫、胡汉民最有资格继承孙中山地位的重要因素之一。孙中山在世时，因为他个人的魅力和威望，没有任何人可以与之抗衡，一时还没有引起国民党内已逐渐形成的各派系间的公开冲突。孙中山去世后，党内冲突立即凸显出来。一旦其他省籍的党国领袖要求重新分配"党权"，挑战"党统"时，自然引起"得了国民党"的粤籍领袖的集体反抗。正是基于这种强烈的革命正统情结，在粤籍领袖看来，只有他们才有资格在党内谈"党纪"、争"党统"、护"党权"。

蒋介石是浙江人，但他最初事业发展的基础却是在地方主义强盛的广

---

① 《中国国民党第一、二次全国代表大会会议史料》（上），第 245、283 页。
② 蒋永敬：《民国胡展堂先生汉民年谱》，第 447 页。
③ 《汪精卫集》第 3 卷，光明书局，1930，第 3 页。

东。早年蒋介石在粤军中的职务，大都是参谋长或参谋处长一类的幕僚长职务，很少任掌握实权的带兵官，而其粤军同僚也往往以孙中山的监军使者身份视蒋。① 只有自黄埔建军后，蒋才真正掌握一支属于自己的军事力量。这支军队很快又被国民党人冠以"党军"的名义，以区别于同样驻防在"革命策源地"广东的其他军队。从此，蒋逐步树立起自己在国民党内的正统地位。

其实蒋介石的省籍观念也是很强的。北伐前，他在国民党元老中着力捧出的张静江、为他做"军师"的戴季陶、替他办党务的陈果夫及陈立夫都是浙江人。北伐开始后，他大力拉拢浙江籍银行家、大商人虞洽卿等，在财力上得到他们的支持。受到他特殊信任、曾参加同盟会而始终未加入国民党的盟兄黄郛也是浙江人。以后，在军队将领中最受他信任的陈诚、汤恩伯、胡宗南，主持特务工作的戴笠（军统）、徐恩曾（中统），为他起草文稿的陈布雷等都是浙江人。

长期以来，蒋介石对广东团体的观感，一直十分微妙，他在羽翼未丰时，视其为自己成功的重要助力，又始终对之心存猜忌。1925年，蒋借口"廖案"驱走粤军司令许崇智后，将一部分粤军编入第一军，成为第三师，以后被称为"嫡系当中的杂牌"。② 第一军即蒋介石掌握的"党军"。同时，蒋介石又将邓铿留下的另一支粤军将领梁鸿楷逮捕，以李济深接替梁氏军职，并将所部改番号为第四军。而李济深的背景同蒋氏颇类似，李原籍广西，此前是梁鸿楷的参谋长，既不是带兵官，又不是粤省人。蒋氏此举是否有削弱粤军势力的意图，尚无从考证。但李济深出掌第四军后，即将"第四军军部设在广西会馆之内"，而该会馆又是旧桂系"莫荣新督粤时所建"。虽说人们常常把粤、桂两省统称为"两广"，但在粤人心目中，对桂人督粤始终心存芥蒂，而李济深则被时人视为新桂系的领袖。李宗仁、白

---

① 吴振汉：《国民政府时期的地方派系意识》，第116页。

② 据卫立煌秘书回忆，刘峙、顾祝同、蒋鼎文、陈诚、卫立煌，号称蒋介石的"五虎将"。"这五个人都是北伐时期蒋介石老本钱第一军当中的团长，和蒋介石历史关系最深。后来他们升师长，升军长，升总司令，步子都差不多；说起打仗来，拼死命，冲锋陷阵都不如我们卫老总。卫老总一不是浙江人，二不是'穿黄马褂子的'（黄埔系），再拼命，他也没有得宠。那四人，不是黄埔军校的区队长，就是黄埔军校的教官，才是真正的嫡系；我们卫老总连黄埔军校的大门也没有跨进过，实际上是一个'嫡系当中的杂牌'。"见赵荣声《回忆卫立煌先生》，文史资料出版社，1985，第69页。

崇禧参加国民党，介绍人就是李济深。①

1926年，蒋介石又利用中山舰事件驱走在党内和胡汉民齐名的汪精卫。关于中山舰事件，一般论者大都从国民党左右派之争或国共关系的角度考察其成因和影响，这自然不错。而当时作为中共中央派驻广州的代表张国焘，在回忆录中就已注意到中山舰事件背后的地域观念所产生的重要影响："当时国民革命军的六个军，除第一军外，对蒋似有或多或少的不满。客籍的第二、第三、第六军有些将领，觉得如果失去了汪的领导，他们更不能获得与第一军平等的待遇。实力较雄厚的第四军原系粤军系统一脉相传下来的，更有'浙江人外江佬排挤广东人'的反感。"② 当时对蒋介石颇为不满的谭延闿就对张国焘"坦率"地谈道："广东这出戏，不能是军事独角戏，总少不了一面政治招牌；现在有六个军，如果没有一面政治招牌，更是难于统率的；而且广东这个地方，也不好完全由外省人来掌握一切。"谭延闿更进而具体说明："汪既不愿再干，有些人知道胡汉民快要回来了，有意要抬胡出来。"而支持蒋介石的张静江则向张国焘明言："这就证明广州的领导并没有把事情办好，现在只有让我们从外省来的人……来加以调整。"③ 甚至连苏联顾问鲍罗廷（Michael Borodin）也认为："除少数例外，广州人不适合做革命者，其他省的国民党人只好利用广州的基地，把广州本地人排除在外。"④

中山舰事件之后，党内重要粤籍领袖胡汉民、汪精卫均暂时离开了权力中心。此时军权在握的蒋介石充分利用党内左右两派、国共两党，以及双方同苏联顾问之间的矛盾，纵横捭阖，联合一方打击另一方。以往对国民党二届二中全会的研究，大多关注于蒋介石提出的"整理党务案"对共产党的种种限制。从另一角度来看，二中全会还有一个重要内容，就是国民党内以蒋介石为代表的江浙人，首次公开挑战粤籍领袖的"党统"地位，且大获全胜。例如当蒋介石在全会中提议设置中常会主席一职，并提名由

---

① 李宗仁口述，唐德刚撰写《李宗仁回忆录》，南粤出版社，1987，第197、204页。

② 张国焘：《我的回忆》第2册，明报月刊出版社，1973，第504页。

③ 张国焘：《我的回忆》第2册，第509—510页。

④ 《鲍罗廷给加拉罕的信》（1926年5月30日），《联共（布）、共产国际与中国国民革命运动（1926—1927）》（上），中共中央党史研究室第一研究部译，北京图书馆出版社，1998，第275页。

绝对支持他的同乡张静江来担任时，一度令"全场相顾惊愕"，但最终还是选举张静江担任这一新职务。① 而国民党内部的纠纷也在会上暴露出来。据张国焘回忆：

> 选举中央执行委员会主席的时候，第四军军长李济深发问："没有到会的人也可以当选吗？"任会议主席的张静江只好答复："当然可以。"于是李济深便在选票上写了苹果一样大的"胡汉民"三个字，就退席了。这件事引起了广州要人们的各种议论，有的人说："李济深不满蒋介石的跋扈，原想选任汪精卫，但恐引起冲突，因改选胡汉民，以示不屈服。"有人说："第四军广东系统的人物不满浙江系的横蛮，市上所发现的反对浙江系的标语都是他主使的；李济深之选胡汉民，可予证实。"李济深与蒋介石之间的芥蒂，大概也由此次事件开始表面化了。②

这种地域观念不仅存在于粤籍国民党人心中，甚至连一些参加国民党的粤籍共产党人也有同样心态。二中全会前担任国民党中组部部长的共产党员谭平山就对蒋介石的举动表示出强烈的愤慨。据张国焘回忆："他（指谭平山）是老同盟会会员，蒋介石如此专横，中共又如此忍让，他不要干共产党了；他要用老同盟会会员的资格，联络实力派李济深以及广东的老国民党员，公开与蒋介石和浙江系对抗。"③

此时的蒋介石之所以能够成功，苏联顾问鲍罗廷背后的支持起了巨大作用。④ 鲍罗廷为了保持蒋左倾，竭力压制共产党内许多人主张的反击，全部接受了蒋的要求。不仅如此，同为江浙籍但因参与西山会议派而于半年前受过党内处分的戴季陶、邵元冲、叶楚伧等人也纷纷回归国民党中央。

---

① 毛思诚编《民国十五年前之蒋介石先生》第8编第15册，龙门书局，1965，第63、67页。
② 张国焘：《我的回忆》第2册，第522页；有关"蒋李交恶"最详细的论述见罗志田《国际竞争与地方意识：中山舰事件前后广东政局的新陈代谢》，《历史研究》2004年第2期。
③ 张国焘：《我的回忆》第2册，第524页。
④ 陈公博：《寒风集》甲篇，地方行政社，1945，第245—248页。据张国焘回忆：当时不仅国民党右派感到失望，国民党左派也是愤愤不平。但左派的观点与中共同志的看法究有若干距离……他们多数人所注意的是党权问题，有的人说："汪精卫被撵走了，党权也破产了，现在是军人天下。"鲍罗廷这个鲁仲连对于这些愤恨难平的左派，也是抚慰有加。见氏著《我的回忆》第2册，第523页。

作为对鲍罗廷的回报，蒋介石拒绝了刚从苏联回国的胡汉民的合作要求，[①] 还下令"拿办吴铁城"（广东中山人，时任广州公安局局长兼任十七师师长），[②] 并通过张静江转告孙科，"希望哲生充政府及党之代表赴俄与第三国际接洽"，又借口"闻外人言梯云亦与香港有所往还"，要求伍朝枢"亦暂行离粤"。[③] 随后，古应芬也被迫辞职离粤，孙科的亲信傅秉常被免职。上述这些人都是广东人。迫于形势，隐居广州的汪精卫和受鲍罗廷打击的胡汉民同时悄然离穗。国民党内重要粤籍领袖此时几乎全被逐出广东。

就在吴铁城被捕的当天，鲍罗廷相当自信地向加拉罕报告广州的形势称："今天吴铁城入狱。孙科将被建议去俄国……傅秉常要被免去海关监督职务以及外交秘书职务。伍朝枢将建议休假一段时间……至于内务秘书古应芬，决定保留他的原职到李济深的两个师离开这里时为止……唯一的变化是发生在对待中派的态度上。我们作出了让步，吸收邵元冲担任青年部部长，但他要履行党的二大向他提出的放弃西山会议的条件。戴季陶将被任命为广东大学校长，叶楚伧在同样条件下也将受到应有的关照（任中央书记之一）。"[④] 尽管鲍罗廷对广东形势的解释，是以国民党左右之争为出发点的，并划分出一个中派，但不可否认的事实是，鲍罗廷提到的右派人物是清一色的广东人，而所谓中派人物都是亲蒋的江浙人。原来深受孙中山信任的所谓"上三""下三"的粤籍重要干部，除廖仲恺、邓铿、朱执信先后遇害外，汪精卫、胡汉民、古应芬三人被迫离开广东。从此，广州落入蒋介石的控制之下。张国焘对蒋介石的北伐主张，曾有一段有趣的评论：

> 少数军事首脑对北伐却怀有不同的打算。也许广东人的排外心理是较浓厚的，使外籍的"英雄"总觉得广东并非用武之地，如果能回到长江下游的本土，或可建立霸业之基。有些广东籍将领则不免想到

① Martin Wilbur, "Document 25," *Documents on Communism Nationalism and Soviet Advisers in China 1918—1927* (New York: Columbia University Press, 1956), p. 264.

② 《蒋介石日记》，1926 年 5 月 30 日；另见《蒋介石日记类抄·党政》，《民国档案》1999 年 1 期，第 5 页。

③ 王仰清、许映湖标注《邵元冲日记》，上海人民出版社，1990，第 238 页；另参阅《吴铁城回忆录》，三民书局，1968，第 154—162 页。

④ 《鲍罗廷给加拉罕的信》（1926 年 5 月 30 日），《联共（布）、共产国际与中国国民革命运动（1926—1927）》（上），第 272—273 页。

如果这些外省"英雄"，到省外去打江山，他们就可成为广东的真正主人了。大多数客籍将领都觉得到外省去打天下，可解除现在苦闷而获得发展机会。因此，"北伐"的代名词，是"向外发展"。①

事实也可以证实这种看法。北伐之初，国民革命军八个军中全力北伐的六个军都不是粤军，粤军的两军中只有李济深的第四军出动了一半部队，李福林的第五军一兵未出。尽管李济深担任国民革命军总参谋长一职，却不随军行动，而是坐镇广东。据李宗仁回忆，第四军出兵北伐，就是在他的鼓动下由李济深主动提出的。李宗仁动员李济深的言辞颇值得玩味："第四军乃广东的主人翁，主人且自告奋勇，出省效命疆场，驻粤其他友军系属客人地位，实无不参加北伐而在广东恋栈的道理。"李济深听后，"毅然不加考虑，脱口而出，连声说赞成此一方法"。②

1926 年 7 月，在鲍罗廷的支持下，蒋介石就任北伐军总司令，在广州誓师北伐。随着国民党的势力由珠江流域向长江流域发展，原本主要依靠广东人的国民党不得不开放政权，完成国家的统一。此后，更多的非广东省籍人加入国民党，国民党内以广东人为主的地域观念才开始逐步被外省人撬动。

三　党治与派系：继承权的正统之争

中国有句老话："名不正，则言不顺；言不顺，则事不成。"谁能代表国民党正统，谁才有可能被视为孙中山的继承人，这对其能否"名正言顺"地拥有最高领袖地位、建立起稳定的统治至为重要。

有论者称："建党的第一代领袖去世后的权力继替问题"，将"导致党的裂变"。③ 孙中山在世时，国民党内的这种派系冲突即已显现，只是因为孙中山在党内具有无人挑战的地位，才使这种派系斗争得以缓和。然而孙中山生前并没有解决好这一问题。他一去世，领袖权的继承问题在国民党

---

① 张国焘：《我的回忆》第 2 册，第 529 页。

② 《李宗仁回忆录》，第 204 页。

③ 王奇生：《党员、党权与党争：1924—1927 年中国国民党的组织形态》，第 92 页。

内马上浮出水面，各派政治势力经过反反复复多次冲突，始终都没有很好地解决。

在国民党内，资格最老、同孙中山关系最深的是胡汉民、汪精卫、廖仲恺三人。特别是胡、汪两人地位相当：胡汉民在孙中山北上时代理大元帅职务；汪精卫随孙中山北上，在孙病逝前曾负责起草"总理遗嘱"。后因汪精卫得到廖仲恺、许崇智等人和苏联的支持，当选首任广东国民政府主席，取代胡汉民代理的大元帅一职。但这尚未引起党内的分裂。

至于蒋介石，在国民党内只能说是"后进"。国民党一大时，他连代表资格都没有，更谈不上进入党的核心机构——中央执行委员会。这以后，他从黄埔军校校长起家，透过他掌握的这支"党军"，在东征陈炯明和平定杨希闵、刘震寰叛军的行动中表现突出，逐步引起党内高层的注意。

陈独秀曾有一段名言："凡是一个集团，对外走向统一，同时对内即走向分裂，倒是对外竞争，往往加紧了内部的团结，这是一个公例。"① 对国民党来说，其内部派系矛盾的起伏，几乎都反映了这一"公例"。虽然党内的正式分裂始自孙中山去世，源于继承权之争，但并没有形成流血冲突。而当国民党由"革命策源地"广东一省走向全国，成为国家执政党的同时，它的内部分裂即演变成巨大的武装冲突，特别是以蒋介石、汪精卫、胡汉民三人为代表的政治势力，常常是一派以在野的地位，公开领导其他派系反对当权派。在这个过程中，尽管汪精卫、胡汉民在党内地位最高，但后起的蒋介石倚仗对军事力量的控制，又利用汪、胡二人之间的矛盾，纵横捭阖，联合一方打击另一方，逐步建立起自己的强权统治。在此期间，三人的分合关系，经常保持着二对一的局面，二对一者始终取得优势。蒋的地位也不断得到巩固和加强，而汪、胡二人则分别以党内元老的地位辅佐蒋氏对抗另一方。②

孙中山去世后，国民党首先因是否坚持"容共"问题，导致高层分裂为两派。以汪精卫、廖仲恺为代表的一派，主张实行与共产党合作的路线，被视为党内"左派"；而坚决主张反共的国民党元老林森、邹鲁、谢持等人形成党内右派。左派在党内虽然享有很高地位，但并没有多少实力，不足

---

① 《陈独秀著作选》第 3 卷，上海人民出版社，1993，第 472 页。

② 相关论述参见蒋永敬《百年老店国民党沧桑史》，传记文学出版社，1993。

以同广州的中央党部和国民政府相抗衡。而此时的胡汉民在政治上更接近右派。①

　　汪精卫、胡汉民两人间真正的分裂，则是由廖仲恺被刺案引起的。

　　1925 年 8 月，廖仲恺在国民党中央党部遇刺身亡。当时，廖仲恺在党内地位仅次于汪、胡，一人身兼国民党中央执行委员、国民政府委员、军事委员会常务委员、国民党中央工人部部长、国民政府财政部部长、广东省财政厅厅长、黄埔军校党代表等职。因他支持孙中山生前提出的"容共"政策，被视为国民党左派领袖。这一重大事件的发生，顿使国民党"陷于危疑震撼的境地"。② 汪精卫更将此比喻成"丧了慈父，又丧了最亲切的兄长"。③ 廖案发生后，国民党中央政治委员会紧急召开临时会议，决定成立由汪精卫、许崇智、蒋介石三人组成的特别委员会，负责处理廖案及应付时局。

　　特别委员会经过几天的调查，确信暗杀廖仲恺的主谋是国民党右派团体"文华堂"，其主要成员有胡汉民的堂弟胡毅生等人，因此人们自然认为胡汉民与廖案难脱关系。尽管汪精卫称"胡展堂只负政治上的责任，不负法律上的责任"，④ 但胡汉民从此威望大损，难以安居广州。9 月 15 日，汪精卫主持国民党中常会，决定"请胡同志往外国接洽。以非常重大任务付之胡同志之手……对于胡同志并无任何芥蒂"。⑤ 就这样，胡汉民被以赴莫斯科考察为名逐出广州。在同一天的会议中，汪精卫还借口声援五卅惨案，以中常会的名义决议派林森、邹鲁率广州国民政府外交代表团北上。⑥ 汪氏又顺利地将坚决反共的林、邹二氏逐出广州。

　　在处理廖案过程中，蒋介石同汪精卫始终密切合作，翦除异己。虽然

---

①　有关国民党左派的论述，见 Ch'en Jerome, "The Left Wing Kuomingtang——A Definition," *Bulletin of the School of Oriental and African Studies*, vol. 15, 1962, pp. 557-574; So Wai-chor, *The Kuomintang Left in the National Revolution*, *1924-1931* (Oxford [England], New York: Oxford University Press, 1991); 谢幼田《联俄容共与西山会议——中国反左防左运动的历史根源》，集成图书有限公司，2001。

②　蒋中正：《苏俄在中国》，中央文物供应社，1992，第 33 页。

③　《汪精卫全集》第 3 集，转引自蔡德金《汪精卫评传》，四川人民出版社，1988，第 92 页。

④　陈公博：《苦笑录：陈公博回忆（一九二五—一九三六）》（本章以下简称《苦笑录》），李锷等编注，香港大学亚洲研究中心，第 42 页。

⑤　《中国国民党第一届中央执行委员会第 108 次会议记录及附件》（1925 年 9 月 15 日），转引自李云汉《从容共到清党》（上），中国学术著作奖助委员会，1966，第 391 页。

⑥　邹鲁：《回顾录》（上），三民书局，1976，第 175 页。

汪、蒋和许崇智三人同为特别委员会成员，但实际上特委会完全被汪、蒋二人所控制。汪氏借此打击胡汉民，蒋氏则将矛头对准粤军总司令许崇智。特委会在侦办廖案期间，发现许崇智部下有与廖案主犯通谋及勾结陈炯明，危害广东国民政府之罪嫌。蒋介石以此为借口打击许崇智，逼迫许氏辞职出走，许部"全被缴械"，军队部分被改编为第一军第三师。[①]

这是孙中山去世后国民党内的第一次大分裂。从此形成以汪精卫为首的左派控制中央政权；而谢持、邹鲁、许崇智、林森等一批坚决反共的国民党元老，于同年底在北京召开西山会议，不久又在上海成立同广州相对抗的中央党部。此时，尽管胡汉民和西山会议派同被汪精卫打击，但胡对西山会议派的行为并不认同。胡氏一生坚持国民党的"法统"，有着极强的党性。当西山会议派公开分裂国民党，否认广州中央的合法性时，他毫不犹豫地站在广州中央一边。这也正是他在国民党内始终拥有一定政治号召力的原因所在。

在这次国民党内的分裂中，蒋介石可以说是最大的受益者。他全力支持汪精卫，打击胡汉民，赶走许崇智，从此成为党内真正的军事领袖。1926年1月，在国民党二大上，蒋介石当选为中常委，一跃而为仅次于汪精卫的二号人物。

国民党的第二次分裂，是1926年3月蒋介石利用中山舰事件，逼走汪精卫，并在苏联的支持下，成为北伐军总司令和国民党中常会主席。同年7月9日，蒋介石在广州誓师北伐，到11月9日率部进入南昌，北伐军出师刚好四个月，攻占了两湖和江西三省。

随着北伐军事的突飞猛进，原来隐藏的矛盾也不断暴露出来。国民党左派和共产党为了限制蒋的权力，积极展开恢复党权运动。在此期间最活跃的人物"自然以孙哲生和邓择生是两颗亮晶晶的明星"。[②] 孙科的政治立场原本倾向西山会议派，邓演达则是著名的左派，同时孙、邓二人又都是广东人，而在反蒋这一点上，两人立场完全一致。

武汉时期的孙科似乎给人一种相当左倾的印象，但其真实心态并非如

---

① 董显光：《蒋"总统"传》，"中华文化出版事业委员会"，1952，第63—64页。以下简称《蒋传》。

② 陈公博：《苦笑录》，第110页。

此。当时，陈公博为了避免国民党的分裂，特意从江西到武汉找到孙科，开门见山地说："局面太坏了，我们应该想出一个办法。我现在急于要知道的，这里局面是不是给共产党操纵？"孙科的回答异常干脆："哪里干到共产党的事，这是国民党本身的问题。蒋介石这样把持着党，终有一天要做皇帝了。""国民政府必须迁汉，才能表示蒋介石服从中央，才能免去党的分裂。"陈公博又找顾孟馀，"孟馀的议论竟直和孙哲生相同"。① 孙科的上述言论颇能代表当时国民党内，特别是粤籍党内高层干部对蒋介石不满的普遍心态。一方面是对蒋的专制不满，另一方面是内心的不服。

1927 年 3 月，国民党在武汉召开二届三中全会，颁布一系列决议限制蒋的权力，同时还极力鼓吹"迎汪复职"，希望通过汪精卫来抗衡蒋介石。而汪精卫自海外返回上海后，并没有同蒋介石达成一致，于 4 月 5 日悄然奔赴支持自己的武汉。4 月 12 日，蒋介石被迫另立门户，在南京成立国民政府。蒋虽然军权在握，但鉴于自己在党内的资望不够，拉出正在上海赋闲的胡汉民担任南京国民政府主席。宁汉对立的局面由此形成。

宁汉分裂，最终以蒋介石的第一次下野而结束。此时支持南京政权的胡汉民也随同蒋一同下野。不久，汪精卫率武汉政府公开反共，与南京政权合流，并吸收西山会议派在上海成立中央党部，合组国民党中央特别委员会，统一党务，行使中央职权。会议还决定，今后所有决议"不采用表决手续，以全体一致为原则，避免多数压制少数之嫌疑"。三方推定汪精卫、胡汉民、蒋介石等 32 人为特别委员会委员。②

特别委员会的成立，表面上结束了国民党内自孙中山逝世后引发的分裂状态，使宁、汉、沪三个中央党部结合成一个新的中央机构，借此消除各方歧见。但党内的矛盾并未真正消除。汪精卫原本希望趁蒋介石下野之机，通过宁汉合流，重掌国民党中央大权。然而，事与愿违，特委会的成立等于宣告他这一企图的失败。胡汉民更因汪精卫的反复无常，拒绝同汪相见。③ 对此结果，汪精卫自然心不甘情不愿。李宗仁曾评论道：

---

① 　陈公博：《苦笑录》，第 106 页。

② 　邹鲁：《回顾录》（上），第 201—203 页。

③ 　蒋永敬：《民国胡展堂先生汉民年谱》，第 409 页。

在特委会成立后，西山派声势大张。原来希望在蒋中正下野后便可重操党权的汪兆铭，在特委会成立后，仅获一国府委员的空衔，而其昔日政敌，今均扶摇直上，重据要津，汪氏未免大失所望。他原为特委会的发起人之一，到特委会成立以后，汪氏却一变而反对特委会。汪派人士也纷纷离开京、沪。①

此时汪精卫依靠的武装力量，主要是驻军武汉的唐生智和张发奎部。汪精卫首先动员唐生智东征南京，失败后又鼓动张发奎回师广东，驱逐桂系李济深、黄绍竑，推陈公博为广东省政府主席。恰在此时，共产党利用张发奎率主力离开广州同桂系作战之机，发动广州暴动，公开建立苏维埃政府。尽管张发奎立即率部返回，将共产党暴动镇压下去。但"广州暴动后，全国舆论大哗，粤人身受切肤之痛，群起吁请讨伐。张发奎、黄琪翔固罪不容究，而汪兆铭尤为众矢之的"。② 这实际上是将汪推上了被告席，汪精卫被迫再次出洋。

1928 年 1 月，国民党为了顺利完成二次北伐，恢复蒋介石的国民革命军总司令一职。但蒋此时的地位仍不稳固，虽然中山舰事件后，蒋一度行使国民党的最高权力。当时的蒋介石相当自负。从国民党粤籍元老程天固的一段回忆中，我们不难看出当时蒋氏的心态："国民政府出兵北伐初期，蒋氏耀武扬威，大有继承总理之大志。由渠于印发个人革命史之小册子一事可以见之。该册子之字里行间，排挤胡、汪二氏，原欲借此压低彼二人在党之声誉和资格，以为自己争长之武器。册中引用总理平日闲谈，对汪、胡二人之评批，一则曰：'汪氏做事多拖泥带水，不能彻底，故他只长做和事佬。'二则曰：'展堂个性倔强固执，故对事多有不够豁达之嫌。'蒋氏引述总理之批评，其作用如何？明眼者自能了解。闻戴季陶见了这册子之立论太过露骨，立劝蒋氏收回，不可发送。我当时收到一份，后来询及同志中，收到者甚少。此当是戴氏劝他之结果，因戴氏与他友善，他每以师长称之。"③

---

① 《李宗仁回忆录》，第 345—346 页。
② 《李宗仁回忆录》，第 357 页。
③ 《程天固回忆录》，龙文出版社，1993，第 207—208 页。

　　蒋介石自第一次下野后，渐渐明白了一点：在"老一辈同志"眼中，
"他仍被认为军事的，而非政治的人物"。① 在国民党内，此时的蒋介石仍无
法代替汪、胡的领袖地位，这也是他第一次被逼下野的一个重要原因。

　　在国民党派系冲突中最有资格同蒋介石谈"党纪""党权"，而又敢于
同蒋争"党统"的并不是那些地方实力派，而是党内同蒋派平行的胡派、
汪派、太子派及西山会议派等政治派系。

　　1928 年 8 月，蒋介石完成二次北伐，实现了形式上的国家统一。随着
北伐的胜利，国民党一跃而成为全国性的执政党。但军事的胜利并没有带
来政治的统一。各军事集团间的明争暗斗仍在不断加剧。此时，蒋介石心
里十分清楚，只有争到国民党的领导权，才意味着真正取得对全国的统治
权。而胡汉民所标榜的"以党治国"，正是他最需要的。为此，蒋介石在南
京主持召开国民党二届五中全会，接受了胡自欧洲寄来的《训政大纲》提
案。② 胡汉民也启程回国，于月底抵达香港。当时，广东军政要员陈铭枢、
陈济棠等百余人到港迎候，劝胡留驻广东主持广州政治分会，与南京"分
治合作"。胡汉民为了实现自己"以党治国"的理想，坚持予以拒绝。他明
确表示反对地方分权，力主取消各地政治分会，并公开声明："余在粤组织
政府说，全非事实。政治分会为过渡办法，现已入训政时期，无存留之必
要。"③ 这颇像辛亥革命后孙中山自海外返国，过香港时不愿在广东主持小
局面，径直北上的情景。

　　胡汉民的政治主张正好符合蒋介石实行中央集权的愿望。羽翼尚未丰
满的蒋介石，还需要胡汉民这块"党"的招牌，为他实行武力统一"正
名"；胡汉民则希望依靠蒋介石的军事实力完成统一，最终实现自己倡导的
"党权"高于一切的政治目的，于是双方一拍即合。他们都主张建立中央集
权，消除地方军权，但双方对集权的理解，却存在重大分歧，胡主张集权
于党，"以党治国"，蒋则着重于独握军权，指挥一切。

　　此时，在野的汪精卫则联合各派反蒋势力和地方实力派，以反独裁相
号召，同南京政府对抗。虽然自 1927 年国民党实行"清党"后，党内各派

---

① 　董显光：《蒋传》，第 108 页。
② 　《中央党务月刊》第 2 期，1928 年，第 6 页。
③ 　《国闻周报》第 5 卷第 34 期，1928 年，第 1 页。

在反共问题上达成一致，但支持汪精卫的改组派，仍被一些人称为党内"左派"。其实，他们在意识形态上与共产党的政治主张完全不同。他们拒绝接受阶级斗争的观念，同时又认为国民党必须通过农、工及其他群众团体加强同民众的关系。他们宣称必须要有这样的群众基础，才能阻止国民革命成为官僚和军阀的牺牲品。① 以蒋介石、胡汉民为首的国民党主导派，则反对社会革命和民众运动。但此后无论党内"左派"还是"右派"，自国民党统一全国后，因意识形态引起的政治纠纷几乎很少见，各派系之间最大的矛盾是权力分配问题，可以说无所谓"左派""右派"之纷争，在形式上主要表现是"反蒋"还是"拥蒋"。汪精卫甚至一度同与自己政见长期对立的西山会议派合作，导演了一出"扩大会议"的闹剧，最终以蒋胡合作取得中原大战的胜利而告结束。

中原大战后，蒋介石暂时震慑住了一切敢于公然违背南京中央政权的地方军事武装，他自以为羽翼已经丰满，国内已没有敢于公开同他抗衡的力量。因此，他根本不可能将自己掌握的军权，交归胡汉民所代表的党权指挥。蒋、胡矛盾不可避免。1931 年 2 月，因约法之争，蒋介石将胡汉民扣押于南京汤山，终于酿成新的宁粤对峙事件。

当蒋介石先后排斥汪精卫、囚禁胡汉民，以孙中山继承者、国民党正统自居时，几乎所有粤籍党国要员，竟能够暂时放弃一切政治立场主张之争和派系恩怨，团结一致，共同反蒋。他们首先取得广东实力派陈济棠的支持，进而带动各地方实力派的陆续投入。

宁粤对峙的爆发，完全超出蒋介石的预料。蒋介石在南京一次"晚宴党国重心"时曾无奈地向众人表示："不应以一二人之离异而致消极，为其无粤人汪、胡即不成党之奇言所惑。"② 没有汪精卫和胡汉民的国民党"即不成党"，在今天看来的确是"奇言"。但当蒋介石面对"党国重心"道出此言的那一刻，在很多当事人看来这并非"奇言"，而是理所当然的事实。面对来自党内的强大压力，蒋介石不得不一改以往对异己势力武力讨伐的

---

① 陈公博：《寒风集》，第 268—283 页；Arif Dirlik, "Mass Movements and the Left Kuomingtang," *Modern China*, vol. 1. 1（Jan. 1975），pp. 46-75；Robert E. Bedeski, "The Tutelary Stare and National Revolution in Kuomingtang Ideology, 1928 - 1931," *China Quarterly*, vol. 46（April-June, 1971），pp. 319-320.

② 《蒋介石日记》，1931 年 6 月 19 日。

做法，主张政治解决。此时留在南京支持蒋的党国元老，主要是张静江、蔡元培、吴稚晖等几个江浙籍要人。当时北方政治势力就有人指出："此次粤方事变，乃粤、浙两方势力之冲突。"① 桂系领袖李宗仁在回忆录中曾写下这样一段话："国民党自有史以来，粤籍要员最具畛域之见，其原因或者是由于方言的关系。他们彼此之间，平时虽互相猜忌，然一有事变，则又尽释前嫌，作坚固的团结。"②

广东正式树起反蒋旗帜后，成立了中央执、监委员"非常会议"，设常务委员五人：邓泽如、邹鲁、汪精卫、孙科、李文范，秘书长梁寒操。广州国民政府同样设常务委员五人：唐绍仪、古应芬、邹鲁、汪精卫、孙科，秘书长陈融（祖籍江苏，生于广东），国民政府之下仅设外交、财政两部，分别任命陈友仁、邓召荫为部长，傅秉常、吴尚鹰为次长。他们都是清一色的广东人。甚至在反蒋联盟建立初期，"在一次非常会议开会席上，有人提议要说广东话，不准讲其他方言"。③ 从中我们不难感受到党内元老对蒋氏自许领袖的不满和不服：国民党是孙中山缔造的，还轮不到蒋介石来继承领袖地位。

就在宁粤对峙期间，日本侵略者发动了震惊中外的九一八事变。在国内外错综复杂的局势下，国民党各派系之间不得不暂时放弃内争，以蒋介石再度下野为条件，实现宁粤和解。1931 年 12 月，粤方最终在蒋介石下野后召开的四届一中全会上，成功将孙科推上行政院院长的高位，暂时建立起一个以粤人为主的中央政权，一时满足了粤人党内正统地位的愿望。当时党内就有人将这次内阁更迭视为"中国的两个经济势力——江浙帮和广东帮的斗争"。④

新选举的内阁 14 名成员中，粤籍人士占了 9 人。孙科内阁中唯一一位浙籍成员朱家骅，获任后立即通过宋子文电询蒋介石"可就职否？"蒋复电表示："对骝先兄就职否，弟无成见。但以后教育，中央如无方针与实力为

---

① 《宋哲元部民国二十年往来电文录存》，"国史馆"藏《阎锡山档》微缩胶卷：72/0950。
② 《李宗仁回忆录》，第 417 页。
③ 武和轩：《我对改组派的一知半解》，《文史资料选辑》第 36 辑，文史资料出版社，1962，第 152 页。
④ 刘叔模：《一九三一年宁粤合作期间我的内幕活动》，《文史资料选辑》第 17 辑，中华书局，1961，第 123 页。

后援，则徒供牺牲，殊为可惜耳。"朱家骅得到蒋的答复后即向中政会提出辞呈，最终放弃了教育部部长之位。① 时任内政部参事的龚德柏回忆，孙科组织广东人内阁，不只更动部会政务官，连事务官都更动。他认为这简直不是合作，而是广东派征服浙江派，故愤而辞职。②

但孙科内阁成立后，并没有形成汪精卫、胡汉民合作的新局面。事情很快就因胡拒绝同蒋、汪合作共同对抗外辱，同时汪、胡历史积怨未泯，而最终形成蒋汪合作的新局面，迫使孙科内阁仅坚持了一个月即垮台。1932年1月28日，汪精卫继任行政院院长的当天爆发了淞沪事变。为了对抗日本的军事侵略，蒋介石同原本反对他的地方实力派领袖阎锡山、冯玉祥、李宗仁、陈济棠等共同加入新成立的军事委员会。此后，胡汉民虽一度控制两广并不断发表反蒋言论，但他所领导的西南政务委员会和西南执行部，在名义上仍隶属南京国民政府和中央党部；孙科也很快返回南京，就任原为胡汉民担任的立法院院长。而长期被排斥于国民党统治核心圈外的西山会议派大都重返中枢。

自1925年孙中山去世到1932年蒋汪合作政权成立的数年间，国民党内围绕继承权之争不断。由于历史的原因，国民党发迹于广东，也造就了一批粤籍党国领袖。在孙中山所倡导的国民革命的短短数年间，国民党迅速由广东一省统一全国，这也无形中增强了胡汉民、汪精卫等人的孙中山革命继承者意识。不过，由于汪精卫和胡汉民二人不能精诚合作，始终有一人支持蒋介石，也使蒋依靠军权逐步获得南京中央政权。但每当党内"新进"蒋介石欲以军权独自代表国民党正统，并企图同时抛弃汪、胡二人时，就会立即引起党内各派势力的大团结，并两次逼蒋下野。不可否认，国民党内广东元老的唯一正统观念，是形成党内派系斗争的重要因素。但随着国家的统一，全国的财政、经济中心由珠江流域转移到长江流域，粤方的力量已无法同掌握全国政权多年的蒋介石相抗衡。此后，国民党暂时确立了各派联合统治的局面。

---

① 《蒋介石复宋子文转朱家骅电》（1931年12月31日），周美华编注《事略稿本》第12册，"国史馆"，2004，第522页。

② 《龚德柏回忆录》，龙文出版社，1989，第326—328页。

四　地方实力派与蒋介石的角逐

在民国政治的舞台上，每当蒋介石同国民党内其他派系争斗时，其常因手握军权而取胜。同样，当与地方实力派发生武装冲突时，蒋又多以胜利而告终。其间蒋介石与地方实力派最大的不同点有二：一是蒋介石掌握中央政权，经济实力远远强于对手；二是在国民党"以党治国"的体制下，蒋介石始终没有放弃过"党权"。

自 1927 年南京政府成立后，22 年间蒋介石前后经历了三次下野，分别在军政（1927 年 8 月）、训政（1931 年 12 月）和宪政（1949 年 1 月）时期。第一次下野，是在他创建南京国民政府不到 4 个月，辞国民革命军总司令；第二次下野，是在《中华民国约法》公布 6 个月，辞国民政府主席、行政院院长、陆海空军总司令；第三次下野，是在当选中华民国行宪第一任总统的 8 个月后。

这三次下野，蒋虽然辞去了名义上的政治职务，却仍然在实际上通过各种方式掌握着权柄，尤其是掌握着军事权力，这是他人很难染指的。

1928 年 1 月，蒋介石复职北伐军总司令，领导二次北伐，鉴于自己实力不足，不得不将北伐军分为四个集团军，蒋介石、冯玉祥、阎锡山、李宗仁分任四个集团军总司令。二次北伐成功后，除上述四个军事集团外，加上广州的李济深、东北的张学良集团，可谓六大诸侯并存，而各省的小诸侯更是多如牛毛。南京中央政府的实际控制范围，只集中在长江下游几省而已。为了迁就事实，中央政府不得不分设开封（冯玉祥）、太原（阎锡山）、武汉（李宗仁）、广州（李济深）四个政治分会，并任命张学良为东北保安司令，统治东三省。

1928 年 10 月，国民党中常会通过《中华民国国民政府组织法》，规定国家最高权力在国民党中央执行委员会；国民政府改组，正式实行五院制，并通过新的国民政府主席、五院正副院长、国民政府委员人选，其名单如下：

国民政府主席兼陆海空军总司令　蒋介石

行政院院长　谭延闿　　副院长　冯玉祥

立法院院长　胡汉民　　副院长　林　森

司法院院长　王宠惠　　副院长　张　继

考试院院长　戴季陶　　副院长　孙　科

监察院院长　蔡元培　　副院长　陈果夫

国民政府委员共 17 名，除上述国民政府主席、五院正副院长 11 人为当然委员外，尚有何应钦（军事训练部总监）、李宗仁（军事参议院院长）、杨树庄（海军部部长）、阎锡山（内政部部长）、李济深（参谋部部长）、张学良（东北边防军总司令）。这 17 名国民政府委员中，除 9 位正副院长外，其余 8 人均是手握重兵的军事将领。这是自广州国民政府成立以来，历届国民政府委员中从未有过的现象。对此，美国学者评论道："实际上，此举仍是军阀政治的老套：中央政府依军阀的实力和地盘大小授予相应的职位，其结果是使军阀裂土为王合法化和制度化了。在中央担任要职的大军阀都委任自己的亲信为其辖区的省府主席，相当于过去的督军。再则，在广州、武汉、开封、太原等地设立国民党政治分会，分别以李济深、李宗仁、冯玉祥和阎锡山任主席，这也是在事实上承认诸军阀割地称雄的现状。"[1] 这同国民党所标榜的"以党治国"主张是明显不符的。但这一局面又充分体现了中国政治形势的真实状况：蒋介石虽然掌握中央政权，但对另外五大集团，不仅在军事上毫无控制能力，即使在政治上也缺乏号召力。他要真正做到统一全国，就必须借"党权"来削弱各地"军权"。而胡汉民所标榜的"以党治国"，正是他最需要而又是其他地方诸侯不具备的实力。

依照胡汉民起草的《训政纲领》规定，国民党在国家政治生活中的地位和权力大为提高，它为国民党"以党治国"提供了法律依据。[2] 此后，蒋介石首先要求改变北伐后形成的军事割据局面，要求中央收回地方政治分会的权力。二届五中全会决议"各地政治分会，限于本年年底，一律取消"；在政治分会未取消之前，中央对其权力也予以限制，规定各地"不得以分会名义对外发布命令，并不得以分会名义任免该特定地域内之人员"。[3]

---

[1]　James E. Sheridan, *Chinese Warlord*, *Feng Yu-hsiang* (California: Stanford University Press, 1966), p. 398.

[2]　罗家伦主编《革命文献》第 22 辑，中国国民党党史会，1960，第 337—339 页。

[3]　《政治分会存废案》，《中央党务月刊》第 2 期，1928 年，第 7 页。

此举就是想借党的名义，收回原本为各军事集团将领控制的人事任免权。与此同时，全会还通过《整理军事案》，宣称要"破除旧日一切以地方为依据，以个人为中心之制度及习惯"，强调"军政军令，必须绝对统一"。[1] 这实际上是为中央"削藩"做好政治准备。

1929 年 1 月，蒋介石主持召开全国军事编遣会议，编遣方案主要针对北伐后期形成的冯玉祥、阎锡山、李宗仁三个集团军和李济深指挥的第八路军，而很少提到第一集团军的编遣，这自然引起众人的不满。阎锡山、冯玉祥、李济深等先后不辞而别，"所谓编遣乃至无结果而散"。[2] 于是，蒋介石选择了桂系作为他首先打击的目标。

此时，桂系控制的范围是其历史上最大的区域：李宗仁、李济深分别控制武汉、广州政治分会。自 1927 年 9 月开始，桂系势力日渐膨胀，李济深以桂人统率粤军控制两广，其间虽有张发奎发动的驱李之役，但很快被李的部下陈铭枢、陈济棠和桂系黄绍竑平定。而在南京的李宗仁则以特别委员会名义发动讨伐唐生智之役，并派白崇禧入湖南收编唐生智的降军。唐部原有四个军，除何键第三十五军仍留驻湖南外，其余三个军分别以广西籍将领李品仙、廖磊、叶琪分任军长，合组为第十二路军，由白崇禧率部北上，李宗仁则坐镇武汉，控制两湖。1928 年 6 月，奉军退出关外，张宗昌的直鲁联军仍盘踞北平以东唐山、滦州一带。8 月，白崇禧率领第十二路军进攻奏捷，随后率部驻扎于冀东到山海关一带。当时还一度盛传白崇禧欲"袭缴平津第三集团军之械"，独占北平之说，商震在给阎锡山的电文中甚至直指白崇禧"瓜分河北之心，路人皆知"。[3]

这一切在蒋介石看来，无疑是桂系自两广（李济深、黄绍竑）、两湖（李宗仁）到华北（白崇禧）形成对南京政府的三面包围。而在宁汉合作期间逼蒋下野的"元凶"之一，就有桂系的李、白诸人。前述五大军事集团中，张学良的奉系退回东北不久，对蒋暂时不存在威胁。冯玉祥和阎锡山两人间原有积怨，蒋则利用控制的中央政权，让阎锡山据有平津，借此挑起阎、冯矛盾。因此，蒋介石最急于打击的军事集团就是桂系。

---

① 《整理军事案》，《中央党务月刊》第 2 期，1928 年，第 8 页。
② 《胡汉民报告北伐及编遣经过》，《中央日报》1930 年 7 月 11 日。
③ 阎伯川先生纪念会编《民国阎伯川先生年谱长编初稿》第 3 册，台湾商务印书馆，1988，第 1072—1074 页。

编遣会议不欢而散后，1929 年 2 月，桂系控制的武汉政治分会擅自下令免去湖南省政府主席鲁涤平的职务，并派军进驻长沙。这一事件为蒋介石讨伐李宗仁提供了绝佳的借口。

3 月，国民党在南京召开三大，大会授权蒋介石武力讨伐在武汉称兵作乱的桂系。当时党内部分元老并不赞成，胡汉民则强烈表示此举"势在必发"，并进一步说："这一次讨伐桂系，就党的立场说，是以革命的势力，消灭反革命的势力；就政府的立场说，是以中央讨伐逞兵作乱的叛将。"[1] 胡汉民还以大会主席的身份，提议开除李宗仁等桂系将领的党籍。[2] 这为蒋介石实行武力讨伐，打击异己，提供了合法的依据。

在中央讨桂期间，胡汉民的另一大功绩就是帮助蒋介石稳定了广东的军事力量。正如陈公博所言"桂系的大本营在两广，而两广的主力又在广东"。[3] 李济深当时拥有的武装力量主要是陈铭枢、陈济棠两军。陈铭枢一向同蒋关系密切，而陈济棠则是靠胡汉民、古应芬等人的提拔才有今日，因而对胡、古等人言听计从。蒋在讨伐桂系前，先通过吴稚晖将李济深骗到南京，扣押于汤山。当时粤省军政人员，多为李之亲信，对此深表不满，纷电中央质问。而蒋则利用胡汉民、王宠惠、古应芬等粤籍元老，暗中疏通陈济棠，"嘱其保境安民"。随后二陈联名通电中央表示："吾粤为中央统治下一省"，"粤省军队为党国所有，不以供一派一系之指挥驱策"。[4] 二陈的转变，使桂系失去了依靠，加速了桂系军事上的崩溃。

蒋桂战争爆发后，蒋介石又起用宁汉分裂时反对过他的唐生智，前往华北离间白崇禧率领的第十二路军。这支部队主要是桂系在宁汉合作后讨伐唐生智时收编的。尽管唐生智已通电下野，交出兵权，但他对旧部仍有一定的影响力。他一到华北即对旧部说："奉蒋总司令的命令，前来接收第四集团军驻平各部队"。[5] 于是，唐氏旧部纷纷反白投唐。同时，蒋又利用同李、白矛盾颇深的俞作柏游说桂系在武汉的主力第七军第一师师长李明

① 《中国国民党第三次全国代表大会会议速记录》（1929 年 3 月 20 日），转引自蒋永敬《民国胡展堂先生汉民年谱》，第 449 页。
② 《开除李宗仁、李济琛、白崇禧党籍案》，《中央党务月刊》第 10 期，1929 年，第 50—51 页。
③ 陈公博：《苦笑录》，第 190 页。
④ 《粤中将士拥护中央》，《中央日报》1929 年 4 月 1 日。
⑤ 《李品仙回忆录》，中外图书出版社，无出版时间，第 107 页。

瑞（俞氏表弟）倒戈。当中央军同桂系军队大战一触即发之时，李明瑞突然于阵前宣布服从中央，回师武汉，使桂系在两湖的部队很快瓦解。[①]

　　在此后的一年多里，蒋介石控制的南京中央以统一全国为名，同李宗仁、白崇禧、黄绍竑、冯玉祥、阎锡山、唐生智、张发奎、石友三等大大小小的地方实力派的不同组合或共同联合，展开了无数次的内战，打得天昏地暗。在近代中国这个大舞台上，各路"豪杰"纷纷出场，正可谓你方唱罢，我又登场。有时甚至是你尚未下场，我已登台，令人眼花缭乱，啼笑皆非。例如，1929年10月蒋桂战争后，蒋介石将矛头指向冯玉祥。担任讨冯先锋的则是宁汉分裂时反蒋最烈的唐生智。唐生智刚刚遵从蒋的旨意收回了旧部，即想迎汪反蒋，但又不可思议地决定先讨冯再反蒋，他曾对部下李品仙说道："现在本路军已奉蒋总司令之命将向洛阳冯军进攻，但是汪精卫先生也是我们所要拥戴的。目前汪、冯之间还没有合作，我的主意是先将冯军击败占领陕西后，请你在关中主持一切，我则率本路军在河南宣布独立，请汪先生回国主政。"[②]

　　同样可笑的是受蒋之命策反李明瑞的俞作柏，事后被委以广西省政府主席。俞率部自两湖返回广西后，又马上树起了反蒋的旗帜。等俞作柏失败后，张发奎再在宜昌反蒋，而同他联合的则是当年的宿敌桂系黄绍竑。[③]既然都是反蒋，却要先替蒋打击同样反蒋的"友军"，难怪蒋介石能各个击破。阎锡山在蒋介石对抗冯玉祥时接受了蒋委任的海陆空军副总司令一职，并将战败的冯玉祥软禁于山西。但不到两个月，阎又树起反蒋大旗，酿成更大规模的中原大战。正如美国学者所称："总之，中国的军阀主义一仍其旧，仅仅是军阀变成了国民政府的高级官员而已。"[④]而军阀彼此之间的相处模式，亦如国际政治的"博弈论"，彼此结盟与分裂的动机，大多出于势利的考量，对自己则处处以"保全实力"为第一要务。[⑤]

① 黄旭初：《记民十八年的武汉事变》，《春秋》第183期，1965年，第12—15页；《李宗仁回忆录》，第401页。
② 《李品仙回忆录》，第109页。
③ 陈公博：《苦笑录》，第212—219页。
④ James E. Sheridan, *Chinese Warlord*, *Feng Yu-hsiang*, p.398.
⑤ Lucian W. Pye, *Warlord Politics: Coalition in Modernization of Republican China* (New York: Praeger, 1971), pp.777-797.

而此时唯有胡汉民始终站在蒋介石一边。每当战事一起，胡都毫无例外地通电声讨。战争过程中，蒋在前线指挥作战，胡则在南京主持党务、政务，维持后方。蒋、胡配合相当默契，令蒋没有后顾之忧。那时如果没有胡在南京替蒋支撑，蒋一个人是难以在军事和政治上如此得心应手。胡汉民的作用正如吴稚晖所赞："在于征桂，则功超言论之外；对待阎冯，则功居后防之先。"①

自编遣会议后，蒋介石同地方实力派之间的矛盾冲突全面爆发，演变成一系列的武装冲突和连年混战。其中规模和影响最大的是1930年的中原大战。在这场大战中，站在反蒋一方的不仅有阎锡山、冯玉祥、李宗仁，更有党内元老汪精卫和西山会议派；而当蒋介石在前方作战时，为他主持南京中央政权的则是立法院院长胡汉民和行政院院长谭延闿。

1930年9月18日，当双方在中原大地厮杀正酣、胜负难分之际，张学良率东北军主力入关，宣布支持南京中央，为蒋介石赢得了中原大战的胜利。作为回报，蒋介石任命张学良为陆海空军副总司令，将黄河以北的地盘划给张学良，并责成张学良收编整理晋系、西北军残部。东北军的势力范围超过北洋奉系张作霖时代，达到历史的巅峰。

不久，蒋介石即因约法之争，扣留胡汉民，引发宁粤对峙。后因九一八事变的爆发，宁粤双方被迫和谈。获释后的胡汉民为削弱蒋氏权力并报被囚之仇，坚持逼蒋下野。汪精卫虽然一度同胡汉民结成反蒋同盟，但因汪、胡缺乏真诚合作的基础，于是只好共推孙科主政。此后，蒋通过种种手段，最终分化了汪胡同盟，形成蒋汪合作的新局面。

面对错综复杂的党内矛盾，胡汉民不得不承认他入主南京的希望极小。虽然蒋介石已经下野，但蒋手中的军权并没有削弱，政治上的影响依然很大，再加上蒋汪合作局面逐渐形成，胡的力量更显得单薄。因此，胡汉民返回广州后，就有把两广建成自己基地的打算。他一改过去主张中央集权的态度，提出"均权"理论。他公开宣称："满清以集权而亡，袁世凯以集权而死，今之人以集权而乱。""我反对集权，是为的主张均权。"② 此后，在胡汉民的指使下广州国民党四大通过了《实行均权以求共治案》，并决议

① 桂崇基：《立法院长时期之胡汉民先生》，《传记文学》第28卷第6期，1976年，第20页。
② 胡汉民：《论均权制度》，《三民主义月刊》第3卷第2期，1934年，第1页。

在广州成立国民党西南执行部和国民政府西南政务委员会，代表中央党部和国民政府处理西南的党务政务，使它对南京中央政府的半独立状态合法化，以此同蒋对抗。

但是，此时在胡汉民眼中最可依靠的广东实力派首领陈济棠，其实并不可靠。他之所以支持胡汉民，无非想借助胡在党内的威望，维护并扩大自己在广东的势力和"南天王"的地位，并不愿意胡汉民真的在他头上指挥一切。他对待胡的态度可说是"尊之若神仙，防之若强盗"。对胡汉民在广东建立反蒋基地的种种计划，陈济棠总是从中作梗。古应芬之死，更使胡丧失了一个能够制约陈济棠的人物。已经吃够蒋介石苦头的胡汉民自然不想重尝这种滋味。"胡虽不舍伯南之广州政府，然亦无法亲临合作，仅能于香港妙高台遥领。"① 胡希望打着西南执行部的旗号，遥控两广，并利用西南各省领袖同蒋的矛盾，在西南建立新的联合，加强反蒋力量，希望"由西南扩充到华中、华北、西北、华东、华西、东北、内外蒙各地方，并在组织上，再加以更进步的改造"。② 为此，胡汉民积极组织"新国民党"，发行《三民主义月刊》，标榜自己是国民党的正统，以此同南京中央分庭抗礼。但胡汉民始终没有公开挑战南京中央的合法性。

宁粤对峙虽然一度迫使蒋介石下野，并建立起亲胡的孙科政权，但孙科内阁因缺乏蒋、汪两派的支持，本身又不具备实力，很快在财政、外交上一筹莫展，仅仅支撑了一个月便告夭折。孙科一派的政治主张，原本倾向于胡汉民。但此时胡一心只想控制两广，保持西南半独立状态，无意重返南京，而实力派陈济棠根本不愿意孙科在广东分割自己的权力。因此孙、陈之间无法合作。早在非常会议期间，两派就因争夺海、空军权，闹得水火不容。孙的亲信傅秉常就曾明言"不应捧此'土军阀'"。③

尽管孙科痛恨汪精卫抢走了他的行政院院长位置，对蒋介石的独裁也表示不满，但立法院院长的高位，对孙仍有相当的吸引力。权衡利弊得失后，孙科最终还是回到南京，出掌胡汉民曾长期担任的立法院院长一职，太子派要人梁寒操任秘书长，吴尚鹰、傅秉常、陈肇英分任立法院经济、

---

① 《傅秉常先生访问纪录》，第123页。

② 胡汉民：《论均权制度》，《三民主义月刊》第3卷第2期，1934年，第2页。

③ 《傅秉常先生访问纪录》，第123页。

外交、军事委员会委员长。此后十余年，立法院成了孙科一派的主要政治舞台和实力据点。

西山会议派自国民党二大后，即长期游离于国民党统治核心圈。国民党四大后，西山会议派领袖全部恢复党籍，在团结御侮的号召下，重新回归党内。覃振、居正、谢持、许崇智、熊克武等人分获高位，或出任五院正副院长，或当选国民政府委员。这些人虽是国民党元老，但自身并无实力，尽管给他们安排的都是有名无实的虚职，他们也乐得以此终老。从此，西山会议派在国民党派系斗争中不复存在。共和国成立后，没有一名西山派重要成员投奔新政权，尽管他们并非心甘情愿地屈服于蒋介石的集权统治，但都一直坚持反共，这在国民党其他派系中所仅见。①

1932 年初，在蒋汪合作下新成立的军事委员会，几乎容纳了全部曾经武装反蒋的地方军事领袖，冯玉祥、阎锡山、李宗仁、唐生智、陈济棠等人都当选为军事委员会委员，仅张发奎例外。宁粤和谈期间，张发奎在汪精卫授意下，促使第四军离开广西，对蒋汪合作起了关键性的作用。汪出任行政院院长后，为了表示同蒋精诚合作，竟避而不见张发奎。第四军最后奉命调入江西"剿共"，张也被迫接受蒋介石所赠 10 万元出洋费，赴欧考察。从此汪、张破裂，也结束了张桂军长达两年多联合反蒋的历史。②

蒋介石通过宁粤对峙事件，深知以自己在党内的地位，尚不具备同时对抗汪、胡的能力。他此后多次在日记中对当年扣胡一事进行自省："当时讨平阎、冯叛乱以后，乘战胜之余威，应先积极统一各省军民、财各政，而对中央内部，如能谦让共济，对胡特予信任与尊重，以国府主席让之，则二十年胡案不致发生，内部自固也。"并以此提醒自己"不可再蹈民国十九年冬之覆辙。"③ 因此，蒋汪合作政府组成后，他一改过去一人身兼国民政府主席、中政会主席、行政院院长、陆海空军总司令等多项职务的妄自尊大做法，而专任军事委员会委员长一职，牢牢握住军权。"委员长"一

---

① 以北伐时最早建立的国民革命军八个军为例，随蒋介石到台湾的仅有第一军军长何应钦；第二、第三两军军长谭延闿、朱培德均于全面抗战前去世，第五军军长李福林 1952 年病逝香港，其余四位全部投奔共产党和新政权，他们是四军李济深、六军程潜、七军李宗仁、八军唐生智。

② 程思远：《政坛回忆》，广西人民出版社，1983，第 60 页。

③ 《蒋介石日记》，1941 年 6 月 9 日。

词，在很长时间内成为蒋介石的专用称谓。国民政府主席由林森担任，行政院院长让给汪精卫，中政会也改由蒋、汪、胡三常委轮流主席，同时，蒋还容纳了过去党内众多反对派加入新政权。

尽管胡汉民此后仍以"在野"之身，坚持抗日、反蒋，并以"均权"相号召，但始终未能形成新的反蒋浪潮。胡所控制的西南执行部、西南政务委员会，在形式上也不得不始终表示服从中央。这说明各派反蒋势力，在经济上比起有江浙财阀支持的蒋介石要软弱得多，在外交上得不到欧美列强的支持，军事力量也不及蒋强大，无论哪一派都不可能脱离蒋介石独立掌权。

此后尽管出现过三次规模较小的武装反蒋事件，即1933年陈铭枢领导的福建事变，冯玉祥领导的察哈尔抗日同盟军以及1936年陈济棠、李宗仁领导的两广事变，但都是地方实力派独自发动，缺少党内力量的广泛支持，没有产生全局性的影响，很快就在蒋介石的武力压迫下迅速瓦解。此后，蒋介石借"剿共"之机，率部进入西南、西北，湖南何键、四川刘湘、云南龙云、西北马家军等地方实力派纷纷表示效忠中央。1942年，蒋介石又借苏德战争爆发之际，将长期亲苏的"新疆王"盛世才降服。

随着国民党内各派势力的相互妥协，此后党内再难形成联合一致的反蒋基础，逐步确立了蒋介石主导、各派联合统治的局面。1935年底国民党五大前后，由于日本加紧侵略华北，民族危机空前深重，全民族团结抗日的呼声日益高涨，蒋介石在国内的声望也逐步提高。当时学界领袖胡适曾评论道："蒋先生成为全国公认的领袖，是一个事实，因为更没有别人能和他竞争这领袖的位置。"[1] 尽管此时地方实力派和党内领袖无人再拥有挑战蒋的实力，但蒋深知就党内历史地位而言，他还没有达到说一不二的地步。他也吸取了两次下野的教训，不再斤斤计较于名分，亲赴山西太原和山东泰山，面邀阎锡山和冯玉祥来南京出席五全大会。

就在这次五全大会上，有代表提议《请推举蒋同志为本党领袖案》《本党应恢复总理制案》，[2] 都被蒋介石拒绝。国民政府主席继续由林森担任，

---

① 黄仁宇：《从大历史的角度读蒋介石日记》，时报文化出版公司，1994，第159页。
② 《请推举蒋同志为本党领袖案》《本党应恢复总理制案》，毛笔原件，中国国民党党史馆藏档：5.1/13.15—3、61—9。

由大会选举的国民党中央常务委员会主席和中央政治会议主席二项职务，蒋介石分别让给胡汉民和汪精卫，而自甘担任这两个机构的副主席，只是牢牢抓住军权，成为事实上的领袖。

1936年5月，胡汉民在广州去世，蒋介石的地位无形中得到提高。半年后，他在日记中写道："从前只以豪杰自居，而不愿以圣贤自待，今日乃以圣贤自期，而不愿以豪杰自居矣。"① 西安事变后，因国中尚无人可以代替蒋来实现全面抗战，故中共主张和平解决。到全面抗战爆发后的第二年，蒋才在国民党临时全国代表大会上当选为国民党总裁，汪精卫为副总裁。不久汪精卫降日，被开除党籍，蒋氏终于成为党内的唯一领袖，彻底完成了后孙中山时代的领导权继承问题。此后，国民党内的派系冲突，主要表现为在蒋介石独断控制下的各派系之间的矛盾。

五　派系党化：蒋介石领袖地位的巩固

1931年12月，蒋介石下野返回家乡奉化的当天，在日记中总结教训时写道：

> 今次革命失败，是由于余不能自主，始误于老者，对俄、对左皆不能贯彻本人主张，一意迁就，以误大局，再误于本党之历史。党内胡汉民、孙科，一意迁就，乃至于不可收拾。而本人无干部、无组织、无情报……乃至陷于内外挟攻之境，此皆无人之所致也。而对于反动智识阶级之不注意，教育仍操于反动者之手，此亦本人无干部、无组织之过也。②

这是一段十分值得注意的自我反省。蒋介石在总结下野教训时，最关注的是"无干部、无组织、无情报"，而对"智识阶级"的忽视和"教育仍操于反动者之手"，更是上述因素造成的结果。此后他不断反省："今后如

---

① 《蒋介石日记》，1936年11月10日。
② 《蒋介石日记》，1931年12月22日。

欲成功，非重起炉灶，根本解决，不足以言革命也。"① 而另起炉灶，最基础的工作就是建立一支能指挥自如的干部队伍和组织机构。

蒋介石所感慨的"无组织"，主要是基于他不能从容控制国民党从中央到地方的各级组织。尽管此时党内有二陈控制的 CC 系听蒋指挥，但在对抗胡汉民、汪精卫等党内派系以及各地方实力派或明或暗的内争时，其作用并不能令蒋满意。为此蒋介石一度想改组现有党组织，还特意向戴季陶征求意见。但戴氏持反对态度，"彼以改组本党为不可"。② 戴氏反对的理由主要是蒋尚不具备改组国民党的实力。

除 CC 系外，最令蒋介石信赖的就是他一手培养的黄埔子弟兵。为此，他秘密在黄埔学生中筹建一新"组织"——三民主义力行社。有论者将此后忠于蒋介石这一"派"下逐步壮大的"系"，称之为"派系党化"，其最大特点是逐步"发展成为具有自主性和独立性的准政党组织"。力行社就是派系党化的典型，而 CC 系也同样具有这一特征。③

力行社的创始成员是清一色的黄埔学生，他们大都是 30 岁上下、多在军队中服务又拥有一定实力的中层干部。九一八事变后，面对民族危机和国民党自身的散漫和分裂，他们深感"目前党已不能发生其应有的作用，必须在党内建立起核心组织来，由核心组织来动员全党，然后再由党来团结全民，动员全民，方能对日作战"。最初的倡议者是留日归国的黄埔四期学生滕杰，很快得到贺衷寒、曾扩情、康泽、胡宗南等一批黄埔学生的赞同，并得到蒋介石的支持。

蒋介石日记中最早记载力行社的情况，始于 1932 年 2 月 15 日："晚与贺衷寒等谈组织少年党事。"一周后蒋再次召见"贺（衷寒）、康（泽）等生谈组织事，必欲组织一秘密奋斗，人尽其才，挖置全国之机关，方得完成革命"。蒋介石还为力行社亲自拟定"誓词"："抗日锄奸，为党牺牲，实行主义，革命革心，矢勇矢勤，严守秘密，服从命令，如违誓词愿受极刑。"④ 2 月 28 日，力行社在南京成立，最初成员 28 人均为黄埔军校第一至

---

① 《蒋介石日记》，1932 年 1 月 8 日。
② 《蒋介石日记》，1932 年 2 月 27 日。
③ 王奇生：《党员、党权与党争——1924—1949 年中国国民党的组织形态（修订增补本）》，华文出版社，2011，第 261 页。
④ 《蒋介石日记》，1932 年 2 月 15、21 日。

第六期毕业生，第一期最多共 10 人。他们中大半有留学背景，其中留日归国者多达 14 人，5 人留学苏联，1 人留学德国。① 在成立大会上，全体共推蒋介石为社长，并尊称蒋为"领袖"，而不再称"校长"。② 此后，"领袖"这一新称谓在国民党内蒋介石控制的各派系中开始流传。

力行社的组织系统共分三级，最高机构称三民主义力行社，是核心的秘密组织；其次是革命同志会（最初分革命军人同志会和革命青年同志会，一个负责军方，一个负责地方），它是承上启下的决策执行机构；最外层是中华复兴社，公开领导各级党外群众组织。这三级机构对外通称复兴社。复兴社到解散时，共有成员数十万人，而核心机构的力行社社员最多不过三百余人。

蒋介石对力行社曾寄予很大期望。在成立最初的三个多月间，他几乎隔天对力行社干部训话一次，且"凡与力行社会议，每次皆在三时以上，学生幼稚令人心焦"。③ 力行社核心成员中，有一非黄埔出身的刘健群，深得蒋介石的信赖。刘健群北伐时担任过何应钦的秘书。九一八事变后，他写了一本《中国国民党蓝衣社》的小册子，大意是说国民党完成北伐后，组织逐渐松懈，党部衙门化，干部官僚化，以致内乱外侮纷至沓来，因此主张国民党必须改造，"集结其精锐党员，穿着国产蓝布服装，以示自力更生，力行三民主义"。④ 刘健群的主张正好同力行社的理想一致，遂经桂永清、滕杰介绍，加入力行社。蒋在日记中多次提到刘健群，对其评价甚高："阅刘健群条陈，稳健思急，见为快乐"；"批阅刘健群条陈，甚有所见，为一难得之青年也"。⑤

刘健群加入力行社后，很快成为核心人物，并继滕杰、贺衷寒之后出任力行社书记长。因力行社是秘密组织，不为外人所知，而刘健群所写的《中国国民党蓝衣社》一书，不久就流传到社会上，使"蓝衣社"之名不胫而走，被外界指为力行社效法意大利法西斯"黑衫党"，以此指责蒋介石建立秘密组织，搞独裁。而力行社成立不久，蒋介石也的确陆续派遣多批成

---

① 干国勋等：《蓝衣社复兴社力行社》，传记文学出版社，1984，第 178—179 页。

② 《滕杰先生访问记录》，近代中国出版社，1993，第 16—18 页。

③ 《蒋介石日记》，1932 年 6 月 5 日。

④ 干国勋等：《蓝衣社复兴社力行社》，第 2 页。

⑤ 《蒋介石日记》，1932 年 3 月 22 日、6 月 3 日。

员赴意大利、德国，考察两国政党的组织形态。

　　蒋介石是否渴望在中国建立法西斯，或力行社是否具有法西斯性质，学界对此可说是见仁见智。蒋在日记中曾写道："'法锡斯蒂'党之条件：一、国民性衰落；二、社会基础不固；三、宪政未上轨道。四、有特出领袖。今日本之国情皆不合此条件，故料日本军人组织此党徒乱其国，其失败必矣。"① 尽管他讨论的对象是日本，但以此来衡量，何尝不是蒋对当时中国社会的评判。这段时间，蒋介石不断自我反思"准备时期组织之重要，而且组织以人为主，故求人心切。自恨昔日识浅见少，坐井观天之错误也"。② 但蒋介石还是有着强烈的国民党"党统"观念，国民党的旗帜，他是始终高举的。这年 7 月 9 日，天津《大公报》曾"电询组织'法昔司蒂'之有否"，蒋提笔复之曰："中国革命只有中国国民党的组织方法完成革命使命，中正生为国民党员，死为革命党魂，不知有其他组织也。"③ 1934 年，《纽约时报》曾发表一篇题为《中国人在柏林研究法西斯主义》的报道，说有一批力行社成员"向德国招待主人很清楚的说出中国对法西斯主义或国家社会主义的理论并无兴趣，有兴趣的只在实际的组织问题上"。文章进一步论述道："南京显然对希特勒与莫索里尼之能创出一个完全统一的国家，和粉碎支派与反对党有很大的印象。"④ 这一判断或许更符合蒋介石建立力行社的真实心态。

　　蒋介石有一个习惯：为了更好地控制属下组织，常常偏爱成立两个性质相类似的机构，通过彼此竞争，分别向他争宠，以达到使其效忠自己的目的。比如在黄埔系中有何应钦、陈诚两派的对立；在情报组织中有中统和军统之争；在财政金融方面有孔、宋两家互斗。全面抗战时期，他还纵容 CC 系的朱家骅同二陈闹独立。

　　同样，在建立力行社时，他又授命陈立夫在党方 CC 系统外，另外成立一个效忠于他的"青白团"，其成员仍以青年为主。1932 年 4 月，蒋介石召

① 《蒋介石日记》，1932 年 5 月 17 日。
② 《蒋介石日记》，1932 年 6 月 16 日。
③ 《蒋介石日记》，1932 年 7 月 9 日。
④ 转引自邓元忠《国民党核心组织真相——力行社、复兴社暨所谓蓝衣社的演变与成长》，联经出版公司，2000，第 9—10 页。

见陈立夫，"以青年人才不能接近为念"，督促陈加紧组织。① 据陈立夫回忆："蒋委员长看到这批青年，怕被人家拉走，就叫我们去组织。叫黄埔系去组织'复兴社'是秘密的，是蒋委员长核准的，他们又被称为'蓝衣社'；我们这边也是蒋委员长要我们搞的，叫做'青白团'，双方都不以党的名义去拉青年，把他们吸收进来以免被中共拉走。'复兴社'是军方的，'青白团'是党方的。"② 可见，蒋介石是有意让双方相互竞争。复兴社骨干陈敦正回忆说："所谓'党方'，是指 CC 而言，'党方'是'复兴社'对 CC 的称谓，这一称谓，据我所知，是经过蒋公的核定。"③

无论是"军方"的力行社，还是"党方"的青白团，都并非只在各自的地盘活动，而是相互挖墙脚。力行社下的革命青年同志会首先将触角伸向 CC 系的大本营中央政治学校发展势力；而陈立夫在组织青白团时，也多方搜集力行社的情况，并一度成功收买力行社成员葛武启，"泄露组织秘密给陈立夫"。此事"被贺衷寒发觉，干事会决议处以死刑"，但被蒋介石阻止。④ 蒋明知陈立夫此举不妥，但仍袒护陈。5 月 31 日，蒋介石在日记中写道："力行社为葛武启案起纠纷，小学生之难御也。"两天后，他亲自"与青白团员谈话，商定组织办法"。⑤ 但陈立夫的组织工作发展缓慢。半年后，蒋再次与陈"谈党事"，明确告诫陈"如明年不能形成新党基础，则再过三年，余年五十，救国之日愈短，希望更少"，命陈努力进行。⑥

即使是在力行社内部，由成立之初的 28 人发展到鼎盛时期的 300 余人，也同样是拉帮结派，纠纷不断。邓文仪之子邓元忠采访了数十位力行社成员而写的《国民党核心组织真相》一书，对此一针见血地评论道：

> 它（力行社）的缺点以及所遭遇到的种种问题，早在民国二十一年都已显示出来。其最严重者要算是当时领导干部中，由于各人的性格观点不同而造成的很多不协调的形态，以至产生后来各自为政的趋

①　《蒋介石日记》，1932 年 4 月 7 日。
②　《成败之鉴——陈立夫回忆录》，正中书局，1994，第 224 页。
③　陈敦正：《复兴社·蓝衣社·青白社》，干国勋等《蓝衣社复兴社力行社》，第 50 页。
④　邓元忠：《国民党核心组织真相——力行社、复兴社暨所谓蓝衣社的演变与成长》，第 177 页。
⑤　《蒋介石日记》，1932 年 5 月 31 日、6 月 2 日。
⑥　《蒋介石日记》，1932 年 11 月 30 日。

势。例如贺衷寒常被人误认为有做领袖的野心，又因他在干事会内与数位湖南人过从密切，故引起他有组织湖南人的小组织之嫌。

因胡宗南与戴笠交谊较深，故有人说他们是浙江派。胡宗南的势力多半是在军队内，二十一年时，革军会的发展较革青会为快，因此相传干事会中有人以革军会发展有助于胡宗南之势力为由，提议立刻停止该会的活动以制止浙江派者。尤其是康泽在二十一年中曾数度提出要组织西南青年同志会，但被贺衷寒与滕杰否决，因此又有人认为康泽有意成立西南小组织。当政训班成立之后，班主任刘健群曾向滕杰讨论如何阻止康泽介入该班人事的办法。[1]

全面抗战爆发后，力行社和它的外围组织复兴社以及 CC 系统的青白团同时宣布取消，合并成立了三民主义青年团，但其领导核心仍由黄埔系控制。蒋介石为加强对三青团的领导，在原来黄埔学生基础上又加入了黄埔教官陈诚、张治中等人主持团务，而独立于 CC 系之外，由此引发了以后更大的党团矛盾。[2] 但有一点是肯定的，无论下属间的矛盾如何加剧，其最大的共同点是都效忠蒋介石。

蒋介石对情报工作的重视，始自他第一次下野后的复出。1928 年 2 月，蒋在国民党中央组织部下设调查科，由陈立夫负责。它是中统局的前身，"主要的工作目标，侧重于中共地下组织活动的侦察与防制，及其党徒的策反与制裁"。[3]

力行社成立后，下设特务处，由戴笠负责。此时，蒋介石对情报工作的要求，已不是仅仅针对中共，还扩大到全社会，特别是针对党内反对势力。他在日记中曾就情报工作的要求写道："组织政党，澈底政策，必先组织侦探队，防止内部叛乱，制裁一切反动，监督党员腐化，宣传领袖主张，强制社会执行，此侦探队之任务。"[4] 此后一段时间，蒋把很大的精力放在情报组织上，阅读了一批情报学知识书刊，并在日记中留下这样的记载：

① 邓元忠：《国民党核心组织真相》，第 242 页。

② 《成败之鉴——陈立夫回忆录》，第 224—226 页。

③ 王禹廷：《中国调统机构之创始及其经过》，徐恩曾等：《细说中统军统》，传记文学出版社，1992，第 14 页。

④ 《蒋介石日记》，1932 年 2 月 17 日。

"定情报课程，发力社款，定情报组织法，情报精巧与重要实为治国惟一之要件，但选人甚难，梦寐求之，未易得也……看各国情报活动之内幕，阅之手难释卷，甚恨看之不早也。"① 他还多次感慨："期得一人为情报领袖。""情报人员与组织皆无进步，焦急之至。"② 为此，不得不多次与陈立夫"谈情报组织""谈情报事"。③

1932 年 9 月，蒋介石无奈中将上述两机构合并为一新组织——军事委员会调查统计局，由陈立夫任局长，下设三个处，"第一、第二两处分掌党、军方面的工作，由徐恩曾、戴笠分任处长，第三处掌管总务，由丁默邨任处长"。④ 正是这三人以后分掌了中统、军统和汪伪特工总部。

在解决"无组织""无情报"时，蒋介石大多从"党权建设"方面考虑。同时，他还面临一个全新的课题："政权建设。"蒋介石是军人出身，从 1924 年出任黄埔军校校长至 1932 年任军事委员会委员长的八年间，他的主要精力大都用于军事指挥。在打天下时，他更多地关注"军队建设"，凭借"军权"完成统一，并依靠 CC 系为他牢固"党权"。在此期间，他没有太多的精力和时间来关注政权建设。

1932 年蒋介石复出后，逐步稳定控制了南京中央。此后，政权建设成为他政治生涯中一个必须面对的新考验。而政权建设最核心的一点，就是需要一批有治国理政才能的干部。在此时期，蒋介石曾在日记中感叹"无干部"的苦恼："旧党员多皆腐败无能，新党员多恶劣浮嚣，而非党员则接近不易，考察更难。古之山林之贤，今不可复见。其在留学生中，大学教授中，职业团体中，旧日官僚而未在本党任仕有风格者中，外交界中，在此中求之乎。"⑤ 此后，蒋介石将眼光逐步投向党外，陆续延聘了一批新干部，而这批人则被时人称为政学系。

在政学系的形成过程中，蒋介石的盟兄黄郛起到了核心作用，分别为蒋介石推荐了一批北洋旧官僚（如杨永泰）和政权建设急需的财政（如吴鼎昌、张公权等）、外交（如颜惠庆、顾维钧等）、教育（如翁文灏、蒋廷

---

① 《蒋介石日记》，1932 年 4 月 21 日。
② 《蒋介石日记》，1932 年 4 月 19、26 日。
③ 《蒋介石日记》，1932 年 4 月 20、24 日。
④ 王禹廷：《中国调统机构之创始及其经过》，徐恩曾等：《细说中统军统》，第 15 页。
⑤ 《蒋介石日记》，1932 年 9 月 1 日。

戳等）等人才，而为蒋所重用。[1] 钱昌照同黄郛、北大教授陶孟和三人是连襟，分别娶沈氏三姊妹为妻，因而得到蒋的信任。20 世纪 30 年代初期，为了有效处置教育界频发的学潮，蒋介石一度以国民政府主席兼行政院院长、教育部部长，任命陈布雷、钱昌照为副部长，而实际工作主要由钱负责。钱既受蒋信任，又同教育界有着广泛的人脉关系。据他回忆："我替蒋介石延揽了许多大知识分子（当时没有统一战线这词），介绍和他见面，为他讲学。他自己每每用红铅笔记些谈话或讲学的要点，学得些新知识。他是军人，惯于纵横捭阖，拉拢吞并各方军阀，有时甚至用大笔金钱收买。但知识分子，不容易用金钱收买，而且他与知识界也少有渊源，所以他乐于我为他撮合。"[2] 在钱昌照的安排下，蒋介石自 1932 年开始有计划、有系统地召见了一大批学界精英，虚心向他们请教，借此一面"交换智识"，一面"选拔人才"，"而且得以联络感情"。[3] 这批著名学者的讲课，不仅提高了蒋介石的治国能力，更重要的一大收获是很好地改善了他与知识界的关系，并吸引了一大批知名学者，如清华大学代校长翁文灏、武汉大学校长王世杰、南开大学教授何廉、清华大学教授蒋廷黻等进入国民政府。[4]

　　蒋介石之所以将眼光投向党外，最重要的原因就是党内人才匮乏。1935年国民党五全大会选举前夕，蒋在日记中痛苦地写道："此次选举，幼稚者争名，老病者腐败，卒使名实相反，似此选举，使本党不仅亡国，必招灭种之罪，思之苦痛悲惨！"蒋所称的"幼稚者"，大都是指他的年轻部下 CC系和黄埔系，虽然忠诚度无须怀疑，但能力不足以负责政权建设；所谓的"老病者"则大都是与国民党有深厚渊源并多次参加过反蒋运动的党内大佬们。他们在"党权"方面都是蒋的竞争对手。而党内支持蒋的元老，又都不为蒋所信赖。早在南京国民政府成立之初，蒋介石就在日记中对支持他的戴季陶、张静江、谭延闿评价道："季怯，而静硬，组默，皆有病也"；特别是"与静江兄谈天，格格不入，为之心碎"。[5] 无奈，蒋介石只好将眼光扩

────────────────

①　参见金以林《蒋介石与政学系》，《近代史研究》2014 年第 6 期。
②　《钱昌照回忆录》，中国文史出版社，1998，第 35 页。
③　《蒋介石日记》，1932 年 3 月 20 日。
④　参见金以林《蒋介石的 1932 年》，汪朝光主编《蒋介石的人际网络》，社会科学文献出版社，2011。
⑤　《蒋介石日记》，1927 年 1 月 29 日、3 月 5 日。

大到党外，并成功延揽了一批学有所长的专家参加政府工作。此举不仅扩大了国民政府的统治基础，同时在很大程度上还改善了国民党的政治生态，为蒋介石在一定程度上解决了"无干部"的困境。

从政学系的发展脉络看，可以分为两个阶段。

第一阶段是形成期，大致从1932年初蒋汪合流到1935年底国民党五全大会期间，在此阶段，政学系对外影响最大的是杨永泰，核心成员有熊式辉、张群等人。

早在北洋时代，杨永泰曾同李根源组织政学会，并与黄郛相熟。1929年黄郛将杨永泰介绍给蒋介石。由于杨与国民党没有历史渊源，而其早年在政学会时又反对过孙中山，因此受到南京政府胡汉民等元老的压制。1932年杨永泰随蒋介石赴汉口主持鄂豫皖三省"剿共"。针对"剿共"问题，他提出一套"三分军事、七分政治"理论，得到蒋的认可，遂被蒋任命为三省"剿共"司令部秘书长，不久又被任命为军事委员会南昌行营秘书长，全权总揽"剿共区域"的政治事务，包括人事任免。一度南京中央所能控制的省区"政府的用人行政都直接听命于南昌行营……俨然成为实际上的行政院"。[①] 此外，委员长侍从室这一机构的设置和运行方式，也是杨永泰向蒋介石提出并付诸实施的。正是因为他有着极强的办事能力，1935年蒋又任命他为湖北省政府主席。

杨永泰同国民党既没有历史渊源，又没有战功，投蒋之后短短数年，便得到信任且升任封疆大吏，这自然引起跟随蒋介石一起打天下的CC系和黄埔系的不满。陈立夫曾公开表示："其实在他来之前，蒋先生用的都是年龄较轻的人，他来了之后就开始用老年人，也开始用非国民党籍的人。"[②]

虽说政学系的"灵魂"是从未参加过国民党的黄郛，但因他同陈其美、蒋介石、张群是拜盟兄弟，所以党内反对势力，特别是CC系的二陈不敢把黄郛视为打击目标，因而聚焦到杨永泰身上，甚至在党内一度传播"军事北伐、政治南伐"之说，借此表达对这批人的不满。此后，凡是同杨永泰接近，包括与杨并不熟悉且与国民党缺乏历史渊源而获得较高政治权势的

①　王又庸：《关于"新政学系"及其主要人物》，《中华文史资料文库·政治军事编》第8卷，中国文史出版社，1996，第87页。

②　《成败之鉴——陈立夫回忆录》，第166页。

人，都被党内各派势力（无论是反蒋派还是拥蒋派）视为竞争对手和共同的敌人。反对他们的最佳理由，就是杨永泰在历史上反对过总理孙中山，而冠以"政学系"的名义加以打击。

由此可见，政学系完全因杨永泰个人而得名，大致是从 1933 年他出任军事委员会南昌行营秘书长时开始传播。而这一时期杨永泰所任命的官吏，职务最高者不过省民政厅厅长一类，他们此后虽然仍同政学系成员保持一定的关系，但很少再有升迁的机会，对中央政府的政策制定和具体运作没有太大的影响。

政学系的第二阶段，自 1935 年底国民政府的改组到 1949 年国民党败退台湾，其主要成员则是由黄郛、钱昌照负责安排的这批学者和金融家。他们顺利加入政府的一个契机是，行政院院长汪精卫在 1935 年召开的国民党四届六中全会开幕式上意外被刺，不久出国养病，胡汉民又远在欧洲游历，南京中央再次出现蒋介石一人控制的局面。不久，在国民党五全大会上，蒋介石继任行政院院长，全面改组政府，正式吸收了这批精英加入政府。这完全是由蒋独断决定的，"汪、胡各派除汪先生略有保留外，果夫、立夫竟未能丝毫与闻"。①

1935 年底组成的新一届内阁成员如下：

院　　长	蒋介石（原汪精卫）
副院长	孔祥熙（连任）
秘书长	翁文灏（原褚民谊）
政务处处长	彭学沛连任（仅三个月，分别由蒋廷黻、何廉继任）
内政部部长	蒋作宾（原甘乃光）
外交部部长	张　群（原汪精卫兼）
军政部部长	何应钦（连任）
海军部部长	陈绍宽（连任）
财政部部长	孔祥熙（连任）
交通部部长	顾孟馀（原朱家骅）

① 《王子壮日记》第 2 册，1935 年 12 月 2、12 日，"中央研究院"近代史研究所，2001，第 524、535 页。

铁道部部长　张公权（原顾孟馀）
实业部部长　吴鼎昌（原陈公博）
教育部部长　王世杰

　　新内阁成员中，增加者几乎清一色被视为政学系的要角，如翁文灏、蒋廷黻、张群、张嘉璈（公权）、吴鼎昌、王世杰。留任的阁员，也只是在汪内阁中由蒋掌控的军权和财权部门。这更引起党内各派势力，特别是忠诚于蒋的 CC 系、黄埔系的反弹。时任国民党中监会秘书长王子壮在日记中写道："自一中全会后，号称容纳各派的行政院各部，相继成立，主持其事者显然为政学系之一般人。犹忆一中全会时，张溥泉先生慨华北之紧张，欲谒蒋有所陈述而竟不得见，于是于会中痛切陈词，除责各派之纷歧外，并直陈人欲知中国政局之真像，非至中国银行楼上探听不可，是真奇谈等语。所谓中国银行楼上者，即杨永泰、张群、吴铁城等之所在，政治上为蒋先生运筹帷幄之所也。"①

　　"欲知中国政局之真像"，不是在号称党权高于一切的中央党部，而要"非至中国银行楼上探听不可"。此话出于局内人之口，可见党内对政学系的不满程度。但蒋介石对诸多反对之声并不以为然，反而认为"行政院各部人选，皆以才德为主，尤以引用党外人才之政策告成；虽内部多不谓然，但竟能贯彻主张，是亦最近之成功也"。②

　　此后十余年间，被视为政学系骨干的主要成员变化不大。1936 年杨永泰遇刺身亡，黄郛因病去世。接替黄郛代蒋介石联络这批人物的正是他俩的盟弟张群，张成了政学系无人替代的核心。此外，还有一些准政学系成员，如河南省政府主席刘镇华因与杨永泰关系密切而被视为政学系；陈仪（曾出任浙江、福建省政府主席及台湾行政长官）、吴铁城（中原大战时随张群赴东北说服张学良，后接张群任上海市市长）、黄绍竑（虽是桂系出身，中原大战后与李宗仁、白崇禧和平分手，投靠蒋介石，先后担任广西善后督办、内政部部长、浙江省政府主席）等人，他们大都官至省主席，

① 《王子壮日记》第 3 册，1936 年 1 月 14 日，第 15—16 页。
② 潘光哲、黄自进编《蒋中正"总统"五记·困勉记》（以下简称《困勉记》），"国史馆"，2011，第 482、484 页。

资历老，有一定的行政能力，又与传统粤籍党国领袖关系不大，因此常被视为准政学系成员。

那么，政学系又是如何控制中央政府的呢？

据新任行政院政务处处长蒋廷黻回忆："那年，正式院会改在周二上午举行，非正式会议（欲称小型院会），于周五下午在委员长官邸举行。小型院会中只有孔祥熙、张群、吴鼎昌、张嘉璈、王世杰、何应钦、翁文灏和我出席。秘书及书记人员均不得列席。"在会议中"所有的话都是讲给院长听的，因为最后的决定不是表决的，而是由院长个人决行的。依照法律和传统，中国行政院的部会首长颇似美国的国务卿，而不像英国的阁员"。① 从上述人员中不难看出，行政院的核心会议——小型会议除何应钦、孔祥熙外，几乎成了政学系的聚会。尽管这批部会首长没有表决权，但"所有的话都是讲给院长听的"，他们是最有可能影响蒋介石的人。

蒋介石吸收的这些专业精英大都不是国民党员，却占据了中央政府许多重要位置，这不能不引起党内各派的不满。尽管各派之间的政治立场不同，但在反对蒋介石向党外开放政权这一点上，彼此利益是一致的，因此常将内心的不满发泄到政学系身上。抗战胜利后，张群在美国同黄埔系健将康泽谈到党内派系问题时曾说道："人家都说我们是政学系，其实我们并没有什么组织，我们只有一批朋友，这批朋友多少有些能力和经验。"② 对张群的这种解释，CC系领袖陈立夫也承认："事实上政学系是没有正式组织，但他们的组成分子都保持很密切的联系，他们不做低层工作。他们将力量集中在高层，尽力研究蒋先生。"③ "据国民党的传统说法，政学系的成员没有'简任'以下的小官。所以它是个'有将无兵'的团体。他们只与高级的政敌，决胜于千里之外；而不在大学的学生宿舍，或小职员的公共食堂内，对人家横眉竖眼地表示特殊惹人讨厌。所以政学系给予一般人的印象便是这一团体是一大批做大官、享厚禄的'治世能臣'的组织。"④

在政学系众多成员中，并非都不想建立一牢固组织。早在全面抗战前，时任江西省政府主席的熊式辉就想结合内阁中政学系成员组成一核心机构。

① 《蒋廷黻回忆录》，岳麓书社，2003，第191、198页。
② 《康泽自述》，团结出版社，2012，第137页。
③ 《成败之鉴——陈立夫回忆录》，第172页。
④ 唐德刚：《政学系探源》，《观察》2008年第1期，第63页。

据翁文灏日记载，1936 年 5 月，"熊天翼来谈组织其'智囊团'事"。[①] 尽管熊式辉在国民党五全大会上增补为中执委，但在党国体制下，他深感重大方针"一切皆由中央党部组织领导，余个人无何单独建议，故少发言，鸣亦形成孤掌。平日服务于地方，对中央事固不甚清楚，而一般会议若无组织的运用，个人除尽其一分子之凑数外，不易发挥任何作用"。但政学系的其他成员对此多不以为然。时任贵州省政府主席的吴鼎昌就曾善意地提醒熊："对中央议论太直率。此与中央及地方俱无益处，多言宜戒。"吴并告诫熊："地方不宜造成小领袖，贵州尤应为此。"[②]

政学系的其他成员大都同吴鼎昌态度一致，翁文灏就曾表示："余全为国家工作，以蒋为唯一领袖，绝未加入任何系派。"[③] 而政学系的核心人物张群更是"熟知蒋对自己属下最忌者有二：(1) 援有私人，自成系统，或造成小集团，利用政治机会，与蒋对抗；或朋分利润，令蒋受到损失。(2) 贪污。"[④] 张群的态度更令熊式辉组织"智囊团"的想法落空。

相较于派系党化的 CC 系和黄埔系，政学系没有明确的层级架构和组织依托；其成员大都有一个共同特点，就是此前同国民党缺少渊源，只是因各种不同的政治背景或人脉关系，参加政府后彼此来往较多。同时，他们又大多拥有良好的西方教育背景，具备较强的行政组织能力，彼此因政见相似而同声相求，因地位相近而相互照应，且又绝对忠于蒋介石，而为蒋所信任，成为国民党政权中不可或缺的一股势力。

回顾国民党的派系与内争，大致可以全面抗战爆发前后分为两个阶段、三种类型。

第一阶段，全面抗战爆发前。主要表现为两种类型。第一种类型，是国民党内各派政治势力常以孙中山继承者自居，争夺"党权"。此时，真正影响党内各派系的主要矛盾，并非党内领袖间不同的政治态度，更多地表现为借"党统"之名，争"党权"之实。虽然，党内斗争常被冠以种种"反对

---

① 《翁文灏日记》，1936 年 5 月 18 日，中华书局，2010，第 45 页。
② 《海桑集——熊式辉回忆录》，明镜出版社，2008，第 241、246 页。
③ 《翁文灏日记》，1942 年 4 月 9 日，第 761 页。
④ 冯若飞：《张群其人》，《中华文史资料文库·军政人物编》第 10 卷，中国文史出版社，1996，第 1371 页。

个人独裁""护党救国"的名目，但其实质都逃脱不了"权力"二字。最终，蒋介石依靠"军权"，打败或重新平衡了党内各反对势力，并确立起自己在党内"最高领袖"的地位。

第二种类型，则是蒋介石与地方实力派之间的纠葛。由于地方实力派多在北伐后才参加国民党，在"以党治国"的训政体制下，无缘以"党统"自居。因此，每当地方实力派同蒋介石的中央政权周旋时，看得最重的是如何保存并发展自己的实力。一旦力量对比发生微妙变化，或蒋介石对他们的生存构成威胁，他们中的一部分势力就会冒险一搏，以求获取更大的实力或生存空间。地方实力派由于在一波又一波的反蒋抗争中并不能团结一致，而是各有打算，彼此猜疑，为蒋介石分化收买、各个击破提供了机会。

第二阶段，是全面抗战开始之后。国民党内已无人能够挑战蒋介石所代表的"党统"。此后的党内斗争，则表现为第三种类型，即在蒋介石之下，各派系之间纠纷不断。1946年7月国共和谈期间，周恩来与一位美国教授谈话时，曾对国民党权力结构归纳道："国民党的最后决定权是操在蒋介石的手中，但蒋也不是孤立的，而是受他下面各集团影响的。每一个集团都在他之下，都非操有全部的权力。这权力是分割的，如党务操在CC的手中，财务操在宋、孔的手中，军事操在黄埔系的手中，行政方面则政学系的势力较大。这样各集团都是只有一部分权力，而在他们的全体之上则是蒋，造成蒋的政权。同时每一个集团都对蒋有影响。"[①] 他们彼此之间或为争权或为争宠，纠纷不断，此类内争一直持续到国民党败退台湾。

以上三种类型，大致就是国民党派系与内争的主要表现。

---

① 《周恩来一九四六年谈判文选》，中央文献出版社，1996，第535页。

第六章

国民革命军的制度与战力

自民国成立后，国民党的行动主要是联军阀以制军阀，以及通过国会的立法与选举，以便取得权力，实践其理想。但是两者均无成效，即便是孙中山一手培植的陈炯明也因理念不合而叛变。孙为使革命能有所发展，乃欲建立自己的武力。

对孙中山而言，多年来他一直以欧美先进国家的民主政治作为中国发展的模式，但是列强却认为中国为落后国家，需要一个稳定的政局，而孙中山所领导的革命运动则将造成中国的动乱，尤其是孙所提倡的民族主义主张废除不平等条约，直接影响到列强的利益。因此，对孙的革命活动，不仅不予支持，反而多方杯葛。1922年陈炯明的叛变（六一六事变），则使孙再度思考与苏俄合作的可能性。一方面，他认为苏俄的计划经济和他的实业计划相似；另一方面，他对苏俄的政党与建军成功的秘诀，甚感兴趣，尤其是红军以粗劣的装备，能打败优势对手，使他甚为羡慕。在现实的利害上，孙的革命历程中从来没有一个国家曾经给予巨额的金援，更没有一个国家愿意帮助他建立一支革命武装并提供大宗的枪炮船舰。而自1919年开始列强对华实施军火禁运，苏俄对孙的军火援助，更如雪中送炭。因此，1923年1月苏联驻华全权代表越飞至上海与孙谈判合作问题，孙即要求派遣军事人员协助，并由廖仲恺进一步与越飞讨论创办军事学校问题。同年8月，孙中山派蒋介石等赴莫斯科，研究苏联军事制度、红军的政治训练，以及布尔什维克党的政治委员制度，以为建立革命军队的准备。10月，为

---

* 本章由张瑞德撰写。

配合国共合作政策，中国国民党进行改组。翌年，黄埔军校成立，为民国政局日后的发展，投注了决定性的影响。

一　黄埔建军

中国国民党陆军军官学校创立于 1924 年，因校址在广州黄埔，故又称为黄埔军校。这所学校系孙中山在苏联的协助下建立而成，校长蒋介石，其组织体制系参考苏联红军，对国民革命军的各军事学校，甚至整个军事体系，均有深远的影响。

黄埔军校初期的军事课程由苏联顾问负责指导，采用苏联和当时最新的军事理论、军事技术，并且根据革命的迫切需要，在学习时间无法过长的情况下，制定教学内容，以战场最需要的知识和技能为主。政治教育是黄埔军校不同于过去任何军校之处。具体的内容包括有三民主义、党史、经济学概论、政治学概论等，1926 年改组为国民革命军中央军事政治学校后，则又增加总理学说、宣传技术、各国革命史、工人运动、农民运动、青年运动等课程。[1]

黄埔毕业生于东征、北伐诸役表现优异。1928 年 3 月，军校迁至南京，改名中央陆军军官学校，军事教育逐渐标准化，中央军校成为初级军官的主要制造场所，学生毕业后均分派至各部队。在德国顾问的协助下，这所军校培育出来的学生，一般被认为素质颇高，但是数量过少，1928—1937年，仅毕业 10731 人。全面抗战爆发后，初期基层军官消耗极大，如 1937年淞沪战役时，蒋介石将嫡系精锐部队投入战场，与日军激战 3 个多月，伤亡惨重，在此一役中即丧失初级军官达 10000 人，造成了基层干部的断层。由于对干部补充的需求激增，而战时军人待遇不佳，军校招生困难，遂不得不降低报考标准。全面抗战前规定高中毕业始得报考，自 1937 年起即降为初中，以初中肄业程度入学者不乏其人。中央军校在全面抗战前由于军人待遇良好，报名人多，录取颇为不易，如 1935 年第 12 期招考新生，录取

---

[1]　有关黄埔军校史实，详见《黄埔建校六十周年论文集》，"国防部史政编译局"编印，1984；王肇宏《北伐前的黄埔军校》，东大图书公司，1987；黄振凉《黄埔军校之成立及其初期发展》，正中书局，1993；李玉贞《孙中山与共产国际》，"中央研究院"近代史研究所，1996，第 10 章；广州市社会科学院历史研究所主编"黄埔军校史丛书"，2006 年起陆续出版。

率仅为 7%。全面抗战爆发后，由于招收人数大增，录取率自然也随之升高。据一项资料显示，1940 年第六分校招生，录取率即高达 87%。为了适应战时的需要，教育期限也被缩短。战时中央军校及各分校的学生在校修业时间，包括入伍训练在内，最长者为 19 个月，最短的则尚不到 9 个月。此外，战时由于经费、设备不足，又缺乏严格的淘汰制度，学生的素质自然下降。

黄埔军校师生，在现代中国史上占有重要地位。至 20 世纪 40 年代后期，曾在黄埔任职者，许多已出任总司令、省主席、部长等军政要职；中央军中团长以上职务，则几乎全为黄埔毕业生所占，许多甚至担任军、师长以上的重要军职。这些黄埔师生自成一团体，通常被称为"黄埔系"。①

二 军队政治工作

黄埔军校自创办之初，即仿效苏联红军的经验，设立党代表和政治部。1924 年 9 月，蒋介石派总教官何应钦筹组教导团，该团以军校教官和学生为骨干，由从各地招收的青年所组成，组织及训练均采用苏联新制，是为中国第一支设有党代表的军队。11 月，孙中山令将该团改称"党军"，亲任总理，并任黄埔军校校长蒋介石为军事秘书。1925 年 4 月蒋改任党军司令官。1925 年 8 月，国民政府军事委员会议决编组国民革命军，党军改编为国民革命军第一军，蒋介石任军长；建国湘军改为第二军，谭延闿任军长；建国滇军改为第三军，朱培德任军长；建国粤军改为第四军，李济深任军长；福军改为第五军，李福林任军长。② 从此党军名称不复存在，国民政府统辖下的所有军队，统称为国民革命军。

国民革命军中的党代表，其职责为监察行政、参加部队管理、指导党务和主持政治训练，并保障军事训练及一切战斗任务的完成。军事指挥官的命令，必须有党代表的副署，方能有效。从党中央起至总司令部，各军、师、团、连各级均有党部和派有党代表，通过选举产生执行委员会和督察

---

① 张瑞德：《抗战时期的国军人事》，"中央研究院"近代史研究所，1993，第 5—31、57—62 页；刘维开：《蒋介石军事方面的人际网络》，吕芳上策划、导读《蒋介石的亲情、爱情与友情》，时报出版公司，2011，第 166—169 页。

② 中国第二历史档案馆编《蒋介石年谱初稿》，档案出版社，1992，第 263、410 页。

委员会（连只设执行委员会），政治部则建在团以上单位。北伐开始时，军、师党代表大多由兼有国民党党籍的共产党员担任。① 国民党"清党"后，废除党代表制度，军队政治部与党部之间的关系，并未有明确的划分，导致纠纷不断。政工的衰落导致军队各级政训部门遭裁撤，政治训练工作由军队党部兼办。全面抗战前军队党部因成效不彰被撤销，各军、师、旅、团党部被并入各该部政训处，统称政训处。军中党务工作，由政工人员兼办。② 至全面抗战前夕，军队政治工作由军事委员会政治训练处统辖，全国200万军队中，政工人员仅有3616人。

全面抗战爆发后，军队政治工作重新受到重视。1938年1月，军事委员会改组，原执掌民众训练的大本营第六部和军委会政训处合并成立政治部，政治部部长的地位与军政、军令、军训三部部长及军事参议院院长平等。全面抗战期间，先后担任政治部部长的陈诚、张治中，均为蒋介石的爱将，显示蒋对军队政治工作的重视。虽然如此，一般政工人员的升迁和地位，均远逊于同级的带兵官，因此无法吸收人才加入。加以经费不足，蒋介石三令五申要每师配装一个电台、每团装配一部收音机的计划，直至抗战结束仍为画饼。③

自从党代表的制度改为政工制度后，军队政工人员成为部队长的幕僚，如其意见与部队主官不合，主官不仅不理，甚至随时依其个人的好恶予以撤换，因此部队中的人事、经理大权，完全由部队主官一人掌握，原有党代表的副署权力不再存在。④ 军队政工在中央军中的主要工作为官兵的政治训练和思想教育，旁及官兵文化娱乐、体育活动，不过成效如何，尚需做进一步的研究。根据1941年一项对147个部队单位（以师为单位）617名士兵的调查，仍有30%的士兵不知道中国国民党，52%的士兵不知道三民主义；即使知道中国国民党和三民主义的士兵，也很少有人知道这

① 吕芳上：《近代中国制度的移植与异化——以一九二〇年代国民革命军政工制度为例的讨论》，《一九二〇年代的中国》，"中华民国史料研究中心"编印，2002，第137—197页。
② 孙桂珍：《清党后国民革命军政工与党务关系的演变》，《山西师大学报》2010年第1期，第125—128页。
③ 仲华：《抗战时期国民党军队政治工作述论》，《南京社会科学》2005年第4期，第52—56页。
④ 蒋介石：《军事改革之基本精神与要点》（上），秦孝仪主编《先"总统"蒋公思想言论总集》（以下简称《蒋公思想言论总集》）卷23，中国国民党党史会，1984，第40—41页。

两个名词以外的内容，显示政训工作似乎并不成功。① 国民政府颁布《限制异党活动办法》后，政工人员又在部队中办理五人联保连坐，并秘密设置政工辅导员，暗中监视士兵。至于军队政工在地方部队的工作方式又不完全相同，除了一般思想教育外，主要工作在于掌握部队实际力量，了解部队对蒋介石的真正态度，以及部队内部的人际关系网络。因此政工人员需要与地方部队的军官交往，特别是对营长以上军官，要了解其出身背景、才能、品德、嗜好、政治态度以及属于部队中的何种派系，并以各种方式秘密调查部队官兵确实人数、武器装备、经理状况、官兵关系、军民关系等。对于部队营长以上军官，凡思想倾向中央、年轻有为，或在部队中影响较大者，分别报由上级核定调至各训练班受训，层级较高的军官，有时会受到蒋介石的接见或是财务上的馈赠。对与蒋介石离心离德的部队，有的是调换部分干部，有的则是将整个部队打散或改编。②

　　在官兵关系方面，国民革命军创建初期，相当重视下层官兵的参与。邓演达任职黄埔军校时，提倡"三大公开"——人事公开、经济公开与意见公开，严重 1926 年任国民革命第一军第二十一师师长时也曾实施，后来陈诚（曾任严部团长）将邓、严二人所倡导的"三大公开"在其部队推广实施，获得良好的效果。③ 不过在实际上，部队普遍仍不让士兵参加会议，不让士兵发表意见，而中共军队除了指挥外，大多数决策须经过士兵的讨论。④ 因此，国方部队官兵之间的距离，一般要较中共军队为大。1946 年东北四平街第二次战役结束后，东北行辕主任熊式辉为了争取在第一时间慰问将士，乃立即飞往四平，再坐汽车驰入市区，当时市区尚未清扫，沿途

① 王奇生：《"武主文从"背景下的多重变奏：战时国民党军队的政工与党务》，《抗日战争研究》2007 年第 4 期。
② 彭家贤：《国民党军队政治工作》，《文史资料存稿选编·军事机构》（下），中国文史出版社，2002，第 84—85 页。
③ 《中央陆军军官学校史稿》第 6 编，中央陆军军官学校编印，1936，第 4—5 页；邓文仪：《从军报国记》，学生书局，1979，第 50 页；宋瑞珂：《陈诚及其军事集团的兴起和没落》，《文史资料选辑》第 81 辑，文史资料出版社，1982，第 47 页。直至全面抗战时期，在陈诚的部队中仍可见到将吃空缺军官枪毙的情事。参见廖明哲《了了人生》，文史哲出版社，2002，第 364 页。
④ 蒋介石：《国军如何才能完成剿匪救民的部分》，秦孝仪主编《蒋公思想言论总集》卷 22，第 154 页。

布满阵亡官兵的尸体，座车从死者身上碾过，熊竟然面不改色。① 此一事件或许是极端的例子，但显示了军队官兵之间的隔阂。

国方军队政治工作的重点即在政治训练、防制异党和监视地方部队，对于军民关系的经营，自然较为忽略。一般说来，东征、北伐作战，甚至抗战时期的台儿庄战役、三次长沙会战与滇西战役，军队均能获得民众支持，有助于作战胜利，但是整体而论，其军民关系无法和中共相比。② 以河南为例，1938 年 6 月至 1944 年 3 月，豫西民众暂时免于日军铁蹄的践踏，但是却遭受"水、旱、黄、汤"四大灾难（指水灾、旱灾、黄泛和汤恩伯）。河南民众对汤恩伯部队的愤恨达于极点。至 1944 年 3 月，日军侵犯豫西，日军以郑州、洛阳为攻击重点，兵力不到 12 万人，汤恩伯和蒋鼎文此时部队则有 50 万人，但已两年多未曾作战，军队松散。自日军发起进攻后，汤部一触即溃，日军迅速攻占郑州、洛阳，继而攻占叶县、临汝，汤部最后撤往嵩山山区，在败退途中，扰民如故，激起民众强烈愤怒。此时，豫西"土皇帝"别廷芳所遗留下的地方武力，即以地方自治、守望联防为名，结合地方群众，袭击汤部，使汤部饱受损失，成为惊弓之鸟，甚至一闻枪声即以为是日军，纷纷缴械逃命。据估计，约有汤部队 5 万人被缴械。沿路均是汤部丢弃的枪支、弹药、骡马、装具、车辆、无线电台甚至高射炮，次日当地百姓纷纷前来"清扫战场"。③ 事后检讨，发现中原会战各部队于溃败时所受民众截击的损失，甚至大于作战的损失。④ 抗战末期，中国取得世界"五强"的国际地位，"五强"一词遂经常挂在要人的嘴边，出现在报纸的文字标题中，此时却有民众将军队违纪扰民的行为，包括强买、强卖、强借、强住、强娶五种，称为"五强"作风。⑤

---

① 王鼎钧：《关山夺路》，尔雅出版社，2005，第 318—319 页。此项资料系陈永发教授所提示，谨此致谢。

② 戚厚杰：《略论抗战中国民党军队与民众的关系》，《民国档案》2010 年第 1 期，第 99—100 页。

③ 蒋介石：《对于整军会议之训示——知耻图强》（1944 年 7 月 21 日），秦孝仪主编《蒋公思想言论总集》卷 20，第 445—447 页；文思主编《我所知道的汤恩伯》，中国文史出版社，2004，第 200—204、217—218 页。

④ 《第一战区中原会战之检讨》，中国第二历史档案馆编《抗日战争正面战场》（下），江苏古籍出版社，1987，第 1253 页。

⑤ 王鼎钧：《关山夺路》，第 209 页。

国方军队和民众的关系，直至国民党在大陆失败，始终未能改善，蒋介石 1949 年 9 月曾在一次演讲中指出，此时"军民情感的隔膜，可以说恶劣到了极点。我们革命军，原是以爱国救民为目的，而事实的表现，不仅不能爱民，而且处处是扰民。我们军队每进到一个村庄，这个村庄中较好的房屋就一定被我们的军队占领，而最好的房间，一定是我们的最高的主官住着，借了人民的东西不归还，损坏了人民的器具不赔偿。这样，当然使人民对我们发生反感，而不愿帮助我们"。① 而此一时期中共军队的政治工作，则做得十分成功，往往部队未到，宣传队先到，"老大娘""老大爷"叫得亲亲热热，解释部队为什么来；部队离开后，宣传队则挨家检查有没有打扫干净，有没有借了东西没还，有没有打破了碗没赔。有些地区民众冒险断路、埋雷、割线、炸桥，阻止国方军队前进，却砸锅、卖铁、拆屋、喂马，支持中共军队作战。② 而国方军队由于与民众关系不佳，使其不论在后勤补给、医药卫生方面，或是战地情报的搜集上，均无法获得民众的支持。

三　最高统帅

长期担任国民革命军最高统帅的蒋介石，深受儒家思想影响，重视人际关系，平日至少有三分之一的时间与精力用于干部的训练和与各级干部的互动。其对干部的要求，固忠诚与才能并重，倘若不能兼得，则以忠诚为重。蒋对下属，采家长式领导，表面上威严刚直，对干部的痛责常不假辞色，但是每自我反省惕厉，不过似无向当事人表示歉意的记载。蒋对演讲、书告十分重视，每亲拟提纲，字斟句酌，但发表后并未能追踪考核；平日所思大小事，每多以手令形式交办，但是也大多成为虚文。③ 蒋对地方军系，系采取妥协的策略，利用感情的笼络、金钱上的收买和赤裸裸的武

---

① 蒋介石：《军事改革之基本精神与要点》（上），秦孝仪主编《蒋公思想言论总集》卷 23，第 42 页。

② 王鼎钧：《关山夺路》，第 310—311 页。

③ 《郝柏村解读蒋公日记（1945—1949）》，天下远见出版公司，2011，第 477 页；张瑞德：《遥制——蒋介石手令研究》，《近代史研究》2005 年第 5 期，第 27—49 页。

力作支撑，最后得以统一全国，[①] 并和强敌日本对抗，以落后的武器装备苦战八年，以空间换取时间，终将日军拖垮。曾多次反蒋的高级将领张发奎，晚年在回忆抗战时，曾有以下中肯的评论：

> 大多数海内外同胞认为，我们以劣质装备与粗浅训练，英勇地与武器精良、训练一流的敌军鏖战了八年，最终取得了胜利。然而从一个军人观点，我认为谈不上英雄史诗，我们所做的一切只不过是以空间换取时间。
>
> 是甚么因素使我们赢得最后胜利？是政府的英明领导，军民的竭诚合作，以及高昂的士气，这三种因素使我们成功的以空间换取了时间。[②]

抗战胜利后，蒋介石接着面对的是来自中共的挑战。经过八年全面抗战，中共军队的实力和战法均已和过去大为不同，但是蒋介石和国民政府军政领导层对于中共仍普遍缺乏深刻认识，并以武器装备作为评估中共战力的唯一要素。军队内部普遍认为，蒋对各地区作战的构想和决策，系根据上层幕僚人员的判断而制定，与战场实况难免隔阂，在研议过程中，经常既不征询下层意见，也不重视战场指挥官的意见具申，加上情报不灵，对敌军状况无法充分掌握，故所做决策，常与作战部队的实况及能力不相符合，导致战略难以取得战术的充分支持。此外，军队的指挥系统层级过多，不仅信息层转耗时，且易泄密，蒋只得以手令或电话越级指挥。长此以往，下级纵有指挥长才，也无法发挥，甚至逐渐失去自主及应变能力。[③] 在1948—1949年的三次关键战役中，蒋的作战指导，先是主观武断，继而张

① 蒋介石在联系地方军系的过程中，一些"沟通型"幕僚曾扮演重要角色。详见张瑞德《化干戈为玉帛：沟通型幕僚与民国政治》，《台湾师大历史学报》第40期，2008年，第81—100页。
② 《蒋介石与我——张发奎上将回忆录》，香港文化艺术出版社，2008，第398页。
③ "三军大学"编《国民革命军战役史第五部——戡乱》第9册，"国防部史政编译局"，1989，第70—76、144页；张瑞德：《遥制——蒋介石手令研究》，《近代史研究》2005年第5期，第27—49页。

皇失措，进退失据，终至束手无策。① 对于国共内战期间的失利，蒋身为最高统帅，应负最大责任，殆无疑问。

军队成员素质的好坏，和军队战力的高低有直接的关系。一支军队如果成员素质低下，即使部队的人数众多，其战力也不能强大。以下拟将1930—1940年代的国方军队军官分为高级（将级）军官、中下级（校、尉）军官和士兵三类，对其出身背景和素质分别加以讨论。②

四　高级军官

出身背景分析

研究全面抗战前后国民革命军将级军官的人事问题，最完整且最权威的原始名册，应为军事委员会铨叙厅编制的《陆海空军军官佐任官名簿》（1936年出版），收录有1247名陆军将领资料；以及国防部第一厅所编的《现役军官资绩簿》（1947年出版），收录有陆军将级军官3274人。根据以上两种资料，我们可以为全面抗战前以及抗战后期的将级军官，各画出一幅素描。

表 6-1　陆军将级军官出身背景统计（1936年）

单位：人（%）

出身	总计	上将	中将	少将
黄埔	92　（7.38）	0　（—）	17　（5.65）	75　（8.19）
保定	388　（31.11）	8　（25.81）	95　（31.56）	285　（31.15）
留学	159　（12.75）	6　（19.35）	51　（16.94）	102　（11.15）
陆大	215　（17.24）	2　（6.45）	43　（14.29）	170　（18.58）
地方军校及行伍	393　（31.52）	15　（48.39）	95　（31.56）	283　（30.93）
总计	1247（100.00）	31（100.00）	301（100.00）	915（100.00）

资料来源：根据《陆海空军军官佐任官名簿》第1册第1—138页相关数据计算得出。

---

① 金冲及：《蒋介石是怎样应对三大战略决战的?》，《近代史研究》2010年第1期，第4—27页。

② 以下讨论主要系根据张瑞德《抗战时期的国军人事》，第5—40页。

表 6-2 陆军将级军官出身背景统计

（1947 年）

单位：人（％）

出身	总计	上将	中将	少将
黄埔	1150 （35.13）	1 （2.70）	76 （11.88）	1073 （41.31）
保定	280 （8.55）	14 （37.84）	97 （15.16）	169 （6.51）
留学	284 （8.67）	10 （27.03）	67 （10.47）	207 （7.97）
陆大	1197 （36.56）	3 （8.11）	337 （52.65）	857 （33.00）
地方军校及行伍	362 （11.06）	9 （24.32）	63 （9.84）	290 （11.17）
不详	1 （0.03）	0 （—）	0 （—）	1 （0.04）
总计	3274 （100.00）	37 （100.00）	640 （100.00）	2597 （100.00）

资料来源：根据《现役军官资绩簿》第 1—4 册相关数据计算得出。

从表 6-1、表 6-2 可以发现以下几个现象。

第一，全面抗战前陆军的将官出身黄埔者极少，且出身黄埔的比例乃是随着阶级高低成反比。至 1947 年，将官出身黄埔者已有显著增加，其比例也是随着阶级的高低而成反比，少将出身黄埔者已占多数（出身陆大及外国军校者，也多系黄埔毕业）。

第二，全面抗战前陆军的将官出身保定者颇多，约和出身地方军校及行伍者相当；出身保定的将官，以中将和少将较多，上将则较少，原因或许是保定成立较晚。抗战结束后，将官出身保定者，已有显著减少，少将出身保定者尤少，原因为保定军校已于 1924 年停办。

第三，将官出身陆大及国外军校者，不论是战前或战后，比例均小。

第四，将官出身地方军校及行伍者，在全面抗战前约和出身保定者相差无几，上将出身地方军校及行伍者尤多。至抗战结束后，将官出身地方军校及行伍者，已大为减少。

以上是全面抗战前后将官出身背景的一般趋势。以下拟再就陆军重要军职人员（全面抗战前的各路军总司令、军长、师长和战时的战区正副司令长官、集团军的正副长官）的出身背景情况有所分析。

表6-3 全面抗战前陆军重要军职人员出身背景统计

单位：人（%）

出身	各路军总司令		军长		师长	
黄埔	0	（0）	7	（10）	20	（11）
保定	4	（67）	25	（35）	36	（20）
留学	0	（0）	1	（1）	6	（3）
陆大	0	（0）	2	（3）	9	（5）
地方军校及行伍	2	（33）	35	（49）	63	（36）
不详	0	（0）	1	（1）	43	（24）
总计	6	（100）	71	（100）	177	（100）

资料来源：根据刘凤翰《战前的陆军整编》（《抗战前十年国家建设史研讨会论文集》下册，"中央研究院"近代史研究所编印，1984，第675—695页）、《抗战前期国军之扩展与演变（陆军部分：一九三七·七一一一九四一·八）》（《"中华民国"建国八十年学术讨论集》，"中华民国建国八十年学术讨论集编辑委员会"编印，1991）所附名单计算得出。

表6-4 陆军重要军职人员出身背景统计（1944年）

单位：人（%）

出身	战区正副司令长官		集团军正副司令		军长		师长	
黄埔	1	（3）	31	（33）	40	（36）	132	（42）
保定	18	（50）	36	（38）	37	（33）	48	（15）
留学	4	（11）	5	（5）	0	（0）	0	（0）
地方军校及行伍	13	（36）	23	（24）	34	（31）	101	（32）
不详	0	（0）	0	（0）	0	（0）	33	（11）
总计	36	（100）	95	（100）	111	（100）	314	（100）

资料来源：Hsi-sheng Ch'i, *Nationalist China at War: Military Defeats and Political Collapse*, 1937-1945（Ann Arbor: University of Michigan Press, 1982），p. 230. 作者所根据资料为《陆军军官佐资绩簿》（1944年），其中军长、师长无一人系留学归国者，统计数字疑有误。

从表6-3、表6-4可以发现以下几种现象。

第一，全面抗战前重要军职人员出身黄埔者极少，各路军总司令中无一人系黄埔毕业，军长、师长中也只有1/10是出身黄埔。至抗战后期，各战区正副司令长官中，虽然仍只有一人是黄埔毕业，但是战区正副司令长官以下的重要军职人员，出身黄埔者已有显著增加，且职务越低的重要军职人员出身黄埔的比例越高，如集团军正、副司令有33%毕业于黄埔，军

长和师长中则各有 36% 和 42% 出身黄埔。

第二，全面抗战前重要军职人员出身保定者颇多，且职务越高者，出身保定者越多，如各路军总司令中出身保定者占 2/3，军长中出身保定者占 35%，师长中出身保定者占 20%，至抗战后期，也有类似的现象。战区正、副司令长官中有 50% 出身保定，集团军正、副司令中有 38%；至军长阶层则只有 33%，比不上出身黄埔的多，至师长阶层，更只占 15%。

第三，重要军职人员出身陆大及国外军校者，不论在全面抗战前或战时均少。

第四，重要军职人员出身地方军校及行伍者，不论在全面抗战前或战时，均在 1/3 左右，显示战时重要军职人员素质的提升有限。

成员素质的分析

综合以上对于全面抗战前后陆军一般将领及重要军职人员出身背景的分析，可以发现以下几方面的趋势及含义。

第一，全面抗战前后陆军将领有"黄埔化"的趋势，全面抗战前保定所占的重要地位，战时逐渐为黄埔所取代，在直接掌握兵权的军长、师长阶层，这种趋势尤为明显。抗战时期出身黄埔的将领，大多毕业于前几期，当时黄埔的训练相当粗浅，时间也短（仅有 6 个月），所学到的专业技能自然有限。

第二，全面抗战前后陆军将领（含重要军职人员）出身地方军校及行伍的比例，均有降低的现象，显示战时将领的素质有所提高。在各兵科中，以特种兵将领的素质较差，如主管后勤业务的将领，绝大多数毕业于直隶经理学堂（民国以后改为陆军军需学校），然后在北洋部队任职；骑兵和通信兵的将领，也绝大多数是出身北方部队的旧式军人。这些出身地方军校或是行伍的将领，或许极为勇敢、战场经验丰富，但是对于现代战争的性质，却普遍缺乏认识。

第三，全面抗战前后陆军将领出身国外军校者甚少，而且多是一次大战期间或是一次大战前出国留学者，因此对于一次大战以后的军事科技与战略，多未能有深刻的认识。[1] 虽然如此，出身日本士官学校的将领所受训

---

[1]　Hsi-sheng Ch'i, *Nationalist China at War: Military Defeats and Political Collapse, 1937–1945*, p. 66.

练，一般来说仍较其他将领扎实。

第四，全面抗战前后陆军将领出身陆大者也甚少。陆大为军官深造的主要机构，但是毕业人数有限。据统计，至抗战结束时，陆大毕业军官在军中共 2100 人，分布情况如下：（1）中央军事机构约有 600 人，其中以陆大及所属的参谋训练班人数最多。（2）战斗序列各单位共约 1500 人，其中每一战区司令部约有 10 人，每一集团军总部 3—5 人，每一军司令部 3—5 人，每一师司令部 2—3 人，兵站机关共约 120 人。陆大所学者，以战术为主，对大军作战的指挥作业磨炼较少，对军事作战以外的政治作战、经济作战、心理作战，更无暇研究，但是也有若干学生，派赴部队后，接受实际的战场磨炼，而能有优异的表现。至于陆大毕业生担任参谋职务者的表现，一般认为陆大出身的参谋长或参谋处长、主任，指挥多比较得体。

全面抗战前后的陆军将领，自离开学校后，除了短期的训练班队外，很少有人能够有机会继续接受兵科学校和陆大的正规教育。在先进国家的军队中，军校毕业后尚可由机关、学校、部队的轮调中学习新技能，但是中国的军官无此机会。此外，国民革命军自成立以后，由于连年作战，升迁容易，常是一战一升官，历练机会少。全面抗战前德国顾问对此种快速升迁的方式即引以为忧，曾多次向蒋介石陈述，认为一个军人如果不先任下级军官，遍充排、连、营、团长各职多年，则必定不能于短期之内具有高级指挥官的经验，即使是如何勇敢，也无济于事。抗战期间，由于人员伤亡大，加以部队屡次扩编，许多人升至将官时仍很年轻。据统计，1944年时，陆军一般高级将领，年龄大多在 50 岁以下，有些总司令、军长、师长的年龄，甚至只有三四十岁，而当时日军一般将官的年龄，则大多在 50 岁以上。[1] 少年得志，自然容易产生骄傲自满、不求进步的毛病。

中国自辛亥革命以后，即和苏俄立国之初的历史十分类似，但是和中国截然不同的是，苏俄军官的教育程度，在革命后大有提升，如一位学者即认为红军军官的军旅生涯中，有一半是在各级军事学校中度过的。而在军事学术快速进步的 20 世纪，中国军队的高级军官却被迫以 20 年前所学的知识，和他们范围有限的经历，去应付现代战争的复杂问题，战力无法提

---

① 　Hsi-sheng Ch'i, op. cit, p. 230.

升是可以预期的。①

早在 1938 年的一次会议中，蒋介石即已指出军队将官的学问与技能，远不如同级西方先进国家的军官，也比不上日本的军官，他甚至认为"我们做总司令的，只比得上人家一团长，我们的军长、师长，只当的人家一个营长和连长"。② 一般将领也都认为日本高级将领之中，虽然缺乏出色的战略家，但在基本战术、战略原则上，绝少发生重大错误；做事也多小心谨慎。抗战后期，美国派遣来华的中国战区参谋长史迪威（J. W. Stilwell），对于中国高级军官的素质，即每多表示不满，如他在 1942 年 5 月 26 日呈蒋介石文中曾表示军官的素质和其阶级、职务成反比："低级军官对于命令，每能迅速执行；营长和团长的素质不一，但是不缺乏优秀之士。在这些阶层要将缺乏效率者淘汰较为容易，擢优弃劣后，对于士气将有好的影响。至于军长和师长，则问题颇大。这些人当中很少是有效率的，他们很少亲临前线，更极少监督命令是否执行。对于来自前线夸大甚至错误的报告，每不经查证即予接受。经常忽略搜索和警戒的重要性，常因而造成大乱。一般的师长，似乎以为只要自距离前线五十哩处，发一命令，即已尽到责任。这些军官中，有许多是相当勇敢，但大多数的人均缺乏道德的勇气。"③ 接替史迪威职务的魏德迈（A. C. Wedemeyer），对中国较具同情心，但是对高级军官的评价也甚低："在我接触的国军高级军官中，我发现很少能视为是有效率或是受过良好专业训练的。我并不怀疑他们对于委员长的忠诚，但是作为蒋的参谋长，我必须评估他们的作战能力（military capacities）和知识，他们的带兵资格，以及他们配合全盘作战计划、执行命令的意愿。"④

外国人士的坦率批评，往往激起国人的反感，认为是有意丑化政府形象。但是，值得注意的是，蒋介石本人对于这些批评并未否认，而认为本

---

①　F. F. Liu, *A Military History of Modern China*, *1924 – 1949* (Princeton: Princeton University Press, 1956), p. 147.

②　蒋介石:《抗战检讨与必胜要诀》（下），秦孝仪主编《蒋公思想言论总集》卷15，第28页。

③　Charles F. Romanus and Riley Sunderland, *Stilwell's Mission to China* (Washington D. C.: Office of the Chief of Military History, Department of the Army, 1953), p. 153. 军界人士指出，抗战中各大、小战役，军、师长所居位置，通常距火线 5—6 华里，约为敌军野炮的射程之外；集团军总部通常设于距火线 19—20 华里处；至于战区司令长官部，则通常设于距战场 200—300 华里的重要城镇。参阅 1993 年 1 月 7 日胡静如先生与笔者私人通信。

④　Albert C. Wedemeyer, *Wedemeyer Report!* (New York: Henry Holt & Company, 1958), p. 325.

身应加检讨。1944—1948 年，蒋在陆军大学开设将官训练班，召集将领，进行补习教育。[①] 他并曾于一次开学典礼中指责在场的将领：

> 　　如果我们一般高级将领——军长、师长和参谋长等，都能具备外国军官一样的精神和学问，负责任、守纪律，实事求是，精益求精，那我们军队的力量一定精强，精神就一定振奋……现在反动派到处宣传，说我们士兵是世界上最优秀的士兵，下级军官也很健全，唯有我们一般高级将领人人都是腐败堕落，而且阶级越高，精神越萎靡，行动越腐化，狂嫖烂赌，走私经商，吃部下的空头。不仅反动派如此说法，就是一般外国朋友也是如此看法。这不能怪人家轻视我们，而必须反省我们本身有没有这种缺点。我可以说，我们高级将领虽不是人人如此，至少大部分已经腐败堕落了。且不谈私的生活，你们试一检查自己司令部的内容和业务，就可以知道实在是空虚而泄沓。现在各级司令部的组织庞大散漫，办事没有科学的精神，不知用科学的方法，高级将领管理不力，指挥无方，对于部下工作人员，没有适当的训练和考核，以致人浮于事而事无责成。尤其是命令下达后，可以说根本没有监督它实行。所以部下对于命令是否明了，已否执行，完全不理。如此，任何事情都不能认真实在，那就无怪乎我们军队有名无实，内容空虚了。[②]

　　不过参加受训的学员，许多并未体会蒋介石的苦心，带了参谋或秘书，代为做功课，自己则吃喝玩乐，把受训当成休假，因此成效不彰。[③]

　　国方将领的学问和能力不如日军，固属事实，但是我们接下来要检讨的是原因何在？笔者认为，除了前述军事教育质与量不足、升迁过速、未能实施经历调任等原因之外，以下两项因素也不可忽视。

　　第一，指挥官的分外责任与杂务过多。先进国家部队中的高级军官，

---

① 受训学员名册，详见杨学房、朱秉一主编《中华民国陆军大学沿革史》，三军大学，1990，第 439—457 页。

② 蒋介石：《整军的目的与高级将领的责任》，秦孝仪主编《蒋公思想言论总集》卷 21，第 288—289 页。

③ 《郝柏村解读蒋公日记（1945—1949）》，第 221 页。

平日除了训练及自我充实外，别无所事，原因在于指挥官本身均受完整训练，各级干部素质相称，后勤补给制度健全，物质条件具备，而近代中国的指挥官则无此福气。各部队长每为"开门七件"及其他琐碎事务，终日忙碌，以致无暇专注于教育训练，甚或以交际应酬为能事，以此为猎取功名的快捷方式，而疏忽学术与技能。1943 年，军事委员会颁布《军师长亲勤督训办法》，即是对此而发；盟军关于"中国军官地位越高能力越弱"的批评，军界人士也认为是其来有自，不尽为诬。① 论者以为，如想排除军队及军官的分外责任，使其专心于部队的训练及本身学术、技能的充实，应在以下各方面加强。（1）军队任务方面：实施军民分治，部队长不干涉地方政治及民众事务；确立保安制度，由警察及保安部队负责地方治安，军队专行训练，而不驻防。（2）人事制度方面：军官缺员应迅速补充，避免产生干部不足的现象；提高军士待遇，以健全军士阶级；改善兵役，防止逃兵；充实人事职员的权责与业务，使主官除考绩外，无人事烦恼，更不容随意行事。（3）经理制度方面：凡粮饷、被服、阵营等事务，军需人员应切实负起权责，无须军官分心经理。（4）教育训练方面：大量分设或扩充各兵科学校，充实并普及各级军官的兵科学术技能，特别是将官及上校尤为必要，期以充实其本身及对部下教育训练的能力；分区设置军士学校，以提高军士水平；充实器材、场所及设备，以提高教育训练质量。

第二，参谋组织不够健全。将帅如需亲自处理细务，不仅不胜其烦，而且心力分散，对于部队的监督，势必难期周密，故在将帅身边设有幕僚组织。学者指出，近代美军参谋本部的建立，一共花费了 14 年的时间。中国近代由于政治不安定、军队庞大，因此所需要时间也就更多。北伐成功后，国民政府执政尚不及十年，日本即发动侵华，缺乏时间建立完善的参谋制度。直自 1937 年为止，陆军大学仅训练出不到 2000 名的指挥及参谋人才，大多数部队指挥官均未受过陆大参谋作业的训练。② 抗战期间，中国军队的参谋制度才逐步建立，据一项军令部的统计显示，1940 年时全国参谋学资不合者达 1/2 以上，至 1942 年减为 1/3 强。此时参谋的素质，如以司

---

① 蒋介石：《委座手谕》，《万安军事会议要录》，第三战区司令长官部，出版时间不详，第 15 页；杨安铭：《对步兵教育应有之认识》，《军事杂志》第 166 期，1945 年，第 2 页。

② Liu，op. cit.，pp. 150-151.

令部的性质加以区分，大致以集团军以上的参谋人事最为健全，军部次之。师则人才缺乏，成绩甚差；兵站总监部与分监部的参谋素质，尤为低劣。军以上的各级参谋长，大多毕业于陆大，能力尚佳，表现也不错，只是资历有不免稍差者。师参谋长多为军校出身，长于部队经验，但是缺乏运筹之才，因此师的幕僚业务，不但凌乱欠缺，且较往日低落。至于各级司令部的中、低参谋人员，偶尔也有出身短期训练班的，一般经验尚可，战术修养则不足，差堪推行日常业务，至于自动自发工作与研究发展的精神，则几乎是百无一二。① 苏联驻华军事代总顾问返国时，曾应蒋介石之请，指出中国军队的缺点，认为"营以下的动作，大体可以说是很注意了，但团以上到军、师为止，各级司令部的业务极不健全。图上作业与沙盘教育可以说是完全没有，指挥所与参谋业务的演习，更是完全忽略，所以中国军队一到作战就莫名其妙。既没有具体的作战计划，也没有完备的作战命令！"造成这种现象，主要是由于"团以上司令部人员，很多不是正式军官，而多是主官的私人，往往很重要的职务，交给一些落伍的军官或不习军事的文人来担任，参谋人员虽然有些是陆大毕业，但大多数都是缺乏实际的经验，在部队里面也没专门业务的训练，所以人事参谋不知怎样来管人事，补给参谋不知如何来办理补给，至于军需、军械人员，更多是滥竽充数，甚至于管理物品、检查物品的常识都没有！司令部的人员既不健全，司令部的业务自然无法推进。"② 一般来说，随着参谋教育的发展以及军令部人事制度的运作，参谋人员的素质，不同于其他一般军官，至抗战后期，有日渐提高的趋势。至 1945 年时，各战区各集团军上校以上参谋，大多出身正式军校和陆大，中央系部队的参谋，出身陆大者更多。

---

① 张瑞德：《抗战时期国军的参谋人员》，《中央研究院近代史研究所集刊》第 24 期，1995 年，第 741—772 页。

② 蒋介石：《对于整军会议各案之指示》，秦孝仪主编《蒋公思想言论总集》卷 20，第 491 页。蒋介石对于苏联顾问的批评，曾指示："应该切实接受，应该如何积极反省与改革。以后我们对于团以上司令部的人事和业务，特别要加强、要整顿，图上作业和沙盘作业，以及指挥所演习与勤务演习，一定要切实注重。尤其是陆大，格外要注重实兵指挥实习。这一点，希望军令部和军训部以后要特别注意，督促改进。"见蒋介石《整军训词》（1948 年 8 月 18 日），《蒋"总统"思想言论集》（以下简称《蒋思想言论集》）第 18 册，台北，1966，第 208 页。

这些参谋人员经过战火的洗礼，对军事战略与用兵作战，已有较完整的概念，有些参谋人员甚至认为抗战期间中国的武器装备落后，比不上敌人，但是在战术运用方面，陆大的毕业生绝不逊于日军的同级军官。例如中印公路的作战，打通印缅路时，一往直前，后来又在湘西芷江作战时，彻底粉碎敌人的战略攻势，因当时已获得美方的新式武器装备，可和敌人一较长短。① 不过一些地方部队，直到抗战末期仍未有完善的参谋制度，而以"认识字的作参谋，不识字的作副官"，若干参谋虽然读书识字，但仍不懂如何使用地图。② 至于日军的参谋，由于陆大教育发达已久，即使是在二次大战期间仍有 35% 系陆大毕业，③ 素质较中国军队为高。

不过，外国人士对于中国军队的批评，似乎较少具备同情之心，甚至带有偏见；蒋介石对军队的批评，则每多出于家长式的求全管教，因此言辞不免激切，且常以偏概全。平心而论，国方军队将领中也不乏杰出之士，如中央军的陈诚、汤恩伯、罗卓英、孙立人、关麟征、杜聿明、邱清泉等，战时均是日军首要攻击对象。地方部队中，广西的李宗仁、白崇禧、黄绍竑，在抗战全面爆发后，立即入京参战，整个抗战期间，李、白并且一直负担一方面的重任；西北军系统的部队，如宋哲元所指挥的冯治安、张自忠、刘汝明各部，以及孙连仲、孙桐萱、曹福林所部，均善于打硬仗；粤军的张发奎、薛岳等，也都是抗战的中坚人物。

不过这些于抗战时期表现优异，甚至具有江西"剿共"经验的将领，至国共内战时期的表现，则大多远逊于中共将领。原因在于国方将领对中共的本质与特性、战术思想与战斗作风，普遍缺乏深刻认识。虽有若干将领具有江西"剿共"经验，但是国共内战时期中共的军事思想和战法，已和江西时期不同，整体形势也和江西时期不同，国方将领仍沿用江西时期的碉堡战法和抗战时期的守势思想，仰赖空中支持，放弃夜间行动；而中共军队则擅用运动战结合游击战，养成机动、攻势的思想，故战场主动常

① 张瑞德：《抗战时期的陆军大学——师资与课程的分析》，"中华民国史专题第二届讨论会"秘书处编《中华民国史专题论文集（第二届讨论会）》，"国史馆"，1994，第 14 页。
② 张赣萍：《弹火余生录》第 2 册，香港文史出版社，1968，第 177 页。
③ Alvin D. Coox, "The Effectiveness of the Japanese Military Establishment in the Second World War," in Allan R. Millett and Williamson Murray eds., *Military Effectiveness*, vol. 3, *The Second World War* (Boston: Unwin Hyman, 1988), p. 10.

操中共军队之手。虽然国方也间有将炮兵集中运用及主动出击，如 1947 年 5 月的运城作战，与关麟征所倡议的三合阵地，但也都是守势思想中的战法，而非攻势的积极作为。整体而论，国方以守城或夺取地形要点为尚，仅重视一城一池的得失，往往因固守点线而分散兵力，被中共军队各个击破，未能以对方有生力量为目标，而中共军队反是。[1] 加以蒋介石对高级将领指挥作战，每过于干预，而未能充分授权，下级纵有指挥长才，也无法发挥，甚至逐渐丧失自主及应变能力。因此国方将领中，甚少有林彪、彭德怀、刘伯承、粟裕之类的统帅型将领，在东北，先是杜聿明，继之陈诚，再则是卫立煌，均不堪重用，徐蚌会战（淮海战役）时蒋介石所用的几位将领依旧不行。蒋长期重用的胡宗南，配备有最佳的美式装备，在关键时刻仍让蒋大失所望。少数统帅型将领（如白崇禧），或未获重用，或彼此之间无法合作，以致未能建立起良好的高级指挥阶层。[2]

至于国方的一般将领，国防部对于第三厅（主管作战）各级主官及全国部队各级参谋长的人选，均安排陆军大学或陆军大学研究院毕业的人员担任。[3] 因此，国方将领并非全为愚蠢无能，军事计划和战略也并非全为错误，例如内战初期蒋介石强调，必须将中共军队所占领的重要都市和交通据点一一收复，使中共不能保有任何根据地而成为流寇，然后再加以"清剿"；又如国方在全面进攻失败后的重点进攻，西面以延安和陕甘宁边区为重点，东面以对南京、上海威胁最大的山东为重点，计划集中优势兵力重点进攻，一则以占领延安摧毁中共党政军神经中枢，动摇其军心，并截断中共东北与关内的联系与补给线，一则从东西两翼挤压中共力量，然后分别进入华北与中共军队决战。再如徐蚌会战中，国方计划以其精锐 80 万人的重兵集结，利用徐州有津浦、陇海两条铁路交会便于机动增援的条件，进行会战，此为颇具战略意义的军事谋略，只是未能实施。一般来说，国共内战期间国方将领的军事理论素养，较中共军队将领为高，无怪中共建政后成立南京军事学院，曾选聘许多前国方将领为中共高级将领

① 《国民革命军战役史第五部——戡乱》第 9 册，第 180、194 页。
② 高华：《论国民党大陆失败之主要原因》，《历史教学》2011 年第 11 期，第 7—8 页。
③ 毛鸿藻：《国民政府国防部第一厅内幕片段》，《文史资料存稿选编·军事机构》（上），中国文史出版社，2002，第 51 页。

授课，以提升理论素养和指挥能力。[①] 不过，国方将领在军事理论素养上的优势，在国共内战中并未发挥多大作用，真正重要的仍是双方军队的整体素质。

五　中下级军官

供求状况

全面抗战前，中国陆军部队计有步兵师 177 师，独立步兵旅 60 旅，独立步兵团 43 团，骑兵师 9 师，骑兵旅 5 旅，骑兵团 3 团，炮兵旅 4 旅，炮兵团 18 团，炮兵营 15 营，工兵团 2 团，交通兵团 3 团，通讯兵团 2 团，宪兵团 11 团 3 旅，官佐共 13.6 万余员，士兵 189.3 万余人，合计 202.9 万余人。当抗战全面爆发之初，中国军队中有配备德制武器的一流作战部队 8 万人，但是淞沪一役，消耗中央的精锐部队已超过 3/5，加以士兵程度不佳（虽然在当时已是最好的了），临阵作战，全靠下级军官亲自指挥，因此下级军官伤亡尤大，几达 1 万名之多。全面抗战前十年间所训练的军官，在此一役即丧失 10%，造成了基层的断层。根据 1938 年军政、军令两部的统计，每年需要培养（亦即补充）初级干部人数，约为 4.5 万人；其中 3/4 以上是由各军事校班造就，其余则由行伍擢升。

抗战期间，中央军校及分校所培育的学生，在 15 万人以上，各机构又召训兵科军官 97577 人，行伍军官 84235 人，弥补了基层军官的不足。

出身背景分析

有关国民政府时期军队人事的详细统计资料，由于一向被列为机密，故极为罕见，据笔者尽力搜集，仅得两件较为完整的资料。

第一份资料为 1936 年 1 月 28 日美国驻华武官关于中国陆军军官出身统计的报告，其中收录以下表 6-5、表 6-6。

[①]　李东朗：《军队素质、战略计划与解放战争的过程》，《中共党史研究》2009 年第 9 期，第 65—66 页。

表 6-5　陆军军官阶级统计

阶级	人数（人）
上将	124
中将	418
少将	1240
上校	3233
中校	4707
少校	13178
上尉	39736
中尉	37554
少尉	36284
总计	136474

资料来源：Report：Statement on Commissioned Personnel Strength and Classification as to Training，January 28, 1936, in U. S. Military Intelligence Reports：China，1911-1941，Reel V，pp. 521-524.

表 6-6　陆军军官教育程度统计

种类	人数（人）	占比（%）
黄埔军校	43018	31.6
陆军小学堂	20033	14.7
陆军中学堂	11493	8.4
保定陆军军官学校	6575	4.8
各种军官团	5621	4.1
工兵学校	2175	1.6
军需学校	2175	1.6
外国军事学校	1922	1.4
军医学校	1414	1.0
特种兵科学校	1075	0.8
陆军大学	992	0.7
兵工学校	237	0.2
行伍	39744	29.1
总计	136474	100.0

资料来源：同表 6-5。各项百分比系笔者算出。

　　表6-5、表6-6共收录上将以下直至少尉的统计数据，报告中注明各项数据"均是出自一位军政部官员的估计。在这方面，官方从未公布过数据，因此这些数据虽然不可靠，但是在没有更好的数字前，仍有参考价值"。[①]不过，由于所列各级军官总数（136474），与《抗日战史》一书所称"官佐共一十三万六千余员"几乎完全吻合，因此本项数据的正确性，应是相当高的。此外，根据表6-5，将官总人数仅占所有军官人数的1.3%，因此表6-6大致也可以反映中、下级军官的状况。

　　第二份资料为军训部1945年出版的《军事委员会军训部中华民国三十三年统计年鉴》一书中，所收录的一份统计（参见表6-7）。

表6-7　军训部1944年度调查陆军各部队中下级现役军官素质统计

单位：人（%）

程度	总计	步	骑	炮	工	辎	通	机
已受养成教育者	31724（27.0）	25876（27.3）	227（33.8）	1722（48.4）	780（29.0）	288（6.8）	2198（21.6）	631（44.6）
已受召集教育者	44283（37.6）	42322（44.6）	264（39.3）	423（11.9）	499（18.6）	— —	234（2.3）	443（31.3）
行伍	38704（32.9）	26662（28.1）	181（26.9）	1410（39.7）	1410（52.4）	967（22.9）	7734（76.1）	340（24.0）
其他*	2968（2.5）	— —	— —	— —	— —	2968（70.3）	— —	— —
总计	117579（100）	94860（100）	672（100）	3555（100）	2689（100）	4223（100）	10166（100）	1414（100）

说明：*系指其他非中央军、各分校及各兵科学校出身者。原表数字有误，待考。

　　由表6-7的分类方式，可以看出这项统计的主要目的，在于宣扬军训部的业绩，同时也透露了中、下级军官的出身背景。所列数据，虽然对养成教育和召集教育的内容均未做细分，似嫌简略，但是对各兵科分别加以统计，极具史料价值。

---

① Report：Statement on Commissioned Personnel Strength and Classification as to Training, January 28, 1936, in U. S. Military Intelligence Reports：China, 1911-1941, Reel V, p. 521.

成员素质

以上两份资料，虽然均存在缺陷，但是在没有更好的全面性统计数字前，似乎仍可用以观察一般的趋势。如将表6-6、表6-7做一比较，再辅以其他史料，似乎可以得到以下几点观察。

第一，行伍出身的中、下级军官，比例有增高的趋势。表6-6指出全面抗战前军官出身行伍者占29.1%。至1944年时，表6-7指出中、下级军官中，行伍军官所占比例虽仅为32.9%，但是在"已受召集教育者"栏中，行伍必然也占相当大的比例，抗战后期，军事委员会副委员长冯玉祥甚至宣称有85%勇敢善战的军官，均为行伍出身。因此行伍出身的军官比例，在全面抗战时期有明显升高的趋势，似乎是可以确定的。

一般来说，能升为军官的士兵，多擅于作战，但是，行伍军官的缺点，则为未入过军校，相对说来，对于军官的要素——指挥，较为缺乏，训练部队也比不上军校出身的军官，加以教育程度较低（根据一项估计，1935年时，有一半以上的行伍军官完全不识字），[1] 因此在部队中常不被视为正途出身而遭排斥，升迁速度也较慢。不过，也不是没有例外的情形，如战时第二预备师师长陈明仁，虽是黄埔出身，但是不排斥行伍出身的军官，在他手下的各级军官中，行伍出身的约占1/3，而军校学生约占2/3。

第二，军校出身的中、下级军官，比例有明显下降的趋势。表6-6指出，全面抗战前军校出身的军官的比例为70.9%，但是表6-7指出，1944年时，中、下级军官中，出身正式军校者所占比例，降为27%。至于保定军校和黄埔军校在中、下级军官出身的重要性，和高级军官相同，均有阶级越高，保定出身比例越高；阶级越低，黄埔出身比例越高的现象。如军事委员会铨叙厅所编《第一期第一届陆海空军官佐任官名簿》第1册，共收录有上校569人及中校1397人的资料，将其出身背景加以统计即可发现，上校出身保定者占36%（203人），出身黄埔者占3%（74人）；中校出身保定者占26%（365人），出身黄埔者占19%（268人）。

北伐完成后，由于中央政府的努力，军事教育逐渐标准化，中央军校

---

[1]　Report: Statement on Commissioned Personnel Strength and Classification as to Training, January 28, 1936, in U.S. Military Intelligence Reports: China, 1911–1941, Reel V, p. 524.

成为初级军官的主要制造场所，学生毕业后通常分发至中央政府的部队，例如陈诚的第十八军，从连长、排长至师长，有80%为黄埔出身。在德国顾问的协助下，这些军官的素质，一般认为颇高，但是数量过少。据估计，1928—1937年，中央军校毕业学生仅有10731人。抗战全面爆发后，中国和其他国家一样，由于对军官的需求剧增，必须加速训练工作，水平自然因而下降。至于自行伍升上来的军官，虽未接受过特别的军官教育，但是在战场上常被指挥官及官兵视为比仅受过速成教育的军官更值得信赖。

第三，中、下级军官的出身背景，各兵科之间有颇大的差异。从表6-7可以看出，1944年时各兵科中、下级军官接受养成教育比例，依序为炮（48.4%）、机械（44.6%）、骑（33.8%）、工（29.0%）、步（27.3%）、通讯（21.6%）、辎重（6.8%），显示各兵科中、下级军官素质高低，似乎与该兵科专业化程度（所需专门知识的多寡）相关。至于各兵科中、下级军官出身行伍的比例，则依序为通讯（76.1%）、工（52.4%）、炮（39.7%）、步（28.1%）、骑（26.9%）、机械（24.0%）、辎重（22.9%）。各兵科中、下级军官出身行伍者比例的高低，则似与该兵科召集教育的发达与否相关。

步兵向为中国军队的主力，占中、下级军官人数80%以上，值得做深入的观察。前引《陆海空军军官佐任官名簿》共收录步兵上校1105人、步兵中校2159人的资料，兹将其出身背景分别统计如表6-8。

表6-8　步兵上校、中校出身背景统计（1936年）

单位：人（%）

阶级	样本数	黄埔	保定	行伍	其他
步兵上校	1105（100%）	160（14.48%）	294（26.61%）	53（4.79%）	598（54.12%）
步兵中校	2159（100%）	475（22.00%）	406（18.81%）	135（6.25%）	1143（52.94%）

资料来源：根据《陆海空军军官佐任官名簿》第1册第143—259、317—544页所列的数据计算而成。

表6-8显示，全面抗战前步兵校级军官的"黄埔化"，已获得一些成果，中校以下军官出身黄埔者已超过保定，另一方面，抗战时期步兵中、下级军官的素质，也有降低的现象，如表6-7所示，1944年时，步兵中、下级军官出身正规军校者占27.3%，而出身行伍者增至28.1%。另一项资料则指出，1937年时，在一个普通的步兵营中，军官出身军校者占80%，

至抗战后期则降至 20% 左右。^①

　　抗战时期，中国军队各部队由于背景不一，因此素质与战斗力也不一致。以训练、军官的素质、武器配备及给养而论，由北伐时期国民革命军第一军及黄埔学生所发展的部队，在全面抗战初期为全国最佳的部队（日人称之为"中央直系军"），然后依次为其他的中央军、广西军队，原来的西北军及东北军、一部分的西北回军、粤军、晋军，再之后为云南、四川等其他地区的省军。^②

　　一般说来，中央军干部素质较佳，虽然至抗战后期时，"各级干部多不是本科出身，学工兵的可以带步兵，老百姓可以当军需，名册上什么都有，实际上都是外行"，^③ 但是仍要较地方部队"识字的作参谋，不识字的作副官"为强，如抗战期间中央军已多能采用疏开队形运动，只有部分地方部队仍用传统的方式训练士兵。台儿庄之役，卢汉的云南部队即因仍用集中队形，伤亡甚大；西北马鸿逵、马步芳的部队，则至抗战后期仍未采用疏开队形。又如孙渡的第五十八军为滇军部队，由于云南民性蛮勇强悍，因此士兵多善战，但是各级干部的指挥能力和战术修养，能够称职者不多，绝大多数有勇无谋，顾虑欠周。因此整个部队的作战能力，长于攻而不长于守，有冲劲而无耐性；在无后顾之忧的状况下，对单纯的阵地攻防战，尚能应付；如要求灵活应用，制敌先机，则难以胜任。

　　各部队素质和装备好坏，和其战斗力的高低并不完全一致。全面抗战前期，装备和训练最优良的中央核心部队，在上海会战表现优异，在其他的各战役中，中央军虽有个别单位的英勇事迹，但是整体而论，表现平平。至抗战后期，派遣至印缅战场的远征军由于有最新式的装备、严格的训练及优秀的指挥，因此也有优异的表现。在地方部队中，广西部队及部分西北军部队表现出色，临沂、台儿庄、徐州各战役最为人所知，即使装备简陋的一些地方部队，也曾有良好的表现。可见战斗力并不一定完全取决于

---

①　Liu, op. cit. , p. 149.

②　徐乃力：《抗战时期国军兵源的补充与素质的变化》，《抗日战争研究》1992 年第 3 期，第53 页。

③　汤恩伯：《部队的缺点在那里》，《汤恩伯先生纪念集》，汤故上将恩伯逝世十周年筹备委员会编印，1964，第 61 页。

武器装备，士兵的爱国情操和指挥官的能力、决心等精神因素也很重要。[1]

抗战时期，影响中、下级军官（无论是隶属中央或是地方部队）素质最重要的因素，即为所受的教育。如前所述，战时由于受到客观环境影响，教育质量下降，更重要的是，军校所教的，全是现代化、标准化的知识和配备，学生毕业后到部队，却发现军中几乎完全没有现代化、标准化的装备，"许多装备、物品、连防毒面具在内，都好像旧货摊上的杂货，没有两件一模一样"。[2] 因此，在学校所学常感无用武之地，而对实际的问题，则毫无准备。

另外，中国军队的中、下级军官，一如高级军官，需花费许多时间和精力于分内以外的工作。以连长为例，在其他先进国家，一个连长仅需负责训练和作战指挥，其他杂事一概不需过问，但是在中国则不同，连长除了训练、指挥士兵作战外，尚需兼管各项杂物，其中最令人烦恼的即为经理、病兵和逃兵。在经理方面，由于补给部门并非独立，连长之下虽有特务长辅佐，但是仍须花费很大的精力去计划柴米油盐、经费、弹药、装备等。病兵和逃兵更是所有下级军官共同的梦魇。战时一位驻扎滇南的十四师排长，曾有以下回忆：

> 我们下级军官最怕士兵生病。一天早上一个士兵眼睛发炎，第二天会有十个发炎。还怕他们偷农夫的玉蜀黍、煮食他们的狗。在当日的情形，实际上之考虑超过道德上之动机。因为士兵一有机会，必贪吃得生病。在滇南气温昼夜剧变、疟蚊遍处飞的情况下，小病三天，即可以被拖死。而且我们也害怕士兵会携械潜逃。和我们驻地不远山上的土匪，就出价收买我们的步骑枪和机关枪，机关枪每挺七千元，等于我们一个士兵四十年的薪饷。很多部队长即在夜晚将全部军械用链条锁在枪架上。[3]

---

[1] 徐乃力：《抗战时期国军兵源的补充与素质的变化》，《抗日战争研究》1992 年第 3 期，第 12—13 页。

[2] 黄仁宇：《阙汉骞和他的部下》，氏著《地北天南叙古今》，时报文化出版公司，1991，第 130 页。

[3] 黄仁宇：《阙汉骞和他的部下》，氏著《地北天南叙古今》，第 143 页。

除了各种杂务外，令中、下级军官烦恼之处还包括和上级或其他机关打交道，尤其是"对有关之机关，接洽金钱、物品之事务，更是痛苦万端，心如刀割。部门繁多，头头是道，上上下下，左左右右，四面八方，周流六合，均需应付裕如，最低限亦须立侍左右，强颜欢笑，受官腔直如便饭，承官架何啻牛马。对起码科员、收发之类应如此，股长、科长以及一切长更为低下"。① 这些人职位虽低，但是也不能得罪，因为他们如果要帮你，可以头头是道；如果要整你，也会花样百出。一位军界人士即有以下生动的描述：

　　盖科员以上的人员，随时均可将急如星火之公文掷入字（纸）篓或厕所中，再不然稍"买账"者，或不谙事实，或不明法理，不辨轻重缓急，一视同仁，沉着应战，此诿彼拖，如由死门入八阵图中。更不然，字里行间，断章取义，稍有不合，即万劫不复。且一事非一机关、一部门所能办了，每一机关、每一部门，类皆如此。②

一个中、下级军官，除了正常的训练、作战外，还有那么多事要操心，怎能一一都照顾到？即使有能力，常常也无从发挥。因此战时一位在华停留多年的美军军官，即曾指出：中国军官"要是在中国行，在外国一定行"。③ 中央军校出身的史家黄仁宇，也认为当时"如果让我们到英国、法国去带兵，保证个个都是一流的军官"。④

六　士兵

全面抗战前士兵的教育程度，至今尚未发现较为详尽的统计数字，一般的印象是大多为文盲。社会学家陶孟和曾于 1929 年调查山西第三编遣区警卫旅的 946 位士兵，结果发现能自己写信者占 13%，其余均未曾识字读书，或曾读书而不能写信。不过 1938 年 8 月，冯玉祥在湖南益阳检阅长岳师管区第三补充团，发现新兵识字者竟达八成。抗战时期，所征兵的

① 陈贤宗：《服务十周年回忆录》，《军需学校第七期学生班通讯》第 9 期，1947 年，第 25 页。
② 陈贤宗：《服务十周年回忆录》，《军需学校第七期学生班通讯》第 9 期，1947 年，第 26 页。
③ 黄仁宇：《阙汉骞和他的部下》，氏著《地北天南叙古今》，第 144 页。
④ 黄仁宇：《赫逊河畔谈中国历史》，时报文化出版公司，1989，第 320 页。

质量日益低下。根据一般的观察，士兵不识字者，占90%以上；无科学常识者几为100%。桂南作战之后，一位将领曾于宾阳测验一批从贵州拨补的士兵，结果发现文盲占97%，至于那些2%—3%的识字者，程度也不过文书上士。1941年，据第十四师一位排长的观察，"不仅体格孱弱，而且状似白痴，不堪教练。师部的办法即是抽调各营连可堪训练的士兵，组织突击队，集中训练，其他则归各部队看管，也谈不上训练，只希望来日作战时在山上表现人多"。① 一般的部队对于新兵，一方面要实行军事训练，另一方面则要补行国民教育，如教一普通士兵认阿拉伯数字，需2—3个星期，认米突尺需2—3个星期，讲弹道抛线也得2—3个星期，要教到会射击，则需2—3个月。20世纪40年代，有些部队曾对士兵的教育程度加以统计，但是数字的可信度颇有问题，如以下两种统计中有关文盲的比例，即有相当大的不同（见表6-9）。

表6-9　20世纪40年代国民革命军士兵教育程度统计

单位:%

教育程度	陆军第十四军（1945）	陆军荣誉第二师（1946）
文盲	29	5.2
初识字	46	45.0*
小学	22	49.0
初中	3	0.5
高中	0	0.3
总计	100	100

注：＊指能识500单字表者。

资料来源：《陆军第十四军军务处三十四年度工作报告》，《陆军第十四军三十四年度工作报告书》，陆军第十四军司令部，1946，第214页；同仇汇刊社编《陆军荣誉第二师三周年纪念特刊》，陆军第二师政治部，1946，附表。

表6-9所举荣誉第二师，是由康复伤兵所组成的部队，其中老兵较多，因此识字者也较多，应是造成文盲比例较第十四军为少的原因之一。

1944年，政府号召知识青年从军，经检验合格者，总数达125500人，

---

① 黄仁宇：《阙汉骞和他的部下》，氏著《地北天南叙古今》，第141页。

惟因战事及交通运输关系，实际报到入营者不及 10 万人。其学历计专科以上占 10%，高中以上占 23%，初中 60%，小学 7%，对于军人形象的提升，帮助颇大。

在经济背景方面，由于士兵的社会地位低下，所以全面抗战前入伍的当兵者，多为贫困人家的子弟，平常人家如有子弟当兵，常会被讥为"没出息"，因此许多年轻人从军，事前均不能让家人知道；也有许多人不愿将女儿许配给军人。全面抗战前虽然实施普遍的征兵制，但是由于有知识、有钱、有地位者，可以逃避兵役，各地征送的壮丁，多为贫者、愚者和弱者。[1] 至于士兵家庭的职业，试将搜集所得资料列举如下（见表 6-10）。

表 6-10　国民政府时期士兵家庭职业统计

单位:%

职业	第三编遣区警卫（1930）	陆军第十四军（1945）	陆军荣誉第二师（1946）
农	79.8	78.0	66.0
商	9.4	8.0	12.0
工	2.9	6.0	5.0
公	—	1.0	5.0
教	0.1	4.0	3.0
军	—	2.0	3.0
其他	7.7	1.0	6.0
总计	100.0	100.0	100.0

资料来源：陶孟和《一个军队兵士的调查》，《社会科学杂志》第 1 卷第 2 期，1930 年 6 月，第 99 页；《陆军第十四军军务处三十四年度工作报告书》，第 214 页；《陆军荣誉第二师三周年纪念特刊》，附表。

表 6-10 所列前两种统计数字颇为一致——出身农家者约占 80%，与整个社会的农业从业人员比例接近。至于荣誉第二师士兵出身农家者较少，或许是由于原务农的士兵受伤后，离开部队返乡者较多。

军界人士多认为出身农家的士兵，具有朴实、勇敢、服从、坚毅，以

① 关于国民政府时期的征兵，详见汪正晟《以军令兴内政——征兵制与国府建国之策略与实际》，台湾大学文学院，2007。

及吃苦耐劳的各种美德，根据全面抗战前一位美国军事观察家的观察，中国人"是作军人的极佳材料，具有无穷的耐性，高度的服从权威，加上一个强壮、不易生病的体格。如能加以适当的训练和配置，让他吃饱穿暖，定期有饷可拿，即使是以我们的标准来看，他也将是个好士兵"。① 战时在华外国人士也多有类似的观察，如史迪威1942年5月26日呈蒋介石文中，即指中国"一般士兵温顺，有纪律，惯于吃苦，服从领导"。② 7月7日他在对华广播中对中国士兵更是称道有加：

> 对我而言，中国人的伟大——他们不屈不挠的精神、他们无怨无尤的忠诚、他们的认真、他们的艰苦卓绝——由中国士兵身上最可看出。他们备尝艰苦而不掉一滴眼泪；上级带他到哪里，他就跟着去，毫无迟疑；在他简单而率直的心灵中，从未想过他做的不是英雄做的事。他要求的很少，而永远都准备付出所有。③

美军参谋总长马歇尔（G. C. Marshall）也相信，如果中国的士兵能被适当地领导、喂饱、训练、配装备，他们的战力将和世界上其他任何国家的士兵一样。

不幸的是，抗战期间军中的生活水平下降，士兵的体格也随之恶化，尤以抗战后期最为严重。如1943年中国派送1800名新兵至蓝伽（Ramgarh）受训，其中竟有68%因体格不合标准而被拒绝；另一批被指派参与蓝伽计划的200人，先是被中国医官淘汰65人，继而又被美国医官淘汰30人，最后只有105人被录取。士兵体格之差，由此可见一斑。

在年龄方面，根据现有的少数资料显示，国民政府时期的士兵，大多为年富力强的青年。如1932年时，第十九路军教导队士兵的平均年龄为24岁。以下两份较为详细的资料则显示，军队士兵中30岁以下者占90%，其中尤以20—25岁者最多（见表6-11、表6-12）。

---

① U. S. Military Reports: China, 1911-1941, Reel V, April 30, 1928.

② Charles F. Romanus and Riley Sunderland, *Stilwell's Mission to China*, p. 153.

③ Theodore H. White ed., *The Stilwell Papers*（New York: Schocken Books, 1948）, p. 130.

表 6-11 第三编遣区警卫旅士兵年龄调查 (1930 年)

年龄（岁）	15—19	20—24	25—29	30—34	35—39	40—44	45—49	总计
人数（人）	144	405	279	74	24	7	3	936
比例（%）	15.4	43.3	29.8	7.9	2.6	0.7	0.3	100

资料来源：陶孟和《一个军队兵士的调查》，《社会科学杂志》第 1 卷第 2 期，1930 年 6 月，第 95—96 页。

表 6-12 第十四军士兵年龄统计 (1945 年)

年龄（岁）	15—19	20—24	25—29	30—34	35—39	40—44	45—49	总计
人数（人）	3535	10925	10560	2329	187	64	5	27605
比例（%）	12.8	39.6	38.3	8.4	0.68	0.23	0.01	100

资料来源：《陆军第十四师军务处三十四年度工作报告》，第 215 页。

表 6-11、表 6-12 显示，士兵固然多为年轻人，但是或多或少也有一些老兵。这些老兵多为战前所募，当时曾经过一番挑选，部分系久经战役，每能尽忠职守，即使因为分散配置，为火力占优势的敌人所击溃，数日后，仍能自行前往指定地点集合，各归建制，严整如初，对整体战力毫无损伤。因此各部队的干部，对于老兵多十分重视，如一位炮兵排长即称老兵是"国之瑰宝"，[1] 另一位步兵排长则认为"如果作起战来，只有这样的兵才能算数"。[2] 对于这些老兵，在战前尚可以用升官加薪的方法施予奖励，但是战时军人真实薪俸下降，1941 年少尉月薪 42 元，下士 20 元，还要扣除副食费，而在街上吃碗面，即需 3 元，所以利诱的力量不充分，但是也不能威胁，如果让他们在民众面前下不了台，则会"开小差"投奔其他部队。各部队为了留住这种人才，只得给予特殊待遇，即使是连长，也要对他们客气几分；军校出身的年轻排长，更是要陪他们吃狗肉、讲粗话，有些部队对他们甚至早晚不集合训话，也不出操，尽量让他们轻松愉快，以示优待。

在一些地方部队（如刘汝明、孙连仲和丁治磐的部队），老兵颇多，班长职务多由其担任，很受士兵的敬重，称之为"头目"。由于老兵对于部队战力的发挥十分重要，因此在其他条件相同的情况下，部队的战力高低每

① 张晴光：《血战余生》，台湾商务印书馆，1985，第 43 页。
② 黄仁宇：《阙汉骞和他的部下》，氏著《地北天南叙古今》，第 142 页。

与其老兵的多寡成正比。如东北军系统的第五十三军，自七七事变开始，至缅北畹町与驻印军会师，直至 1947 年调至东北"剿共"时，尚有半数以上是老兵，在当时是罕见的情形。

最后，拟再就各阶层军官的素质及行为模式略做比较。1942 年 5 月 26 日，中国战区参谋长史迪威谒见蒋介石，并提出一份改革中国军队的计划。计划中认为中国军队应精简编制，配赋充分的武器和装备；更换无效率的高级指挥官，并充分授权不加遥制云云。观其内容，实未超出战前德军军事顾问建议。事实上，当时中国部分军队尚存有地方派系色彩，平时淘汰，尚虞酿成风潮，在战时此种断然措施，在政治上自不能立即执行。不过值得注意的是，史迪威在计划中曾对中国军队的各阶层，做出了概括性的观察。他指出，中国军队一般士兵温驯、有纪律、能吃苦耐劳、服从领导；低级军官对于命令，每能迅速执行；营、连长个别差异极大，不过也不乏优秀之士。他认为以上各阶层如要汰弱擢强，将不是难事，且可以提高士气。至于师长和军长阶层，则是个大问题（详见上文）。如前所述，蒋介石本人也曾多次公开指称军队干部的知识、能力和精神，与其阶级职务的高低成反比。二人的目的虽然均在指责高级将领，但是也可以看出中、下级军官的表现，相对之下要较高级军官为佳。魏德迈则认为战时低级军官的表现比过去进步，主要是由于战前设立的一些兵科学校水平颇高：

> 国军为低级军官设立了许多极佳的（excellent）学校（包括步兵学校、炮兵学校、辎重兵学校、机械化学校），有助于培养较佳的军官。接替 Maddocks 参谋长职务的 McClure 将军，曾有报告称低级军官已大有进步，尤其是连长阶层，因此他对我们所计划的战斗行动，抱持着最乐观的态度。——一个好的连长可以带着一个平庸的师长向前推进。[1]

七　情报

国民政府成立初期，交通部国际电信局局长温毓庆，在财政部部长宋

---

[1]　Wedemeyer, op. cit. , p. 325.

子文的财务支持下，进行电讯情报工作，破译了桂系在上海秘密电台的密电，情报为蒋介石所用，后继续扩展及于对冯玉祥、唐生智、石友三等人的情报，助蒋赢得了中原大战及石友三、唐生智对抗中央诸役，极具贡献。此种密电情报，均由陆海空军总司令部参谋处长林蔚经手，呈转处理，用后即毁，不存盘案，后来侍从室也循此规例办理。[①]

国民政府另一个重要的军事情报机构，为三民主义力行社的特务处，在闽变及两广事变平定的过程中，曾扮演重要的角色。1933 年 10 月，力行社特务处侦悉，李济深曾密派代表携他及陈铭枢、蒋光鼐、蔡廷锴四人联署函件，与中共商谈合作问题，并签订"抗日作战协议"，同时急电苏联速运大批枪械弹药，补充江西的红军。这些与苏联来往的电文，为特务处所截收破译。11 月 7 日，李、陈于福州成立人民政府，国号"中华共和国"。特务处处长戴笠乃赴漳州，说服十九路军六十一师师长毛维寿及六十师师长沈光汉脱离闽方，中央部队得以长驱直入，顺利解决事变。[②] 1936 年 6 月，两广异动，两广势力联络了四川的刘湘、邓锡侯，湖南的何键，云南的龙云及山西的阎锡山，与中央对抗，但陈济棠、何键、龙云之间收发的密电码均为中央所破译，[③] 戴笠乃派郑介民赴香港策划军事策反工作，因有粤空军的全部反正，先发制人，迫使陈济棠自动下野，中央不战而定危局。[④]

国民政府军事情报的能力虽然较地方军系为强，但是仍然无法和日本相比。直至抗战结束，国民政府各电讯情报机构仅能破译日本的低级外交密码及航空密码，对其陆军密码，则始终未能破译。在电讯保密方面，除了少数例外（如军统），一般机关和部队普遍做得不好，[⑤] 电讯保密工作表现不佳的原因，在于电报内容有时不免涉及各机关或部队主官、主管的私

① 魏大铭：《评述戴雨农先生的事功》（中），《传记文学》第 38 卷第 3 期，1981 年，第 49 页；霍实子、丁绪曾：《国民政府军事委员会密电检译所》、叶钟骅：《密码电报机构内幕》，《文史资料存稿选编·特工组织》（下），中国文史出版社，2002，第 800、820 页。关于林蔚在情报传递过程中所扮演的角色，可参阅周琇环编注《事略稿本》第 8 册，"国史馆"，2003，第 116 页。
② 《国防部情报局史要汇编》上册，"国防部情报局"编印，1962，第 195—196 页。
③ 杨肆：《国民党军电保密工作及其内部斗争》，《上海文史资料存稿汇编》第 2 册，上海古籍出版社，2001，第 219 页。
④ 《国防部情报局史要汇编》上册，第 194—197 页。
⑤ 参见张瑞德《雅德赉（Herbert O. Yardley）与中国——兼论抗战时期的密码战》，吴淑凤等编《不可忽视的战场：抗战时期的军统局》，"国史馆"，2012，第 203—236 页。

人事务，因此译电部门的主管均为首长亲信，译电人员也大多为首长亲信，这些人多不了解军电保密的重要性。尤其是地方部队的军电保密，中央更是鞭长莫及，军委会所颁布的军电保密措施无法贯彻。直至抗战末期，仍有军长、师长以为电文加密后即是"无字天书"，不存在保密问题，①致使整个抗战期间日军破解中国军队密电的能力，高达70%—80%，对于其在华战役贡献甚大。②英美直至二次大战结束，始终无法推心置腹与中国进行电讯情报的交换，③中国方面也未能经由中美合作所或是中英情报合作计划，取得任何英美的电讯情报。更重要的是，同盟国在进行战略及政治上的全面规划时，常基于中国无法保密的理由，不让中国参与，例如1945年2月的雅尔塔会议，对中国至为重要，但是中国被排除在外，对中国造成极大之害。④

　　国方电讯情报的能力固然比不上日本，和中共比较，也是居于下风。中共的无线电通信和密码，在江西时期已与共产国际发生联系，其电讯侦译与保密技术迅速超越国民政府。20世纪30年代，中共已将在苏联和国内培训的电讯情报干部分配至红军，使得国方在五次"围剿"时期的电报，大多数为红军所破译，破译成功率几达100%。⑤红军的电讯保密能力，也非国方所能企及。以军统驻西安的电讯情报机构——军事委员会办公厅第二工作队为例，直至1946年，仍仅能研议陕甘宁边区往来的贸易密电，供胡宗南作封锁边区参考，对中共的军政电报，则从未破译过。⑥因此，国共内战期间，国方仅能仰赖无线电测向和空中侦察，了解中共军队动态。但是无线电测向和空侦均有盲点：前者可以靠在电台的位置上下功夫来欺敌，

①　杨肆：《国民党军电保密工作及其内部斗争》，《上海文史资料存稿汇编》第2册，第219—220页。
②　Hisashi Takahashi, "A Case Study: Japanese Intelligence Estimates of China and the Chinese, 1931-1945," in Walter T. Hitchcock ed., *The Intelligence Revolution: A Historical Perspective* (Washington D. C.: U. S. Government Printing Office, 1991), p. 210.
③　Richard J. Aldrich, *Intelligence and the War against Japan: Britain, America and the Politics of Secret Service* (Cambridge: Cambridge University Press, 2008), p. 250.
④　Maochun Yu, *The Dragon's War: Allied Operations and the Fate of Modern China, 1937-1947* (Annapolis: Naval Institute Press, 2006), p. 153.
⑤　高旗：《论革命战争时期我军的情报工作》，《军事历史研究》2011年第3期，第98页。
⑥　张成信：《在军统西安电讯工作队、中央和西安电检科的经历》，《文史资料存稿选编·特工组织》（下），第497页。

如 1948 年 9 月中共军队南下攻击锦州，即命令各部队电台留在原驻地继续发报，用以迷惑国方。在空中侦察方面，中共军队多利用夜暗及能见度不佳时行动，白昼则彻底隐匿。国方空军侦察受到极大限制，甚至为中共军队佯动所欺骗，导致情报判断错误。例如 1946 年 10 月国方二十五师在瑷阳边门被中共军队包围，主要原因即为保安司令部告知："据空侦报告，匪军已被贵师击退，正向东逃窜，希即猛追。"① 又因战争情报为中共军队掌握，中共军队利用当地民众组织全面情报网，监侦国方行动，致国方进入中共占据区，如堕五里雾中，往往在敌暗我明状况下行动，即使有机动作战观念，也难以实施。②

　　在人员情报方面，国方的情报能力也无法和中共相比。在整个抗战期间，国民政府始终未能派人打入中共内部，因此对于八路军、新四军等中共领导的部队，除了军令部派在延安的联络参谋有时能提供一些一般的军事情报外，仅能根据缴获的中共报刊或文件，摘编一些资料提供各单位参考，情报价值不高。③ 至国共内战时期，国方对共方的情报工作依旧无法开展。④ 相对的，中共军队于抗战及国共内战期间的情报工作，则往往是以特工方式取得相关情报。国方机构和部队组织松散，虽然有政工部门，但是形同虚设，作用十分有限，只要一人在军中任要职，其亲属、同乡、同学，均可引入军中，因此中共地下人员渗入极为便利。抗战全面爆发后，国共合作抗日，中共开始向国民政府党政军系统大规模渗透，在周恩来、董必武、邓颖超、叶剑英等操盘下，将张露萍、熊向晖、王超北、沈安娜等一批情报人员，打入国民政府的党政军系统，长期潜伏。至国共内战时期，国防部参谋次长刘斐、第三厅（主管作战）厅长郭汝瑰、东北"剿匪"总司令卫立煌、第四十六军军长韩练成等，均与中共有联络，国方的军事计划甚至最高指挥官的一举一动，中共往往在战役之前即已知道得一清二楚，

①　程嘉文：《国共内战中的东北战场》，台湾大学历史研究所硕士学位论文，1997，第96—97 页。
②　《国民革命军战役史第五部——戡乱》第 9 册，第 417 页。
③　吴舜法：《国民政府军事情报机关梗概》，《文史资料存稿选编·特工组织》（下），第770 页。
④　沈醉：《国防部保密局内幕》，《中华文史资料文库·政治军事编》第 8 卷，中国文史出版社，1996，第 516 页。

而国方对于中共军队的动向，却常是一无所知，甚至连林彪率 80 万大军入关如此重大的战略行动，蒋介石、傅作义均为林部休整假象所迷惑，判定林部至少需 3 个月至半年，才能入关作战，直到兵临城下，才知上当。至于长期潜伏在国方内部的将领（如张克侠、何基沣、廖运周），则和中共军队里应外合，一到关键时刻，或阵前起义，或诱国方进入中共军队包围圈，国方焉得不败。①

八　部队训练

国民革命军自黄埔建军，始终未能建立健全的部队训练制度。部队训练，一如人事、经理，均由部队长包办。有些部队长重视训练，视部队训练关系全军成败者，也有的部队长只重视领导权，虽得兵心，但是对于训练不重视，甚少亲自主持或讲评，② 因此各部队的战斗力强弱不一。一般说来，部队训练存在以下弱点。

其一，训练和人事制度无关联。一个部队的训练成绩，如果可以影响部队长官人事的升降，则部队自然重视训练。例如北洋时期奉系军队的训练不佳，至于极点，因此战斗力低落，后来经过郭松龄的大力整顿，凡是训练成绩不良或是不懂教育的军官，无论其阶级是团长或旅长，一律予以撤职，东北军自此逐渐强健。③ 蒋介石对于战术、战斗教育，不可谓不重视，曾自编《剿匪手本》等作为教材，但是如欲落实，并非仅靠办军官训练团即可办到，必须通过部队训练，方能收效。自黄埔建军起，部队训练，一如人事、经理，每由部队长包办，因此各部队训练成效落差极大。抗战期间，除驻印军在印度蓝伽依美军制度完成坚实训练外，杜聿明任第五军军长时，曾亲自主持部队训练，其部属戴安澜、邱清泉、廖耀湘，也都是重视训练的将领，故第五军一直为蒋介石手中的"王牌"，战斗力强，十八

---

① 翟志成：《国民党是怎样丢掉大陆的?》，《当代》第 59 期，1991 年；高华：《论国民党大陆失败之主要原因》，《历史教学》2011 年第 11 期，第 8—10 页。
② 《郝柏村解读蒋公日记（1945—1949）》，第 222 页。
③ 白崇禧：《白部长训词（一）》，《军事教育会议纪录》，军事委员会军训部编印，1939，第 32 页。

军也是如此。① 不过独木难撑大厦，由于训练和人事升降未发生关联，大多数部队不重视训练，常见的现象为第一等人当师长，第二等人当参谋、幕僚，第三等人到教育机关，第四等人当教官。如名将胡宗南对那些无能但是也不好撤差的将领或军官，即常命令其办训练或当教官。②

其二，战术思想未统一。由于效法的对象经常改变，部队的战术思想和训练方式也十分复杂。如在广东时期，军人读日本典范令、操苏俄操、仿苏俄编制；南京时期，中央军校习德式、步兵学校习日式，训练总监颁布部队使用的操典近日式；陆大研究战术，有以战斗纲要为依据者，有以德国军队指挥纲要为依据者。抗战全面爆发后，部队仍用日本典范令和教程，又混用苏联和美国的战术和编制。战争末期，驻滇及桂林干部训练班又全采美式。军校各期毕业学生，在校时所学者各有不同，在部队所施教育，自然也是各异其趣。③ 例如欧美各国在一战之前，由于武器简单，火力稀薄，部队多采密集队形，一战后，由于兵器进步，火力猛烈，为了减少损伤，部队多改采疏开队形。1935 年，训练总监所颁布的操典，开始采用战斗群的战斗队形（small group tactics）和疏开作战，④ 但是采用新式训练方式的部队仍未普遍。至全面抗战初期，中央军已多能采用疏开队形运动，不过部分地方部队仍用传统方式训练士兵，例如台儿庄之役时，南方卢汉的部队仍用集中队形（close formation），因此伤亡甚大。⑤ 1950 年，一位将领甚至认为战术思想的不统一，是国民党失败的重要原因：

> 今日军事之失败，在将领不在士兵，在全体不在个体。以个体言，匪之师长，不比我师长优秀，匪之团营连长，不比我之团营连长优秀。然匪之所以胜，除组织力外，另有两个法宝，其一为统一之战术思想，

---

① 《郝柏村解读蒋公日记（1945—1949）》，第 222、471—472 页。

② 张朋园、林泉、张俊宏等访问，张俊宏纪录《于达先生访问纪录》，"中央研究院"近代史研究所，1989，第 99—100 页。

③ 张瑞德：《抗战时期陆军的教育与训练》，《"中华民国"建国八十年学术讨论集》第 1 册，第 557 页。

④ 中国军事史编纂组编《中国军事史》第 1 卷，解放军出版社，1983，第 274 页。

⑤ 白崇禧：《白主任委员训词（二）》，载军事委员会校阅委员会编《陆海空军校阅手簿》，出版时地不详，第 61 页；贾廷诗等：《白崇禧先生访问纪录》，"中央研究院"近代史研究所，1984，第 535—536 页。

其二为统一之战斗作风。以言战术思想，如林彪之一点两面战术，所有共匪各级指挥官以至所有士兵，都能了解，都能奉行，形成一个整套的体系。以言战斗作风，匪则不打则已，一打就猛，一打就狠，一打就硬，而且是歼灭性的。我则应付命令，敷衍任务，投机取巧，避重就轻，而并无战斗意志与战斗目标。但战斗详报，则信口雌黄，乱吹法螺。故今后欲战胜敌人，必须建立统一的战术思想与统一的战斗作风，使其全体化、整套化。[①]

其三，忽略重点教育。部队训练的成功，有其各种先决条件，如国民教育的普及、兵役制度的健全、军事学术的发展、后勤补给制度的完善等，但是国民政府时期，以上各项条件均尚未具备，加以战事频仍，人力、物力、经费短绌，部队教育训练的质量自然低落。即便是现代化的日军，在二战期间由于兵力消耗过速，训练也无法照平时进度执行。据估计，1945年日军中经过充分训练者，尚不足1/7。[②] 在外部环境不良情况下，部队训练是否能抓住重点，即成为成败关键。国方各部队在全面抗战前即普遍忽视重点教育，至国共内战时期依旧如此。例如在战技方面，士兵射击技术普遍欠佳，命中率低，致弹药耗费大，所携弹药，往往在极短时间内告罄，一旦补给中断，即丧失战力，多次战斗均因弹药告罄而失败。部队对于各种火器的使用，如机枪、火箭筒、火焰喷射器、平射及曲射炮，以及炮兵、战车等，多各自为战，而未能相互配合，发挥统合战力。[③] 国方部队又普遍缺乏夜战训练，致使行动陷于被动，甚至日间所占领的目标，入夜后因恐被袭，又行放弃。[④]

相对的，同一时期的中共军队，在训练上所面临的恶劣物质环境和国方类似，但是他们采取了简化训练内容的策略，特别强调跑步（目的在增强部队的体力和机动性）和实弹射击两项科目，使得战力所受物质环境的

---

①　转引自蒋介石《今后军事教育的方针——阐明中国军事教育的精神和军事哲学的基础》（1950年1月），秦孝仪主编《蒋公思想言论总集》卷23，第99—100页。

②　Coox, op. cit., p. 10.

③　《国民革命军战役史第五部——戡乱》第9册，第195—200页。

④　刘熙明：《国共内战时期的夜战（1945—1949）——兼论1940年代的现代化武器与战争的关系》，《中华军史学会会刊》第10期，2005年，第189—231页。

影响得以减小。^①

九　武器装备与后勤补给

　　国民革命军成立之后，学习对象经常改变，造成装备种类的纷杂。国民政府时期，如同过去，既不能自行大量生产武器，也不能向外国大量购买装备，^② 因此装备极不统一。以时代分，远至几世纪以前的长矛、大刀，近至欧战以后流行的自动步枪、高射炮，无不兼用并备；以制造地分，有日本、德国、法国、奥地利、瑞士、中国等。^③ 抗战全面爆发后，所需军火除靠自己生产外，仍需自国外大量输入，输入国包括德国、苏联、美国、法国和捷克等。各种武器来源不一，弹药、零件的种类繁多且不能互换使用，于是补给的问题大增。例如自抗战后期起，接受美国军事援助，战力得以提升不少。不过至 1946 年，美国政府不满国民政府坚持"剿共"，不肯谈判，乃对华实施武器禁运达 10 个月之久，致使内战期间美型武器装备的妥善率极低。1947 年一位记者采访沈阳部队时发现，一些机械化部队的卡车、装甲车和其他车辆，因故障无零件替换，被弃置于各营区内，风吹雨淋，成为废铁。又如东北一炮兵团使用美制 155 毫米炮，因弹药不足，又必须消耗大量（经常不足的）汽油以供拖曳车辆，操作上反不如配日制 150 毫米炮、靠骡马拖曳并且弹药充足的另一炮兵团。^④ 除了补给问题，国方将领对于新式武器的认识不足，例如将坦克及重炮组成要塞，固定使用，而未能发挥其机动性，致使新式武器对战力的提升有限。^⑤

　　国民政府时期的军费开支庞大，但是主要用于人事，其他开支甚受挤压。各机关部队经费常自负盈亏，如有结余，多用于对作战有功官兵的奖励及伤病人员的照顾，与经费领入一时未济作为周转之用。如有不足，则

---

① 蒋介石：《军官训练团训练之目的与手法》《军事训练之方针和要旨》，秦孝仪主编《蒋公思想言论总集》卷 22，第 83、391—392 页。

② 何应钦：《军政十五年》，"国防部史政编译局"，1981，第 187 页。

③ 王俊：《国军教育讲演词》，《军事杂志》第 47 期，1932 年，第 160—161 页。

④ 程嘉文：《国共内战中的东北战场》，第 87—88 页。

⑤ 中共军队在利用新式武器时也有类似问题。详见 Victor Shiu Chiang Cheng," Modern War on an Ancient Battlefield: The Diffusion of American Military Technology and Ideas in the Chinese Civil War, 1946-1949," *Modern China* 35：1（January 2009），p. 48.

以"吃空缺"方式弥补，即遇士兵逃亡，迟日上报，新补士兵，早日上报，余出旷日粮饷，供单位使用或遭贪污中饱。因此，出纳、军需多由主官可靠亲信充任。[1] 部队补给工作由于弊端甚多，直接影响到士气与战力。蒋介石早在 1933 年的一次演讲中即指出，一般部队之所以逃兵多，即因为经理不当，或是伙食、被服过差，使士兵感到生活痛苦，或是饷项短少迟缓，甚至遭克扣，使士兵灰心。[2] 至全面抗战中期以后，物价上涨，官兵的真实所得也随之下降。至 1943 年 2 月，美国驻华军事武官在一份报告中即指出，在通货膨胀前，官兵的月薪，二等兵约为 0.3 美元，上将为 40 美元；但是在严重的通货膨胀下，二等兵的薪饷仅有 0.075 美元，上将则为 10 美元，或许是世界上待遇最差的军队。战时官兵的待遇不但偏低，而且时常拖欠。一项资料显示，1944 年 8 月时，部队的军饷，有的欠一两个月未发，有的欠三四个月未发，甚至有拖欠半年之久未发下者。在伙食方面，据估计二战期间，美国陆军战地口粮，每人每月约 6 磅，日本陆军为 4 磅，中国陆军最多时也仅约为 1.6 磅。[3] 1941 年以前，物价上涨尚不严重，一般士兵每日三餐，菜虽不多，饭仍可吃饱；1941 年以后，普遍的现象是"三餐改为两餐，三菜一汤并为一钵大锅菜，最后只是一钵不见油花的菜叶盐水汤"。[4] 军人真实所得的急遽下降，使得从事走私、贪污等不法活动者增加。部队"吃空缺"的情况，在全面抗战前尚不严重，至全面抗战第三年起才日形猖獗。大多数的士兵，吃不饱、穿不暖，加上没有家庭实际经济利益的驱动（如分配土地），使得农民不愿当兵，征补来的士兵也缺乏士气和战斗力，逃亡现象日益严重。至国共内战期间，国方军队竟然成为中共部队兵员补充的重要来源。据统计，国共内战第二年结束时，国方士兵被俘后加入中共军队者已达 80 余万人，占当时中共军队总人数（280 万人）的 28.6%，占中共野战部队总人数（149 万人）的 53.7%。国方士气的低落，由此可见一斑。[5] 在

---

① 文显瑞：《国民党军队经理浅谈》，《射洪文史资料》第 4 辑，第 22 页。

② 蒋介石：《带兵要领》，秦孝仪主编《蒋公思想言论总集》卷 11，第 155 页。

③ 关于全面抗战前后国民党军队官兵的待遇福利，及其对军队战力的影响，详见张瑞德《抗战时期的国军人事》，第 88—99 页。

④ 谭继禹：《戎马琐忆》，出版时地不详，第 61 页。

⑤ 汪朝光：《全面内战初期国民党军事失利原因之辨析》，《民国档案》2005 年第 1 期，第 105 页。

医疗方面，由于专业人员和设备的缺乏，病兵的比例及伤兵的死亡率均偏高。根据一项 1936 年的官方统计，某些部队每年病兵多至 10%，死亡率有高达 5%者。[1] 根据日本军方的估计，日军每 3 名伤兵中有一名死亡，而根据全面抗战初期一位在华荷兰军官的观察，中国军队每两名伤兵中即有一名死亡。[2]

　　至于补给方式，从北伐、"剿共"至全面抗战，部队始终依赖就地筹补，粮秣、副食则发代金，由各部队就地采购。至国共内战时期，此种补给方式，在失去广大的农村出产的支持后，仅剩消费多于生产的城市，补给自然遭遇困难，于是不得不依赖后方基地运补，当进一步失去补给线时，就地筹补困难，空中补给不易，导致若干大兵团最后战力全失，走上全军覆没的道路。[3] 1950 年 4 月，蒋介石在一次演讲中也曾指出，中共军队以劣势的装备，而能持久作战，不虞匮乏的唯一原因，即是在于其后勤业务办得好，平日动员民众组训，一到作战时，即彻底动员，要民众担任军队的补给、运输、救护等工作，因此其后勤补给在战场不发生重大困难。相较之下，我们的后勤，不论是经费、粮秣还是枪械弹药、卫生，则没有一件可以适时适地按照要求办妥，均比不上中共军队。[4] 例如军事单位在征用民夫时，付给的人力价格经常过低，不足维持民夫的生活及工具成本，致使民众对军运多畏缩不前。在抗战时期，由于民众反日情绪高涨，动员民夫尚且较为容易，至国共内战期间，民众即出现相率逃避，甚至自行毁坏工具的现象。相反，中共军队对于农村民夫的动员却十分成功。据指挥淮海战役的中共将领回忆，中共赢得胜利的因素有二，一是农民的小推车，二是大连（名义上归苏联统治）的炮弹。在此次战役中，中共自苏、鲁、豫、皖、冀五省，共征发民工 500 余万人。这些民工所使用的工具仅有担架 23 万副，大、小车 80 万辆，没有运输工具者，则采肩挑人背。他们在两个多月内，共转运伤员 11 万人，送达前线粮食 5.7 亿斤、弹药物资 330 万吨。中共之所以能够自广大的农村动员如此多的民夫，使用最原始的运输工具，

---

①　该书编辑委员会编《何应钦将军九五纪事长编》上册，黎明文化公司，1984，第 570 页。

②　Ger Teitler & Kurt W. Radtke eds., *A Dutch Spy in China: Reports on the First Phase of the Sino-Japanese War, 1937-1939* (Leiden: Brill, 1999), p. 147.

③　《国军后勤史》第 5 册，"国防部史政编译局"编印，1991，第 286—287 页。

④　蒋介石：《军事机关部队建立制度改进业务之要点并说明军队科学化的重要》（1950 年 4 月），秦孝仪主编《蒋公思想言论总集》卷 23，第 177 页。

供应前方军人粮食和弹药，不虞缺乏，主要在于土地革命的配合。[①]

国方既无力动员民夫，后勤人员势必大幅增加。根据一项统计，抗战时期 500 万人部队中，有 300 万后勤人员，加上军医、军需、文书及勤务人员，平时均不注意战斗训练，[②] 颇为影响战力。

蒋介石长于政治谋略，对于军事，并非高明。论带兵，尚称成功；论练兵与用兵，则难谓一流。早年担任黄埔军校校长，采用苏联红军模式创建国民革命军。这支革命武力在苏联的协助下，不论在军官素质、武器装备，或是部队组织、训练与纪律上，均较地方军系的部队为优异，[③] 加上蒋对地方军系，采取软硬兼施的策略，利用情感上的笼络和金钱上的收买，并以武力作支撑，最后得以完成北伐，统一全国，并和强敌日本对抗。国民党军队以落后的武器装备、与一战期间欧洲军队相近的战斗力，以及简陋的战争动员体系，以空间换取时间，终将日军拖垮。

国方战后所面对的中共军队，则是一支性质完全不同的军队，也是中国历史上前所未见的党政军一体化战斗体。毛泽东未曾受过正式的军事训练，但是知人善任，并能充分授权，其手下将领得以充分发挥潜能及创造力，独立建立根据地，并灵活指挥作战。和国方不同，中共军队不重视一城一池的得失，也不在乎国际舆论的看法。更重要的是，中共的党政军完全军事化，指挥统一。在兵力补充上，以广大的民兵作基础，由民兵而军区部队而野战军，属于宝塔式的组织，兵力可以循级升补；[④] 此种循序渐进的"升级制"，同时也缓和了农民进入正规部队之后所产生的不适应，[⑤] 使得逃亡的现象减少，战力也得以保存。经过土改后，兵

① 陈永发：《共产革命七十年：从革命夺权到告别革命》，联经出版公司，1988，第 413—414 页。
② 《万耀煌将军日记》下册，湖北文献社，1978，第 294 页。
③ Aleksandr Ya Kalyagin, *Along Alien Roads* (New York：East Asian Institute, Columbia University, 1983), p. 36.
④ 国民政府在全面抗战时期所辖的县、乡自卫队，则虚而不实，省保安队人数不多，正规部队却有多至 300 余个师，为立锥式的组织，兵力无从升补。参阅戴高翔《不堪回首话农村》，《高翔文存》，川康渝文物馆，1983，第 47—48 页。
⑤ Yung-fa Chen, *Making Revolution：The Communist Movement in Eastern and Central China，1937-1945* (Berkeley：University of California Press, 1986), p. 386. 国民政府的征兵，则大多采随征随用的方式，常无暇充分训练即赴派战场。

源充足，又收编了大批投诚的伪军，[1] 兵力也得以扩充。在人事运用上，不受历史（资历）与情感上的影响。部队各种决策，除了指挥之外，大多需经士兵参与讨论，增加了士兵的向心力。中共干部不准拥有私产，军队也不需要发官兵薪资，只要供给吃穿即可，不像国方需支付巨额军饷。中共军队进入东北后，又得到苏联的军火、物资援助，并学习到大兵团作战、后勤、装甲战术等技能，[2] 战力不断提升。

相对的，国方则统帅用人不当，对将领未能充分授权，指挥系统层级过多，不仅信息层转耗时，且易泄密，蒋只得以手令或电话越级指挥。长此以往，下级纵有指挥长才，也无法发挥，甚至逐渐丧失自主及应变能力。在几次关键性的战役中，国方的战略失当、战术陈旧、情报与反情报能力俱劣、兵力及火力分散使用、后勤补给无法满足部队需要等缺点充分暴露。国民政府并于战后召开国民大会，选举总统，并与中共和谈，政策举棋不定，对于军事行动产生掣肘的力量；又无力遏止恶性的通货膨胀，影响士气民心甚巨，最后败于中共之手，乃势所必然。

1949 年，国民党政府撤守台湾，军心士气不振，而中共攻台危机未减。蒋介石痛定思痛，积极推动各项改革。在军事上，一方面进行世代交替，重用孙立人等新生代将领，以取代何应钦、顾祝同等老将，并以其长子蒋经国主导军队政工系统的重建；另一方面则延揽日籍军事顾问协助建军备战，加强台湾及外岛防务。1950 年 6 月朝鲜战争爆发，美国宣布“台海中立化”政策，第七舰队开始巡弋台湾海峡，并派遣军事顾问团来台，恢复对台军援，[3] 历史至此进入另一个新的阶段。

---

① 刘熙明：《伪军——强权竞逐下的卒子（1937—1949）》，稻乡出版社，1992。

② Odd Arne Wested, *Decisive Encounters: the Chinese Civil War, 1946-1950* (California: Stanford University Press, 2003), p. 120.

③ 杨维真：《蒋中正与来台初期的军事整备》，黄克武编《迁台初期的蒋中正》，中正纪念堂，2011，第 513—514 页；张淑雅：《韩战救台湾？——解读美国对台政策》，卫城出版社，2011，第 21 页。

第七章

革命的底层动员：中共早期
农民运动的动员·参与机制

　　20世纪的中共革命，几乎以"群众运动"贯彻始终。研究中共革命，不能不探究其"群众运动"的起源和机制。长期以来，国内主流史学的相关研究，多着眼于党的群众路线的阐释和群众运动过程的描述，而对群众运动的动员/参与机制却少有探讨。党如何动员？群众如何参与？党的政治动员策略与群众集体行动的自主性逻辑之间存在着一种什么样的互动关系？持续数十年的群众运动，是否形成了一以贯之且独具特色的运动模式，而在不同时期又具有哪些不同的特点？诸如此类的问题均值得深入研究。相比之下，西方学界对中共的群众动员有过相当热烈而深入的探讨，而其基本关怀在探寻中共革命"成功"的要素，或毛泽东时代群众动员的"非凡"性机制。亦因为此，其相关研究，多注目延安时期至"文革"时期，甚至将1949年以后的革命模式，都归之为"延安道路"的产物，而相对忽略了中共早期尤其是陈独秀时代群众运动的研究。因陈独秀时代的"国民革命"在1927年以"失败"告终，国内主流史学长期沉迷于清算导致大革命"失败"的右倾机会主义错误，而西方学界也难免轻忽和漠视"失败"时期的中共及其领导的群众运动。

　　其实，陈独秀时代在中共历史上的重要意义，学界尚缺乏足够深入的认知。在短短的六年时间里，中共成长为一个拥有近5.8万名党员、3.7万名团员的组织，还有在其领导下的290余万名工会会员、900余万名农会会

---

　　* 本章由王奇生撰写。

员和 15 万名童子团团员，其组织触角辐射全国大部分地区和各阶层民众。①
从工、农、学，到青、少、妇，如此范围广泛、规模宏大的群众，在短时
间内被纳入现代政党的组织体系中并有效动员起来，在中国历史上是前所
未有的。尤其值得注意的是，陈独秀时代，中共没有夺取政权、夺取军权
的思想，几乎全心全意致力于群众运动。② 换言之，陈独秀时代的共产党是
一个没有武力、没有地盘、纯粹以宣传组织动员群众为目标的"非暴力"革
命党。正是在这一过程中，中共奠定了其群众路线和群众运动的基本模式与
路径，在"摸着石头过河"的情况下，积累了丰富的策略、技巧与经验。

陈独秀时代的群众运动，涉及工人运动、农民运动、学生运动、妇女
运动等诸多方面。本章无法全面探讨，仅就早期农民运动的动员·参与机
制，进行一些概略性的描述和分析，无意做全面的史实重建，更无意"颠
覆"前人的相关研究，只是在前人研究的基础上，重点关注某些过去被无
意忽略或被有意遮蔽的面相。因广东和湖南两省农运相对比较发达，且留
下较为丰富的资料，故本章的讨论将以粤湘两省为中心展开。

一　群众的号召与动员

在一般社会学家看来，群众是一群缺乏同质性的"乌合之众"，要将其
组织动员起来并加入集体行动之中，是一项艰巨而复杂的工程。相对于城
市工人和青年学生，乡村农民愚昧保守、分散落后，要动员起来更为不易。
亨廷顿分析过诸多国家的历史案例，指出："革命之所以很少发生，在很大
程度上就是由于知识分子与农民难以并行……形成革命联盟的障碍来自于
这两个集团在背景、观点和目标上的差异。一方是城市的、中产或中上层
阶级的、受过教育的、西方化和都市化的知识分子，另一方是乡村的、落
后的、不识字的、文化上属传统型的、地方性的农民。双方之间存在的社
会鸿沟，其差距之大不亚于人们都能够想象的任何两个社会集团之间所存

---

① 中共中央组织部等编《中国共产党组织史资料》第 1 卷，中共党史出版社，2000，第 10—
12 页；中共中央文献研究室编《任弼时年谱（1904—1950）》，中央文献出版社，2004，
第 67 页。

② 这一点，李维汉做过很好的阐述，见氏著《回忆与研究》（上），中共党史资料出版社，
1986，第 124—135 页。

在的距离。他们之间的沟通与理解是一个极大的问题。"①

早在1923年，陈独秀就在写给共产国际的报告中称：根据中国的经济条件和文明程度，只能进行国民革命。中国70%以上的人口是农民，农民的发展水平很低，把农民吸引到国民革命运动中来不是轻而易举的事。② 中共广东区委在1926年的一份报告中也认为农民有六大先天性的弱点影响其参加革命：不能集中；地方主义色彩浓厚；迷信很强；自信力薄弱；民族观念很深；家族主义的关系和观念很强固。"这六个弱点，都是革命程途中的大阻碍，有其一便不能革命。农民是天生成有这六种弱点，所以要农民起来革命，实在是很不容易的事情。"③

陈独秀当年的顾虑，至今仍为很多研究中共革命的学者所认同。如有学者指出："中国革命是一组反差强烈的因素的产物：一方面是几乎不识字或很少识字，许多人甚至连县城也没有去过的农民大众，另一方面则是由共产主义精英所倡导的宏大意识形态和改造社会的巨大工程。"④ 以城市产业工人为阶级基础的无产阶级政党，要将高远的意识形态与保守的底层农民发生互动，是一件特别艰难的事。

亦因为此，中共依靠农民进行革命并最终取得胜利，一直被认为是一个不解之谜，也一直成为西方学界反复探讨的问题。在众多的解读中，最具影响力的解释有二：一是日本人的入侵，为中共在农村组织发动一场民族主义运动提供了"黄金机会"。共产党调动了农民因日本侵略而激发起来的民族情感。也就是说，是民族主义而不是社会主义成为中共与农民团结起来的关键。二是中共通过土地改革，解决了农民最迫切的实际问题，农民因此被吸引到革命中来。⑤

---

① 〔美〕塞缪尔·P.亨廷顿：《变化社会中的政治秩序》，王冠华等译，三联书店，1989，第276—277页。

② 《陈独秀给萨法罗夫的信》（1923年7月1日），《联共（布）、共产国际与中国国民革命运动（1920—1925）》，中共中央党史研究室译，北京图书馆出版社，1997，第261页。

③ 《广东农民运动报告》，广州农民运动讲习所旧址纪念馆编《广东农民运动资料选编》，人民出版社，1986，第54页。

④ 郭于华、孙立平：《诉苦：一种农民国家观念形成的中介机制》，《中国学术》2002年第4辑，第505页。

⑤ 马克·赛尔登对西方学界自20世纪40年代至90年代有关中共革命的研究，做过一个很好的总结。见氏著《革命中的中国：延安道路》一书中文版"后记"，魏晓明等译，社会科学文献出版社，2002，第268—269页。

对于后者，早在 1923 年共产国际给中共中央以及青年共产国际给青年团中央的指示中，就有相似的看法：反对帝国主义的同时，必须进行土地革命，没收地主土地分配给农民，使农民感到有好处后，才能吸引其参加革命，并吸引其参加到捍卫这些成果的斗争中来，中国革命才能取得胜利。[1] 在共产国际的认知中，要发动农民起来革命，必须通过物质利益的驱使，而对农民来说，土地无疑是最大的物质利益。

然而，20 世纪 20 年代的农民运动呈现出一些不同的面相：一是中共在人员极少、时间极短的情况下，发动了数百万农民起来。二是农民发动起来了，而土地问题尚未提上议事日程。延安时期中共动员农民参加革命的两大"法宝"，在 1927 年以前基本都不具备。国民革命虽以"打倒帝国主义"为诉求，但 20 世纪 20 年代其实是帝国主义侵略和压迫中国最和缓的时期。在此期间，中共虽然以五卅惨案为契机，在城市发起了一场规模宏大的反帝爱国运动，但同时期的农民运动显然没有借助民族主义的东风。

而土地问题，直至 1927 年国民革命失败，中共中央尚未将其提上议事日程，更不必说运用于农民运动的实践中作为动员农民的手段。

然而，20 世纪 20 年代的农民运动，其规模与声势，已是相当可观。

1921 年 9 月，沈定一在浙江萧山最早发起农民运动，仅一两个月时间，即有萧山、绍兴、上虞三县 80 多个村庄相率建立农民协会，共有 10 余万名农民被动员起来。[2]

1922 年 5 月，彭湃在广东海丰开展农民运动，"初时农民尚不相信彭湃，后来农民之趋农会，恍如二十年前乡人之趋向天主教"。"农会的发展，真是叫做一日千里！""一年中，其运动区域由一、二乡扩大至五、六县，其加入员数由数十人增加到二十余万人。进步之急速，殊足惹人注意。"[3]

沈定一和彭湃两人虽然均是中共早期党员，但他们最初开展农民运动

① 《布哈林对共产国际执委会东方部给中国共产党第三次代表大会的指示草案的修正案》（1923 年 5 月）、《青年共产国际执委会给中国社会主义青年团中央委员会的信》（1923 年 5 月），《联共（布）、共产国际与中国国民革命运动（1920—1925）》，第 254—257 页。
② 中共浙江省党史资料征集研究委员会、中共萧山县委党史资料征集研究委员会编《衙前农民运动》，中共党史资料出版社，1987，第 1 页。
③ 李春涛：《海丰农民运动及其指导者彭湃》（1923 年 11 月 7 日），中共海丰县委党史办公室、中共陆丰县委党史办公室编《海陆丰革命史料（1920—1927）》第 1 辑，广东人民出版社，1986，第 91、119、123 页。

时，均是以个人之力自发进行的。两地的农民运动虽然没有维持多久就被镇压下去了，但从农运的过程来看，在短时间内将如此大规模的农民动员起来，似乎没有想象的那么艰难。

大规模的农民运动，随着1924年国民党改组、国共合作以及1926年北伐战争的推进而风起云涌。在短暂的两三年间，农民运动相继在全国17个省区大范围展开。到1927年6月，全国有5个省（广东、湖南、湖北、江西、河南）成立了省农民协会，201个县成立了县农民协会，会员总数超过900万。①

1927年7月，国共关系彻底破裂，农民运动随之消沉。从中共的立场而言，国民革命宣告失败。国内主流史学对20年代国民革命的看法，一直笼罩在"失败史观"之下。研究者的兴趣聚焦于找寻革命"失败"的原因，而对革命"成功"的一面往往视而不见。在农民运动问题上，归咎于陈独秀的右倾机会主义没有解决土地问题而导致失败。其实，如果换一角度观察，一个成立仅五六年的政党，能在两三年间，发动如此规模宏大的农民运动，堪称一大奇迹，而探寻奇迹的内在机制，比追究革命"失败"的责任，可能更具有历史学的意义。

1926年，恽代英在五卅周年纪念时说过这样一段话："五卅运动是全国数百万人共同联合起来的一件大运动，在普通的人一定以为是一件顶难的事情，但是有了相当的宣传和组织，并得到了相当的机会，实际是很容易号召起来的。""我们不要把革命看得太难，只要我们努力，就可以使革命成功。"② 这虽有革命者自我鼓气的成分，但也反映了当时很多中共党人普遍存在的一种自信心态。五卅运动是中共领导的第一次具有全国性规模和影响的城市群众运动。是时的中共还是一个不足四年党龄、不足千名党员的小党。党员以青年知识分子为主，没有发动和领导大规模群众运动的经验。而五卅运动竟轰轰烈烈并且持续达数月之久。中共党人由此觉得动员群众并没有原先想象的那么难，群众其实是很容易号召起来的。这一看法，其实也适用于随后而起的农民运动。

---

① 曾宪林、谭克绳主编《第一次国内革命战争时期农民运动史》，山东人民出版社，1990，第265页。

② 恽代英：《五卅运动》，上海社会科学院历史研究所编《五卅运动史料》第1卷，上海人民出版社，1981，第7、17页。

1926 年，中共广东区委在向中共中央汇报广东农民运动时即声称："我们现在到农村里去宣传时，往往不到半点钟便可以使他们成立农民协会。"[①]当然，我们说农民容易动员起来，并不意味着农民运动的发动无须任何主客观条件。彭湃对其在海丰发动农民运动的最早实践，做过一个细致的描述，尤其绘声绘色地讲其最初发动农民运动之艰难，给人留下极其深刻的印象。然而相隔四年后中央农运特派员下乡发动农民运动时，"不到半点钟便可以使他们成立农民协会"，情形似乎大变。中共广东区委将后者归之于"农民痛苦的自觉"。但就广东而言，1923—1926 年，农村不安与农民痛苦并没有突变。突变的只是政治。

二 政治生态环境

第一次国共合作时期，在国民党控制的南方数省，中共一方面可以打着国民党的旗帜公开活动，另一方面又保持自己政党的独立性而合法存在，有点类似参政党。但中共没有自己的地盘，没有自主控制的局部政权，又似在野党。在这样一种情况下，中共领导的群众运动，与 1927 年以后的苏区、根据地和 1949 年执政以后的群众运动，其政治处境均大为不同。1949 年以后固不用说，即使在苏区和抗日根据地，中共的群众运动（主要是农民运动）一般是在自己控制的地盘内开展的。而这一点恰恰是很多研究中共群众运动的学者所忽略的。实际上，群众运动的开展，与政治生态环境密切相关。

国民党在 1924 年改组以前，基本上是一个以知识精英为主的政治集团，其非常有限的一点群众基础，不是会党，就是海外华侨，与中国国内绝大多数民众几乎不发生关系。直至 1924 年改组后，国民党才开始重视民众运动。国民党一大后，中央党部先后设立了农民部、工人部、青年部、妇女部和商人部，作为领导民众运动的机构。工运、农运计划及相关的政策法规也相继出台。然而国民党人多不愿从事下层民众运动的工作，其工作乃由加入国民党的中共党人来承担。由此一来，国共两党合作的形态，逐渐

---

① 《广东农民运动报告》，《广东农民运动资料选编》，第 54 页。

呈现国民党主要做上层工作，共产党主要做下层工作的分工格局。[①] 对于民众运动，国民党侧重自上而下，以政府法令政策来推行；共产党则着重自下而上，发动党员、团员下基层动员群众。

具体到农民运动，中共广东区委在广东农民运动的内部报告中，有过这样的描述，大体反映了20世纪20年代国共两党的关系："许多人固然要说有了国民党的改组，国民党规定了农民运动的政策后，所以农民运动才有长足的进步。但是……现在国民党中央党部农民部的特派员差不多百分之九十九是我们同志。我们实际做了农民运动，把名誉送给国民党，可以说是我们成功不居，若是我们不去做农民运动，所谓农民协会不知道现在还在什么地方……现在从表面看，广东农民运动，好象是国民党的工作，做好了是国民党的名誉，但是自从农民运动起首直到现在，都是我们同志做实际工作。换句话来说，就是广东农民运动的实际责任是我们同志负担，名誉却完完全全送给国民党去了。"[②] 北伐以前，从国民党中央农民部、广东省党部农民部、省农民协会，到各县的农会和农运特派员，实际均受中共广东区委的领导。

这个时期，中共的农民运动不仅是在国民党的旗帜下进行，也主要在国民党统治区开展。农民运动虽然涉及17个省区，重点其实在国民党控制下的广东、湖南、湖北、江西等省。中共承认："在国民党统治之下，农民得到了相当的自由能够公开组织……这实是农民运动兴起的一个原因。"[③] 很明显，"很容易号召起来"的是国统区的农民，非国统区的农运因政治环境不良而相对艰难。

落实到具体时空，政治生态环境对农民运动的影响更为清晰。韩国学者柳镛泰专门就20世纪20年代两湖与广东的农运进行过比较研究。他根据1927年6月全国农会会员的统计数字，观察到不同省份之间的巨大差异：

---

① 1927年2月24日，顾孟馀在武汉国民党中央常会上感慨道："现在可有一种危险，是国民党差不多专做上层的工作，中央党部、国民政府都是国民党的同志多。至于下层的民众运动，国民党员参加的少，共产党员参加的多，因此形成一种畸形的发展，很像国民党是在朝党，共产党是在野党的样子。"见顾孟馀《武汉二届三中全会提案大纲之说明》，蒋永敬编《北伐时期的政治史料》，正中书局，1981，第111页。

② 《广东农民运动报告》，《广东农民运动资料选编》，第55、104—105页。

③ 《广东农民运动报告》，《广东农民运动资料选编》，第55页。

湖南有 450 万，湖北有 280 万，而广东只有 80 万。[①] 他据此提出疑问：广东在国共合作下最先受到党政军的支援，农民协会首先在广东成立，但为什么两湖的农运规模反而超过广东？他非常敏锐地注意到广东公田比两湖多是一个重要因素，因为以族田为主的公田多，在此基础上的宗族势力强大，民团武力发达，从而妨碍农民协会的组织。[②] 不过，他忽视了另一个关键因素，即政治生态环境的变化对广东与两湖地区农运的影响。

柳镛泰只注意到 1927 年 6 月的农运统计数字，如果对比 1926 年 6 月的农运统计数字（见表 7-1），就会发现，1926 年 6 月广东农会会员人数已达 64 万多人，而湖南只有 3.8 万人，湖北只有 4000 余人。也就是说，在北伐前，广东是全国农运的中心区域。北伐开始后，农运的地域格局才发生变化，而这一变化，从地域社会经济结构上难以解释。因为一个地域的社会经济结构是长期形成的，且不大可能在短时间内发生突变。关键的影响因子还是政治。

表 7-1　部分省区农会会员统计

省份	1926 年 6 月		1927 年 6 月	
	会员数（人）	占全国百分比（%）	会员数（人）	占全国百分比（%）
广东	647766	66.0	700000	7.6
湖南	38150	3.9	4517140	49.4
湖北	4120	0.4	2502600	27.3
江西	1153	0.1	382617	4.2
河南	270000	27.5	245500	2.7
陕西	1000	0.1	705160	7.7
全国	981442	100	9153093	100

注：（1）1927 年全国农民协会会员的总数，不包含江苏，江苏有会员二三十万。

（2）各省农会会员统计数，因资料来源不同而有差异。如湖南农会会员数 1927 年 5 月就有 600 万、500 余万等不同的说法。见中国革命博物馆、湖南省博物馆编《湖南农民运动资料选编》，人民出版社，1988，第 35、40 页。

资料来源：根据《一九二六年和一九二七年全国农民协会会员的两个统计》综合制作，见《第一次国内革命战争时期的农民运动资料》，人民出版社编辑出版，1983，第 65—66 页。

① 湖北、广东的数字，因统计来源不同而与表 7-1 内数字有出入。

② 〔韩〕柳镛泰：《国民革命时期公产、公堂问题——两湖与广东农民运动之比较》，《民国研究》总第 5 辑，1999 年，第 5—20 页。

广东作为国民党改组后的革命根据地和首善之区，在北伐以前是国民党所能控制的主要地盘。这一阶段，国民党"对于农民运动之工作，几注全力以宣传组织广东一省之农民"。① 国民党"扶助"农民运动的政策，为中共在广东开展农民运动提供了政治保障。基于此，北伐以前广东成为全国农民运动的中心区域自不难理解。问题是，1926 年 7 月北伐开始后，在两湖农运随军事的推进而迅猛发展时，广东的农运为何停滞不前了？

北伐之初，中共广东区委即注意到："现在北伐了，广东既已统一，所以国民党左派并不需要广东的农运了，只需要北伐道上的农运了。"② 也就是说，国民党"扶助"农民运动，具有明确的现实政治考量：北伐以前，国民党需要借助广东农民的力量平定商团叛乱、东征和统一广东；北伐开始后，广东成为后方基地，国民党需要广东政治安定和提供财政支持，加之国民党左派多随军队北上，留守广东的军政势力多为国民党右派，因之广东农运在北伐开始后不仅没有随着革命形势而高涨，反而遭到抑制而低落。③

一般认为，农民对政治麻木、冷漠。其实农民并非没有政治嗅觉。他们对农会的态度，在很大程度上随政治与军事局势的变化而波动。1926 年10 月，一位农运特派员在一份关于广东清远农民运动的报告中写道：清远农运完全以政治形势的变化为转移，最初因得到省政府的帮助和县政府的扶植，"一般农友皆以依赖政府之心而兴起，不特农民，如一般土豪劣绅，亦变相而混入农会，为自救而投机，风声所播，不一月而组织甚众"。后因县长更动，新上任的县长对农会的态度消极，革命军大部分离粤北伐，随后又传来北伐军在长沙受挫的消息，土豪劣绅趁机造谣，农民因之恐惧，农会也大为动摇。"乡民疑虑非常，欲加入协会者，亦迟徊观望。"④ 广东清远农民对农会的态度，明显受到政局变化和北伐军事进程的影响。类似的

---

① 《中国农民运动近况》，中国国民党中央执行委员会农民部编印，1926，第 3 页。
② 《广东农民运动报告》，《广东农民运动资料选编》，第 99 页。
③ 有关国民党与广东农民运动的研究，可参见梁尚贤《国民党与广东农民运动之崛起》，《近代史研究》1993 年第 5 期；郑建生《动员农民：广东农民运动之研究（1922—1927）》，台湾师范大学历史研究所硕士学位论文，1992。
④ 黄克：《清远农民运动报告》（1926 年 10 月 20 日），中国国民党党史馆藏五部档：部11466。

情形其实很普遍。与农民相比，地主绅士更是见风使舵："农会初成立时，一般绅士都说农会的坏话，后来农会发展了，他们又想投机加入农会。"①各地都有类似的情形。

随着北伐战争的迅猛推进，湖南、湖北相继成为国民党的统治地盘。国民政府也于1927年1月由广州迁至武汉，湖北成为国民革命的中心区域。不过，在1927年上半年，无论是农会会员人数，还是农运的实际声势，湖南都明显超过了湖北。从某种意义可以说，湖南农运有些超常发展。这种超常发展的原因虽然复杂，而政治生态环境仍是关键所在。

清末以来，湖南有维新、革命的传统，五四新文化运动中，湖南是比较发达的地区之一。20世纪20年代初期，赵恒惕打着"湘省自治"的招牌，湖南的政治环境一度比较宽松，为中共党团活动提供了相对便利条件。② 其后，赵恒惕于1925年3月被迫出走，唐生智主政。唐氏为巩固权位，倾向广东国民政府，1926年北伐军入湘并克复湖南后，以唐生智为首的省政当局，与中共形成了相当良好的互动关系，对于群众运动也采取比较开明的态度，从而为工农运动提供了国内少有的政治空间。

而唐生智之所以与中共保持良好的互动关系，甚至有意"迎合"中共，又与中共在湖南的强势有关。陈独秀时代，湖南是中共力量最强大的地区之一。③ 1924年国民党改组前，湖南的国民党组织已荡然无存，是中共湖南区委帮助国民党重建了省党部。④ 1926年3月中山舰事件以前，湖南国民党省党部实际由中共"包办"。中山舰事件以后，中共"怕当主人，认为当了主人就将破坏联合战线"，有意"让位"，"有意扶植国民党出来执政"。⑤ 无奈

---

① 《广东农民运动报告》，《广东农民运动资料选编》，第79页。

② 1923年，邓中夏就注意到，就全国政治环境而言，湖南和北京相对比较自由。见《邓中夏关于中校移粤及北京革命形势活动意见等问题给国昌诸同志的信》（1923年12月16日），《北京革命历史文件汇集》第1集，中央档案馆、北京市档案馆编印，1991，第32页。

③ 据1927年5月的统计，中共党员总数为57967人，其中湖南有20000人，约占35%；全国团员总数37638人，其中湖南有7080人，约占19%。见《中国共产党组织史资料》第1卷，第39、398、451页；《任弼时年谱（1904—1950）》，第67页。

④ 《湖南省党务报告》，李云汉主编《中国国民党党务发展史料：组织工作》（上），中国国民党党史会，1993，第16—17页。

⑤ 李维汉：《回忆与研究》（上），第125页。

国民党左派一时无法自立，故湖南的国民党省党部和多数县党部实际仍由中共主导。国民党省党部派赴各县的农运工作人员，也大多是中共党员。湖南几乎成了中共的天下。李维汉在 1923—1927 年担任中共湖南区委主要领导职务。他在晚年回忆录中说，北伐时期，中共湖南区委的政治主张，主要通过国民党省党部推动省政府去实施。亦因为此，"湖南的国民党，在北伐期间好象是整个的左倾"。[①]

北伐时期，唐生智的思想相当左倾，[②] 在其影响下，湖南省政府的一批核心领导人物亦多左倾，积极支持工农运动。按后来国民党方面的说法，"唐生智既要借共党为护符，当然要设法逢迎其领袖，乃特派其最亲信与最长于拍马之一员良将邓寿荃，专司其事。时邓长湘省建厅，金融充裕，尤便工作"。"唐生智离湘督师，将主席职务，交由张翼鹏代理。张一介武夫，素无政治头脑，幸当时湘省政治，悉为共党主持，一切设施，张皆顺承其意旨而行。"[③] 省政府及所属各厅如建设厅、民政厅、高等检察厅等均先后下达训令和通告，要求各地方行政官吏切实保护农工利益和支持农民运动。省政府建设厅还月拨经费 3000 元给省农协，另批 2 万元在各县办农民训练班。省农民部月准农运费 4000 元，各县署另拨给县农协每月 100 元至 300元不等。[④] 唐在湖南各县市的留守部队对工农运动采取不干涉的中立态度。[⑤]另据国民党中央政治委员会会议记录，1927 年 4 月 18 日，湖南省党部派了3 个代表来向中政会报告说："（土地问题）省党部同省政府曾经为此事讨论过多少次，结论是要将一切土地收归国有，不过收归的时期同收归的办

---

① 李维汉：《回忆与研究》（上），第 85 页；《湖南革命的出路》（1927 年 4 月），《湖南农民运动资料选编》，第 351 页。

② 在当时中共一般的认知中，唐生智被定为"中派"，李维汉晚年认为唐生智是"中左"［《回忆与研究》（上），第 138 页］，而笔者从这一时期唐生智的大量言行判断，完全可以将其定为"左派"。当时有农民运动讲习所的学生即认为唐"甚左"。见《农所学生邓良生致陈克文函》（1927 年 2 月 12 日），中国国民党党史馆藏五部档：部 11552。

③ 湘民：《马日事变以前之湖南》，《社会新闻》第 1 卷第 16、17 期，1932 年，第 351、371 页。

④ 《省政府对于农民运动的宣言》（1926 年 8 月）、《湖南建设厅保护农运之通告》（1926 年 9月）、《湖南省政府转发国民党中央训令》（1926 年 11 月 16 日）、《湖南省高等检察厅训令》（1926 年 11 月）、《民政厅切实保护农工训令》（1927 年 1 月）、《湘区书记报告》（1926 年 10 月 22 日），《湖南农民运动资料选编》，第 204—212、93 页。

⑤ 李维汉：《回忆与研究》（上），第 85—87 页。

法还没有决定。"① 国民党湖南省党部与省政府在全国率先做出土地收归国有的决策，虽然未能付诸实践，但足可见其激进程度。下面这段话，引自1927 年 4 月发表的《国民党湖南省党部铲除反革命派宣言》，言辞与观念之激烈，更可见一斑：

> 革命派与反革命派，势不两立，不是革命派推翻反革命派，便是反革命派推翻革命派。这是事实与历史的证明，绝无否认之余地。如果革命派与反革命派调和、妥协，便是革命派向反革命派投降，革命二字便会不荣誉的宣布死刑。因为革命字典中只有"争斗"、"激底"等字眼，绝对找不出"调和"、"妥协"等坏名词。基于上述理论，是革命派打倒反革命派，为革命过程中一种必然的手段。"我不打倒敌人，敌人必打倒我"，"对反革命派姑息，便是对革命残忍"。革命的手段，原来是如此的。②

正是中共在湖南的强势，及其影响下的国民党省党部、省政府和唐生智的左倾，为工农群众运动和民主运动的开展提供了便利条件和难得的政治机会。这是湖南政治生态的独特之处，也是湖南农运超常发展的关键所在。1927 年 5 月马日事变后，轰轰烈烈的湖南农运一落千丈，同样是留守军官政变、唐生智转向与湖南政治环境恶化的直接结果。

群众运动的兴衰，与政治环境密切相关。在适宜的政治环境下，群众运动很容易号召起来。同样，多大规模的群众运动也经不起政治、武力的摧折。这几乎是所有群众运动的一个基本特性。

三　农运讲习所与特派员机制

无论是沈定一，还是彭湃，他们最初在各自家乡开展农民运动时，充

---

① 《中国国民党中央执行委员会政治委员会第十三次会议速记录》（1927 年 4 月 18 日），中国第二历史档案馆编《中国国民党第一、二次全国代表大会会议史料》（下），江苏古籍出版社，1986，第 1063 页。

② 《湖南农民运动资料选编》，第 259 页。

分利用其在地方社会的精英身份、家庭地位，以及熟人社会的人脉关系和人际网络。不少学者发现，中共革命初期，各地革命者均有类似的情况。不过，每个人在其家乡熟人社会的圈子毕竟是有限的，革命的范围一旦扩大，熟人社会的圈子势必被突破。从理论上讲，熟人又有熟人，可以一波一波地不断扩大和不断复制，但当群众运动需要于短时间内在一省或数省范围内大规模展开的时候，这样一种熟人网络模式显然太过缓慢。彭湃显然意识到了这一问题。他在海丰发动农民运动的过程中，最感需要的是从事农运的人才，因而当他出任国民党中央农民部秘书后，即建议首先创办农民运动讲习所，"大批量"培养农运人才。这是一个很好的创意，其效率将大大超过个体的熟人网络模式。学员在讲习所经过短期培训后，部分被任命为中央农运特派员，部分分遣回原籍开展农运。这看似复制彭湃模式，但从这些农运特派员的下乡经历来看，他们回到本籍所在县以后，除了他自己所在的村庄有熟人关系可以利用外，对县内的大部分乡村其实都是陌生的。那时一个县的范围相当大（1949年以后很多县被一分为二甚至一分为三），交通条件又极差，人际交往范围非常有限。他们在一县之内宣传和调查时，其实很少有人脉关系可资利用。有时乡土关系也可能形成阻力。如一位农运特派员在自己家乡开展农运时，反而遭到本宗族头面人物的责骂和殴打，"并行其专制家族主义"，以将其"出族"相威胁。①

另一方面，农讲所学员大多资历甚低。据广州农讲所章程，学员入学资格如下："年龄在十八岁以上，二十八岁以下，身体强壮，勤敏忠实，无恶劣嗜好，在中学毕业及有相当之程度者，始能合格。第二、三届不限中学卒业，凡农民协会会员，或佃农子弟均一律录取，并声明不收田主及绅士的子弟。"② 第一届学员，中学毕业者居多，还算得上"半知识分子"。第二届以后，学生的比例减少，农工的比例大增。第三届128名学员中，佃农72人，自耕农20人，乡村学生29人，工人4人，小商人1人，军人2人。③ 农民占到72%。即使是学生，也"取材于纯粹农民子弟"，明确声明

① 李定一、李万苍：《鹤、新、开、台四邑各乡调查经过情形》（1926年7月14日），中国国民党党史馆藏五部档：部11454。
② 《农运讲习所报告》，中国国民党党史馆藏五部档：部1132。
③ 《第三届农民运动讲习所》，广东农民运动讲习所旧址纪念馆编《广州农民运动讲习所资料选编》，人民出版社，1987，第63页。

"不收田主及绅士的子弟"。^①

农讲所学员以这样的家庭出身和个人资历，受训回乡后，其实很难赢得当地农民的信仰。在乡土社会，地方精英的身份地位，绝对建立在家庭经济及个人学识道德基础之上。同样是贫苦农民，他们一致信仰当地有名望的绅士，而相互之间则未必瞧得起。一位亲身经历者忆述："当时我们动员的对象是长工、使女、女工以及肩挑小贩和贫苦渔民、船夫和靠打柴为生的等。可是这些人之中，有的很多顾虑，一般要看当地有信誉的农民的行动以为转移，因此乡农协成立以后，所选任的委员长，多半是农民中有地位的人，真正的贫雇农不多。"^②

这显然是一个两难的吊诡。站在中共的阶级立场，农民运动必须以底层的贫雇农为中心，然而，真正的贫雇农无法得到广大农民的信仰。贫雇农之间也相互轻视。早期中共党团员多为受过中等以上教育的知识分子，多出身于地方精英家庭。^③ 沈定一、彭湃开展农民运动时，正是利用其家庭地位、个人资历以及与当地上层精英的关系。他们在当地社会的人脉和影响力，是"纯粹农家子弟"出身的农运特派员望尘莫及的，也是无法复制的。

虽然如此，农运特派员在 20 世纪 20 年代的农民运动中仍发挥了重要作用。农运特派员虽然不具有沈定一和彭湃那样的乡土社会地位和人脉，但他们或由国民党中央委派，或由省党部委派，正是借助中央或省党部的权威，以特派员的身份为护符，不仅对普通农民具有相当的权威和号召力，也使地方当局和豪绅有所畏惧和顾忌。中共广东区委就批评农运特派员"时常拿上司的面孔去对付农民，把自己变成衙门委员一个样子"。"过于依靠政治力量工作"，"以为省农会的特派员是同县公署的委员一样"。广东区委还提到，农运特派员"往往到农村做工不几天，就要讨老婆"。而讨老婆要 300 元才办得到，但特派员每月的生活费不过 30 元，于是接受农友的

---

① 《第一至五届农讲所总述》，《广州农民运动讲习所资料选编》，第 35 页。

② 廖白皋：《龙喜乡农民运动的兴起》，中共长沙县委党史办等编《大革命时期长沙农民运动》，湖南人民出版社，1989，第 174—175 页。

③ 以 20 世纪 30 年代的华中地区为例，家有良田 30 亩，才能供给两个子弟入小学；家有良田 50 亩，才能供给一个子弟进城读高小；家有良田 200 亩以上，才能供给一个子弟读中学。引自汪一驹《中国知识分子与西方》，枫城出版社，1978，第 156—157 页。

"礼物"，实际等于受贿。[①] 这里值得注意的是，农友为什么会给特派员送"礼物"，显然是特派员具有相当的政治权势。既然特派员自视与衙门委员和县公署委员一样，那农民眼中的特派员更是如此。农运特派员既可利用其权力寻租，自然也便于开展农民运动。乡下农民对城里人，本来就怀有几分敬畏心，更不必说来自省城有特派员头衔的"衙门委员"了。中共广东区委的报告中提到这样一件事："有一次陈炯明的亲属派了许多弁兵到乡间收租，该乡因为遭了大水大风的灾，农民没有租给他们，去的兵士本是海丰人，当即说广州话去吓农民，农民很恐慌，相率逃避。"[②] 说省城话也能吓唬农民，颇见当时农民对城市人的畏惧心态。对特派员来说，这样一种畏惧，既有可能成为受农民排斥的因素，也有可能成为令农民敬重的契机。从农运特派员向国民党中央农民部的报告看，更多的是后者而非前者。

在农运过程中，农运特派员有时会通过与中央或省当局的关系，寻求支援。如广东农运的几次大规模冲突中，农运特派员请求广州中央派军队援助农民，得到广州中央的应允出兵。农运特派员请政府出兵时，"在报告中说了许多许多的如何危险的话，催促政府赶快出兵。此时中央农民部，天天都有接有我们的报告"。[③] 农民看见特派员能搬来政府军，自然对特派员更加信任。

在湖南耒阳，曾组织百余人分派九个"农运指导团"下乡。有一位指导团成员在报告中讲述了这样一个例子：他们来到该县石嘴乡，发现"该地的群众有多半在土豪劣绅手里，因为以前县农协有一特派员，不明当地情形，对于革命民众贫农及失业农民，稍微打击了一下，因此革命民众不敢起来，领导权就被他们拿去了。我们到那里的时候，不客气的打击土豪劣绅，促使以前被打击的革命的农友——贫农及失业农民（干起来），于是反革命的土豪劣绅也就逃之夭夭，革命的空气也就膨胀起来了"。[④] 这一案例说明，农运如何因特派员、指导员的干预而起伏。

特派员下乡发动农民运动时，一般都擅长"造势"，如成立区、乡农民协会时，举办隆重的开幕式，让地方党政机关与各团体派代表参加，参会人

---

① 《广东农民运动报告》，《广东农民运动资料选编》，第104、109页。
② 《广东农民运动报告》，《广东农民运动资料选编》，第42页。
③ 《广东农民运动报告》，《广东农民运动资料选编》，第67页。
④ 龙宣：《耒阳第二农运指导团下乡工作的报告》（1927年），《湖南农民运动资料选编》，第474页。

数有时多达一两千人，会上，自己代表中央或省党部授旗授印，发表演讲，会后组织群众性游行，高呼口号等，从而在民众中扩大农民协会的影响。

有意思的是，广东团委在指导农民运动工作时，特意提示说："农民协会之关防及布告，应比官厅宏伟辉煌，令农民易于注意，而暗中形成一无产阶级未来之新国家——政府。"① 这是利用农民对官厅的敬畏心理，提升农民协会的地位。

农民运动讲习所与特派员机制，可以说是大革命时期中共开展群众运动的一大创制。特派员的正式身份虽然是国民党中央农民部或各省国民党党部所委派，其实绝大多数特派员是中共党员，实际受中共的领导。如中共广东区委的报告中提到，"现在国民党中央党部农民部的特派员差不多百分之九十九是我们同志。"② 中共湖南区委的报告也提到，国民党湖南省党部派出的农运工作人员，约百分之九十是本党同志。③

> 统治权在城市中确已转到工会，在乡村中确已转移到农民协会。因为工会与农会合作，如是一省中形成两种对峙的统治权——工农两会的统治权和所谓省政府的统治权。但省政府的统治权仅是达到省政府所辖的各机关，而各机关并没有能力去执行政务，一定要由省政府函请工农两会通告各级工农会才能发生效力。④

特派员机制，是中共尚未掌握政权情况下的一种群众动员机制，尔后的多次群众运动中，以"工作队"的形式继承下来并发扬光大。

四　乡土社会的多元分化与农运的复杂面相

同样是群众运动，其动员机制因对象不同而有异。彭湃从海丰农民运

① 《团粤区委第二次代表大会关于广东农民运动决议案》（1924年6月），《广东农民运动资料选编》，第7页。
② 《广东农民运动报告》，《广东农民运动资料选编》，第55页。
③ 《中共湘区一月份农民运动报告》（1927年），《湖南农民运动资料选编》，第458页。
④ 直荀：《马日事变的回忆》（1928年5月）、《湖南农民革命的追述》（1928年1月），《第一次国内革命战争时期的农民运动资料》，第445、374页。

动的早期实践中，曾比较过农民运动与工人运动的差异，认为"因和田主的距离很远，凡什么运动，田主都不知。不比工厂的工人，一些给资本家知道，马上就解雇"。而且"农民虽然少有团体的训练，不比工厂的工人。但他们有忠义气，能老老实实的尽忠于自己的阶级"。此外，"因为田地不是和机械一样的关在资本家的工厂里，而且是绝对不可移动的。将来占领田地，是极容易的"。①

其实，与城市的工人、学生运动相比，农民运动要复杂得多。农民运动的复杂性主要源于乡村社会的复杂性和地域社会的多样性。虽然城市社会同样复杂，但中共并没有笼统致力于"市民运动"，而是将工人、店员、小商人和学生等群体分别加以组织和动员。乡村社会不仅有农、工（手工业）、商、教等不同职业，农民内部又有自耕农、半自耕农、佃农、雇农等不同人群，然则中共都将其纳入"农民运动"的洪炉中。与农民相比，工人群体的同质性较高，工人的斗争目标也相对单一。而农民运动则不具有单一的对抗目标。自耕农、半自耕农、佃农、雇农均有不同的利益诉求。与地主有直接利益冲突的主要是佃农、雇农，自耕农与地主之间很少有直接利益冲突。如以减租为诉求，对象是地主，受益的则只有佃农，连雇农也被排除在外。如以减税减赋为诉求，对象是政府，受益的主要是地主、自耕农和商人，与佃农、雇农基本无涉。

同样，地主阶级也并非铁板一块。毛泽东在1930年的《寻乌调查》中，对地主阶级做过一个非常细致的调查和分析：全县地主中，大地主（500石租以上）占1%，中地主（200石租以上）占19%，小地主（200石租以下）占80%。政治上，中地主是全县权力的中心，大地主不起特别的作用。经济上，则小地主商业化最厉害。文化上，也是小地主接受新文化最快，最普及。由于小地主在政治生活中受中地主阶级的统治，很难过问政治，所以，他们革命的要求很迫切，革命的活动亦很猛进。据毛泽东的调查，"农村中最恶劣的敌人阶级"是一班"半地主性的富农"。这班人是由农民力作致富升上来的"新发户子"。他们将钱看得很重，吝啬是他们的特性，发财是他们的中心思想，终日劳动是他们的工作。所有放高利贷的，

---

① 李春涛：《海丰农民运动及其指导者彭湃》（1923年11月7日），《海陆丰革命史料（1920—1927）》第1辑，第122页。

差不多全属这班"新发户子"。贫农最痛恨的不是大地主、中地主，而是这班"新发"的"半地主性的富农"。"在贫农眼中是没有什么理由不把它打倒的。"①

毛泽东的上述调查，非常值得关注。因为他的调查结论与中共通常对地主阶级的刻板看法大为不同，似更符合地主阶级的实际。虽然是江西寻乌的个案，却在中国南部省区具有相当的代表性。毛泽东在调查中还发现，自耕农除不租田给人耕种外，一样是高利盘剥者，土地斗争中，大批贫农唤着"平田"和"彻底废债"的口号，就是针对这批富裕的自耕农的。毛泽东说，贫农不但要打倒"半地主性的富农"，而且要平富裕自耕农的田，废富裕自耕农的债，分富裕自耕农的谷。"共产党如要阻止贫农的行动，那末贫农就非恨共产党不可了。"他还指出，贫农也不是一个经济地位完全相同的整一的阶级。

依此而言，无论地主，还是农民，都不是单一的利益共同体。乡村是一个纷繁复杂而多元分化的社会。据中共广东区委的调查，20世纪20年代的广东农村因宗族、村庄、主客关系、语言隔阂、帮会、堂口，以及各种结社、公所、团局、自治组织、金融组织等各种乡土关系的存在，呈现出高度分化的格局。② 北伐前，广东农运中发生过几次大规模的冲突事件，一次是一个农民集中的村庄，向一个地主集中的村庄主动挑战；一次是乡下农民向县城的地主势力挑战；还有一次是农民与商人之间因粮食外销而发生大规模冲突。三次事件呈现出三种不同的对立阵营。值得注意的是，农民与商人之间的利益冲突，过去很少为人关注。1924年，孙中山在一次国民党农民党员联欢会上说过这样一段话："当青黄不接的时候，（农民）急于要借钱度日，或者是已经收成之后，急于要钱完粮纳租，都不能不卖谷米，用极平的价出卖，商人用极平的价买得谷米之后，一转手之劳，便用极高的价再行发卖，中间一买一卖，赚很多的钱，都不关你们农民的事。而且你们所耕种的田大多数都是租来的，租钱又贵，所以你们每年辛辛苦苦得来的钱，都是为商人和田主空劳动的。"③ 在孙中山看来，商人和地主

---

① 本段及下段，见《毛泽东文集》第1卷，人民出版社，1993，第182—199页。
② 《广东农民运动报告》，《广东农民运动资料选编》，第24—33页。
③ 《孙总理对农民党员联欢会训词》（1924年7月28日），《广东农民运动资料选编》，第153页。

一样，均是农民的剥削者。广东和湖南的农民运动中，农民与商人之间确因粮食销售问题发生过直接的冲突。

1927年1月，湖南省农民协会发表的《关于农村争斗调查记》中，列举参与斗争的各方人物，其中压迫和帮助压迫的一方有：土豪、劣绅、污吏、差役、奸商、不法地主、团总、团兵、区董、都团、保正、驻军、警察、警兵、讼棍、土匪、烟痞、赌徒、嫖客、族长、族众、失业学生、地痞流氓、乩坛弟子、基督教教徒和天主教教徒等数十类，而被压迫和同情被压迫的一方，也列举了农民、小商人、手工业者以及学生、小学教师、地方正绅、已觉悟的地主、小部分团甲等。[①]

很显然，斗争的双方并非阵线分明的单一的阶级对立：同是士绅，既有压迫方的劣绅，也有同情被压迫方的正绅；同是商人，既有压迫方的奸商，也有被压迫方的小商人；同是地主，既有不法地主，也有已觉悟的地主。另如处于压迫一方的团兵、警兵、土匪、赌徒、族众、教徒，乃至地痞流氓等，其实绝大多数出身贫苦农民。因此，农村一旦"运动"起来，很难形成泾渭分明的阵营，也很难聚焦目标一致的诉求，加之血缘与地缘等因素的介入，其复杂性和多歧性大大超乎我们既有的认知。

五　血缘与地缘：阻力亦助力

研究20世纪20年代农民运动，一个普遍的印象，是湖南农运比较激进，而广东农运比较温和。造成这一印象的一个重要因素，是毛泽东的《湖南农民运动考察报告》所产生的巨大影响力。如果我们阅读中共广东区委在北伐前夕撰写的《广东农民运动报告》等原始文献，即可感觉到广东农运其实并不温和，其斗争的激烈程度甚至比湖南还有过之。

清末以来，以民团（又称团练、保卫团等）为表征的基层社会军事化是一个全国性的普遍现象。[②]广东尤为凸显。广东的民团特别发达，一村一乡有团练，或若干乡组成联团，县有民团局，各拥有相当数量的团丁和武

① 《湖南农民运动资料选编》，第149—159页。
② 相关研究可参见〔美〕孔飞力《中华帝国晚期的叛乱及其敌人——一七九六—一八六四年的军事化与社会结构》，谢亮生等译，中国社会科学出版社，1990。

器，分别由大小团绅掌控，实际成为乡村基层权力机构。① 20 世纪 20 年代，乡团、商团几乎遍布广东全省。② 农民运动起来后，民团成为农民协会的首要打击目标。广东农运的中心工作是"政治争斗"。"政治争斗的案，占全数百分之八十以上。"其中最多的又是同民团争斗。民团同农会的冲突，农会常站在发难的方面，抱着挑战的态度。"这是因为许多农民协会成立的动机，在夺取乡村政权，所以农会成立，马上就同民团冲突。"连中共广东区委也认为："固然民团是地主的武装，不对的地方要占多数，但是农会有时也未免做得太为过分。许多农民协会刚才开始成立，马上就想占有民团开支的公款，收缴民团的枪。"③

有学者称，广东没有开展打土豪劣绅运动。④ 其实在北伐前，新会、清远、南海、花县、海陆丰等一些地方的农会即出现了。也就是说，这些激进行为早在湖南农运之前就存在了，只是北伐开始后政治局势的变化才减缓。

广东农运的最显著特点是械斗。械斗在广东本有着长期的地域性传统。农运起来后，农会也迅速积聚相当的兵力和武器。⑤ 故广东的农运很容易发展为直接的武装对抗和流血冲突。数百人乃至上千人的交战，在广东农运中相当常见。⑥ 相比之下，湖南农运中，农会武装不过梭镖而已，大规模的流血冲突极为少见。

一般认为，民团武力多掌握在豪绅地主之手，是农民运动开展的重大阻力。但值得注意的是，豪绅地主并非一个高度组织化和同质化的利益共同体，虽然在面对农民运动的冲击时可能联合起来对付农民，但在一般情况下，豪绅地主群体内部的利益纷争和权势竞争更为激烈。广东乡村社会宗族特别发达。一般宗族均拥有相当的经济基础（族田），并拥有相当的武

---

① 如广东新会一乡，有联团局 1 个，公共碉楼 5 座，商人自卫楼 1 座，均各有二三十名武装团丁；另有更馆 1 间，私家碉楼 26 座，县团所派警察 1 个分队。见《台山新会各乡调查经过情形报告》（1926 年 9 月 16 日），中国国民党党史馆藏五部档：部 12378。
② 邱捷：《近代中国民间武器》，社会科学文献出版社，2012，第 52 页。
③ 《广东农民运动报告》，《广东农民运动资料选编》，第 60—63 页。
④ 柳镛泰：《国民革命时期公产、公堂问题——两湖与广东农民运动之比较》，《民国研究》总第 5 辑，1999 年，第 12 页。
⑤ 如 1926 年 10 月农运特派员黄克调查称，清远县的民团和农会各拥有枪支两千余杆。见《清远农民运动报告》（1926 年 10 月 20 日），中国国民党党史馆藏五部档：部 11466。
⑥ 如河源县第二区砂岭乡农会与民团的互战。戴耀田：《出发东江紫金河源等县农运工作报告》（1927 年 3 月 29 日），中国国民党党史馆藏五部档：部 10848。

力。宗族多聚族而居，形成具有一定地盘、武力与经济的共同体。宗族、村庄之间的竞争与冲突非常严重。宗族族长与村庄领袖必定是豪绅地主。宗族、村庄之间的械斗，豪绅地主往往是发动和主导者，而同一宗族与村庄的农民往往成为豪绅地主控制和指挥下的兵卒。在乡村社会，宗族长老与村庄头面人物拥有相当大的权威和权势，一般农民多唯命是从。所以在广东农村，中共很难撇开豪绅地主去直接动员农民。

> 福建的闽南，广东的东江、北江一带的家长，可算是小皇帝。这一带的人民，家族观念最深，他们都是聚族而居，家长就是这一族这一姓的最有势力者。他不必是辈份最长、年岁最老的，只要有力有势就可以打倒别种势力，自己尊为家长。因此在同一村里有强姓弱姓，同一姓里有强房弱房，同一房里有强角弱角等分别。强者真是尊如当地皇帝。①

外来政党深入乡村社会发动农民运动时，很难打破原有的乡村社会权力结构，也很难避免介入原有的地域社会冲突。中共试图将农民从豪绅地主的控制下分化出来，或将宗族地域之间的对抗，转化为农民与地主之间的阶级对抗，实际效果不佳。一方面，豪绅地主有意利用外来政治组织力量为自身的目标服务；另一方面，外来政党也不得不利用豪绅地主之间的竞争与冲突，以及豪绅地主在当地农民中的权威和影响力来达成动员农民的目标。广东乡村社会的械斗本来很发达，当中共的组织力量介入后，传统的械斗转化为新的农民运动，至少以新的农民运动和革命的名义进行。当一方反对革命时，与之对立的另一方很容易投入革命的怀抱。一族全体入民团，与之对立的一族则全体加入农会。② 另外，"本地田主和客籍田主

---

① 张宗麟：《中国乡村教育的危机》，《中华教育界》第21卷第2期，1933年，第2页。
② 如特派员梁伯舆在调查广东佛山某乡情形时发现："该乡系冯、张两姓，约千人，民元时两姓发生过械斗一次，迄今双方尚增设炮楼军械，夜间加放步哨看更。现在冯姓已入民团，张姓反对，而张姓又组织农会，以弭纷争，但为冯姓民团所阻，兼之反对农会……凡冯姓不准成立农会，各农民亦畏缩不敢加入。至张姓在家耕种之农民已入完了，未入的只小儿妇女等而已。"见《南海属佛山农运经过情形报告》（1926年7月28日），中国国民党党史馆藏五部档：部11461。

对付农民不能一致，常发生冲突"。"广东人对于主客关系分得很利害，要是某个地方的农会是先在本地人里面组织的，客籍的人就一定不会加入；要是先在客籍人方面组织的，本地人也不加入。"① 所以宗族与村庄之间的血缘、地缘分化，有时成为革命的阻力，有时也转化为革命的助力。

由于地域社会的宗族、村庄之间存在势力不均衡，强族欺负弱族、大村压迫小村的现象很普遍。当党的组织力量进入村庄后，弱族小村有意借助外来政治力量报复和反抗强族大村的压迫，因此弱族、小村往往更容易成立农会。另外，小地主往往也深受豪绅大地主的压迫，故小地主也纷纷加入农会，借农会的力量对付豪绅大地主。② 其结果，农民运动不纯粹是农民反抗地主的阶级斗争，相当一部分实际上是豪绅地主之间的竞争与冲突。1928 年 7 月，中共广东省委在内部文件中即指出：

> （一）以前各地所谓群众的斗争，实际是小豪绅所领导的对大豪绅的乡村械斗，以致造成今日乡村的分化远过于阶级的分化，党是在此等乡村械斗中生长起来。（二）党的指导机关好多是在受小豪绅影响的知识分子、富农手中，有时并直接是在这些小豪绅手中，他们主观上便不要（甚至于不愿意要）工人贫农群众起来。（三）党员在他们影响之下，多沉溺于脱离群众的军事工作，这本是农业社会容易发生的现象，再加上小豪绅、知识分子、富农的这种倾向，遂成为群众所认为唯一重要的工作。③

在广东各地，民团是变相的乡村权力机构，掌控着乡村各种权势资源。小豪绅因为不满大豪绅控制民团，垄断公共权势资源，希望打倒对方，自己取而代之，有意利用农民运动的力量夺取乡村政权。"因为一部分的绅士没有抢到民团在手，便混进农民协会来，想利用农民协会，所以往往有今天立案的呈文刚到，明天缴民团枪的报告跟到寄来的。""广东农村因受数千年来的封建制度的影响，组织不好，遗留下来的余逆很多。现又当军政、

---

① 《广东农民运动报告》，《广东农民运动资料选编》，第 77、26 页。
② 《广东农民运动报告》，《广东农民运动资料选编》，第 49 页。
③ 《中共广东省委致东江特委信》（1928 年 7 月 7 日），《广东革命历史文件汇集》（4），中央档案馆、广东省档案馆内部编印，1982，第 67—68 页。

民政、财政统一之后，许多无聊政客、落伍军人在政治上无活动余地，都跑到农村里面来捣乱了。现在这些人，或混进农会，借农会的力量，遂其私图。农会常自动去同民团冲突，缴民团的枪，多半是小土豪跑进农会利用农会来打倒大土豪干出来的。"故当时广东农村流传着"民团是一等土豪劣绅，农会是二等土豪劣绅"的说法。①

虽然豪绅地方之间的争夺与互斗，可以部分转化为农民运动的助力，但就总体而言，显然不符合中共所期待的以阶级斗争为主旨的农民运动目标。

湖南的民团（团防局）虽然不如广东发达，但其势力亦不容小觑。20世纪20年代初，长沙《大公报》对湖南各县民团任意杀人即多有报道。"人恒谓团防局为乡村军阀政府"。但在农民运动的冲击下，湖南民团没有像广东一样与农运形成强大的对抗。另外，湖南也有"土豪劣绅以宗法社会的观念，结合了一部分农民，反动的势力也很利害"。"有的利用家族观念，集合其一姓子弟，假名农民协会，饵以一时小利，破坏整一的革命的农民运动。"② 但总体而言，湖南的宗族势力远没有广东发达。湖南的族田也没有广东比重大。湖南更没有广东的械斗传统。

> 湖南的往日社会状态，也有异于其他各省的地方，我们要知道湖南的人口，经过张献忠吴三桂的变乱，已经减少到几乎灭绝的程度。现在的湖南人大部分是江南、江西迁入的，湖南没有很长的家族史，很少有能追溯到明代的家族，就是最近三百年中继续繁荣的家族，也很少。这是一个异征。③

湖南农运的激进，主要表现在打击"土豪劣绅"。打击"土豪劣绅"的手段有算账、罚款、戴高帽游乡、扭送县署、处决等。④ 湖南农运中，全省

---

① 《广东农民运动报告》，《广东农民运动资料选编》，第61、98、63页。
② 《国民党湖南省党部第二次代表大会对农民问题决议案》（1926年8月），《湖南农民运动资料选编》，第199页；《中国国民党中央执行委员会政治委员会第二十次会议速记录》（1927年5月12日），《中国国民党第一、二次全国代表大会会议史料》（下），第1142页；《湖南农民运动目前的策略》（1926年），《湖南农民运动资料选编》，第192页。
③ 铢庵：《湖南杂忆》，《人间世》第32期，1935年，第26—27页。
④ 李维汉：《湖南革命的出路》（1927年4月），《湖南农民运动资料选编》，第350页。

各县被杀的"土豪劣绅"总数，或说数十人，或说一百多人，[1] 平均每县不过一两人。人数虽然不算多，但声势巨大，尤其是叶德辉被当作"土豪劣绅"被杀，更是震惊全国。加之"有土皆豪，无绅不劣"这句话随着毛泽东《湖南农民运动考察报告》的公开发表而广为流传，给各方留下湖南农运"过火"的深刻印象。毛泽东所考察的5个县，是湖南农运最发达的地区，其他多数县并没有那么激烈。而且毛泽东的报告充满了革命的激情。其实即使在毛泽东所考察的地区，农运的打击面并没有那么宽泛。被杀的"土豪劣绅"多是一县之内具有相当权势且有恶行劣迹的人物（多为县级民团首领）。如果将"土豪劣绅"分为县绅级和乡绅级的话，被杀的多是县绅级，而且多是由县党部、县农协或各县旅省学友会出面检举的。[2] 真正由农民自行处决的只占8%。[3] 叶德辉更是由省农协出面检举、由省特别法庭审判和处决的。[4] 真正被区乡农民协会检举的是一批占据乡村基层权势资源的豪绅地主，或是因为"说农民协会的歹处"，有破坏农民协会的言行的人，[5] 而受到的待遇多是戴高帽游乡、罚款之类。并非所有地主乡绅都受到冲击。

而且，湖南农运起来后，豪绅地主大多选择外逃，"一等跑到上海，二等跑到汉口，三等跑到长沙"，很快形成乡村权力归农会的局面，没有如广东那样与农会形成有组织性的对抗局面。但也正是这批外逃的"土豪劣绅"在省外大造农运的负面舆论，如"'湖南共产了！'在汉口、南昌、上海等地到处传遍了"，"上海所有湖南商人均互相传说CP将在湖南组织工农政

① 据张世瑛统计，被处决的土豪劣绅共138人。（氏著《罪与罚：北伐时期湖南地区惩治土豪劣绅中的暴力仪式》，《国史馆学术集刊》第9期，2006年，第53页）土豪劣绅被杀的消息并非都登载报纸，1927年初也有"压下不登"的。见《谢觉哉日记》，1943年5月14日，引自《湖南农民运动资料选编》，第360页。
② 如1926年12月22日，湖南各县旅省各界反土豪劣绅运动大联合，向省党部、省政府举行第二次大请愿，要求惩治土豪劣绅。原载湖南《大公报》1926年12月23日，引自《湖南农民运动资料选编》，第493页。
③ 张世瑛：《罪与罚：北伐时期湖南地区惩治土豪劣绅中的暴力仪式》，《国史馆学术集刊》第9期，2006年，第53页。
④ 《湖南省特别法庭判决叶德辉死刑》（1927年4月11日），《湖南农民运动资料选编》，第529页。
⑤ 易礼容：《农民问题》（1927年3月），《湖南农民运动资料选编》，第338页。

府"等，① 导致湖南农运在全国的负面影响比广东农运要大得多。

如果说，广东多表现为械斗性的硬暴力的话，湖南则多表现为群众性的游乡、公审之类的软暴力。

广东与湖南能成为 20 世纪 20 年代农运最激烈的地区，尚无资料证明这个时期湘粤农村比其他省区农村更恶化、更破产，而时人却注意到两省地域文化的因素。1925 年，有人对两省民性做过如下一番描述："中国民族性以中庸调和闻于世界。惟湘粤人独殊：倔强偏激，猛进善变，酷类法国人。当其信以为是也，牺牲一切以为之，必达极端而后已；及悟其非，又易道而趋，必达极端而后已；知无不行，行则义无反顾，纵前后异致，绝不以为歉。故近百年间，湘粤文化进步，湘粤人之活动能力增加，中国遂无役不有湘粤人参与。"② 作者撰写这篇文章时，广东农运刚刚起步，湖南农运更在萌芽状态。想必两年之后，作者更感自己所言不虚也。

六　乡村权势争夺与斗争性动员

20 世纪 20 年代两湖农民运动的中心口号是"打倒土豪劣绅"，但"土豪劣绅"具体指哪些人，国共两党均缺乏明晰的界定。1927 年 1 月和 3 月，湖南、湖北两省虽然分别制定了《惩治土豪劣绅暂行条例》，湖南还成立了审判土豪劣绅特别法庭，③ 然而条例对"土豪劣绅"的定义十分含糊和笼统，如同同时期的"反革命"概念一样，既带有浓烈的专断性，又富有浓烈的任意性。"土豪劣绅"与"反革命"是 20 世纪 20 年代革命中最被滥用的两个词，也是当时对立各方相互污名化的重要话语。湖南农运高潮中，甚至出现"有土皆豪，无绅不劣"的极端说法。1927 年长沙马日事变时，

① 李维汉：《湖南革命的出路》（1927 年 4 月），《湖南农民运动资料选编》，第 351 页；《中央局报告》（1926 年 12 月 5 日），中央档案馆编《中共中央政治报告选辑（1922—1926）》，中共中央党史出版社，1981，第 142 页。

② 宫廷璋：《湖南近年来之新文化运动》，《湖南大公报十稘纪念册》，湖南大公报编辑部辑印，1925，第 73 页。

③ 《湖南省审判土豪劣绅特别法庭组织条例》（1927 年 1 月 15 日）、《湖南省惩治土豪劣绅暂行条例》（1927 年 1 月 28 日），《湖南农民运动资料选编》，第 503—504、508—509 页；《湖北省惩治土豪劣绅暂行条例草案》（1927 年 3 月 15 日），武汉地方志编纂委员会办公室编《武汉国民政府史料》，武汉出版社，2005，第 227 页。

发动政变的一方甚至将"土豪劣绅"作为戒严的通行口令：如果遇到军警喊口令"土豪"，赶紧应答"劣绅"，即可通过。[①] 其实在众声喧哗的"打倒土豪劣绅"口号的背后，还隐藏着地方精英之间的权力斗争。

湖南农运中有一个非常重要却长期被学界忽视的群体，乃小学教师。

毛泽东的《湖南农民运动考察报告》，最初发表的版本中附有一个"湖南各县农会会员统计表"。表内详细列举了各县农协会员成分，内中除雇农、佃农、半自耕农、自耕农、手工业者、小商人和妇女外，专门列有"小学教师"一项。这一项很独特，也最值得注意。最多如衡阳，有 2256 名小学教师加入农会。其次如长沙有 1425 名，华容有 1216 名，湘潭有 1100 名，宁乡有 600 名，湘乡有 540 名。其他县亦有数十到数百名不等。[②] 按理，小学教师不属于真正农民，为什么会有如此多的小学教师加入农会？他们在农民运动中扮演着怎样的角色？

近代以来，湖南的教育相对发达。尤其在湘军时代，出外做官的人很多，官绅为了光宗耀祖，大修祠堂，大办族学，废科举兴新学后，"族与族之间互相竞争，于是招收外人，扩大范围，成为正式的学校"。与科举时代相比，就读新学的读书人数量有增无减。[③] 据 1923—1924 年的统计，湖南全省小学（包括初小、高小）有 15246 所，教职员有 33491 人。平均一所小学约两名教职员。当时湖南共有 75 个县，平均每县有小学 203 所，有教职员 446 人。长沙、浏阳等县，初级小学多达近千所，湘潭、宁乡、平江、湘阴、澧县等县有五六百所。[④] 这意味着小学教育比较发达的地区，也是农运发达的地区。在这些地区，小学教师大多加入了农民运动的行列中。小学教师的参与程度，与农运有着密切的联系。

五四时期凡新式教育比较发达的地区，新青年、新学生比较多，新文化、新思想的传播比较快，其后中共党团组织也就比较容易建立。农运同样如此。中共中央很早就提出要以乡村小学教师为媒介去动员农民。中共湖南区委在

① 卡介侯、任伊平：《马日事变的片断回忆》，《湖南文史资料》第 6 辑，政协湖南省文史资料研究委员会编印，1963，第 181 页。
② 《湖南各县农民协会会员统计表》（1926 年 11 月），《湖南农民运动资料选编》，第 144—148 页。
③ 傅任敢：《湖南教育一瞥》，《独立评论》第 78 号，1933 年，第 10 页。
④ 张唯一：《民国以来湖南教育行政概观》，《湖南大公报十稘纪念册》，第 2—3 页。

农民运动议决案中特别指出：乡村小学教师和手工业者，文化程度多比真正农民略高，而"乡村小学教师的生活状况，与佃农及手工业者相差不多，而容易领受革命要求与革命知识，我们要从这种人中找出农民运动的领袖人物"。"农村小学教师实际是天然地站在输送新思想于农村的地位。"① 中共在湖南最早的一批党团员，多为城市青年学生和小学教师。毛泽东本人也当过小学教师，当其在湘潭、湘乡等地着手建党和开展农运时，亦从联络乡村小学教师入手，"先从土豪劣绅手中夺取农村的学校阵地"，作为开展革命的立足点。② 中共在其他省区也有以"抓到地方教育权，安插我们的同学当教员，作农民运动的基础"的做法。③ 只是这一策略似以湖南落实得最好。

民国初年，乡村小学教师一般为高小毕业因经济原因而不能继续升学的年轻学生，以及科举出身的年老的举贡生员。④ 积极投身农运的主要是前者，中共称他们为"半知识分子"。正是这批小学教师，实际成为20世纪20年代湖南农民运动的基层骨干力量。所谓穿破鞋、打破伞的游民和贫农，多充当革命的马前卒和急先锋，而真正发挥领导作用的区、乡农协委员大多是乡村小学教师。"许多小学校也已经变成了各地方农民运动的机关。"在农运发达的县，乡村小学教师大批投身农民运动，导致学校停课，甚至"因教师兼做农运工作，荒废课业，引起一般人渐不信任学校"。⑤

1926年《湖南农民协会暂行总章》规定，农民协会分省、县、区、乡、村五级。⑥ 在实际运作过程中，村级农民协会成立极少，一般以乡级农协为基层组织。中国历史上有"皇权不下县"的说法。直到民国初年，国家正式的行政层级仍止于县。而区、乡农民协会的建立，意味着农民协会的组织触角比国家行政下沉了两个层级，而且能做到"一切权力归农会"，农会

---

① 《中共湘区关于农民运动议决案》（1925年10月）、《湖南农民运动目前的策略》（1926年），《湖南农民运动资料选编》，第60、189页。
② 《贺尔康日记》，《湖南农民运动资料选编》，第389—394页；另参见湘乡县纪建办《毛主席考察湘乡农民运动以及考察前后农运情况的调查总结》（1968年），油印件，衡山县档案馆藏：301。
③ 《中共宿县独支的报告》（1926年10月19日），中共安徽省党史工作委员会、安徽省档案馆编《安徽早期党团组织史料选》，内部编印，1987，第150页。
④ 祝其乐：《乡村教师问题》，《中华教育界》第13卷第10期，1923年，第1—11页。
⑤ 《湖南农民运动目前的策略》（1926年）、杏书：《关于农运的一个报告》（1926年），《湖南农民运动资料选编》，第189、453页。
⑥ 《湖南农民运动资料选编》，第124页。

集基层行政、司法、武力和民间性的社会权力于一身，在湖南一度形成"两套政权"——省政府的统治权与县以下农会的统治权——的局面。这在中国历史上称得上绝无仅有。

行政组织每下沉一个层级，均需要巨大的才、财等"组织成本"。农民协会并非正式的行政机构，其"组织成本"虽然低得多，但仍需要相当的组织资源。1927年《中共湘区一月份农民运动报告》即提到："最近民省部（指国民党省党部——引者注）派出之农运工作人【员】共计203人，其中本校（指中共——引者注）182人，民校（指国民党——引者注）21人。每县协中负专责者平均6人，每区协负专责者最少1人，每乡协负专责者平均0.5人，则其专事农运工作者，应共有3775人。"① 中共湖南区委显然无法派出这么多农运工作者，其结果："各地农协，县协在我们手里；区农协有我们的同志；乡农协没有人。我们的命令，只能到区，不能到乡。"② 有资料显示："其时之农运工作人才，十之三为省党部农民部特派员，十之五为当地小学教师，余则为游民无产者。"③ 大体言之，县农协委员多为省党部下派的农运特派员，大部分毕业于广州农民运动讲习所，且多为中共党员。区农协委员有少数农运特派员，多数为小学教师充任。乡农协委员则部分为小学教师，大部分为游民贫农。

中共在深入农村的过程中，不得不依赖小学教师等一批"半知识分子"。中共湖南区委承认："各地我们的发展：（一）多有偏于一隅的；（二）多找些小资产阶级的半知识分子和乡绅。因此，第一就发生了部落的毛病，第二就只占有上层，不能打入群众中去。"④ 一位亲身经历者忆述："当时所依靠的，多半是当地的小学教员，真正贫雇农主动发起的可以说没有。"⑤

小学教师等"半知识分子"积极投身农民运动，也有自身的利益考量。这批人受过一定的或旧或新的教育，自视为斯文人，自我角色定位不再是

① 《中共湘区一月份农民运动报告》（1927年），《湖南农民运动资料选编》，第458页。
② 《中共湘区发展党在农民中的组织计划》（1927年2月16日），《湖南农民运动资料选编》，第104页。
③ 李执中：《农民问题与痞子运动——湖南农运之分析的报告》，《中央半月刊》第1卷第4期，1927年，第64页。
④ 《中共湘区发展党在农民中的组织计划》（1927年2月16日），《湖南农民运动资料选编》，第104页。
⑤ 廖白皋：《龙喜乡农民运动的兴起》，《大革命时期长沙农民运动》，第174页。

农民，然而他们既难以进城谋职谋生，而在农村除了开馆教书，亦无其他
出路。而这个时期乡村小学教师的收入十分微薄，年俸仅百元左右，社会
声望和地位也相当低。①　在广东一些地方，小学教员自称"老四"，因当地
有"一穷，二死，三麻疯，四教书"之俗语。他们因"受过教育，有知识，
有思想，以故对于环境易起刺激和悲观，且欲望比农夫工人高，所以其痛
苦深"。② 乡村权势资源控制在少数豪绅大地主之手，没有他们置喙的余地。
中共党团组织的向下发展和农民运动的兴起，无疑为他们提供了一个很好
的改变自身地位的机会。

> 小学教师，自有他们的职业，因为从前饱受土豪劣绅的压迫，故
> 趁此时机，出而组织农协……此派多被选为区农协执委，于中小地主
> 及正绅、佃农、自耕农及手工业者，极获信仰。③

小学教师投身农民运动，对农民运动产生了什么影响，自是一个值得
考察的问题。资料显示："湖南的农民运动，一起来便是政治的争斗。"④ 湖
南农运将打倒"土豪劣绅"作为首要目标，明显带有争夺乡村权势的意味。
因为这些"土豪劣绅"是乡村的既得利益阶层，是乡村社会的当权派。年
轻的"半知识分子"趁机起来造他们的反，赶跑或打倒他们之后，自己可
以取而代之。所以，有些地方的农运，是以反对垄断全乡教育大权的劣绅
而开始的。⑤ 对普通农民而言，减租或分田地也许更有实际意义，而对小学
教师而言，打"土豪劣绅"则更有吸引力。"一切权力归农会"，并非归于
普通农会会员，而是归于少数农会委员之手。所以湖南农运的中心工作是
基层权力的重构，而权力重构的最大受益群体，即是这批以小学教师为代
表的基层"半知识分子"。

---

① 祝其乐：《乡村教师问题》，《中华教育界》第 13 卷第 10 期，1923 年，第 1—11 页。
② 陈修：《对于小学教员的研究》（1921 年），《海陆丰革命史料（1920—1927）》第 1 辑，第 30、32 页。
③ 李执中：《农民问题与痞子运动——湖南农运之分析的报告》，《中央半月刊》第 1 卷第 4 期，1927 年，第 64 页。
④ 唐生智：《在国民党二届三中全会上关于湖南的政治报告》（1927 年 3 月），《湖南农民运动资料选编》，第 242 页。
⑤ 廖白皋：《龙喜乡农民运动的兴起》，《大革命时期长沙农民运动》，第 173 页。

　　除了打击土豪劣绅，湖南农运中另一项颇具影响的工作是"平粜阻禁"。其时外界对湖南农运的印象，"平粜阻禁是最惹人注视，说农协坏的一件事"。中共湖南区委也认为："平价阻禁，为农协中最普通之争斗……因平价阻禁而引起政府及社会对农运之反感最甚。"但湖南区委认为"平价阻禁"为贫农所最需要者，"平价阻禁运动之普遍，亦可证明现在农协是在贫农手中。"湖南区委似乎急于向中央证明农协是在贫农手中。其实，相对于贫农，"平粜阻禁"与小学教师的利益更密切相关。因为"一般手工业者、小学教师，必须买米"。① 一般农民毕竟自己种田，至少可以部分粮食自给，而小学教师则完全要靠买米生活，所以他们对"不准谷米出境、不准高抬谷价、不准囤谷居奇"最为积极，而对"不准加租加押""不准退佃"等与农民切身利益相关的活动热情反而次之。② 实际上，中共湖南区委在 1927 年 1 月发布的通告中明确指出："现在因各地阻禁平粜的结果，谷价日见低落，金融闭塞，自耕农、佃农等小资产阶级的农民，将有脱离农协之趋势。"为什么自耕农、佃农反对"平粜阻禁"？因为"从前自耕农、佃农等，都是用谷米兑换油、盐、棉花等杂货，以调剂生活。现在因谷米不能出境，谷价低落，各地商店都拒绝不要谷米，都要现钱才有货卖，农民无现钱就不能购买货物，就感觉十分困难"。所以，最希望"平粜阻禁"，或者说"平粜阻禁"的最大受益群体，是小学教师、手工业者和雇农等部分人。而这部分人，实际只占农会会员的少数，而自耕农和佃农才是农会会员的多数。以农运发达的湘乡县为例，其农会会员成分为：佃农占 48.0%，自耕农和半自耕农占 28.4%，雇农占 8.6%，手工业者占 14.7%，小学教师占 0.3%。③

　　在 1927 年 3 月召开的国民党二届三中全会上，唐生智转述当时流行的对湖南农运的一种说法："安分的农民没有参加，而为一般不耕田的人和一

---

① 罗难：《农民运动与反宣传》（1927 年 1 月 7 日）、《中共湘区一月份农民运动报告》（1927 年）、夏曦：《在国民党二届三中全会上湖南政治党务报告》（1927 年 3 月 12 日），《湖南农民运动资料选编》，第 310、456、237 页。

② 毛泽东：《湖南农民运动考察报告》，《毛泽东选集》第 1 卷，人民出版社，1991，第 26—27 页。

③ 《中共湖南区委关于阻禁平粜问题的通告》（1927 年 1 月 16 日）、《湖南各县农民协会会员统计表》，《湖南农民运动资料选编》，第 608—609、144 页。

般不努力耕田的人所领导的农民运动。"① 这一说法并非完全捏造。掌握基层农会权力的小学教师，可能也包括一批手工业者，均是"不耕田的人"。而"不努力耕田的人"则指在农运中充当打手和急先锋的一批"游民"。这两部分人确实是湖南农运中的骨干和积极分子。忽视小学教师在湖南农运中扮演的角色，就难以理解湖南农运为何以打倒"土豪劣绅"和"平粜阻禁"为首要目标。

无论是广东的小豪绅反抗大豪绅，还是湖南的小学教师打击"土豪劣绅"，都以争夺乡村权势资源为目标。但在乡村社会，权势资源总归有限，受益者只是少数人。即使做到了"一切权力归农会"，而农会权力势必为少数农会委员所把持，普通的农会会员未必能真正尝到权力的滋味。② 在这种情况下，那些普通农会会员有可能袖手旁观，甚至如广东出现"农民对于协会工作，永不发生兴趣"的现象。③ 不过，激烈的斗争能够补救这一缺失。无论是广东的械斗，还是湖南的打击"土豪劣绅"，其实际情形虽然与中共的阶级斗争理想还有相当的差距，但斗争和冲突一旦起来，就会迅速组织起来，双方剑拔弩张，便无妥协回旋的余地，血缘、地缘、亲缘关系也可能被颠覆。斗争越激烈，群体内部的凝聚力越强，群众的斗争激情也越高涨。

对于"斗争性动员"的意义，中共早有认识："因为农民团体若无受外敌之压迫，是易陷于松散，故农会之有敌人，诚为促进农民运动进步之好机会。""只有从斗争中出来的农民组织，格外有基础。"所以中共就反对"和平的农民运动理论"。彭湃在海丰开展农运时，也以"运动太过平和为可惜"。④ 每次群众运动，中共都要首先确定斗争对象，争取多数，孤立少数。一旦一方的声势压倒另一方，就迫使中立者站队，而不得犹疑徘徊于

① 唐生智：《在国民党二届三中全会上关于湖南的政治报告》（1927年3月），《湖南农民运动资料选编》，第241页。
② 《广东农民运动报告》即指出："农民不认识协会是他们自己的，结果使少数执行委员同秘书把持协会。"见《广东农民运动资料选编》，第100页。
③ 《广东农民运动报告》，《广东农民运动资料选编》，第63页。
④ 《团粤区委第二次代表大会关于广东农民运动决议案》（1924年6月），《广东农民运动资料选编》，第6页；《中央局报告》（1926年12月5日），《中共中央政治报告选辑（1922—1926）》，第140页；《中华全国农民协会临时执行委员会全国农民第一次代表大会宣传纲要》（1927年4月），司马璐编著《中共党史暨文献选粹 第五部（一九二七年的国共分家）》，出版时地不详，第72页；李春涛：《海丰农民运动及其指导者彭湃》（1923年11月7日），《海陆丰革命史料（1920—1927）》第1辑，第119页。

两者之间。在湖南，由于将少数地主打入"另册"，不准其加入农会，使他们感到"孤立"和低人一等，"摈在农会的门外，好象无家可归的样子"。原本观望者怕入"另册"，便多方设法求入农会，一心想把他们的名字写上那农会的册子才放心。湖南的富农和小地主开始观望，后来乞求加入农会的情形就是例证。而那些加入农会者自然也就具有某种相对的政治优越感。用毛泽东的话讲，几个月前还被人看不起的农会，现在却变成了顶荣耀的东西。而赋予农民这种政治优越感，几乎不需要什么成本。如此，则以最小的成本代价，急速而有效地将广大农民动员起来。这是 20 世纪 20 年代农民运动有别于三四十年代农民运动的一大特点。三四十年代的农民运动，或以土地革命，或以减租减息为策略，以经济动员驱动政治动员。而 20 世纪 20 年代的农民运动则基本上是一场政治运动，也可以说是一场只打土豪而不分田地的农民运动。

七　从"运动"群众到群众"运动"

20 世纪 20 年代的农民运动，与三四十年代的农村革命有所不同。三四十年代中共在苏区或根据地动员农民时，一个重要目标是要汲取农村的人力、物力来支持中共组织的生存和军事力量的壮大，共产党需要农民提供兵源，也要靠农民养活。而 20 世纪 20 年代中共没有自己的政权和军队，组织成本和经济负担较小，开展农民运动的经费，因打着国民党的旗帜，大部由国民党中央或省政当局"埋单"。中共自身不需要从农村汲取人、财资源，发动农民起来革命的目标比较单纯。

彭湃在海丰开展农民运动时，曾遇到一次"凶年减租"与"丰年减租"的选择困境，颇能反映中共目标与农民目标之异趣。1923 年夏秋之交，海丰恰遇水灾和风灾，农田完全失收，农民大起恐慌，要求农会趁机向地主挑战，实行减租运动。然而彭湃却有不同的看法，认为："农民的解放运动，减租运动，如是因着年凶，是无甚价值的。因为恐他们或竟忘了减租的意义和我们的目的。故有价值，还是要在丰年来减租。"何以凶年减租无价值，丰年减租才有意义？彭湃解释说："减租是农村阶级斗争的挑战。果然，则凶年减租虽可救死，而田主施惠、佃户感恩，有时反易没却阶级的

意识，故无甚价值……反之，丰年减租，则直是农村阶级斗争的挑战，故有价值。"① 从农民切身利益来说，凶年减租最迫切、最需要，甚至生死攸关；而从党的阶级斗争目标而言，丰年减租意义更为明显。

从早期农运的经验看，农民确实不大明白也不大理睬什么"主义"，却相当注意权衡和算计利弊得失，当形势不利时，多迟疑徘徊、消极退缩，而当形势有利时，则勇往直前，甚至胆大妄为。共产党说，哪里有压迫，哪里就有反抗，压迫越狠，反抗越烈。在群众运动的实践中，其实还有另一种情形：哪里压迫小，阻力小，政治环境宽松，哪里的群众就容易运动起来。

当然农民一般都缺乏长远眼光，算计的多是眼前得失。他们即使受到豪绅精英的压迫，仍愿意追随那些豪绅精英。因为他们觉得豪绅精英比自己更具有眼光，更会算计利弊得失。如中共番禺县委在给广东省委的报告中即谈道："当地贫苦农民往往做事都是要大耕家带头，他们乃敢随之。他们依赖大耕家的心理，非常难以打破。"② 因此，农民运动在很大程度上仍然依赖地方精英的参与，甚至成为参与的主角。乡村地方精英之参加或反对农会，往往会带动一大批农民追随。地方精英可能是小学教师，也可能是小地主或部分豪绅。

豪绅地主对农运的态度，更视政治形势的变化和自身利益考量为转移，最初往往尽力阻止，势均力敌时顽强抵抗，形势逆转时，选择逃跑或转而组织和加入农会。所以农运发展到一定阶段后，中共常常告诫要防止豪绅地主混入农会。另一方面，豪绅地主之间的竞争和对抗，也使部分豪绅主动加入农民运动的行列，转而利用政党的组织资源为自己的目标服务。中共还没有自己的地盘，力量有限，所以还不可能完全按照自己的意识形态推行阶级斗争于农运实践中，为了争取民众，有时不得不妥协，不得不迁就现实。在广东，中共广东区委就告诫农运特派员说，条件不成熟时不要提出"打倒地主""打倒土豪劣绅"等过高的口号，以至于广东很多地方的农运实际上是一帮豪绅地主带领的农民与另一帮豪绅地主带领的农民进行斗争。湖南的农民运动也在很大程度上是以乡村小学教师为代表的一批年

---

① 李春涛：《海丰农民运动及其指导者彭湃》（1923 年 11 月 7 日），《海陆丰革命史料（1920—1927）》第 1 辑，第 118—119、124 页。
② 《中共番禺临时县委四月份给省委报告》（1928 年 5 月），《广东革命历史文件汇集》甲 32，第 98—100 页。

轻的乡村精英起来打倒既得利益的"土豪劣绅"，夺取乡村政权，实际上是地方精英之间的代际冲突和利益竞争。河南的农民运动更是如此。因红枪会在河南农村社会具有极大的号召力和组织力，虽然这些红枪会大都掌握在豪绅地主之手，中共不得不加以利用。所以河南的农民运动，实际上是红枪会运动，而控制红枪会的豪绅地主，也就顺理成章地成为河南农民运动的领袖人物。1927年8月中共河南区委在《河南农运报告》中指出："河南的农民运动，十之九是枪会运动"；"枪会首领大多数是土豪劣绅，或土匪流氓，其领导权完全操在土劣手里"；"只注意首领之联络，未积极去抓取群众，所以某一个政治口号，适于首领利益时，他们也似乎能合〔和〕我们一致行动，我们同志也便洋洋得意，以为可以领导群众，大吹大擂。但在某一口号不适于首领时，这一首领便带领整个的群众反动起来"。[1]

所以，20世纪20年代的农民运动，很难说是单纯的"农民"运动。农运的斗争对象，也不是单纯的"地主"。"农民运动"的大潮中卷入了各种不同阶层和职业的人群，也充满了各种不同的利益诉求和利益冲突，故而其风貌极其纷繁复杂。

群众运动一般都要经过一个从犹疑、尝试，到兴奋、亢奋的演进过程。最初的发动，总是比较艰难，而一旦启动，并形成一定规模后，就会产生群体感染效应，如同滚雪球般，迅速扩大。到了兴奋阶段，群众激情高涨，参与规模日趋膨胀，但尚处于理性和可控阶段。一旦进入亢奋狂热阶段，群众越来越非理性，就会出现勒庞所说的"心智归一"现象。[2]

另一方面，当声势浩大以后，怀有各种目的和野心的人难免渗透到运动中来，此时，运动的对抗性力量或降或逃或消失，而运动的组织领导力量往往难以同步增长和跟进。在这种情况下，"运动"群众，转变为群众"运动"，进入"自主性运动"阶段，群众不再听命于组织者，运动也势必偏离组织者最初设计的轨道。组织者也难以通过宣传、教育、说服和解释等手段抑制群众的激情，强行抑制可能导致与群众的直接冲突，丧失群众的信仰。

广东农运因为政治环境的变化而尚未发展到"亢奋"阶段即趋于停滞。

---

[1] 《河南农运报告——对枪会运动之分析》（1927年8月30日），中共河南省委党史工作委员会编《一战时期河南农民运动》，河南人民出版社，1987，第122页。

[2] 参见赵鼎新《社会与政治运动讲义》，社会科学文献出版社，2006，第61页。

湖南农运则很完整地呈现了这一过程。湖南农运是随着北伐军事的迅猛推进而爆炸式发展的。在 1926 年 6 月至 1927 年 6 月一年间，全省农会会员数由三四万猛增到五六百万。中共在湖南的组织力量虽然最强，但无法与农运同步发展。其结果，中共最终只能控制县一级农协，对区一级农协还能半控制，到乡一级农协则完全失控。中共的命令，只能到区，不能到乡。开始阶段，区、乡农协基本由小学教师主持，到后期，乡农协组织迅速膨胀，并为游民贫农所掌控，"他们的组织农协，既不懂什么策略，复无所谓目的"，于是出现了"各地方区农协不服县农协指挥，乡农协不服区农协指挥，各自为政，不相统属现象"。①

不仅农运，大革命时期的工运，也同样出现过严重的"左"倾和"失控"局面。据刘少奇的描述，工人"提出使企业倒闭的要求，工资加到骇人的程度，自动缩短工作时间至每日四小时以下，随便逮捕人，组织法庭监狱，搜查轮船火车，随便断绝交通，没收分配工厂店铺"。刘少奇以其领导早期工人运动的经验，总结出这样一条工人运动的"规律"：在政治环境好、工人有集会罢工自由的情况下，工人就会随心所欲地、无所顾忌地一味冒进，出现过激、过"左"的局面。刘少奇为此"苦闷欲死"却一直无良策加以解决。②

---

① 李执中：《农民问题与痞子运动——湖南农运之分析的报告》，《中央半月刊》第 1 卷第 4 期，1927 年，第 64 页；《省农协不准地痞流氓混入农协的第二十六号训令》（1927 年 1 月），《湖南农民运动资料选编》，第 461 页。

② 《关于大革命历史教训中的一个问题》（1937 年 2 月 20 日），中共中央文献研究室、中华全国总工会编《刘少奇论工人运动》，中央文献出版社，1988，第 212—221 页。

中国苏维埃革命的源流

1927 年国共分裂后，中共展开苏维埃革命。苏维埃这一名词借自苏俄，原意是代表会议，即由民众以代表会议形式掌握国家权力。不过，对于当时的中共党人而言，以什么样的称呼界定这场革命未必那么重要，在国民党已经武力分共，中共失去合法发展机会的背景下，武装反抗几乎是中共这样一支政治力量会做出的唯一选择。苏维埃革命的核心是要在中共独立领导下，推翻现行统治体系，建立中共领导的革命政权。

通过社会和政治革命建立新型政权，是中共建党以来一直追求的目标。早在中共一大通过的党的纲领中就明确指出："本党承认苏维埃管理制度，把工农劳动者和士兵组织起来，并承认党的根本政治目的是实行社会革命。"[①] 此后，虽然根据形势的变化，中共具体的革命策略屡有调整，但实现"建立无产阶级独裁制，创造世界的苏维埃共和国，以进于无阶级的共产社会"，[②] 应为中共一以贯之的终极目标。

由于力量的薄弱，当中共在国民党武力压迫下被迫进行武装斗争，与占据统治地位的国民党展开较量时，地域广大的乡村成为中共武装力量活动的中心。和城市相比，南京中央对农村缺乏有效的控制，中共在这里的发展可以游刃有余。事实上，鉴于中国社会农村人口占据绝大多数的现实，

---

　* 本章由黄道炫撰写。

① 《中国共产党第一个纲领》，中央档案馆编《中共中央文件选集》第 1 册（1921—1925），中共中央党校出版社，1989，第 3 页。
② 《中国共产党党纲草案》，《中共中央文件选集》第 1 册（1921—1925），第 140 页。

早在国共合作开展大革命的时期，共产国际和中共已经逐渐注意到农村、农民的重要性，并将解决农民的土地问题作为革命开展的重要一环。随着苏维埃革命的开展，中共武装因缘际会在农村发展壮大，土地革命成为苏维埃革命中具有凌驾意义的重要话题。

顾名思义，土地革命的中心当然是要完成土地的重新分配，即按照既有解释框架所言，将地主、富农拥有的占农村80%的土地分给普通农民，由此激发农民投身革命的热情。对土地革命的强调，与土地分配严重不均的判断密切相关，并在某种程度上成为革命起源解说的基本逻辑。不过，如果我们尽可能地回复到历史的现场，将有可能发现，事实总要比理论复杂得多，中国农村土地的状况并不像曾经认为的那样畸形，而关于革命源流的解说，也大可不必局限于土地和农民本身。

作为中国苏维埃革命在南方地区的中心区，由赣南、闽西组成的中央苏区具有特殊的考察意义。中央苏区是中共建立的中华苏维埃中央政府所在地，无论是面积、人口，还是武装力量、政权建设，这里都在各个苏区中居领先地位。因此，以其为中心进行的考察，尽管未必覆盖苏维埃运动的全貌，但无疑具有相当强的代表意义。

一　地权的悖论

在中共党史的表述系统中，关于1927—1937年中共革命的表述，多年来一直以土地革命的称呼。近年来，学界又有人提出当年中共自己对这场革命的定义即苏维埃革命。

借助于时人的调查，是还原当年土地状况的最好途径，这方面，毛泽东的《寻乌调查》无疑具有极高参考价值，可谓了解当年赣南社会生活真实风貌不可多得的宝贵材料，调查的细致、广泛、精到，堪称社会调查的典范。作为一个信仰马克思主义的革命家，毛泽东的调查对中央苏区的阶级分化状况投入相当大的热情，应该说，虽然有明显的政治目的，但其实地调查仍有着相当的客观性。从调查数据看，当时寻乌全县农村人口成分是：大地主（收租500石以上的）占0.045%，中地主（收租200—500石的）占0.4%，小地主（收租200石以下的）占3%，富农（有余钱剩米放

债的）占 4%，中农（够食不欠债的）占 18.255%，贫农（不够食欠债的）占 70%，手工工人占 3%，游民占 1%，雇农占 0.3%。土地占有情况是：公田占 40%，地主占 30%，农民占 30%。[1] 这一调查结论如果和我们后面将要提到的更广泛的调查数据对照，可以发现有着相当的一致性。

　　除毛泽东的调查外，关于江西、福建这两个苏维埃革命基本区域的土地占有情况，还有来自多方面的不同材料。当时，一些有关机构也对土地占有情况做过调查。据 1933 年福建上杭的调查，该县 43293 户居民中，地主占 3.6%，占地 30.5%；自耕农（实际即富农和富裕中农）占 5.3%，占地 5.4%；自耕兼租种农户占 88.4%，占地 64.1%；佃农占 2.7%。[2] 福建龙岩 1943 年调查表明的结果是，自耕农、半自耕农占 66.62%，佃农占 33.38%。[3] 赣县七鲤乡抗战中期调查的 500 户居民中，地主占 4.2%，自耕农和半自耕农占 37%，佃农占 45.2%，雇农占 0.4%，其他 13.2%。[4] 江西新干第四区谦益村的调查结果是：自耕农占 41.21%，半自耕农占 46.21%，佃农占 8.49%，雇农占 3.64%。[5] 中共赣东北党对江西乐平的调查也显示，该地土豪、自耕农、半自耕农、佃农、雇农的占地比例分别是 2%、40%、30%、5%、5%。[6] 这些调查结果显示的数据虽然在分类上有所区别，但从不同角度反映的土地分配状况是相近的，即以自耕农和半自耕农占人口相当多数，地主占有远超过其人口比例的土地，一般自耕农和半自耕农也拥有相当数量土地。

　　关于闽赣两省土地分化平缓的状况，既有当时政府方面的陈述：莲花、永新、宁冈三县，"以前均系小农作业之自耕农制，纯粹收租之地主，与贫无立锥之佃农，均占极少数，大地主则尤为稀少"；[7] 也有中共内部有关报

<hr>

[1] 《寻乌调查》（1930 年 5 月），《毛泽东农村调查文集》，人民出版社，1982，第 105 页。
[2] 《上杭县概况初步调查》，《统计月刊》第 3 卷第 3 期，1933 年。
[3] 林诗旦、屠剑臣：《龙岩之土地问题》，龙岩县政府编印，1943，第 69—70 页。
[4] 李柳溪：《赣县七鲤乡社会调查》，江西省地方行政干部训练团印行，1941，第 108 页附表。
[5] 丰城、清江、新干三县特派土地督察员报告，《江西民国日报》1933 年 12 月 22 日。
[6] 《鄱阳党团工作报告》（1927 年 11 月），中共福建省委党史研究室等：《闽浙皖赣革命根据地》，中共党史出版社，1991，第 58 页。
[7] 《莲花、永新、宁冈三县收复区土地处理督察处报告》，《军政旬刊》第 37、38 期合刊，1934 年。

告的证实："边界的经济本来是一个小农经济区域，自耕农甚多"，① 江西万安"自耕农占全县人口大半"。② 同时，我们还可以把上述调查数据和 1950 年前后江西、福建土地改革专门机构在农村所做的一系列调查加以对比，相互得到印证。下面表 8-1、表 8-2 所列是以 1950 年前后闽赣两省土地改革专门机构调查结果形成的综合数据。

表 8-1　福建土地占有情况

单位：%

地区	福安、寿宁等 5 县 7 村	南平、古田、沙县 3 县	福州鼓山区后屿村	永定	连城	武平	福建 66 县
地主人口	6.25	4.81	1.11	5.73	2.01	3.06	3.17
地主占地	47.95	45.85	7.78	6.79	9.82	9.7	13.5
富农人口	3.45	6.03	1.81	3.3	2.38	3.66	2.64
富农占地	11.38	15.81	7.71	3.64	2.99	6.14	5.17
中农人口	18.07	22.23	18.35	34.82	33.46	36.4	39.8
中农占地	18.23	26.51	35.54	22.28	17.61	29.3	32.36
贫农人口	50.33	45.65	37.47	53.43	54.74	51.91	39.99
贫农占地	20.4	13.32	19.99	17.94	14.73	19.6	13.9

注：本章所列凡以阶级划分各表均省略了地主、富农、中农、贫农之外的非主流社会阶层，各表统计总和不一定为 100%。占地比例中永定、连城、武平公田面积分别达 48.31%、52.07%、35.09%。

资料来源：《闽东北农村土地租佃剥削情况调查》《后屿各阶级（层）田地占有表》《鳞樟各阶级（层）田地占有表》《南塘各阶级（层）田地占有表》《七保村各阶级（层）田地占有情况表》，《福建省农村调查》，华东军政委员会土地改革委员会编印，1952，第 3、22 页；《永定县志》卷 5，中国科学技术出版社，1994；《连城县志》卷 4，方志出版社，2005；《武平县志》卷 4，方志出版社，2007；《南平专区土地、赋元情况调查》，《福建日报》1950 年 12 月 13 日；《土地改革前华东各省（区）市农村各阶级（层）土地占有情况统计》（附表 1），《华东区土地改革成果统计》，华东军政委员会土地改革委员会编印，1951，第 4 页。

---

① 《杨克敏关于湘赣边苏区情况的综合报告》（1929 年 2 月），江西省档案馆等选编《中央革命根据地史料选编》（上），江西人民出版社，1982，第 18 页。

② 《中共江西省委转录赣西各县及二团给赣西特委的报告》（1929 年 6 月 2 日），《江西革命历史文件汇集（1929 年）》（1），中央档案馆、江西省档案馆编印，1987，第 209 页。

表 8-2　江西土地占有情况

单位：%

地区	于都银坑区	南康县樟木乡	九江县石门乡	宁都县刘坑乡	江西苏区（土地委员会统计）	江西瑞金六区	江西28村*	江西公略县**
地主人口	1.78	2.6	4.4	6.14（包括富农）	3—4	2.18	3.85	
地主占地	6.3	13.8	24.44（包括公田）	66.95（包括公田）	20—30	11	17.8	20.1
富农人口	2.33	5.6	1.89		5—6	3.7	5.2	
富农占地	3.85	10.9	2.39		20	6.6	12.6	15.8
中农人口	15.88	25.24	38.67		20—30	20.16	28.8	
中农占地	19.86	39.1	36.1		30	16.2	32.2	15.1
贫农人口	76.63	62.79	42.5	93.86（含中农）	30—50	63.3	54	
贫农占地	38.45	35.18	16.3	33	20	30.5	21	15.5

注：＊江西28个村包括12个苏区村、9个游击区村、7个白区村，涉及人口29354人。

＊＊公略县在苏区时期由吉安、吉水划属。

资料来源：《银坑区土改运动总结》，江西省农协第二工作团编印，1950，第3页；方志纯：《南康樟木乡分村深入斗争经验》，《江西省土地改革重要文献汇编》（上），江西省土地改革委员会编印，1954，第205页；《江西九江县石门乡解放前的社会情况调查报告》《土地革命至解放前夕的刘坑乡》，《中南区一百个乡调查资料选集·解放前部分》，中南军政委员会土地改革委员会调查研究处编印，1953，第146、102页；〔美〕埃德加·斯诺：《红色中国杂记》，党英凡译，群众出版社，1983，第47—49页；《瑞金县六个区区改前后各阶层土地占有状况一览表》，《瑞金县志》，第332—333页；刘俊秀：《江西农村阶级关系与各阶层土地占有的初步研究》，《江西日报》1950年9月3日；《江西苏区中共省委工作总结报告》（1932年5月），《中央革命根据地史料选编》（上），第459页。

　　从上述调查资料看，占人口7%左右的地主占地最多的超过60%，最少的仅6.3%，规模较大、较具代表性的两个调查中，福建66个县不到20%，江西28个村则为30.4%。江西丰城小袁渡乡全面抗战前地主占地包括公田在内为28.72%，被认为是"土地集中程度为一般乡"。[1] 表8-2中的南康樟木乡所在的潭口区是南康"主要封建堡垒之一"，"樟木乡新田村尤为全区

---

[1]　《江西丰城县小袁渡乡解放前社会情况调查报告》，《中南区一百个乡调查资料选集·解放前部分》，第117页。

突出之封建堡垒"，① 但其地主、富农占地只有 24.7%。可以看出，这些数
据基本是以 30% 为中轴。相对而言，占人口 40% 左右的贫农占地数据比较
一致，多在 20% 左右。将上述数据和前述多种调查综合看，闽赣两省农村
以自耕农为主的构架可以成立，以往关于地主、富农占地 80% 以上的说法
作为一种政治宣传在有关调查中并没有得到证实。② 江西宁都刘坑乡是上述
数据中地主占地唯一超过 60% 者，但该统计包括公田，且该乡地主出租土
地中有 70% 属于皮骨田，即业主占有田底权（所有权），佃农占有田面权
（使用权），佃农租额要比一般的皮骨全田低 20%—30%，这和一般意义上
的地主占地有一定区别。③ 所以，严格说，这一统计应有一定水分。事实
上，土地改革前江西有关专业部门的调查结论就指出：

> 从全省范围来说明，估计地主土地约占百分之二十五，某些地方
> 占百分之三十到四十，甚至占百分之五十以上；富农土地约占百分之
> 十五，某些地方可能占百分之二十到二十五，公田约占百分之十，某
> 些地方可能占百分之十五到二十，个别县区约占百分之四十以上。④

---

① 方志纯：《南康樟木乡分村深入斗争经验》，《江西省土地改革重要文献汇编》（上），第
205 页。
② 有时具体调查和结论本身相互冲突，如江西宜春一个村的调查显示，该村地主占地 18.98%，
贫农人口占 58.4%，占地 45%，贫农占地比例应是较高的，而其结论是"占百分之九十的
农民却无田耕种"。见马成礼《江西省袁州专区农村情况调查》，《长江日报》1950 年 7 月
17 日。
③ 其实，这种所有权和使用权分离的状况在当时东南农村如江西、浙江、福建等地广泛存
在。费孝通在江苏吴江庙港乡开弦弓村的调查注意到当地土地占有"分为两层，即田面和
田底"。（费孝通：《江村经济》，戴可景译，江苏人民出版社，1986，第 126 页）而江苏常
熟"全境大都是这样"。且由于地主衰落，使用权出卖后"往往无力赎回，佃农也常借此
刁难地主"（《调查日记》，行政院农村复兴委员会编辑《江苏省农村调查》，商务印书馆，
1935，第 83 页），所有权权益大幅贬值。20 世纪 30 年代后期及 40 年代，使用权价格常常
高于所有权，地主对土地的控制受到很大限制。
④ 刘俊秀：《江西农村阶级关系与各阶层土地占有的初步研究》，《江西日报》1950 年 9 月 3
日。稍后的调查结果仍显示，江西解放前夕地主、富农、公田占地"一般多的可达 40%，
少的 15% 至 20%（苏区）"（张日震：《江西土改试点工作情况》，《中南土改简报》第 4
期，1950 年），和刘俊秀的结论无实质差距。然而该调查材料一开始就声明："对各阶层
的土地占有关系的认识……过去的认识是有偏差的。过去估计地主、富农、公田只占土地
百分之二十至三十"，但如上文所示，调查的最终结论和这一估计并没有区别。这种自相
矛盾的表述显现的心态，在当时的调查中有相当的代表性，即事实和理论间的落差造成调
查者相当程度的困惑和不安。

这一结果，和近年学者提出的全国范围综合估计地主、富农占地约50%的结论相比（有理由认为，这一结论可能仍存在着某种程度的高估），闽赣两省地主、富农占地比例在全国当不算高。无怪乎 20 世纪 50 年代初湘、鄂、赣、粤、豫五省农村进行的调查中，江西和河南一起，被列为土地较为分散的地区。[①] 而从江西、福建两省调查材料看，福建土地集中程度还要低于江西。

肯定这一地区土地集中的有限性，并不等于从总体上否认这一地区存在土地占有严重不平衡现象。有意思的是，当时来自各方面的多个报告都提供了现在常被认为是土地集中并不十分严重的数据，但调查者往往都得出土地分配非常不均的结论。[②] 也许当时的实际数字已不足以引起人们的重视，甚至会被作为相反观点的论据。其实，应该说，在这些更符合农村实际状况的数据后面，体现着的仍是农村占地的不平衡局面。这一点，从各阶层人均占有土地数中可以得到更清晰的反映（见表 8-3）。

表 8-3　地主与贫农人均占地比较

地区	地主人均占地	贫农人均占地	地主与贫农之比
福建 66 县	7.47 亩	0.61 亩	12.25 倍
南平、古田、沙县 3 县	21.76 亩	0.67 亩	32.48 倍
福州鼓山区鳝樟村	2.1 亩	0.41 亩	5.12 倍

资料来源：《土地改革前华东农村各阶级（层）土地占有情况统计》，《华东区土地改革成果统计》，第 2 页；《南平专区土地、赋元情况调查》，《福建日报》1950 年 12 月 13 日；《鳝樟各阶级（层）田地占有表》，《福建省农村调查》，第 23 页。

由表 8-3 可见，地主人均占地一般在贫农的 10—30 倍，少数地主、富

---

① 张根生：《中南区各省农村社会阶级情况与租佃关系的初步调查》，人民日报编辑部编《新区土地改革前的农村》，人民出版社，1951，第 26—28 页。20 世纪 30 年代也有调查认为江西"大地主绝少，百亩以上者仅千分之二三，十亩不足者，占百分之七十四，可证明农场面积之狭小，与土地之过细分割，同时可确知本省绝无土地集中之现象"。见王世琨《南昌实习调查日记》，萧铮主编《民国二十年代中国大陆土地问题资料》第 172 种，成文出版社，1977，第 84984—84985 页。

② 如一份关于常熟的调查报告发现这里"有五亩及十亩以下者，占全农户百分之七十一，而所得耕地仅百分之四十四，在四十亩以上的农户，仅占百分之三，所得耕地反占百分之十九"，对此，作者认为"其分配非常不均"。见余觐如《常熟农村现状调查》，上海《大晚报》1934 年 10 月 10 日。

农占地极不集中地区这一比例在 10 倍以下。福安南塘保贫雇农人均占地
0.39 亩，地主为 5.81 亩，是前者的 14.9 倍，这在闽赣两省农村中被认为
属于一般集中的，是较多出现的比例。可以看到，在赣南、闽西地区大多
数调查中，占人口一半左右的农村贫困阶层，其人均占有土地不足一亩。
以当时的生产能力，这样的占地数量不足以保证基本的生存。而如果以人
均分土地，当时闽赣农村人均普遍能达到两亩左右，勉强可在正常年景维
持温饱。因此，当苏维埃革命以平分土地相号召时，其对多数农民产生的
吸引力是不言而喻的。而人口膨胀、战争、政府政策及国际环境影响形成
的生活困窘，更埋下了农民求变情绪的根芽。

二　公田问题

中国传统社会宗族势力发达，在许多地区，宗族不仅拥有社会政治权威，
而且占有土地。中央苏区所在的赣南、闽西地区，主要以宗族占有形式出现
的公田占据很大比例："在江南，族有田产底发达，构成一种特色。"① 根据
20 世纪 50 年代初华东军政委员会的统计，浙江公堂土地占比为 16.35%，
安徽为 4.17%，苏南为 5.9%。② 中央苏区中心区的江西属公田发达地区，
国共两党的调查中都不约而同地注意到这里占地广大的公田，中共江西省
委 1932 年 5 月的工作报告记载："江西公堂祠堂的土地特别多。"③ 国民党
方面在武力恢复对苏区控制后，也报告这里"公田甚多"。④

从公田分布看，一般在较为偏僻地区，由于宗族势力强盛，公田比例
更高。中央苏区所在的赣南、闽西都是公田比例较高地区。以福建而言，
福建全省公田占比达 29.36%，⑤ 这个比例放到全国与其他省份做横向比较，
是名列前茅的。而属于中央苏区的闽西地区比例又要高过全省均值："闽

---

① 《江苏省农村调查》（农复会本），第 6 页。
② 《土地改革前华东各省（区）市农村各阶级（层）土地占有情况统计》（附表 1），《华东区土地改革成果统计》，第 4—5 页。
③ 《江西苏区中共省委工作总结报告》（1932 年 5 月），《中央革命根据地史料选编》（上），第 445 页。
④ 《陈诚等呈收复土地问题亟待解决请迅予布告》，《军政旬刊》第 32 期，1934 年。
⑤ 《土地改革前华东各省（区）市农村各阶级（层）土地占有情况统计》（附表 1），《华东区土地改革成果统计》，第 4—5 页。

北、闽西占百分之五〇以上；沿海各地只占到百分之二〇至三〇。"① 如闽
北闽西的古田过溪占 61.4%，建阳营前占 37.31%，永定中川村占 70.04%，
永定西湖村占 60%，永安吉前保占 56.6%，普遍达到总田亩的 50% 以上。
根据土改时期的统计，长汀土改前公田达 19 万余亩，占全县总耕地 39 万余
亩的 49.065%；② 建宁公田 67605 亩，占总耕地 166103 亩的 23.68%。③ 相
对而言，福建沿海地区公田比例要低一些，永春（7 个村）占 29.53%，莆田
华西占 21.87%，南安新榜村占 15%，福州市郊（2 个村）占 7.98%，福清梧
屿村占 9.02%。④ 泉州地委调查，闽南公田占总耕地面积的 20% 左右。⑤

　　赣南公田比例虽然不如闽西，但通常也达到百分之二三十。苏维埃革
命前，公略县公堂占地 22 万石，占总数的 31.5%。⑥ 毛泽东《寻乌调查》
的结果是该县公田占总数的 40%。⑦ 档案资料显示，地处赣南的石城公田数
量占比相当之高，该县两个乡土改前的统计数据显示，一个乡公田占耕地
总数的 49.44%，另一个乡公田占 47.2%。⑧ 瑞金 6 个区土改前公田占耕地
比为 33.6%，会昌为 20.92%。⑨ 在对江西 28 个村公田比例的调查中，苏区
12 个村是 15.8%，⑩ 这虽然是一个偏低的数据，但仍高于安徽和苏南地区。
中共关于万安暴动的文件中指出：该地"半自耕农约占百分之四十五，自耕
农约百分之三十，佃农约百分之十三，雇农约百分之七……然万安又无大地

① 《福建省共有田调查》，《福建省农村调查》，第 109 页。
② 《长汀县土改前后各级层土地占有情况表》，《长汀县志》，三联书店，1993，第 125 页。
③ 《土改前后各阶层占有土地、山林情况统计表》，《建宁县志》，新华出版社，1995，第
　 111 页。
④ 《福建省共有田调查》，《福建省农村调查》，第 109 页。
⑤ 《晋江县侨区农村调查》，《福建省农村调查》，第 102—103 页。
⑥ 《江西苏区中共省委工作总结报告》（1932 年 5 月），《中央革命根据地史料选编》（上），
　 第 459 页。
⑦ 《寻乌调查》（1930 年 5 月），《毛泽东农村调查文集》，第 105 页。
⑧ 《石城县 B 乡土改前各阶层土地占有统计表》《石城县 C 乡土改前各阶层土地占有统计
　 表》，江西石城县档案馆藏，转见何朝银《革命与血缘、地缘：由纠葛到消解》，中国社会
　 科学出版社，2009，第 169—169、170 页。
⑨ 《瑞金县六个区土改前后各阶层土地占有状况一览表》，《瑞金县志》，中央文献出版社，
　 1993，第 332—333 页；《会昌县各级层土改前后土地占有情况表》，《会昌县志》，新华出
　 版社，1993，第 210—211 页。
⑩ 刘俊秀：《江西农村阶级关系与各阶层土地占有的初步研究》，《江西日报》1950 年 9 月
　 3 日。

主大资产阶级，全县号称五万（元）户的只有一家，号称万（元）户的只有十一二家。农民所负的债务及租赁之田地，多半是众会上的（祠堂里的）"。①

公田的构成以祠堂祭祀田占大多数。浙江余姚南留乡第十村公田占总数的 61.78%，其中 92% 以上是祭祀田，其余是会田、校产，27.5% 由村民轮种，其余出租。福建古田七保村公田总计 4544.29 亩，是总田地 6026.75亩的 75.4%，"共有田基本上是祭田，占占有总数的 87.9%；学田是由祭田中抽出来的，约占总数的 5.19%；会田很少，只占总数的 6.49%"。②

公田在土地占有中的较高比例，使其性质认定相当程度上会影响到对土地占有关系的认识。虽然一般说，地主、富农等影响力更大的阶层对公田拥有较大的控制权，但作为一个群体的公有土地，毕竟应为参与者全体所有，公田的出现及运作设计都在努力使其能照顾到更多人的利益。当时有调查指出："这些族产的目的，大致为祭祀教养恤孤济贫，但因为是族产之故，田权移转时很不容易，不能绝对自由地买卖，因此便形成一种具有特殊性的田权。"③

公田在实际使用中存在着多种多样的情况，从中得益者也不尽相同。最能体现公田性质也最为公平的方法就是全体所有者按户轮流获得公田的使用权，这也是公田管理的重要形式之一。福建泉州闽南侨区"宗族田地，几乎都是轮祭田，由共有的各房各户轮流耕种或出租，当值者负责祭扫的开支"。轮种虽然相对公平，但也有致命的问题，就是农民不注意保护地力，"实行掠夺地力的经营，使土壤变坏，估计这种族田的收成，要较一般产量低五分之一"。④ 据浙江调查，土质得不到保护的轮种田单位产量要比一般田低 100 斤左右。⑤

作为变通的办法，也有先出租，然后按房按户轮流收租，福建古田许多地区采用这一办法。古田七保村"郑姓最大祭田由 43 户轮流收租，其中

---

① 张世熙：《万安工农斗争及 1927 年 10 月至 1928 年 3 月大暴动经过情形》（1928 年 7 月 12日），《江西革命历史文件汇集（1927—1928）》，第 267 页。
② 《古田县七保村农村调查》，《福建省农村调查》，第 68 页。
③ 《江苏省农村调查》（农复会本），第 6 页。
④ 《晋江县侨区农村调查》，《福建省农村调查》，第 102—103 页。
⑤ 《余姚县南留乡第十村调查》，行政院农村复兴委员会编辑《浙江省农村调查》，商务印书馆，1934，第 211 页。

地主 1 户，富农 2 户，中农 16 户，贫农 22 户，商业资本家 1 户，小商贩 1 户"。该村轮流收租次数最快的要 6 年一轮，普通的 21 年一轮，轮收次数最少的要 40 余年才轮得到一次。罗华村有 100 多年才轮到一次的。① 在这种完全公平的管理形式下，族田权利可以转让甚至卖绝，1948 年福建建阳县营前村贫农袁熙光因病需款，征得族人同意出卖彭墩乡的族田 14 亩，卖得价款由全部共有人分益。古田罗华村雇农魏宜香，母亲故去无法收埋，把和堂兄共有的族田永佃权卖给堂兄，此后不再享有轮流的权利。当然，为保证族田的家族性质，"这种收租及使用权的买卖，一般是要先商请其它共有者承买，如他们声明不买，才能卖给别人"。②

地主、富农等实力阶层有可能在其中获得特殊权益的是集中管理的公田。这种公田一般占地多、涉及户数广，轮种、轮租操作起来有难度，同时内部的实力阶层也不愿放过操纵公田的机会。这些公田"形式上是由辈高年迈的老人所经管"，但由于管理上的权威和技术问题，一般而言，"祠堂管理人须具备下列三项条件：（一）有所谓'功名'的人。（二）有较多的田。（三）识字"。要满足这些条件，地主、富农出身者确实更为有利，所以他们在公田管理者中往往占有较高的比例。安徽贵池齐山村"十个大祠堂的管理人中，有四户地主，二户富农，三个'势力派'人物，五个富裕中农"，这可以代表相当一部分公堂的管理人员构成。当然也有不同情况，芜湖县十里区杨埠村管理祠堂田的共 24 人，除一户为富农外，其余全为中贫农。③ 这是因为公堂的所有者中毕竟普通民众占有人数上的优势，他们可以依据公平理念挑战富有阶层对公堂的管理权。

集中管理的公田中，正常情况下，有着为全体参与者认可的制度和规范，收入大多用于祭祀、救助、办义校、吃喝等。应该说，作为一种家族性或公益性的田地占有形式，公田在维系农村社会各阶层间的纽带关系，缓和社会冲突上发挥着一定的作用。太湖东山华老义庄中，"依靠义庄补助而生活者，本房外房共达 450 人，远到苏、常等地，每年凭票前来领取，即

---

① 《古田县七保村农村调查》，《福建省农村调查》，第 68 页。
② 《福建省共有田调查》，《福建省农村调查》，第 117 页。
③ 《高淳县双桥乡祠堂、神会土地情况调查》，《江苏省农村调查》，第 246 页；《贵池县齐山村调查》、《芜湖县十里区杨埠村调查》，华东军政委员会土地改革委员会编《安徽省农村调查》，1952，第 134、169 页。

使家庭生活能维持，但只需有鳏、寡、孤、独条件，即可获得优待"。① 江西南城在政府指导下推行族学制度，规定公田收入在百石以上者，应单独开办一所族学，不足百石者应联合办校，到1934年下半年，共成立族学88所，解决许多贫寒子弟的入学问题。② 对于公田所发挥的作用，当年的中共江西省委曾有描述，江西"公堂祠堂的土地特别多"，豪绅地主"利用公堂田地，以少量的收获分给同族的贫人，以公堂祠堂的公款来补助同族子弟读书。因此农民的民族（氏族）观念特别浓厚，对于同姓族豪绅地主富农表示妥协"。③

公田对需要帮助的族人固可起到一定资助作用，但问题也很突出，一是公田管理存在许多漏洞，一些管理者倚仗职权，上下其手，巧取豪夺；二是由于公田属于集体利益，管理往往相对松弛，管理者或族人常趁机在其中浑水摸鱼，占取便宜。如华老义庄就出现下面的情况："本房后裔如系贫苦户，而非鳏、寡、孤、独者，亦可向义庄借兑，往往是有借不还，特别是二流子、'白面鬼'等经常去强借。"当然，公田的管理者在贪墨中也不是没有风险，江西丰城熊姓家庭就因祖上管理"吞没积谷三百五十石，现经查出，由熊继义兄弟，各拨还一百余石"。④

对于公田，中共一般都将之归结为宗法制度在经济上的表现，是地主豪绅变相占有土地的方式，因此，1920—1950年代，中共方面的统计数据经常把公田简单归入地主、富农占地中。中共六大关于土地问题的决议对此曾做出详细解释：

> 所谓公地是豪绅的私产；豪绅地主阶级是村中代表官僚封建制度的。租田制度的剥削农民，不但有地主私有田地的出租，而且有所谓公地的出租。如族田、祠田，以及寺院庙宇、官地等等。地主田地上的地租，是地主的收入。所谓公地的地租，表面是公共机关的收入，其实都是豪绅的收入。豪绅把持着公地，向佃农收租，在经济上就是

① 《无锡县荡口镇义庄田情况调查》，《江苏省农村调查》，第262页。
② 《视导南城县教育报告》，《江西教育》第8期，1935年。
③ 《中共江西苏区区省委四个月（一月至四月）工作总报告》，《江西革命历史文件汇集（1932年）》（1），第151页。
④ 《视察丰城清江新淦三县报告书》，《军政旬刊》第5期，1933年。

地主。绅士是中国古代士大夫阶级（贵族）的名称；现在，凡是官吏军官甚至富商都称为"绅商"。中国旧时地主阶级是绅士阶级。现在，凡是出租田地的人以及富豪，在乡村之中都成为绅士，享有政治上的某种特权。旧时破落户的绅士，自己虽然没有田地，却因为有政治上的特权，一部分能够把持着所谓公产，而成为实际上的地主。①

　　毛泽东一生堪称最成功最细致的《寻乌调查》中，就对寻乌公田做过一番认真的梳理，为我们提供了一幅传统中国公田运作的直观图景，对进一步了解公田特别是中央苏区的公田制度提供了绝好的材料。毛泽东在调查中，将公田分成三种。

　　一是祖宗田。这是公田中的主要部分，毛泽东解释道："差不多凡属死人，只要是有'后'的，而他的后又是有钱的，他的所谓后者必定从他们的家产中各家抽出一份替他立个公。这种凑份子立公的办法是什么姓都普遍采用的。凑成的份子一概是田地，不用现钱。再则那什么公还在时，他自己就留出田产立起公来，这一种比前一种更多。公田一经成立，就年年收租……积得若干年成一笔大款，便购买田地。如此下去，这一公的田地就渐渐地增多起来。但这积蓄增多的在全部款子中只占去一部分，还有一部分是由他的子孙均分了去……就是当那过年过节时候从祠堂里分谷分肉。男子都有分，女子没有分（有些族上寡妇有分），每人分得几斗谷、几斤肉……总计祖宗方面的土地，占全部土地的百分之二十四，占全部公田的百分之六十。"② 二是神道田，包括神、坛、社、庙、寺、观六种。三是教育、社会公益性质的公田。结合公田制度有关记载及毛泽东的调查看，公田作为一种宗族、团体的占有形式，在多数情况下，不能将其与地主、富农私有田地简单等同，它在调节社会关系上有一定作用。但公田管理中的贪污中饱、效率低下、养懒浪费等问题也很突出。因此，当中共开展土地革命时，大张旗鼓地平分公田，既可以达到打破宗族势力，重组农村社会权力结构的效果，又可为农民和农村生产谋取更多利益，使农民将更多的土地从效率低下的集体占有转化为个

① 《土地问题议决案》（1928 年 7 月 9 日），《中共中央文件选集》第 4 册（1928），中共中央党校出版社，1989，第 332—333 页。

② 《寻乌调查》（1930 年 5 月），《毛泽东农村调查文集》，第 106—108 页。

体占有。事实上，如果给农民真正的土地使用权，在中央苏区这样公田发达而地主占地并不集中的地区，平分公田让农民受惠的程度并不比没收地主土地少，这是中共革命可以信手拈来的绝妙棋子。正由于此，毛泽东在为规划农村土地分配方案殚精竭虑时，不遗余力地对公田制度详加剖析，和公田由集体占有化为个体占有可能带来的革命促进潜力，大有关联。

三 农民负担与农民生活

在关于革命起源的解释中，农民沉重的负担一直被认为是农民革命的一个重要动因。的确，清末以来，由于内外环境恶化遭遇的财政经济压力及民国初期的政治混乱，国家及各级政权对农村的财政索取明显加大。南京国民政府成立后，在正税基本保持稳定同时，各种附加税和摊派又有增加："国府奠都南京后，田赋划归地方税收，田赋征收之权，操之于地方，于是附税之增高，逐年随地方费用而俱增。至今八年，省方附加于上，县地方驻军及乡镇公所附加于下，因以附税日重，演成今日惊人之数目。"[1]就正税看，江西全省田赋平均每亩征收约 0.275 元。[2] 赣南因为产量相对较低，征收标准普遍低于赣中、赣北，像瑞金、宁都、兴国、赣县分别是每亩 0.074、0.183、0.248、0.23 元，都低于全省均值，于都较高，为 0.304元。[3] 具体到每个人头，江西统计的 43 个县人均负担税额为 0.84 元，福建统计的 44 个县人均负担为 0.79 元。[4] 从县域看，黎川县田赋额度为 114973元，和其苏维埃革命前的 13 万多人口衡量，平均每人不到 1 元。[5]

单就正税税额而言，闽赣两省农民负担不能算高，但各种捐税、附费、摊派、征借，普遍达到正税标准，且地方政府对这些税费征收的热情要高过正税。江西 1912 年水田正税和附税之比为 1：0.41，1932 年则为 1：1.03；

---

① 李奋：《福建省田赋研究》，萧铮主编《民国二十年代中国大陆土地问题资料》第 6 种，第 2952 页。
② 熊漱冰：《江西田赋问题》，新记合群印刷公司印制，1932，第 47 页。
③ 《江西省八十一县丁米征收数额表》，《江西省粮食志资料长编》，江西省粮食局编印，1991，第 8 页。
④ 《县政调查统计·江西省》《县政调查统计·福建省》，《内政调查统计表》第 22、21 期，1935 年。
⑤ 《社会调查·黎川概况》，《汗血月刊》第 1 卷第 2、3 期合刊，1934 年。

1932 年福建正附税之比也达到 1 : 0.97。[1] 时人调查显示："闽省田赋正税额数，为三百六十三万八千八百三十元；附税额数，为二百九十九万三千一百四十元。附税与正税之比，附税约占正税百分之八十二强。"[2] 随着"剿共"军事的展开，江西各县还要负担自卫经费人均 0.238 元。[3] 个别县份附税及其他征发要远远高出正税，像江西莲花、永新、宁冈"三县之税额，正税约占主要作物收获三十分一，但地方附税及其它苛派杂捐，常超过正税若干倍。加之粮差户书等陋规复甚繁夥，常等于或超过正税之数"。[4] 地方附税的混乱及漫无标准，从国民政府的有关反应中也可证实，1933 年 11 月，蒋介石在致江西等省主席电文中强调："各省征收田赋附加一项，早经中央财部，明定限制，惟迩年以来，每因所属各县，筹措地方政费，不遵财部规定标准，各自呈准本省财厅，任意加征，甚或有由县擅自私加，并省厅亦无案可稽者。"[5]

以正附及各种捐纳、征借相加，20 世纪 30 年代前后，赣南、闽西地区人民人均负担在 2 元左右。1934 年江西负担中央税 11923393 元，省县税捐 26215435 元，合计 38138828 元。该年统计人口为 18887055 人，平均每人负担 2.02 元。[6] 从各地区看，闽西汀属八县 1926 年田赋正税征额为 75 万元（预征至 1931 年），其他各种捐税、征借、附费达 162 万元，[7] 平均每人负担约 2 元。江西丰城 1933 年调查的负担状况是："通县全年全额三十九万，现照八五收，实收入正杂赋税三十三万元，地方附税一十九万余元，通县人口四十八万，平均摊算，每人每年担负一元五角之谱。"[8] 江西莲花、永新、

① 《各省田赋调查》，《农村经济》第 1 卷第 4 期，1934 年。
② 李奋：《福建省田赋研究》，萧铮主编《民国二十年代中国大陆土地问题资料》第 6 种，第 2945 页。
③ 《县政调查统计·江西省》，《内政调查统计表》第 22 期，1935 年。
④ 《莲花、永新、宁冈三县收复区土地处理督察处报告》，《军政旬刊》第 37、38 期合刊，1934 年。
⑤ 《电赣湘鄂皖苏浙冀豫各省政府主席及上海市长为依据粮食会议议决限制田赋附加案仰确查具报》（1933 年 11 月 5 日），《军政旬刊》第 4 期，1933 年。
⑥ 孙兆乾：《江西农业金融与地权异动之关系》，萧铮主编《民国二十年代中国大陆土地问题资料》第 86 种，第 45207—45208 页。
⑦ 《闽西汀属八县赋税简表（1926 年）》《闽西农村调查日记》，《福建文史资料选辑》第 35 辑，福建人民出版社，1996，第 175 页。
⑧ 《江西省民政厅厅长朱怀冰巡视丰城县行政概况调查表》，《军政旬刊》第 7 期，1933 年。

宁冈三县更低一些，1926年前"土地正税及其它捐税额，合计不上三十万元，以四十六万人平均分配，每人负担最高额约七角左右"。① 福建永安平均每户负担国省地等税8元余，"每人负担一元五角强"。晋江"每年每人须纳税二元左右"。② 不过，这些额定赋税往往难以完全征收，江西靠近南昌的丰城等县情况就不乐观："丰城税收，每年可得八成，清江五成，新淦则不及二成矣。"③ 福建沙县1935年、1936年的额定税额分别是191089、238124元，实征额分别为121451、221309元，实征比例分别为63.6%、93%。④

应该说，即使将税捐等各种负担统统算入，当时农民的负担尚不一定是畸重。江西新淦谦益村870余人，总收入19300余元，人均收入22元稍多，以人均税负1.5元计，负担率为6.8%。⑤ 而谦益村在同时调查的几个村中属于收入低的。江西农民20世纪30年代初人均年收入估算为36.5元，人均2元税负比，负担率为5.5%。⑥ 据20世纪30年代湖南的统计，湖南农户平均每户全年收入为203元，以当时调查的户均5.2人计，每人39元，如人均税负1.5元，负担率约为4%。湖南数据虽不能完全对应江西、福建，但作为农业省份，还是有一定参考意义。上述数据显示的负担尚属可承受范围。

事实上，和赋税相比真正对农民负担造成较大影响的是政治不靖。中央权威软弱，军阀横行的时代，地方军阀、贪官的勒索远远超过捐税负担，福建永安"军队勒索数目，在军阀时代为数不赀"。⑦ 地方军阀曹万顺驻兵上杭时，每年要向当地筹集军饷38万元，使百姓负担陡然加重。⑧ 1927年，福建税入7938163元，岁出15115726元，其中军费7461292元，几占税入

---

① 《莲花、永新、宁冈三县收复区土地处理督察处报告》，《军政旬刊》第37、38期合刊，1934年。
② 《永安县全县概况》《晋江县全县概况》，《福建县政》第2卷第1、2期，1937年。
③ 《视察丰城清江新淦三县报告书》，《军政旬刊》第5期，1933年。
④ 《沙县国省地赋税一览表》，《福建县政》第2卷第1期，1937年。
⑤ 《视察丰城清江新淦三县报告书》，《军政旬刊》第5期，1933年。
⑥ 孙兆乾：《江西农业金融与地权异动之关系》，萧铮主编《民国二十年代中国大陆土地问题资料》第86种，第45243页。
⑦ 湖南《统计月刊》第2卷第2、3期合刊，1937年；《县政调查统计·湖南省》，《内政调查统计表》第20期，1935年；《永安县全县概况》，《福建县政》第2卷第1期，1937年。
⑧ 参见中共上杭县委党史工作委员会编《上杭人民革命史》，厦门大学出版社，1989，第4页。

之全数。① 江西的情况也大同小异。1924 年蔡成勋督赣时，大肆搜罗钱财："从前军饷，月不过四十余万，尚无力负担，百计支撑。蔡成勋每月支数，竟增至一百二三十万元。稽其用途，除各师旅经常饷项外，大半指称特别经费……名目既多含糊，实际半归扣蚀。"②

在中国整体贫困的背景下，赣南、闽西农民与其他地区一样，承受着沉重的生活压力。闽西本是造纸业十分发达地区，闽西、闽北纸年产额曾达 2000 万元以上，俗谚所谓国内纸张，十之八出之于闽。但近代以来洋纸的涌入，对闽纸形成致命打击，"出口额逐年减少，有如江河日下之势"。③ 这使山多田少，纸业本是经济半壁江山的闽西，人民生活更陷困窘。江西的情况同样不乐观，当时的调查提到，江西"交通不便，谷贱伤农，民间血汗所入，不敷自给，矧地方附加綦重，不堪其苦"。④ 粮食虽然可以自给，但为维持基本的生存，农民常常不得不出卖粮食以换取生活资料，温饱仍是一个待解的难题。

农民的贫困直接体现在收入的低下。从江西看，1932 年时，"每田一亩，收谷一担半至两担之谱，以刻下谷价计，可得四元至五元之代价。耕种工价约一元二三角，收获工价为七角至一元，种子约二三角，肥料约五角上下，田赋及捐税约三角至五角，耕牛工资约二角至三角。除去上项开支外，所得无几"。江西新淦谦益村朱姓农户"合家共七人，成年者四人，儿童三人。自有田二十一亩，旱地二亩，半租种田十三亩……每年不足生活，负债六十元"。根据江西省立第二职业学校 1934 年对莲塘十二村的调查，人均基本生活费需 28.41 元结余，人均耕作支出 18.46 元，与人均收入 36.5 元相抵，亏空 10.37 元。土地委员会同期对江西余江、南城、清江、莲花、永修的调查结果可为这种亏空状况的旁证，五县 14227 户负债家庭，因日常家用不足负债的 6111 户，占到总数的 43%；因婚丧疾病负债者 4208

① 李奋：《福建省田赋研究》，萧铮主编《民国二十年代中国大陆土地问题资料》第 6 种，第 2953 页。
② 《省议会宣布蔡成勋祸赣罪状》，《蔡成勋祸赣痛史》，旅沪赣民自治促进会印行，1924，第 55 页。
③ 《福建纸之出产》，《山西省新生活运动促进会会刊》第 21 期，1935 年。
④ 《视察丰城清江新淦三县报告书》，《军政旬刊》第 5 期，1933 年。

户，占到总数的 30%，两者相加计 73%。① 可见应对基本的生活需求尚为农民需要付出重大努力的难题。

在充分注意到人民普遍困窘的同时，也应该看到，赣南、闽西农民的具体生活状况还有另一种呈现的可能。山高谷深使这里的宗族制度得到充分的发育，同时也形成相对闭塞的环境。共产国际顾问曾谈道："中国农村还在许多方面过着与世隔绝的经济生活和社会生活，它不会接受也不会转达'全国性的事变'。"② 赣南、闽西农村就是其所说"与世隔绝"的例证。许多地方方志皆有的所谓"力耕务本""民风淳朴"一类的描述，在赣南、闽西同样可以见到，而且可能更具可信性。赣州府的方志描述这里"山邑地瘠而民拙，奇淫珍玩之好，服物之需，皆不及他郡，所恃唯谷菽而已，故力耕者众"。江西瑞金则"夫瑞之为邑，山多而不毛，田少而土瘠，有城市而无乡镇。土著之民耕读之余并无别业，地利所产稻谷之外并无他物"。乾隆《长宁县志》载寻乌的情况是："邑处万山，山无生息，所恃以谋生者，止此山罅之田。故从事南亩者，披星戴月，无地不垦，无山不种，无待劝也。地之所出，仅足敷食。"③ 民国时期的调查也都不约而同地注意到这一点，永新"俗尚简陋，习劳动，食粗粝，有终身不御旨（脂）羞纨帛者。妇女多椎髻，荆钗不事容饰，冶容盛服，邻里不齿"。④

自然环境不优越、经济不发达造就了这里分化不明显的自给自足的自然经济。地权的分散、公田的发达、工商业的落后及相对闭塞的环境，都显示赣南、闽西与外部社会的距离。然而，不应忽视的是，这种可以被视作贫穷的生活在当时当地的人们眼里，其实很可能会别有一番景象。20 世纪 30 年代调查中提供的江西高安和靖安两县状况，或许可以给我们提供一些启发。高安为二等县，邻近南昌，社会经济较为发达，调查发现："该县

---

① 《中国农村衰落之原因与其救济方法》，《申报月刊》第 1 卷第 4 号，1932 年；《视察丰城清江新淦三县报告书》，《军政旬刊》第 5 期，1933 年；孙兆乾：《江西农业金融与地权异动之关系》，萧铮主编《民国二十年代中国大陆土地问题资料》第 86 种，第 45255—45259、45273—45274 页。

② 《佩佩尔给共产国际执行委员会的信》，《共产国际、联共（布）与中国革命档案资料丛书》第 7 卷，中央文献出版社，2002，第 157 页。

③ 乾隆《赣州府志》卷 2《地理志·风土》；光绪《瑞金县志》卷 11《艺文志》；乾隆《长宁县志》卷 3《志政·风俗》。

④ 赵可师：《赣西收复区各县考察记（四）》，《江西教育旬刊》第 10 卷第 8 期，1934 年。

人民生活，年来日趋窘迫，匪患及谷贱伤农固为原因之一，而负担过重亦为最大原因。"靖安为三等县，地势偏僻，属于湘鄂赣苏区区域，同一调查描述这里的状况是：

> 僻处赣西，岗峦起伏，山地较多，在天然环境，虽不甚佳，然民风朴厚，习于劳苦，就土地分配言，既无大地主，又少赤贫之佃农，大半农民皆自耕自给。该县流行利率为百分之一，亦足证无高利贷之盘剥。就农民负担言，地方附税仅及正税之半，此外亦无特别派款，是以居民皆家给人足，衣食无忧。在靖安可谓独无农村破产之现象，洵为特色。①

相对发达的高安人民生活窘迫，封闭的靖安则衣食无忧，这两个不同的生活场景，多少让人觉得有些意外，值得注意的是，这种现象并非特例，在赣南可以找到许多相似的案例。比如当时材料记载：南康人民"安土重迁，多业农少商，商率小本经营，借图生活，非冀致富，略富之家反不轻易为商，以故无大富之家，亦罕赤贫之户。农隙或出为肩挑负贩"。② 1926年粤人王澄霄因父昔年冤死至赣南寻仇，越过大庾岭后留下的印象是："由南安起程，路颇平坦，往来人众，民俗纯良，士风古朴，客涂安靖，不似吾粤之盗匪充斥也。"赣中泰和至吉安"地旷人稀，其土人多丰衣足食，缘地价便宜，稍事田畴，即可一生温饱，人尚古风，绝无匪患。路不拾遗，夜不闭户，较之吾邑，奚啻天渊，设移粟移民，当注意于此地"。③ 即使是中共的报告中也谈到了这一点，在对井冈山根据地中心宁冈的描述中称："宁冈出米，每收获一年可够两年之吃，以是农民都家给人足，有性颇懒……农民在红军未来之前，除遂、酃、茶、莲之大部外，颇觉安居乐业，有天下太平的气象，有日出而作，日入而息，老死不相往来的神气。"④

---

① 曹乃疆：《江西高安靖安实习调查日记》，萧铮主编《民国二十年代中国大陆土地问题资料》第 171 种，第 85565、85568 页。

② 《南康县志》卷 6《社会·风俗》，1936 年编印。

③ 王澄霄：《重游赣南记》，广州宏艺公司印行，1927，第 16、20 页。

④ 《杨克敏关于湘赣边苏区情况的综合报告》（1929 年 2 月），《中央革命根据地史料选编》（上），第 18—19 页。应该指出的是，这种封闭的自然经济下的天下太平，其背景是物质和精神生活的极端匮乏，所谓安定是在极低级简单的生活水平下实现的。

在一种低水平的生存状态下，当未遭遇大的自然或人为灾害时，赣南、闽西地区农民维持基本生存尚不困难。江西一直是粮食输出大省，大多数县份"历年粮食都达到有余"。[①] 1928年、1929年全省输出大米分别达到169万、133万担。[②] 赣南历史上粮食也可以自足且略有出超，赣县米市20世纪50—60年代一直向外调拨粮食，1968年达到10万余吨。[③] 闽西由于土地资源较赣南少，粮食相对短缺，但依靠山货的交换也能勉强维持。而且在土地收入难以支撑生计时，贫穷农户往往会设法通过出卖劳动力维持生存。中共方面文件注意到："闽西几县都是僻处山隅，崇山峻岭，绵延全境。因为山多田少，出米不足自给，农民除种田外须附作手工业以作生活的补助。"[④] 江西赣县七鲤乡的调查也显示："一般农民能以劳力争取自给自足。"[⑤]

自给自足的经济、发育较好的宗族、不甚剧烈的阶级分化，赣南、闽西的社会环境似乎具有相当的特殊性，其实，这种特殊性可能更多还是源于我们对中国近代社会已经形成的习有认识。就近代中国本身具有与马克思主义经典作家描绘的西方社会不尽相同的特殊性而言，赣南、闽西的这种特殊性仅仅是将其更加放大而已。在这里，民和匪、顺和逆往往不是那么判然分明，当时的报告提供了这一社会的多方面特点。中共方面报告注意到这一地区宗族组织的严密和山民的强悍："赣南各县民众性质特别刚强，最喜斗争，好吸鸦片，识字者很少，装饰奇异古朴，男女多劳动，生活困苦，豪绅剥削特别严重，洪家亦有力量，并有半公开的贫苦团、三鼎会、救贫会等组织，这些组织内农民占多数，惟恨豪绅如（以）姓氏族长名义及其它毒辣手腕。"赣南最南部、靠近广东的三南地区民风尤其骠勇，"该地民众生活极苦，性质刚勇异常，且富服从性，民众有枪者甚多，常自截缴溃兵枪枝，倘一组织起来，必会成为无产阶级中的英勇战斗员"。[⑥] 中共另一份关于福建永春的文件中进一步谈道：

---

① 《江西省粮食志资料长编》，第47页。

② 《清末及民国时期全省输出大米数量表》，《江西省粮食志资料长编》，第376页。

③ 《1953—1988年各地市（平价）粮食纯调拨数量表》，《江西省粮食志资料长编》，第363页。

④ 《中共福建省委关于闽西政治经济状况与今后工作方针的决定》（1929年3月8日），《中央革命根据地史料选编》（中），第58页。

⑤ 李柳溪：《赣县七鲤乡社会调查》，第115页。

⑥ 《中国工农红军第五军军委给湖南省委的报告》（1929年），《湘鄂赣革命根据地文献资料》第1辑，人民出版社，1985，第252、256页。

农民中雇农极少，半自耕农最多。地主在数量方面虽然有，但都是有武装的豪绅兼操土匪绑票与劫掠的生涯。自耕农虽多，但较半耕则少。农民的阶级意识除东区比较明了外大部分还在模糊时期。许多雇农和流氓无产阶级者也常是操绑票的土匪生涯，像大地主一般，把绑票抢掠的横财拿来购买枪支扩张实力，一方面也压迫穷人。①

其实，文件中所说到的地主、土匪，到底先是地主再做土匪还是先做土匪再做地主已很难定论，但地主与农民间关系的复杂确实不难看出。在地主和普通农民的博弈中，地主作为豪强的一方固有其恃强凌弱的资本，但普通农民人多势众，地主也不能不有所顾忌。所以当时有记载说："岩地山多田少，耕农者众，往往视田亩租额有赢余者多出资钱私相承顶，至资本渐积，余利渐微，偶逢歉岁，即恳减租。即遇丰年，亦且拖延。迨积年短欠，田主起耕，近郭农民，尚畏法不敢阻抗，远乡则预订约，田主起耕，不许乡内承顶，外佃来耕，辄阻种抢收，几不可制。间或经官惩创，而恶习未尽革除，多年霸耕，据为世业，辗转流顶，有更数姓不闻于业主。"② 当然，这样的状况不一定能形成普遍现象，更多的时候是双方在宗族的旗帜下，自觉不自觉地通过温情脉脉的宗族关系调和利益冲突，维持秩序的稳定。在赣南、闽西农村，以宗族为核心的乡绅运转的社会体系相当稳固，中共进入农村后，往往感觉"现在与我们争领导最危险的是乡长、房长、富农"。③ 国民党军在占领中央苏区部分地区后的调查也注意到宗族势力的影响：黎川梅源"吴姓一族，占最多数……聚族而居，因是家族观念甚深，内部团结力甚大，过去地方，未经完全糜烂者，家族观念范畴之力居多"。丰城等地"农村中士绅，向占优越地位，欲举办一种事业，须得彼辈同意，方能有效，否则因不明了其意义，多方阻挠"。④ 即使到 1949 后的土改中，

---

① 《中共永春县第一次代表大会政治报告决议案》（1928 年 9 月），《福建革命历史文件汇集》甲 18 册，中央档案馆、福建档案馆编印，1986，第 44 页。
② 民国《龙岩县志》卷 21《礼俗志》，《中国方志丛书》第 86 号，成文出版社，1967，第 201 页。
③ 《蔡协民关于惠北对敌斗争情况给厦门中心市委的报告》（1932 年 3 月），《福建革命历史文件汇集》甲 9 册，第 136 页。
④ 《黎川梅源概况》，《汗血月刊》第 1 卷第 4 期，1934 年；《视察丰城清江新淦三县报告书》，《军政旬刊》第 5 期，1933 年。

"群众姓氏观念深，内部复杂"① 仍是困扰中共的一个大问题。

许多论者都强调清末以来社会鼎革造成乡村秩序变化，豪强劣绅取得对乡村控制权从而激化了乡村矛盾，蒋介石就曾谈道："从前社会，有秀才地方，以秀才为领袖，有举人地方，以举人为领袖，现无此种人，社会因失中心。"② 究其实，这样的说法不无似是而非之处。固然，由于科举的取消，从前的功名权威在一定程度上被消解，但也应注意到，社会阶层、社会结构的变化需时很长，论者指出的科举停止后乡村文化网络的衰落，其过程绝非二三十年间就可以完成，事实上，从科举成名到成为乡绅有很长的一段路要走，科举的停止也并未根本上改变国人力学求仕的观念。在科举停止后的几十年间，这一因素尚不足以造成农村社会权力结构的根本变化。李怀印通过对晚清民国时期农村社会的实证研究发现："尽管实行了行政改革，在晚清和民国时期，农民社群仍保持原状。毫不奇怪，原有的社会关系、准则和价值观继续形塑着乡村领导层。"③ 尤其在赣南、闽西这一较为封闭的环境中，传统乡绅的控制地位更难迅速改变和动摇。关键在于，我们既不应理想化地看待传统乡绅的作为，因为乡绅的权力没有直接的制约因素，其良否相当程度上依靠其本身的道德精神力量，同时也不必将之妖魔化，因为作为一种更多的是自发形成的社会力量，其权力行使尚须遵守社会规约，何况农村社会价值观念比较单纯，权力的行使并不复杂。事实上，不同的文献常常提供出两极化的描绘，如瑞金九堡密溪村给我们留下了这样的社会景象："邑著姓罗氏世居之，越今五百余年，无异姓杂处。凡壤畴山林在望者，皆其所有，未尝有一外姓。户口数千丁，无巨富，亦无甚贫。遍室皆闻弦诵，四野悉勤耕种。"④ 这样的描述虽然不无理想化的成分，但也确有许多文献和记载可资佐证。不过，我们也绝不可以忽略关于绅权的另外一种描述，尤其当这些描述本身就来自国民党人时，比如，

---

① 《赣西南区直属县土改运动初步总结》，《江西省土地改革重要文献汇编》（上），第456页。

② 《蒋会长对新运工作之指示》，《山西省新生活运动促进会会刊》第4期，1935年。

③ 〔美〕李怀印：《华北村治——晚清和民国时期的国家与乡村》，岁有生、王士皓译，中华书局，2008，第313页。

④ 阙维枚：《密溪记》，同治《瑞金县志》卷14，转见曹春荣《社区记忆：客家人的黏结剂与助推器》，未刊稿。

蒋经国后来主政赣南时，曾把传统赣南社会视作被土豪劣绅"坏人掌握"，[1]
而陈诚到江西后也发现地方土劣与官厅勾结，在募兵时的种种劣行：

一、招募夫役，军队委托县政府或公安局，而公安局委之地方绅
士，层层相委，弊端百出。雇夫一名，地方照例应筹垫安家费二十元，
官厅借此可以搜刮地方，而地方豪绅借此可以从中渔利。此其一。

二、地方派款，官厅与土劣勾结，豪富之家尽可幸免，而被征发
者多系贫寒无告之小民。此其二。

三、地方既已筹措安家费，招募一次，地方即受一次损失。人民
以财力来帮助军队，夫役实际得不到利益，大半被警察侵吞。此其三。

四、夫役中，有黠者与懦者之分。黠者或可得沾此二十元，懦者
分文没有，反为强迫被拉。此其四。

五、长警招募夫役，竟存中饱与压榨，不问体力，劳动者招募故
向穿长衫与文弱之人为难，借此可受贿了事。此其五。

六、公安制度不良，警役专事敲诈，警士保障豪劣，压迫小民，
已为不可否认之事。此其六。[2]

虽然，即便是国民党人的自省，也未必就一定可以奉为信史，但其说
服力终究要大一些，民众在这其中感受到的压力和不平绵绵难绝。革命，
或许就在历史的这些重重迷雾中，不断地在添加着自己的砝码。

四 革命源流的可能解说

中央苏区20世纪30年代前后土地占有及农民生存状况的具体展现，关
涉甚大，提供了几个颇有意味也不容忽视的论题。

其一，赣南、闽西虽然是苏维埃革命集中爆发地区，但这里的土地集
中程度并不像许多论者认为的那样严重，闽赣两省基本属于土地分散区域，

① 蒋经国：《勇敢的来改过！来改过！》，《赣县县政府公报》第16号，1943年。
② 《政治方面产生之拉夫罪恶与军队方面偶发之事件真是罄笔难书》，《陈诚先生书信集——
家书》（上），"国史馆"，2006，第43—44页。

而且根据江西的调查，苏区、游击区和白区各村庄土地占有也与土地革命呈现负相关状态，即苏区村土地集中程度是最低的。[①] 有关研究将土地革命和土地集中必然联系的习惯做法，在这里未得到充足的证据支持。其实，中国农村大地主无论是地理距离还是心理距离都和普通农民拉开较大，其对佃农的压榨程度往往相对较轻，恰恰是中小地主在与佃农及普通农民的密切接触中，易于产生利益冲突，这就是中共六大中关于土地问题决议指出的："地主越小，他的剥削方法越厉害，越凶恶，他出租田地的条件越苛刻。"[②] 把土地集中看作土地革命主要成因的观念并不具有充足的说服力。[③] 从贯穿中国长历史的角度看，贫穷倒确实是农民屡屡寻求变局的一个基础性原因，20 世纪以来随着人口增加、外国资本入侵、政治力量榨取形成的农村贫困的趋势，尤其使农民革命具有了更多的可能性。不过，贫穷是革命的温床，但贫穷并不一定意味着革命，何况作为土地革命集中地区，赣南闽西和中国西北乃至北方广大地区比，生存环境也不能算是很恶劣的。因此，虽然赣南、闽西存在土地占有不平衡、地主与农民间关系紧张、农民日益窘困等种种导致土地革命的因素，但和中国其他地区比，这里并不具有多少特殊性，上述因素不足以说明何以正是在这一地区形成苏维埃革命的巨大声势。

就革命的叙事而言，20 世纪 20—30 年代的中国苏维埃革命是以土地革

---

① 1950 年江西 28 个村的调查显示，原苏区 12 个村地主、富农占地 21.16%，贫农占地 29.35%；游击区 9 个村地主、富农占地 31.96%，贫农占地 17.6%；白区 7 个村地主、富农占地 37.95%，贫农占地 19.5%。（刘俊秀：《江西农村阶级关系与各阶层土地占有的初步研究》，《江西日报》1950 年 9 月 3 日）固然，土地革命对苏区村土地占有比例有一定影响，但根据多方面材料看，其在江西影响较小，一般不应超过 5%。

② 《中共第六次全国代表大会关于土地问题决议案》，中国社会科学院经济研究所中国现代经济史组编《第一、二次国内革命战争时期土地斗争史料选编》，人民出版社，1981，第 225 页。

③ 以湖北黄麻地区为例，有关报告提到，黄安东南部大地主较多，"更易推行改良政策"，"已有办到减租减息，甚至有不敢而且不愿回乡的大地主把土地、房屋几乎送给自己的雇农、佃农，名义上是请他们代为管理着，但实际已经从没有过收租、收息的一回事了"；相反黄麻其余地区"都系中小地主，最缺乏改良政策的物质根据"。[《中共鄂东北特委何玉琳给中央的报告——黄麻地区政治、经济、军事及党的工作情况》（1929 年 5 月），《鄂豫皖革命根据地》第 3 册，河南人民出版社，1989，第 28 页] 上海南汇横港村龚野囡回忆："当时租种的土地是一个地主家的，这个地主家在大团，很有钱，所以收取的地租较少。每年每亩收棉花 50 斤，谷子 90 斤。地少的、没开店的地主则要收 75 斤棉或 135 斤谷。交完地租后就没有什么负担了。"见李学昌主编《20 世纪南汇农村社会变迁》，华东师范大学出版社，2001，第 369 页。

命为中心开展起来的，土地革命也向被认为是中共革命成功的一个助推器。的确，其巨大作用不容否认，但衡诸事实，又不能不看到，它并不像人们常常认为的那样神奇。由于土地集中程度不高，农民从地主、富农那里获得的土地有限，加上苏维埃区域一般较小，战争负担甚重，农民真正得利其实并不大。国民党方面调查报告说："赤匪以其威力强暴胁迫分配土地于农民，而农民并未得到增加生产与收益之实际利益。其所以啸聚山林几经岁月者，主要原因并非以土地革命为核心。证以收复后民众绝匪之念愈坚者，即为其分田查田工作最力之区，可见农民之从违并非以获得土地虚名为关键。"① 当时有人就写道："尝与一分得田地之农民谈话，据称：单就分田论，固属满意，且无债务等之榨取与压迫，生活确系已较前改善。但因有兵役，及战时经济统制，义务公债承债之负担，一则致种田机会减少，一则使经济负担较大，并且战祸绵延，结果殊与愿望相反。"② 这种状况后来在抗战及三年内战时期均可见到，1947 年华北财经会议上，中共领导人对土改后的有利和不利方面做了客观的估计，有利方面是：

（一）无地少地的农民获得了土地，从此不受剥削的在自己的土地上劳动，生产情绪提高了。（二）地主的浮财大部分转入农民的手中作为扩大生产的资本了……（三）使过去不参加劳动的二流子、地主、妇女等，也推上了劳动战线，可以增加总生产力。（四）政府大力帮助农民推动了生产进程。

不利方面是：

（一）农民得到了土地并不是得到了一切，牲口农具不够用，即浮财多也不能完全解决问题。（二）过去的社会积蓄要受到损害，如地主的破坏、埋藏，农民的浪费拆散等。（三）骤然改变的个体小生产，一时还赶不上经营地主和富农的大生产的力量。（四）地主的仇恨和破

① 《莲花、永新、宁冈三县收复区土地处理督察处报告》，《军政旬刊》第 37、38 期合刊，1934 年。

② 陈赓雅：《赣皖湘鄂视察记》，第 12 页。

坏，使一些较大型的生产工具（如水车、作坊等）被破坏，农民一时无力使用和修理。（五）地主造谣，富农和部分中农怕割韭菜，生产情绪不高，有些农民认识模糊，或怕变天，或想吃完再共一次的盼"共产"，因而也影响生产情绪。（六）农村借贷机会少了，靠公家的贷款不够用，资金周转困难。（七）大规模的支前，劳力缺乏。[①]

应该看到，后来中共由于占领区域的扩大，财政经济上回旋余地已比苏维埃时期大得多，但尚面临着上述问题，苏维埃时期的困难可以想见。其实，当时中共屡屡出现的剥夺富农乃至生活稍好的中、贫农的政策偏差，和中共在普遍贫穷的背景下希望尽可能给予农民更多的实惠以争取农民的内在要求不无关系。

其二，虽然土地集中程度和土地革命没有必然联系，但是要厘清20世纪上半叶中国农村土地革命的动力，理解农民对土地的渴望仍具重要意义。如前文指出的，赣南、闽西地区占人口7%左右的地主、富农占地达30%左右，而占人口近一半的贫苦农民仅占土地约20%。地主与贫农平均占地比普遍在10倍以上，相当多的农民拥有的土地无法维持自身的生存。而由于这一地区复杂的地权结构，尤其是公田的大量存在，一半左右的农民为维持生存不得不和地主、富农及公堂土地发生租佃关系，承受着40%—50%的租佃负担。在土地分配存在着相当的平均余地情况下，作为基本的生存要素，拥有更多的可以自主的土地是农民衷心的期盼。所以，当土地革命广泛开展后，没收地主土地在农民中平分，对农民具有极大的吸引力。湘南暴动期间，"在未分土地以前，农民藏匿土豪劣绅，到分配土地以后，农民都不藏了……惟恐敌人之到来而使他们不能稳定所分得之土地"。[②] 李六如描绘道："打了一些胜仗，革命形势日见高涨之后，一般农民天天跑来问我们：'你们不是说过大家分田吗？' 一面拍我们的肩背，一面笑眯眯的催促。"[③] 早期中共革命领导人大都意识到："没有土地的果实，是不能发动群众的。""普遍的贫农对于土地、财产的要求不消说是为农村革命斗争的中

---

① 南汉宸：《财经工作的几个基本方针》，《斗争》第4期，1947年。

② 《CY湘南特委××同志关于湘南暴动经过的报告》（1928年7月20日）。

③ 李六如：《各苏区土地问题——1944年3月在延安杨家岭学习会上的报告》，中共中央党校党史教研室编印，时间不详，第13页。

心动力。"① 土地是农民赖以生存的第一要素，对土地的渴望仍是农民理解、接受、走向革命最直接的利益驱动。尤其是赣南、闽西大量公田的存在，更为中共开展土地革命提供了十分方便的资源，公田的分配，触及利益较少，农民又可得到实惠，是中共可以充分运用的活着。

在领导农民开展革命时，中共成功的策略也对鼓动农民起来革命发挥了重要作用。当时很多记述都提到，农民作为被"发动"的革命者，其阶级意识和自觉的阶级对立是在中共领导的革命中逐渐发展起来的，在这样的背景下，如何取得农民的信任，满足农民的愿望，至关重要。中共领导的革命的第一步，往往是和农民经济利益密切相关的减租、平谷（限制谷价）、废除债务、抗捐等，这些使大部分农民受益，农民"一尝其味，决不会轻易忘记"。② 从赣南、闽西看，开始多以分谷子相号召，中共各级领导机关都注意到："大多数贫民对粮食要求非常迫切，所以分谷子这个口号能发动了千千万万的广大群众起来"，"田未分时，个个农民都莫名其妙，以为不知那些田是他们的，收获后不好耕耘，有些无田（者）更怕我们说话不实在欺骗人，所以到处都迫切要求分田……契纸烧完了，田分了，谷子收起了，农民家里塞满了谷堆子，都愁没有谷仓存储，这里可以想见一般农民是如何心满意足了"。③ 所以《红色中华》发表文章明确要求："在分田之先必须要做散发财物——豪绅地主、反动派的衣物、谷、米、猪肉、用具等杂物分发给群众的工作以启发群众斗争，加深群众对分田的要求与认识。"④ 在满足农民经济利益、取得农民信任后，进一步将革命推向深入就顺理成章："早先分地给老百姓，嗯一声，谁也不在乎，给多少要多少……谁也不

---

① 戴季英：《鄂豫皖苏区红军历史（1927—1930年春）》，郭家齐主编《黄麻起义》，武汉大学出版社，1987，第107页；《鄂东北特别区委员会给中央的报告》（1929年9月），《鄂豫皖苏区革命历史文件汇集》第5册，中央档案馆等编印，1986，第138页。

② 《罗明致福建临时省委信——关于巡视永定的报告》（1928年11月21日），《闽西革命史文献资料》第1辑，中共龙岩地委党史资料征集领导小组编印，1981，第320页。分浮财以启发群众参加运动的办法直到20世纪40年代末的土改时期仍为中共所使用，茹志鹃记载："浮财多，对工作是有不可否认的帮助，但主要是为了分地。浮财也是为了通过它，而来唤起群众对地的热情……对群众说来是应该通过这来组织，来加强，穷坑要用田来填。"见茹志鹃《日记》，《十月》2000年第4期，第64页。

③ 《中共闽西特委报告》（1929年8月28日），《中共福安中心县委工作报告》（1933年7月10日），《福建革命历史文件汇集》第8册，第127—128页；甲19册，第120页。

④ 翰文：《我对分田的几点意见》，《红色中华》第15期，1932年。

去看看自己分的地是哪一垅，到种地时，谁也找不上自己的地在哪块。后来又分东西，穷人都分到了东西，心想：'这回不干也得罪人了，反正好人也装不成了，干吧！'这才和地主撕破脸干起来了。"①

其三，20 世纪 20—30 年代中国苏维埃革命以土地革命为中心，这是广被承认的事实，也是我们一直在正面或侧面应对着的论题。同时还应看到，苏维埃革命源流具有多样性，在一个武装革命、枪杆子里面出政权的时代，苏维埃革命的源流不能简单停留在民众反应中，应该也可以有更广阔的来路。事实上，苏维埃革命为农民提供的平等、权利、尊严、身份感，也是农民投身革命不可忽视的政治、心理原因。

苏维埃革命前后农民的精神状态变化，当时多有反映。天津《益世报》指出："四五年来农民知识渐有进步。例如匪祸前，农民不知国家为何物，更不知世界上尚有其他国家，至今则知之；昔之认为须有皇帝以统治天下，至今则认为人民也可以管理国家；昔不知开会为何事，今则不但知之，且可选举委员，当主席。此外农民所知新名词亦不少。"② 这种状况和苏维埃革命为普通农民提供的政治训练、社会角色、活动空间及社会政治地位流动直接相关。资料显示，当时中共在各个群体中受到拥护的程度由高到低排列大致是：妇女、少儿、青年、中年、老年，而这恰和苏维埃革命前后权利、地位发生变化的大小是一致的。正如兴国高兴区一位出身中农家庭的女工所说："以前女人是被男人管的，现在我们女人都不受男人的管理。以前女人'话事'（赣南方言，意说话——引者注）也不自由，现在我们女人可以在会场上演说。以前女人不能在外面做事，现在我们女人都热烈地参加革命工作……我过去不认识一字，现在受了厂里的文化教育，认识了一百多字。"③ 20 世纪 40 年代土地改革后的农民也谈道："土地改革分下地，扎下富根，贫雇农为骨干，提高了咱地位，这是两件大事，什么分衣拿被子，那是毫毛浮草事。"④ 韩丁记录土改的著作提供了一组有趣的数据，

① 《两个农民积极分子的思想发展·杨春生自述》，《农村调查资料之一·奉天屯的调查》，东北军政大学总校编印，1947，第 20 页。这段调查虽然出自东北土改时期，但农民卷入革命的心态具有普遍意义。

② 张思曾：《一个匪区农况变迁之描述》，《益世报》1934 年 11 月 24 日。

③ 刘长风：《苏维埃女工的话》，《红色中华》第 159 期，1934 年。

④ 《兴县五区石门庄错订成份与改正和退财物的经过》，《土改通讯》第 10 期，1948 年。

在张庄调查的 26 个党员中，谈到入党动机时，自己承认是"想争取平等权利、言论自由的"有 10 人，占总数的 38%，其他选择包括"因为翻了身而拥护党"的 3 人，"想为人民服务的" 2 人，"想打倒地主的" 1 人，"想当干部的" 4 人，"想掩盖缺点"的 4 人，"想在党的保护下躲避财产没收的" 1 人，"不知道是为什么的" 1 人。① 因争取平等自由而入党者远远高于其他选项，这一结果并非偶然，千百年来一直被忽视的普通农民第一次被纳入社会政治活动中并成为主导者，其产生的影响、震动绝非寻常。事实上，毛泽东在《湖南农民运动考察报告》中对此已给予了充分注意，而 1937 年中共土地政策改变后毛泽东仍强调苏维埃"形式上虽然改变，然在实质上没有多大的改变"，② 其实也应和农村政治结构变动联系看方能得到合理的解释。只有充分注意到这些因素，我们才能对 20 世纪 20—40 年代中国广泛展开的农民革命做出更为全面的了解，也才能对苏维埃时代并不完全成功的经济变动下农民的政治热情予以充分的理解。

其四，和整个中国革命一样，中国苏维埃革命和政治军事力量的影响、推动密不可分。1927 年国共分裂以后，中共被迫举行武装起义，后来也是被迫向薄弱地区寻找生存空间，寻找到山区和农村。所以，中共的苏维埃革命在农村是通过武装进行的，不能排除有个别地区不是如此，但基本在各个苏维埃区域的革命都是由武装去占领、去推动的。军事在这里面起到的作用是决定性的。毛泽东的"枪杆子里面出政权"是对这段历史的经典概括。苏维埃革命之初，对相当多的农民而言，"他们是希望我们能够替他创造出幸福来，双手送给他，自己参加斗争是太危险了，不划算"。③ 在这一背景下，中共领导开展的政治、军事斗争是将革命推向深入的直接动因，而开展这样的斗争之条件是否成熟，又成为革命能否顺利发展的关键。闽赣两省成长为革命中心，根据毛泽东当时的解释，从区域角度看主要有两

① 〔美〕韩丁：《翻身——中国一个村庄的革命纪实》，韩倞等译，北京出版社，1980，第 421 页。
② 中共中央文献研究室编《毛泽东年谱（1893—1949）》（上），人民出版社、中央文献出版社，1993，第 652—653 页。
③ 《中共鄂东北特委何玉琳给中央的报告——黄麻地区政治、经济、军事及党的工作情况》（1929 年 5 月），《鄂豫皖革命根据地》第 3 册，第 35 页。为推动农民革命，在初期某些地区甚至有一些极端的案例："如负责人说同志及群众的房屋烧了，没有屋住了，便会出来革命。"《夏尺冰关于平铜农村党的概况的报告》（1928 年 9 月 5 日），《湘鄂赣革命根据地文献资料》第 1 辑，第 31 页。

点：一是白色政权的长期分裂与战争造成红色政权发生和存在的可能，一是民主革命影响准备了红色政权产生的条件。① 就毛泽东所说第一个条件看，江西、福建是国民政府中央统治力量及地方政治军事势力都相当薄弱的地区。南京国民政府成立后，江西控制权长期处于客籍军人手中，与中央政府若即若离，和地方也是各怀心思；福建则是民军蜂起，各不相让，省政几成瘫痪状态。由于中央权威软弱，地方力量又极不发展，当中共在赣东北展开革命宣传时，地方政权十分惊恐，甚至不得不采取放任态度，"以前他们所张的反共标语，县长下令取消了，他说：'共党是惹不得的，越惹越厉害，到是不管的好'"。② 因此，中共在这里的发展确实具有得天独厚的条件，以至中央巡视员要提醒朱德、毛泽东等："你们不要每日专希望军阀战争的爆发，以图得自己的存在，而是要变更战略如何能争取和发动广大的群众，在群众的保卫之下，来扩大至巩固四军的力量。"③ 就第二个条件言，国民革命曾经在江西、福建掀起的巨澜，为中共在两省的组织发展提供了十分有利的基础。因此，当国共合作破裂，中共独立开展苏维埃革命时，其中心地区主要围绕着国民革命基本区展开绝非偶然。统治力量的薄弱、大山屏蔽的自然环境、国民革命运动打下的良好基础、赣南闽西背靠广东这一与南京政府保持半独立状态地区的特殊地理态势，为红军和苏维埃的发展提供了难得的有利条件，也是这里成为苏维埃革命中心区的主要原因。

　　强调赣南、闽西成为苏维埃革命中心的环境、力量因素，绝不意味着否认这里存在内在的革命动力。事实上，在农村贫困的背景下，这一要求在全国普遍存在，关键是，其是否能被调动和发挥。所以，虽然我们在江西、福建看到并不是十分畸形的土地占有，但并不影响这里成为革命的中心；而地主、富农在农村经济危机下遭遇的困境，也不能使他们免于革命的打击。黄仁宇的观察相当程度上窥到了症结所在："如果贫富的差距就是生死之别，即使是贫富差距不那么明显，也会构成最严重的问题。"④

---

① 参见《中国的红色政权为什么能够存在？》，《毛泽东选集》第 1 卷，人民出版社，1991，第 49—50 页。

② 《江西工作近况》（1928 年 7 月），《中央革命根据地史料选编》（上），第 9 页。

③ 《中央巡视员贺昌给龚楚兄转玉阶、润之及四军军委信》（1928 年 11 月 6 日），《贺昌文集》，中共党史出版社，2006，第 174 页。

④ 《黄河青山——黄仁宇回忆录》，张逸安译，三联书店，2001，第 291 页。

对中共以赣南作为根据地所起到的作用，陈诚曾有很"精当"的分析：

> 第一因为地理环境关系，赣南位于赣江上游，地势高峻，山岭重叠，交通极为不便，这是打出没无定的游击战最理想的地带。共党最擅长的就是打游击战，所以他们选定了赣南作主要根据地。而且赣南的经济条件也很优越……出产的种类数量，都很丰富，维持一个经济生活自给自足的局面，是可能的。
>
> 第二因为政治环境关系。江西政治环境最利于共党发展，其故有二：一、江西东面的福建，十九路军驻入以前，政府于此素乏经营，十九路军驻入以后，即逐渐反动，为政府之患。江西南面的广东，形同割据，反抗中央，固已匪伊朝夕。江西西面的湖南，与政府同床异梦，于共党亦无所害。故共党据赣南，所虑者惟北面耳。二、民国以来，江西遭受军阀的摧残，为各省之冠。北伐成功后，人民对于改善政治环境的要求很高，希望非常之大。不想当时国家统一徒俱虚名，军阀割据，内乱迭起，政府对于改善地方政治，有心无力，赣南山乡辽远，遂致更成化外。人民的希望破灭了，在艰苦中挣扎生活，似乎毫无出头之日。
>
> 第三因为人口稀少……共党拥有庞大的军队，最为困难的问题就是补给。既要建立一个根据地，就不能流窜就食，而须取给于当地。当地如为贫瘠之区，自属无法供应，如为富饶之境，则不但人口密集，且必为重兵驻屯之地，如何容得共军窜扰盘据？刚好这时有一个富而不庶的赣南，为政府注意力之所不及。共党如选中了这个地方作根据地，大可不费吹灰之力而得之。[1]

作为南京政府"围剿"中共的主要将领，陈诚在"剿共"战场上可谓历经翻滚，其对中央苏区发展路径的了解堪称"精当"。如果将陈诚的解释和毛泽东对比，可以发现，二者的理解大有异曲同工之妙。历史的真知，或许在当事者的理解里，就已经露出端倪。

---

[1]　《陈诚先生回忆录——国共战争》，"国史馆"，2005，第16—17页。

第九章

国共分合的背景、经过与原因

一 国共分合的背景

自 19 世纪中叶古代中国的传统体系遭遇西方工业化国家的坚船利炮之后，中国的知识精英就开始全力寻找救亡图存的办法。从洋务运动，到戊戌变法，再到辛亥革命，半个多世纪曲折探索并流血牺牲的结果，只是终结了清王朝近三百年的统治，未能改变中国在列强环伺下日渐积贫积弱的状况。不仅如此，清廷统治结束，皇权不再，形式上建立起具有现代国家模样的中华民国，实际上以个体小农经济为基础的传统社会仍是一盘散沙。帝制垮台，群龙无首，导致纷争迭出。从中央到地方，不同系统、不同背景、不同地域握有枪杆子的将领，拉帮结派，相争不已；凡能得一方缙绅支持，占一方土地，并养一方军队者，每每即能占地为王。于是，民国建立，中国不仅渐成四分五裂的军阀割据局面，而且重回到丛林法则盛行的战国时代。一切凭借于强力，靠枪杆子解决问题；强必凌弱，大必欺小，以致几乎所有军阀都不得不千方百计地寻找有力的外部支持与援助。这时同样在国际上相争不已，且必欲在中国分一杯羹的世界主要列强国家，也无不乐得借机从中渔利。于是乎，那些一心想要救国救亡者，亦多半渐渐相信，欲"使中国成为一个统一、完整的国家"，是一个必须在内外强力下用强力完成的"艰巨的历史使命"。[①]

---

   * 本章由杨奎松撰写。

① 《在广州与苏俄记者的谈话》（1921 年 4 月），《孙中山全集》第 5 卷，中华书局，1985，第 527—528 页。

　　进入20世纪以来，受西方各种新思潮的冲击影响，中国逐渐成长起一批新兴的激进知识分子。他们始终不屈不挠，不惜流血牺牲，尝试各种创建新中国的理想道路。但是，中国这条建国之路，却和多数西方国家走的不是同一条路。

　　西方现代民族国家，多半是先有国民权利平等意识的觉醒，后有人民主权的制度设计与鼓吹，再经过或急或缓的民权革命，才建立起来的。然而19世纪末20世纪初中国新兴知识分子，所面对的内外形势已大不同于17、18世纪西方民族国家先后生成之时。19世纪末戊戌变法前后，中国的志士仁人还相信必须要学西方的民主政治。到20世纪初，无论改良派，还是革命派，都注意到欧美资本主义内部经济危机、贫富悬殊、社会分化、阶级冲突的严重混乱现象，和对外扩张、掠夺，乃至于自我火并的越来越野蛮的形象。因此，当时开始广泛兴起并对东方民族产生刺激的，已经不再是民主主义，而是反对殖民主义和帝国主义的民族主义，和反对资本主义的社会主义两大思潮了。故20世纪中国革命揭幕伊始，革命党人几乎无不热心于迎接此"世界潮流"。长年在海外从事革命活动的孙中山，甚至将此三大思潮兼收并包，揭出民族主义、民权主义、民生主义的三民主义旗号，以为创建新国的政治号召。但无论是孙中山，还是其他革命政党，因为在那样一种政治大势下生长起来，因而大都认定：中国最现实的，也是最重要的问题，是救国而不是救人，是救亡而不是启蒙。这种情况极大程度地决定了中国此后近百年的政治走向。

　　在中国，要想靠极少数读书人组织起来，对抗庞大的国家机器和无处不在的传统旧势力，包括极力保护在华利益的列强，无论如何是不可能成功的。孙中山从1895年发动广州起义开始，领导革命党人前赴后继奋斗了近30年，始终无法取得胜利，就连一小块根据地都建立不起来。事实上，像所有落后民族争取独立的革命运动一样，他们中的少数革命者，必须要和社会大众中的反抗势力相结合，而且还非取得外力的帮助不可。

　　中国革命时代的真正到来，主要得益于1917年俄国十月革命的成功和1918年俄罗斯苏维埃联邦社会主义共和国（简称苏俄）的建立。同为农业国的毗邻俄国，成功地战胜十四国武装干涉，创立世界上第一个以社会主义为旗号的国家，不仅极大地振奋了包括中国在内的众多落后民族激进知

识分子的神经，而且它为谋求本国革命政权的巩固不得不向周边国家输出革命，也大大推进了周边国家，特别是中国革命的发展。中国与俄国有着长达数千公里的边境线，两国革命党人面临着许多共同的问题和敌人，因此，俄国革命党人向中国输出革命和中国革命党人向俄国寻求帮助，都是不可避免的。

相对于20世纪20年代以前的中国革命来说，俄国革命的最大特点，在于它实质上进行的是一场共产革命。因此，它对中国的革命输出，除了基于国家安全利害的考量，具有民族主义的倾向外，不可避免地也具有很强的意识形态，亦即共产主义的倾向。按照民族主义的思维方式，它必欲要帮助中国的民族革命，以牵制和削弱站在列强一边反对它的中国敌对力量；基于意识形态的立场，它也注定会要在中国推动创立一个和苏俄共产党一样的共产党，并帮助后者成为中国革命中的一支重要力量。

正是依据这样两种方式，苏俄政府很快找到了孙中山及其国民党，并帮助他们在很短的时间里就有效地控制了广州地区，拥有了自己的根据地，建立起自己的军官学校和军队，并且使国民党从一个植根于海外华侨中和主要在广东发展的带有区域性的政党组织，迅速扩展成为一个成员及影响遍及全国的革命党。同时，俄国共产党也在20世纪20年代初成功地帮助少数中国激进知识分子创建起一个中国共产党。这个最初只有几十人的组织，在俄共及其共产国际的帮助下，只花了不过三四年的时间，就迅速发展到上万人，并在进步青年和普通工人中取得了重要影响。

但是，在同一个国家，用两种思路、两套方法来革命，所带来的问题也是显而易见的。

俄国共产党是一个高度重视并依赖意识形态来认识世界和改造世界的党，无论中国共产党最初如何弱小、幼稚，由于共产国际在中共中央派驻有直接负责的代表就近指导，因此，在国共两党之间，它无论如何都更重视和信任中共，而不那么信任意识形态与之不同的国民党。

反过来，由于国民党是中国这个时候唯一具有革命性的大党，苏俄要在中国推动革命就非与之合作不可，故这种不信任不可避免地会造成种种麻烦。为了解决信任问题，苏俄除了向国民党派驻政治和军事顾问外，还坚持要孙中山改组国民党，不仅允许共产党员以个人身份加入国民党，而

且还允许共产党人在国民党中央取得各种权力地位，以此来达到监督、影响和在事实上改造国民党的目的。

在这样一种背景下开始的国共关系，初始之日就充满了矛盾和斗争。因为两党同为信奉党国体制的革命党，相信一切必须"操之在我"，两党关系也就不可避免地始终是一种竞争关系。即使在合作期间，各自实力或影响作用的改变，也会造成两党关系的极端不稳定。但在 20 世纪 20—40 年代，无论两党意识形态和理想追求的差距有多大，现实条件下，中国非成就国家统一并挫败少数列强割裂甚或独霸中国的图谋，任何进一步的改造方案都无从实现。正是这种情况，构成了矛盾重重的国共两党竟能两度合作的重要政治基础。

也正因为如此，国共两党在政治上的强弱变动，除外力因素外，在内因上也明显地受着国内民族主义情绪的牵制。一个再明显不过的事实是，辛亥革命后军阀割据，国家四分五裂的状况，极大地加速了国内民众中民族主义的抬头和觉醒。谁最有能力调动最大多数社会力量，谁就更容易统一中国；谁能有效地统一中国，成就民族独立，谁往往也就最容易受到历史的青睐。

从 20 世纪 20 年代初到 20 世纪 40 年代初，国民党无疑是最有能力统一中国的政治力量，因而它也就主导了那 20 年左右中国的政治走向。但是，邻国苏联的存在，日本的大举入侵，国民党统治的种种弊病，蒋介石政治决策的种种失误，再加上共产党两度失败后能审时度势，幡然变策，转以国人当时多数的主要诉求为诉求，中国政治的走向也就因此发生了天翻地覆的改变。

二　早期国民革命的成功之道

国共合作的建议，最初是列宁于 1922 年 1 月在莫斯科召开的远东各国共产党及民族革命团体第一次代表大会期间向两党代表当面提出来的。[①] 当年 7 月，中共第二次代表大会决定分两步完成革命，首先"联合全国革新党派，组织民主的联合战线，以扫清封建军阀推翻帝国主义的压迫，建设

---

① 　张国焘：《我的回忆》第 1 册，东方出版社，1998，第 198 页。

真正民主政治的独立国家"，并据此向国民党发出了合作的邀请。①

1922 年 8 月，根据共产国际执委会派驻中国南方的代表马林（G. Maring）与孙中山达成的协议，共产国际执委会发出专门指示，事实上要求中共党员加入国民党，与国民党内左派分子组成小组，通过党内合作的方式来宣传建立中华民国和反对帝国主义的思想。② 一个月后，陈独秀等中共领导人即先后以个人身份加入了国民党。

与此同时，孙中山也与苏联政府方面的代表进行接触，基本确定了联苏的方针。苏联外交代表越飞（A. Joffe）因此与孙中山在上海进行秘密会面，双方于 1923 年 1 月 26 日发表联合宣言。越飞代表苏联政府表示，赞同孙中山关于"共产组织，甚至苏菲［维］埃制度，事实上均不能引用于中国"的看法，相信"中国最要最急之问题，乃在民国之统一与完全国家的独立之获得"。对于此项事业，苏联不仅表示最诚挚之同情，而且愿给予相当之援助。③

1923 年 4 月下旬，根据孙中山的要求，苏联政府正式转电孙中山，明确表示将向国民党提供 200 万金卢布和 8000 支日本步枪以及机关枪、火炮和装甲车若干，帮助孙中山建立一所军官学校，以便于国民党能够创建一支自己的革命军队。④

这年秋天，莫斯科方面正式接待了孙中山派出的由国共两党成员组成的军事代表团，而孙中山则在广州接待了苏联政府派来的以政治总顾问鲍罗廷（Michael Borodin）为首的政治军事顾问团。紧接着，1924 年 1 月，国民党在鲍罗廷的指导下召开了第一次代表大会，正式接纳中共党员为党的重要分子；2 月，由苏联援建、苏联顾问负责指导、中共党员参与政治工作的国民党自己的军官学校——黄埔军校正式挂牌筹建。至此，孙中山国民党与苏联政府，包括与共产国际领导下的中国共产党人之间的合作全面展开。

孙中山国民党不仅在与苏联的合作中得到了极大的利益，而且在与共

① 《关于"民主的联合战线"的议决案》（1922 年 7 月），中央档案馆编《中共中央文件选集》第 1 册（1921—1925），中共中央党校出版社，1989，第 66 页。
② 《共产国际执行委员会给其派驻中国南方的代表的指令》（1922 年 8 月），李玉贞主编《马林与第一次国共合作》，光明日报出版社，1989，第 80—81 页。
③ 《孙文越飞宣言》（1923 年 1 月 26 日），薛衔天编译《中苏国家关系史资料汇编（1917—1924）》，中国社会科学出版社，1993，第 670 页。
④ 马林：《转苏联政府致孙中山电》（1923 年 5 月 1 日），李玉贞主编《马林与第一次国共合作》，第 170—171 页。

产国际领导的中国共产党人的合作中同样收到了互利互惠的效果。

国民党历史悠久，因孙中山的声望作用，政治上影响亦较大。但是，长期以来，无论是同盟会，还是中华革命党，抑或是中国国民党，其组织之存在仅因有孙中山存在而已。所谓党不仅是一盘散沙，且党员多限于粤籍华侨和广东本地人。国民党对外号称全国党员 10 万人，① 广州党员 3 万人，真的在广州地区实行党员登记者不过 3000 人，绝大多数党员和党部都在海外。鲍罗廷曾就此告诉莫斯科：国民党完全没有组织宣传工作，既不曾在党员中散发书刊，也不定期举行会议，偶尔发表的由孙中山签署的政治宣言，也只是作为新闻刊登在几家公开的报纸上，和党的组织毫不发生关系。事实上，"国民党作为一支有组织的力量已经完全不存在"。孙中山领导的广州政权自然也不可能得到民众的支持。②

对此，孙中山也是心知肚明，这也正是他联俄"容共"的动机所在。他不止一次地告诉党内反对吸纳共产党员的国民党人："十三年来，民国绝无起色，党务并不进步，皆由尔等不肯奋斗之过。"反之，"彼共产党成立未久，已有青年同志二百万人，可见其奋斗之成绩。尔等自不奋斗而妒他人之奋斗，殊属可耻"。言外之意显而易见：若尔等当初肯奋斗，我又何必引入共产党员呢？③

中共成立未久，已有青年同志 200 万，自是夸张的说法。但是，目睹俄国革命靠党员和民众力量而成功，中共成立未久，其社会主义青年团组织在全国扩展神速；反观国民党自辛亥革命后毫无长进，全靠自己率极少数干部勉力支撑，在地方军阀中间纵横捭阖，孙中山很想借助苏联的经验、顾问的指导和中共的加入，使国民党在组织上发生焕然一新的改变。1924

①　1922 年孙在与达林的谈话中称国民党员有 10 万之众；1923 年 10 月孙在广州讲演中宣称国民党员在广东就有 30 万人。参见〔苏〕达林《中国回忆录（1921—1927）》，侯均初等译，中国社会科学出版社，1981，第 111 页；《在广州中国国民党恳亲大会的演说》（1923 年 10 月 15 日），《孙中山全集》第 8 卷，中华书局，1984，第 285 页。

②　参见李云汉《中国国民党党务发展史料——组织工作》（上），中国国民党党史会，1993，第 2—17 页；《鲍罗廷关于华南形势的札记》（1923 年 12 月 10 日），《共产国际、联共（布）与中国革命资料档案丛书》（1），中共中央党史研究室第一研究部译，北京图书馆出版社，1997，第 367—370 页。

③　《与石克士等的谈话》（1924 年 11 月 21 日），《孙中山全集》第 11 卷，中华书局，1986，第 357 页。

年 1 月国民党一大的召开及全面改组，就是这样一种大胆的尝试。

国民党一大改组，最重要的政治及组织变动有三。

一是政治骨干少壮化。孙中山此前所倚重的老党员居正、谢持、林森等均离开了党政领导中枢，新任用的骨干廖仲恺、胡汉民、汪精卫、戴季陶等明显年轻化且亲信化。

二是共产党人作用凸显。只有 400 人左右的中共，其党员代表占到了国民党一大代表人数约 13%，远超国民党党员与代表人数比例；中共党员在大会产生的中执委正式和候补委员中，更占到了 25%。在随后召开的一届一中全会所产生的国民党权力机关——中央党部的 7 个部中，中共党员占据了组织部和农民部 2 个部长，组织部、工人部、农民部 3 个部长秘书（相当于副部长）的席位。在中央执委会 3 名常委中，中共党员也占有一席之地。[①]

三是政治上明显左倾。孙中山 1905 年提出的三民主义的政策主张，在鲍罗廷依照共产国际指示精神，利用大会宣言进一步解释之后，增加了反对帝国主义和扶助工农的内容。[②] 这意味着，国民党原本在对外及对内政策上的灵活态度受到了相当程度的限制，党的外在形象明显左倾。

国民党领导骨干年轻化、政治左倾，再加上主要由充满活力的青年知识分子组成的中共党、团成员承担起在全国各地的组织发展工作，国民党一大后，其组织在全国范围中下层激进青年中取得了突飞猛进的发展。省、市、县、区各级党部纷纷建立，党员数量增长得很快，仅北京执行部一年时间就发展党员上万人。其在激进青年学生当中的发展，显得尤为顺利。到 1926 年底，国民党组织已遍及全国 90% 的省区和将近 1/4 的县份，实有党员人数增至 54.4 万余人，国内党员占到 82%，远不再是一大前的那种情况了。[③]

但是，国民党一大改组，也不可避免地埋下了其内部危机乃至组织分

---

① 参见荣孟源主编《中国国民党历次代表大会暨中央全会资料》（上），光明日报出版社，1985，第 60—63、67—70 页；中共中央组织部等编《中国共产党组织史资料（1921—1927）》第 1 卷，中共党史出版社，2000，第 6 页。

② 《中国国民党第一次全国代表大会宣言》（1924 年 1 月 23 日），《孙中山全集》第 9 卷，中华书局，1986，第 118—125 页。

③ 转引自王奇生《党员、党权与党争——1924—1949 年中国国民党的组织形态》，上海书店出版社，2003，第 28—31、39 页。

裂的严重隐患。孙中山弃用老党员，大量提拔重用在国民党内毫无根基的
年轻的共产党人，包括委托鲍罗廷主持一大文件的制定，接受反帝主张及
工农政策等思想，这些都让党内大批老党员心怀不满。无论在一大酝酿和
召开之际，还是在一大改组完成之后，他们都坚持不懈地表达批评甚至反
对的意见。当身兼国民党中央党部秘书长和组织部部长双重重要职务的中
共党员谭平山负责国民党各地组织的创建发展工作之后，不过几个月时间，
就有约 2000 名国民党人联名向孙中山和国民党中央递交检控信和弹劾案，
矛头直指跨党的共产党人。一些原有国民党组织基础的地方，新旧党员甚
至形成公开的对立派别，并发生暴力冲突。尽管孙中山以个人权威，通过
召开一届二中全会，两边劝导训斥，将矛盾冲突暂时压了下去，这一问题
却并未解决。

　　几个月后，孙中山在北上途中突然病倒并很快去世，一时间国民党内
群龙无首，内讧纷起，孙中山政策最坚定的支持者廖仲恺甚至在广州被刺
身亡。在这种情况下，苏联政治总顾问鲍罗廷利用自己身为国民党中央政
治委员会高等顾问的身份，纵横捭阖，将政治态度可疑的国民党中央政治
领导人胡汉民和军事领导人许崇智先后挤出广州，把汪精卫和蒋介石扶上
了国民党最高政治领袖和军事领袖的权力宝座。如此一来，原本就极度担
心国民党政治命运，但尚未倒向右派的大批老党员也不能不聚集起来，公
开进行反抗了。

　　在 1925 年鲍罗廷策动广州事变前后，国民党内实际上发生了两拨分裂
行动。前一批是以冯自由、马素、江伟藩等老党员为代表，并得到了老同
盟会员章太炎等人公开响应的中国国民党同志俱乐部的人。他们早在孙中
山北上时即以"护党"为名，在北京鼓动串联，孙去世后更是打出"救党
讨贼"的旗号，不仅反对共产党，而且反对一切与共产党合作的国民党
人。[①] 后一批则是国民党一大以来对孙中山联俄"容共"政策始终抱怀疑态
度，但一直遵从孙中山领导的谢持、邹鲁、林森、覃振等中央执监委员。
他们在广州事变后于 1925 年 11 月聚集北京西山孙中山灵前，以国民党一届
四中全会名义宣布取消鲍罗廷顾问资格并开除中共党员出国民党，人称"西
山会议派"。1926 年 3—4 月，他们进一步与各地支持者齐集上海，另立中央。

---

① 　《国民党中反共派声讨共产党》《国民党革除汪兆铭等党籍》，《晨报》1925 年 9 月 1、14 日。

但他们和冯自由一派人不同，其中多半仍以孙中山的国民革命主张为重，认同共产党为"革命友党"，也有条件地赞同联俄联共，唯坚决反对组织"容共"，尤其反对苏联顾问借助中共党团在国民党内颐指气使，挟持一切。[①]

国民党的公开分裂，明显是党内大批老党员从怀疑孙中山的联俄"容共"政策，到认定大权已落他人之手，因而必欲夺回党权的一种反应。然而，同样的担心和恐惧其实也存在于国民党不少处于权力高位的新干部之中。几乎就在西山会议派齐集上海，公开揭旗反对广州国民党中央的同时，以蒋介石为代表的广州国民党中央的部分政治军事领导人，就发动了具有分裂性质的"三二〇"事变，其导火索同样是领导权问题。

事变发生的政治背景很简单。1926 年 1 月，国民党在广州召开第二次全国代表大会。事前，因西山会议派的分裂，鲍罗廷、共产国际代表，以及中共党团事实上的领导地位及作用更加凸显，广州国民党内许多人亦不免疑心重重。为尽量拉拢团结尚在左右派中间的国民党人，在共产国际代表的主导下，中共中央向仍留在广州国民党一边的部分中执监委做出承诺，愿将二大推举的中执监委及常委中共产党员的数量限制在 1/3 以下。中共的确严格遵守了这一承诺，共产党员在第二届中执监委及常委中只占到 1/3。但二届一中全会最后确定的国民党中央的实际权力部门，即中央党部，却几乎全为中共党员。它的一处八部，总共 22 个职位（包括部长及秘书），中共党员就占了 17 个。[②]

这个时候，在新组建不久的国民革命军中，从军、师到团、营、连，各级均设有权力很大的党代表，团以上还设有政治部，这些政工干部也多半为中共党员。仅在蒋介石掌握的第一军中就有 50 余名军事和政工干部是

①　《中国国民党中央执行委员会第四次全体会议关于取消共产派在本党党籍宣言》（1925 年 11 月 23 日）、《中国国民党中央执行委员会第四次全体会议取消共产派在本党之党籍案》（1925 年 11 月 23 日）、《中国国民党中央执行委员会第四次全体会议开除中央执行委员之共产派谭平山等案》（1925 年 12 月 2 日）、《中国国民党中央执行委员会第四次全体会议为取消共产派在本党的党籍告同志书》（1926 年 1 月 4 日）、《中国国民党第二次全国代表大会宣言》（1926 年 3 月）、《中国国民党第二次全国代表大会肃清共产分子案》（1926 年 4 月 4 日），荣孟源主编《中国国民党历次代表大会暨中央全会资料》（上），第 356—358、360—361、378—387、403—404、419 页。
②　《二届一中中央领导机构》，荣孟源主编《中国国民党历次代表大会暨中央全会资料》（上），第 226—227 页。

中共党人。广州政府各个军事部门的首脑，也多由苏联顾问兼任。而且，共产党人这时还领导着广州 2000 多人的工人纠察队和附近 3 万多人的农民自卫军。即使是在赞同联俄"容共"政策的广州国民党人中，许多人对此也不免忧心忡忡，甚至耿耿于怀。

由于过度自信，莫斯科方面对于这种情势的危险明显缺少足够的警觉。苏联新来的军事总顾问季山嘉（Kuibyshev）在受命反对国民党二大批准了的北伐计划时，表现得极其傲慢自大。这位总顾问甚至还有意要削弱蒋介石指挥的国民革命军第一军的力量，这就更加刺激了已经是国民党军事最高领袖的蒋介石。蒋的自尊心和防备心原本就极强，他同样担心苏联顾问和共产党人会反客为主。在此背景下，只因怀疑一艘军舰的异常调动可能针对自己，蒋便铤而走险，于国民党二大结束不久的 3 月 20 日发动了军事事变，一方面软禁苏联顾问；一方面扣押第一军中的共产党人，缴了工人纠察队的武器，并且挤走了国民党此时最高政治领袖汪精卫。一个多月后，由于苏联方面居间调和，并劝告中共妥协，蒋介石顺利地达成了自己的政变目标。他主持召开国民党二届二中全会，通过了《整理党务案》等重要决议，在形式上承认"容共"的同时，严格限制苏联顾问的职权和中共党员在国民党中的任职范围，从而轻而易举地夺取了国民党党、政、军大权。[①] 随后，蒋自任北伐军总司令，指挥国民革命军发动了旨在推倒北京政府、统一中国的北伐战争。

对于党内合作这种合作形式会造成两党关系危机的严重情况，中共领导人及各地干部也并非毫无预见。还在国共合作开始阶段，因为身为国民党员必须要全力帮助国民党发展组织，在中共人数有限、自身组织发展任务艰巨的情况下，许多中共干部对此早就抱怨连连。一方面身为共产党员，必须要坚持共产党自身的立场、观点和政策方针，要为社会革命的未来目标预做准备工作，对国民党必须持独立和批评的态度，包括必须要在国民党内争取组织领导地位，以影响国民党的政策方针；另一方面，身为国民党员，任何着眼于共产党的理想目标和政策方针的独立立场及行动主张，不仅会违反国民党的组织纪律，而且会导致国民党组织的分化甚或分裂，

---

① 《整理党务案》（1926 年 5 月 17 日）、《关于整理党务之训令案》（1926 年 5 月 22 日），荣孟源主编《中国国民党历次代表大会暨中央全会资料》（上），第 231—235、235—237 页。

引起无穷纠纷，又未必真的有利于反帝反军阀的统一战线及国共共同革命任务的达成。国共合作两年多，从中共中央一直到直接在广州工作的中层骨干，对此都颇多异议，并且不止一次地提出过退出国民党的主张。①

然而，于实际负责指导中国革命的联共（布）最高领导人而言，无论是基于苏联国家利益的考量，还是基于推进东方国家革命的既定目标，都"必须执行把共产党保留在国民党内的路线"。因为，在他们看来，共产党退出国民党，等于将已经成为革命统一战线组织的国民党拱手交还给中国的资产阶级，这等于"退出战场，抛弃自己在国民党内的同盟者，使革命的敌人称快"，因而是放弃革命领导权的表现。②

他们坚持认为，为了更好地实现革命的领导地位，共产党应尽一切可能将国民党控制在自己手中，并力争能够将几个阶级联盟的国民党，改造成为工人和小资产阶级联盟的"人民革命政党"，亦即"工农联盟的政党"。这样也更容易在民族民主革命成功之际，一步完成社会革命的任务。③

正是基于莫斯科的这一指示，"三二〇"事变之后，鲍罗廷不得不采用政治谋略，一面向蒋介石示好，一面设法孤立蒋。他利用蒋介石率兵北伐，远离党政中枢的机会，成功地将左派国民党领导人联合起来，把国民党中央及中央政府迁至武汉，召开党的二届三中全会，宣布迎汪回任，事实上剥夺了蒋介石掌握了一年之久的党政大权。但是，当鲍罗廷试图进一步削弱蒋介石兵权的时候，蒋却在众多担任中执监委的国民党老党员的支持下，于1927年4月中旬先行发动事变，在南京另立中央，并实施"清党"行动，公开与鲍罗廷和共产党人翻脸了。

自国民党一大以来这一波又一波的组织大分裂，直接的导火索无疑都是争夺党的控制权。但是，国民党内左右派的形成，很大程度上也和国民党人政治上的倾向选择有密切关系。几乎所有陆续站到反共立场的国民党

---

① 参见杨奎松《"中间地带"的革命——国际大背景下看中共成功之道》，山西人民出版社，2010，第二章。

② 斯大林：《中国革命问题——联共（布）中央批准的给宣传员的提纲》（1927年4月21日），《列宁斯大林论中国》，人民出版社，1963，第114、118页。

③ 斯大林：《论中国革命的前途——在共产国际执行委员会中国委员会会议上的演说》（1926年11月30日）、《和中山大学学生的谈话》（1927年5月13日），《列宁斯大林论中国》，第100、133—134页。

人，都不赞同中共和莫斯科的政策主张；反之，凡赞同"容共"或联共政策的国民党人，相当多数理智上仍认同中共和莫斯科的主要政策主张。只不过，这种情况到 1927 年 4 月宁汉对立的局面出现后，也不可避免地要受到严峻的挑战了。

自国民党一大确定扶助工农政策以来，国民党人的工农政策及其政治宣传明显转向了社会大众，它也因此逐渐获得了劳苦阶层的好感与支持。据 1926 年 12 月国民党广东省执行委员会各部工作报告可知，当年广东省国民党员中农民党员约占 40%，工人占 23%，学生占 25%，商人不足 10%，其他军、警、法、政、自由职业者等所占比例极低。[①] 相比这时其他省区党员主要成分仍然是青年学生的情况，可知愈是在国民党占领区内，国民党愈会有相当部分中下层干部党员热心于在工农民众中做政治动员和组织发展工作。这里面固然有一部分原本就是中共党员或社青团员，但不少人则是与中共党员观点主张较为接近的国民党左派的干部党员。北伐战争打响后，正是他们，紧随军队之后，与共产党人一起，大力推进了南方各省，尤其是两湖与江西等地的工农运动。武汉国民党人能够聚集起来共同对抗蒋介石，就反映出这一部分干部党员确与蒋介石麾下的南京国民党人存在着不同的政治倾向性。

问题是，对于中共建立在社会革命观念基础上的扶助工农政策及其目的的理解，国民党左派并不真的能够跟上共产党人的步伐。1926 年 11 月，共产国际执委会第七次扩大会议通过了《关于中国问题决议案》，明确要求中共必须使正在挺进的中国革命"超出资产阶级民权范围"，发展到工农和城市小资产阶级联合专政，农村要进到土地革命，城市要准备没收外国在华大企业并将铁路、交通等收归国有。[②] 斯大林甚至直截了当地要求国共两党：立即"在农村掀起革命"，竭力反对地主，包括"没收地主的土地，并使土地国有"，"把中国农民卷入革命愈迅速愈彻底"，愈好。[③]

---

① 《中国国民党广东省执行委员会各部门工作报告》（1926 年 12 月），转引自王奇生《党员、党权与党争——1924—1949 年中国国民党的组织形态》，第 29 页。
② 《共产国际执行委员会第七次扩大全体会议关于中国问题决议案》（1926 年 11 月底），《中共中央文件选集》第 2 册（1926），中共中央党校出版社，1989，第 670—673、676—678 页。
③ 斯大林：《论中国革命的前途》（1926 年 11 月 30 日），《列宁斯大林论中国》，第 101—103、105 页。

　　莫斯科的这一指示，不可避免地导致鲍罗廷和中共中央政策的激进化。鲍罗廷开始在公开讲演中宣称："对于剥削农民的人用刺刀去刺死他，刺死反革命的基础，如像刺吴佩孚的军队一样，这样国民党才不至于落后。"[①]中共中央也检讨自己过去太过束手束脚，不敢把民族革命引向阶级革命。[②]尽管受到与武汉国民党统一战线关系的影响，中共领导机关并未马上认同太过激烈的工农运动方式，但在莫斯科上述方针指导下，要想抑制基层党团骨干和工农运动的激进化，几乎是不可能的。

　　1927年上半年，因与南京国民党人分裂，武汉政府占领地区日渐缩小且开始四面受敌，社会上无政府状态一直得不到有效控制。面对接二连三发生的冲击外国租界，工人、店员以至各界民众频繁的罢工、集会、示威，城乡工农团体、纠察队、自卫武装擅自捕人甚至杀人，军官家属被抄家、游街或吃大户，士兵寄回家的钱被农会没收等情况，国共两党中央及国民政府却始终处于一种极其被动、疲于应对的状态。为了战胜南京的军事威胁和内部军事反叛，能够继续北伐，以便抢先占领北京，武汉国民党当局最需要的是约束民众、稳定内部、巩固政权和取得莫斯科的巨额财政援助。然而，莫斯科这时的方针政策使这一切都无从实现。

　　在援助中国革命的问题上，联共（布）党内领导层一直存在着意见分歧。1926年底至1927年春，这种分歧与党内权力斗争纠缠在一起，导致反对派利用国民党内左右冲突和分裂不断的情况尖锐抨击主持中国政策的斯大林等人。在这种情况下，斯大林派再难继续其机会主义的灵活策略。在明知武汉国民党已处于危机中，存在着向右转的严重危险的情况下，斯大林不仅不敢提供有力的财政援助，也不敢降低共产国际执委第七次扩大会议决议的革命调门。1927年5月，莫斯科甚至发出更为激进的指示，要求国共两党领导人猛烈地发动没收土地的革命运动，"动员两万左右的共产党员，加上湖南、湖北约五万的革命工农，编成几个新军"；同时"从下面吸收更多的新的工农领袖到国民党中央委员会里去"，组织革命军事法庭，逮

---

①　《鲍顾问在省党部第四次代表大会之演说》《鲍顾问在湖北省党部第四次代表大会上之演说辞》，《汉口民国日报》1927年1月8、23日。

②　《中央政治局对于〈共产国际执行委员会第七次扩大全体会议关于中国问题决议案〉的解释》（1927年初），《中共中央文件选集》第3册（1927），中共中央党校出版社，1989，第19—21页。

捕并审判反动将领等。①

这一不切实际的指示最终葬送了共产党与武汉国民党的合作关系。7月中旬，无法按照莫斯科这一方针行事的武汉国民党领袖汪精卫等，发出了"和平分共"的命令。② 在中共中央报之以反抗措施，于南昌组织发动武装起义，另立中国国民党革命委员会的情况下，武汉国民党也和南京国民党一样，走上了武力"清党"的道路。③

国共两党自1924年以来的合作局面，历经种种危机之后，至此终于画上了句号。

三　中共阶级革命的严重挫折

1924—1927年国共合作的重要政治基础，实际上是以"国民革命"为号召的民族革命。这场革命的直接斗争目标就是"打倒列强除军阀"，革命的实质任务则是要实现国家统一与民族独立。国民党1926年7月发动的北伐战争，即为这场革命最具体的实现手段。北伐战争中间虽经宁汉分裂，被迫停顿达一年之久，但前度北伐不数月即攻占长江以南，二度北伐1928年4月发动，不及两个月即占领平津，推翻了北京政权，堪称顺利；又经不足半年时间的政治运作，当年12月即成功推动原先的强大对手奉军易帜，使东北地区归顺南京中央政府，形式上已基本实现了国家在政治上的统一。这一摧枯拉朽、风卷残云般的军事统一过程，从一个侧面清楚地反映出，中国社会政治现代化已经达到了一定阶段，民族主义观念广泛发酵，多数社会大众，既包括社会头面人物，也包括城镇略识文字的普通民众，对国家统一运动明显抱以期待和欢迎的态度。

但是，国家统一也好，民族独立也好，对落后国家和民族而言，从来

---

① 《共产国际执行委员会给中共中央的信》（1927年5月），《共产国际、联共（布）与中国革命档案资料丛书》（5），第446—447页。

② 《中国国民党中央执行委员会训令》（1927年7月15日）、《中国国民党中央执行委员会统一本党政策决议案》（1927年7月25日），《汉口民国日报》1927年7月16、26日。

③ 《中国国民党中央执行委员会政治委员会第四十四次会议速记录》（1927年8月8日）、《中央执行委员会致农民部函》（1927年8月9日），中国国民党党史会藏档：00-2/3、4135-3；《汉口民国日报》1927年8月9日。

都是一个极端困难、缓慢并曲折的过程。这是因为，现代国家的形成，是与经济发达，特别是与交通发达、信息传播的发展程度密切相关的。一个刚刚迈上现代国家成长道路的落后农业国，其工业化、城市化以及交通、信息条件的发展，固然会刺激国民民族国家意识的形成，挑战传统的贸易壁垒与地方隔阂，推进政治国家一体化的进程，但城市与乡村、沿海与内地、交通沿线与交通不便的广大落后地区之间发展的严重不平衡，也会极大地制约统一国家形成的进程，并且会加剧地方主义和地方割据现象的发生。

国民党能够轻而易举地用军事手段实现统一，借助的固然是民族主义观念在中国的广泛传播与成长，但其摧枯拉朽之速度，靠的却是灵活的政治策略，即挟以政治大势，在基本不触动地方军阀实质利益的情况下，贿之以高官与金钱，分而化之，使之先行归顺国民党，孤立和瓦解北京政府的武装抵抗。此种做法见效虽快，却丝毫无助于消除因经济发展严重不平衡所造成的地方及族群间的隔阂与对立。由于易帜或倒戈后的地方军阀大多依旧割据自为，并不真正服从南京国民党中央及中央政府的军令政令，因此，北伐战争结束及南京中央政府建立不久，新的统一国家的战争就不能不再度爆发。

1928 年夏南京中央政府成立后，一直到 1937 年全面抗日战争打响之前，围绕着分裂与统一而展开的政治冲突与军事斗争可谓此起彼伏，始终未曾停息过。

1929 年 3—6 月，爆发了南京中央与李宗仁等地方派系之间的军事冲突，史称蒋桂战争。

1929 年 5 月和 10—11 月，两度爆发了南京中央与冯玉祥西北军之间的军事冲突，史称蒋冯战争。

1929 年 11—12 月，爆发了南京中央与广西地方派系和与湖北地方派系之间的军事冲突，史称第二次蒋桂战争和蒋唐战争。

1930 年 5—11 月，爆发了南京中央和冯玉祥、阎锡山等各地方实力派之间的大规模军事冲突，史称中原大战，各反蒋派系公开另立北平国民政府。

1931 年 2—11 月，因蒋介石与胡汉民之间的权力斗争引发南京与广东地方派系的全面对抗，史称宁粤对立，汪精卫等也一度另立广州国民政府。

1933 年 5—10 月，冯玉祥召集西北军旧部组建察哈尔抗日同盟军，与

南京中央分庭抗礼。

1933 年 9 月至 1934 年 2 月，十九路军诸将领与国内各派军政领袖在福建以抗日反蒋为名，另立中华共和国人民革命政府，史称福建事变。

1936 年 5—9 月，广东、广西地方派系借抗日为名揭旗反蒋，史称两广事变。

1936 年 12 月，张学良率东北军、杨虎城率十七路军，要求停止内战实行抗日，联手扣押蒋介石等中央军政大员数十人，要挟南京中央，史称西安事变。

除了上述这些已经发生的和密谋中针对南京中央政府权力地位的挑战行动，对南京政府统治最具威胁的无疑是共产党发动的"苏维埃革命"。依照莫斯科和中共中央的解读，苏维埃革命仍旧属于民主革命的范畴。只是，原定扫除封建军阀并推翻帝国主义压迫，独立建国的斗争目标，被进一步扩大为：（1）"驱逐帝国主义者，完成中国的真正统一"；（2）"彻底的平民式的推翻地主阶级私有土地的制度，实行土地革命"；（3）用暴力推倒已经成为新的统治者的国民党南京政府，代之以共产党领导的俄国式的苏维埃工农独裁制政权。[①]

同样要取南京政府而代之，中共的优势远比普通地方实力派要明显得多。第一，它不仅在道义上得到强邻苏联的支持，而且直接在思想、政策、干部、财政以及军事作战和情报技术等方面得到了莫斯科的指导、训练与帮助。第二，它以工农为革命动力的阶级政策，特别是以"打土豪分田地"这种带有社会革命色彩的方法来鼓动贫苦农民投身土地革命的方针，足以动员相当庞大的人力、物力。因此，中共于 1927 年夏秋与国民党分裂时几乎一无所有，到 1930 年前后，仅三年多时间，就在南方数省交界地区创建了好几块农村根据地，发展了十几万红军。它不仅能够实行武装割据，而且日渐能够直接威胁甚至进攻长沙、南昌这样的重要省会城市。到 1931 年 11 月 7 日，它更公开宣告建立中华苏维埃共和国及其中央政府。

1927—1937 年恰好处于第一、第二次世界大战中间，新老列强对市场、资源和发展空间的激烈争夺正在将世界推向一场新的更为野蛮和惨烈的大

---

① 本段及下段，分见中共六大《政治议决案》（1928 年 7 月 9 日），《中共中央文件选集》第 4 册（1928），中共中央党校出版社，1989，第 299、300—301 页。

规模战争。处在这样一种极度弱肉强食的国际政治环境中，国民党南京政府无论是谋求国家统一，还是争取民族独立，都必须要同时与意图保持对中国的不平等地位的老牌列强，以及意图通过各种干涉、掠夺、蚕食，在中国获取更多资源的新兴列强进行抗争。从1928年春国民党二度北伐中遭遇日本军队武装干涉之日起，[①]日本对中国入侵的危险就开始极大地影响到中国政治的进程了。正是由于日本侵略的威胁，面对内争与外患，随时可能因内讧和内战被人取代的南京新政权，其政治合法性却愈见巩固了起来。

1931年9月18日，日本关东军制造并发动事变，迅速夺占了中国东北三省。南京政府一方面诉诸国联，一方面发动上海抗战，以显示抵抗决心。这一应对措施在国人中虽备受争议，但社会各界对其中央政府的地位，包括一党独裁的统治方法，却渐渐由尖锐批评转趋默认，相当部分由欧美归国的自由主义知识分子甚至也公开表示了认同的态度。[②]

日本的入侵威胁从某种意义而言促进了南京政府作为一个统一中国的中央政治权威地位的确立。日本入侵愈深入，国家统一、独立及政治稳定和发展前途受到的损害愈严重，蒋介石及其南京政府维护国家统一和独立的努力，哪怕是其在坚持国本基础上的妥协和退让，也就愈容易得到多数国人的理解与同情。任何试图挑战中央政府的权威性，可能破坏国家统一的行动，无论基于怎样一种理由，都不免会愈来愈受到社会舆论及公众的排斥与谴责。

由于这个时候的社会人心日渐以国家民族的存亡续绝为选择，因此，即使是那些打着抗日旗号发动的针对中央政府的事变，也都未能获得社会的广泛支持。蒋介石及南京国民党人内部固然问题重重，其制度建设与政策方针也常常遭人诟病，然而，南京国民党中央的权力范围，却从1928年中央政府成立时只及苏、浙、皖、闽几省，一步步向外扩展。到1937年全面抗战爆发时，除华北与日军接触的个别省区外，它已经基本上实现了对长城以内各省，包括对偏远的西南、西北地区的实力控制。包括各方面曾经备受争议的蒋介石，也在此起彼伏的反蒋浪潮中，从一个国民党的军事领导人，逐渐变成一个统一中国的政治象征，变成中华民国的最高政治领袖了。

---

① 指1928年5月3日日军以日侨被杀为由杀戮中方交涉员并攻占济南一事，史称济南惨案。

② 参见胡适《福建的大变局》，《独立评论》第79号，1933年；蒋廷黻《革命与专制》《论专制并答胡适之先生》，《独立评论》第80、83号，1933年；丁文江《民主政治与独裁》，《独立评论》第134号，1934年。

在这样一种政治大势之下，以南京国民党中央政府为革命对象的中共苏维埃革命战争，也难有成功的可能。特别是中共所依赖的两大优势，即阶级斗争和苏联援助，不仅无法持续发生效力，而且会日渐变成自身发展的局限和实现政治诉求的障碍。

奉行阶级斗争式的半社会革命方针，是中共苏维埃革命失败的关键所在。表面上，苏维埃革命的斗争任务与此前国民革命的斗争任务相近：一是继续推翻帝国主义的民族革命；一是继续打倒封建势力的民主革命。但为调动占全国人口90%的农民革命，后一项任务被明确规定为集中于废除地主土地私有制的土地革命；而从反国民党的角度，它更是宣称："必须反对民族资产阶级方能胜利。"如此，所谓民族民主革命也就基本上变成阶级革命了。中共六大决议的规定，即苏维埃"革命动力只是工农"，[1] 也清楚地说明了这一情况。一方面继续主张民族民主革命，一方面又高揭阶级革命和社会革命的旗帜，排斥一切非工农力量，这种极端矛盾性从一开始就决定了苏维埃革命只能是一种"孤家寡人"的革命。

首先，"革命动力只是工农"，理论上是以占全国人口90%以上的工人、农民等劳苦大众为依靠的。但实际上，这一方针并不具有可操作性。因为，中共与国民党关系破裂后只能从事地下工作，在城市及工矿企业中活动受到极大限制。仅仅几年时间，它就惨败于与国民党政权在城市里的较量，被迫将全部工作重心转往农村。而在农村，它的活动范围同样有极大的局限性，亦即它只能在南方几省交界的偏僻地区活动和割据，影响地域及人口同样极为有限。不仅如此，基于阶级斗争的思维逻辑，割据地区的农民并不都是它的依靠对象。农村人口中相当部分有财产、有文化、有势力的富裕人口事实上依照阶级分析的观念或属于资产阶级范畴，或属于小资产阶级范畴，都是它的敌人或潜在的敌人。它真正能够依靠的，充其量也只占当地人口50%左右。[2] 这样一种情况，使之在与国民党政府的对抗中不能

---

[1]　中共六大《政治议决案》（1928年7月9日），《中共中央文件选集》第4册（1928），第299页。

[2]　毛泽东对江西根据地寻乌县的调查报告说明，全县人口中农民占60%，其中贫雇农占70%，贫雇农占县总人口不足50%。且当地贫农将近半数有土地或耕牛等，按后来的标准多半应划为中农。见毛泽东《寻乌调查》（1930年5月）、《兴国调查》（1930年10月），《毛泽东农村调查文集》，人民出版社，1982，第99、105、132页。

不处于孤立的状态。

其次，中共的土地革命是靠实行"打土豪分田地"的政策来吸引农民的，然而，南方偏僻农村社会矛盾复杂，族群隔阂根深蒂固，"打土豪"并不一定会推动农村中的阶级斗争。而推动农村阶级斗争的做法，还常常导致族群间、土客间、地域间乃至城乡间的对抗与冲突，使得中共阵营在不断壮大的同时内部却极不稳固。1930年初袁文才、王佐之死，当年底次年初江西苏区富田事变，以及各根据地中红军始终攻不下的"土围子"，都反映出阶级斗争的主张在当时条件下未必都能起作用。①

再者，中共土地革命是靠"分田地"来吸引贫苦农民的，但有着根深蒂固的小农经济思想的农民多数并不会因此就投身共产革命。相反，农民趋利避害的心理和强烈的乡土观念反而易于因此发酵。苏区扩张时，周边贫苦农民往往会到苏区来；战争形势逆转，许多农民又会四处躲藏，甚或"反水"；一旦红军要西征，大批农民士兵就会千方百计找机会逃回故土。1933年，特别是1934年军事形势恶化时，中央苏区大量发生的农民"反水"和逃兵的情况，就足以说明这一点。②

事实上，正是这一狭隘的阶级政策把苏维埃革命时期的共产党人推到了"孤家寡人"的境地，并最终造成失败的结局。毛泽东后来总结这几年的历史教训时曾再三说明：苏维埃时期的失败根本上就是放弃了统一战线的政策和策略，"'为渊驱鱼，为丛驱雀'，把'千千万万'和'浩浩荡荡'都赶到敌人那一边去"，"连小资产阶级、中产阶级也不要，结果自己变成了空军司令，队伍越打越小"。③这里所说的统一战线政策，原本就是和这一时期的民族民主革命，亦即中国国家统一和民族独立的斗争任务相辅相

---

① 参见谢宏维《井冈山革命根据地的土客冲突、阶级矛盾与意识形态斗争——袁文才、王佐被杀事件再研究》，《江西广播电视大学学报》2007年第3期；戴向青《论AB团和富田事变》，《中共党史研究》1989年第2期；何友良《苏区农村的宗族势力及其消亡》，《江西社会科学》1991年第12期。

② 参见黄道炫《苏区时期的"赤白对立"——阶级革命中的非阶级现象》，《史学月刊》2005年第11期；《张力与限界：中央苏区的革命（1933—1934）》，社会科学文献出版社，2011，第322—328、330—338页。

③ 《论反对日本帝国主义的策略》（1935年12月25日），《毛泽东选集》第1卷，人民出版社，1991，第155页；《在中国共产党第七次全国代表大会上的口头政治报告》（1945年4月24日），《毛泽东文集》第3卷，人民出版社，1996，第309页。

成的。中共从来讲"两步走"，离开了这一政策，等于直接迈向了第二步，把所有富裕阶层都当敌人来打，结果是自己人越来越少，任何一步斗争任务都实现不了。

　　狭隘的阶级革命方针不利于中共，苏联的援助也并不都能满足中共的需要。孙中山领导的广州政府及国民党始终是作为与北京政府对立的政治实体公开存在的，因此，苏联与国民党的结盟，以及苏联对国民党的各项援助都是公开的。中共及其所创建的根据地政权，却不具有这样的条件，苏联当局对中共的任何援助，历来只能是秘密的和小规模的。虽然，把中共引上苏维埃革命的莫斯科深知中共的农村根据地需要像当年广州国民党人那样，在军事方面得到大批援助物资，但由于中共始终无法占据沿海口岸，莫斯科虽有设想，却无从实施其援助计划。[①] 等到 1936 年红军全部集中到西北地区，苏联终于有条件向中共提供军事援助了，却由于日本对苏联东部安全威胁的加剧，使莫斯科不得不放弃了这种努力。

　　莫斯科对外政策的调整，是由于当时苏联自身安全受到东（日本）、西（德国）两面威胁而做出的。自 1931 年九一八事变后，日本接连吞并中国东北三省、热河，并成立了伪满洲国，进而又攻入长城，染指察哈尔、绥远与河北，1935 年更制造了华北事变，意图策动华北五省"自治运动"，进一步控制中国的华北地区。由于历史上日本对俄国远东地区虎视眈眈，双方在中国东北和俄国远东不止一次发生过军事冲突，苏联方面对日本占据中国东北和夺取华北，形成对苏联远东和外蒙古的弧形包围态势高度警觉。注意到中国这时国民抗日情绪高涨，唯有实现统一，才能有效地组织抵抗，帮助苏联牵制日本，莫斯科 1935 年即通过共产国际要求中共中央改取统一战线方针，在承认蒋介石南京政府为中央政府的条件下，争取与国民党再度合作。基于这样一种政策调整，无论军事援助，还是中共中央与地方实力派之间的秘密合作，包括张学良、杨虎城发动的西安事变，最终都因有碍于这一政治目标的实现，而被莫斯科否定了。

　　1936 年 12 月 12 日，已与陕北中共及红军秘密往来多时的东北军将领，

---

　　①　有关莫斯科方面考虑经海路向中共南方根据地运送武器装备的设想和方案情况，可参见《共产国际、联共（布）与中国革命档案资料丛书》（13），第 545、559、575、579、581、585、617、623 页；（14），第 171、206、234 页。

时任西北"剿总"代总司令张学良，和十七路军总指挥，兼任西安绥靖公署主任杨虎城，在无法阻止蒋介石实施军事"剿共"计划的情况下，贸然将前来西安督战的蒋介石及其军政高官数十人扣押，酿成了震惊中外的西安事变。蒋介石等被扣西安近两周，历尽艰危，如果没有莫斯科透过中共中央从旁做和平调处，后果颇难设想。但是，蒋介石最终能够平安脱险，根本上却是中国政治形势发展的一种现实需要。因为，面对日本入侵威胁，中国需要统一，这种统一唯有以蒋介石南京政府为中心才可能迅速形成。这样一种认识，此时已经成为希望中国统一抗日的苏联等外部势力的既定看法，尤其已经成为中国国内各界人士的一种政治共识。因此，西安事变的发生，前所未有地引起了全国各地、各界、各党派及各民众团体的一致谴责，就连各地反蒋派人物亦不能不随声附和。这种情况也极大地触动了张、杨与中共中央，影响了事变解决的进程。①

西安事变前后各界舆论的表现，再明显不过地反映出国内政治人心的向背及选择。也因此，蒋介石在西安事变中被扣的遭遇，不仅没有损害其个人的政治形象，反而使蒋的政治威望一度蹿升到"全民仰止，真如日中天"的程度。②事变和平解决后，除了受到日本势力影响的个别地区及个别地方军阀外，蒋介石及其南京政府轻而易举就解决了久拖不决的政治分裂问题。

四　抗战中国共两党的再度较量

西安事变的和平解决，以及蒋介石南京政府1937年上半年统一国家进程的全面推进，是现代中国国家形态基本确立的重要标志。在此形势下，任何党派团体、政治人物，不论与蒋介石南京政府之间存在怎样的矛盾与

---

① 有关事变发生期间各地各界各团体各报馆各杂志社及各地名流谴责通电及宣言等，可参见1936年12月13—25日的《大公报》《申报》《益世报》等。

② 历史学家唐德刚曾回忆当年情形称："我们那时亲眼见到蒋公和国民党的声望，全民仰止，真如日中天……如果没有西安事变，没有全国的大统一，没有惨烈的武装抗战，则人事全非，一个独裁专政的领袖，和一个忍辱含羞的政党，在历史舞台上将以何种脸谱出现，我们写历史的人就很难妄测了。"转引自郭冠英《张学良在台湾》，中国友谊出版公司，1994，第40页。

冲突，都不得不委曲求全以适应这一政治现实，即使另有中华苏维埃共和国的中共也不能例外。

西安事变一结束，中共中央就积极配合南京当局和平处理西北善后问题，并于 1937 年 2 月 10 日正式宣布废止苏维埃革命的旗号，放弃此前各项阶级革命的目标，愿意在抗日基础上承认南京国民政府为中央政府，改制改编，"共同奔赴中华民族最后解放之伟大前程"。①

1937 年 7 月底，由于日本军队利用在北平郊区卢沟桥与中国守军发生冲突，大举出兵并开始占据北平、天津地区，南京政府决心"应战"。中共希望的全国抗战局面终于出现了。举国抗战无疑大大强化了中国作为一个统一、独立的现代国家的政治象征力，但是，此举也不可避免地会对蒋介石国民党的统治力带来严峻挑战。这是因为，全面抗战的发生，一时间也没有根本改变中国内部的政治运行轨道和运作方式，地方政治的分裂和以暴易暴、强权独裁的立国治国方式也没有完全改变，甚而至于，这会因为对外战争的爆发而在一定程度上被强化。

全面抗战爆发一年后，毛泽东对中国政治道路的这一趋向就做过概括说明。他指出：现代中国的建立取决于枪杆子，民族战争靠枪杆子，阶级战争靠枪杆子；社会主义靠枪杆子，民主共和国也靠枪杆子。在中国，"谁有枪谁就有势，谁枪多谁就势大"。不仅"枪杆子里面出政权"，而且"枪杆子里面出一切东西"。因此，在他看来，"整个世界只有用枪杆子才可能改造"。② 因为中国的一切取决于枪杆子，取决于军事实力大小，因此，一旦国民党军事力量在对日作战中陷于失败，军事实力逐渐缩小，新的军事力量渐渐生长，军事实力不断壮大，蒋介石国民党是否适合继续统治中国的问题，就不可避免地又会出现。

平津失守后，蒋介石曾对下令"应战"的决策颇有悔意。他在日记中

① 1937 年 2 月 10 日中共中央致中国国民党中央电"保证"："（一）在全国范围内停止推翻国民政府之武装暴动方针；（二）苏维埃政府改名为中华民国特区政府，红军改名为国民革命军，直接受南京中央政府与军事委员会之指导；（三）在特区政府区域内实施普选的彻底的民主制度；（四）停止没收地主土地之政策，坚决执行抗日民族统一战线之共同纲领。"见《中共中央文件选集》第 11 册（1936—1938），中共中央党校出版社，1991，第 157—158 页。
② 《战争和战略问题》（1938 年 11 月 6 日），《毛泽东选集》第 2 卷，第 546—547 页。

写道："倭寇随手而得平津，殊出意料之外。"对日外交似过于强硬，"如当时密允宋哲元准倭筑津石路，则至少可由一年时间之展缓，准备亦较完密。此则余对外交政策一惟舆论是从，而疏于远虑，自乱大谋之过也"。①

但是，面对平津危机，如果仍以不抵抗态度处之，不仅华北数省事实上会被日本控制，危害既定的全国抗战部署，南京政府好不容易确立起来的政治统治的合法地位也会受严重损害。因此，明知各方面尚未做好战争准备，蒋介石也不得不下决心应战。

蒋介石国民党统治地位动摇的首要原因，无疑是日本的大规模入侵和国民革命军主力一次次战役的重大失利。整个全面抗战期间国民党为抵御日军大举推进，至少与其进行过 20 次以上动员兵力超过 10 万人的大规模会战和成百上千次重要战役。八年全面抗战中，陆军死亡超过 177 万人，空军毁机 2468 架，死亡 4321 人，海军舰队则损失殆尽。② 节节抵抗所带来的节节败退及损兵折将，只会严重地削弱国民党的统治力量。国民党中央的统治范围越来越小，军心、战力日渐削弱和萎靡，处于其强力统治下的各种内在矛盾遂逐渐滋生发酵并蔓延开来。

与此形成鲜明对照的，是中共军事力量在战争中的迅速发展和壮大，以及其政治影响力的全面提升。全面抗战开始之际，改编后的中共军队只有不足 3 万人，约 1 万支枪，兵力还不足蒋介石统率的整个国民革命军的 2%，装备及火力更无法与其他正规军相比。就实力而言，这一兵力不论对抗战军事，还是对国民党的统治，均不具有重要影响。这显然是蒋介石敢于再度"容共"的一个很重要原因。对于红军改编谈判中中共坚持不放弃军权，战争开始后红军改编的八路军脱离二战区转入敌后游击作战，蒋介石之所以没有拒绝和阻止，应该也是因为没有把中共的这点力量放在眼里。

蒋介石万万没有想到的是，在国民党正面战场节节败退的情况下，中共军队向敌后农村拓展，意外地获得了巨大空间。

红军正式改编为第八路军的时间是 1937 年 8 月 20 日，到 12 月下旬，

---

① 《蒋介石日记》，1937 年 7 月 31 日 "本月反省录"，美国斯坦福大学胡佛研究所档案馆藏。藏所下略。

② 何应钦编著《八年抗战之经过》，黎明文化公司，1970，第 252、254、255、270、272 页。这里列出的死亡数包括何著中所列阵亡和因伤病死亡两个数字，其中阵亡数为 131.9 万人，伤病亡数为 46.8 万人，两个数字中可能有重合，故约略计算为 177 万人。

八路军人数已猛增两倍，发展到 9.2 万人，枪亦增倍。1938 年底，八路军更进一步发展到 16 万人。连同中共南方游击队改编的新四军，到 1939 年初，中共正规武装合计已达到 22 万人左右。再过一年时间，其正规部队更发展到 47 万人之多，已占到蒋当时统率下的正规军总数的将近 1/4。中共控制区域，也相应猛增，从战争爆发之初陕甘十余县的范围，陆续伸展到山西、河北、察哈尔、山东、河南、安徽、江苏等敌后数省农村地区。1940 年 2 月，毛泽东甚至一度考虑力争在最短期内将正规军扩展到 100 万人，"将整个华北直至皖南江南打成一片，化为民主的抗日根据地，置于共产党进步势力管理之下，同时极大发展鄂中与鄂东"。①

　　国共两党在抗日战争中实力的此消彼长，是不可避免的。这与它们各自所处的地位密切相关。全国抗战打响后，国民党从中央到地方，上自政治领袖汪精卫，下至普通文人墨客，投敌者成千累万，伪政权、伪军逐渐遍布日占区，另建了一套同样号称国民党和国民政府的党政权力机构。② 这是中国版图内部各种地方的、分离的、反中央的，乃至反民国的政治分裂势力，在这场战争中考虑他们各自的利益而做出的选择。蒋介石对此早就有所担心和预见。③ 但作为执政党，国民党除选择军事抵抗外事实上也别无出路。

　　以弱抗强，非实行全民动员，并取灵活战术不可。但在内部处处裂痕的现实条件下，任何开放性组织和灵活战法都可能导致全局失控，大权旁落，军人出身、习惯于专权的蒋介石政治上坚持统制政策，军事上坚持统一指挥，处处防御，节节抵抗，结果是被动挨打，损兵折将，苦撑待变换来的只能是控制范围日渐缩小和自身实力的日渐削弱。

---

① 有关年份部队增长的统计数字因资料来源不同不尽一致，但大体相近。参见张廷贵、袁伟、陈浩良《中共抗日部队发展史略》，解放军出版社，1990，第 503 页；章伯锋、庄建平主编《抗日战争》第 2 卷，四川大学出版社，1997，第 2369 页。

② 已知自国民党副总裁汪精卫以下国民党中央委员投敌者即有 20 人，战争后期在伪军中任职的国民党将级军官即有 58 人，他们率领下成建制投日的军队也有 50 万之多。参见强重华编《抗日战争时期重要资料统计集（1931—1945）》，北京出版社，1997，第 127—129 页。

③ 蒋介石在 1937 年 11 月 30 日本月大事预定表中即担心长期抗战可能造成之"最恶场合"为："甲、各省军阀割据，国内分崩离析；乙、共党乘机捣乱，夺取民众与政权；丙、散兵游勇，到处抢劫，民不聊生；丁、人民厌战，共党煽动，民心背弃；戊、政客反动离间，各处伪政权纷起……"见《蒋介石日记》，1937 年 11 月 30 日。

全面抗战期间的共产党不同于国民党，首先在于它不是执政党，因而它对抗日可以完全不同于中央政府的理解和战法。其次在于十年内战的血腥杀戮深化了两党相互敌视戒备之心，中共看待执政的蒋介石国民党，如同早年孙中山革命党看待袁世凯中央政府一样，亦鲜有信任可言。1937年8月20日红军刚刚改编为国民革命军第八路军后，毛泽东就明确告诫共产党人说：国共两党"在阶级上根本上是敌人"，"防人之心不可无"，国民党不可能坚持抗战到底，抗战要胜利必须靠共产党发展壮大取得实力领导地位才行。①

据此，毛泽东提出的抗战主张是：中国弱而大，面对强敌，不能在乎一城一地的得失，应诱敌深入，用运动战和游击战与敌长期周旋。在他看来，国民党是执政党，当然负有通过阵地战和运动战正面抗敌的责任；中共兵力弱小，应该把主要力量放在发动和武装民众方面，主要只进行侧后击敌的山地游击战。对中共在战争中的作用问题，他的解释是：作为地域广大的落后农业国，中国抗日最后成功只能依靠广大的游击战争。要"造成数百万人民的游击战"，非得靠军队到处去动员民众不可。故中共武装进入敌后的首要任务不是打仗，而是两项："创造根据地"与"广泛发动群众"。②

由于国共各有自己的政治诉求，虽并肩作战，却缺少互信，甚至互相防范、互为仇雠，③ 因此，两党军事力量对比的变化必定会引发各种政治联想，最终导致两党关系的改变。尤其是处于执政地位的国民党人，早在全面抗战开始第二年就已对中共影响与地盘扩大高度敏感了。1939年初国民党五届五中全会召开后，它更是专门制定了"防制异党活动办法"，要求各地党政军警各部门"以组织对付组织"，"防范""限制""解散""取缔"

①　转见杨奎松《"中间地带"的革命——国际大背景下中共成功之道》，第352—356页。

②　参见全面抗战初期毛泽东的有关论述，《毛泽东文集》第2卷，第6—30页；《上海太原失陷以后抗日战争的形势和任务》（1937年11月12日）、《论持久战》（1938年5月），《毛泽东选集》第2卷，第387—396、439—515页。

③　1937年2月18日，蒋介石针对中共2月10日通电记称："共党非人伦不道德的生活与无国家反民族的主义，必须根绝尽净。"8月13日蒋发动上海抗战当日亦在日记中记称："共党政客各方军阀之野心，思乘对外战争之机暴发其阴谋。"（《蒋介石日记》，1937年2月18日、8月13日）1937年8月22日，毛泽东在中共中央政治局扩大会议上明确讲：国共两党在阶级上根本是敌人，因此，防人之心不可无。

"制裁"中共一切不利于国民党统治之宣传、组织与活动。① 随后，蒋介石很快分别委任沦陷各省区党政军机构负责人，把他们及其武装力量遣回敌后，试图实际阻止中共在敌后的自由行动与发展。

一方面中共全力发展并经营敌后根据地，所到之处不仅建立自己控制的地方政权，而且编军队、发钞票；一方面国民党必欲统一军令、政令，极力通过军事、政治手段防范甚至清除中共势力，自 1939 年下半年起，国共军事、政治摩擦全面加剧，并且在 1941 年 1 月逼出了一个震惊中外的皖南事变。中共驻皖南的新四军军部 1 万余人被国民党第三战区军队大部消灭，军长叶挺及部下 7000 余人被俘，政委项英等 1000 余人遇难。

但是，国民党的强硬对中共在敌后的发展并不能真正起到防制作用，反倒是将国共两党关系推向了分裂的边缘。1940 年底以后，国民政府不再向中共领导的边区政府及军队提供饷给，反过来，它也再难名正言顺地限制中共的行动自由了。

其实，1939 年以后国共两党在敌后争夺农村根据地的较量，极大地暴露了国民党自身的弱点。因为，实践证明，几乎凡有中共武装深入的敌后区域，国民党派去的军政力量再多也不够与中共竞争或对抗。② 这一情况从一个侧面说明，战时双方力量的消长及对比变化，除了受对日作战的牵制和消耗不同外，还有其他因素在起作用。

全面抗战期间中共军事政治力量的活动与增长几乎全在农村，而它能够在日军与国民党两面夹击下生存发展，原因亦在其有着不同于日军和国民党的一套制度、组织、干部及政策方法。

对于外来的日本侵略者，中共以保乡守土和民族主义号召为动员；对于专制、官僚甚至腐败的国民党基层政权，中共则以政治民主、经济平等、干部清廉和合理负担相抗衡。

战时国民党政权像抽水机一样，用尽方法汲取底层社会人力、物力、

---

① 参见《中国国民党中央执行委员会秘书处第一八八九号密函》(1939 年 2 月 28 日)，中国国民党党史馆藏档：特 005/25. 13；《中国国民党中执会秘书处密订"防制异党活动办法"电》(1939 年 4 月)，中国第二历史档案馆编《中华民国史档案资料汇编　第五辑第二编　政治》(2)，江苏古籍出版社，1994，第 21—24 页。

② 见洪小夏《国民党敌后抗日根据地论析》，中国现代史学会 30 周年庆典与学术研讨会，郑州，2010 年，第 90—93 页。

财力等各种资源，以应对战争之需，农民的生活乃至生存条件每况愈下。当政的国民政府固然也尝试过减轻民众负担的办法，但在战争期间，军费糜耗，财政拮据，政府除穷尽一切手段向民间取得资财外，鲜有他法可想。再加上各级官吏、军官，往往还乘机贪污中饱，大批军队征发不断，这就更加加剧了基层社会官民乃至军民之间的矛盾冲突。

共产党同样需要农民更多付出，但同时通过反奸清算汉奸地主，实行减租减息以及清债退押运动等，将战争负担尽量多地分摊到富裕阶层中去。[①] 同时，共产主义式的分配制度、强化阶级观念的整党整风、自力更生的"机关生产"措施，[②] 以及展示政治民主的基层民选等做法，包括利用特货贸易改善财政状况，减少对农民的征发等方法，都在一定程度上减轻了根据地穷苦农民的负担，并强化了多数民众乃至国内外舆论对中共的好感。

与农民的关系对国共军力的影响越到战争后期也看得越清楚。1940年以后，国民党连征兵都变得越来越困难，与农民关系日趋紧张接连逼出几次大规模的民变，靠大批农民壮丁补充起来的军队，战力也大大下降。[③] 1944年日本发动的"一号作战"，日军数月即从河南一直打到广西沿海，甚至打到邻近陪都重庆的贵州独山。抗战最后一年，国民党只剩西南和西北的少数几省还完整在手。

1945年8月日本突然宣告投降，国共两党中央对此均未能估计到，因而两党都有些准备不及。这个时候，国共两军兵力之比仍为4∶1，已经得到战时盟国美国在装备上援助的国民党中央军相对要优胜许多。但是，国民党军主力这时都集中在西南及西北的偏远地区，整个华北、华东，包括华中的大片地区，以及完全没有国共武装的东北地区，却就在中共各根据

---

① 比较全面抗战期间晋东南农民在阎锡山、日本人、国民党军和中共几个时期的负担情况，可以很清楚地看出中共时期一般农民的赋税负担要轻得多。见杨奎松《抗战期间国共两党在农村的较力——以晋东南地区农村中国共力量消长为主要考察对象》，未刊稿。

② 指中共全面抗战期间开始实行的各根据地所属机关、部队专设生产经营部门以解决本单位人员生活开支不足的做法。

③ 参见蒋介石《革新兵役之根本精神与必通的途径》（1942年10月6日），秦孝仪主编《蒋公思想言论总集》卷19，中国国民党党史会，1984，第326—328页；《在蒋介石身边八年——侍从室高级幕僚唐纵日记》，群众出版社，1991，第301、358页；《1944年第一战区中原会战之检讨》（1944年7月7日），中国第二历史档案馆编《抗日战争正面战场》（下），江苏古籍出版社，1987，第1252—1253页。

地的近旁，因而几乎成了中共的囊中之物。如果不是美国总统杜鲁门应蒋介石的要求，明令在华日军必须"向蒋委员长投降"，① 同时动用海空力量帮助国民党赶运军队至华东、华北和东北，抗战胜利后中国军事政治形势也未必就对国民党有利。

五　战后国共命运转换的内外因素

1945 年 8 月 10 日，日本政府宣布愿意按照美、英、中《波茨坦公告》所列条件投降。当夜及次日，朱德就以总司令的名义发布七道命令，要求中共各部队立即向其附近各城镇交通要道之敌人军队及其指挥机关送出通牒，"限其于一定时间向我作战部队缴出全部武装"。中共中央军委同时还分别具体部署了各地夺取中心城市的目标和计划。各地中共武装亦很快开始向周边大中城市挺进。②

蒋介石得到消息，也马上发出多道电令，包括电令中共军队不得擅自行动，电令各地长官联络上海等大城市日伪当局不得向中共缴械交城，试图全力阻止中共军队就近抢占先机。由于要阻止日军向中共缴械必须取得美国方面的支持，而美国人这时甚至没有考虑中国人参与受降问题，故蒋不得不一面向毛泽东发出示好谈和的邀请，一面通过美国大使赫尔利（P. J. Hurley）辗转与美国政府交涉，要求在华日军不得向反国民政府军队缴械投降。一直拖到 16 日以后得知杜鲁门发布了要求在华日军必须向蒋投降的命令，他这才大体放下心来。③

抗日战争结束时，中国面临的并不是重现统一，而是分裂和内战的危险在加剧。时任美国总统的杜鲁门很清楚这种情况。他写道："在 1945 年，中国只是一个地理上的名词。自从 1911 年满清帝国覆灭以来，中国就没有

---

① The Ambassador in China（Hurley）to the Secretary of State, August 16, 1945, *Foreign Relations of United States*（*FRUS*），*1945*，vol. 7, pp. 500-501.

② 《延安总部命令第一号》（1945 年 8 月 10 日 24 时）等，《中共中央文件选集》第 15 册（1945），中共中央党校出版社，1991，第 217—225 页。

③ The Ambassador in China（Hurley）to the Secretary of State, August 13, 1945, *FRUS*, *1945*, vol. 7, pp. 495, 497-498. 蒋在接到杜鲁门第一号命令后特别在日记中表示了感激之情，称："美总统来文……中国战区指明受蒋委员长之招降，此乃美国对余特别之协助也。" 见《蒋介石日记》，1945 年 8 月 18 日。

出现过一个权力遍及全国的中央政府。当对日战争胜利时，中国的情况就是这样。蒋介石的权力只及于西南一隅，华南和华东仍被日本占领着。长江以北则连任何一种中央政府的影子也没有……蒋介石甚至连再占领华南都有极大的困难。要拿到华北，他就必须同共产党人达成协议。如果他不同共产党人及俄国人达成协议，他就休想进入东北……假如我们让日本人放下他们的武器，并且向海边开去，那末整个中国就将会被共产党人拿过去。因此我们必须采取异乎寻常的步骤，利用敌人来做守备队，直到我们能将国民党的军队空运到华南，并将海军调去保卫海港为止。"①

由此不难了解，1945 年抗战胜利前夕国共两党力量对比的态势，并不有利于新的政治妥协的实现。自 1941 年皖南事变爆发，国共关系就已经走到了破裂边缘。尽管因为受到日军反复大"扫荡"以及苏、美、英等战时盟国政府扶蒋政策的影响，中共最终没有采取激烈对抗的做法，但是，1939 年以前那种准备战后和国民党共同建国的可能已经荡然无存了。1944 年 4 月下旬日本发动"一号作战"，将国民党中央军打得落花流水之后，毛泽东更坚定了想要在战后取代国民党统治的雄心。9 月中旬，中共中央提出"结束一党专政，建立联合政府"的政治主张，事实上已经将这种态度公开化了。

然而，由于战争结束得过于突然，国共两党围绕着受降、接收与沦陷区控制权的争夺正迅速引燃内战的火药桶的关键时刻，两党之间却出乎意料地都踩了刹车。1945 年 8 月下旬至 1946 年底，在国共两党历史上出现了几乎是唯一一次最接近于达成国家政治统一的全面"合作"的尝试。这一度合作之缘起，显然不是两党主观上出现了妥协的意向，而是受到特定的背景与环境干预和影响的结果。

关于这种情况，毛泽东在 20 日、21 日接连收到斯大林发来的要求他前去重庆谈判的电报后讲得很清楚。他在党内解释说："因为苏美英需要和平，不赞成中国内战；中国需要和平。""现在的情况是抗日战争的阶段已结束，进入和平建设阶段……不能有第三次世界大战是肯定的。""苏如助我，美必助蒋，大战即爆发，和平不能取得。在欧洲，苏联助保加利亚而不及希腊，是因希腊为英国所必争。"②"我们现在在全国范围内大体上要走法国的路，

①　《杜鲁门回忆录》下卷，东方出版社，2007，第 76 页。
②　《胡乔木回忆毛泽东》，人民出版社，2003，第 391—392 页。

即资产阶级领导而有无产阶级参加的政府。"[1] 但"蒋介石想消灭共产党的方针没有改变，也不会改变"，他之所以暂时施以和平手段，是由于上述条件在起作用。同样，"我们要利用他这个暂时和平"，扩大我们的宣传。[2]

毛泽东讲苏、美、英需要和平，不赞成中国内战，因而联手推动国共和谈，就是战后国共所面临的国际大环境。斯大林之所以在欧洲"助保加利亚而不及希腊"，在中国出兵东北不援助中共，根本上也是因为战争结束前夕苏联与美英对战后国际格局已经秘密地做好了政治安排。双方这时都还小心翼翼地不愿破坏各自的承诺。

和战时国共关系一样，第二次世界大战期间美英和苏联的关系也始终处在面和心不和的微妙状态中。为避免战后双方关系出现严重问题，斯大林早在 1944 年 10 月就和英国首相丘吉尔签订了一项在欧洲划分势力范围的"百分比协定"。通过这项秘密协定，苏联以不向西欧、北欧以及南欧巴尔干半岛部分地区扩展势力为条件，换取英美承认东欧各国基本上属于苏联的势力范围。[3] 依据这一协定，当时在本国力量强大的法国、意大利以及希腊等国共产党，不得不交出自己的武装，参加到英美支持的由本国流亡政府主导的所谓"联合政府"中去。

基于同样的设想，斯大林于 1945 年 2 月在雅尔塔会议上进一步与美英首脑就苏联在东亚的势力范围也达成了类似的妥协。进而，在美国政府的帮助下，苏联又通过与蒋介石国民政府签订《中苏友好同盟条约》，将苏联在中国东北的若干特殊权益以书面形式基本确定下来。[4] 在苏联看来，这也就意味着，以中国长城和朝鲜半岛北纬三十八度线为界，以南属于美国的

---

[1] 王双梅：《刘少奇与抗日战争》，中央文献出版社，2005，第 308 页。

[2] 《胡乔木回忆毛泽东》，第 393 页。

[3] 丘吉尔与斯大林在 1944 年 10 月秘密达成"百分比协定"，双方同意英美和苏联战后在东欧各国各拥有不同百分比的"发言权"。如苏联对罗马尼亚拥有 90% 的发言权，英美 10%；苏联对保加利亚有 75% 的发言权，英美 25%；双方对南斯拉夫和匈牙利各有 50% 的发言权；英美对希腊有 90% 的发言权，苏联 10%；等等。见〔英〕温斯顿·丘吉尔《第二次世界大战回忆录——胜利与悲剧》，斯祝等译，商务出版社，1995，第 259—260 页。

[4] 中苏双方在中方同意共管中东铁路和大连港，允许苏联租用旅顺军港 30 年，并允许外蒙古通过公投独立的基础上，苏联政府承诺：予中国之一切道义上与物资上之援助，"当完全供给中国中央政府，即国民政府"。见《中苏友好同盟条约》（1945 年 8 月 14 日），李嘉谷编《中苏国家关系史资料汇编（1933—1945）》，社会科学文献出版社，1997，第 642—651 页。

势力范围，以北属于苏联的势力范围，双方互不干涉。基于这样一种认识，斯大林相信，长城以内的中共只能依照法国和意大利共产党人的做法，放弃武装，到受美国支持的蒋介石国民党主导的政府中去做官了。

正是在美苏双方的配合与干预下，国共两党最高领袖蒋介石与毛泽东在 1945 年 9 月初至 10 月 10 日于重庆举行了和平谈判。但是，这个时候美苏两国均未直接介入国共谈判，因此两党谈判几乎没能解决任何实质性问题。双方只是在政治上表示认同中国"和平建国的新阶段即将开始"的观点，同意说两党"必须共同努力，以和平、民主、团结、统一为基础"，"长期合作，建设独立、自由和富强的新中国"。① 实际上，国民党坚持军令、政令必须完全统一于蒋介石为领袖的中央政府；中共坚持对华北等解放区要拥有控制权，"解放区军队一枪一弹均必须保持"，② 因此，涉及军队、政权和地盘等问题，双方均未取得协议。10 月中旬，重庆和谈宣告暂时休会，国共两党在军事上就进入内战状态了。

战后国共双方真正开始迈入和平统一的政治进程中，又是美国总统派特使马歇尔（G. C. Marshall）将军来华调处两党冲突的结果。

马歇尔 1945 年 12 月 21 日抵达中国，只用了短短 20 天时间，就促使两党在关内全面停火，并且顺利促成了有各党各派代表参加的全国政治协商会议的召开。这次会议前所未有地通过了《和平建国纲领》等五项和平协议，国共两党在各党派代表的一致监督下明确宣告：确认"'政治民主化'、'军队国家化'及党派平等合法，为达到和平建国必由之途径"，"用政治方法解决政治纠纷"；"确保人民享有身体、思想、宗教、信仰、言论、出版、结社、居住、迁徙、通讯之自由"；"确保司法权之统一与独立，不受政治干涉"；"军队属于国家，军人责任在于卫国爱民"，因此必须"实行军党分立""军民分治"，"严禁军队干涉政治"，同时也"禁止一切党派在军队内有公开的或秘密的党团活动"，"确保军队编制之统一与军令之统一"；等等。③

---

① 《国共双方代表会谈纪要》（1945 年 10 月 10 日），《新华日报》1945 年 10 月 12 日。

② 《中央关于双十协定后我党任务与方针的指示》（1945 年 10 月 12 日），《中共中央文件选集》第 15 册（1945），第 324—325 页。

③ 《政治协商会议决议案》（1946 年 1 月 31 日），孟广涵主编《政治协商会议纪实》（上），重庆出版社，1989，第 471—484 页。

本此协议精神，同时在马歇尔的持续推动下，联合政府的建立以及整军统编问题的谈判等，一度也都有所进展。中共中央甚至开始考虑按照政协决议实行"军队国家化"之后党组织撤出军队，以及中共中央搬到南京附近的江苏淮阴，便利毛泽东等参加国民政府工作等。[①]

但是，基于美苏妥协迈出的这一步并无坚实的国内政治基础。马歇尔调处成功所带来的喜悦，只维持了不过两三个月。1946 年 1 月 31 日政协决议通过只 10 天，国民党重庆市党部及军警特各部门就对各党派的庆祝活动大打出手，制造了较场口惨案。接着，国民党召开六届二中全会，从蒋介石到与会代表大都对政协宪草决议有违国民党五权宪法精神的问题提出了指责，坚持必须加以修正。[②] 之后，国民党方面又接连制造南京下关惨案和昆明李、闻惨案，借打击倾向于中共的中间党派以压制不同声音。

不仅如此，国民党人这时还接连采取了刺激苏联的做法，包括拒绝与苏方谈判苏联在中国东北的特殊权益问题；在各大城市发动反苏示威，抗议苏联意欲独霸中国东北，以及要求苏军立即从东北撤军等。

蒋介石国民党的强硬态度，一方面反映了从蒋本人到党内强硬派无法接受中共等异己力量分享政权的强烈情感；另一方面其实也是美英战后对苏态度在中国的一种折射。换言之，马歇尔在华调处之所以会以失败收场，与战后美国政治外交战略选择条件所导致的美苏关系的改变，有着密切的关系。

马歇尔在华调处的时间，恰好是美苏关系由战时合作转向战后利益冲突的时期。美国政府对苏联的态度因战时总统罗斯福去世全面转趋强硬。苏联拒绝严格按"百分比协定"允许英美势力染指东欧，及其向中东地区渗透，导致双方发生严重争执。对苏联必欲将中国长城以外的东北地区全部纳入自己势力范围的做法，美国政府也采取了坚决反对的立场。[③]

1946 年 2 月，美国开始对莫斯科意欲控制中国东北的态度公开发声，美英政府并有意向报界披露了雅尔塔秘密协定的内容，将苏联置于不义地位。

随后，丘吉尔在美国总统杜鲁门的陪同下，在美国富尔敦发表公开讲

---

① 《中央关于目前形势与任务的指示》（1946 年 2 月 1 日），《中共中央文件选集》第 16 册（1946—1947），中共中央党校出版社，1992，第 62—67 页；并见金冲及《转折年代——中国的 1947 年》，三联书店，2009，第 24—26 页。

② 汪朝光：《1945—1949：国共政争与中国之命运》，社会科学文献出版社，2010，第 60—76 页。

③ 转见资中筠《美国对华政策的缘起和发展（1945—1950）》，重庆出版社，1987，第 126 页。

演，激烈谴责苏联将东欧国家拖入专制暴政的"铁幕"之中，要求美国带头予以抵制。①

鉴于在中国东北合法建立安全缓冲区的希望破灭，与美英及与国民党政权已难和平共处，斯大林在中国东北问题上自然也不会再缩手缩脚了。

1946年2月下旬之后，东北苏军开始全面撤军。他们得到命令，不必遵守先前的外交承诺，即不必再向国民政府办理政权交接事宜，而应鼓励并支持中共在东北确保自己的实力地位，以达到牵制进入东北地区的美蒋力量的目的。②

马歇尔来华调处时中共军队已经由陆路大举开入东北地区，并一度使中央军接收东北行动受挫。但马歇尔最初没有重视东北之争对关内和平可能带来的危险冲击，再加上蒋介石对使用中央军消灭中共在东北的军事存在信心满满，也反对将东北问题置于军事调处范围，故1946年1月10日下达的停火令明确规定，政府军在东北从苏军手中接收主权的军事行动不受关内停火的影响。③ 而这样一来，蒋介石的接收大军源源不断地开进东北，并可以名正言顺地发动军事行动，中共进入东北的武装的生存空间受到严重挤压，也非反抗不可。

由于苏军开始对中共暗施援手，利用撤军之机，将东北大部分地区直接交予中共，中共据以要求国民党承认其在东北的存在，国民党接收受阻，却必欲武力解决问题，双方因此不得不在东北展开一场规模空前的决战。这场从1946年3月打响的战争，前后持续了将近三个月的时间。当年5月底，国民党依仗装备上的优势取得了军事上的成功，迫使中共东北武装大部退到松花江以北的北满地区，取得了东北大部分地区的控制权。但是，蒋介石此举以及必欲以武力解决问题的强硬态度，却不可避免地导致战火延烧，关内停止了几个月的战火很快就重新被点燃了。

关内战火一旦重烧，马歇尔就再难有所作为了。蒋介石因东北的胜利变得更加自信，武力解决中共问题的决心更加坚定。于是，战火由东北而

---

① 转引自该书编委会编《战后世界历史长编》第1编第2分册，上海人民出版社，1976，第44—49页。

② 杨奎松：《1946年国共四平之战及其幕后》，《历史研究》2004年第4期。

③ 《国共双方关于停止冲突恢复交通的命令与声明》（1946年1月10日），中共代表团梅园新村纪念馆《国共谈判文献资料选辑》，江苏人民出版社，1984，第26—27页。

察哈尔，而热河，而苏北，而中原……很快四处燃起。包括国民大会的召开条件与时间，蒋介石也都强硬地拒绝再与中共做商谈和妥协，有意形成全面破裂之势。

殊不知，中共在东北虽然军事上遭受一定挫折，但它取得了对毗邻朝鲜、蒙古和苏联的南、西、北满地区的控制，等于获得了有力后盾和广阔后方，在东北军事上仍有相当优势。同样，在关内，毛泽东也不相信国民党有能力消灭共产党，其采取的作战方针不仅灵活机动，而且坚持集中力量以消灭国民党有生力量为主，事实上对原本就兵力不足，还要到处攻城略地、分兵把守的国民党军队也具有极大的杀伤力。

由于完全看不到中共军事上的优势，蒋介石在1946年底1947年初一举打下了中共用以连接关内外根据地的交通枢纽张家口，同时单方面宣布召开国民大会，把双方关系推进了一条死胡同。紧接着，一心相信可以彻底消灭中共的蒋介石还下令攻占了中共中央所在地陕北延安，这就彻底将国共关系引向了全面内战的局面。

与此前十年内战完全不同的是，国共两党的力量对比第一次变得如此接近。表面上，国民党军队数量仍超过中共数倍之多，然而其作为政府军，需要占领和守卫的地方也数倍于中共，因而国民党能够直接用于进攻的兵力其实有限。同时，中共背后有苏联，仅在东北一地它就成功牵制了国民党军几达10%的主力部队。[1] 而美国政府却因不满蒋介石不听马歇尔的劝告，再加上其战略重心这时只能放在欧洲方面，因而不能给国民党太多实质性的援助。

诉诸战争手段，对国民党方面的不利情况很快就显现出来了。作为政府军，国民党不能不四处分兵，攻城略地，中共却"不以保守个别地方为主"，一切着眼于"集中优势兵力"和以"打大歼灭战为目标"。[2] 双方只打了不到一年的时间，表面上处于优势的国民党就从全面攻势，开始陷入

① 1947年国民党有13个军38个师又8个旅并10个支队部署在东北，占370万总兵力1/10；1948年有14个军38个师又6个旅部署在东北，约占360万总兵力的1/8。转见刘统《中国革命战争纪实·解放战争·东北卷》，人民出版社，2004，附表6、7；又见曹剑浪《国民党军简史》（下），解放军出版社，2004，第1155、1268页。
② 《集中优势兵力，各个歼灭敌人》（1946年9月16日）、《以歼灭敌人有生力量为主不以保守个别地方为主》（1946年9月18日）、《一切以打大歼灭战为目标》（1947年1月5日），《毛泽东军事文集》第3卷，军事科学出版社、中央文献出版社，1993，第482、487、604页。

被动挨打的境地了。

到 1947 年 10 月，国共攻防形势已经开始发生逆转了。进入 1948 年，国民党 250 个旅中近半数是在遭受中共军队歼灭性打击后新补充起来的，战力已大不如前。毛泽东因此估计，再有三年左右即可完全消灭国民党军了。

然而，又打了两个月的时间，即到 11 月中旬，毛泽东就开始相信：中共军队数量上和质量上都已超过国民党军，后者已经无法大量动员补充被歼部队。照此速度，"再有一年左右时间即可从根本上打倒国民党"了。[①]

在实力对比明显处于劣势的情况下，中共军事上能取得如此顺利的进展，当然和蒋介石国民党自身的种种失着有关。除了过分轻敌和指挥上的问题外，八年全面抗战之后蒋介石坚持用战争手段实现并巩固国民党一党统治地位的决策，无疑是最严重的战略错误。

事实上，长期战争所造成的创伤对国家各个方面都是极其严重的，需要长期和平建设才可能修复。特别是愈演愈烈的经济通胀、官员贪腐、政治独裁等问题，战争后期即已导致军事惨败并引发社会震荡。对此，国民党战后不仅没有着力解决，反而因仓促接收和继续内战致使问题日趋严重。这种情况不论对社会，还是对国民党本身，都造成了极大的伤害，一方面使其党内党外民心士气愈加动摇；另一方面则大大提升了多年来一直高倡新民主主义，并主张建立"联合政府"的中共的政治影响力与号召力。

自 1940 年毛泽东打出"新民主主义"的旗帜，主张民主建国，长期受到国民党一党统治压迫的中间党派和部分地方实力派就开始明里暗里站在了中共一边。1946 年底国共关系破裂，国民党颁行"戡乱"时期紧急治罪条例及戒严令等，[②] 进一步强化了专制压迫措施，社会中间力量，包括大批不满国民党战争政策和政治压迫的青年学生与部分知识分子，更是逐渐走到国民党的对立面去了。

国共两党这时军事上的决战，已经变成了对国家统一、独立前途的一

---

① 《关于情况的通报》（1948 年 3 月 20 日）、《再有一年左右时间即可从根本上打倒国民党》（1948 年 11 月 11 日）、《中国军事形势的重大变化》（1948 年 11 月 14 日），《毛泽东军事文集》第 4 卷，第 436—439 页；第 5 卷，第 202—203、218—219 页。

② 《国民政府公布戡乱时期危害国家紧急治罪条例》（1947 年 12 月 25 日）、《国民政府公布动员戡乱临时条款令》（1948 年 5 月 10 日），《中华民国史档案资料汇编　第五辑第三编政治》（1），第 198—199、213 页。

种抉择。进入 1948 年之后，无论美国人、苏联人，还是大批中国青年学生与知识分子，很少人看不出中国正面临着前所未见的实现国家统一的政治机遇。尽管不少人对中共依旧缺乏了解，甚至充满疑惑，但长期战乱、分裂，以及国民党战争政策导致的严重经济危机、通货膨胀与政治压迫，使他们对国民党已大失所望。他们很清楚支持国民党的结果，只会延续国家战乱、分裂的老路。

出于实现国家统一、尽快求得和平、重建经济的热切愿望，当 1948 年 5 月中共中央发出召开新政协，商谈成立民主联合政府问题的提议之后，绝大多数中间党派及无党派人士很快做出公开响应，站到了中共一边。①

政治大势如此，国民党军事上失败的命运也注定了。不过几个月的时间，军心动摇、内部矛盾重重的国民党军在东北、华北和江淮地区的主力，就被中共军队全面摧毁了。

1949 年初，蒋介石被迫宣告下野，副总统李宗仁代理总统，旋即代表国民党向中共呼吁停战和谈。国民党方面的意图是双方划江而治，中共则坚持要在自己的主导下一统天下。故此次停战和谈虽持续两个月，仍告破裂。

1949 年 4 月 20 日，中共军队一举渡过长江，并占领了中华民国的首都南京，国民党对大陆的统治，至此画上了一个句号。之后不过一年时间，中共军队就风卷残云般地占领了除台湾岛以外的整个中国大陆，完成了国民党一直未能真正完成的统一国家的使命。

六　国共分合的内外动因与结局

世界上任何一种政治关系，都是特定历史发展阶段下特殊环境及条件的产物，都注定要受到它们所存在的那个时代的特定发展目标的左右。现代中国政治的首要问题，是要在一个优胜劣汰、弱肉强食，充满了强权与暴力的内外环境中，求得国家的统一、独立和尊严。用孙中山的话来说，不仅国人的一切理想、幸福均有赖于此，而且统一、独立、建国，根本就

---

① 《中央关于邀请各民主党派代表来解放区协商召开新政协问题给沪局港分局的指示》（1948 年 5 月 1 日），《中共中央文件选集》第 17 册（1948），中共中央党校出版社，1993，第 149—150 页。

是"世界潮流，浩浩荡荡，顺之者昌，逆之者亡"。①

近代中国，主张改良、渐进，避免社会大破坏、大分裂，以利民族国家与国人根本利益者，比比皆是。孙中山主张革命，本意上也并不排斥和平改良。然而，形势比人强。现实的内外环境与条件，决定了当时的中国非依靠革命、战争与暴力，不能达成统一、独立和建国的目标。因此，在中国各种政治势力中，最终左右并主导中国政治发展道路的，是同样崇尚革命与暴力的国共两党，实非偶然。

国共两党相继在中国政治中崛起，得益于强邻苏俄的帮助。苏俄革命是 20 世纪世界范围内此起彼伏的民族革命与社会革命两大浪潮的重要发动机与助推器。它靠宣传鼓动群众、通过政变的方式取得了中央政权，又用军事手段占领全境并打败了内外武装反抗，建立起一党统治的革命专政，成就了自身的民族革命与社会革命，并靠强权专制实现了强国梦想。其榜样作用不仅刺激了周边落后国家的革命党，而且在向中国等国输出革命的过程中，也促成了国共两党早期的合作。

在 20 世纪 20 年代的中国，最先真正能够从苏俄援助中获益的，只能是已经拥有相当实力与影响的国民党。国民党是基于都市活动的革命党，它统一国家、争取民族独立平等地位的民族革命目标，很容易赢得社会中上阶层，特别是以知识分子为主体的公共舆论的广泛支持。而中共早期则更重视底层工农解放的社会革命任务，其政策主张在都市政治中难以成为社会各界的主要政治诉求。因此，国共之间不仅围绕着革命任务与目标渐生矛盾冲突，在立足于都市并把革命限制在国家统一、独立范围内的国民革命运动中，国民党也轻而易举地得到了市民社会的拥护，战胜了包括中共在内的所有政治竞争对手。1927—1928 年，国民党不仅取代了北洋政府，建立起南京国民政府，而且很快成就了国家形式上的统一。

不过，仅仅着眼于民族革命，无视日趋严重的社会问题，却成了国民党的致命伤。因为，作为落后的农业国，中国 90% 以上的人口是农民，摆在远离现代都市的农民面前的主要不是什么民族国家问题，而是严酷的生存状况。因此，一旦日本大举入侵，国民党渐次丧失绝大部分赖以统治的

---

① 《中山先生墨迹选萃》，香港中原出版社，1986，第 8 页；《和平统一宣言》（1923 年 1 月 26 日），《孙中山全集》第 7 卷，第 51 页。

都市之后，其统治的基础自然会发生动摇。

反之，中共却借助对外战争得以深入广大敌后农村地区。它一方面利用传统的"家国同构"的观念进行政治鼓动；一方面通过"合理负担""减租减息""反奸清算"以及"大生产运动"等社会政策和群众运动，予广大贫苦农民以利益，成功将农民结合成可以依靠的庞大组织力量。而原本就依赖于城市来统治农村的国民党政权，随着大多数城市的沦陷，其对城乡资源的攫取能力均受到严重的削弱。再加上中共在城市中亦转取统一战线和社会改良政策，高倡"民主""宪政"，下大力气团结争取一切中间势力，因而在它能够影响的城乡两方面，都获得了前所未有的同情与支持。国共两党力量对比的逐渐逆转也就变成了一种必然的趋势。仅仅几年时间，中共就从一个完全不可能对国民党中央政权构成威胁的政治力量，变成了足以挑战国民党统治地位的强大政治对手。

可以看出，中共在抗日战争中能够东山再起，很大程度上得益于 1935 年共产国际新的统战政策的提出。但是，日本的大规模入侵以及 1927—1936 年苏维埃革命的失败，也是中共不得不根本改变此前政策的重要历史契机与条件。它在抗日战争中形成的新民主主义政策方针，就是在坚持民族战争和统战政策的基础上，以民族民主革命为方针，结合以阶级革命观念与未来理想目标的一种结果。这一政策方针由于兼顾城乡两方面社会主要阶层的政治、社会诉求，因而在国民党统治基础发生动摇的情况下，才能够成功地壮大了中共的社会政治基础。

1945 年抗战结束后，国共两党已成对峙之势。然而，深受国际大势影响的国共关系，当时并不必然就会走向全面内战。战后中共的全面夺权行动，一方面是东亚国际政治环境变动的帮助；一方面也是国民党错误判断形势并采取了错误的政策的一种结果。当美、英、苏战时合作体制出现破裂之时，国民党不顾持续了长达二十余年的内外战争，社会经济全面破产，人民生活极端困苦的严重状况，必欲以战争的办法来解决共产党问题，迅速把自己推到了国内外渴求和平民主的各界人士的对立面。一意孤行的蒋介石甚至没有看到战后因地缘政治关系和欧洲重建对美国对外政策的牵制影响。当美国拒绝帮助国民党用武力消灭共产党的时候，国民党连与共产党再度妥协的资本都没有了。

1949 年 9 月下旬，当毛泽东在北京召开的新的政治协商会议上充满自豪地宣告"中国人从此站立起来了"的时候，国共两党围绕着谁更能成就中国的统一、独立和国家强盛的政治较量，基本上尘埃落定了。

第十章

全面抗战前蒋介石与中共、日本之间的三角关系

　　本章主旨聚焦于蒋介石与中共、日本的三角关系，以三方的互动关系为研究线索，探讨蒋在面对中共与日本两大强敌之际，他的建国蓝图与抗敌方针。

　　蒋介石在北伐成功，担任国家领导中枢以后，奉行不渝的两大准则是反共与抗日。反共出于政治理念与国政方针，抗日则是为了维护国家的领土完整与主权独立。惟不可讳言的是，其背后也蕴含着权力斗争。对蒋而言，无论中共或日本，都是不可妥协的对手，也是不能轻视的强敌；既然两者均不可妥协，又不能轻视，如何不致双面同时迎敌，就成为最需深思熟虑的难题。中共素以民族主义作为号召，抗日又是其争取国民认同的最重要的一个方面。至于日本，为了维护天皇体制，一向视提倡平民革命的共产主义者为势不两立的大敌。蒋介石乃意识到，在中共与日本互不兼容的敌对时刻，敌人的敌人便有可能成为朋友。这些现象，构成了蒋介石、日本、中共之间互动关系的主旋律，当中既有兵戎相向，也有纵横捭阖，甚至是合作转圜。

　　有鉴于此，本章特以下列主题为研究主轴，探讨蒋与日本、中共纵横捭阖时所蕴含的意义。首先，蒋与中共的关系，何时生变又为何生变？北伐期间的"清共"过程中，日本扮演何种关键性角色？北伐期间蒋与日本的关系，为何会从友变敌？九一八事变以后，蒋的"反共抚日"政策又应

───────────

　　＊　本章由黄自进撰写。

如何评价？最后，蒋介石、日本、中共的恩怨敌友关系，在卢沟桥事变爆发后，何以走到国共合作、举国同仇抗日之形势？

本章即针对上述主题，进行探讨，期能缜密论述蒋在周旋于两大强敌之间的具体作为，由此审视蒋之政策理念与现实政治的落差，重现其历史图景。

一 从友变敌

蒋介石与中共、与日本之间的关系，并非自始即陷入僵局。相反的，三方的互动，其实是以惺惺相惜、相互提携为起点的。有鉴于此，唯有理解其由亲到疏、从友变敌的交往过程，才能掌握蒋介石主政期间的所见所思及所行，进而刻画出相关线索所折射的时代风貌。

蒋介石一生曾6度走访日本，时间集中于1906—1927年，亦即在19—40岁的人生阶段。这21年可谓人生的黄金岁月，而当中有6年蒋在日本度过。除了以上彰显渊源匪浅的数字外，还有更多的事例，可资佐证日本之于蒋人格发展所扮演的关键性角色。例如，蒋于1906年首度访日，得获结识陈其美的机会，在陈引领下聆听孙中山的演讲，为其革命生涯拉开了序幕。蒋之加入同盟会，则在1908年第二度赴日期间。至于蒋得以单独谒见孙，也是得东京地利之便。

按蒋介石自述，他平生之所以能奉行笃实践履，养成"即知即行"的生活习性，乃学习日本人的生活态度而来。而蒋能获孙中山"勇敢、诚笃、知兵事"的肯定，6年的日本生活体验，实扮演关键性的角色。再者，日本也是孙蒋两人相识与往还之地。这些共同的生活经验，相互重叠的人际网络，不仅有助于两人从疏到亲的互动，也为两人历久弥坚的情感奠下良基。

回顾蒋介石的访日经历，早年的东瀛之旅，是蒋接受现代科技文明洗礼的起点，也是他借由实际生活体验去探索中日两国文化异同的开始。尤其是日本的军队生活经验，无论对他日后的建军或治国，皆有莫大的启发。军人应以服从国家命令为天职，政治训练是培养军人勇赴沙场的秘诀，军营也应具备职业学校的功能，皆师承日本的经验。其人生观，体认全民军事化的重要性，主张运用科学知识重新检验传统生活习惯，强调实践，奉

行"知行合一"学说，则为留日期间的生活观察所得，对他人格的成长具有决定性影响。①

蒋青年时期的东瀛之旅，皆因避祸而起。一为辛亥革命期间的"刺陶案"，另一为二次革命失败。虽为避祸，但蒋介石并未丧志。辛亥革命期间，蒋创办《军声杂志》，着意唤醒国人注意国防安全；又仿日本偕行社事例，借发行杂志之便，团结有志之士，扩张人际网络。二次革命后的两度亡命日本，则提供蒋介石与孙中山直接互动的机缘。孙盼蒋代替陈其美赴中国东北策动军队讨袁，是其召见蒋的缘起。虽然东北党务工作乏善可陈，惟其间他曾撰写《上总理陈述欧战趋势并倒袁计划书》，深得孙中山赏识。书文谓：党人认为应利用第一次世界大战的爆发，在袁世凯没有西方奥援，又得应付日本图谋中国的压力之际，以浙江为基地，乘势发展倒袁活动。孙乃特拨两万美金，命蒋潜返上海，筹设革命军总部。1914 年 9 月的上海之行，使蒋从一个江浙地区的区域性干部，一跃而成能为革命党把脉、献计的"明日之星"。②

回顾在日本成为中国革命基地的岁月中，留日学生不仅是中国革命的主要群体，留日学生之所学，有的也成为指导中国未来走向的主要思想因素。以蒋为例，蒋早年留日的见闻，奠定了他近代文明知识的基础；留日期间建立的人际网络，亦成为往后戎马生涯中重要的资源。例如，在 1926年开展的北伐运动中，统筹北伐军事核心的国民革命军总司令部成员，总司令蒋介石以下，总参谋长何应钦、办公厅主任吴思豫、参谋处长葛敬恩、经理处长刘纪文、行营总参议张群等，清一色留日出身。③ 除此之外，一部北伐史，也可谓是一部留日学生敌友关系再整合的历史。贺耀祖、陈仪、阎锡山等各地实力军人，先后投入北伐军阵营，更为留日学生人际网络对蒋介石军事基础扩大所发挥的联系功能提供见证。

---

① 黄自进：《蒋中正的访日经验（1906—1927）》，吕芳上编《蒋中正日记与民国史研究》上册，世界大同出版社，2011，第 157—182 页。

② 黄自进：《青年蒋中正的革命历练》，《中央研究院近代史研究所集刊》第 65 期，2009 年，第 6—23 页。

③ 「在南京領事岡本一策發外務大臣男爵田中義一殿ノ報告書：南京軍北伐現況報告ノ件」（1928 年 3 月 21 日）、『支那内乱関係：国民軍北伐ノ関係』、日本外務省外交史料館藏、機密送第 72 號、原件。

在蒋的革命生涯中，日本的影响无所不在；而日本所蕴含的多重性，更是蒋不同人生阶段中赖以成长的关键。基此理由，针对中日两国的关系，蒋自然比常人有更多的期许。例如，蒋于1927年3月10日、11日接见日本众议员山本条太郎时坦承：中国革命的有成，得力于苏联的援助；按中国的初衷，是期许此一援助来自日本。如今事与愿违，只能遗憾。今后中国革命将以遵循孙中山的三民主义为座右铭，与日本更是期盼能肝胆相照结为良友。① 尔后，蒋于1927年11月5日在东京与日本总理田中义一举行会谈，更将前揭期盼诉诸明确语言，略谓：

> 自己在求学阶段时就开始委身革命，也因此因缘得到孙先生的错爱。现先生已逝，对斯人倍感怀念之际，对阁下的思慕之情，油然而生，难以自已。按本人所悉，阁下对先生是情谊深浓，而先生又贵为本人前辈，故妄想本人能以侍奉先生之礼，侍奉阁下，还妄想阁下能不吝于指教。本人实有众多事务拟向阁下请益，但怕有扰清训过甚，故本人之事暂且不提，还请阁下先赐教为幸。②

按当时身份，蒋虽为在野之身，但早已准备回国再起，企图重掌政权。可是，蒋对田中之语，有若以学生自居，甚至将田中的地位提升至与孙中山并驾齐驱。姿态之低语气之恭，无非表达了蒋不愿与日本为敌，心怀以日本为师的特殊情结。

若论蒋介石与中共的恩怨，自得谈及马克思主义、共产革命、国共合作等一连串的相关议题。早在俄国尚未爆发革命，马克思主义仍仅是众多倡导社会主义的思潮之一之时，蒋就对马克思主义展现过兴趣。

其后，按杨天石的研究，蒋对伴随五四运动而来的各种新思潮颇为留心。这当中，就有留日前辈陈独秀创办的《新青年》。从1919年12月至1926年5月的蒋介石日记观之，可找到7天阅读该刊物的记录。借由《新

---

① 亚细亚局第一课「南方政权卜ノ关系」、『最近支那關係诸问题摘要（第五十四议會用）第二卷（政治、军事、山东、武器等關係事项）』（1927年12月）、224頁、日本外务省外交史料馆藏、原件。

② 外務省编『日本外交年表竝主要文書（1840—1945）』下册、日本国際连合协会、1965、103頁。

青年》阅读相关的介绍文字后，蒋于 1923 年开始直接接触马克思主义。同年 9 月 6 日至 10 月 18 日，日记中有 8 天阅读马克思主义书籍的记载。10 月 18 日记述："看马克思学说。下午，复看之。久久领略真味，不忍掩盖。"蒋对马克思主义的兴趣，由此可见一斑。而《共产党宣言》也是蒋热衷阅读的文献，按日记所述，1923 年 10 月 13—18 日，就有 3 天在阅读该宣言。

针对 1917 年的俄国革命，蒋也心存向往。1919 年 1 月 1 日记述："今年拟学习俄语，预备赴俄考察一番，将来做些事业。"而同月下旬，日记反复出现"习俄文"之记载。同年 3 月 9 日则谓："身不能自立，与世浮沉，友道日乖，国事益梦。与其赴粤作无价值牺牲，不如赴俄自练志识。"短短数语，蒋取经俄国的心愿表露无遗。①

蒋的苏联之旅，在 1923 年成行。8 月 16 日，奉孙中山之命，蒋出任孙逸仙博士代表团团长，启程赴苏考察。代表团于 8 月 25 日进入苏联境内，于 12 月 8 日离境返国，前后 3 个月又 14 天，拜访的对象包括苏联共产党政治局及东方局，苏联外交部、军务部及教育部等党政机构。

此一访苏行程的重要使命，为寻求苏联支持国民党在西北的练兵计划，并考察俄国革命成功的原因。对于前者，苏联采取回绝态度。苏方反复强调：军事行动只是在政治环境成熟之时，才可考虑使用的最后手段；又谓中国革命之迫切任务是，在政治动员方面，加强政治工作与政治宣传，以赢得普罗大众的积极认同，如此，中国才有条件考虑动用军事武力。不惟如是，苏联也不赞成蒋拟在外蒙古库伦设置军事基地的主张，理由是蒙古人畏惧中国人，容易造成误解。

无法赢取苏联的支持，蒋不无失望，也有所不满。尤其是蒙古人畏惧中国人的理论，蒋认为纯属推托之词。其底蕴恐怕还是苏联不愿外蒙古重回中国，有碍苏联的扩张。基此事例，蒋惊觉苏联所谓的"世界革命"论，实与帝国主义的开疆拓土如出一辙。对于苏联是否图谋满蒙回藏诸部，蒋开始深保警戒。②

不过，除了西北练兵计划无疾而终外，蒋对于考察苏联社会，倒是颇有

---

① 杨天石：《从蒋介石日记看他的早年思想》，氏著《蒋氏秘档与蒋介石真相》，社会科学文献出版社，2002，第 11—15、27—28 页。

② 杨奎松：《国民党的"联共"与"反共"》，社会科学文献出版社，2008，第 101—103 页。

心得。例如 1923 年 9 月 7 日日记谓，俄国革命成功可归纳为三点："1. 工人知革命之必要；2. 农民要求共产；3. 同意俄国一百五十民族自治，缔造联邦制。"9 月 11 日，蒋访苏军教育总监后，在日记中记述党对军队控制的要诀在于："各团部由其党派一政治委员常驻团部，参与团中主要任务。凡有命令，均须从其署名方能生效。"9 月 17 日日记，则记述参观苏军步兵一一四师团的感想为："其军纪及整理虽不及日本昔日军队，然其上下亲爱，出于自然，毫无专制气象。而政党代表与其团长，亦无权限之见。"

在 10 月 29 日至 11 月 19 日的日记中，则显示蒋这期间的主要行程是参观基层组织。苏联政治社会的权力集中、组织严密、行政命令的彻底贯彻、基层民众福利保障，给蒋留下了正面印象。不过，蒋仍有负面的感想。例如 10 月 2 日记述："此次游历彼德格列六天，市况凋落，民气垂丧，皆不如莫斯科之盛。而其海军人员之气象，更不良佳，殊堪为苏俄虑也。"

有正面评价，也有负面隐忧，是蒋全面观察苏联社会后所留下的整体印象。惟若仅凭 3 个月又 14 天苏联之行的日记来判断，未见蒋有反对共产主义的端倪。[1] 相反，他仅是警觉苏联似有意将满蒙回藏诸部"视为其苏维埃之一部"，但并不反对孙中山欲图将中国革命置入苏联所领导的"世界革命"框架，也赞同孙中山所论中苏两国在反对帝国主义方面利益相同。[2] 基此思考，蒋不反对孙的联俄"容共"政策，所在意者是推动联俄"容共"之际如何维系国民党革命事业的主导权。至于中国既定疆域的维系，在中国革命尚未底定，国民党亦无实力过问之际，相关事务仍属空中楼阁，无庸自扰。

1924 年 1 月，国民党召开第一次全国代表大会，借此机会，孙中山的联俄"容共"政策正式成为党策。在这一"以俄为师"的改组工程中，除了引进苏联的党国体制，筹建党军亦属重要一环。1 月 24 日，蒋被委派为陆军军官学校校长，得以亲与国民党的建军。

蒋介石一生的事业，始于黄埔军校，已无庸赘言。而黄埔军校既然是经由苏联政府的建议而设立的，与苏联的关系自然密不可分，况且学校的经费来自苏联，训练的武器来自苏联，训练的课程也是由苏联顾问拟定，

---

[1]　山田辰雄「1923 年蔣介石のソ連訪問」、慶應義塾大學法學部『慶應の政治學：地域研究』、東京：慶應義塾大學出版社、2008、211—220 頁。

[2]　余敏玲：《蒋介石与联俄政策之再思》，《中央研究院近代史研究所集刊》第 34 期，2000年，第 82 页。

可谓苏联红军军官学校在中国的翻版。换言之,蒋介石在黄埔军校治校有成,不仅是因为他汲取了苏联红军的成功经验,也因他与苏联政府关系良好。这也是他早年被定位为左派,人称"红色将军"的缘由所在。[1] 易言之,在蒋介石跻身政治核心以前,与苏联和中共之间尚能维系一个友好关系。

蒋介石与中共关系生变,主要是始自 1926 年 3 月 20 日的中山舰事件,中山舰事件为何会发生,至今仍是扑朔迷离,各方解读不一。认为自始就是苏联与中共党员共同策划者是其中一说,以李云汉为代表;认为是国民党右派孙文主义学会所设计的"把戏"者是其中另一说,以杨天石为代表;也有认为是蒋介石自导自演者,以汪荣祖、李敖的论述为代表。[2] 各家说法纷纭,但事件发生以前,双方已呈剑拔弩张之势,则是学界共识。有此诡谲空气,导因于主导权之争。在孙中山逝世以后,触目所及的,无非苏联顾问的影响力无所不在,中共的势力更是与日俱增,对坚持国民党主体性的蒋介石而言,自然不能容许苏联及中共的影响力无限制地扩大,因而谋求反制。例如 1926 年 3 月 8 日,蒋在日记中云:"与季新兄商决,以为中国之国民革命未成之前,一切实权当不宜旁落,而与第三国际亦能一致行动,但须不失自动地位也。"[3] 可是,对苏联及中共而言,蒋介石的所思所为,无疑是向党挑战,向政府挑战,认为蒋挟军自重,已有尾大不掉之势,排蒋之心,自然兴之而起。

鉴于蒋在事件中将制裁的矛头指向个人而非群体,此举使得蒋的反制行动,虽逾越常规,但与苏联的关系尚能预留可转圜之空间。此外,当时的苏联政府也不愿与蒋介石全面决裂,认为仅凭中共尚无法独挑中国革命的大梁,中国革命瓶颈的突破,蒋的军事领导仍扮演关键性角色。是以,事件以中共过于揽权、苏联顾问行为失当为结论外,苏联政府也根据蒋的要求,同意做了以下调整。首先是苏联军事顾问团长季山嘉(N. V. Kuiby-

① 汪荣祖、李敖:《蒋介石评传》上册,商周文化出版社,1995,第 132—142 页。
② 李云汉:《中国国民党史述 第二编 民国初年的奋斗》,中国国民党党史会,1994,第 717—728 页;杨天石:《中山舰事件之谜》,氏著《蒋氏秘档与蒋介石真相》,第 121—127 页;汪荣祖、李敖:《蒋介石评传》上册,第 159—170 页。
③ 季新指汪精卫。《蒋介石日记》,1927 年 3 月 8 日,斯坦福大学胡佛研究所藏,原件。藏所下略。

shev）及军务处长兼总参谋长罗茄觉夫（V. P. Rogachev）回国，由前任团长加伦将军（V. K. Galens）来华继任。其次，同意蒋提出的国民党整理党务方案，具体内容为组织国共联席会议，审定两党党员言论行动，中共对于其党员训令应先交联席会议通过，中共党员在国民党各高级党部的委员人数不得占 1/3 以上，不得充任国民党中央机关部长，国民党员不得加入中共。①

1926 年 5 月 20 日，国民党第二届中央执行委员第二次全体会议所通过的整理党务方案，最直接的结果莫过于一连串中共党政大员的纷纷离职，其中包括组织部部长谭平山、中央执行委员会秘书长刘伯董、宣传部代理部长毛泽东、农民部部长林伯渠等。② 从中共党政大员的离职，到国民党员的重新接任，这一进一退之间所造成的结果，是国民党主体性的重新确立。

中山舰事件让蒋介石为国民党夺回中国革命的主导权，俨然成为国民党再造英雄。再则，中山舰事件，所造成国民政府主席、中央政治会议主席、军事委员会主席汪精卫的称病请假，也使得国民政府内部再也没有可牵制蒋介石的实际领袖。是以，当蒋介石接任军事委员会主席，与蒋素称友好的张静江及谭延闿分别接任中央政治会议主席及国民政府主席之后，③由蒋主导的国民党体系至此揭开序幕。

至于蒋介石与日本关系的开展，则与北伐军之进展有密不可分的关系。反共与地缘政治，是 20 世纪 20 年代影响日本对华外交决策的两大要素。反共、封杀苏联势力在中国的发展，遂被列为日本对华外交的首务。另外，日本政府依在中国各地利益层面的不一，而赋予对中国各地区政治活动不同的重视程度，基此思考，首重东北地区，其次华北地区，华中地区为第三顺位，华南地区排在华中地区之后。

北伐起于华南地区，因而日本政府对北伐采事不关己的旁观态度，不过，当北伐进入华中地区，如何激发北伐军反共势力与"容共"势力的矛盾，诱导反共势力与"容共"势力划清界限，进而扶植反共势力主导政权，乃成为日本政府在北伐军进入华中地区后的应对方略。

---

①　郭廷以：《近代中国史纲》下册，第 638—639 页；李云汉：《中国国民党史述　第二编　民国初年的奋斗》，第 728—743 页。

②　刘红：《蒋介石大传》上册，团结出版社，2001，第 237 页。

③　刘红：《蒋介石大传》上册，第 204 页。

所谓"诱导反共势力"，就是指蒋介石。至于何以选中蒋，日本自然有其一番考量。日本政府开始注意蒋介石是在 1925 年的 4 月下旬。汕头代理领事内田五郎在致外务大臣币原喜重郎的报告中，对蒋介石做了以下的介绍：孙中山过世后，广东政局三分天下，革命派、联治派、统一派各占其一。联治派的代表为杨希闵、刘震寰，统一派的代表为邓本殷，而许崇智、蒋介石则是革命派的代表人物。① 三派之中，革命派可谓是孙中山的嫡系。许崇智为粤军总司令，蒋介石是黄埔学校校长兼训练部部长。换言之，蒋介石因身为孙中山嫡系以及军事系统中的第二号实力派人物，故开始为世人重视。

1925 年 9 月 10 日，日本驻广东代理总领事清水亨在致币原外务大臣报告中，就指称蒋介石以国民党军的新领导者身份不断在扩张势力。9 月 22日，清水在致币原的另一份报告中，更指称粤军总司令许崇智已被迫离粤，而许的部队也已被蒋介石的部队缴械。

蒋介石在国民政府内部的声势不断看涨，不仅外务省的驻外使馆有此报告，日本军部的驻外人员亦持同样见解。日本驻广东的第二十五驱逐舰队司令在致财部彪海军大将的报告中，也指出在国民政府的体系中，汪精卫虽以中央执行委员会首席委员身份负责处理政务，但因汪本人无军权，国民政府的实权反而由国民党党军司令蒋介石掌握。

除了报告蒋介石在国民政府内部声势看涨以外，肯定蒋介石政绩之报告也陆续出现。例如 1925 年 12 月 25 日，日本驻汕头代理领事内田五郎就在致币原外务大臣的报告中，除介绍蒋介石在统一广东省逐渐有成以外，对蒋在维持党军纪律方面的举措也多加肯定。此外，同年的 12 月 19 日，内田在致币原外务大臣报告中，除介绍蒋介石进军福建的情况以外，也对蒋在军队的整编训练及重建军政制度方面赞誉有加。

日本驻中国领事馆除了注意观察蒋介石的作为及影响以外，也在探索蒋与日本友好的可能性。其中，评估蒋与苏联的互动关系是切入重点。1926 年 4月 9 日，日本驻广东总领事森田宽藏在致币原外务大臣的报告中，就针对蒋介石与国民政府主席汪精卫两人和苏联之间的往来模式做了一番对比。略称：

① 本段及以下几段，分见外务省编『日本外交文书（大正 14 年）』第 2 册上卷、東京、1983、664、688—689、697、698、702—705 頁。

在世人的所谓左派中，实际上还可细分为两派，一种为全面接受苏联顾问摆布者，另一种则自有定见，对苏联顾问的颐指气使持排斥态度者。蒋介石可谓是后者代表，汪兆铭则被归类为前者代表。①

说明蒋介石是不会随意接受苏联政府摆布的国民政府政要以后，森田于同年4月24日在致币原的报告中，更指称将蒋定位为左派之说法已不合时宜，今后应将蒋定位为右派的领导人。

"必与帝国主义及其工具军阀决战"，虽是蒋就任国民革命军总司令时的誓词，但日本帝国主义并非他首要对决的目标。相反，随着北伐军事的顺利进展，蒋期盼能和日本修好的动作，愈加明显。例如，1926年9月20日，北伐军总司令部政治部主任邓演达就代表蒋拜访日本驻汉口总领事，传达北伐军绝不"赤化"以及期盼能与日本缔结亲善友好关系之信息。此外，北伐军东路总司令何应钦的代表，也在同一天拜访日本驻汕头领事，表达了对接受日本援助的期盼，并强调若北伐势力能顺利进入华中地区，将有利于日本在此区域的商机拓展。

借由代理人的几次试探接触，蒋认为已达到阶段性目的。自1927年起，蒋认为自己直接和日本接触的时机已趋成熟。首先，他于1927年1月25日，接见日本驻九江领事大和久。在会谈中，蒋向大和保证，北伐军绝不采激烈手段对付列国，对既有的条约也持绝对尊重立场，此外，对币原外务大臣在年初日本国会演讲中所强调的对中国事务采不干涉内政原则，表示欢迎。②

同年2月8日，蒋派遣戴季陶赴日本访问一个半月。③ 3月10、11日，蒋又在南昌接见政友会众议员山本条太郎，双方都留下记录。在蒋介石日记中，第一天记载是"以中日俄三国同盟之意探之，彼甚绝于苏俄今日之政府也"；次日为"告其日本如欲与中国亲善，须从根本上着手，即对高丽、台湾应许其独立。诚能扶助弱小民族独立，则岂特中华民族一国对日

---

① 本段及以下几段，分见外务省编『日本外交文书（大正15年）』第2册上卷、225、229、281—282、285、268页。

② 亚细亚局第一课「南方政权卜ノ关系」、『最近支那關係諸問題摘要（第五十四议會用）第二卷（政治、军事、山东、武器等關係事项）』（1927年12月）、222—223页。

③ 陈天锡：《戴季陶先生编年传记》，文海出版社，1967，第82—83页。

亲善而已"。① 至于山本给日本外务省的报告,只提到蒋期盼与日本能肝胆相照结为良友。② 两人记录强调的重点不一,但蒋有意与日本亲善之陈述,却属一致。

对蒋的中日友好之呼吁,在华日本社团也持同样意见。例如 1926 年 12 月 24 日,在上海的日本企业家时局研究会,就以对"时局之建言"为题,分别致电外务大臣、陆海军大臣,强调若上海落入以共产党势力为轴心的国民党左派政府手中,则日本在上海的经济基础将会遭到破坏。为维护两国利益起见,唯有支持蒋介石及他所代表的国民党右派势力。③

综上所述,当日本政府对北伐军的态度,从全面敌视,转换成对部分势力的友好,甚至还有意参与北伐军内部的权力斗争之时,随之而来的冲击首先是日英统一阵线面临瓦解,其次是北伐军内部斗争的公开化。这其中的缘由,自然和时代背景以及北伐军的内部矛盾有密不可分的关系。

"革命外交"是时人对北伐时期国民政府外交政策之总称。④ 由于中国的处境微妙,世界主要强权皆在中国各自占有势力范围,彼此权力犬牙交错,因此,任何企图打破现状的尝试,不仅会遭遇既有政治势力的反抗,更要面临列强的阻碍。是以,北伐对国民政府而言,有两层不同的意义。对国内政治而言,是追求国家统一;对国际政治而言,是追求国家主权独立平等。

追求国家主权独立平等,就是指中国要从分属不同列强束缚的次殖民地身份中寻求解放。具体的诉求,就是废除不平等条约、废除领事裁判权、收回租界、收回关税自主权。⑤ "反帝废约"之所以会成为北伐时期的重要口号,正是时代精神的充分反映。⑥ 帝国主义在中国数十年来的横行霸道,对中国民众的凌虐所积累的民怨,则是民众愿响应北伐号召共赴国难的缘

---

① 《蒋介石日记》,1927 年 3 月 10、11 日。
② 亚细亚局第一课「南方政权卜ノ关系」、『最近支那関係诸问题摘要(第五十四议会用)第二卷(政治、军事、山东、武器等関係事项)』(1927 年 12 月)、224 页。
③ 外务省编『日本外交文书(大正 15 年)』第 2 册上卷、357—358 页。
④ 李恩涵:《北伐前后的"革命外交"(1925—1931)》,"中央研究院"近代史研究所,1993,第 6—13 页。
⑤ 横山宏章「中国国民革命と"革命外交"」、日本国际政治学会编『変动期における東アジアと日本:その史的考察』、东京:有斐阁、1980、36 页。
⑥ 张玉法:《中华民国史稿》,联经出版公司,1998,第 160—161 页。

由所在，[①] 北伐之有成，实赖革命武力与民众运动的结合。[②]

1927 年 1 月 3 日，民众在汉口英租界附近宣传，与英水兵冲突，第二天数十万民众强入租界，英水兵及巡捕被迫撤退，租界由中国接管。1 月 6 日九江英租界亦以相同方式被收回，时称其为 "革命外交的经典之作"。[③] 此等事件的发生和结果，当然和民众同仇敌忾、人人皆有不惜与英国一战之决心密切相关。

关于汉口事件的起因，同年 1 月 7 日，日本驻汉口总领事高尾亨向币原外务大臣提出报告，认为风波纯出于群众的自发行动。可是，作为当事国之一的英国，将汉口及九江租界的收回视为国民政府对它的挑衅。汉口及九江租界已失，英国政府的新底线是维护上海英租界，甚至不惜一战。[④]

上海原本就是各列强在中国的商业利益总汇之地，不能失去上海，不仅是英国对华政策的底线，也是各列强极力要维护的既有利益。是以，当 1926 年末北伐军势力进入华中地区以后，上海工部局与各国领事不断召开联席会议，商议因应之道，主要是列强增兵上海。特别是在上海各列强驻军已达 4000—5000 兵力之际，英国政府又向日本政府提议，期盼两国能各再增派 1 个旅团兵力到沪。

对于英国再增兵的提议，日本政府持否定意见。按外务大臣币原喜重郎的说法，他不认为北伐军会甘冒与列强联合军作战之大不韪，进攻租界，而且其现有兵力早已足够维护上海治安。[⑤]

上海是否还应增兵，主要取决于对国民政府对外政策的认知。日本政府认为汉口、九江租界的收回，是英国政府过度反应所造成的意外，因此认为应该以不刺激中国民众为首要。至于英国政府，因将汉口、九江租界的收回，视为有预谋有组织的行动，为避免重蹈覆辙，提出增兵上海。[⑥]

---

① 山田辰雄「橘樸の中国国民革命論」、山本秀夫編『橘樸と中国』、東京：勁草書房、1990、84—91 頁。

② 郭廷以：《近代中国史纲》下册，第 654 页。

③ 横山宏章「中国国民革命と"革命外交"」、44—46 頁。

④ 本段及下段，分见外务省编『日本外交文書（昭和期Ⅰ）』第 1 部第 1 卷（昭和 2 年）、東京：外務省、1989、374、388、425 頁。

⑤ 亚细亚局第二课「対支共同出兵ニ関スル英国政府ノ提議」、『最近支那關係諸問題摘要（第五十四议會用）第二卷（時局ニ対スル政府ノ措置）』（1927 年 12 月）、29 頁。

⑥ Public Record Office, Foreign Office File, FO262/1676, January 26, 1927, pp. 125-126.

英日两国既然对中国政情判断不一，自然无法在增兵计划上取得共识。最后英国政府于 1 月 21 日单独宣布增兵，派遣 3 个旅团的陆军，合计 3000 名士兵，前往上海。① 英国政府的不断增兵，不仅反映其对国民政府的不信任，更凸显其在列强中被孤立。不料，南京事件的爆发，使得英国又有重新整合列强的机会。

1927 年 3 月 24 日，亦即革命军占领南京的次日，英、美、日领事馆及外国教堂、学校、医院、商店、住宅被劫，金陵大学副校长美人文怀恩（John E. Williams）被杀，英国领事受伤。长江英美军舰乃向城内开炮，中国兵民死伤 30 余人，是为南京事件。②

原本就对国民政府极端不信任的英国政府，将南京事件视为一连串有计划有组织的排外运动，认为英、美、日三国应结同盟体制，一致面对国民政府之挑衅。在串联美日两国驻华公使后，英国政府主张，应向国民政府要求在一定期限内惩凶、赔偿及书面道歉。③

相较于英国政府的强势主张，日本政府认为应从长计议，不主张立刻采取行动。双方的主要差距，还是来自对南京事件的来龙去脉有不同的认知。

列强愈以高姿态要求蒋惩凶、赔偿、道歉，蒋就愈陷于两难。也就是说，在列强的强势要求下，若蒋妥协，有顿失民心之虞，也可能面临政敌整肃；若蒋不妥协，也会造成列强与蒋的嫡系部队兵戎相见，更有毁灭的危机。④

要言之，日本政府不愿意为了一个少数外人牺牲的事件，而断送与蒋合作的机会。至于日本政府为何会将南京事件视为合作之契机，这与革命党的内部情势有关。

北伐的顺利推进，有赖革命武力与民众运动的结合。武力握于国民党之手，民众运动大都由中共领导。中共在湘鄂的活动原已有 6 年的历史，北伐军到达以后，民众运动更是蓬勃发展。其中湖南是以农民运动为主轴，武汉地区则以工人运动最为激烈。而共产国际视中国革命不局限于取消不

① 亚细亚局第二课「英国单独出兵」、『最近支那關係諸问题摘要（第五十四议會用）第二卷（时局ニ对スル政府ノ措置）』（1927 年 12 月）、33—37 页。
② 郭廷以：《近代中国史纲》下册，第 650 页；『日本外交文書（昭和期 I）』第 1 部第 1 卷（昭和 2 年）、524 页。
③ 『日本外交文書（昭和期 I）』第 1 部第 1 卷（昭和 2 年）、524 页。
④ 『卫藤沋吉著作集』卷 3、東京：東方書店、2004、89 页。

平等条约、收回租界，甚至将打击帝国主义在中国的经济基础也列为斗争范围，使得排外运动也成为两湖地区民众运动之一环。[①]

及至 1927 年初，在苏联顾问鲍罗廷（M. Borodin）、左派势力联手主导下，中国国民党中央执行委员暨国民政府委员临时联席会议成立，更以扩大农民运动、排外运动为能事。这就使得与列强的关系更为严峻。[②] 其后武汉国民政府正式成立，对蒋多方限制。例如，3 月中央执行委员会第三次全体会议在汉口举行，通过《统一党的领导机关案》《统一革命势力案》《中央执行委员会军事委员会组织大纲》等案，废除蒋的国民革命军总司令职务，易之以军事委员会 7 人之一的主席团成员。[③] 值此蒋与武汉国民政府激烈政治斗争的过程中，南京事件的爆发，可说带给蒋极大的困扰。

对蒋而言，打倒军阀顺利统一中国，本是北伐之宗旨，自然不愿因南京事件与英国为敌。可是，在民族主义高涨的情况下，加之英美两国炮击带来的创伤尚未抚平，倘若骤然接受英国严惩肇事者、赔偿损失等要求，不啻签署城下之盟，而有遭受舆论反弹之虞。

其实，双方皆处骑虎难下之势，有不得退让之苦衷。蒋的困窘，在于腹背受敌，无论是英国或中共，都不能轻视。而英国政府之难处在于，被逼放弃汉口、九江租界，已是奇耻大辱；接着而来的南京事件，更被视为对英国的挑衅。为表达英国在维护既有权益上不惜一战之决心，77 艘军舰，17000 名士兵，开始陆续进驻上海及香港。[④]

在此空气中，日本政府除向中国表达抗议外，也曾提醒蒋，应于第一时间内主动出面负责善后。[⑤] 蒋即刻派出办事处人员分别拜访列国驻上海总领事馆，表达慰问之意；此外，也特别向日本政府致意，希望在南京事件

---

① 郭廷以：《近代中国史纲》下册，第 646、654—655 页。
② 张玉法：《中华民国史稿》，第 176 页。
③ 军事委员会主席团成员除蒋介石外，尚有汪精卫、徐谦、谭延闿、邓演达、唐生智、程潜。按军事委员会组织大纲，委员会虽设总司令，但总司令只是军事委员会委员之一，须军事委员会提名，由中央执行委员会通过才能任命。见张宪文、方庆秋主编《蒋介石全传》上册，河南人民出版社，1996，第 170—171 页。
④ 亚细亚局第二课「列国遣支军动静」、『最近支那関係诸问题摘要（第五十四议会用）第二卷（时局ニ对スル政府ノ措置）』（1927 年 12 月）、116 頁。
⑤ 本段及下段，分见『日本外交文书（昭和期 I）』第 1 部第 1 卷（昭和 2 年）、517—519、523、548—549 頁。

处理上能得到日本的协助。南京事件的爆发，竟使蒋介石与日本政府之间开拓了合作平台。

这时，蒋决心反共，另立中央。周全之部署自不可少，尤其得确保在进行"清党"运动之前，不能腹背受敌，与英国军队有擦枪走火的意外。为此，1927 年 4 月 2 日，黄郛以蒋介石私人代表的身份，拜访日本驻上海总领事矢田七太郎，正式传达"蒋已准备在国民政府内部执行清共政策。现正召集将领研议执行细节，可望于四五日以内行动；南京事件的善后则在清共政策执行完毕以后，才能着手"等信息。同时也对日本政府表达期许，希望日方单独行使抗议权，或者至少不与英美两国共同行动。

由此观之，蒋在准备"清党"以前，实无余力去为南京事件善后。惟此事若无法立即给英国交待，又恐英国动手，故而希望日本政府能够出面。再者，若日本不与英国合作，[1] 蒋自然有更大的空间和英国周旋。

日本政府全力配合蒋的请托。首先，日本依然参与列国的共同抗议行动，却刻意将日、英、美三国的合作扩大为五国，让在南京事件中没有实际损伤的法国、意大利参与，冲淡了列国与中国的对抗。其次，联合美、法、意，逼使英国放弃封锁、定点攻击等武力报复措施。[2] 最后，劝说英国放弃限期回答的最后通牒。[3]

由英、日、美、法、意驻华公使提出的通牒，不包括具体的恐吓信息，又没有要求限期回答，显然不具军事威胁性。特别是因为日本政府的斡旋，此一通牒拖延到 4 月 11 日才提出，[4] 距南京事件发生已有 17 天，让蒋有充分时间先处理党内斗争。

4 月 12 日上海的"清党"、4 月 18 日南京新政府的成立，既是蒋反共的高潮，也显示了日本在蒋反共斗争中所扮演的关键性角色。不过，主政的宪政会若槻礼次郎内阁，因外交政策在维护日本在华权益上没有明显积

---

① 希望英日两国秉持英日同盟的合作精神，共同面对北伐所带来的中国之变局，一直是英国对华政策的主轴，在这种思维下，英国希望日本能坚守与其为伍的立场。见 Public Record Office, Foreign Office File, FO262/1678, April 7, 1927, p. 297.
② 『日本外交文書（昭和期Ⅰ）』第 1 部第 1 卷（昭和 2 年）、563—564 頁。
③ 卫藤瀋吉『東アジア政治史研究』、東京：東京大学出版會、1968、149 頁。
④ 『日本外交文書（昭和期Ⅰ）』第 1 部第 1 卷（昭和 2 年）、575 頁。

极作为，遂被日本舆论界讥评为"软弱外交"。①

继若槻内阁的是政友会田中义一内阁。田中一向主张扩展"大陆政策"，在野期间，就宣称北伐不是单纯的内争，而是东亚危机，影响世界和平。他表示："以不干涉内政为借口而袖手旁观，无非放弃我帝国在东亚之地位，也是坐视东亚大局秩序崩溃于不顾。身为东亚盟主的日本帝国应以保全大局的立场，更改对支外交，维护我帝国权益。"②

田中义一组成内阁后，自兼外务大臣，他对蒋介石的态度，首见于1927年5月20日发给驻上海及沈阳总领事的训令。在这一训令中，他谈到对"近日中日政局"之看法：

> 在南京的蒋介石一派，目前正在积极清共，为恢复国内秩序而努力……若蒋介石能够持续此一态度，帮助他完成心愿，自然是最能符合我方之利益。假设蒋介石下决心要领军西进，我等要助蒋一臂之力，不仅不能让张作霖或其他北方派系牵制蒋，反而应主动出击，为双方营造和解的空间。③

由此观之，田中对中国的思维方式，仍未脱离南北对立的窠臼。他对蒋定位为在中国南方的友好势力，将张作霖定位为在中国北方的友好势力。以此为前提，假设蒋与武汉政府开战，则支持蒋。再则，为了巩固蒋在南方的地位，在蒋与武汉政府决战过程中，日本绝不容许张作霖南下。除此之外，他也希望蒋能专注于在南方发展，与北方的张作霖之间能达成南北分治的妥协默契。

换言之，将中国视为三分天下的日本政府，其首要政策是以打倒武汉政府为目标；为了达此目的，乐意支持蒋。不过，支持政策不是没有限制，底线以山东为界；日本将华北及东北地区视为禁脔，视张作霖为日本的嫡系。

因日本视华北为"禁脔"，当北伐军进入华北时，日本政府不惜三次出

---

①　池井优『日本外交史概説（増补版）』、東京：慶応通信、1982、155 頁。

②　菊池悟郎『立憲政友会史』卷 6、東京：日本圖書センター、1990、276 頁。

③　「田中大臣ヨリ上海及奉天各総領事ニ転電アリタシ」（昭和 2 年 5 月 20 日）、日本外務省外交史料館蔵『東方會議関係一件：松本記録』、原件。

兵山东，以求阻吓。这其中，特别是 1928 年 5 月 3 日，两军在济南发生冲突，造成中国军民死 3254 名、伤 1450 名的济南惨案。这是让蒋放弃长年与日本合作、共谋亚洲大局幻想的关键。[①]

济南惨案发生后翌年，蒋介石于 5 月 3 日在中央陆军军官学校发表《誓雪五三国耻》演讲，提及：

> 这是中华民族最耻辱的一个纪念日！临到这个纪念日，凡是中国人，凡是我们黄帝子孙，对于这种耻辱，是永不能忘怀的，如果这种耻辱一天不洗雪，中华民国便没有一天能够独立。[②]

而蒋在日记中对日本的怨恨，更是处处可见。例如他自济南惨案发生后的 5 月 11 日起，开始改称日军为倭军，日本为倭寇，[③] 此一称呼一直沿用到 1943 年 7 月，他准备参与开罗会议时止。此后，他才开始倭寇与日本互用，直到抗战胜利。至于对济南惨案的记载以及回响，他于 1928 年 5 月 12 日记，"呜呼济南七日记之耻辱惨痛甚于扬州十日记，凡我华人得忘此仇乎"；[④] 5 月 14 日开始将"每日必记灭倭方法一条"[⑤]，以此列为每日日课等。

就此而言，北伐不仅让蒋个人缔造了军政之功，也是他与中共、日本交恶的起点。自 1930 年 12 月起，至 1934 年 10 月止，蒋对中共发动了五次"围剿"。与后者的关系，则在于执行反帝废约政策，首先，于 1929 年 3 月，针对济南惨案，与日本达成协议，并依此要求日本从山东撤兵；其次，于 1930 年 5 月，与日本另订新关税协定，收回中国关税自主权。对 1928 年 12 月 29 日的"东北易帜"，蒋除表示欢迎之外，并将收回旅顺、大连及南满铁路列为下一阶段的目标。

---

① 黄自进：《北伐时期的蒋介石与日本：从合作反共到兵戎相见》，《政治大学历史学报》第 30 期，2008 年，第 194—203 页。

② 蒋介石：《誓雪五三国耻》（1929 年 5 月 3 日），黄自进主编《蒋中正先生对日言论选集》，中正文教基金会，2004，第 141 页。

③ 《蒋介石日记》，1928 年 5 月 11 日。

④ 《蒋介石日记》，1928 年 5 月 12 日。

⑤ 《蒋介石日记》，1928 年 5 月 14 日。

收复中国固有权益，对国人来说是理所当然。对日本人来说，他们认为中国早在 1900 年就丧失对东北的管辖权，日本所占权益是继承自俄国，[①]为此日本曾付出 20 万人的死伤，[②] 17.4 亿日元的战费。况且，在东北现已有 120 万的日本移民。[③] 为维护这些既得利益，日本必不肯退让。

二　反共抚日

九一八事变可视为日本关东军对国民政府的反帝废约政策及中国民众排山倒海反日活动的反制行动。该事变所导致的东北沦陷，学术界对此已有诸多探究，不拟赘述。惟就蒋的立场，他认为中国无力对抗日本，应忍耐待时，回避与日本的全面冲突，在忍耐待时期间，厚植国力，消灭反侧，就成为处理国内的首要政务。借用蒋介石自己的话，"今日之对外，无论用军事方式解决，或用外交方式解决，皆非先求国内统一，不能为功"。[④]

"攘外必先安内"是蒋的政策口号。就"安内"的意义而言，无疑包括中共在内，然中共作为一支有组织、有信仰的革命武力，不能与传统军阀等同视之，四次"剿共"作战的失败，无疑证实了中共乃蒋的"心腹之患"。尤其是东三省、热河沦陷后，国民政府名义上统一 24 省，其中河北、山东、山西、绥远、察哈尔、宁夏、青海、新疆、四川、云南、贵州、西康、广西、广东 14 省为半自主状态；直接统治的 10 省中，除了江苏、浙江、甘肃以外，其余江西、福建、湖南、湖北、河南、安徽、陕西 7 省境内皆有红军割地而据的情况出现。

不过，当"安内攘外"政策成为"剿共抗日"政策的代名词以后，反而让国人的焦点集中于"消灭反侧"的一面，忽视了"安内攘外"政策中所蕴含的"忍耐待时"，尤其是其中"经营西南"及"日苏先战"的战略

① 北一輝「支那革命外史」、北輝次郎編『北一輝著作集』（Ⅱ）、東京：みすず書房、1968、102—103 頁。

② 池井优『日本外交史概説（増补版）』、96 頁；北岡伸一『日本政治史：外交と権力』、東京：日本放送出版會、1990、83 頁。

③ 犬養毅「一致結束して、蹶然國難を救へ」、『政友』1931 年 11 月號、1—2 頁。

④ 蒋中正：《外交为无形之战争》（1931 年 11 月 30 日），秦孝仪编《"总统"蒋公思想言论总集》卷 10，中央文物供应社，1984，第 482 页。

计划。前者是为了预备长期抗战而得先巩固后方基地。后者的思考逻辑，则为 1933 年以后，苏联完成第一期五年国防计划，在远东地区已有一战之实力；而日苏既已将对方列为首要假想敌，深具开战之可能性，蒋介石自然迟迟不欲与日本先起冲突。

蒋认为，当时中国处于次殖民地的地位，是世界主要列强皆有势力进驻的权力交错地带。列强中谁欲独霸中国，自然就会遭到其他列强抵制；就此而言，日本侵华政策的主要顾忌并非中国抵抗，列强反制才是其主要考虑之所在。是以，日本的所谓中日对峙，两国势力之消长，不是影响全局关键之所在；日本与其他列强国之间在远东地区权力结构的变化，才攸关全局。

其实，自 1907 年以来，日本一直以俄国作为首要假想敌，其后国防方针历经 1918 年、1923 年、1936 年分别改订，但这一状况并未改变；而中国名次一向在美苏之后。蒋深谙此理，明白日本陆军是以对苏作战为目标，海军是以对美作战为布局；在日本未能降低与美苏敌对意识之前，不可能派大军进占中国。

日本的"大陆政策"，并非专务在中国扩张，1918 年出兵西伯利亚，即属例证。就此而言，关东军占领中国东北，苏联不无唇亡齿寒之感，乃有逐年增兵之举。九一八事变爆发时，苏联在远东地区只派驻 6 个狙击师团，而在翌年立即增加 2 个师团。卢沟桥事变爆发之时，派驻兵力已增加为 20 个师团。派驻飞机方面，1932 年仅有 200 架飞机，1937 年时已增为 1560 架。新型武器战车部分，1932 年只部署了 250 部战车，1936 年时则已增为 1200 部。

伴随而来的是日苏两国边境武装冲突益加频繁。1932—1934 年，两国在边境的武装冲突就有 152 次，1935—1936 年增加为 328 次，1937 年 113 次，1938 年 166 次。以平均数而言，1932 年，平均每 7 天就有一次冲突，1936 年，平均 2.3 天就有一次冲突。[①]

吊诡的是，日本虽视苏联为首要假想敌，但并不能将此一国防政策落实成为对华政策之主轴。关东军自导自演地发动九一八事变，即是一例；驻朝鲜的日本军团在九一八事变爆发后，可以不顾内阁会议的决定，擅自

---

① 黄自进：《"安内攘外"的另一章：蒋介石对"日苏先战"的期盼》，氏编《蒋中正与近代中日关系》上册，稻香出版社，2006，第 126—134 页。

越境支持关东军，是另一例；犬养毅总理不愿立即承认伪满洲国，竟遭日本海军军官在总理官邸击杀，又是一例。这是因为 20 世纪 30 年代的日本政局，呈现着失序、少壮派军人干政的乱象。面对日本军国主义崛起、宪政体制崩溃之局势，蒋认为中国经不起任何的闪失，特别是日本少壮派军人唯恐天下不乱，正在到处滋事，如何不撄其锋，不让中国首蒙其害，自应列为首要考虑。

　　在华北地区，采取退却政策，是蒋的主要应对方式。所谓退却，不仅是军事上采回避政策，政治上也接受关东军要求，中央机构退出华北。只是在实务上，仍因地制宜设置不同名义的机构，来维系与华北地方当局的管辖关系。例如设置军事委员会北平分会是为了应付长城保卫战；设行政院驻平政务整理委员会是为了与关东军对话，为塘沽协定铺路；设行政院驻平办事处，是因驻华北日军图谋《何梅协定》以及在冀东地区成立"冀东防共自治委员会"的傀儡政权，而逼使上述两机构相继名存实亡以后，蒋的另起炉灶之举；设冀察政务委员会是为了应付驻华北日军主宰的"华北五省自治运动"，以实现河北、察哈尔两省"轻度自治"，委员人选由中日双方拟定，中国认冀察政务委员会系中央设置的地方机构，日本视之为"华北自治"行政机构之方式，这是双方各有解读而达成协议之妥协的产物。

　　由此观之，九一八事变以后，日本的在华驻军，以推动华北"自治运动"为侵华政策的新指标。其主要步骤在于先求排除中央政府之影响力，次求扶植地方实力派之军系领袖。这其中，所谓华北五省"自治运动"，无论河北省主席商震、山东省主席韩复榘、绥远省主席傅作义、山西省主席阎锡山、察哈尔省代理主席张自忠皆非出自中央系统，以往也皆有与中央对立之经验。是以，这五省原本就是半独立状态。如今，这五省为求自保，更是不得不与日本军方虚与委蛇。只是在坚守民族大义的原则上，以及对中央政府政策之意愿的配合度上，五省的主席会有因人而异的差异存在。①

　　情势固属紧张，但是蒋认定，日本在解决与苏联的军事矛盾之前，不会贸然在中国大举兴兵。其认为"不战而屈"是日本政府对华事务的最高战略。驻华北日军虽然天天叫战，却未真正付之行动，威胁利诱反而是其

---

①　韩复榘及阎锡山面对日本分化华北政策时，有不同立场。蒋做了以下观测："倭策动五省自治，鲁韩尤为动摇，而阎则深明大义。"见《蒋介石日记》，1935 年 10 月 31 日。

所能反复施展的伎俩。是以，如何让原本就处于半独立状态的华北五省，不为驻华北日军威胁利诱，自然就成为蒋介石应战的首务。

一连串设了又裁、裁了又设的各种名目驻北平政务机构之出现，在蒋而言，就是中央政府与驻华北日军在争取华北各省行政当局之间的攻防战。在驻华北日军的眼中，这些机构无疑是妨碍华北各省行政当局追求"独立"的"障碍"，故欲求斩草除根。可是，对国民政府而言，设置这些机构，不仅代表主权的象征意义，实务上也可牵制驻华北日军，发挥保卫华北的功用。至于这些机构的裁裁设设，无非国民政府在面对驻华北日军的强大压力之时，为求脱困所使用的权宜之计。

至于蒋介石此计能屡试不爽，关键之一则是日本的反共国策。1934 年 9 月 13 日，军事委员会委员长四川行营秘书长杨永泰在呈蒋介石的报告中，提及：

> 日昨，职致黄膺白先生齐牯电文曰："兄与日方人员晤谈时，略有材料足供参考者，即迩来赤匪刻意宣传国民党国民政府如何与日妥协，如何向日投降，并一变其向所揭櫫之士兵不打士兵，穷人不打穷人等等口号，而以中国人不打中国人，红白两军联合抗日等词，作新的号召之资。其行动则逐渐向西推进，如川中徐匪势力已坐大，贺龙扰黔，萧克已窜湘桂边。其目的均图会合于川陕而达新疆，以打通国际路线，万一日俄战事发生，俄方势必尽量培植红色势力于我国西北，以为抗日樟鼓之应。尔时赤匪既假借抗日为其政治上之旗号，则凡国内一切反国党反政府及反日本之集团与分子，无论零整，势必与赤匪联成一气，另创新局。则中国分割为两个力量，南京统治，固难幸存，乃驱中国人全受共党之领导，而画为苏联支配，此故非中国之利，抑尤非东亚前途之福也。日本方面稍有目光，对于中央剿赤军事，由不宜直接间接再为怀疑牵掣，致亏一篑之功。实应于日俄战事发生以前，助成吾人剿匪之大业，可否以此意恳切商谈，敬祈裁酌为幸。"

除了以反共争取认同外，蒋利用日本陆军内部的派系斗争，使其相互牵制，则是另一反制手段。例如，张群于 1935 年 8 月 3 日致四川行营秘书

长杨永泰电，曾精彩描绘称：

> 现在对日问题，第一难关即为对伪满问题，自正常外交步骤言，我方对此问题，断置如作悬案，暂时不提，事实上已同默认，可谓最大之让步。但在日方情形，少壮派中之激烈者，初无与我方谈此问题之意，盖渠辈恐伪满问题早日解决，则所谓非常时不得不告一结束，一切轨外活动，将受限制，无法再施展其伎俩。少壮派中之稳健者，即拥护清军运动；赞助中央统制强化之一派，则以解决伪满问题，结束非常时期，裁制激烈派自由行动，达到统制强化目的，为其新定国策。观其任何一方，对华所取策略，均含有对内之作用。①

电文中所谓"激烈派"及"稳健者"，按日本通称即为"皇道派"和"统制派"。皇道派成员大多是连队军官，以尉级为主，惟背后另有大佬支持，如荒木贞夫、真崎甚三郎等大将。统制派则多出身陆军省或参谋本部的参谋官，以校级为主。两派结盟于1931年，时值统制派图谋军事政变，为求动员战斗部队，故需倚仗战斗部队中的连级军官。

原本预定于同年10月发起的政变，因被陆军大臣事先察觉，遂致不了了之。惟经此冲击，军中伦理体系已破坏无遗。而后，日本再经"五一五"事变，政党出身的总理犬养毅被少壮派军人枪杀于官邸，再无政党领袖敢于牵制军部。军部成为主导日本政策走向的主要力量。

军部控制了国家实权，统制派乃认为革命已成，故率先弃置革命，改定新行动方针为国防建国。新方针既由破坏转为建设，重点自然有所不同。特别是统制派拟"以军治国"，军部遂成为统筹全国改革的重心所在；而恢复军纪保持团结，更是建国工程中的一大要务。可是谈到恢复军纪，自不能容忍"军外有军"的现象持续存在。当年统制派确曾响应革命行动，惟时势迁移，手中掌握政权后，镇压革命并巩固政权乃成其眼中的首务。然而，按皇道派观点，双方政治主张仍旧殊途同归，可维系相辅而成的伙伴关系。况

---

① 《张群致杨永泰电》（1935年8月3日），"国史馆"藏《蒋中正"总统"文物·一般资料——民国二十四年（四十四）》：002-080200-00242-063。以下《蒋中正"总统"文物》简称《蒋中正文物》。本章藏所下略。

且，皇道派的继续革命论，仍是铲除旧政党体制下残余保守势力的最佳手段。是以，皇道派坚称自己的存在，尤为统制派顺利推动革命的保证。这一说法，统制派并不能接受。此后双方皆以打倒对方为首要之务。①

两派的恶斗，影响日本对华政策。皇道派表面主张激进，实际却不愿改变现状。换言之，皇道派一面声言必欲国民政府势力彻底撤出华北，实则期望华北处于悬而未决的紧张局面，好让自身派系更有余裕空间。

同时，日本政府及军部尚须顾及国际观感，不愿动辄使用武力。例如1935年11月19日，蒋介石在致宋哲元电中，便提及日本首相冈田启介与元老西园寺公望皆不愿在华北生事。② 此外，从蒋介石日记中，也能看出他与皇道派首脑、犬养毅与斋藤实两任内阁（1931年12月13日至1934年1月23日）的陆军大臣荒木贞夫大将个人之间，长期保持密切联系。③

从荒木处，蒋不仅获取冯玉祥、胡汉民争相联络日本的情资，也得到荒木坚定支持自己的保证。④ 驻日公使馆报告，也指出驻日武官萧叔宣与皇道派另一要角、第一师团长柳川平助中将有所来往。当日本驻华北日军于1935年9月策动"华北五省自治运动"时，柳川透露日本军部只认"长城线为满洲国境"，前线军官的逾轨行动，不会得到东京本部支持。⑤

至于后来，蒋以组织冀察政务委员会方式，来化解驻华北日军推动的"华北五省自治运动"，其原始构想却是来自日本驻华使馆武官矾谷廉介少将、驻华大使有吉明、驻南京总领事须磨弥吉郎等人于不同场合所提供的建言。⑥

日本政府无意用兵华北，特别在1932年5月以后，连续两任内阁总理斋藤实及冈田启介，皆海军大将出身，并不反对此一决策。陆军则维持着含糊暧昧态度。在暗杀事件不断、前线将士动辄滋事，逼使政府忙于善后

---

① 黄自进：《北一辉的革命情结：在中日两国从事革命的历程》，"中央研究院"近代史研究所，2001，第295—296页。

② 《蒋中正致宋哲元电》（1935年11月19日），《蒋中正文物·革命文献——华北局势与对日交涉（一）》：002-020200-00025-084。

③ 俱见诸《蒋介石日记》，例如1933年10月14日记述："本日与荒木使者谈话"；1934年3月14日记："聘荒木之议"；同年3月31日记："与荒木通信"；等等。

④ 沈云龙编《黄膺白先生年谱长编》下册，联经出版公司，1976，第675页。

⑤ 《杨杰、熊斌致蒋中正电》（1935年9月21日），《蒋中正文物·一般资料——民国二十四年（五十三）》：002-080200-00251-023。

⑥ 《杨永泰致陈仪电》（1935年12月2日）、《杨永泰致何应钦电》（1935年12月4日），《蒋中正文物·华北局势（四）》：002-080103-00019-001。

的情势下，保持模糊态度实是高阶官员的保身之道。他们这种态度，以及不奢与蒋介石沟通并提供信息，自有助于蒋筹定华北政策。至于前线的关东军及驻华北日军，内部有皇道派及统制派之争。皇道派貌似激进，但虎头蛇尾。两派的共同想法是，热衷对苏备战，坚持伪满洲国不可放弃，以及"中满接境"需设缓冲地带。惟如何处理对华关系，两派颇有争论。皇道派声言打倒国民政府，彻底瓦解中国军民的抗日意志，日本才无后顾之忧。统制派则主张，只需中国承认伪满洲国的既成事实，两国不独可共谋亲善，也可合组中、日、"满"反共联盟。

于是，国民政府表面上拉拢统制派，私底下却寄望皇道派出面搅局。而皇道派每欲滋事，总带来山雨欲来风满楼之势，战事似乎一触即发，中国所失却往往并不多。中国在华北的主权，终能在飘摇中维持。

三　联共反日

值此华北风云诡谲之际，卢沟桥事变终于在 1937 年 7 月 7 日爆发，但事件并非日本政府的既定计划。事件之扩大，和中日两国政府都不愿妥协有关。蒋之所以在卢沟桥事变发生后决心应战，以下所述的国内外因素皆扮演着举足轻重的角色。首先是法西斯主义在德国崛起，德苏关系的急速恶化，逼使蒋放弃对"日苏先战"的期盼。在 1936 年 3 月 14 日蒋介石的日记中，对德、日、苏的新三角关系之发展，有以下的记载："世界战争必起于倭俄，以其意在促成俄德战争，且以为倭俄开战，则德必乘机攻俄也。总之无论俄德战争能否引起，即使被其引起，则欧解决战必速，而东方战争胜负之分必在欧战决定以后，最后西方各国必联合处置倭寇与东方问题也。"[1]

这份对时局的观察，一则预言苏德会爆发战争，二则预言亚洲战事必需要等待欧洲战事告一段落才有终结之机会。而这份记录，若再与这之前蒋的时事观测心得相比，会发现他对苏联的外交处境以及日苏先战的可能性有了不同的看法。

例如 1934 年 8 月，他在日记中反复探讨的议题，则为当日苏战争爆发

---

[1]　本段及以下几段，分见《蒋介石日记》，1936 年 3 月 14 日；1934 年 8 月 14、17、20 日，11 月 27 日，12 月 31 日。

时，若面对日本要求参战，中国的应对之道。他首先于 8 月 14 日提及：

> 一、倭俄战息日急焦灼万状其将何以处之，二、应先与倭说明中国参加战争必在统一全国以后，否则鲁莽参战或强迫被动则中途政府必倒，中国大乱倭派兵镇守，实于倭多不利，三、问倭要求中国最大与最小限度，并反问其要求如达到不参战可乎，四、切勿与之实说不能参战之情理也。

其次，他于 8 月 17 日又提及：

> 一、对倭应说如强参战则中国人民反对非仅单独剿共之功亏于一溃，而且单独收复新疆间接增倭便益亦皆不能，必使我国单独对俄于彼方有便益，否则是强我国国民国情于赤匪以助俄也。二、中国十年之内永不与外国作战则几矣。

至于，中国为何不应参战，8 月 20 日的日记做了如下的解释：

> 如能不参加日俄之战维持中立地位，则民族复兴即在此十年之内，否则万不得已受敌来攻则亦取单独作战方式而不加入其任何一方留有自由旋转之余地，此为处今战时惟一之道也。

对蒋而言，中日两国国力如此悬殊，既然不能力取，只能借力使力。其中，如何哄抬日本军方气势，以便早日诱使日本政府向苏开战，更是他不时思索的问题。例如同年 11 月 27 日的日记中，他提及：

> 一、英美形势已联合对日乃为中国存亡之转机，此后更应注重日本内部文武两派之胜败谁属，当使文派抬头以制军阀抑使军阀横行以促其孤立乎。二、应急与倭寇乘机谅解，以促进倭俄之冲突。

此种对日苏先战的深信不疑，到 1935 年时更为炽烈。为此，蒋介石也

开始认真考虑中日结盟的可能性，期盼能借日苏开战之机，日本有求于中国之际，顺势要求归还东北失土。他将日本可能允诺的让步皆纳入沙盘，并逐一做出推演，记载于 12 月 31 日日记中的本年反省录称：

> 对日外交原则：一、两国邦交，应以平等亲善为基础，相对秘密。二、甲、东北问题之解决应承认中华民国之主权为原则，在此原则之下，可以国联李敦报告书为谈判之基础而略为变通。如谈判得有结果而彼方要求正式通告国联作为结案时，我方不妨允之。乙、谈判无结果时，作为悬案，相对秘密。丙、归还东北，则与之公开同盟，对于西北铁道予聘用教官。丁、取消长城以内战区对峙状态，恢复外交常轨，则与经济合作。三、嗣后两国遇有争议事件，应以纯粹和平方法解决之，相对秘密。四、遇有一方与第三国开战时，他方在国际公法允许范围内，应予以相当之接济，其接济办法由双方临时定之，绝对秘密。

德苏关系生变，起因于法西斯主义在德国的崛起，以及希特勒取得政权。在这之前，双方曾有一段异于寻常的亲密关系。德国可谓是苏联的最早期盟邦。当全世界主要大国，皆因苏俄提倡共产革命，而刻意保持距离时，德国早在 1921 年 5 月 6 日就与苏俄签订通商协定，并于翌年 4 月 16 日与苏俄恢复外交关系。1926 年 4 月 24 日，德国甚至与苏联签订中立友好条约。[1] 由于受制于《凡尔赛和约》中对德国军备的限制，德国为了保持军事实力，利用苏联作为武器技术的开发以及军官训练的军事基地。双方之军事合作，结束于 1933 年 9 月。在反共政策下，德国政府关闭所有在苏联所设置的军事基地及实验工厂。[2]

德苏关系的生变，初期并没有引起国际社会的重视。不过，随着德国 1933 年 10 月退出国际联盟，并于 1935 年 3 月宣布不再接受《凡尔赛和约》中对德国军备限制的约束，开始实施征兵制，公然大规模扩展军备以后，

---

①　尾上正男『ソビエト外交史』、東京：有信堂、1969、237—238 頁。

②　鹿毛達雄「独ソ軍事協力関係（1919—1933）：第一次大戦後のドイツ秘密再軍備の一側面」、『史学雑誌』第 74 編第 6 号、1965 年、8—25、35—38 頁。

国际社会才认识到德国新政府拟以武力为后盾改变现有国际秩序之执着面。有见及此，蒋必须认真思考德国为执行其反共政策，与苏联有一战之可能。

当认识到德苏两国从友变敌后，蒋当然会设想到苏联为避免两面作战，不愿轻易与日本滋生战事。但接连发生的两件事，却又让他抱有相当程度的期待。一是 1936 年 2 月 26 日，日本爆发政变，一批驻守在东京市区的少壮派军人，在突击各要员官邸得手之后，进而攻占总理官邸、陆军司令部、参谋本部、警察总部等各主要行政机构，要求改组政府。面对政变，天皇打破"御而不治"的宪政惯例，直接下国诏勒令镇压，叛军于翌日宣布投降。事件中，三大臣被枪杀，叛军 1376 人盘踞首都三天半；而海军已下动员令，紧急调动舰队及陆战队启程赶赴东京湾，准备平乱。惟负责处理政变的陆军反不愿将之视为叛乱，仅强调"安抚重于围剿"，甚至还有意与政变部队合流，乘机接管内阁。这其中所凸显的诡异，反映出 20 世纪 30 年代日本宪政体制的瓦解，陆军内部派系的林立以及陆海军对立的矛盾。[①] 另一是同年 3 月 12 日苏联与外蒙古签订互助同盟条约。蒋介石认为苏联对外蒙古染指甚久，在外蒙古的外交及经济领域早已享有绝对优势。是以，苏联与外蒙古的订盟，宣示的意义大过实质。况且自同年 3 月 26 日以来，在内蒙古与外蒙古交接之地，日苏双方的"冲突较前加紧，其激烈形势，为从来所未有"，是否意味着"俄蒙协定宣布之日，实即倭俄战局完成之时"。[②]

也就是说，蒋将日本的二二六政变与《苏蒙互助同盟条约》的签订，视为互为因果的骨牌效应，认为苏蒙结盟是针对日本的军事挑衅行为，随着苏军的公开进驻外蒙古，紧接而来的，可能就是苏军反扑伪满洲国。苏联选在此时与外蒙古签约，似乎有趁日本内乱之虚而入的野心。

在认为日苏战争将一触即发之际，蒋希望能利用"鹬蚌相持"之势，以中国保持中立为条件，要求日本"还我满洲主权"，或者至少也要求日本"取消塘沽协定与冀东、察北战区"。[③] 不过，蒋的期盼没有维持太久，"倭俄形势，始急终缓"。[④] 另外，蒋在 1936 年 5 月 1 日自谓，德国于同年 3 月 7 日宣布废弃《洛迦诺公约》，派遣部队进驻莱茵河非武装区域，以武力造

① 黄自进：《北一辉的革命情结：在中日两国从事革命的历程》，第 263—272 页。
② 《蒋介石日记》，1936 年 3 月 31 日，本月反省录。
③ 《蒋介石日记》，1936 年 3 月 31 日，本月反省录。
④ 周琇环编注《事略稿本》第 36 册，"国史馆"，2008，第 494 页。

成既成事实，突显国际政治上"国防不固，地非己有"①之权力关系本质。此份关注，也反映出他对希特勒崛起后欧洲局势骤变的隐忧。

德苏关系的持续紧张，让蒋警觉到长年所盼的苏联攻日之大计终难实现。连他在国内推动的"剿共抗日"政策，也因受制于苏联远东政策的改变，面临破局。

中国共产党是共产国际的一个支部，自然得追随苏联的远东政策。九一八事变爆发后，中共中央于9月22日所做的决议是将九一八事变定位为"日本帝国主义的积极殖民地政策之产物"，决议要求："领导群众为反对日本帝国主义的暴力政策，反对帝国主义的奴役和侵略，反对进攻苏联和苏区，拥护苏维埃，武装保卫苏联，反帝国主义的强盗战争而争斗。"②同年11月6日共产国际所发出的声明，也认为九一八事变"不是对蒋介石和国民党的战争，这是对中国劳动群众、对中国革命的战争，这也是对我们的战争"；"现在开始的对华战争，就是向反苏战争又前进了一步"。③

至于在中国境内所发生的军事行动，为何会与反苏战争连成一线，对此杨奎松做了如下诠释，他认为，坚持一切从革命利益出发来思考问题，是20世纪30年代出掌中共领导地位的留苏学生的思想特点。在他们看来，作为"世界革命的领导者与组织者"的苏联之存在，已经造就了社会主义与资本主义"两个世界对立"的局面，苏联不仅成为"动摇世界资本主义与推进世界革命的最有利因素"，而且不可避免地成为帝国主义极端恐惧，必然置于死地的敌人。因而当共产国际宣称，日本的行动是帝国主义"彻底瓜分中国"和"重新瓜分世界而准备新的帝国主义战争的一个重大阶段"之时，如何把帝国主义进攻苏联的危险视为自己"最主要的危险"，如何加强反对一切帝国主义、国民党的反苏联企图与挑衅，开展广大群众保护祖国的运动，便成为中共领导人日常所思的问题。④

---

①　周琇环编注《事略稿本》第36册，第496页。

②　黄修荣编著《抗日战争时期国共关系纪事（1931.9—1945.9）》，中共党史出版社，1995，第3页。

③　周文琪、褚良如编著《特殊而复杂的课题：共产国际、苏联和中国共产党关系编年史（1919—1991）》，湖北人民出版社，1993，第223页。

④　杨奎松：《"中间地带"的革命：国际大背景下看中共成功之道》，山西人民出版社，2010，第301—302页。

这种依阶级属性来看待九一八事变的性质，并不仅是中共领导人的独特思维，也是共产国际的思考模式。12 月 29 日共产国际发给中共中央的指示，仍以鼓动推翻国民党为反对帝国主义的民族革命战争的先决条件，并要求发展罢工运动，领导学生运动，号召士兵与民众，联合反对帝国主义与国民党。①

九一八事变后，中共的应对仍不脱离"阶级斗争"范畴，以打倒国民政府为首要目标，此一做法为国民政府不容以外，也得不到其他反日势力的共鸣。再者，中共仍以领导群众进行直接革命斗争为号召，这对任何既有传统势力皆构成威胁。由于中共的挑战对象遍及所有既存的传统势力，因而这些传统势力对蒋介石所坚持的"剿共"政策，自然也是乐观其成。

诚如蒋在 1934 年 12 月 29 日日记所言："若为对倭计，以剿匪为掩护抗日之原则言之，避免内战，使倭无隙可乘，并可得众同情"。②"剿共"不仅可消灭反侧，巩固其统治基础，同时也可借"剿共"之名，顺势派兵遣将，让中央军派驻到这些原本半独立自主之省份，将这些桀骜不驯的省份顺势纳入中央政府体系。再者，九一八事变以后，日本政府因不乐见国民政府的日渐茁壮，对国民政府扩充权限的任何作为，都会出面阻扰，但对于"剿共"，因符合日本政府的反共国策，反而成为其能容许国民政府施展抱负的行政领域。是以，"剿共"对蒋介石而言，一则可消灭反侧，二则削减地方势力，三则可回避与日作战，可谓有一石三鸟之效。

蒋"剿共"政策所达成的统一成就，中共也许还不自觉，共产国际却是心知肚明。诚如 1936 年 7 月下旬共产国际总书记季米特洛夫（G. D. Mikhailov）在内部检讨会议中的指陈，"在蒋介石已经把全民族的四分之三组织起来以后"，中共除了选择与蒋合作以外，别无他路。因此他认为当务之急莫过于发起抗日统一战线，逼使蒋在接受抗日统一战线的基础上与中共共存。③

---

① 周文琪、褚良如编著《特殊而复杂的课题：共产国际、苏联和中国共产党关系编年史（1919—1991）》，第 224 页。

② 《蒋介石日记》，1934 年 12 月 29 日。

③ 周文琪、褚良如编著《特殊而复杂的课题：共产国际、苏联和中国共产党关系编年史（1919—1991）》，第 294 页；杨奎松：《西安事变新探：张学良与中共关系之研究》，东大图书公司，1995，第 167 页。

同年 8 月 15 日，共产国际正式下达指示给中共，指责中共不应当把国民党、蒋介石同日本侵略者混为一谈，因为中国人民的主要敌人是日本帝国主义，在现阶段，一切都应服从抗日。此外，决不能同时反对日本侵略者和蒋，也不能认为整个国民党和整个蒋介石的军队都是日本的同盟者。为了切实有效地进行抗日斗争，就必须有蒋的军队参加，至少有其绝大多数军队参加。基此思考，共产国际要求中共必须正式向国民党和蒋介石提出建议，立即就停止军事行动和签订共同抗日协议进行谈判。[①]

根据共产国际的指示，中共中央于 8 月 25 日发出《中国共产党致中国国民党书》，呼吁国民党"立即停止内战，组织全国的抗日统一战线，发动神圣的民族自卫战争"。[②] 9 月 22 日，毛泽东分别致函蔡元培、宋庆龄、李济深、李宗仁、白崇禧、蒋光鼐、于学忠等，呼吁他们利用自己的影响力，促使国民党改弦更张，同时，也致函蒋，要求"化敌为友，共同抗日"。[③]

中共的抗日主张，自然能引起全国舆论的肯定。再则，中共愿在抗日统一战线下与国民党及其他势力携手抗日的新政策，也为中共与非国民政府嫡系的地方实力派开拓合作的空间。尤其是蒋发动的"剿共"，也让蒋的实力不断膨胀，而地方实力派的空间日愈缩小，幸存者不无兔死狐悲之痛。[④] 无怪乎当中共改弦易辙以后，阎锡山旋于 9 月提出"迎共抗日"口号作为呼应，请中共代表到山西帮助工作；10 月中共与四川刘湘订立了《抗日救国军事协定》。在此前后，中共还先后与李济深、冯玉祥、孙科、马占山、韩复榘、宋哲元等建立秘密关系，并与傅作义、高桂滋等取得谅解。[⑤]其中，反应最激烈的莫过于身居"剿共"第一线的西北地区的两大实力派张学良与杨虎城在西安联手发动劫持蒋的"兵谏"事件。

西安事变是蒋中止"剿共"的关键，已不必赘言。尤其是事变和平落幕、西北"剿匪"总司令部的裁撤、国民党五届三中全会和平统一共赴国难方针的确立、中共取消苏维埃政府红军改编为国民革命军的国共合作宣

① 黄修荣编著《抗日战争时期国共关系纪事（1931.9—1945.9）》，第 121 页。
② 黄修荣编著《抗日战争时期国共关系纪事（1931.9—1945.9）》，第 123 页。
③ 张玉法：《中华民国史稿》，第 305—306 页。
④ 顾关林：《简述地方实力派与中共的早期关系》，《中共党史研究》1988 年第 1 期，第 43 页。
⑤ 张玉法：《中华民国史稿》，第 305 页。

言、国民政府承认中共合法地位等一连串事件的发展，皆与西安事变期间蒋的新决定有密切关系。不过，西安事变并非本章主题，本章所欲强调的是共产国际自始就对张学良的"兵谏"持否定意见，认为张的行动"无论其意图如何，客观上只会有害于中国人民的各种力量组成抗日统一战线，只会助长日本对中国的侵略"。也由于共产国际坚持要以和平方式解决，以及全国各地的反应不如预期，毛泽东放弃"罢免蒋氏，交付国人裁判"的主张，转而同意以张学良所提的条件为基础，与蒋谈判。①

　　共产国际之所以要刻意维护蒋介石，无非舍蒋以外，实无他人能整合中国的不同政治势力。在 1935 年共产国际第七次代表会议将日本与德国、意大利并列为世界共产之敌的法西斯主义国家之后，② 日德于翌年在柏林签订《日德防共协定》以谋抵制。在苏联与日德两国相对峙之局势愈趋明朗之际，如何避免与日德两国同时开战，如何防止国民政府也投入日德的防共阵营，就成为苏联的最高战略考虑。③ 这也是苏联借由共产国际之名，要求中共实行统一战线政策，反对中共将反日与反蒋等同视之，反而主张中共应将蒋纳入统一战线之时代背景。换言之，苏联希望中日之间能先开战，期盼借由中国之力困住日本，以利苏联全力对付德国。既然希望中国能帮助苏联困住日本，当然不希望中国陷于混乱，提倡统一战线，一来可替中国保住元气，二来也可替中共找一生路。

　　当国共双方在国内外抗日情势与压力之下不得不在形势上合作以后，④ 蒋介石的"先剿共后抗日"政策自然要改弦更张，而他"日苏先战"的期盼也不得不放弃。尤其是卢沟桥事变爆发，国内民心愤慨已至极点，中共主战尤力，若再不抵抗，内战势将再起。

　　此外，若与 1933 年日军入侵关内、侵占热河时相较，蒋的举国一致备战体制已颇具规模。首先是中央势力已进入西南，长期抗战的根据地有所

①　张玉法：《中华民国史稿》，第 307—308 页；黄修荣编著《抗日战争时期国共关系纪事（1931.9—1945.9）》，第 162 页。

②　周文琪、褚良如编著《特殊而复杂的课题：共产国际、苏联和中国共产党关系编年史（1919—1991）》，第 265—267 页。

③　Boris N. Slavinsky『日ソ戰爭への道：ノモニハから千島占領まで』、株式会社共同通信社，1999，76—91 頁。

④　张玉法：《中华民国史稿》，第 309 页。

着落。其次，撤销西南执行部、西南政务委员会，原本广东、广西与中央政府分庭抗礼的分治局面得以解除，两广重新纳入中央体制。[①] 至是，除河北、察哈尔的一部分为日本控制，新疆为苏联控制，陕北及甘肃的一小部分属于中共外，其余关内 19 个省大致悉奉中央命令。[②]

　　至于中共方面，借由 1937 年初国共双方的一连串谈判，蒋在 2 月 10 日，得到共产党所提出的以下四项保证：（1）在全国范围内停止推翻国民政府之武装暴力方针；（2）工农政府改名为中华民国特区政府，红军改名为国民革命军，直接受南京中央政府与军事委员会之指导；（3）在特区政府区域内，实施普选的彻底民主制度；（4）停止没收地主土地之政策，坚决执行抗日民族统一战线之共同纲领。[③] 国民党的领导地位既然得到尊重，与中共的紧张对峙关系遂得以减缓。双方争执重点已缩小为陕甘宁边区的地位、红军的编制以及待遇等实务性问题。[④] 对蒋而言，只要红军得以收编，全国军令能够维持形势上的统一调度，中国就有奋力一搏的实力。

---

① 张玉法：《中华民国史稿》，第 290—291 页。
② 郭廷以：《近代中国史纲》，第 759 页。
③ 黄修荣编著《抗日战争时期国共关系纪事（1931.9—1945.9）》，第 201 页。
④ 张宪文等：《中华民国史》，南京大学出版社，2006，第 342—351 页。

第十一章

中华民族的抗日战争

19 世纪中叶，在中国被西方列强打开国门的同时，日本也面临同样的历史命运。1853 年 6 月 3 日，美国东印度舰队司令佩里（M. C. Perry）准将指挥四艘战舰进入江户湾浦贺港，要求与日本进行互市，因其战舰涂有黑漆，此事又称"黑船事件"。日本在压力下接受西方要求开放了港口，也同意西方列强取得在日本的永久居住权、贸易权及领事裁判权、议定关税权等。

"黑船事件"引起幕府内部关于日本对西方态度的争议，在面临沦为西方列强殖民地的严重危机以及将军后继人选的激烈斗争中，获得权力的明治天皇宣布废除幕府，在江户（东京）建都，废藩置县，实施"文明开化""殖产兴业""富国强兵"三大国策，即进行了"明治维新"。维新政策设计者福泽谕吉提出日本"不能再盲目等待邻国实现文明开化，共同振兴亚洲，不如与其脱离关系而与西洋文明国共进退。支那与朝鲜虽是日本的邻邦，同他们打交道用不着特别客气，完全可仿效西洋人的方式来处理"的"脱亚论"。[1] 这一理论与传统的"神国日本"理念相结合，使日本的"富国强兵"国策具有明显的蔑视中国与朝鲜的倾向，进而使侵吞朝鲜、侵略中国的军国主义扩张思想得以滋生。

1872 年，日本将独立的琉球国改为琉球藩，借渔民被害事件向台湾出兵之机正式兼并琉球。1894 年，趁朝鲜内部发生动荡，日本与把朝鲜作为藩属国加以保护的中国发生战争。甲午战争的结果是改变了此前中国主导的东亚国际秩序，同时也大大改变了日本人对中华文明的敬畏心态。而在 1905 年取

---

* 本章由步平撰写。

[1] 『福澤諭吉全集』第 10 卷、岩波書店、1970、239 頁。

得日俄战争的胜利后，日本更跻身于列强的行列，获得了原来俄国在中国东北南部的权益，与俄国形成了分割在中国东北的势力范围的局面。第一次世界大战期间，日本向中国提出包括要求德国在山东权益在内的"二十一条"，侵略中国的意图更加明显。1927 年 6—7 月，首相田中义一主持召开东方会议，以"训令"的形式提出《对华政策纲领》，制定了将中国东北与内蒙古从中国分离出去的"满蒙分离政策"及针对中国的强硬的方针等，强调"满蒙"在国防上和国民的生存上对日本有"重大的利害关系"，日本"不能不负有特殊的责任"，当该地区日本的特殊地位和权益受侵害之威胁时，"不管来自何方，将予以防护"。① 这也就是日本的所谓"大陆政策"。② 中国的抗日战争就是在这样的大背景下，针对日本的侵略行径展开的。

一 日本对中国东北的侵略与中国的局部抗战

九一八事变、东北沦陷与义勇军抗战

1928 年，蒋介石通过国民党二届四中全会取得合法地位后协调各派力量进行统一全国的北伐，但是日本出兵山东实行武力干涉，制造了济南惨案。蒋介石极为愤慨，意识到来自日本的巨大威胁，也有"雪耻"的决心，但由于他将消灭红军及违抗其意志的叛逆军视为第一要义，以"攘外必先安内"为处理内外关系的具有全局性的战略国策，所以仍主张对日采取隐忍自重的妥协政策。

但是，一直觊觎中国东北权益的日本军部，特别是驻扎东北的日本关东军已经迫不及待地开始了活动，在 1928 年 6 月制造了炸死张作霖的皇姑屯事件。张学良于当年 12 月宣布"易帜"后加紧修筑"满铁平行线"，加快葫芦岛港湾建设的行动，则被日本认为关系其在中国东北的存亡，提出

① 外務省編『日本外交年表竝主要文書（1840—1945）』下册、原書房、2007、101—102 頁。
② 东方会议后，传出了名为《田中奏折》的文件。但关于这一文件的真伪学界有许多讨论。虽然该文件的产生有诸多不明之处，但后来日本的扩张过程验证了该文件概括的主张。曾任日本驻华代理公使及外相的重光葵虽然否认该文件的存在，但也表示"此后东亚发生的事态，以及随之日本所采取的行动，恰恰呈现出以田中奏折为教科书而进行的状态。因此，要消除外国对该文件的怀疑是困难的"。见重光葵『昭和の動乱』上卷、中央公論社、1952、33 頁。

保卫"满蒙生命线论"的主张，在国内制造侵略中国的舆论，在东北频繁进行军事演习，加剧了与中国方面的紧张关系。

1931 年 4 月，日本陆军参谋本部在情报部部长建川美次少将的主持下制订了分三步解决"满蒙问题"的《形势判断》，6 月又制订了《解决满蒙问题方案大纲》，提出以"大约一年为期，即明春以前务期周密实施之"①的方针。关东军高级参谋石原莞尔和板垣征四郎则组织考察东北各地的参谋旅行，制定了包括《处理满蒙问题方案》在内的一系列"领有满洲"的作战计划，并密谋制造事端。

1931 年春夏之际，关东军以东北地区发生了万宝山事件和中村大尉事件为借口向朝鲜增兵两个师团，把驻朝鲜的第十九师团开到图们江沿线，同时下令在东北的日侨组织——"在乡军人会"会员迅速在沈阳、长春、哈尔滨等大城市集结。在东北的日本满洲青年联盟、大雄峰会等右翼团体叫嚣日本的"满蒙生命线"受到"威胁"，煽动"武力解决论"，在各地举行抗议性的集会游行，还组团返回日本游说。

1931 年 9 月 18 日夜 10 时 20 分左右，日本关东军在大连通往沈阳的南满铁路柳条湖附近制造爆炸和东北军破坏铁路的现场，并立即向驻守北大营的东北军发起进攻。张学良针对东北军的报告指示"绝对不抵抗"，② 所以东北军损失严重。团长王铁汉在忍无可忍的情况下，下令还击后撤出北大营。与此同时，日军第二十九联队从沈阳的满铁附属地向城内发起进攻。地方军警也接到不准抵抗的命令。9 月 19 日，日军进据东北边防军长官公署和辽宁省政府机关，沈阳全城沦陷。

当日军向北大营进攻的同时，关东军司令官本庄繁向驻朝鲜军司令官林铣十郎中将发出紧急增援的电报，下令驻辽阳、公主岭、铁岭等地的日本军队向沈阳集中，并要求驻其他地区的日军攻击该地中国军队。由于各地中国军队几乎没有进行有效的抵抗，日军在 9 月 19 日便迅速占领了安东、营口、凤凰城等地，21 日占领吉林省城吉林市。不出三天，东三省两个省

---

① 天津市政协编译委员会摘译《日本军国主义侵华资料长编》（上），四川人民出版社，1987，第 185、186 页。

② 1931 年 9 月 19 日，张学良向满铁驻北平事务所江藤表示："已在昨夜 12 时给奉天驻军下达了绝对不抵抗的命令"，当日下午回答记者提问时也做了同样的表示。见《盛京时报》1931 年 9 月 21 日。

会沦陷。①

沈阳沦陷后，辽宁省政府和省军署迁至锦州，成为日本关东军进犯山海关，进而全面霸占东北的最大障碍。关东军先用飞机轰炸锦州，尽管引起国际舆论强烈反响，但日本陆军部还是决定进攻。东北军坚持到1932年1月3日，锦州终于失守。

日本军队迅速占领东北，激起了各地军民爱国情感的爆发，掀起了轰轰烈烈的抗日救亡运动。在东北各地出现了被称为抗日义勇军的军民自发的抵抗。

首先是分布在东北的原东北军部分军人，在日军的进攻面前被迫进行了抵抗。如黑龙江省防军黑河警备司令兼步兵第三旅旅长马占山、第二旅旅长苏炳文，以及吉林省边防军的团长冯占海、第二十七旅的营长王德林、独立第二十四旅旅长李杜、黑龙江省防军参谋长谢珂等，他们的队伍后来与各地地方武装汇合起来，成为义勇军的一部分。

成为东北义勇军骨干的还有由辽宁省警务处长黄显声统合辽西各县抗日武装改编的辽宁抗日义勇军计22路军，锦州失守后，这些抗日武装由东北民众救国会负责，改名为东北民众自卫义勇军。原东北军团长唐聚五成立了辽宁民众自卫军，编成第十九路军。另外，在辽宁北部、南部和中部，还分别有高文彬、李纯华、耿继周领导的抗日武装。在辽宁西部和东部，分别是郑桂林、原凤城公安局局长邓铁梅等领导的抗日武装东北民众自卫军。

九一八事变后流亡北平的东北籍爱国人士阎宝航、车向忱、卢广绩，以及朱庆澜等人在张学良的支持下，成立了东北民众抗日救国会和辽吉黑民众后援会，派员潜入敌占区联络地方军警、士绅、联庄会、大刀会及绿林武装，组织他们成立起各种旗号的抗日义勇军，展开抗日复土斗争。由救国会委任的义勇军就有50余路。

各地的一些绿林武装，在民族危难关头也抛弃旧业，投身抗日。1931年10月，绿林武装张海天（老北风）、项青山等率部加入义勇军，纵横在辽南的盘山、海城、台安一带，三次攻入台安县城。

义勇军发展得很快，到1932年已经有30余万人。各地的义勇军尽管组织仓促、武器装备很差，但是士气旺盛。如辽南地区编成的义勇军第二军

---

① 参謀本部編、稲葉正夫解説『満州事変作戦経過の概要　満州事変史』、巌南堂、1972、4頁。

团，下辖 17 路军及 6 个独立大队，多以大刀、长矛为武器。但就是这样的队伍，在 1932 年 8 月 28 日曾联合发起攻打沈阳的战斗，袭击了兵工厂，焚毁了机场仓库，烧毁了几架飞机，还毙伤日伪军数十人。东北民众自卫军曾夜袭凤凰城，袭击庄河、大孤山、卡巴岭、三义庙等敌人据点，队伍扩大到 3000 余人。

中共满洲省委在协助与领导东北义勇军的同时，从 1932 年起，也在东北各地领导创建了 10 余支开展游击战争的队伍，逐步发展为东北人民抗日斗争的主力。1933 年 9 月到 1935 年底，东北抗日游击队陆续改编为东北人民革命军，共有 6 个军，约 7000 人，活动区域扩大到 40 多个县。1936 年 2 月到 1937 年 10 月，东北人民革命军陆续改编为东北抗日联军，共建成 11 个军，约 3 万人，活动区域达到 70 余个县。全面抗战爆发后，东北抗日联军在极端困难与险恶的环境中，转战各地，坚持抗日游击战争，为中国人民抗日战争和世界反法西斯战争的最后胜利做出了重要贡献。①

关东军占据沈阳、吉林以后，买通洮辽镇守使张海鹏向北部的齐齐哈尔进攻。张学良令马占山为黑龙江省代主席兼军事总指挥，主持黑龙江军政。马占山则宣誓将"效命疆场"，"保守我省疆土"。② 1931 年 11 月初，日军组成以滨本喜三郎大佐为指挥的嫩江支队，在张海鹏军队配合下进攻驻守嫩江铁路桥的中国军队。中国守军在马占山率领下进行了顽强抵抗，在江桥保卫战后，中国军队于 11 月 18 日凌晨撤往齐齐哈尔省城，19 日省政府撤出省城转移到克山，江桥抗战结束。

江桥抗战作为九一八事变后东北爱国军民第一次有组织的大规模民族自卫战，在海内外产生了巨大影响。台湾进步人士组成的台湾遗民会发表《敬告全国同胞书》，指出"马占山将军孤旅抗战，屡挫凶锋，屹立塞外，至今不屈，是吾军并非不可战"。③ 全国各机关、团体、人民群众以及古巴、苏门答腊、印度、巴拿马、新加坡和南美各地的华侨踊跃捐款，支援马占山的抗日义举。上海生产"马占山"牌香烟成为畅销品。英国《每日邮报》和上海美国人办的《密勒氏评论报》派出记者到东北采访马占山，美国

①　参见该书编写组编《东北抗日联军史料》，中共党史资料出版社，1987。
②　徐莱葆编《马占山将军抗日战》，出版者不详，1933，第 11 页。
③　陈觉：《九一八后国难痛史》（上），辽宁教育出版社，1991 年再版，第 1015 页。

《世界新闻》《纽约晚报》，英国《先驱报》《泰晤士报》，苏联《真理报》《消息报》，法国《法文日报》，德国《江户报》等都报道马占山的抗日消息，扩大了江桥抗战的影响，使马占山成为世界级的知名人物。

关东军占领齐齐哈尔以后，从1932年1月开始进攻哈尔滨。以李杜为总司令、丁超为护路军总司令、王之佑为前敌总指挥的吉林自卫军发表抗日讨逆通电，他们并亲赴前线指挥抵抗作战，但由于敌人装备优良，哈尔滨外围阵地连连失守。2月5日，李杜率部撤退。哈尔滨失陷后，马占山一度向日军妥协，赴沈阳参加伪满"建国"会议，接受了黑龙江省伪省长兼军政总长等伪职。但在返回齐齐哈尔省城就任伪职40天后，马占山再上抗日战场，邀李杜、丁超反攻哈尔滨。关东军司令官本庄繁亲自指挥，并得到增援，中国军队内部则出现了汉奸配合日军进攻的现象，导致攻打哈尔滨战斗失利。

吉黑义勇军的抗日活动在1932年进入低潮后，由海拉尔警备司令兼第二旅旅长、哈满护路军司令苏炳文领导的抗日武装在黑龙江省西北部的海拉尔地区崛起。9月27日，苏部以两个营的兵力解决了日本国境守备队，10月1日在海拉尔宣布成立东北民众救国军，随即在富拉尔基车站与日军展开拉锯战，一度收复富拉尔基。11月中旬，苏部在日军坦克、骑兵进攻下一路撤退，与前来扎兰屯养病的马占山一同进入苏联境内。

1932年9月，关东军抽调两个师团、三个旅团4万余人，以坦克开路，飞机轰炸，对义勇军进行大规模"围剿"。义勇军因实力薄弱被日军分别击破，相继溃败。九一八事变之后，日本帝国主义与中华民族的矛盾逐渐成为中国社会的主要矛盾。在国难当头、民族存亡危机之际，中国各界人民掀起了抗日救亡运动；东北沦陷区人民的抗日斗争拉开了中华民族局部抗战的序幕。

蒋介石对九一八事变的处置与淞沪抗战

九一八事变的发生导致中国东北数十万平方公里国土沦丧，使三千万东北同胞成为亡国奴，是中华民族的莫大耻辱，也使蒋介石大感意外。[①] 但

---

① 蒋在9月20日日记中说："闻沈阳、长春、营口被倭寇抢占以后，心神哀痛，如丧考妣。苟为我祖我宗之子孙，则不收回东省，永无人格矣！小子勉之！"见《蒋介石日记》，1931年9月20日，斯坦福大学胡佛研究所藏。藏所下略。

是他认为在国家尚未统一的情况下难以与日本决战，所以仍坚持"先安内政策"。对于东北的局面，他将希望寄托于国际联盟，期待国联及"非战公约"国出面对日本施压，提出将日本占领东三省事"先提国际联盟与'非战公约'国，以求公理之战胜"。① 9 月 22 日，他在南京国民党党员大会上仍说："此刻必须上下一致，先以公理对强权，以和平对野蛮，忍痛含愤，暂取逆来顺受态度，以待国际公理之判断。"② 张学良曾派万福麟来南京，希望蒋介石与日本交涉解决东北问题，蒋很不高兴，认为"与其单独交涉而签丧土辱国之约，急求速了，不如委之国际仲裁，尚有根本胜利之望"。③

为寻求通过外交途径解决东北问题的办法，蒋介石要求外长顾维钧在国际场合进行交涉，同时也约见英、美、法等外国公使，希望各国主持公道与正义。国联理事会虽然在 10 月 24 日的会议上通过了法国提出的限日军在 11 月 16 日前完全撤兵的决议，被蒋认为体现了公理，但一方面日本并未将国联决议放在眼里，仍然我行我素，另一方面英美等国还将日本作为对抗苏联的重要棋子，对日本的行为继续采取容忍观望态度，苏联则为缓和与日本的对立也持不干涉的中立态度，所以外交解决的前途渺茫。

在这期间，日本于 1932 年 1 月进占锦州，又在 2 月占领了哈尔滨，成立伪满洲国傀儡政权，并于 3 月扶植清末逊帝溥仪出任伪政权"执政"，完成了对中国东北的侵略。

九一八事变后，为了转移国际社会的视线，在关东军的要求下，1932 年 1 月 18 日，日本驻上海公使馆陆军助理武官田中隆吉，策划了袭击日莲宗和尚的事件。事件发生后，尽管上海市政府按照国民政府的指示，于 28 日下午 1 时 45 分致函日本驻上海总领事村井仓松，全部接受了日方提出的要求，④ 但驻上海地区的日本海军陆战队还是找借口进攻闸北的中国军队，并于 1 月 29 日发表声明，诬称该事件是由于中国的排日所引起，并继续要

---

① 《蒋介石日记》，1931 年 9 月 21 日。
② 上海《民国日报》1931 年 9 月 23 日。
③ 《蒋介石日记》，1931 年 9 月 23 日。
④ 日本驻上海总领事村井仓松 1 月 21、28 日致上海市市长吴铁城函，以及国民政府的指示和上海市政府的复函，分见外务省编『日本外交文書·満州事変』第 2 卷第 1 册、東京、1981、8、15—16 頁；中央档案馆等编《日本帝国主义侵华档案资料选编·九·一八事变》，中华书局，1988，第 530—531、534—535 页。

求中国军队从日侨居住的地区撤走。①此后日军不断增兵上海，扩大事端。中国政府决定采取"一面抵抗，一面交涉"的方针，驻守该地区的中国第十九路军奋起抵抗，开始了淞沪抗战。

日军在闸北地区的进攻失利后，在英方的调停下，与中方暂时达成了停战协议。2月2日，日本参谋部和军令部决定增兵上海，命令陆海军协同作战。进攻上海的日军先由中将植田谦吉指挥。战斗开始后，十九路军作战英勇，张治中率新编第五军的三个团也开赴上海支援。在中国军队取得节节胜利时，十九路军的枪弹和军饷却无以为继。18日，植田向第十九路军军长蔡廷锴发出最后通牒，要求中国军队停止军事行动。②遭中方拒绝之后，日军于20日在庙行发动总攻击，但遭到了失败。23日，日本决定再向上海增派第十一、十四师团，组成"上海派遣军"，以大将白川义则为司令官，从3月1日起以优势兵力再度发动强大攻势。中国军队的艰苦抗战得不到继续增援，在腹背受敌的情况下，被迫转移至昆山第二道防线，日军也停止进攻。

3月14日开始，中国外交部次长郭泰祺与日本驻华公使重光葵在英国驻上海总领事馆进行谈判。英、美、法及意大利的代表列席协商。5月5日，中日两国代表签订了《上海停战及日方撤军协定》，规定：（1）"中国军队在本协定所涉及区域内之常态恢复，未经决定办法以前，留驻其现在位置。""日本军队撤退至公共租界暨虹口方面之越界筑路，一如中华民国二十一年一月二十八日事变以前"；（2）中日双方设立"共同委员会"，"列入与会友邦代表为委员"。③

协定的签署虽然使中日结束了在上海地区的战争状态，但是关于中国军队在上海驻兵的规定严重损害了中国主权，也表现了国民政府在对日交涉中的妥协立场。

九一八事变后，国际联盟理事会根据中国政府的要求决定派遣调查团赴中国东北进行调查。国联调查团以英国前驻印度总督李顿（V. B. Lytton）伯

---

① 『日本外交年表竝主要文书（1840—1945）』下册，195—196页。
② 《植田致蔡廷锴通牒》《村井致上海市长通牒》，《历史档案》1984年第4期。
③ 该协定的中文本载《日本帝国主义侵华档案资料选编·九·一八事变》，第631—634页；日文本及英文本载『日本外交文书·满州事变』第2卷第1册、331—338页。

爵为团长，于 1932 年 3 月 14 日抵达中国进行调查。在这期间，中国政府对日本炮制伪满傀儡政权表示了坚决的反对态度。3 月 12 日国民政府发表宣言：对于东三省成立的傀儡政府，始终认为叛乱机关；对于其一切非法行为，绝对不能承认，并应由日本政府负其全责。9 月 17 日，中国驻日公使蒋作宾就日本承认伪满洲国事，奉命向日本外务省提出抗议照会。[①]

10 月 2 日，调查团的报告书在日内瓦、南京、东京三地同时发布。[②] 报告书认定了日本发动九一八事变的计划性和占领中国东北的非法性，指出了东北伪政权的傀儡性质；在强调中国对东北主权的同时又承认日本在"满洲"的"特殊"地位与权益。报告书主张恢复东北在九一八事变前的状态，否认维持伪满洲国的现状，提出了日本仍占优势地位的"国际合作"主张。中国政府对报告大体满意，但日本外务省则于 11 月 21 日发表长篇意见书予以驳斥。[③]

12 月 12 日，国联大会决定成立专门处理中日争端的十九国委员会，根据李顿调查团报告书起草有关决议。1933 年 2 月 17 日，十九国委员会通过《国联特别大会关于中日争议报告书》，坚持中国在东北的主权和不承认伪满洲国等重要观点。[④] 中国代表表示接受报告书，日本代表则予以抵制和抗议。在 2 月 24 日的国际联盟特别大会上，由于报告书以 42 票赞成、1 票（日本）反对的结果获得通过，日本代表松冈洋右发表了反对宣言后退出会场。3 月 27 日，日本发表退出国际联盟的通告，昭和天皇发表了退出国联的诏书。[⑤]

日本分离华北与长城抗战

九一八事变后，日军以毗邻东北的热河省与长城地带为基地，开始向华北地区进行扩张。1933 年 1 月 3 日，日军占领山海关，接着决定"经略热河计划"，提出"要使热河省名副其实地成为满洲国的领土"。[⑥] 2 月 17

① 秦孝仪主编《中华民国重要史料初编——对日抗战时期　第六编　傀儡组织》（1），中国国民党党史会，1981，第 53—54、117—120 页。
② 中文本见《国际联合会调查团报告书》，中华民国国民政府外交部译印，1932。
③ 『日本外交文書·満州事変』第 2 卷第 1 册、291—360 页。
④ 秦孝仪主编《中华民国重要史料初编——对日抗战时期　第六编　傀儡组织》（1），第 418—448 页。
⑤ 『日本外交文書·満州事変』第 3 卷、511、614—621 页。
⑥ 参謀本部編、稲葉正夫解説『満州事変作戦経過の概要　満州事変史』、140—141 页。

日，宋子文、张学良等视察承德防务，将东北军和撤进热河的义勇军余部组织起两个集团军，在 2 月 23 日关东军兵分三路入侵热河省的时候分别抗击日军。但是，由于李守信部开城纳敌，孙殿英部先行撤退，第四军团冯占海部虽拼死抵抗，仍未能守住赤峰。在日军进攻下，热河北部大部分沦陷。防守南线的万福麟部 6 个步兵师也未能阻挡日军的进犯，伤亡惨重，被迫撤进关内，热河南部也落于敌手。中路日军第八师团第四旅团从锦州出发，次日即占领北票。在向朝阳进犯中，由于前线中国守军投敌，三十八旅不得已撤出战斗，致朝阳沦陷。3 月 4 日，坐镇承德的汤玉麟弃城逃跑，热河全境沦陷。日军 3 月 4 日进占承德后分兵进攻长城各口，国民政府第一次公开组织的热河抗战失利。

热河失陷后，日军进逼长城一线，出现了平津危机、华北危机的局面，社会各界呼吁蒋介石北上指挥抗战。南京政府意识到局势的严峻，决定继续采取"一面抵抗，一面交涉"的方针，以军政部部长何应钦取代张学良任军事委员会北平军分会委员长职务，调集中央军 3 个师，与当地东北军、西北军部队组成 3 个军团，在长城一线对日军进攻进行顽强抗击。日军在飞机、重炮、战车的配合下分别向长城沿线的古北口、喜峰口和冷口发起攻击，二十九军将士在喜峰口、潘家口坚守 7 天 7 夜，打退日军数次强攻；关麟徵所部二十五师和东北军王以哲部在古北口血战 3 昼夜；商震部黄光华师在冷口与日军浴血搏杀，使阵地失而复得。但 4 月初日军调整部署再次扑向长城各口，中国守军陆续失利，日军占领长城沿线。

在北平、天津随时有沦陷危险的形势下，5 月 3 日，国民政府设立行政院驻平政务整理委员会，以蒋介石盟兄黄郛为委员长，开始与日本秘密接洽。但从 7 日开始，关东军继续进行"华北谋略"的关内作战，向长城一线和滦东地区发动攻势，所以黄郛只能在关东军武力的压迫下与对方进行停战协议的谈判，5 月 31 日，在日方压力下签署了《塘沽停战协定》及备忘录，还口头允诺了日方希望的四项要求。①

日军根据《塘沽停战协定》在中国的撤军线和长城线（不含）之间的

---

① 　以上文件及会议记录，中文件见《中日外交史料丛编》（3），中国国民党党史会，1995，第 178—184 页；日文件见小林龍夫、島田俊彦編『現代史資料 7·満州事変』、みすず書房、1964、522—527 頁。

冀东地区制造了"非武装区"，日军在该地区"可用飞机或其他方法，以行视察，中国方面应行保护，并与以便利"（第二项）。冀东"非武装区"从此成为日军卵翼下的特殊地区和继续入侵华北的基地。

1933 年 6 月以后，日本以关东军与中国华北当局进行《塘沽停战协定》善后谈判的形式，继续攫取在华北的利益，并迫使中国事实上承认了伪满洲国的存在。① 这期间，冯玉祥、吉鸿昌等率领同盟军一度收复长城沿线的康保、宝昌、沽源三县城，进军多伦，但未能挽救危局。而日本则根据国际形势和中日关系的新变化制定新的对华政策。

1934 年 1 月 23 日，日本外相广田弘毅在第 65 次议会上发表外交政策演说，表示反对中国政府寻求欧美大国和国际联盟的援助与合作，接着向驻华各总领事发出了《关于对华国际合作》的"第 302 号密电"和《关于对华国际合作的我方态度》的"第 109 号密电"。② 4 月 17 日，外务省情报部部长天羽英二就反对中国争取国际援助发表非正式谈话，即所谓"天羽声明"，暴露了日本企图独霸中国的本质，在国际社会引起轩然大波，被称为"东亚门罗主义"。中国外交部在 4 月 21 日发表声明表示反对。③

1935 年，日本按照既定的对华政策，在华北五省（河北、察哈尔、绥远、山东、山西）地区，制造一系列事端，发动了华北自治运动，要求国民党党部和中央军离开河北，企图实现"华北特殊化"。华北军分会代理委员长何应钦以与日本华北驻屯军司令官梅津美治郎之间备忘录和复函形式对日方所提要求予以承诺，即签署了《何梅协定》，④ 察哈尔省代主席秦德纯也以与日本奉天特务机关长土肥原贤二之间复函形式同意日方要求，签署了《秦土协定》。

《何梅协定》与《秦土协定》签订后，日本达到了驱逐国民党中央势力出冀、察两省的目的，并在察哈尔省延长了《塘沽协定》规定的中国撤军

---

① 参见杨天石《黄郛与塘沽协定善后交涉》，《历史研究》1993 年第 3 期。

② 岛田俊彦、稻叶正夫编『现代史资料 8・日中战争 1』、30—33 页。

③ 周琇环编《国民政府时期外交部工作报告（民国二十二年至二十六年）》，"国史馆"，1999，第 75—77 页。

④ 秦孝仪主编《中华民国重要史料初编——对日抗战时期　绪编》(1)，第 682 页；「若杉要致广田外务大臣电」第 180 号（1935 年 6 月 10 日）、『日本外交文书（昭和时期Ⅱ）』第 1 部第 4 卷（昭和 10 年对中国关系）、东京、2005、349 页。

线。此后，土肥原贤二以多田骏司令官助手的名义到华北建立"亲日、满的政权"，[①] 于 11 月 25 日在通州成立"冀东防共自治委员会"（后改称"冀东防共自治政府"），"宣布自治"。按照南京政府的预案，何应钦在冀、察两省及平、津二市设立以宋哲元为首的冀察政务委员会。

绥远抗战、西安事变与全面抗战局面的来临

《塘沽停战协定》签订以后，蒋介石于 1934 年 12 月发表了《敌乎？友乎？——中日关系的检讨》的长篇文章，向日本当局发出打破僵局、改善关系的呼吁。[②] 广田弘毅外相在 1935 年 1 月发表了被称为"不侵略、不威胁"的外交政策演说，两国将公使馆升格为大使馆，关系一度"缓和"。

这期间，中国国际法庭大法官王宠惠在赴任途中曾与日本外相广田弘毅会谈，转达中国政府改善两国关系的意向，并提出了中方发展中日关系的三项原则。此后广田外相与蒋作宾大使连续会谈也提出"三原则"，即中国方面彻底取缔排日言论和行动；事实上默认"满洲国"的"独立"，停止其反"满"政策；在与外蒙古接境地区与日本进行合作。[③] 但因日方不停止在华北的活动，谈判终无结果。

1936 年 1 月，日本陆军省向中国驻屯军司令官发出《处理华北纲要》指示，强调"华北政策"的主要目标是实现"华北五省自治"，[④] 确认分离华北为国策。4 月，日军将中国驻屯军兵力由 1771 名增加到 5774 名。5 月 6 日，参谋总长给中国驻屯军司令官发布命令，规定其任务是"确保自渤海湾海港至北平的交通，并保护华北主要各地的帝国官民"；监视中国方面对于《塘沽停战协定》的履行，[⑤] 同时加紧与冀察"政权"的"经济提携"，推动实行"自主"币制，并继续进行走私。8 月 11 日，日本内阁提出以分

---

① 　土肥原贤二刊行会『秘録　土肥原賢二』、芙蓉書房、1972、278 頁。

② 　该文由蒋介石口授、陈布雷笔录，以"徐道邻"的名义，发表于 12 月 20 日南京出版的《外交评论》第 3 卷第 11、12 期合刊，转见秦孝仪主编《中华民国重要史料初编——对日抗战时期　绪编》(3)，第 613—637 页。

③ 　『日本外交文書（昭和時期Ⅱ）』第 1 部第 4 卷（昭和 10 年对中国关系）、25 頁。

④ 　『日本外交文書（昭和時期Ⅱ）』第 1 部第 5 卷（昭和 11—12 年 7 月对中国关系）、東京、2007、677—679 頁。

⑤ 　小林龍夫、島田俊彦編『現代史資料 7・満州事変』、605 頁。

裂华北为中心的《对华实行策》和《第二次处理华北纲要》。①

在这一时期的绥远抗战中，傅作义指挥第三十五军进攻并收复了被德王和日本特务机关盘踞的百灵庙，接着又收复大庙子，举国上下民心大振，各地的劳军慰问团纷纷来到绥远，慰劳浴血奋战的将士。中共中央和中华苏维埃中央政府发表坚决支持绥远抗战的通电，并号召全国人民支援晋绥前线，中国抗日救亡运动再次高涨。

1936 年 7 月，蒋介石在国民党五届二中全会上宣布："中央对于外交所抱的最低限度，就是保持领土主权的完整。任何国家要来侵害我们领土主权，我们决不能容忍。"这一表示意味着他的外交政策与以前有很大变化，即已经决心不签订承认伪满洲国的协定和绝不容忍中国领土主权再被日本侵害。② 而日本驻华大使川越茂则向中国外交部部长张群提出进行"取缔排日"及"共同防共"等交涉。蒋介石在接见川越时提出："我方所要求者，重在领土之不受侵害及主权及行政完整之尊重。故中日间一切问题，应根据绝对平等及互尊领土、主权与行政完整之原则，由外交途径，在和平友善空气中从容协商。"③ 但日方拒绝中方关于调整国交问题的五条希望，坚持"华北特殊化"和"中日共同防共"，致使四次谈判均因意见分歧未获结果。

从 1935 年起，蒋介石开始督饬军事委员会及各部门进行抗战的准备，所以在 1936 年的国防计划中，将全国分为抗战区、警备区、绥靖区、预备区，为了增强对日作战能力，蒋介石决心整编军队，用三至四年的时间整理全国 60 个陆军师，提高军队素质和战斗力，任命陈诚为陆军整理处处长。1936 年 2 月，蒋介石责成张治中在中央军校中以"高级教官室"的名义进行秘密的指挥对日作战的准备，同时下令加强江防、海防及战略工事的构筑。这一时期，分布在各地的兵工厂得到了扩大生产和试制新式武器的命令，铁路、公路建设的步伐也在加快。1937 年 3 月，国民党中央执行委员

---

① 『日本外交文書（昭和時期Ⅱ）』第 1 部第 5 卷（昭和 11—12 年 7 月对中国关係）、89—91、742—747 页。

② 蒋介石：《御侮之限度》（1936 年 7 月 13 日），张其昀主编《先"总统"蒋公全集》（以下简称《蒋公全集》），"中国文化大学中华学术院"编印，1984，第 1052 页。

③ 《蒋介石接见川越谈话纪要》（1936 年 10 月 8 日），秦孝仪主编《中华民国重要史料初编——对日抗战时期　绪编》（3），第 675 页。

会和中央政治委员会决定成立国防委员会，表明国民政府从国防决策机构方面开始进行调整。1937 年 3 月参谋本部修订完毕的 1937 年度国防作战计划，规划了即将到来的对日作战的战略方针，提出将敌人拒止于长城以北平津以东，适时反攻东北，恢复已失之土地的方针，并分别以甲、乙两案，拟定了消极与积极的两种作战态势方案以及全面的备战部署。① 中国政府加速进行对日抗战的准备，为全面抗战创造了有利的条件。在 1937 年 2 月的国民党五届三中全会上，决定了"和平统一与停止内战"的方针，对外第一次公开提出了"抗战"的方针。这样，就呼应了共产党早先一直提倡的建立抗日民族统一战线、全民族一致抗日的主张，中国共产党在与国民党继续进行合作谈判的同时，也进行着全面抗战的准备。

在全国抗日救亡运动高涨和中国共产党"逼蒋抗日"方针以及绥远抗战胜利的影响之下，张学良、杨虎城率领的东北军、西北军，12 月 12 日在西安发动了对蒋介石的"兵谏"，并向全国提出了"停止内战、一致抗日"的主张。西安事变爆发后，南京陷入混乱，有主张政治方式和平解决者，也有主张讨伐张、杨和轰炸西安者，但民间"停止内战、一致抗日"的呼声十分强烈。经过周恩来等中共中央代表的艰苦努力，蒋介石基本接受了条件，达成了六项协议，并在张学良陪同下于 26 日回到南京。

西安事变和平解决后，国民党召开五届三中全会，讨论调整对中共和对日政策问题，确定了停止内战，与共产党重新合作的方针，于 1937 年 2 月 21 日通过宣言，承认和平统一为全国共守之信条。接着蒋介石向报界发表谈话，表示部分接受中共关于开放言论、集中人才和释放政治犯的要求。此后，国共两党开始进行谈判，就共产党的地位、苏区政府的存在、红军的改编等达成协议，中国时局发生了重大转换。

二　日本扩大侵略与中国的全面抗战

卢沟桥事变、淞沪会战与南京保卫战

1937 年 7 月 7 日晚，驻北平丰台的日本华北驻屯军称其一名士兵在演

---

① 《国民党政府 1937 年度国防作战计划（甲案）》《国民党政府 1937 年度国防作战计划（乙案）》，《民国档案》1987 年第 4 期、1988 年第 1 期。

习中失踪，又听到了枪声，因此要求进入中国军队控制的宛平城搜寻。在遭到中方拒绝后，日军于次日晨 5 时 30 分从沙岗炮击宛平城。这样，被称为卢沟桥事变的这一事件揭开了中日全面战争的序幕。

7 月 8 日，日本陆相杉山元大将即命令京都以西各师团延期两年复员，海军部也做出"准备好机动兵力，以备对华紧急出兵"的决定。[①] 7 月 11 日，日本内阁公布《向华北派兵声明》，扩大对华战争的声音甚嚣尘上，陆海军均做出了扩大战争的准备。不过，杉山元此时预计可用一个月结束战争。

卢沟桥事变发生后，中日两国曾通过当地驻军和外交渠道进行了短暂交涉，但日本在交涉期间不断地向中国派兵，国民政府也只得派兵北上。7 月 28 日，日军向北平中国军队发动总攻，很快占领了北平，随后占领了天津，开始沿平绥、平汉、津浦铁路侵入华北各地，战争局面迅速扩大。

中国共产党在卢沟桥事变后不久即发表通电，号召"全中国同胞、政府与军队团结起来，筑成民族统一战线的坚固长城，抵抗日寇的侵掠"。7 月 17 日，蒋介石在庐山发表谈话，提出"如果战端一开，那就是地无分南北，年无分老幼，无论何人皆有守土抗战之责任，皆应抱定牺牲一切之决心"。8 月 22 日，中国工农红军改编为国民革命军第八路军；年底，南方红军改编为国民革命军新编第四军。9 月 22 日，国民党中央通讯社公开发表《中共中央为公布国共合作宣言》，23 日，蒋介石发表《对中国共产党宣言的谈话》，国共两党合作抗日的局面形成。

1937 年 8 月 10 日，日本海军第三舰队司令官长谷川清中将以陆战队队员在上海虹桥机场被击毙为由，调动所属部队赶到上海。12 日，日本海军军令部又将原配属华北方面军的第二航空队转隶长谷川指挥。同日，日本内阁批准了参谋本部制定的增兵方案，由第十一师团和第三师团组成的一个军迅速赶往上海。针对日本的军事部署，中国军事委员会也做了相应兵力调整。8 月 13 日下午，中日两军在八字桥交火，战斗迅速扩大。

8 月 14 日，国民政府发表《自卫抗战声明》，表示在上海与日本决战，决不放弃领土，蒋介石并亲任上海战场最高军事指挥官。15 日，日本政府则发表声明，宣布要"膺惩"中国军队。

---

① 防衛庁防衛研究所戦史室『支那事変陸軍作戦 1』、朝雲新聞社、1975、156 頁。

　　8月23日，日军增援部队分别在吴淞海岸和长江川沙河口登陆，占领罗店、吴淞炮台，并封锁中国海岸线。中国守军在宝山、罗店、吴淞等地与敌人展开了激烈的战斗，双方伤亡惨重。10月，国民政府决定大规模增兵淞沪战场，同时也得到了全国人民的支援。中国军队在战斗中涌现出许多可歌可泣的英勇事迹。在会战中，团附谢晋元率领"八百壮士"孤军坚守苏州河畔四行仓库，虽被敌军包围但英勇不屈；宝山姚子青守备营500名官兵誓与阵地共存亡。11月5日，日军第十军在杭州湾登陆，以第六师团沿沪杭铁路进攻，另外一部直扑松江、枫泾，使中国军队处于腹背受敌的境地。为冲破敌人的包围和保卫南京，蒋介石决定中国军队撤离。在相持达3个月的战斗中，致敌伤亡4万余，使日军企图在3个月内灭亡中国的计划破产。

　　日军在11月12日占领上海后继续向西推进，进逼国民政府首都南京。12月1日，日本大本营正式下达"大陆命第8号"命令，命"华中方面军司令官与海军协同，攻占敌国首都南京"。① 3日，日军上海派遣军和第十军计10万余兵力，在飞机、坦克和海军兵舰的配合下，兵分三路实施围攻南京的作战计划。

　　11月20日，国民政府宣布迁都重庆坚持抗战后，任命唐生智为南京卫戍司令长官，下辖13个建制师又15个团共15万余人负责保卫南京。中国守军虽进行了英勇抵抗，但不敌日军猛烈攻势。12月4日，蒋介石召集师以上将领训话，勉励军人在唐生智统率下齐心御敌，恪尽职守。到12月12日，日军用强大炮火破城数处，中国军队被分割包围，部分部队与日军开展巷战，一些部队被迫实施突围，但撤退仓促无序，伤亡严重。13日，南京沦陷。

　　由于日本海军封锁长江南京江面，中国守军大都未能突围。日军开始对无辜市民和放下武器的士兵进行灭绝人性的大屠杀。大部分被俘中国军人遭日军集体屠杀。为搜捕"败残兵"，日军仅仅根据男子的相貌来随意判断，因此，许多平民被误作军人而遭处置，被害人数难以统计。战后同盟国在东京审判的判决书中称："被占领后的第一个月中，南京城里发生了将近2万起强奸案。""在日军占领后的最初六个星期内，南京城内和附近地

---

① 防衛庁防衛研究所戦史室『支那事変陸軍作戦2』、朝雲新聞社、1983、109頁。

区被屠杀的平民和俘虏的总数超过 20 万。"① 战后在南京进行的中国国防部军事法庭审判中则认定:在南京大屠杀中,被集体屠杀的人数达 19 万之多,此外,被零星屠杀者 15 万余人,被害总数共 30 余万人。②

目击了日军在南京暴行的外国记者后来在美国《芝加哥每日新闻报》《纽约时报》,英国《泰晤士报》《曼彻斯特卫报》等报纸上连续报道了日军在南京屠杀俘虏和平民的暴行,留在南京的西方传教士和后来回到南京的英、美、德外交人员,也通过各种渠道向外界报告了日军在南京持续不断的暴行,世界舆论为之哗然。

中日战争爆发后,中国呼吁国际社会制止日本对中国的侵略。7 月 16 日,中国政府向《九国公约》签字国送交备忘录,谴责日本破坏华盛顿《九国公约》所规定的尊重中国主权与领土完整的原则。9 月 11 日,出席国联大会的中国代表顾维钧正式向国联秘书长递交指控日本侵略的申诉书。③ 10 月 6 日,国联大会通过由咨询委员会提出的决议,认定日本违反《九国公约》和《非战公约》所承担的义务,建议召开《九国公约》成员国会议寻求解决中日冲突的办法。而在布鲁塞尔召开的《九国公约》成员国会议上也通过了批评日本的行动"使整个世界感到不安和忧虑"的宣言。④

日本意识到无法在短期内"征服"中国后,开始以德国为中介对中国进行劝降。1937 年 11 月 5 日,德国驻华大使陶德曼(O. P. Trautmann)拜会蒋介石转达日本苛刻的议和条件,⑤ 蒋介石开始强调应以恢复到全面抗战前状态为条件,后表示可以德国提出各点作为谈判基础。可是,日本在攻陷南京后提高了谈判条件,包括要求中国正式承认"满洲国"以及承认日本在华北、内蒙古的地位与利益等,遭到国民政府的拒绝。1938 年 1 月 16

① 《远东国际军事法庭判决书》,引自杨夏鸣编《东京审判》(张宪文主编《南京大屠杀史料集》7),江苏人民出版社、凤凰出版社,2005,第 607—608 页。

② 《军事法庭对战犯谷寿夫的判决书及附件》(1947 年 3 月 10 日),中国第二历史档案馆藏国民政府军令部战史会档案:593/870;引自胡菊荣编《南京审判》(张宪文主编《南京大屠杀史料集》24),江苏人民出版社、凤凰出版社,2006,第 389 页。

③ 《顾维钧回忆录》第 2 分册,中华书局,1983,第 477—478 页。

④ 《美国外交文件 日本 1931—1945 年(选译)》,张玮瑛等译,中国社会科学出版社,1998,第 410—412 页。

⑤ 秦孝仪主编《中华民国重要史料初编——对日抗战时期 第六编 傀儡组织》(6),中国国民党党史会,1980,第 113 页。

日，日本近卫内阁发表声明称："今后不以国民政府为对手。"① 18 日，国民政府也发表声明宣布：中国政府于任何情形之下，必竭全力以维护中国领土主权与行政之完整。任何恢复和平办法，如不以此原则为基础，绝非中国所能忍受；同时，不承认在日军占领区域内的任何行政组织。德国调停宣告失败。

日本军队的进攻与中国军队的防御——从太原、徐州会战到武汉保卫战

日军占领平津后，组建华北方面军，下辖第一、第二军，共 8 个师团，沿平绥、平汉、津浦铁路继续进攻。中国国民政府军事委员会则以保定、沧县为第一线；以安阳、济南一线为第二线；以洛阳、郑州、开封、徐州、淮阴一线为第三线部署了防御。

在平绥路方面，日军第五师团与关东军察哈尔派遣兵团等部，从 1937 年 8 月开始发动攻势，相继占领了南口、张家口和大同。第二战区司令官阎锡山下达保卫山西北部要地的命令，沿长城一线部署了国共双方的兵力进行抵抗。1937 年 9 月 22 日，日军从灵丘向平型关逼近，与中国军队发生正面接触。9 月 25 日，八路军第一一五师在平型关伏击日军第五师团辎重部队，消灭日军 1000 余人。这是国共建立统一战线后的首战，受到蒋介石的嘉奖。10 月 1 日，日本统帅部命令第五师团向南进攻太原，并令第二十师团从正太路西进。第二战区副司令长官卫立煌担任前敌总指挥组织忻口防御战。国共两党军队在忻口战役中相互配合，对日军进行了 20 天的顽强抵抗，虽互有胜负，但太原终于失陷。此后，国民政府军各部队都开始了袭击日军的游击战，而以中国共产党领导的八路军在华北独立自主地进行的游击战最有特色，逐渐开辟了敌后战场。

日军占领南京后，即企图打通津浦铁路，将南北战场连接起来。徐州位于第五战区司令长官李宗仁的防区，在李宗仁的组织指挥下进行了徐州会战。

会战第一阶段，中方 6 个集团军和两个军团与日方约 8 万人对峙。第三

---

① 『日本外交年表竝主要文書（1840—1945）』下册、386 頁。

集团军总司令韩复榘为保存兵力不积极出击，使日军轻松占领了济南。1938年1月，蒋介石在汉口召开军事会议，提出东面保持津浦线，北面保持道清线的以守为攻的抗战策略，要求全力防守徐州，并处决抗战不力的韩复榘，嘉奖了英勇抗战的谢晋元、郝梦龄、佟麟阁等将领。会后，国民政府对军事委员会进行改组，蒋介石任委员长，何应钦、白崇禧分别为正副参谋总长，徐永昌为军令部部长，陈诚、周恩来、黄琪翔分别为正副政治部长。

1938年初，日军第十师团占据济宁，分别沿胶济线、津浦线向徐州进攻，日军4万人向徐州门户台儿庄发起进攻。李宗仁第五战区奉蒋介石之命坚决迎击，在台儿庄与日军展开激烈交战。经半个月激战，中国军队取得抗日战争开始后的重大胜利，阻止了日军企图打通津浦路的计划。

4月7日，日本军队从北平、天津、山西、绥远、江苏、安徽等方面集结13个师团约30万人，计划对徐州形成包围，歼灭中国军队主力，占据兰封以东的陇海线以北地区，占领包括徐州在内的津浦线及庐州附近。[①] 中国方面也将各战场军队集中在徐州附近，约有45万人，以后又增加到近60万人。北线日军在4月18日发动进攻，至5月中旬突破中国军队防线。南线日军于4月13日北渡长江，5月中旬也逼近徐州，完成了对徐州的合围。考虑到下一步保卫武汉的战斗计划，5月15日，国民政府军事委员会决定放弃徐州决战实施突围，日军遂于19日占领徐州。

日本大本营在策划徐州会战的同时，也计划在当年初秋占领武汉，[②] 集结了35万兵力及海军舰艇120余艘、飞机500余架。当时，国民政府虽然迁往重庆，但武汉是军事委员会所在地，是中国事实上的军事、政治、经济中心。徐州会战进行时，国民党临时全国代表大会于3月在武汉召开，提出了《抗战建国纲领》。军事委员会确立了"应战于武汉之远方，守武汉而不战于武汉是为上策"的方针，[③] 调集了参加武汉保卫战的中国军队近110万人、飞机近200架、舰艇40余艘。另外，由一个轰炸机大队和一个战斗机大队组成的苏联援华志愿航空队也参加了作战。

武汉会战从6月开始进行了四个半月时间，由蒋介石亲自指挥，第九和

---

①　『支那事変陸軍作戦2』、45頁。

②　『支那事変陸軍作戦2』、44頁。

③　国民政府军令部档案，中国第二历史档案馆编《抗日战争正面战场》（上），江苏古籍出版社，1987，第648—650页。

第五战区参加，是战争开始以来投入兵力最多，持续时间最长，牺牲也最多的会战，作战地域包括以武汉为中心的周边广大区域。中国军队抗日情绪高涨，采取了不同于淞沪会战的较灵活的外围运动战，各部队积极出击，但兵力消耗巨大。10月30日，蒋介石发布《为国军退出武汉告全国国民书》，指出："盖抗战胜负之关键，不在武汉一地之得失，而在保持我继续抗战持久之力量"，号召全国同胞"宁为玉碎，不为瓦全"，继续贯彻持久抗战、全面战争、争取主动之一贯方针，更猛烈奋进，实现最后之胜利。至10月24日蒋介石下令放弃武汉。

武汉会战期间，日军为了封锁中国沿海，切断华南方面的海外物资补给线，还向闽粤方向发动了进攻，并出动飞机轰炸广东，占领了厦门及广东南澳岛。9月7日，日本大本营决定由陆海军协同进攻广州。当时，驻扎这一地区的中国军队大部被抽调增援武汉会战的战场，广东地区仅留7个师、2个旅，兵力分散且装备落后，未能做好防御准备，致使日军于10月12日在大亚湾轻易登陆。随后，日军北上攻占淡水、惠阳、博罗、增城，并于21日占领了广州。

中日两军经过从忻口、徐州到武汉的会战，都动员了大量的兵力。在一年多的防御作战中，处于劣势的中国军队进行了英勇顽强的抵抗，1938年10月武汉会战结束后，日军想以压倒的兵力和"速战速决"的方针占领中国的计划，在中国军队的顽强抵抗下受到严重挫折。日军在占领广州、武汉后，由于战线拉长，兵力相对不足，再加上受到正面战场和敌后战场的两面夹击，日本政府和大本营被迫停止战略进攻，转为战略保守态势，力争确保占领区。中国军队也无力在短期内进行战略反攻，因此，在武汉会战后一段时间内，中日双方的战事相对沉寂，中国抗日战争进入了战略相持时期。

在忻口战役中，国共两党两军进行了有效的合作。八路军虽然没有直接参加武汉会战，但在山西开展的游击战则配合了国民党军的作战。

战争进入相持阶段

1938年末，日本政府连续发表第二次和第三次近卫声明，改变"不以国民政府为对手"的立场，但提出"建设东亚新秩序"的口号，企图让中国出

现新的亲日政权以取代蒋介石政权，在军事上则采取"确保占领区，促使其安定，以坚强的长期围攻的阵势努力扑灭抗日的残余势力"的方针。①

11月下旬，国民政府军事委员会在蒋介石主持下召开第一次南岳军事会议，确定了"转守为攻、转败为胜"的第二期作战方针，要求各战区"连续发动有限度之攻势与反击，以牵制消耗敌人。策应敌后方之游击战，加强敌后方之控制与袭扰，化敌后方为前方……"②

在战争相持阶段，正面战场进行了9次大的战役和近500次重要战斗，主要的战役有南昌和随枣会战、两次长沙会战、桂南作战、1939年冬季攻势作战等。

1939年3月起，日军为巩固对武汉的占领，在第十一军司令官冈村宁次指挥下进攻作为"武汉安全圈"东南屏障的南昌，并在3月27日一度攻入南昌。国民政府军事委员会命令第十九集团军司令罗卓英统一指挥第三、第九战区反攻南昌。在4月23日的激战中，中国军队一度迫近南昌近郊，并占领飞机场、南昌车站。后因日军不断增援，中国军队死伤严重，停止了向南昌的进攻。

南昌一战，是抗日战争进入相持阶段后中日军队的首次交锋，由于中国军队战略指挥上的失误，最高指挥当局延误战机，反而使日军首先发起攻击，同时战术上又犯了死拼阵地战的错误，导致南昌失守。中国军队战死14354人，伤17033人，失踪10565人，伤亡惨重。③

1939年5月，日军发动随枣战役，企图趁中国军队换防的机会，消灭第五战区主力及占领随枣、襄樊及宜昌等战略要地。中国军队组织力量反攻，双方战斗激烈，一度收复了武汉周围一些地区，与日军在随县、枣阳一带对峙。1939年5月20日，日军占领随县，但不得不从其他附近地区全线撤退，随枣战役结束。

武汉会战后，中国第九战区所属的湖南一带成为抗击日军、屏障西南的前哨阵地。1939年8月15日，冈村宁次指挥的日军第十一军决定发动赣北、湘北部地区作战，消灭第九战区主力部队，以强化"在华中建立中央

① 臼井勝美、稲葉正夫编『現代史資料9・日中戦争』、402頁。
② 秦孝仪主编《中华民国重要史料初编——对日抗战时期　第二编　作战经过》(1)，中国国民党党史会，1981，第568页。
③ 张宪文主编《抗日战争的正面战场》，河南人民出版社，1987，第168页。

政权"的势头。9月14日，日军集中第六、三十三、一〇一、一〇六师团及3个旅团共约10万兵力，在赣北、湘北、鄂南三个方向，开始了对以岳阳至长沙之间为重点的中国军队的分进合击，第一次长沙会战爆发。

中国最高军事当局制定了运动战与阵地战相结合的方针：赣北"改以游击战，消耗牵制敌人"；鄂南、湘北"以利用湘北有利地形及既设数线阵地，逐次消耗敌人，换取时间"，"诱敌深入于长沙附近地区，将其包围歼灭之"。第九战区在代司令长官薛岳指挥下，以16个军30多个师共40万人的兵力，采取逐次抵抗、诱敌深入的作战方针，在湘、鄂、赣三省交界地区及长沙周围地区，与敌人展开大规模的会战。日军由于弹药给养接济不及无法继续新的进攻，导致在战争中失利，被迫撤退。中国军队在极大地消耗敌人有生力量的基础上，粉碎了日军消灭第九战区主力的企图，同时也保存了自己的主力，没有丢失空间，可以说是取得了相持阶段以来第一次重大胜利。

1939年10月10日，国民政府军事委员会发布《国军冬季攻势作战计划》。11月下旬，蒋介石召开第二次南岳军事会议，决定在冬季攻势作战中，"切实于荻港、贵池、湖口间切断长江交通，断绝湘、鄂、赣后方敌人联络线"。之后，北起绥远，南至桂南，直至次年的2月，各战区向日军发起了全线进攻，破袭敌人之交通线，袭击敌人防线，给日军以沉重打击。日军在冬季攻势期间死伤5万至6万人。这是武汉会战后，中国军队进行的第一次主动的出击作战，也是战争相持阶段中国军队规模最大的一次进攻作战。但是，由于战线过长，兵力不足，冬季攻势并未起到扭转战局的作用。

11月15日，日军在广西钦州湾登陆，24日占领南宁。中国军队为收复南宁在桂南与日军反复交战，昆仑关战役最为激烈。中国军队以1万余人伤亡的代价一度夺取昆仑关，但又被敌人占据。战役持续一年之久，至1940年10月30日中国军队收复南宁，日军退出桂南，战役结束。昆仑关战役是正面战场取得的又一次重大胜利，也是全面抗战以来中国军队正面攻坚战的重大胜利。但中国军队也付出了沉重的代价，仅第五军就有11000余人负伤，5000余人牺牲，其中荣誉师伤亡达3400余人。

1940年，为了报复中国军队的反攻作战，日军第十一军于4月中旬调集20万重兵，在新任司令官园部和一郎的指挥下发起了枣宜会战，企图将

第五战区主力围歼于枣阳、宜昌地区。第五战区展开反攻，对深入枣阳周围地区的日军形成围攻之势。第三十三集团军总司令张自忠率部东渡汉水进到枣阳以南地区围歼日军时，由于来往电报被日方截获，导致军番号和具体位置暴露，遭到日军包围。张自忠率部进行顽强抵抗，终因实力悬殊失利，张自忠受重伤殉国，成为全面抗战以来中国军队亲临前线、战死沙场的第一位上将衔集团军总司令。日军击破张自忠部后加强攻势，迅速推进。国民政府军事委员会决定将第五战区分为左、右两个兵团分别由李宗仁、陈诚指挥保卫宜昌。6月11日，日军向宜昌城郊阵地展开全面攻击，12日宜昌陷落。此后中国军队虽然组织反攻，却未能夺回宜昌，与日军形成新的对峙局面。

枣宜会战历时近两个月，中国军队伤亡很大，枣阳、宜昌曾经两度易手。中国丢失了鄂北鄂西江汉平原富裕的产粮区，战后，日军以宜昌为军事基地，不断对重庆等大后方地区狂轰滥炸，对中国抗战产生了极大的负面影响。但在战斗中，中国军队英勇无畏，以张自忠将军为代表的中国爱国军人伟大的抗战精神极大地震撼了日军。

1941年1月，日军第十一军为了打通平汉铁路南段，解除中国军队对信阳日军的威胁，又进行了豫南作战。1月25日，日军纠集重兵，分左、中、右三个兵团，向豫南发起进攻。中国第五战区部队以少数兵力正面拒敌，主力部队分散两翼，转进日军侧背，伺机歼敌。战至2月1日，日军开始收缩回撤。中国军队随之而反攻，至2月7日，各路日军撤回至信阳附近。豫南作战被日军夸耀为"灵活、短距离截击作战"的成功战例，其实日军既定战略意图没有实现。

但仅一个月后，中国军队就在上高战役中给日军所谓"成功战例"以有力一击。

1941年3月，日军为了消灭中国第九战区第十九集团军主力，解除中国军队对南昌日军的威胁，并进而突破进袭长沙的天险，发动了上高战役。上高会战是抗战史上中日之间极为惨烈的一次战役。中日两军在以上高为中心的数百里战线上，血战26天，最终日军战略企图再度落空。

这一时期，国际形势发生了重大变化。4月13日，日本与苏联签订《中立条约》后，暂时免除了两线作战的危险。6月22日，苏德战争爆发，

日本大本营决定放弃对苏行使武力，不从中国抽调兵力，而在岳阳、临湘地区集结约 12 万人的兵力，在第十一军司令官阿南惟几指挥下，准备再次攻击长沙，目的是打通粤汉线，消灭中国第九战区主力。为保卫长沙，国民政府军事委员会下令第三、第五、第六战区对当面日军发起攻击，以牵制日军集中；第九战区由战区司令长官薛岳指挥抗击日军进攻。

第二次长沙会战从 9 月打到 10 月，历时 33 天，据中方统计，日军伤亡 4.8 万余人，被击落飞机 3 架，击沉汽艇 7 艘。而中国军队也伤亡惨重，据日方统计，中国军队遗弃尸体 5.4 万具，被俘 4300 人。太平洋战争爆发后，日军第十一军为策应南洋方面及香港作战，在阿南惟几指挥下发起对中国第九战区的再次进攻。为配合英美等盟国军队打击日军，国民政府军事委员会于 1941 年 12 月 9 日令各战区对日军发起进攻，策应太平洋战场盟军对日作战，遂开始第三次长沙会战。

敌后战场的游击战争

全面抗战爆发后，1937 年 8 月 22 日，中共中央在陕北洛川召开扩大会议，确立了放手发动群众、实行全面抗战的路线。针对敌强我弱的局面，会议规定八路军的基本任务是建立根据地，发动人民群众，开展独立自主的游击战争，牵制、消灭敌人，配合友军作战。会议确定了到敌人的后方去发动群众性游击战争，与日军进行持久作战的方针，同时在广大乡村地带开辟抗日根据地。

太原失陷后，八路军结束了配合友军进行正面作战的任务而转入敌后，分别依托五台山、吕梁山、管涔山、太行山创建敌后抗日根据地。从 1937 年底到 1938 年上半年，第一一五师一部创立了晋察冀边区根据地，一一五师师部则率第三四三旅创建了晋西南抗日根据地，第一二〇师创建了晋西北抗日根据地，第一二九师及一一五师之一部创建了晋冀豫抗日根据地。在冀南、冀东、冀鲁豫边和山东等平原地区也开展了游击战。

八路军力量的迅速发展，给华北日军造成了很大威胁。1938 年，日军多次调兵进攻晋冀豫根据地，八路军主力避敌锋芒，转至外线寻机作战，粉碎了日军围攻，根据地得到进一步发展。在此期间，八路军也配合友军开展作战。1938 年初，配合第二战区反攻太原作战，切断了同蒲路。在徐

州会战和武汉会战期间，八路军在华北敌后频繁出击，牵制和打击日军。

在华中地区，南方八省14个地区的红军游击队改编为新四军，叶挺为军长。1938年4月，整编后的新四军由粟裕率先遣支队前往敌后进行战略侦察，新四军主力随后迅速跟进。先遣支队于6月破坏了南京至镇江的铁道，以阻京沪之敌，使日军的一列火车出轨，接着又在镇江西南的韦岗伏击日军的车队，取得挺进江南的第一场胜利。此后，新四军在敌后进行游击战，不仅严重地威胁了日军的指挥中心，破坏了敌人的交通补给，迫使敌人不仅不能从占领区内抽调人力物力支援正面战场作战，还不得不从正面战场抽调力量到后方保护交通运输线和补给基地，有力地削弱了正面战场敌人，使其腹背受敌，首尾难顾，战略机动性受到限制，给正面战场的中国军队减轻了压力，创造了打击和歼灭敌人的机会。按照中共中央要求的"迅速发展游击战争"的方针，为了便于领导和指挥，新四军先后成立了江北、江南两个指挥部，在广阔的华中敌后战场上，独立自主地领导抗日军民与日军展开游击战争，开辟华中敌后战场。

从1938年至1940年，日军对晋察冀抗日根据地进行了长时间、大规模的"扫荡"，边区军民英勇抗战，多次粉碎了日军的疯狂进攻，巩固并扩大了晋察冀抗日根据地。1940年8月，八路军以晋冀豫等抗日根据地为依托，集中104个团的兵力，发动了以破袭华北日军交通线为目标的百团大战。此役从8月20日开始，至12月5日结束，作战范围主要在正太路，同时也在同蒲路、平汉路、津浦路、北宁路及附近公路线展开。百团大战分三个阶段。从1940年8月20日至9月10日为第一阶段，作战的主要目标是破坏日军主要交通线正太路。在这期间，八路军进攻娘子关，彻底破毁了井陉煤矿，转战于涞源、灵丘一带。9月22日至10月上旬为第二阶段，主要任务是扩大第一阶段战果，重点转向破击铁路两侧日军建立在抗日根据地范围内的据点，主要战斗集中在榆社、辽县地区和同蒲路的北段。第三阶段从10月6日至12月5日，主要任务是反击日军对抗日根据地的"扫荡"。反"扫荡"的战斗主要在太行、太岳、平西、北岳和晋西北等各敌后抗日根据地进行。前后进行战斗1824次，歼灭日军2万余人，一度造成日军赖以运输兵力和物资的华北主要交通线的瘫痪。

百团大战是抗日战争中八路军在华北地区发动的一次规模最大、持续

时间最长的具有战略进攻性的战役。华北敌后的抗日军民通过浴血奋战，破坏了日军在华北的主要交通线，收复了被日军占领的部分地区，迫使日军以更多的兵力转向后方，推迟了日军"南进"的步伐。这一战役对鼓舞全国人民夺取抗战胜利的信心和提高共产党、八路军的声威具有积极意义。

1941 年到 1942 年两年间，日军集中大量在华兵力，对抗日根据地军民进行疯狂的"扫荡""清乡"和严密的封锁，中国共产党领导的敌后抗日根据地进入了异常困难的阶段。1941 年初，日军把"彻底肃正华北治安"作为对华作战的重要内容，在对华北根据地进行"扫荡""讨伐"的同时，又连续三次发动了"治安强化运动"。太平洋战争爆发后，日军对华北根据地进行更加频繁的"扫荡"，曾创造了一个月内"扫荡"作战达 1682 次，平均每天有 56 次之多的纪录。① 仅 1941 年一年，日军对华北根据地进行的千人以上的"扫荡"达 69 次，万人以上的"扫荡"达 9 次。其战术也由以前的分进合击改变为"铁壁合围"和"梳篦清剿"。1942 年，日军对华北根据地的"扫荡"更加频繁，千人以上的扫荡达 77 次，万人至 5 万人的"扫荡"达 15 次之多。② 同时日军又发动了第四、第五次"治安强化运动"。

1942 年 5 月 1 日，日军对冀中平原抗日根据地发动"五一大扫荡"，将冀中分为 4 个"合围区"进行"分区清剿""拉网扫荡""铁壁合围"，并以大部队突击奔袭，连续合击。面对优势兵力的敌人，冀中军区主力跳出包围圈，从外线打击敌人。冀中军民利用山川、平原、河流等各种地理条件开展游击战，创造了地道战、地雷战、麻雀战、围困战、破袭战等战术。在战斗中，虽然主力部队突围，但根据地被分割，大部分沦为敌占区。在太行山区的八路军总部和中共北方局也遭到日军攻击，突围时，八路军副参谋长左权牺牲。

与华北日军相呼应，华中日军对华中抗日根据地也发动了"扫荡"，特别是对江南抗日根据地进行了两次大规模的"清乡"。在"扫荡"过程中，日军对抗日根据地实施残酷的烧光、杀光、抢光的"三光政策"，并修建隔离壕沟、碉堡，不断对根据地进行蚕食，使敌后抗日根据地军民受到严重的损失。新四军军部提出了坚持华中敌后抗战、加强根据地各项建设的任

① 防衛庁防衛研究所戦史室『北支の治安戦 2』、朝雲新聞社、1971、37 頁。
② 军事科学院军事历史研究部：《抗日战争史》下卷，解放军出版社，2005，第 73、79 页。

务，对敌展开了长期的反"扫荡"、反"清乡"斗争。

1943 年，国际反法西斯战争形势发生重大变化，盟军在欧洲战场取得了一系列对德国法西斯作战的胜利。在太平洋战场上，日军也遭到盟军的打击。各根据地趁着有利的国际形势，在敌后战场上，广泛发动人民群众参加抗战，开展普遍的敌后游击战争。1943 年，晋察冀根据地军民两次粉碎了日军发动的"冀西作战"。1943 年 4—5 月，晋冀鲁豫边区又粉碎了日军的"太行作战"。7 月，八路军一二九师发动卫南战役，消灭了大量伪军，并建立了卫南、滨河、滑县等抗日政权。8 月 18 日，冀南区和太行区人民武装发动林南战役，开辟豫北、太南新的抗日根据地。

总之，在 1943 年，华北、华中、华南根据地军民取得了一系列反"扫荡"、反"清乡"斗争的胜利，消耗了日军的有生力量，根据地逐步得到恢复与发展，到 1943 年底，华北、华中和华南抗日根据地得到了迅速的发展，根据地人口上升到了 8000 多万人，抗日武装力量上升到 50 万人左右，为 1944 年的局部反攻奠定了基础。

从 1944 年开始，日军为挽回其在东南亚战场上的败势，不断从中国战场抽调兵力，派往太平洋战场。与此同时，为了打通大陆交通线，日军在数千公里的战线上发动了"一号作战"，分散投入大量的兵力，使其在华北、华中地区的兵力进一步削弱，因此在敌后战场上日军不得不由攻势转为守势，从而为敌后抗日根据地的发展提供了有利时机。八路军、新四军和根据地广大军民，积极主动地向日军发动攻势作战，扩大根据地。

正面战场的防御作战和敌后战场的游击战，重挫了日本侵略者的狂妄气焰，粉碎了其速战速决的战略企图。由于中国坚持抗战，日本逐渐陷入了"中国泥潭"而不能自拔。

但是这一时期，抗日阵营内部，特别是国共两党不时因各种原因导致矛盾激化，经常发生局部冲突。1940 年 10 月，国民政府要求位于黄河以南的中共领导的八路军、新四军一律进入黄河以北地区与日军作战。然而，1941 年 1 月 6 日，当新四军军部及所属部队奉命北上途经皖南时遭到国民党军队袭击，新四军军长叶挺被俘，新四军番号被取消。但由于中日战争正在激烈进行中，皖南事变并未上升成内战。事变后不久，新四军重建军部，蒋介石也表示以后"绝无剿共军事"，维持合作抗日局面。因此，自皖

南事变发生后到抗日战争结束，国共之间虽然也发生过摩擦，但两党合作抗日的大局始终未变。

日本在中日全面战争开始后，为了掩盖其侵略本质，一直谋求建立由"适合实现日华敦睦关系的有力人物自主充任首脑"的傀儡政权。1937年12月14日在北平成立"中华民国临时政府"，由王克敏充任"行政委员会委员长"，不过该政权仅局限于华北地区。与此同时，在张家口、大同、归绥分别建立了"察南自治政府""晋北自治政府""蒙古联盟自治政府"，到1937年11月联合成立"蒙疆联合委员会"，1939年9月改称"蒙疆联合自治政府"，以德穆楚克栋鲁普为"主席"。

在华东地区，1937年12月成立了"上海大道市政府"。1938年1月成立了"南京自治委员会"。2月14日成立了以梁鸿志为首的"中华民国维新政府"。为推动南北伪政权的联合，1938年9月22日，由梁鸿志、王克敏宣布成立"中华民国政府联合委员会"。

1938年2月，汪精卫通过国民政府外交部亚洲司司长高宗武等人与日本秘密接触。11月，汪精卫的代表高宗武、梅思平与日方代表影佐祯昭、今井武夫在上海会谈（重光堂会谈）。在得到可出面组成"中央政权"的承诺后，汪精卫于12月19日出走河内，29日公开提出"和平建议"。1940年3月30日，以汪精卫为首的伪国民政府在南京成立。

在鼓动汪精卫进行所谓"和平运动"的同时，日本还加强与蒋介石"和平谈判"的策划与实施。但由于在中国承认"满洲国"、日本撤回驻华军队及蒋汪合作等重大问题上的分歧无法弥合，"和平工作"没有进展，到1940年10月，日本与重庆方面的秘密交涉中止。

三 中国抗日战争与世界反法西斯战争的融合

世界反法西斯同盟国阵营的形成与中国战场

1940年9月27日，日本驻德国大使来栖三郎与德国外长里宾特洛甫（Joachim von Ribbentrop）、意大利外长齐亚诺（Gian Galeazzo Ciano）在柏林正式签署《三国同盟条约》，三国同盟关系正式确立。

1941年6月22日，苏德战争爆发。日本方面本来也有趁苏德战争的进

展向苏联实施武力以解决"北方问题"的"北进"计划，但由于关东军尚无法与苏联远东军抗衡，中国战场上的作战又牵制了日军主力部队，所以"北进"难以实施。但随着日本对中国战争的扩大和将势力深入印度支那地区，与英美的矛盾则越来越明显，美国冻结日本在美财产，英国废除了英日通商条约，荷属东印度废除荷日石油协定，使日本感到压力与威胁。于是，日本大本营提出了"加强对英美战争的准备"的《帝国陆军作战纲要》，[①]加快实施"南进"战略。东条英机组阁后，在 11 月 5 日的御前会议上正式决定对美、英、荷开战，12 月 1 日，天皇批准向南方进攻的命令。12 月 7 日（星期日）清晨（夏威夷时间），日本海军联合舰队经过精心策划，偷袭美国夏威夷珍珠港海军基地及美、英、荷在太平洋的属地，并对美英宣战，太平洋战争爆发。次日，美、英、加、荷、新西兰、自由法国等国向日本宣战。9 日，中国国民政府对日宣战，但中国与日本事实上的战争状态已有四年半之久。

在珍珠港事件中损失严重的美国急切期待中国军队向日本军队发起全面攻势，中国遂开始与英美等国建立反日军事同盟，在重庆建立了中英美三国组成的联合作战机构。[②] 中国的抗日战争在更广阔的领域展开。1942 年 1 月初，美、英、苏、中四国领衔，26 个国家签署的《联合国家宣言》宣布协同作战，"不与敌国缔结单独之停战协定或和约"。[③] 宣言的发表标志着国际反法西斯统一战线正式形成。反法西斯阵营成立后，根据罗斯福的提议，蒋介石担任中国战区盟军最高统帅，[④] 证明中国的抗日战争赢得了世界各国的尊重。

太平洋战争爆发后，英国在远东及东南亚的殖民体系迅速瓦解。继香港沦陷，英军复于 1941 年底退出马来半岛，日军于 1942 年 2 月攻占新加坡。3 月 7 日仰光陷落，5 月缅甸英军撤入印度，6 月初日军直叩印度的大门。仅半年，英军在东南亚弃地失城，望风披靡，处境十分被动。事实上，

---

① 服部卓四郎『大東亜戦争全史』第 1 冊、東京：原書房、1996、186 頁。
② 建立联合机构的建议由蒋介石提出，得到罗斯福赞成，原计划由中、英、美、苏、荷五国成员组成，因苏联致力于对德作战、荷兰并不积极，所以主要是中英美三国。
③ 《反法西斯战争文献》，世界知识社编印，1955，第 34—36 页；Robert E. Sherwood, *Roosevelt and Hopkins: An Intimate History* (New York: Harper and Brothers, 1948), pp. 448-451.
④ 中国战区的范围还包括印度支那及泰国。

英国在远东只能仰赖中国抵抗日军。

日军偷袭珍珠港，使美英与日本骤然敌对。在世界反法西斯战争的格局中，中国的地位日益重要。这时，中国已同日本单独进行了四年多战争，粉碎了日本迅速灭亡中国的企图，并在中国领土上拖住了85万左右日军；而太平洋战争初期，美英军队又节节失利，日军步步紧逼。为了扭转颓势，英美一面组织力量抵抗和反攻，一面设法推动中国加强抗战，以拖住日军。因此，美英通过军事援助的方式对中国的抗战表示支持。1942年，美国向中国提供5亿美元贷款，英国也对中国提供了财政援助。

中国成为世界反法西斯阵线的重要成员后，美英为了联合中国共同抗击日军，于1942年10月9日通知中国政府，愿意立即放弃在华治外法权及有关权益，并准备尽快与中国政府进行谈判，以便缔结放弃在华治外法权及解决有关问题的条约。10月24日，美方向中国驻美大使馆提交了美中条约草案。30日，英国驻华大使向中国外交部递交英中条约草案。随后，中国外交部提出修正案。经过两个多月谈判，终于在1943年1月11日，分别在华盛顿签署《中美新约》，在重庆签署《中英新约》。《中美新约》共8条。《中英新约》正文9条，附加4条。5月20日，中美、中英正式交换批文，条约即日生效。

美英废除对华不平等条约后，促使享有对华不平等条约特权的巴西、加拿大、挪威、荷兰、比利时等国，相继宣布放弃在华特权。1943年8月20日，《中巴友好条约》在里约热内卢签字；10月20日，中比新约在重庆签字；11月10日，中挪新约在重庆签字。1945年4月14日，中加新约在渥太华签字。

废除不平等条约后签订的新约，取消了近代以来列强通过压迫中国而获取的各项不平等特权，包括中国人最为反感与痛恨的治外法权和租界制度。新约规定，其他影响中国主权而此次新约未涉及的问题，可按国际公法和现代国际惯例，随时会商解决。这样，一个世纪以来作为中国对外关系基础的不平等条约体系终于崩溃，中国取得了在国际社会中的平等地位。当时，中国社会各党派、各群众团体及全国各族人民都为签订新约而欢欣鼓舞，中国共产党中央委员会曾发表《关于庆祝中英、中美间废除不平等条约的决定》，指示各根据地都要庆祝不平等条约的废除。

为了应付美英和重庆方面的废约签约，日本方面不得不在 1943 年 1 月向汪伪政府表示将一些地方的租界移交给汪伪政府，也对在中国东北的伪满傀儡政权表示要废除"治外法权"。

1942 年初，日军进攻英国统治的缅甸，占领包括仰光在内的缅甸大部后，切断了中国西南对外交通的唯一道路滇缅公路。根据与英国的《共同防御滇缅路协定》，中国派出 10 万远征军援助驻缅甸英军，与日军激战。远征军新三十八师——三团受命冲入被日军包围的仁安羌，救出包括英军统帅亚历山大（Harold Alexander）上将在内的 7000 名英军以及美军传教士和新闻记者等 500 余人。师长戴安澜、孙立人分获英美政府授予的勋章，中国军队在盟国心目中的地位大大提高。[1] 但由于日军投入强大兵力，加上英军配合不力和指挥方面的问题，伤、亡、病减员超过一半的远征军未能扭转战局颓势。其主力穿越深山密林，突破日军堵截，历尽千辛万苦退回云南省，日军随即尾追进入云南境内，因怒江上的惠通桥被炸断才中止进攻，与中国军队隔江对峙。

中国对外的陆路、海路交通被切断后，对中国的供给线只剩下从印度英帕尔飞越喜马拉雅山抵达云南的驼峰航线。美国通过驼峰航线提供物资，许多美国飞行员为此牺牲了年轻的生命。由陈纳德（C. L. Chennault）将军组织的美国志愿援华航空队（飞虎队）参加中国战场的作战，对于夺回制空权发挥了重要作用。为恢复对中国的陆路和海路运输线，史迪威（J. W. Stilwell）于 1942 年 7 月提出收复缅甸计划，开始训练完全美式装备的中国远征军 16 个师。

积蓄力量，准备对日本的战略反攻

太平洋战争爆发后，日本急切希望尽快改变陆军主力被牵制在中国战场的局面，在加强与汪伪政权关系的同时，对国民政府采取软硬两手策略，一方面加大进攻力度以"摧毁重庆政权的抗日意志"，另一方面则继续推动"和平工作"；对敌后根据地则强化"治安战"，力图通过"扫荡"扑灭敌

---

[1]　1992 年原英国首相撒切尔夫人特地拜访——三团团长刘放吾，感谢 50 年前解救英军的壮举。见洛杉矶《世界日报》1992 年 4 月 12 日。

后抗日力量，"确保占领地域"。[①]

由于担心中国军队与盟军在广州、香港联合行动，日军在 1941 年 12 月下旬到 1942 年 1 月中旬集中 12 万人，由第十一军司令官阿南惟几指挥发动太平洋战争爆发后在中国的第一次大进攻即第三次长沙作战。第九战区中国守军奋力抵抗，切断日军补给线，形成对日军的反包围，日军紧急从太原调来的解围部队也遭阻截。日军主力部队在被分割后遭到攻击，损失惨重。中国军队取得太平洋开战后盟军方面的第一次大胜仗。

1942 年 5 月，日军为阻止美国利用华中机场对其本土进行空袭而实施浙赣作战，日军细菌部队还出动飞机在金华一带散布细菌，引起霍乱流行。在破坏机场、铁路和公路后，日军大部于 8 月下旬退回杭州、南昌。日本在 1942 年还曾策划进攻重庆的作战，企图通过攻陷重庆迫使中国屈服。但由于日军在太平洋战争中兵力不足的问题十分严重，被迫从中国战场抽调兵力补充，使其对重庆作战的准备不得不作罢。[②] 1943 年在正面战场上，还进行了鄂西作战和常德作战。日本军队在这些作战中曾大规模使用毒气武器，常德一度失守。但中国军队作战准备充分，很快又对常德日军形成包围态势，中国空军的轰炸破坏了日军后方补给，常德不久即为中国军队夺回。

从 1943 年开始，中国和美国的空军飞机完全夺取了在华南上空的制空权，可以袭击在台湾新竹的日军机场，威胁了日本的海上交通。接着，美国 B-29 轰炸机飞临日本本土进行空袭，给日军造成巨大威胁。为挽回不利局面，日本把从国内拼凑的 14 个步兵旅团、7 个野战补充队（相当于步兵联队）悉数运来中国。再加上从伪满抽调的兵力和原在华北、华中、华南的军队，共投入 51 万人，从 1944 年 4 月起进行了被其称为"百年罕见的大远征"，即豫湘桂战役（日本称"一号作战"或"打通大陆作战"），企图消灭中国军队"骨干力量"，"摧毁重庆政权继续抗战的意志"，迫使其退出战争，从而摆脱日军的战略困境。[③]

豫湘桂作战开始时期，国民政府尚陶醉于长沙和常德会战的胜利喜悦

---

① 日本防卫厅战史室编纂《日本军国主义侵华资料长编——"大本营陆军部"摘译》（中），天津市政协编译委员会译，四川人民出版社，1987，第 671 页。

② 《日本军国主义侵华资料长编》（中），第 533—672 页。

③ 〔日〕服部卓四郎：《大东亚战争全史》第 3 册，张玉祥等译，商务印书馆，1984，第 1099 页。

中，对日军攻势强悍程度估计不足，结果从河南到广西、贵州节节败退，日军在 8 个月时间里长驱 2000 多公里，打通了京汉、粤汉和湘桂线，占领了河南、湖南、广西、广东等省的大部和贵州的一部分，总面积在 20 多万平方公里，人口达 6000 多万。这一地区分布的钨、锑、铅、锌、汞等重要矿产资源均被日本夺得，衡阳、零陵、宝庆、桂林、柳州、丹竹、南宁等 7 个空军基地和 36 个飞机场被日军占领，国民政府损失严重。但日本的兵力和作战物资消耗也十分严重，虽形式上打通了南北交通线，但并未成为通行走廊，南方军队被隔断的局面未得到改变，盟军飞机从中国机场起飞空袭日本本土的威胁也未能消除。战役结束后，日军兵力不足、物力枯竭的矛盾更加突出，不得不迅速从面上撤退，仅控制若干点、线。

1943 年 10 月，为打通中印公路，中国派出的远征军与美军联合开始在缅甸北部的反攻战。这时，担任中国战区参谋长和驻华美军总司令的史迪威因与蒋介石矛盾严重而被召回，由魏德迈（A. C. Wedemeyer）接任。根据魏德迈的建议，在昆明成立了统一指挥西南各战区部队的中国陆军总司令部，开始进行反攻的准备。中国远征军于 1944 年 5 月修复惠通桥强渡怒江成功，兵分两路：一路攻向腾冲，于 9 月 14 日完全克复该城，并全歼敌军；另一路向龙陵挺进，与日军于 6 月、8 月、11 月三次争夺龙陵，战斗进行得十分残酷，双方均有重大伤亡，最后远征军于 11 月 3 日攻克龙陵，20 日收复芒市。在这期间，中国军队进攻日本盘踞的松山阵地的攻坚作战，被称为抗日战争中单次战役历时最久、耗费弹药最多、战况最惨烈的战役。中国驻印军和中国远征军在缅北、滇西作战历时一年多，艰苦卓绝，取得了完全的胜利，也是正面战场反攻作战的经典战役。

1943 年 10 月 28 日，罗斯福现实地看到了中国在世界反法西斯战争中的作用，遂邀请蒋介石赴开罗参加中美英三国首脑会议，讨论远东问题。三国首脑在开罗讨论的问题涉及政治、反法西斯战争东方战场的进展和三国配合作战等方面。11 月 23、25 日，罗斯福与蒋介石的两次长时间会晤主要讨论了政治问题，包括：（1）关于中国的国际地位，罗斯福表示从太平洋战争以来他的一贯想法就是，中国应作为四大国之一参加此后的国际机构，蒋介石欣然接受。（2）关于战后日本天皇的地位。蒋介石表示，应该尊重日本国民的自由意志，去选择他们自己的政府形式。（3）关于对日本

的军事管制。罗斯福谈到，战后对日本的占领应该以中国为主。蒋介石考虑到战后中国的实际状况，认为中国尚难承担此项责任，表示应以美国为主，如有需要，中国可以协助。（4）关于赔偿。蒋介石提议战后日本以实物，如机器、战舰、商船、火车头等运华，作为赔偿的一部分。（5）关于领土。两位领导人同意东北四省（包括辽东半岛及大连、旅顺）与台湾、澎湖战后均应归还中国。（6）关于中美战后合作。罗斯福提议双方做出适当安排，采取互助办法，维持太平洋的安定和平，防止侵略。蒋介石表示旅顺军港可供两国共同使用，中国欢迎美国军舰驶入中国港口。（7）关于朝鲜、越南和泰国。他们同意朝、越战后独立，泰国恢复独立地位，但没有讨论具体方案。（8）关于中国的国共问题。罗斯福建议国共在战争时期即建立联合政府；蒋介石同意邀请共产党参加政府，前提是美国可以保证战后苏联尊重中国东北的边界。（9）关于中苏关系。蒋介石表示战后可以向苏联做出一些让步，如大连可成为国际共管的自由港，向苏联开放，但要求苏联只能支持中央政府，不能支持共产党。①

　　12月1日，《开罗宣言》正式发表。宣言表示"三大盟国决心以不松弛之压力，从海、陆、空诸方面加诸敌人"，直至日本无条件投降，这对日本一切离间盟国的诱降企图是致命打击，对中国抗战军民是极大鼓舞。宣言庄严宣告："三国之宗旨，在剥夺日本自1914年第一次世界大战开始以后在太平洋所夺得或占领之一切岛屿，在使日本所窃取于中国之领土，例如满洲、台湾、澎湖群岛等，归还中国。"② 这一声明使中国人民收复失地的神圣使命得到了庄严的国际保障。

　　太平洋战争爆发以后，日军针对中共领导的根据地连续推行了五次"强化治安运动"，使其进入了极端困难的时期。③ 1942年5月1日开始的对

---

①　秦孝仪主编《中华民国重要史料初编——对日抗战时期　第三编　战时外交》（3），中国国民党党史会，1981，第500—505页；梁敬錞：《开罗会议与中国》，香港亚洲出版公司，1962，第39—41页；Elliott Roosevelt, *As He Saw It*（New York：Duell Sloan and Pearce，1946），pp.164-166；Sumner Wells, *Seven Decisions That Shaped History*（New York：Harper and Brothers，1951），pp.151-154.

②　复旦大学历史系中国近代史教研组编《中国近代对外关系史资料选辑（1840—1949）》下卷第2分册，上海人民出版社，1977，第202页。

③　中央档案馆、中国第二历史档案馆、吉林省社会科学院合编《日本帝国主义侵华档案资料选编·细菌战与毒气战》，中华书局，1989，第436—438页。

冀中抗日根据地的"铁壁合围"大"扫荡"，持续时间长达两个月，由华北方面军司令官冈村宁次亲自部署指挥，实施"纵横合击""辗转剔抉"等办法，企图消灭八路军主力。在日军保护下，各地建立伪政权，扩大伪军，以摧毁农村抗日秩序。在日军的残酷"扫荡"下，抗日根据地的规模大大缩小，人口由 1 亿人下降到 5000 万人，大片根据地变成了与日军进行拉锯战的游击区，根据地政权面临十分险恶的形势，出现了严重的困难局面，八路军、新四军也由 50 万人减少到 40 万人。① 但是，中国共产党领导军民进行了顽强的反"扫荡"，充分发动群众，正规军与民兵、自卫队并肩作战，采取了地雷战、地道战、交通战、麻雀战、水上游击队等一整套人民战争的战略战术，使日军的"扫荡"不能达到目的。1943 年，日军仍一再对敌后抗日根据地进行"扫荡"，但华北、华中和华南抗日根据地军民积累了经验，在粉碎日军"扫荡"和"清剿"过程中根据地有所恢复，有的还有了发展。1944 年，世界反法西斯战争开始进入大规模的战略反攻阶段。中共中央华北局提出"积蓄力量，准备反攻，迎接胜利"的方针，华北各敌后根据地打开了对敌斗争的新局面。在华中战场，新四军也展开了积极的反攻。到 1945 年，日军在敌后战场已处于守势。

进入 1944 年，日本败局的征兆越来越明显。小矶国昭组阁后，急切希望与中国媾和，以所谓"忍痛舍弃战争成果"的方案为钓饵，② 诱使蒋介石脱离反法西斯阵营，但是没有成功。日本政府通过其他一些途径试图与重庆国民政府单独媾和，或请苏联居间斡旋，也都没有结果。

1945 年正面战场的主要作战是 3—4 月的豫西鄂北战役和芷江战役，这是因为冈村宁次制定了"向中国西南腹地挺进突入"的计划。但日军在豫西鄂北的战斗中伤亡重大，只好停止进攻。日军争夺芷江中国第九战区空军基地的战斗也遇到中国军队的坚决抵抗，虽然投入了五个师团和一个混成旅团，但仍无进展，只好在遭到重大伤亡后败退。

抗日战争的胜利与日本的失败

1945 年 2 月上旬，美、英、苏三国首脑在苏联黑海之滨雅尔塔举行会

---

① 中共中央党史研究室：《中国共产党历史》上卷，人民出版社，1991，第 583—584 页。
② 『日本外交年並主要文書（1840—1945）』下册、605—606 頁。

议，就苏联在欧战结束后两至三个月内参加对日作战达成协议，但也附加了损害中国主权的条件，即"外蒙古（蒙古人民共和国）的现状须予维持"；"大连商港须国际化，苏联在该港的优越权益须予保证，苏联之租用旅顺港为海军基地须予恢复"；"对担任通往大连之出路的中东铁路和南满铁路应设立一苏中合办的公司以共同经营"。① 苏联在这里以旧俄帝国权益的继承人自居，美英则在未征得中国同意的情况下，便对苏联做了有损中国主权的许诺。7 月，国民政府代表宋子文、蒋经国等与斯大林和苏联外长莫洛托夫等举行了艰难的谈判。尽管中国方面做了努力，但实际上已无回旋余地。8 月 14 日，中苏基本按照《雅尔塔协定》的框架达成《中苏友好同盟条约》及有关协定。

1945 年 4 月 25 日，在旧金山举行联合国制宪会议。50 个国家的 282 名代表参加了会议。会议由四大国首席代表轮流担任主席，以英、法、俄、中、西班牙五种语言为正式语言。中国代表团由 10 人组成，包括中共代表董必武。6 月 25 日，全体大会一致通过《联合国宪章》及国际法院规约。26 日，各国代表在《联合国宪章》的 5 种文本（中、英、俄、法、西）上签字。1946 年 1 月 10 日至 2 月 14 日，第一届联合国大会在伦敦举行，联合国正式成立，其组织系统开始运作。

1945 年 7 月 17 日至 8 月 2 日，美、英、苏三国在柏林郊区的波茨坦举行战时第三次首脑会议。7 月 26 日，发表了由美国起草、英国赞同并邀请中国参加的《波茨坦公告》，敦促日本"立即无条件投降"，但日本采取不予理睬的"默杀"态度。8 月 6 日，美国在日本广岛投下第一颗原子弹，造成重大伤亡，引起日本朝野震动。8 月 9 日零时，苏军分三路向中国东北的关东军发起进攻，并同时进攻朝鲜北部、库页岛南部及千岛群岛。

苏联出兵后，日本最高战争指导会议关于是否接受《波茨坦公告》仍争论不休。9 日上午 11 时 30 分，美军在长崎投下第二颗原子弹后，天皇才终于在 10 日凌晨做出接受《波茨坦公告》的决断。15 日中午，天皇亲自宣读的《终战诏书》录音向日本全国播出，侵华日军总司令冈村宁次及其部下也收听了天皇的"御音"。当天下午，冈村向全体侵华日军下达了向盟国投降的训令。8 月 16 日 19 时 7 分，侵华日军停止战斗行动。

---

① 《国际条约集（1945—1947）》，世界知识出版社编印，1959，第 8—9 页。

9月2日，在停泊于东京湾的美国"密苏里"号战列舰上举行日本向盟国正式投降仪式。重光葵外相代表日本政府、梅津美治郎参谋总长代表大本营在投降书上签字，中国代表徐永昌将军与各盟国代表签字接受投降。第二次世界大战结束。

侵华日军投降仪式于9月9日在南京中央军校大礼堂举行，何应钦正式接受冈村宁次率部投降。中国战区日军分16个地区陆续向中国军队投降，到9月中旬大体结束。东北的日军——关东军从8月18日起即开始向苏军投降，8月22日关东军总司令官山田乙三向苏军正式履行了投降手续。

10月25日，台澎地区日军投降仪式在台北公会堂（现更名中山堂）举行。日军代表安藤利吉等向中国陆军受降主官陈仪正式投降。仪式结束后，陈仪立即发表广播讲话声明："从今天起，台湾及澎湖列岛，已正式重入中国版图，所有一切土地人民政事，皆已置于中华民国国民政府主权之下。这种具有历史意义的事实，本人特报告给中国全体同胞及全世界周知。"中日甲午战争后根据不平等条约割让给日本的台湾及澎湖列岛，历经中国人民半个世纪的斗争，终于又回到了祖国怀抱。

四 战后审判及战后问题的处理

战后审判与日本战争责任的逃避

1946年1月19日，驻日盟军总司令麦克阿瑟（Douglas MacArthur）发布成立远东国际军事法庭的特别宣言，同时以盟军总司令部一般命令第一号的名义，公布了由5章17条构成的《远东国际军事法庭宪章》（Charter of the International Military Tribunal for the Far East）。① 在此之前的1945年12月8日，设立了以美国人基南（Joseph Keenan）为局长（首席检察官）的国际检察局（IPS），到1947年，检察官的人数已经为487人，美国检察官最多时达76位，检察活动也是以他们为中心进行的。2月15日麦克阿瑟任

---

① Charter本可译为"根本法规"或"组织法"，此处依据当年中国参与审判的法官和检察官的习惯译为宪章。

命各国提名的法官，并同时任命澳大利亚法官韦伯（Wiliam Flood Webb）为首席法官。① 东京审判的法官是根据法庭的条例，由签署受降文件的9个国家的成员组成。后来为与远东国际委员会的构成国相适应，追加了印度和菲律宾的法官。中国国民政府派法学家梅汝璈、向哲濬分别担任法官和检察官。② 为了配合中国法官和检察官的工作，国民政府还选拔了一批熟悉法律和英语的人才前往日本，包括国际法顾问吴学义、桂裕、鄂森、倪征燠等。③ 开庭前，日本方面组成了以鹈泽总明为团长、清濑一郎④为副团长的辩护团。

东京审判中判断战犯罪责的三项基本原则是：第一，国际法规定的"通行的战争犯罪"；第二，计划、准备、发动或实施侵略战争，或违犯国际条约、协定或诺言之战争，或参与为实现上述任何战争之一种的共同计划或同谋的"反和平罪"；第三，在战前、战争中针对任何平民的屠杀、灭

---

① 威廉·韦伯爵士（1887—1972），澳大利亚最高法院法官、法官团主席。他在本国公务繁重，以致曾有一个月以上在审判过程中缺席的情况。各国法官分别是：美国麻省最高法院首席法官约翰·帕特里克·希金斯（John P. Higgins），1946年7月改为密朗·克莱墨尔（Myron C. Cramer）；中国立法院立法委员梅汝璈（法律顾问吴学义）；英国苏格兰最高法院法官帕特里克·德富林勋爵（Hon Lord Patrick Arthur Devlin）；苏联最高军事法院成员伊凡·密切叶维支·扎拉扬诺夫（Major-General I. M. Zarayanov）；加拿大最高法院法官爱德华·斯图尔特·麦克杜格尔（Edward Stuart McDougall）；法国巴黎首席检察官及军事法官亨利·柏尔纳尔（Henri Bernard）；澳大利亚最高法院法官威廉·韦伯（William F. Webb）；荷兰乌特勒支大学法学教授贝尔特·罗林（Professor Bert Roling）；印度加尔各答大学法学院讲师拉达宾诺德·帕尔（Radhabinod Pal）；新西兰军法处长艾里玛·哈维·诺斯克罗夫特（Harvey Northcroft）；菲律宾律政司、最高法院成员德尔芬·哈那尼拉（Colonel Delfin Jaranilla）。

② 《申报》1946年1月5日。

③ 据倪征燠回忆：1946年初冬，我回国不久，当时在东京任远东国际军事法庭中国检察官的向哲濬回国述职……他不仅是例行地汇报工作，而且是前来要求增派人员去东京支援，且急如星火。

④ 清濑一郎1884年生于兵库县，1908年毕业于京都帝国大学法科大学。1920年当选为众议院议员。当选初期主张普选，反对治安维持法，被称为"自由主义左派"。但逐渐向国家主义倾斜，战争中积极支持日德意三国同盟，为大政翼赞会等"翼赞体制"的骨干。战后他虽然受到剥夺公职的处分，但没有影响他以律师的身份为东京审判中的被告做辩护。由于他在战争中曾担任过陆军省国际法顾问，所以被指定为东条英机的主辩护律师。他在审判结束后回日本政界，曾担任民主党政务调查会长，第三次鸠山内阁文部省大臣。A级战犯嫌疑岸信介当首相的时候，他还作为众议院议长，在审议日美新安保条约的时候，令警察进入而强行通过。虽然他关于审判管辖权的发言几近狡辩，但是直到今天，他的谬论仍被战后日本的右翼作为攻击东京审判的法律根据。

绝、奴役、强制迁移以及其他非人道行为的"反人道罪"。根据这一原则，法庭确定审理 28 名日本甲级战犯，从 1946 年 4 月 29 日开始对东条英机等人正式起诉，共开庭 818 次，到 1948 年 11 月 4 日开始宣读远东国际军事法庭判决。在这期间形成法庭记录达 48000 页，判决书达 1231 页，检察方与辩护方共提出证据 4336 件，双方提供证人 1194 人，其中有 419 人出庭作证，是继纽伦堡审判之后人类历史上又一次大规模的国际审判活动。东京审判对于国际关系的发展，对现代国际法若干重要原则的确立，对维护战后世界和平都产生了深远影响。

在东京审判中，日本对中国的侵略罪行得到了部分追究和审理。如日本对中国的军事、经济侵略；南京大屠杀等日本军队对中国人进行的残暴的屠杀；推动麻醉剂、鸦片的生产和流通等罪行。但是与日本军队在中国的活动比较起来，追究不够充分，留下了许多问题。特别是对于日本军队在中国共产党控制地区的重大的战争犯罪，几乎没有进行揭露和追究，其中代表性的如"三光作战"和强制性地抓劳工，日本军队违背国际公约在中国进行的细菌战和化学战的责任也逃脱了追究。麦克阿瑟在占领统治日本时很重视有效地利用天皇的问题，因此也免除了天皇的战争责任。对日本这些战争责任追究的不彻底成为以后影响中日关系的重要的历史问题。

在被审判的 28 名甲级战犯中，除松冈洋右、永野修身因痼疾而亡，大川周明"精神失常"中止审讯外，其余 25 名被告经审判认定都犯有共同策划和阴谋破坏和平的战争犯罪。法庭判处东条英机等 7 名人犯绞刑，判处其余 19 人无期和有期不等的徒刑。1948 年 12 月 23 日对东条英机等 7 人执行死刑。此时，冷战局面在东亚已经开始尖锐化，美国失去了追究日本战争犯罪的热情，东京审判也就此结束。其他甲级战犯嫌疑人被迅速释放，有的后来摇身变成了日本政治家。

与东京审判进行的同时，在各受害国内也组成了共 48 处军事法庭，对乙、丙级日本战犯进行审判。中国在南京、上海、广州、北平、太原、济南、徐州、汉口、沈阳和台北等城市组成了 10 处军事法庭，对日本战犯进行审判，共处理战犯案 605 件，涉及战争犯罪 883 人。其中判处死刑 149 人，判处有期、无期徒刑 355 人。由于冷战和中国内战开始，乙丙级审判也结束了。侵华日军总司令官、头号侵华战犯冈村宁次被宣布"无罪"释放，

匆匆回国，其他在押的日本战犯也同时转移日本服刑，变相释放。

战后赔偿及日本人遣返

当战争还在进行过程中，国民政府即着手进行战争损失的调查，以备在战后作为对日索赔之依据。1943年11月开罗会议期间，蒋介石就与美国总统罗斯福谈到把日本的一些工业设备和车船设备等移交中国充作赔偿的问题。[1] 1944年3月19日，军事委员会参事室草拟了《战后对日媾和条件纲要》，初步提出对日索取军费赔偿和经济赔偿的若干原则。[2]

1946年底美国政府开始考虑签署对日和约问题，在对日和约初稿（"博顿草案"）中本来有关于"赔偿和让与"的问题，但是，由于美苏在国际问题上的对立越来越严重，美国出于自身战略利益的考虑，开始单方面宣布中止日本的拆迁赔偿，并考虑与日本单独媾和的方式。1951年，美国一手操纵的对日媾和会议在排除中国的情况下于旧金山市召开，并在9月8日签署了《旧金山对日和约》。在战争赔偿问题上，和约一方面表示日本应对其战争中造成的损害及痛苦给盟国以赔偿，但同时又表示"如欲维持可以生存的经济，则日本的资源目前不足以全部赔偿此种损害及痛苦，并同时履行其他义务"，因此各受害国除了扣留日本在本国的财产充作赔偿外，只可以要求日本提供劳务性服务，即劳务补偿，作为修复所受损害的费用，除此之外，各盟国及其国民放弃对日本的一切战争赔偿要求。

蒋介石对美国放弃赔偿的原则起初并不完全赞成，表示"要中国完全放弃赔偿要求是困难的"。[3] 但由于需要美国的援助而不能违背美国的意志，在美国承诺予以援助的条件下，蒋后来也同意"放弃一切赔偿要求"。但是这一"放弃"导致战争遗留问题的产生。

战争结束之前，日本在中国战区（东北三省除外）和台湾、澎湖以及越南北部所部署的军队，人数达128万人，[4] 再加上日侨，总数在200万人以上。此外，在中国东北待遣返的日侨约110万人，这样，等待遣返的日本

① 上海人民出版社编《德黑兰、雅尔塔、波茨坦会议记录摘编》，上海人民出版社，1974，第448页。
② 中国第二历史档案馆藏档案：761/226。
③ 《顾维钧回忆录》第9分册，第28页。
④ 〔日〕古屋奎二：《蒋"总统"秘录》第1册，"中央日报社"翻译出版，1974，第8页。

战俘及侨民总数达 310 余万人。盟军方面与中国方面协商提出了中国战区日人撤退方案，规定：日人从中国内地到港口的手续由中国陆军总司令部负责，中国战区美军司令部的任务是为中国政府担任顾问，并在中国陆军总司令部及中国政府与美国第七舰队、盟军总部间维持联系。美国第七舰队利用美国海军船只和盟军总部的日本运输队负责海运日人返国，中国战区美军司令部有决定日人自中国各港口撤退先后之权。在美国不断督促以及提供交通设施的情况下，开始了在华日本战俘和侨民的遣返工作。到 1946 年 9 月 20 日，自中国遣送回国的日本人总计为 2711951 人，其中军人有 1231251 人，平民 1480700 人。①

　　战后留在中国的日本军人及平民被遣返后，还遗留了大量的武器弹药及军事装备，作为战利品为进攻东北的苏联红军和中国军队所接收。但是，日军也知晓化学战的反人道性，在投降时仍视化学战为高度机密，极力掩盖其信息，并将大量化学武器遗弃在中国领土上。但是，化学武器中的化学毒剂可以长时间存在，而化学武器经长时间遗弃会出现毒剂泄漏，产生对环境的污染和人员的伤害，所以遗弃化学武器问题是战后遗留的重要问题。不过在冷战环境下，这一问题始终没有得到解决。直到 1999 年，中日间签订了处理遗弃化学武器的备忘录，这一问题才开始解决。

　　从 1945 年取得抗日战争的胜利，到今天已经走过了 70 年。虽然自抗战胜利，中国社会各界始终关注思考抗日战争的意义，以及抗战在中国近代历史中的地位和影响，但是人们今天的思考，要比以往的认识深刻许多，丰富许多。因为中国的抗日战争是中华民族走向复兴的转折点。

　　近代以来，由于中国政治的腐朽与经济的衰退，无法遏止西方列强的侵略与压迫，在一次次的列强进攻面前败下阵来。中国人民从不甘心忍受列强的欺凌，面对列强的侵略，掀起过一波又一波的反帝斗争，这些运动标志着中国社会新的生产力、新的阶级、新的思想和主义的出现，使中国社会在经济、政治、思想、文化各方面出现了新的积极向上的因素，出现了半殖民地半封建社会从"沉沦"转而"上升"的趋势，但是，一次次的斗争，都不幸地以失败告终，中国人民复兴中国的梦始终未能实现。

---

① 梁敬錞：《马歇尔使华报告书笺注》，"中央研究院"近代史研究所，1994，第 184、197 页。

　　抗日战争的胜利是近代以来中国第一次取得的对外战争的胜利。由于中华民族建立了抗日统一战线，在十分艰苦的条件下与侵略者进行殊死搏斗，成为国际反法西斯战线中重要的一环，获得了国际社会的尊重。正是在这样的背景下，中国人民的奋斗终于取得了成效：列强强加给中国的不平等条约被废除；中国收回了曾被日本侵占的领土——东北和台湾，成为联合国的创始成员国和常任理事国，重新确立了世界大国的地位。可以说，抗日战争的胜利完成了近代中国从"沉沦"到"上升"的转变，复兴中国的梦想开始成为现实。所以说，抗日战争是中华民族走向复兴的枢纽。

　　中国在争取复兴的过程中最重要的历史经验，是坚持民族团结反对民族分裂。中国人民抗日战争的胜利，集中显示了爱国主义和民族团结的蓬勃伟力。在波澜壮阔的全民族抗战中，全体中华儿女万众一心、众志成城，各党派、各民族、各阶级、各阶层、各团体同仇敌忾，共赴国难。长城内外，大江南北，到处燃起抗日的烽火。在抗日民族统一战线的旗帜下，以国共合作为基础，一切不愿做奴隶的中华儿女毅然奋起，同日本侵略者进行了气壮山河的斗争。正是基于全国人民的团结奋斗，抗日战争才成为近代以来中国反对外敌入侵第一次取得完全胜利的民族解放战争。

　　中国人民抗日战争的胜利，深刻揭示了自强是国家自立的根本保证。战争是实力的较量，国与国之间的战争，更是综合国力的较量。当年，孙中山先生痛感中国积贫积弱、任人宰割的悲惨状况，喊出了振兴中华的口号。而内部分裂、政治腐败、经济落后的中国则只能遭受战争的苦难。近代中国百年屈辱的教训和抗战胜利后建设发展的经验从正反两个方面充分说明，强大国力是国家免受外来侵略和压迫，并自立于世界民族之林的根本保证。

战时外交：从苦撑待变到大国擘画

1937 年 7 月，当中国孤军抵抗日本发起的全面战争时，没有人能确切地知道中日之战的道路通向哪里。尽管战争双方对于最终结局都有着自己的最佳及最低预期，但八年后，战争的结果大大地超出了双方最初的预期。侵略者铩羽而归，重新退回到被盟军缩小了范围的日本国土上。胜利者不仅收复失地，更以一新的面目出现在世界政治舞台上。全面抗战前在国际舞台上默默无闻的总是充当龙套角色或受气角色的中国，八年之后，从国际舞台的边缘地带一跃而进入中心地带，成为新的国际组织的核心成员，对国际事务拥有了重要的发言权。中国的国际地位发生了八年前任何人都无法想象的巨大变化。可以说，中国在这八年中取得了近代百余年间最大的外交成就。

一　争取国际社会的广泛支持

20 世纪 30 年代，中日两国在经济、军事实力及国家动员能力等方面差距明显。战争开始后，日本很快取得了军事战场上的优势。作为战争发动者及战场优势方，日本竭力排除国际社会的干预，力图把中日战争解释为仅仅是中日两国之间的事情，压迫中国做出重大妥协。而对中国而言，则

---

*　本章由王建朗撰写。

恰恰相反，中国外交的首要任务便是唤起国际社会对日本侵华战争的关注，争取国际社会对中国的支持。

事实上，在这个已经形成了一定程度的世界市场及相对稳定的势力均衡的时代，中日战争不只关乎中日两国的利益，它广泛地涉及列强在中国在远东的利益。此时，与远东事务有密切关系且可发生重要影响的国家大致可分为三类：一是英美法等国，它们是第一次世界大战后所形成的远东华盛顿体系的缔造国，希望维护由它们起着主导作用的现存的国际秩序，反对任何以武力变更现状的企图；二是德国，作为第一次世界大战的战败国，它被排斥于凡尔赛—华盛顿体系之外，随着实力的增长，它要求打破既有的世界秩序；三是世界上唯一的社会主义国家苏联，它受到整个资本主义世界的排斥，无论是与英美法，还是与德意日以及与中国，都存在着矛盾，但日本的扩张与强大将对其远东地区构成最主要的威胁。这三类国家是当时世界上最具影响力的国家，也是有可能在远东采取干预行动的国家。

中国的战时外交，就是要明智而妥善地处理与这三类国家的关系，争取一切可能争取的力量。正如外交部部长王宠惠所概括，国民政府的外交原则是"多寻与国，减少敌国，其国家与我利害相同者，当与之为友，其国家利害相反者，当使之不至与我为敌"。[①]

争取德国中立

从战略上来说，德国是日本的天然盟友。德国要颠覆欧洲秩序，日本要颠覆远东秩序，它们在战略上具有一致性。但中国政府并未放弃努力，仍竭力争取德国至少保持中立，阻缓德国迅速倒向日本。

从自身利益考虑，德国也不希望日本扩大在中国的战争。一是中德关系在全面抗战前有长足发展，尤其是在军事领域的合作发展得极为迅速。中国的军火供应大部分也来自德国。1936年，中国从德国订购的军火武器占其输入军火武器的80%。而德国国防工业所必需的一些稀有金属，进口总量的一半以上来自中国。[②] 德国希望中德关系继续发展。二是德国期望

---

① 余伟雄：《王宠惠与近代中国》，台北，1987，第96页。
② William C. Kirby, *Germany and Republican China* (California: Stanford University Press, 1984), pp. 137, 213.

日本日后能在远东对苏联发挥战略钳制作用，而一旦发动对华侵略，日本的主要兵力将被牵制在中国，没有能力来对付苏联。德国还担心日本扩大侵华战争会助长共产主义在中国的发展。德国外交部给驻日大使狄克逊（H. Dirksen）的一封电报表明了这一看法。该电指出："（反共产国际）协定的目标不是在第三国的领土上与布尔什维克主义作战。相反，我们认为日本的行动是与反共产国际协定背道而驰的，因为它将阻碍中国的团结统一，导致共产主义在中国的进一步蔓延，其最后结果将驱使中国投入苏联的怀抱。"德国外交部明确指出"日本人没有任何理由期望我们赞同他们的举动"。①

国民政府也很注意利用日本侵华有利共产党发展的说法来取得德国的支持。中国驻德大使程天放曾对德国外交部部长牛拉特（B. K. Neurath）表示："日本侵略中国就是替共党制造机会，世界上真正反共的国家，应该出来阻止日本的侵略。"② 国民政府的其他要员亦曾多次向德国表示，如果日本一定要灭亡中国，中国将倒向苏联。德国对中苏关系的明显改善和苏联对华援助的增加惴惴不安，不愿其在华地位被苏联取而代之。

因此，在中日战争初期，德国仍决定保持中立的态度。在此方针下，德国继续维持对中国的军火供应。据估计，在战争爆发的前16个月中，平均每月有6万吨的军火经香港运入中国。其中，德国军火约占60%。根据德国资料，德国易货供应中国的作战物资，1936年为23748000马克，而1937年则增为82788600马克。另据1938年7月5日美国国务院远东司《中国输入军火备忘录》统计，自卢沟桥事变以来，在各国输入中国的武器中，德国无论是在数量上还是在品种上都占据第一位。③ 同时，总数达30人之多的德国驻华军事顾问仍在继续活动。德国军事顾问积极参与了中国作战计划的制定，他们对华北、华东的作战都提出过设想和计划。日本因此向德国不断提出抗议。

1938年2月，德国内阁改组，内阁中比较亲华的国防部部长、经济部

---

① 《德国外交部致狄克逊电》（1937年7月28日），*Documents on German Foreign Policy*，*1918-1945*，Ser. D，vol. 1，London，1949，pp. 742-743.

② 程天放：《使德回忆录》，正中书局，1979，第210页。

③ 《韦尔备忘录》（1938年4月23日），*Documents on German Foreign Policy*，*1918-1945*，Ser. D，vol. 1，pp. 852-853；*Foreign Relations of the United States*（*FRUS*），1938，vol. 3（Washington，1954），p. 214.

部长等都被撤换，此后，德国下令撤出在华军事顾问、对华禁运军事物资，及要求中国在德军事留学生回国。但对华禁运军事物资的命令并未被严格执行，因为中德之间存在着互利互惠的关系，德国向中国输出武器，中国则向德国输出其所需要的军事原料。据统计，1938年德国从中国进口钨砂8962.2吨，超出了1937年的进口量，占该年钨砂进口总量的63%；从中国进口桐油7293吨，占该年进口总量的99.7%。即使到1939年，德国从中国获得的钨砂在1—8月也达到了3700吨，占同期进口量的50%。在这同时，德国的军火和武器等也通过易货形式不断流入中国。[①]

争取苏联援助

作为中日两国唯一的邻居大国，苏联对中日双方的力量消长最为敏感，其地理位置的邻近，也便利其采取最为直接的干预行动。因此，苏联因素受到国民政府的高度重视。尽管中苏之间有着极大的意识形态的分歧，国家关系前几年曾经破裂，而苏联又一直是中国共产党的支持者，但国民政府还是决定立即调整中苏关系。

卢沟桥事变发生不久，蒋介石便对立法院院长孙科和外交部部长王宠惠表示，如果事态扩大，可能会演变成一场中日之间的全面战争。在这场全面战争中，"最关键的因素"是与苏联达成协议，由苏联供应军事装备并缔结一个中苏互助条约。[②] 孙科与王宠惠立即赶赴上海，与苏联驻华大使鲍格莫洛夫（D. Bogomoloff）就中苏订约之事进行商谈。然而，苏联此时不愿与中国讨论互助条约。鲍格莫洛夫坦率地说，如果现在与中国签订这样的互助条约，即意味着苏联必须参战，日本就很可能进攻苏联。鲍格莫洛夫提议中苏签订一个互不侵犯条约。

但国民政府起初对缔结一个在其看来仅具象征意义的中苏间的互不侵犯条约不感兴趣，担心这种条约徒然刺激日本，刺激英美法，而中国得不到实质性的好处。但苏联坚持要订立这一条约，并把能否获得苏联物资的援助与订立这一条约挂起钩来。围绕是否要签订互不侵犯条约问题，中苏

---

① 〔英〕阿诺德·托因比等编《大战与中立国》，上海电机厂职工大学译，上海译文出版社，1981，第65—68页。
② 孙科：《中苏关系》，中华书局，1946，第16页。

之间进行了反复磋商。最终，中国为尽快获得苏联的军事物资而做出让步。8 月 21 日，中苏签订互不侵犯条约。

随着互不侵犯条约的签订，军事供货的障碍终告消除。8 月 27 日，中苏达成协议，苏联同意向中国提供价值 1 亿元法币的军事物资。11 月，苏联援华的第一批飞机运抵兰州，此时正值中国军队在淞沪作战失败之际，中国空军损失惨重，苏联飞机的到来给中国空军带来了新的力量。

由于财政困难，一时难以支付向苏联订购大批军用物资的费用，中国希望从苏联获得贷款。1938 年 3 月 1 日，中苏订立第一次贷款协定，由苏联向中国提供 5000 万美元的贷款，供中国向苏联购买各种物资。1938 年 7 月，中苏订立第二笔信用贷款协定，贷款总额仍为 5000 万美元。1939 年 6 月 13 日，中苏订立第三次易货贷款协定，贷款金额为 1.5 亿美元。这样，在全面抗战前期，苏联同意向中国提供的贷款，总数高达 2.5 亿美元。利用这些贷款，中国从苏联购得了大批军事物资。

在争取苏联物资援助的同时，中国还曾争取苏联出兵参战。在最初一段时间，苏联政府对这一问题未予明确拒绝。它总是一面婉拒中方的现时参战要求，一面又给中国保留在将来可以争取实现的某种希望。11 月 11 日，斯大林在会见杨杰和张冲时表示："若中国不利时，苏联可以向日开战"，但又强调指出目前苏联不宜对日开战，"故苏联对日本之开战须等待时机之到来"。此后，伏罗希洛夫（K. Voroshilov）还曾对张冲表示，当中国抗战到了"生死关头"时，苏联将出兵参战，绝不坐视中国失败。[①]

中国在进行南京保卫战及武汉保卫战之时，曾多次提出希望苏联出兵的请求，但均遭婉拒。中国政府终于意识到，苏联实际上是不可能出兵参战的。

尽管争取苏联全面军事介入的努力未获成功，但中国还是获得了苏联局部的暗中的军事支持。在中国急需获得空军作战人员之时，苏联派遣空军志愿人员来华作战。1937 年 11 月，第一批苏联空军人员到达兰州。12 月，苏联空军人员投入战斗。抗战期间，苏联先后派遣了 2000 名空军志愿

---

① 《杨杰、张冲致蒋介石电》（1937 年 11 月 12 日）、《张冲致蒋介石电》（1937 年 11 月 18 日），秦孝仪主编《中华民国重要史料初编——对日抗战时期　第三编　战时外交》（本章以下简称《战时外交》）(2)，中国国民党党史会，1981，第 335—336、338 页。

队员来华作战。他们对打击日军、阻缓日军的进攻做出了重大贡献，200 多名苏军官兵为之献出了生命。此外，苏联还在中国开办空军训练基地，对中国飞行技术人员进行强化训练。据统计，到 1939 年底，苏联帮助中国空军训练飞行员 1045 人、领航员 81 人、无线电发报员 198 人、航空技术人员8354 人。[①] 自 1938 年始，苏联军事顾问大批来华，在中国建立了比较完整的军事顾问体系。他们对中国军队的战术训练、掌握现代化武器的技能，以及对某些战略计划的制订都做出了有益的贡献。

依靠英美法

英美法不希望现存的国际体系在武力的背景下发生变化，尽管在全面抗战初期英美法给予中国的实际援助比较少，但中国政府认为，它们将来一定是中国的主要盟国。因此，国民政府坚持不懈地积极开展对英美法的工作，竭力向它们强调中日战争对远东和国际安全的重大影响，期望引起关注，借列强之力压迫日本，使中日问题获得较为公正的解决。

对英美法的外交循两条途径而展开，除双边交涉外，诉诸由英美法主导的国际组织也是中国外交的一个重要活动舞台。国际联盟是中国的首选目标。9 月 12 日，中国代表团正式向国联递交申诉书，指出日本正以武力侵犯中国领土完整与政治独立。根据《国联盟约》第十条和第十一条，此种事件实已关系到国联全体成员国，因此，国联应对此采取必要行动。经过若干轮的讨论与会外磋商，10 月 6 日，国联大会通过决议，指责日本对中国采取的军事行动"不能根据现行合法约章或职权认为有理由，且系违反日本在九国公约及巴黎非战公约下所负之义务"。决议对中国的抗战表示了一定程度的同情和支持，声明"大会对于中国予以精神上之援助，并建议国联会员国应避免采取一切结果足以减少中国抵抗之能力，致增加中国在现时冲突中之困难之行动"。[②]

由于美国不是国联成员国，国联会议提议召开九国公约签字国会议来讨论中日冲突。九国公约签字国会议于 11 月 3 日在布鲁塞尔召开，11 月 15

① 中国社会科学院近代史研究所编《国外中国近代史研究》第 11 辑，中国社会科学出版社，1988，第 393 页。

② "中华民国外交问题研究会"编《卢沟桥事变前后的中日外交关系》，台北，1964，第359—362 页。

和 24 日分别通过了两个宣言。宣言针对日本要用武力"使中国放弃现行政策"的企图，指出"在法律上根本不存在任何国家动用武装力量去干涉他国内政的根据"，并向中日双方建议"停止战争，并改取和平程序"。① 国联会议和九国公约签字国会议，无论是在向中国提供物资援助还是在对日实施制裁方面，都未能取得中国政府所期望的实质性的进展。但其对中国道义上的援助仍具有积极意义，它为以后的物资援助打下了基础。

全面抗战前期，中国不遗余力地宣扬"世界和平不可分割"、局部侵略将危及整个人类的思想，将中日战争与世界安全紧密挂钩，促使各国关注中日战争。1938 年 2 月 21 日，蒋介石在致世界反侵略和平大会的电文中指出："盖中国作战，不独求民族之解放，不独求领土之完整，实亦为全世界各国之共同安全而战也。日本践踏条约如粪土。既保证邻国疆土之完整于先，乃食言兴师任意侵略于后，其毁灭信义，若不加以膺惩，则世界此后所遭逢之浩劫，恐将为人类历史所罕见。"② 中国政府在各种场合向世界指出，日本侵略一日不制止，远东及世界和平即一日不能维持，"世界和平不可分割，一部分之利害，即全体之利害，故每一国家谋世界之安全，即所以谋自国之安全，不可不相与戮力，以至于保障和平，制裁侵略，俾东亚已发之战祸，终于遏止，而世界正在酝酿中之危机，亦予以消弭"。③ 中国呼吁西方大国为维护世界的和平而及早出面干预远东的战争。

中国政府所阐述的观点与美国总统罗斯福的"防疫隔离演说"异曲同工，且更为强烈和直接。中国较为成功地向世界表明，抗战不仅是中国的，也是世界的。中国所担当的不仅是民族自卫的角色，也是世界和平与安全维护者的角色。中国的呼吁与日本对英美权益的不断侵犯，使英美逐渐意识到日本对世界和平的威胁，意识到中国的抵抗对于世界安全的意义。

抗战全面爆发之前，中国在英美眼中只是一个原料产地与产品市场而已，在战略上无足轻重。但随着战争的进行，英美逐渐意识到，中国是抵抗侵略的前哨，如果中国被打败，日本绝不会在中国止步，日本将会向南方扩张，与西方国家发生冲突。因此，支持中国的抵抗是极为重要的。这

---

① *FRUS, Japan*, part 1, pp. 410−412.
② 秦孝仪主编《蒋公思想言论总集》卷 37，中央文物供应社，1984，第 169—170 页。
③ 《中国国民党临时全国代表大会宣言》（1938 年 4 月 1 日），荣孟源主编《中国国民党历次代表大会及中央全会资料》下册，光明日报出版社，1985，第 466 页。

样，以往被忽视的中国巨大的潜在资源逐渐得到重视，原来只是被作为原料产地和产品市场的中国被赋予了战略性的意义，成为其对外战略中具有重要意义的一环。远东司官员范宣德（J. C. Vincent）在 1938 年 7 月 23 日提出的备忘录很具有代表性，备忘录认为："中国的抵抗不致崩溃，不仅对中国而且对我们以及其他民主国家来说都是极为重要的"，建议在不致卷入战争的限度内，美国"现在不应放过任何增强中国的抵抗意志和抵抗能力以阻止日本征服中国的企图的机会"。针对一些人一味害怕卷入中日冲突的想法，备忘录指出，如果英美坐视日本取胜，日后必将"南进"的日本势必会与英美发生冲突，而英美现在向中国提供援助，其卷入冲突的可能性，将比其坐视日本胜利后再与日本冲突的可能性要小得多。作者的结论与以往流行的孤立主义观点截然不同：积极的对华援助反倒比袖手旁观更少卷入的可能。[①]

正是在这一对华认识变化的基础上，罗斯福最终批准了商讨已久的对华贷款计划。12 月 15 日，美进出口银行公开宣布 2500 万美元的"桐油贷款"。英国也采取了相同的步骤，12 月 19 日，英国宣布给中国贷款 50 万英镑。次年 3 月 18 日，英国又宣布向中国提供 500 万英镑的平衡基金贷款，以稳定中国的法币价值。与此同时，英美法政府还分别向日本政府递交了照会，表示将坚守《九国公约》的原则，不承认日本宣称要建立的"东亚新秩序"。

基于英美实力的消长变化及对华政策的差异，全面抗战初期中国的外交侧重点做出了一个重大调整：对美外交取代对英外交，居于中国外交的首要地位。近代以来，英国长期以列强的带头人身份出现在中国。但至此时，英国的国力限制及欧洲时局的牵制实际上已使英国在远东处于一种虚弱状态，它已没有能力再在中国充当首席列强的角色。围绕着远东危机的若干次交涉活动也表明，没有美国的积极参与，英国不肯也不能有所作为。中国政府意识到了这一变化，日益重视对美外交，并在 1938 年逐步完成了外交重点的转变。

1938 年 6 月，蒋介石对有可能对远东发生影响的英美苏等大国做了一番比较分析，他认为："英国老谋深算，说之匪易。俄国自有国策，求援无效。惟美为民主舆论之国，较易引起义侠之感。且罗斯福总统确有解决远

---

① 　*FRUS*，*1938*，vol. 3，pp. 234-237.

东整个问题之怀抱。如舆论所向，国会赞同，则罗总统必能有所作为。"蒋介石提出的外交方针是："应运用英美之力，以解决中日问题"，"对俄应与之联络"，"对德应不即不离"。[①] 1938 年 9 月，孔祥熙在致新任驻美大使胡适的电文中明确指出了美国在列强中的领头地位。孔叮嘱说："此次使美，国家前途利赖实深，列强唯美马头是瞻，举足轻重，动关全局，与我关系尤切。"[②] 这表明，到 1938 年底，中国已最终确立了以对美外交为首要重点的外交方针。

二　反轴心国政策的明晰与推动美英援华制日

日本在亚洲发动侵华战争不久，德国也在欧洲采取了扩张行动，欧洲局势日趋紧张。德国的扩张，无论是对英法，还是对苏联都构成了威胁。为了应付德国的威胁，1939 年春夏，苏联与英法就订立欧洲集体安全条约展开谈判。但是，双方均缺少紧迫感，谈判进展并不顺利。国民政府认为，苏联与英法结盟，符合中国的利益，因为它将使欧洲安定，使英法苏有余力关注远东问题。因此，中国积极推动苏联与英法的谈判。

蒋介石多次致函斯大林，力促其与英法早日订约，安定欧洲。同时，蒋介石也对英方强调，英苏军事同盟应立即无条件订定。蒋介石在会见英国驻华大使卡尔（Archibald C. Kerr）时指出，欧战一旦爆发，日本必将参战，英国不应相信日本将不参加欧战的保证，而应立即与苏联成立军事协定，以抑制希特勒。这样，"欧洲和平可期，而远东亦可获安定。否则，德、俄妥协局势一经造成，不惟英伦三岛告急，恐印度亦将岌岌可危矣"。[③] 当然，中国希望远东问题也能列入苏联与英法的讨论范围。1939 年 4 月，蒋介石致电正在访苏的立法院院长孙科，要求他在"英俄合作交涉时，请

①　张其昀：《党史概要》第 3 册，中央文物供应社，1979，第 973—974 页。

②　《孔祥熙致胡适电》（1938 年 9 月 22 日），中国社会科学院近代史研究所中华民国史组编《胡适任驻美大使期间往来电稿》，中华书局，1978，第 1 页。

③　秦孝仪总编纂《"总统"蒋公大事长编初稿》（以下简称《蒋公大事长编初稿》）卷 4（上），中国国民党党史会，1978，第 350 页。

俄当局勿忘远东，应同时提出，并望能促成中、俄、美、法在远东具体之合作"。①

　　然而，国际风云变幻莫测，当国民政府还在幻想英法苏将订立条约时，突然传出了令世人意想不到的消息。8月22日，苏联宣布与以往视为对头的德国签订互不侵犯条约。苏联此举，不仅令西方国家大为震惊，也使中国政府深感意外和紧张。苏德条约签订后，欧洲加速了滑向战争的进程。9月1日，德国大举入侵波兰。9月3日，英法对德宣战。欧洲战争爆发。

　　如何应付欧战爆发后的新局面？在最初的一段时期中，国民政府高层的认识并不统一。在德国入侵波兰的次日，蒋介石召集行政院院长孔祥熙、外交部部长王宠惠、军委会参事室主任王世杰、国防最高委员会秘书长张群、参谋总长何应钦、国民党中央执委会秘书长兼中统局长朱家骅等人，讨论今后的外交方针。据王世杰日记记载，孔祥熙、王宠惠、张群、朱家骅等人均主中立，但蒋介石主张对德宣战。

　　蒋介石为什么主张宣战？在9月2日的日记里，蒋介石比较详尽地研究了中国的应对方针。他认为，欧战如果扩大，中国外交方针最要紧的是要注意两点："（一）不使日寇加入欧战为第一义。（二）不使俄日妥协为第二义。"蒋介石对欧战结果的判断是"胜利必属英法"，因此，中国须提前加入英法阵线，以阻止日本突然宣布站到英法一边。蒋介石的目标是："我国对欧战政策之惟一主旨，端在参加民主阵线，以为他日媾和时，必使中日战争与欧战问题同时连带解决也。"②

　　在欧战爆发后的一段时期内，蒋介石几乎每天都召集高级军政要员会商应对方针，大体上，蒋介石仍倾向于对德宣战，尽快明确加入英法阵线，但其他要员则主张谨慎表态。王世杰曾提出偏向于蒋的折中方案，即不采取对德宣战这样的激烈措施，但以召回驻德大使这样的方式来表明立场。蒋介石表示同意。

　　召回驻德大使的主张，尽管得到了蒋介石的支持，但还是碰到了困难，因为外交部部长王宠惠及其他要员对此有不同看法。对于欧洲战争，王宠

---

① 《张冲致蒋介石》（1939年4月21日）、《蒋介石致孙科》（1939年4月），秦孝仪主编《战时外交》（2），第401、409页。

② 《蒋介石日记》，1939年9月2日，原件藏美国斯坦福大学胡佛研究所档案馆。藏所下略。

惠力主中国不必立即有所表示，他尤其反对做出明显的表示。张群、朱家骅等也不主张做明显的表示。9月7日，王宠惠在蒋介石的催促下，曾向中国驻德使馆发出召陈介大使回国述职的命令。但第二天孔祥熙便令王宠惠致电驻德使馆，取消此前召回陈介的电令。

尽管对德宣战的提议未获高级幕僚的赞同，但蒋介石仍想以某种方式来表明中国立场，以便将中日战争与欧洲战争联系起来。9月8日，蒋介石在与幕僚晚餐时提出，中国政府应对欧洲战争发表一个宣言，明白地表示中国的立场。但徐永昌、孙科等人仍表示反对。徐对蒋介石进言："离间国际事，吾人无此能力，亦不应做"，"发表宣言宜从缓"。①

苏联因素是国民政府在考虑对欧战方针时需要仔细掂量的重要因素，难以确定的苏德之间的暧昧关系，使国民政府在决定对德政策时迟疑不决。9月17日，苏军挥师进入波兰，与德军形成夹击波军之势。对此，德国宣传部宣称，苏军向波兰进击曾得到德方的充分同意，明确无误地给世人以苏德合谋的印象。当日晚饭时，蒋介石终于表示，国际形势变化太大，对外宣言一节作罢。

这样，欧战爆发后，国民政府虽然在总体上仍然坚持了走英美路线的战略，但并未明确地站到英法阵营一边，对德国采取了富有弹性的政策。国民政府的这一国际战略选择，在1940年夏又经历一次不小的波动。

1940年5月，法国沦陷，英法联军在欧洲大陆惨败，英国本土也陷于德国的狂轰滥炸之下。在德军取得巨大军事胜利的形势下，国民政府内部就是否还应坚持联英，还是改行联德，出现了不同声音。

7月2日，国民党五届七中全会上，外长王宠惠报告了最近日本压迫英国在香港及缅甸问题上让步的情况。孙科表示，如果英国对日妥协，接受日本人的要求，"吾人只有取西北路线，积极联络苏德，德在欧洲已操胜券，吾人更应派特使前往，除外交外，并应发生党的关系。英国在欧已无能为力，必将失败也"。不少人对孙科的提议报以掌声。②

对此，蒋介石表示，既定的外交政策现在不必变更，中国应继续对英美友好的方针，同时，对德外交可尽力加强。根据这一思路，7月6日，国

---

① 《徐永昌日记》第4册，1939年9月11日，"中央研究院"近代史研究所，1991。

② 《王子壮日记》第6册，1940年7月2日，"中央研究院"近代史研究所，2001。

民党五届七中全会通过的决议案确定了如下方针："对于英法，尽力维持固有之关系；对德意等国不仅以维持现存友谊为满足，更宜积极改善邦交，以孤敌势。"①

7月7日，朱家骅致函德军总参谋长凯特尔（Keitel）。朱在函中竟表示"此次贵国国防军在欧战中之成就，使余十分兴奋"。他希望德国能利用目前取得的成就，"使欧战早日结束，得以在世界和平工作上，作更进一步之伟大贡献。尤其在远东方面，希望贵国特别注意，从新认识"。该函还赞扬德国在困境中努力奋起的精神及德军与同盟国军队作战的情形，称其发人深省，是对中国人奋发自振的良好教育。② 主张改行联德政策，并非只朱家骅等少数亲德人士的想法，国民政府中不少人士支持这一主张。7月18日，孙科在国防最高委员会会议上再次提出亲苏联德的方针，便得到很多人的附和。

关于这场国际战略之争的情况，相关史料并不多见，但从蒋介石后来的回忆中可以看到这一争论似乎还颇有波澜。蒋介石在1941年初回忆道：去年六七月间，当英法惨败，德国大胜之时，"我中央外交方针，几乎全体主张联德，而孙哲生、白健生等为尤烈，总以为美国外交，绝不可靠也"。当时他不赞成大家的主张，表示他本来也是主张对德亲善的，过去当德日防共协定发表及德承认伪满之时，他曾不顾中央各委反对，力主不与德绝交，"惟此次则决不能因德之大胜，而更求交好，徒为人所鄙视也"。但一些人仍对蒋的看法不以为然，蒋遂直率批评这些人"以前之反德太过，与今之亲德太急，前后主张，皆不合理，且此时亲德，决不能由我强求而得亲也"，主张"暂处静观，以待其定，再决方针"。蒋在回忆此一争论时为他当时的坚持感到庆幸："如余当时不坚持，听健生等之言，而违美联德，则英、美近日不仅不愿与我合作，其必联倭以害我，我处极不利之地矣！"③

有关联英还是联德的战略之争未能持续太久。因为，1940年9月，德意日三国同盟宣告成立，德国与日本正式形成军事同盟关系。面对既成事实，国民政府内主张联德的声音至此不得不平息下来。

---

① 荣孟源主编《中国国民党历次代表大会及中央全会资料》下册，第635页。
② 《致德国总参谋长 Keitel 大将书》，王聿钧、孙斌合编《朱家骅先生言论集》，"中央研究院"近代史研究所，1977，第657—659页。
③ 潘光哲、黄自进编《困勉记》下册，"国史馆"，2011，第756—757页。

欧战爆发后，苏联对中国的援助规模逐渐减少。而另一方面，随着苏德关系的明朗化，苏日关系也朝着和解的方向发展。经历了张鼓峰和诺门坎两次重大军事失败的日本，已切实感到苏联军事力量的强大，准备调整日苏关系，以诱使苏联停止对华援助。日本与苏联间开始了秘密接触。

国民政府对苏日之间的动向十分关注，一再向苏方表示反对的立场。1940年12月1日，蒋介石直接致函斯大林，直陈苏联对日妥协的危害，指出它必将造成各国竞相对日妥协，而使日本达到侵略目的。蒋介石指出："苏联如对日本妥洽进一步，则英、美对日本之迁就必更进两步，如此英、美必将先于苏联而对日妥洽，而日本大陆政策乃完成矣。"中国驻苏大使邵力子曾这样向苏方形容苏日妥协的影响："果有此约，对于中国人民精神上之打击将甚于一千架敌机之轰炸。"①

不幸的是，苏联在对日调整关系上自有其战略考虑，中国的担忧和劝说并不能改变苏日接近的进程。为避免一旦遭受德国进攻时出现腹背受敌的局面，苏联需要在远东稳住日本。1941年4月13日，苏联与日本签订《苏日中立条约》，双方约定："保证维持两国之间的和平与友好关系"，"如缔约一方遭受来自一个或几个第三国的攻击时，缔约另一方保证在整个冲突时期内保持中立。"最为引人注目的是作为条约附件而同时签署的共同宣言。苏日双方在宣言中声明："苏联保证尊重满洲国的领土完整和不可侵犯，日本保证尊重蒙古人民共和国的领土完整和不可侵犯。"② 苏联对订立这一条约显然感到比较满意，斯大林甚至亲自前往莫斯科火车站为前来签约的日本外相松冈洋右送行，并接连三次拥抱松冈。斯大林的这一送别规格史无前例，其意无非向世人表明苏日条约的重要性。

在苏日妥协中，中国的领土和主权成了别国妥协和交易的筹码，无论是苏联承认日本以武力夺取的东北，还是日本承认被苏联势力实际控制的外蒙古，都严重侵犯了中国的主权。国民党最高当局对苏日妥协并非没有预感，但苏日妥协的尺度远远超过了中方的预想。《苏日中立条约》与宣言全文公布后，国民政府对苏日条约居然含有这样的内容感到震惊和难以接

---

① 《蒋介石致斯大林电》（1939年12月1日）、《邵力子致陈布雷电》（1939年10月19日），秦孝仪主编《战时外交》（2），第356—357，383页。

② 《国际条约集（1934—1944）》，世界知识出版社编印，1961，第304页。

受。宋子文在拜会美国总统罗斯福时即表示："我国对俄日中立条约亦可料到，惟承认满洲外蒙古一条，出乎意外，影响我军心民气殊巨。"①

4月14日，国民政府外交部就苏日条约发表声明："查东北四省及外蒙之为中华民国之一部，而为中华民国之领土，无待赘言。中国政府与人民对于第三国间所为妨害中国领土与行政完整之任何协定，决不能承认，并郑重声明：苏日两国公布之共同宣言，对于中国绝对无效。"②次日，《中央日报》发表社论，批评苏日条约，指出中国受日本侵略是举世所共知的事实，按照《中苏互不侵犯条约》的规定，在中日战事未终了之时，苏联不应与从事侵略的日本缔结任何协定，而对中国抗战产生不利的影响。外蒙古为中国领土，乃确定不可更易的事实；伪满是日本所操纵的傀儡组织，为举世所昭知的事实，苏日之间"这种侵犯中国领土主权的第三国相互间的声明，当然无效"。社论并对日本遵守条约的可信度提出疑问，奉劝苏联认清，"暴日对于国际条约，向无信义，朝订夕废，习为固常。今日如希图逃避其在三国盟约上的对德义务，不得已而与苏联签订协定，一旦环境变迁，势必将采取与协定相反的行动了无疑义"。③

考虑到仍要继续争取苏联的物资援助，国民政府并不想因此事而使中苏关系大大恶化，因此，它对苏日条约的反应总体上来说是谨慎和克制的，并采取了相应的舆论控制措施。国民党中央宣传部内部下达关于《苏日中立条约》的宣传要点，要求宣传机关及报纸杂志在讨论此事时要切实注意：对苏应力避攻击口吻，以免损害苏联的感情，造成反苏印象，并且不必连篇累牍评述此事。文件还具体规定了公开评论的提法和宣传口径，要求舆论界不要涉及苏联签订此约的动机。关于东北和内蒙古问题，文件指示应根据中国外交部的声明和中苏间的条约来表示惋惜与不满之意。国民党中宣部还提醒外交人员注意此点。中宣部部长王世杰在致驻美大使胡适电中表示："日、俄协定事，除由外部就满蒙问题声明立场外，我将不对苏作其他批评，以免造成反苏印象，为敌利用。请密嘱有关人员注意。"④

经过十余天的观察和思考后，蒋介石从最初的沮丧中恢复过来。4月24

① 叶惠芬编注《事略稿本》第46册，"国史馆"，2010，第65页。
② 秦孝仪主编《战时外交》（2），第390页。
③ 《中央日报》1941年4月15日。
④ 《王世杰致胡适电》（1941年4月15日），《胡适任驻美大使期间往来电稿》，第101页。

日，蒋介石向各地军政要员发出密电，通报了他对条约的判断。蒋介石认为，该条约的订立并非日本外交的成功，而是苏联外交的成功，"此约之订立，其主动全在苏联，亦可谓为苏联对日计划之成功。其于敌寇，实有害无利，且适足以增加其失败之因素"。蒋认为苏联订立此约的用意不外四点：（1）为欲消灭日本海军而策动其"南进"；（2）为欲消灭日本在我东北之陆军，不得不鼓励其"南进"或转用于中国之战场；（3）为预防德国攻击苏联，消除其东顾之忧；（4）其最深刻用意，则在以此举而动摇德意日三国同盟的基础，使德国认清日本之不惜背盟弃信，因而加深对日之疑忌。蒋介石认为，日本只是在表面上获得一纸空文，而在实际上失去一个最有力的盟友，其为失败已不言而喻。①

在努力维持中苏关系的同时，中国政府更为看重的是发展与英美的关系。欧战爆发后，面临战局的不断恶化，英国在远东的对日妥协有所发展，最为严重的妥协事件是从1940年7月开始的滇缅路禁运。在日本一再发出的武力威胁之下，正陷入保卫英伦本岛苦战的英国接受了日本的要求，同意对中国的国际交通线滇缅路实施军事物资禁运三个月。这是英国在抗战时期对日本做出的最重大的也是最后一次妥协。中国政府一面提出严正抗议，一面积极争取英国三个月后恢复开放，防止出现禁运长期化的不利局面。

1940年10月，英国本土已经度过最危急的时期。英国决定重开滇缅路，其对华政策转趋积极。10月14日，英国大使卡尔在与蒋介石会谈时表示："英国国策今已改变"，现在来讨论中英两国合作问题一定会有结果。卡尔主动提出，英国方面可派重要军官来华与中方讨论军事合作问题。他建议中国向英国提出提供武器弹药和飞机等军事装备的要求，中国还可以要求英国对华贷款100万英镑。作为回报，中国可以考虑派遣壮丁三四十万人协助英国作战，或在日本进攻马来亚及新加坡时，以大军攻击广州地区，牵制日军南下。②

于是，与英美的军事合作问题提上议事日程。11月9日，中方提出

①　叶惠芬编注《事略稿本》第46册，第121—123页。
②　《蒋介石与卡尔谈话记录》（1940年10月14日），秦孝仪主编《战时外交》（2），第38—41页。

《中英美三国合作方案》。方案提出，中英两国订立同盟，并要求美国参加，如美国无意参加，亦须先征得美国对此项同盟的支持。该方案提出的三方协作的具体事项是：英美共同或分别借款给中国，总额为 2 亿—3 亿美元；美国每年以信贷方式售给中国战斗机 500—1000 架，其他武器的数量及种类另行商定；英美派遣军事与经济、交通代表团来华，组织远东合作机关，这些代表团的成员可由中国政府聘为顾问；英美或其中任何一国与日本开战时，中国陆军全部参战，中国全部的空军场所都归联军使用。① 中方显然高估了英方此时的合作意愿。英国尚不想刺激日本发动对英战争，无意在与中国合作的道路上走得如此之远。英方对这一合作方案未能做出积极反应。

1941 年 2 月，丹尼斯（L. E. Dennys）少将出任英国驻华武官。此后，中英展开了有关军事合作问题的实质性讨论，其主要内容有英国训练和指挥中国游击部队及英国空军的援华问题，但双方在何时作为合作实施起点的问题上意见分歧。中方要求把日本进攻云南或新加坡均作为起点，届时英国须向中国提供空军援助，中国则向英国提供陆军援助。英国则坚持以日本进攻新加坡为中英合作的起点，始终拒绝以日军进攻云南为合作起点的建议。但为了表示对中国的支持，英国决定将其在美国商订的 144 架战斗机让予中国。

实行特定区域的联防符合中英两国的共同利益，双方商讨了这一重要问题。1941 年春，中国军方组织了对缅甸、印度、马来亚的考察。中国缅印马军事考察团成员包括陆、海、空三军将校，军事委员会办公厅主任商震任团长，军事委员会参谋次长林蔚任副团长。考察团于 2 月初出发，历时 3 个月之久，遍搜有关缅印马的经济、政治、军事资料，形成了 30 余万言的《中国缅印马军事考察团报告书》。考察团判断，日军在攻占马来亚、新加坡后会进攻缅甸，中国军队应及早入缅布防。但英方对此持不同看法，认为日本不敢轻易向英国挑衅，只会去截断中国境内的滇缅路，因而不同意中国军队先行入缅。

1941 年 7—8 月，商震等与丹尼斯连续举行了 4 次关于联合军事行动的

---

① 《蒋介石致郭泰祺电附件》（1940 年 11 月 9 日），秦孝仪主编《战时外交》（2），第 51—52 页。

具体问题的商谈。8 月中旬，双方就组训 15 连游击部队，协防香港、缅甸等问题达成初步协议。英方还同意为中国飞机在缅甸的装配、飞行训练和射击演习提供便利。中方同意，当日本进攻香港时，中国军队将在华南邻近地区出击以协助英方防守香港。当日军进攻缅甸时，中国军队将从云南出击缅甸，攻击日军的侧背。

相比之下，国民政府更为倚重中美关系。欧战爆发后，中美关系逐渐向中方所期望的方向发展，并展现出比中英关系更具积极性的前景。美国逐步扩大对日本"道义禁运"的范围。1939 年 9 月 26 日，罗斯福要求有关企业停止向日本出口 11 种原料。12 月上旬，美国政府又将"道义禁运"的范围扩大到制造飞机所用的主要金属铝、镁、钼等，并禁止提供生产航空汽油的方法、设备和技术资料。

1940 年 6 月，法国向德国投降。日本利用这一时机，迫使法属印支当局接受日本要求，切断滇越铁路，同时向英国施压，要求封闭滇缅路。7 月 2 日，美国政府颁布第一道禁运令，将下列物资列入需申请出口许可证的范围：（1）一切武器弹药、军事装备；（2）非常时期战略物资，包括铝、镁等原料；（3）飞机零件、装备、附件、光学仪器和金属加工机械。7 月 25 日，罗斯福又宣布对航空燃料、润滑油和废钢铁的出口实行许可证制度。

8 月，日本威逼法国同意日本军队进入印度支那北部，并在边境地区越境挑衅，施加军事压力。中国外交部在得知日法正进行谈判的消息后，指示胡适敦促美国政府"催禁全部废铁与普通汽油，并采取其他更有效之行动"。[①] 美国也感到事态严重，多次对日本对印支的无理要求提出警告和抗议，但日本置若罔闻。9 月下旬，日本军队开进印度支那北部。鉴此，美国政府于 9 月 26 日宣布对废钢铁实行全面禁运。

1941 年 7 月 25 日，日军进入印度支那南部，"南进"姿态已然显示。26 日，美宣布冻结日本在美国的全部资产。8 月 1 日，美国事实上实施了包括石油在内的对日全面禁运。对此，英国与荷兰积极配合。英国同时宣布冻结日本在英国的资产，并废止日英通商航海条约和日印通商条约。荷属东印度也宣布冻结日本资产，并取消了当时仍有效的与日本的石油合同。日本资源短缺，石油 80% 以上依靠进口。美英荷等国所采取的石油禁

---

① 《外交部致胡适电》（1940 年 9 月 10 日），《胡适任驻美大使期间往来电稿》，第 68 页。

运措施对日本是一个致命打击，迫使日本在或停止战争或孤注一掷中做出
选择。

在逐步加大对日制裁力度的同时，美国逐渐加大其对华援助的力度。
1940 年 4 月，中美达成数额为 2000 万美元的滇锡借款协议，10 月，又达成
2500 万美元的钨砂借款协议。11 月，美国政府宣布对华提供价值 1 亿美元
的巨额贷款。这一贷款分为两部分，一半为金属贷款，一半为平准基金贷
款。1941 年 2 月，中美签订 5000 万美元金属借款协议，4 月，签订 5000 万
美元的《平准基金协定》。

美国政府也逐步公开了它的反轴心国立场。1940 年 12 月 29 日，罗斯
福在白宫发表了著名的新年炉边谈话，指出轴心国统治世界的计划正威胁
着美国的安全。在这一谈话中，罗斯福提出了著名的"我们必须成为民主
制度的伟大兵工厂"的口号。[①]"民主兵工厂"一词就此叫响。1941 年 3 月
8 日，美国国会通过《租借法案》。3 月 15 日，罗斯福发表演说，赞扬亿万
中国人民所进行的反对日本侵略的艰苦卓绝的伟大战争。罗斯福公开表示，
中国一定会得到我们的援助。美国对华援助逐渐由经济层面提升到军事层
面。4 月，罗斯福批准将价值 4500 万美元的军事器材作为首批援华租借物
资。稍后，罗斯福正式发布《租借法案》适用于中国的声明，并宣称保卫
中国是保卫美国的关键。

1941 年 4 月 15 日，罗斯福总统秘密签署了一项不对外公开的行政命
令，允许美国的预备役军官和美军航空部队退役军官前往中国，参加由原
空军军官陈纳德（C. L. Chennault）组织的美国志愿航空队，协助中国抗日。
陈纳德组建空军志愿队的行动由此而获得了白宫颁发的通行证。这是抗战
爆发以来美国政府第一次允许美国军人援助中国。7 月 10 日，110 名飞行
员、150 名机械师和其他一些后勤人员作为第一批美国志愿队队员离美赴
华。8 月 1 日，中国政府发布命令，正式成立中国空军美国志愿大队。该大
队由美国志愿人员和中国人员共同组成，下辖 3 个驱逐机中队。陈纳德担任
志愿大队指挥官。8 月，美国决定派出以马格鲁德（John Magruder）将军为
团长的军事代表团，该代表团不仅负责对华租借物资事宜，还承担双方高
层军事当局沟通的任务。这样，在太平洋战争爆发之前，美国已开始走上

---

① 《罗斯福选集》，关在汉编译，商务印书馆，1982，第 261—269 页。

军事援华的道路。

三 大国地位的争取与确立

太平洋战争的爆发，完全符合中国的战略期望，中国终于与美英苏等世界强国一同立于反轴心国的阵营，中国的抗战与世界战争连到了一起。战争的胜败已不再是问题，尽管还要付出艰辛的努力。太平洋战争爆发后，中国外交的主要目标已不只是争取盟国支持，其注意力也逐渐转移到改善中国的外交地位，争取中国的大国地位上来。

中国的大国意识看起来似乎是突然间出现的，但又是一个必然的结果。尽管反轴心国国家有 20 多个，但此时实际承担着主要作战任务的只有 4 家。中国作为与轴心国作战最久的国家，又是牵制着日军巨大兵力的国家，成为主角之一，也是自然。1942 年 1 月，二十六国《联合国家共同宣言》的发表，及蒋介石出任盟军中国战区最高统帅，统一指挥中国、越南、泰国境内的盟军作战，便预示了中国地位的极大提升。二十六国《宣言》由美、英、苏、中领衔签署。在近代以来的国际活动中，中国基本上是在别人拟定的多边国际条约上签字，有时甚至不得不在有损自身利益的条约上签字，而今以领衔国的身份签署国际文件，这是从未有过的事情，令中国朝野各方颇感自豪。二十六国《宣言》签署时，美国总统罗斯福对宋子文表示，欢迎中国为四强之一。[①]

蒋介石在 1942 年 1 月的日记中写道：

> 二十六国共同宣言发表后，名义上且以美英俄华为中心，于是我国列为四强之一。再自我允任中国战区统帅之后，且越南、暹罗亦列入本战区内，于是国家与个人之声誉与地位，实为有史以来开空前惟一优胜之局也。

当然，面对着这一不久前尚无法想象的尊崇地位，蒋介石也流露出了

---

① 《宋子文致蒋介石电》（1942 年 1 月 1 日），叶惠芬编《中华民国与联合国史料汇编——筹设篇》，"国史馆"，2001，第 4—5 页。

惶恐，"甚恐有名无实，盗虚名而受实祸，能不戒惧乎哉！"①

社会各界也为这一地位的提升而感到欢欣鼓舞，很快认同四强的说法，期望中国承担起大国角色。《中央日报》社论称："这的确是历史上空前未有的大事。""在今日整个世界之中，我们已是四强之一，中美英苏不但是现在反侵略阵线的四大主力，并且是未来重建新世界的四根支柱。在我国历史上，我们的国际地位从未有达到这样高峰。"② 当然，人们也意识到，中国国际地位的真正提升，还有待于自己更多的努力。《大公报》的一篇文章便有些自我警醒的意识：

> 自去年十二月九日我们对日德义宣战，今年元旦参加反侵略同盟，我们已正式踏上世界政治舞台，今后世界战时与战后的大大小小问题我们都得参加；参加得力，我们可以一跃而为列强之一员，参加不力以至失当，将永远做一个三四等国家。这一点，我们应该以极大的警惕，做今后的努力。③

中国争取大国地位的努力，从两个方面齐头并进。一是充分发挥一个地区大国的作用，对国境以外的事务展现其关怀，发挥其影响，对周边国家的抗日活动给予力所能及的支持，塑造一个合格的大国形象。二是努力在国际组织体制上寻求确定中国的大国地位，在对战后国际组织的设计中，确保中国担任重要角色。

积极发挥大国作用

派遣中国军队到境外作战是中国努力发挥大国作用的一个重要部分。近代以来的中外间战争基本上都是在被侵略的中国境内进行的，在这些战争中，中国一次次地丧失了主权。自甲午战争败于新起的日本后，中国军队再也没有境外作战的记录。即使是在第一次世界大战期间，作为参战国的中国除了劳工之外，也未实际派出作战部队参战。对于战争，中国避之

---

① 《蒋介石日记》，1942年元月"反省录"。
② 《华府伟大的决定》，《中央日报》1942年1月6日。
③ 《反侵略同盟与中国》，重庆《大公报》1942年1月5日。

犹恐不及，境外作战自是不可想象的。但中国迈出了这一历史性的一步。太平洋战争爆发不久，为协助英军防守缅甸，中国派出精锐部队中国远征军第一路军入缅作战。此外，中国还有派出远征军第二路军进入越南作战的计划，但后未实现。尽管中国战场本身也急需兵员，但中国以反法西斯战争全局为重，将盟国共同的战事视为自己的战事。

缅甸防守战中，中国远征军虽英勇作战，但由于中英之间缺少战略配合，战斗以盟军的失败而告终。中国远征军损失惨重。缅战失败后，部分中国军队退往印度，在那里经过整训和扩充，组建了中国驻印军。从1943年末开始，以中国驻印军为主体，盟军发起了缅北反攻战。这是盟军在亚洲大陆的最早反攻。这一作战取得重大胜利，1945年春缅北地区收复，中缅之间的交通线被重新打通。

作为东亚大国，中国重新负起了对地区邻国的道义责任，支持朝鲜和越南人民的抗日斗争，支持他们在战后取得独立。中国支持朝鲜人民的抗日斗争活动由来已久，抗战时期，则给予了更为全面的支持。尤其是太平洋战争爆发后，中国政府明确提出扶助其建立独立国家的方针。1942年7月，国民党中央常务委员会成立了高级别的朝鲜问题专案小组。8月，专案小组提出应于适当时机承认一直流亡于中国的大韩民国临时政府。为此，国民政府展开活动，寻求美国的支持。美国政府起初对此有不同考虑，承认之事不得不暂时从缓，但国民政府仍积极推动各国承认朝鲜独立。开罗会议上，中方提出了保障朝鲜战后独立的要求。蒋介石首先在与罗斯福的讨论中达成共识。罗斯福同意，战后应使朝鲜获得自由与独立。至于如何使朝鲜重建自由与独立，则应由中美两国协助朝鲜人民达成目的。英方曾对中美方案提出修改意见，提出将草案中战后"使朝鲜成为一自由与独立之国家"改为"使朝鲜脱离日本之统治"。中国代表指出，如仅言"脱离日本统治"而不言其他，则将为未来遗留重大问题，应在现在就决定朝鲜将来的独立地位。中方强调，在公报中写明此点，"甚为重要"。[1] 在中方的坚持和美方的支持下，保证战后朝鲜独立的内容被明确写进了《开罗宣言》。

对越南独立运动的支持稍有不同。越南独立运动所要摆脱的是法国的

---

[1]　《王宠惠呈蒋介石开罗会议开会日志》（1943年12月），秦孝仪主编《战时外交》（3），第532页。

殖民统治，受对法关系的制约，全面抗战前中国对越南独立运动的支持是有限度的，抗战全面爆发后一段时期仍是如此。法国在欧洲战败后，法越当局与日本合作，中国对越南独立运动的支持遂转趋积极。中国开办了各种训练班，为越南独立运动培训大批青年骨干。这些青年后来成为独立运动的主要力量。中国政府积极扶持越南各革命团体在中国境内的活动，并努力予以协调。太平洋战争爆发后，中国公开表示支持越南独立运动。1942年10月，在中方的协调下，越南各民族主义团体在柳州联合成立越南革命同盟会。开罗会议上，蒋介石曾向罗斯福提议，中美应共同努力帮助越南战后取得独立地位，并发表宣言，宣布越南战后独立，但此议未获积极响应。对中国对越南独立运动的支持，法国维希政府和戴高乐领导的"自由法国"都提出了抗议。蒋介石对此批示的对应之策是"置之不理"。①

比较起来，如果说对朝越缅的支持在某种程度上尚有历史因素的影响，那么，考察中国对英印事务的介入，对探讨大国意识的发展更有意义，因为印度并非历史上与中国有朝贡关系的国家，且正处于英国的殖民统治之下，中国对英印事务的介入反映了中国国际意识的增强与国际角色的转变。

1942年2月，蒋介石一行访问印度，希望劝说处于尖锐对立中的印英当局与国大党做出妥协。这一出访本身便具有非同寻常的意义，这是近代以来中国领导人第一次走出国门，并参与他国事务的调解。在十余天的访问中，蒋介石与印英当局、国大党及有关各方人士进行了广泛的接触，希望印英当局允许印度取得自治领地位，并保证其战后独立；希望国大党暂缓提出独立要求，放弃不合作政策。

但是，英国政府对中国居然介入英印事务持排斥心理。丘吉尔在给印度总督电中表示，英国政府不会同意让一个外国元首来充当英国国王兼印度皇帝的代表与甘地（M. K. Gandi）等人之间的仲裁人。而国大党则仍坚持英国应立即将印度主权交还印度国民。由于英印双方立场严重对立，蒋介石此行未能取得成果。蒋介石在离印前发表的《告印度国民书》中一面呼吁印度国民积极支持反侵略战争，同时呼吁英国政府尽快赋予印度国民政治上的实权。

1942年8月，国大党全国委员会通过了《英国政权退出印度》决议，

---

① 参见罗敏《抗战时期的中国国民党与越南独立运动》，《抗日战争研究》2000年第4期。

并号召民众展开不服从运动。印英当局随即逮捕了甘地等国大党领袖。蒋介石对此甚为不安，但苦无干预实力，便向美国发出呼吁。蒋急电罗斯福，指出印度局势如此发展，"势将成为同盟国在远东之极大挫败，而予全盘战局以极险恶之影响，如再任事态更形恶化，中恐轴心国之声势大为增强，而同盟国在此战争中所公认之目标，将不再为世人所重视，其揭示之主义，亦将失精神上之意义"，主张"同盟国应不辞任何代价，将保证各种族自由、正义之诚意，以实际行动昭告于世界"，希望美国出面干预印度局势。同时，蒋会见英国驻华大使薛穆（H. J. Seymour），对冲突加剧表示关切，希望能和平解决。蒋坦承，他对印度人民求取自由之期望，实表十分之同情，希望由英国主动提出调解，请美国出面斡旋，并期望英国向国大党方面保证，"英于战后必允印度独立"。①

丘吉尔反对盟国介入印度问题。他在 8 月 31 日致蒋介石电中表示，英国难以接受美国总统来调停英印关系。丘吉尔并将英国与印度之间的问题比之于中国的国共两党问题，意在反对外部干涉。蒋从丘吉尔电中看到了背后"威胁性的词意"，但也无可奈何，表示"只有置之一笑而已"。然而，尽管反殖政策在印度问题上遭遇挫折，但国民政府仍矢志坚持。9 月 15 日，蒋在研究对英美外交方针时表示："以印度自由与亚洲各民族平等协和，为对英美外交方针之基础。"②

开罗会议时，中方在提案中曾主张"中、美、英、苏联合发表宣言，保证印度于战后立即获得自治领地位，并于战后若干年内获得独立，其时期于战后会商决定"。③ 但开罗会议未能接受中方的主张。

反对殖民主义并非仅仅针对英国。主张在战后终结殖民地制度，是中国社会舆论的主流意见，也是国民政府在战时一项非常重要的政策坚持。1944 年 7 月，中国国民外交协会所拟《战后世界和平书》指出：殖民地的争夺，为战争原因之一，"故欲确保世界之永久和平，则殖民政策包括各国委任统治制度在内，必根据大西洋宪章之原则，最后达到废除之目的；至最低限度亦必须加以修正改良，逐渐达到自治"；"殖民地制度，断无永久

①　秦孝仪总编纂《蒋公大事长编初稿》卷 5（上），中国国民党党史会，1978，第 176、177 页。
②　《蒋介石日记》，1942 年 9 月 15 日。
③　《国防委员会秘书厅拟在开罗会议上提出的战时政治合作方案》（1943 年 11 月），秦孝仪主编《战时外交》（3），第 505 页。

保持之必要，现有一切殖民地，务使其于最短期间能独立自主"。该文件提出，轴心国及非轴心国的殖民地可区别对待，前者于战后立即交由国际治理，后者于战后由国际会议根据各地的文化、经济情况限于若干年内必须取得自主与独立。这一建议后来成为国民政府的政策，并影响了盟国战后对殖民地的处置。①

寻求确立大国地位

一般认为，美国对战后国际组织的建立起着主导性的作用。虽说确实如此，但其他国家所付出的努力亦不应被忽视。事实上，在美国提出战后构想的同时，中国也提出了自己的设想，对于建立战后国际组织，确保四大国在国际组织中的地位都进行了认真的思考。

国民政府有关建立战后国际组织问题的考虑，比我们过去所认为的要早得多，涉及内容也比较广泛，绝不只是单纯地呼应美国提出的构想，而是有着自己的主动思考。太平洋战争爆发不久，中国就开始关注战后和会及建立国际组织的问题。人们引第一次世界大战后的巴黎和会为鉴，那时中国虽作为战胜国参加和会，却失望而归。《大公报》的一篇社评指出，现代国际史上屡次证实的一个教训是，"取得战场胜利易，取得和议胜利难"。尤其是第二、第三等的胜利国，很容易在和平会议上遭遇失望，上次欧战后的中国与意大利就是例子，"这次我们万不容不有些远虑"。社评建议盟国间建立一个战后世界安全机构计划委员会，统筹具体办法；建议中国在国防最高委员会之下，设立战后国际安全设计处，延揽人才，制定中国提案。②

人们开始提出关于未来国际组织的若干设想。1942 年 7 月 4 日，内设于国防最高委员会的国际问题讨论会提出了《国际集团会公约草案》。该草案初步提出了战时做出重大贡献的四大国在战后理应发挥特殊作用的想法："和约成立后，应由中、英、美、苏及其他盟国共同担任和约之执行及战后和平之保障。中、英、美、苏为反侵略之主要国家，既因共同奋斗而再造和平，对于战后执行和约，保障和平，匪但理所当然，且抑责无旁贷。"③

---

① 中国国民外交协会：《战后世界和平意见书》，《中央日报》1944 年 7 月 7 日。
② 《反侵略同盟与中国》，重庆《大公报》1942 年 1 月 5 日。
③ 《国际集团会公约草案要点》（1943 年 7 月 4 日），叶惠芬编《中华民国与联合国史料汇编——筹设篇》，第 71 页。

除了强调中美英苏四大国的特殊地位外，该草案还从另一方面设计了确保中国进入理事会的制度，提出以人口因素决定理事会成员的设想。草案提出："理事会由人口最多之八会员国及其他七会员国之代表组织之。前项人口最多之八会员国，由大会以出席会员国过半数指定之，其他七会员国由大会以出席会员国过半数选举之。"草案认为，过去国际联盟组织欠缺，权力过小，不能发挥效用。理事会往往行动迟缓，贻误事机。因此，应对理事会的活动方式加以改革，"将理事会改为常设，各代表长川驻会，以便随时应付事机"。[①]

关于新的国际组织的权力，鉴于过去国联的软弱无力状况，各国都出现了建立强有力的国际组织的呼声。此时，在相关国家的讨论中，有主张成立邦联或世界政府者。美国有人提出的方案便主张各国空军国际化，将各国空军隶属国际组织，供国际警察部队使用。对此，国内的讨论也颇为热烈，且一般都主张新的国际组织应拥有更大的权力。有人提出，空军国际化仍不够，"当更进一步，使海军之主力亦隶属于国际组织"。因为没有海空军的配合，陆军便不能从事侵略性的进攻。各国应将大部分军机及巨型军舰、潜艇等移交国际组织，并规定以后除国际组织外，不准加造。那么，谁来统率使用国际武力呢？人们提出："美英中苏四国此次既为正义而战，战后为维持世界和平，于不得已有实施国际警察权之必要时，自必能始终维持正义，故以统率及使用此项国际军用机军舰之责委诸四国国籍之人民，实际上本无可虑"。但是，为昭大信及公允起见，对于向守中立的国籍人民应尽可能多予任用。[②]

朝野各方都参加了这一讨论，总的倾向是希望有一个强大的权威的新组织，在这个组织中，中美英苏具有特殊地位。人们认为，四大国应在战后发挥领导作用："全世界几年血战的结果，毫无疑义的，已经证实了世界上最有力的四个国家为中国，英国，美国，与苏联。负担起正义阵线的先锋，为扫荡暴力主义尽了最大使命的这四个国家，在战后，一定也要形成了新势力的中心，为建设新世界体系而发挥最大的作用……战后新世界的

---

① 《国际集团会公约草案要点分解》（1943年7月4日），叶惠芬编《中华民国与联合国史料汇编——筹设篇》，第75页。

② 王云五：《战后国际和平问题》，《东方杂志》第39卷第4号，1943年。

建立过程中，在世界组织最高机构方面，一定要以中、美、英、苏四国为领导力量。"① 作为曾经有过被压迫经历的国家，人们当然坚持所有国家一律平等的一般原则，但同时，又注意强调大国的特殊责任，主张"在未来国际和平机构中大小会员国一律平等原则之下，承认大国特别的权利与责任"。②

1944 年 7 月，军事委员会参事室主任王世杰向蒋介石报呈该室参事周鲠生所拟的《国联约章草案》，该草案综合了此前讨论所提出的若干设想，并使之更为合理化，更具操作性。草案强调："每一会员国在大会中只有一投票权，其代表人数得视其在国际事务上之重要性定为一人至五人。"各会员国的代表名额由大会根据该国的领土面积、人口、资源及其他政治文化因素决定之，"理事会由美、英、苏、中及大会选出之其他五会员国之代表组成之"。③ 这一方案赋予四大国毋庸置疑的理事国地位。

在筹建联合国的过程中，中国将自己视为东方民族以及世界弱小民族的代表，努力争取战后国际关系朝着平等与正义的方向发展，初步展现了作为一个负责任的大国的形象。1944 年 6 月蒋介石致罗斯福的一封电报，非常鲜明地反映出国民政府此时的自我定位。蒋介石在表示中国将参加筹建联合国的会议时称："盖东方人民如无代表，则此会议将对于世界之一半人类失去其意义也。"这里，中国已当仁不让地以东方国家的代表自居。④

四　战后版图的构想与实践

随着中国国际地位的改善与提高，中国关于战后版图的构想也在不断发生变化。战争初期，作为单纯的自卫作战，中国的目标不过是要恢复七七事变前的状态。伴随着战争的持久进行与战况的改善，中国的战争目的发生着变化。尤其是在成为盟国的主要作战国之后，中国开始考虑更长远的利益，其版图构想也发生了较大变化。

国民政府对于版图的考虑包含不同的层次，既包括对敌国领土的剥夺，

---

① 汪叔棣：《战后世界机构论》，《东方杂志》第 39 卷第 13 号，1943 年，第 4 页。
② 杜光埙：《论重建世界和平的基本问题》，《东方杂志》第 39 卷第 14 号，1943 年，第 19 页。
③ 《王世杰呈蒋介石新国联约章草案》（1944 年 7 月 13 日），叶惠芬编《中华民国与联合国史料汇编——筹设篇》，第 133 页。
④ 《蒋介石致罗斯福电》（1944 年 6 月 2 日），秦孝仪主编《战时外交》（3），第 828 页。

也包括对盟国殖民政策的质疑；既包括对失土主权的恢复，也包括对边疆主权的强化。国民政府的版图构想，实际上包括了三个方面的内容：一是从敌国日本手中收复失土，纳入这一部分的失土范围，先后有不同变化；二是对盟国收复失土，期望将战前早就丢失的现为中国盟国所拥有或控制的国土收回；三是强固边疆，终止新疆与西藏地区的游离状态，在这一状态的背后均有外国势力的存在。

对日收复失土：东北、台湾、琉球

日本所侵占领土，依其侵占时间之先后可分为三种类型：一是 1931 年 "九一八" 后沦陷的东北；二是 1894 年甲午战争后割让的台湾；三是 1879 年被日本吞并的曾是中国藩属国的琉球。这三类领土的性质也大不相同。东北地区一直是在中华民国的版图之内，只是在日本关东军的刺刀之下扶植了 "满洲国"。台湾则是在中华民国成立之前，便已通过国家间条约割让给了日本，民国政府此前并未表示不承认这一条约。琉球则是一内政自主的国家。这三类领土的不同属性，使国民政府对它们有不同的考虑，提出收复的时间也有所不同。①

可以说，收复 1931 年丧失的东北一直是国民政府心中没有放弃的目标。在全面抗战前及战争初期，日本曾多次逼迫国民政府承认 "满洲国"。尤其是在全面抗战前期的不同渠道的历次中日秘密交涉中，日方提出的基本条件之一，就是要求国民政府承认 "满洲国"。但是，蒋介石对此始终未表同意。更准确地说，蒋介石采取了一种模糊态度，既不表示承认，也不明确否认。蒋的这一模糊做法，曾令一些学者据此指责其准备出卖东北。

随着战局由最初的节节退守而进入相对稳定的相持阶段，蒋介石在 1939 年开始考虑东北问题。从蒋介石日记中可以看到，在 1939 年 6—8 月，蒋已在考虑东北的政府机构与人选问题。②1940 年 5 月 3 日，国民政府宣布恢复东北四省政府，任命万福麟为辽宁省主席，邹作华为吉林省主席，马占山为黑龙江省主席，缪澄流为热河省主席。这一任命，显示了国民政府

---

① 严格来说，琉球难以用 "收复" 一词。但当时广泛使用该词，如今且无合适之词可以替代，故仍沿用之。

② 《蒋介石日记》，1938 年 6 月 14、17 日，8 月 13 日。

收复东北失地的决心。

1940 年 9 月 18 日，蒋介石在《"九一八"九周年纪念告全国同胞书》中公开提出了收复东北的要求："我们九年来忍苦奋斗，三年余奋勇抗战的目的，就为要恢复我们国家的独立主权和领土，要解救我们三千余万的东北同胞。"[1] 这应是全面抗战以来中国政府最明确的要收回东北的公开表述。

收复东北问题一经公开提出，便作为不可动摇的基本要求而坚持下来。这一中国人看来天经地义的要求，要付诸实现也并不那么简单。国民政府不仅要面对日本，还要面对日后将成为自己盟友的国家。在这一问题上，苏联和英美的态度又各有不同。苏联在《苏日中立条约》中直接承认了"满洲国"。而在英美那里，它们对是否支持中国收回东北，也都存在着杂音。蒋介石不得不对到访的英美人士反复强调，中国必须收回东北。总之，看似最为简单的收复东北问题，其实并不那么简单。

中国政府明确提出收复台湾的时间则要比提出收复东北晚一些。以往不少研究认为，蒋介石 1938 年 4 月在国民党临时全国代表大会的演讲中便提出了收复台湾的要求。但细读蒋介石的演讲，不免觉得这一论断有些勉强。蒋介石在演讲中是这样说的：总理在世时曾为本党定了一个革命的对策，就是要"恢复高台、巩固中华"；"因为高丽原来是我们的属国，台湾是我们中国的领土，在地势上说，都是我们中国安危存亡所关的生命线，中国要讲求真正的国防，要维护东亚永久的和平，断不能让高丽和台湾掌握在日本帝国主义者之手"。[2] 这里显然说明的是先总理的愿望，表达的是不能让朝鲜与台湾掌握在日本手里的愿望，但并未明确说明现政府的政策是要求收复台湾。因此，很难将其视为收复台湾的政策宣示。

翻检全面抗战前期的蒋介石日记，尚未发现蒋认真考虑过台湾收复问题。这一时期，国民党中央党部倒是展开了面向台湾的工作。1941 年 2 月，在中央党部的协调下，时在大陆活动的台湾各抗日组织组成台湾革命同盟会。同盟会的会章明确提出："本会在中国国民党领导下，以集中一切台湾革命力量，打倒日本帝国主义，光复台湾，与祖国协力建设三民主义新

---

① 秦孝仪主编《蒋公思想言论总集》卷 31，第 220—228 页。
② 《对日抗战与本党前途》（1938 年 4 月 1 日），秦孝仪主编《蒋公思想言论总集》卷 15，第 187 页。

中国。"①

即使是太平洋战争爆发后的最初一段时期，蒋介石仍未提出收复台湾问题。珍珠港事件后不久蒋所拟订的一份计划显示了这一点。这一计划列举了中国应向盟国提出的政治经济方面的要求，其政治方面的要求包括："甲、对英要求其承认西藏九龙为中国领土之一部；乙、对俄要求其承认外蒙新疆为中国领土之一部；丙、东四省、旅大南满要求各国承认为中国领土之一部；丁、各租借地及治外法权与各种特权及东交民巷等皆须一律交还中国，与取消一切不平等条约。"② 这是目前所见到的太平洋战争爆发后最早的一份涉及战后中国领土的计划。这些要求涉及西藏、香港、外蒙古、新疆、东北等领土，但台湾尚未被列入。

但一个月后，外交部在1942年1月底提出的一份战后方案中提出了收复台湾问题。该方案确定，战后对日处置"对于既往之清算，以恢复甲午以前状态为标准，期我领土之真正完整"，其关于领土的基本原则有："东四省与其他沦陷地区，应予收回"，"台湾及澎湖列岛，应同时收回"。③ 1942年4月，重庆掀起了一个声势颇大的光复台湾宣传运动，国民政府的许多要人都参加了这一运动，或发表广播演说，或撰写文章。至此，收复台湾已成为中国社会的共识。

与收回东北相比，收回台湾所引起的杂音自是又多了不少。无论是在美国的新闻界，还是在美国军政人员内部，都有各种的议论，主张国际共管台湾的方案被公开地讨论着。但国民政府坚持收复台湾的要求，积极展开活动，并获得了盟国最高领导人的支持。开罗会议后，以中美英三国宣言的形式宣告台湾归还中国。④

琉球的情况与前两者又有所不同，它在历史上只是中国的藩属国而已。如果不是因其被日本所占，所谓收复问题大概也就不会提起。在很大程度上，收复琉球更多的是出于抑制日本日后可能的扩张的考虑。因此，琉球

---

① 林忠：《台湾光复前后史料概述》，皇极出版社，1983，第21页。
② 《蒋介石日记》，1941年12月20日。
③ 《外交部修正拟定解决中日问题之基本原则》（1942年1月29日），中国第二历史档案馆编《中华民国史档案资料汇编 第五辑第二编 外交》，江苏古籍出版社，1997，第101页。
④ 学界对来自英美各方面的杂音及中国的应对，对《开罗宣言》的产生等问题已有很多研究，此处不再赘述。

问题的提出，不仅在时间上比前两者更晚一些，而且对是否应提出收复琉球的问题，在国民政府内部意见并不一致。甚至蒋介石本人在不同的时间段想法也不一样，有时表示要收回，有时避而不提。

全面抗战前期，很少有人提出琉球问题。太平洋战争爆发后，外交部在 1942 年 1 月提出的关于战后处置问题的方案中，提出了琉球问题。该方案所确定的对日处置的主旨是："在不使军阀政治复活之条件下，尊重日本固有领土主权之完整。"基于这一主旨，该方案主张琉球仍然置于日本版图之内，但须对日本的权力加以限制。该方案提出"琉球划归日本，但须受下列两项限制：（1）不得设防，并由军缩委员会设置分会加以监督。（2）对于琉球人民，不得有差别待遇，一切应遵照少数民族问题原则处理"。[①] 外交部试图通过琉球不得设防的限制来对日本加以防范。

有关琉球的设想，在 1942 年发生了变化。为杜绝日本利用琉球再事侵略的可能，不少人主张将琉球从日本的统治下分离出来。对琉球从日本分离出来后的前途又有两种意见，一是使其成为一独立国家，一是归属中国。时任外交部亚东司长的杨云竹与代理亚西司长的徐淑希等人认为，尽管琉球曾在中国的朝贡体系中，但它在被日本吞并之前已经是一个半独立的国家。它与台湾不同，而与朝鲜类似。中国对琉球的传统权利在 20 世纪是早已过时的东西。因此，中国不应要求收回琉球，唯一现实的办法是将这些岛屿从日本独立出来。

但外交决策层则一度偏向于收归中国。1942 年 11 月 3 日，外交部部长宋子文在重庆举行记者招待会。有记者问，战后的中国领土是恢复到"九一八"以前状态，还是甲午战争以前的状态？宋明确表示："中国应收回东北四省、台湾及琉球，朝鲜必须独立。"[②]

国民政府的最高领导显然赞成收回琉球。蒋介石 1942 年 11 月 9 日的日记列出了预定与美方商讨的 10 个方面的内容："甲、长期同盟；乙、东三省与旅大完全归还中国；丙、台湾、琉球交还中国；丁、军港、海空军基地、共同设备（30 年为期）；戊、安南共扶；己、泰国仍予独立；庚、印度

---

① 《外交部修正拟定解决中日问题之基本原则》（1942 年 1 月 29 日），《中华民国史档案资料汇编　第五辑第二编　外交》，第 101 页。

② 《宋外长谈话》，重庆《大公报》1942 年 11 月 4 日。

战后独立；辛、缅甸与南洋各国共扶；壬、外蒙归还中国，予以自治；癸、中美俄同盟。"① 这也是历次计划中最为全面的一份，东北、台湾以及琉球、外蒙古皆列入其中。但是，蒋对收回琉球的迫切程度，显然又与东北、台湾等有所不同。在他有关收回领土问题的数篇日记中，琉球时而提及，时而不提。可见，收回琉球并不是蒋介石始终如一的坚定要求。

一直到开罗会议前，军事委员会参事室与国防最高委员会秘书厅在为开罗会议所准备的文件中，最初还曾提出收回琉球的主张，但后来都改为从日本的占领下独立出来。蒋介石本人的态度也发生了变化，决定不提出收回琉球问题。甚至当罗斯福在开罗会议上主动提出琉球问题时，蒋介石也未表现出积极态度。②

对盟国收回失土：外蒙古、香港

1942 年 10 月中英开始新约谈判时，中方曾希望收回香港新界，英方坚决反对。最后是中方做出让步，回避了香港问题，新约才得以签订。当时，在谈判中受挫的蒋介石曾发狠说战后将以武力收回香港。但当胜利终于到来时，中国并没有采取武力收回的措施。关于国民政府对香港政策，学界已有较多研究，本节略而不述，这里着重探讨外蒙古问题。

自民初中国失去对外蒙古的控制权后，外蒙古长久地脱离中国，中国对它只是保留了一个名义上的宗主权。苏德战争爆发后，蒋介石产生了收回外蒙古的想法。1941 年 7 月 31 日，即苏德战争爆发一个月后，蒋在日记中便将"一、战后收回蒙新计划之准备；二、对边疆政策之确定"列入最近要做之事。③ 蒋在 8 月的大事预定表列上了制定"西北与东北外蒙之政策与战略"的内容。

蒋的幕僚此时也提出了应抓紧时机进行交涉的建议。蒋介石的顾问拉铁摩尔（Owen Lattimore）在 1941 年 9 月提出的一份关于外蒙古与新疆问题的节略中指出，现在是中国与外蒙古及苏联交涉的最好时机，因为苏联在欧洲军事损失极重，力量已被削弱，假如中国能利用这一时机与苏联订立

① 《蒋介石日记》，1942 年 11 月 9 日。
② 中国对琉球问题的态度变化，参见王建朗《大国意识与大国作为——抗战后期中国国际角色定位与外交努力》，《历史研究》2008 年第 6 期。
③ 《蒋介石日记》，1941 年 7 月 31 日。

防守同盟，使外蒙古承认中国主权，则日本在东北各省军事上即受牵制，中苏皆可从中获益。拉铁摩尔认为"现在之时机，诚不可多得，若不利用，或一去不复返矣"。而在苏联国势危急的情况下，外蒙古也较易就范。① 但这一建议对中蒙间获得共识的估计显然过于乐观。蒋介石读后批曰："外人条陈，对我终不切实际也。"②

珍珠港事件爆发后，收回外蒙古的要求比较明确地提了出来。在前述1941 年 12 月 20 日及 1942 年 11 月 9 日的两篇最为系统的关于领土问题的日记中，蒋介石都提出了外蒙古问题："对俄要求其外蒙、新疆为中国领土之一部"，"外蒙归还中国，予以自治"。浏览蒋介石日记，在蒋历次提及的应收复领土中，最核心的也是提及最多的有三块：东北、台湾、外蒙古。③

国民政府当然知道，外蒙古问题的关键在苏联。此时，对苏联的判断颇为乐观，认为苏联是可以改变态度的。1943 年 4 月，蒋介石与新疆外交特派员吴泽湘谈论新疆与苏联问题时，吴便表示："俄国对外蒙态度，仍认为我之领土，而其事实则重视我国将来本身之实力如何而定。"蒋亦由此认为："俄国对华野心虽大，其必因我抗战坚忍不可屈服这民族性关系，而已改变其原定政策矣。"④

国民政府认为，美国在这一事情上或许能助一臂之力，因此，它努力争取美国的支持。开罗会议上，蒋介石与罗斯福谈到了外蒙古问题。蒋表示：俄现占外蒙古是为防倭，如倭寇消灭，则西伯利亚无忧，外蒙古应归还中国。为使苏联安心，蒋还承诺中国将来不在外蒙古移驻重兵。罗斯福当时对此未明确表态，只是表示战后将建立国际警察，届时边疆皆无驻兵必要。但罗斯福并未置之不理，后来在德黑兰会议上曾跟斯大林提起过外蒙古问题。1944 年 1 月底，驻美大使魏道明向蒋报告：罗斯福嘱其转达，他在德黑兰与斯大林商谈远东问题时提及外蒙古。斯大林称外蒙古为游牧民族，俄不想久占，而对千岛群岛与南库页岛，则非归还于俄不可。⑤

① 《呈蒋委员长建议书》（1941 年 9 月），"国史馆"藏《蒋中正文物・革命文献——对美外交・拉铁摩尔顾问聘用经过》：002-020300-035-015。
② 周美华编注《事略稿本》第 47 册，"国史馆"，2010，第 139 页。
③ 参见前引《蒋介石日记》，1943 年 1 月 29 日。
④ 《蒋介石日记》，1943 年 4 月 29 日。
⑤ 《蒋介石日记》，1944 年 1 月 22 日、1943 年 1 月 31 日"上星期反省录"。

　　然而，国民政府的估计太过乐观了。苏联不仅没有放弃外蒙古的想法，相反，却要把外蒙古脱离中国统治的状态合法化。1945 年 2 月，挟出兵远东对日作战筹码的苏联与有求于它的美英，在雅尔塔会议上背着中国就外蒙古问题做出决定。在此后进行的中苏谈判中，中方只得无奈地确认了这一决定，外蒙古至此彻底完成了脱离中国的独立进程。

　　在外蒙古问题上，蒋介石并非不想反抗，促使他做出放弃决定的根本原因，是他强烈地意识到，中国实力不济，难以与苏一战。他认为："如我因此不惜与俄一战，则在此八年战事以后人力、物力疲乏万分，政策与宣传几乎为俄共所笼罩之中，万不能如七七对日抗战时之容易把握也。故今日之情势，无论对内、对外，惟有用政治与外交方法求得谅解与解决也。因此，对俄政策惟有妥协与谅解之一途。"在蒋眼里，中国此时根本没有能力再与强大的苏联作战，除了妥协，实在是别无选择。因此，莫如放弃外蒙古，而换取苏联尊重中国对东北与新疆主权的承诺。①

强固边疆：新疆、西藏

　　国民政府在考虑对日及对盟国收复失土的同时，也开始考虑加强对已在相当程度上失控的主要受盟国势力影响的边疆地区的控制。太平洋战争爆发不久，蒋在日记中明确写道："对新疆与西藏问题，应乘世界战争期间解决为便。"在 1942 年 1 月初的"本月大事预定表"中，蒋介石将"新疆西藏收复之计划"的制定列入当月工作。到 1 月底时，蒋表示，"对新疆与西藏统一之方略已定"，唯实施方略尚需等待机会。②

　　民国以来，远处西北的新疆与中央关系逐渐疏远。在盛世才统治时期，新疆与苏联的关系异常密切。盛世才本人秘密成为联共（布）党员，甚至曾向苏联提出新疆加入苏联的主张。中央政府鞭长莫及，其号令无法进入新疆。但蒋介石仍对盛世才寄予某种期望，等待多疑的盛世才与苏联发生冲突的机会。

　　这一机会在 1942 年春到来，1942 年 3 月，盛世才以其弟盛世骐被杀案为由，掀起逮捕浪潮。经过酷刑，审出了一个据称准备发动暴动的阴谋组织，

---

①　《蒋介石日记》，1945 年 7 月 28 日。

②　《蒋介石日记》，1941 年 12 月 29 日、1942 年 1 月"本月反省录"。

而这一阴谋组织的主犯便是苏联驻迪化总领事巴库林（A. B. Bakulin）等人。盛世骐案中，盛世才逮捕了300多名苏联人员和中国共产党在新人员。

重庆方面注意到了新疆突然发生的这一变化。蒋很快确定了不计前嫌的扶盛方针：甲、安定盛世才内向之心；乙、保障盛地位；丙、对俄好意之表示；丁、警告俄员勿在新倒盛；戊、对俄表示中央愿与俄重订新疆有关条约；己、准盛入国民党；庚、派朱常驻新疆；辛、派我外交次长赴新与俄外次相见；壬、新疆划入第八战区范围之明令时间。7月13日，蒋介石与朱绍良研究对新疆方针。蒋计划采取三个步骤：甲、派兵入疆助盛平乱，巩固省政；乙、划新疆归入第八战区，丙、与俄交涉彻底解决各案。①

9月1日，前往迪化的中央代表朱绍良与盛世才达成协定，借助盛世才加强中央在新疆的影响力。双方决定：成立国民党新疆省党部，发展国民党组织，盛世才任国民党新疆省党部主任委员；遴选新疆干部进国民党中央训练团，盛世才任中央训练团新疆分团主任、中央军校第九分校主任；在新疆传播三民主义；新疆在对外政策方面与中央一致；盛世才担任第八战区副司令长官，新疆由此纳入中央统一的战区体系中。

苏联在新疆享有各种成文和不成文的特权及特殊利益，重庆政府决心对苏联的这些特权加以限制或取消。1942年10月5日，盛世才向苏方递交备忘录，要求除苏联外交官员外，其他所有在新疆的苏联人，包括军事顾问、军事教官、财政顾问、技术专家、工程师、医生、锡矿人员与探测人员，以及驻扎哈密的红八团部队，在三个月内全部撤离新疆。苏联对此曾抵制了一段时间，至1944年春，除外交人员外，苏联在新人员全部撤离回国。

与此同时，中央势力逐渐进入新疆。1943年4月，朱绍良调6个徒手新兵团入新，交由盛世才训练。9月，胡宗南部第十八混成旅两个团进驻哈密。此后，大批中央军部队陆续入新，第二十九集团军司令部总部于1944年春移驻哈密。国民党的党政、经济、文教等各方面人员也大量进入新疆，分派于新疆的各个部门。重庆政府还制定了比较优厚的派新工作人员待遇办法，以鼓励内地人员入新工作。

对于新疆主权的收复，蒋视为国民政府的极大成功。在1942年的年度

———————————

① 《蒋介石日记》，1942年7月11日"本星期预定工作课目"、1942年7月13日。

"总反省录"中，蒋如此评价：

> 新疆省主席兼督办于七月间公开反正归顺中央，效忠党国，而河西走廊马步青军队亦完全撤退到青海，于是兰州以西直达伊犁直径三千公里之领土，全部收复，此为国民政府成立以来最大之成功，其面积实倍于东北三省也。[1]

1944 年，盛世才又起异心，蒋介石不再迁就，迫使盛世才辞职，调往重庆，任命吴忠信担任新疆省政府主席。至此，新疆长期游离于中央政令之外的局面被彻底改变，新疆重新回到中央的直接控制之下。

西藏的情况有所不同。太平洋战争爆发后，西藏地方当局的离心倾向不断发展。1942 年 7 月 6 日，西藏突然宣布成立"外交局"，并通知国民政府蒙藏委员会驻藏办事处处长孔庆宗："自本日起一切事件请处长向该外交局接洽，勿直接与噶厦提说。"[2] 西藏地方当局此举无疑是将中央视为"外国政府"。

由蒋介石日记可以得知，处理西藏问题的方案在 1942 年 7 月中旬已经形成，蒋在 7 月 18 日记曰："经营西藏方案亦已核定。"蒋介石提出："对西藏以政治统制为本，军事为辅"，如果用兵，最多西至黑河，东至昌都为止，不可以军事直占拉萨，"只要藏政归中央统治，不受外国牵制足矣。中央之所以必须统制西藏者，其宗旨全在解放藏民痛苦，保障其宗教与生活自由，而不被外国所愚弄与束缚而已"。蒋介石意识到西藏不同于内地，应该采取不同的管理方法："审核西藏政策，决予以高度自治权，惟外交与国防应统一于中央。"[3]

由于西藏地方当局动作不断，国民政府逐渐感到，解决西藏问题，除政治手段外，必须施加一定的军事压力。1943 年 4 月，因西藏当局停止汉藏驿运，重庆政府命令青海、西康和云南的军队向西藏边界开进，向西藏当局施加军事压力。青海马步芳部数千人开往青藏边界，但西康和云南的

---

① 《蒋介石日记》，1942 年 "总反省录"。
② 《孔庆宗致蒙藏委员会》（1942 年 7 月 6 日），中国藏学研究中心等合编《元以来西藏地方与中央政府关系档案史料汇编》第 7 册，中国藏学出版社，1994，第 2841 页。
③ 《蒋介石日记》，1942 年 8 月 28 日、1943 年 1 月 14 日。

军队并未采取行动。

英国一直将自己视为西藏的"庇护者"，得知重庆政府调动军队的消息后，英国政府便对中国方面施加外交压力。5月7日，英国大使薛穆造访中国外交部，对调兵之事表示关切。宋子文当即回答说："一国之内部队之调遣，实与另一国无关"，希望英方不要再提此事。但薛穆仍辩称："西藏与中国其他部分不同，似系自主。"外交部将此事向蒋介石做了报告，蒋在外交部报告上批曰："西藏为中国领土，我国内政决不受任何国家预问。英国如为希望增进中英友义，则勿可再干涉我西藏之事。如其不提时，则我方亦可不提；如其再提此事，应请其勿遭干预我国内政之嫌，以保全中英友义。"①

5月12日，蒋介石接见西藏驻重庆办事处主任阿旺坚赞等。蒋要求西藏地方遵办五件事：（1）协助修筑中印公路；（2）协助办理驿运；（3）中央政府驻藏办事处商办事情直接与噶厦商量，不经"外交局"；（4）中央人员入藏，凡持有蒙藏委员会证件者，须照例支应乌拉；（5）在印华侨必要时须经西藏内撤。蒋介石表示，如西藏能对此五事遵照办到，并愿对修路、驿运负保护之责，中央军队当不前往，否则，中央只有自派军队完成，"中央绝对尊重西藏宗教，信任西藏政府，爱护西藏同胞。但西藏必须服从中央命令，如发现西藏有勾结日本情事，当视同日本，立派飞机轰炸"。② 蒋介石对西藏的这一严厉态度可说前所未有。

在中央政府的强硬姿态面前，西藏当局做了一些退让。西藏召开民众大会，做出决议，其要点为：要求西藏当局向中央声明，"外交局"非新创机关，但中央如仍继续拒绝接洽，拟让步，另设机关与驻藏办事处往还；中印公路，仍以神意反对测修；有关假道运输，如经玉树一线，道路被破坏时由西藏自修；关于西藏与日本勾结之事，要求西藏当局向中央严重申辩，予以澄清；西藏应与中央保持感情，不应与中央西藏办事处断绝关系。③ 于是，西藏当局做出妥协，同意继续经由西藏的驮运，保证货物经过西藏时不受抢掠等。

---

① 《外交部为英国干涉中国军队调动事呈文及蒋介石批示》（1943年5月10日），《元以来西藏地方与中央政府关系档案史料选编》第7册，第2850—2851页。

② 黄玉生等编著《西藏地方与中央政府关系史》，西藏人民出版社，1995，第262页。

③ 《蒙藏委员会致军事委员会电》（1943年6月14日），《元以来西藏地方与中央政府关系档案史料选编》第7册，第2851页。

抗战期间，重庆政府在西藏问题上未有进展。重庆政府决定暂时搁置西藏问题，除内政因素外，对英外交也是一重要的影响因素。此时，重庆政府不想与英国搞僵，期望英国在反攻缅甸作战上有所作为，"对西藏决定放宽一步，不加虚声威胁，故不派飞机侦察昌都，勿使刺激投英，亦勿刺激英国。此时惟一要旨为使英国无口可借，而能共同履约，打通滇缅路交通，一切的一切皆应集中于此一点也"。①

抗战后期，国民政府在确立中国战后版图方面做了不少工作。从结果来看，似可以说，对日易，对盟国难。对日处置，只要战争取得胜利，中国作为战胜国收复失土，不是难事。但要从同是战胜国的且中国有所仰仗的盟国那里获得失土，那就困难得多了。

纵观近代以来的中国外交，从根本上来说是被动性的，尽管有时也不乏若干主动采取的动作，但从本质上来说，仍主要是基于对自身权益的保护和规复的反应性动作。抗战时期，中国外交已经超越反应式外交，外交的主动性前所未有。中国积极主动地参与国际事务。战争给中国带来了灾难，也给中国带来了机遇。在旧的国际秩序崩解的过程中，中国抓住了机会，积极参与新的国际秩序的再造，由一个旧体系中的弱者成为新的国际体系的参与缔造者。当然，对于战时中国国际地位的提高，其评价必须恰如其分。《雅尔塔协定》与其后中苏谈判的进程和结果便说明，尽管中国的国际地位有了空前提升，但要真正成为一个与盟国其他三强平起平坐的大国，还有很长的路要走。

---

① 《蒋介石日记》，1943 年 7 月 24 日。

第十三章

汪精卫政权登场与落幕

　　日本为统治中国，在侵略过程中制造的伪组织，非自汪精卫政权始。1937 年 7 月的卢沟桥事变，为日本帝国主义继六年前制造九一八事变进而强占中国东北之后，全面侵华战争之总爆发。事变一起，日本政府即制定一整套侵占策略，随着战争形势的进展，也不断修正与调整其策略，甚至改弦更张。初时，日本采取速战速决之策，欲借军事优势，在短时间内一举灭亡中国；当计策受挫，随即改用军事攻击与政治诱和并行策略，胁迫中国政府屈服。及被迫进入战略相持阶段时，又施展在占领区扶植受其支配之伪政府的伎俩，分裂中国，以达到永远占领中国领土之目的。括而言之，日本为了并吞中国，擅长政略与战略相互运用，往往于攻城略地的同时，辅以政治诱降、经济掠夺的手段，在占领区各要地扶植任由其驱使的各色伪政府，以达到"分割统治""以华制华""以战养战"的终极目标。

一　恶邻入侵　制造异形组织

　　孙中山、蒋介石与日本关系深厚，都曾忠告日本政府，应维持两国友好邦谊，共同促进亚洲的和平繁荣。然而日本军阀霸权主义作祟，一直觊觎中国之广土富源，蚕食不足，继以鲸吞。在华日军不时借故制造事端，继以武力步步进逼，阻止中国的统一与建设。1931 年 9 月，日本关东军制造九一八事变，宣告其罔顾国际视听，悍然走上并吞中国的首途。不幸肩

---

* 本章由邵铭煌撰写。

负守土重责的张学良，错估形势，在几未抵抗之下，断送广大的东北领土。严重外患，加上各种与中央对抗的政治势力，使国民政府面临空前艰巨的挑战。1934 年秋，时任军事委员会委员长的蒋介石撰著《敌乎？友乎？》一文，以法律学者徐道邻名义发表于《外交评论》，忠告日本放弃侵略，与中国合作努力，共谋亚洲永久和平与福祉。其语重心长，受到国内外注视，但日本军阀毫不理会，反变本加厉，肆意侵扰华北，朝"华北特殊化"以控制华北的目标前进。日本政府亦曲意纵容，与中国为敌。国难当前，一些媚日分子却甘为日本鹰犬。1932 年 3 月，日本侵占东北后，挟持清废帝溥仪僭立"满洲国"；进而拉拢殷汝耕于 1935 年成立"冀东防共自治政府"、德王于 1936 年僭立"蒙古军政府"。日本为强固占领果实而制造的异形组织，在中国土地上登场。

八年全面抗战，攸关国家存亡与民族绝续，团结御侮、抗战到底固为基本国策。但无可讳言，只要发生战争，议和避战声浪亦会随之而起，意志动摇者甚至甘愿迎合敌人。日本侵略者诡计多端，沿袭和、战两手策略，积极物色可用之人，诱胁拉拢，扶植成立供作驱使的伪组织，以分化削弱中国的抗战力量。抗战初期，日军在占领区重施故技。关东军进一步要控制内蒙古，制造"满洲国"第二，1937 年，先后在张家口成立"察南自治政府"、在大同成立"晋北自治政府"、在归绥成立"蒙古联盟自治政府"。日本为了便利而有效操控，又主导"统合"三个伪组织，于是年 11 月在张家口成立"蒙疆联合委员会"。① 但是，日本最后目的未达。次年 9 月，经侵华日军精心策划，由"蒙疆联合委员会"演变而来的"蒙古联合自治政府"宣告成立，以张家口为"首都"，德王担任"主席"，日人金井章次续任最高顾问。

日军占领平津后，由华北方面军主导，1937 年 12 月在北平出现以王克敏为首的"中华民国临时政府"，统辖平津和华北等地区，以五色旗为"国

---

①　"蒙疆联合委员会"下设总务委员会及金融、产业、交通三个专门委员会。总务委员会是最高权力机关，由三个"自治政府"各派三名、两名、两名委员担任委员会委员，但委员人选均由关东军内定。关东军司令官可向联合委员会推荐最高顾问一名、参议一名、各专门委员会顾问两名。初由金井章次任最高顾问并代理总务委员长。联合委员会之决议，必须经过最高顾问及关系各顾问的合议。

旗"。① 1938 年 3 月，在日本华中派遣军主导下，南京又出现以梁鸿志为首的"中华民国维新政府"，管辖苏、浙、皖三省区和京、沪两特别市，同样以五色旗为"国旗"。② 实际上，各地区的伪组织各自分立，不相统属，均听命于当地的日本占领军。那些甘为侵略者利用的，不外乎仍对权位难以忘情的过气政治人物。日本军阀看准他们的弱点，故容易运作成功。在各伪政府中，均安置日籍政治、军事、财政等形形色色顾问，日本顾问才是幕后操控的影武者。如"维新政府"与日方签订秘密协定，规定"维新政府"未经与顾问协议，不得施行其政务。"行政院"会议内容及决议案，均由顾问事先按日方意见定调。连伪官员的生活都会受到日本顾问的监视。这种毫无独立自主性的媚日组织，美其名曰"政府"，有的还冠上"中华民国"名号，不啻为异形，又当如何称呼？

征服中国，掠取资源，独霸亚洲，方为日本发动战争的终极目标，绝不以在占领区扶植成立几个伪组织为满足。在抗战阵营，随着军事节节败退，对国家前途益感忧心者，亦抱持一丝和平想望，出而暗与日方秘密接洽和谈的可能性。1938 年 10 月，广州、武汉失陷前后，和谈之议纷起，即领导抗战的蒋介石也一度犹豫，探测日本议和之实质。是年 11 月 2 日，武汉、广州陷落后第三天，蒋在日记里写下一段心事："既知持久抗战是民族惟一出路，为何复有徘徊迟疑？此心既决，毋再为群疑所撼！勉之！"③ 从中透露内部有"群疑"之士，也就是政府内各方面主和的官员。以国民党副总裁、国民参政会议长汪精卫为核心的主和派，更是积极，加快谋和脚步。两个月之后，他们不计后果，潜离重庆，转往沦陷区上海，展开"和平建国"行动。在日本刻意扶持之下，汪氏统合华北"临时政府"与华中"维新政府"，于 1940 年 3 月以"还都"南京仪式成立"中华民国国民政府"，与重庆的中华民国政府分庭抗礼，且与"满洲国"互称友邦。日本分化中国行动，达至高峰。

---

① "临时政府"以王克敏为"行政委员长"，下设议政、行政、司法三委员会，1940 年，汪精卫伪政府成立后，改称"华北政务委员会"，由王揖唐任"委员长"。

② "维新政府"以梁鸿志为"行政院院长"、温宗尧为"立法院院长"。"行政院"下分设内政、外交、财政、实业、交通、教育、绥靖、司法等部，多位阁员曾在北洋政府中出任要职，或为过气的政治人物，已不具社会号召力。1940 年 3 月，其并入汪精卫"国民政府"。

③ 《蒋介石日记》，1938 年 11 月 2 日，斯坦福大学胡佛研究所藏。藏所下略。

二　抗战洪潮中的暗涛

日本为确保其发动侵华战争所攫取的利益，急于早日结束所谓"中国事变"，而在军事攻掠的同时，又施展诱和谋略，依时间观察，约可分为两大阶段。一是 1937 年 7 月至 1938 年 1 月，以国民政府军事委员会蒋介石为对象，"陶德曼调停"即其重点工作。二是 1938 年 1 月至 12 月，日本政府发表"不以国民政府为对手"声明，收买旧军阀、政客为其所用，主要进行两项诱和工作：一为"宇垣工作"，因坚持以蒋介石下野为先决条件，致无任何效果；二为"土肥原工作"，以起用中国"第一流人物"，建立"稳固新兴政权"为重点任务。北洋时代政军界人物靳云鹏、吴佩孚，以及与孙中山及民国建立均有渊源的唐绍仪，皆成为日本物色的目标，唯以各种因素，亦无结果。此外，日本还多方拉拢国民政府方面要员如孔祥熙等，其中以汪精卫为对象的诱和工作最为成功，经日汪双方人物频频交手，促成后来汪记政权的诞生。

抗战军兴，抗战到底固为中国政府应变的基本方策，但是中国只应战而不求战。初期政府于抗战同时，一面诉诸《九国公约》之国际组织，寻求国际正义支持，以制裁日本的侵略行为；也曾在维持主权完整与国家独立自由的大前提下，接受第三国调和。但在国际姑息主义与日本专断自为的影响下，两者都没能发生实际效应。随日军攻势进展，蒋介石虽亦曾期盼外交调解，唯其抗战到底信念并未改变。这从他自上海保卫战后期至武汉保卫战期间对几件事的处置和反应，可以反映出来。一是，1937 年 11 月淞沪会战末期，日本发动第一波和平攻势，委托德国驻华大使陶德曼（O. P. Trautmann）居间调停，孔祥熙等要员视之为"天赐良机"，蒋介石则虚与委蛇，终不为所动；二是，1938 年 6 月武汉会战前，意大利大使柯莱（Giuliano Cora）出面，通过汪精卫调和，仍为蒋拒绝；三是，孔祥熙私下派代表与日方暗中交涉，跃跃欲试，遭蒋阻止；四是，高宗武擅自赴日密访，蒋严斥其荒唐误事，不可原谅；五是，9 月 30 日唐绍仪在上海遭军统人员刺杀身亡，隔天，蒋自记感想："唐绍仪在沪毙命，实为革命党除一大奸。此贼不除，汉奸更多，伪组织与倭寇更无忌惮矣。总理一生，在政治上之大敌，为我党

革命之障碍，以唐奸为最也。"①

　　兹举高宗武为例，做进一步说明。高宗武本为外交部亚洲司司长，1938年2月受命赴香港搜集日本情报而辞去职务。他在港设立日本问题研究所，对外称"宗记洋行"，以为掩护；因此与日方西义显、松元重治、伊藤芳男等人建立了联系，曾几次返武汉报告工作。后来在国民党中宣部代部长周佛海与日人鼓动之下，高宗武逾越职权，潜赴东京，探询日方求和之真意及条件。高氏于6月23日由香港启程，经上海，7月2日晚抵达横滨，为安全计当夜又由西义显护送至东京，7月9日，自东京动身，赴横滨登船返香港。回到香港后，高自知违法，无以交代，迟至22日下午，始派周隆庠将赴日活动有关日记及会谈记录等文件，带回汉口，交由周佛海转呈汪精卫与蒋介石。高宗武深入敌营的行为，汪氏事先知晓；蒋则被蒙在鼓里，及得知消息，斥责"高宗武荒谬妄动，擅自赴倭。此人荒唐，然亦可谓大胆矣！"他又提醒自己："注意：高宗武行踪与处置"，"注意：高特赴倭"。当他"接高报告，知其误事不浅也"。② 两三天后，蒋又责问陈布雷：谁允许高宗武去日本的？遂指示断绝与高宗武关系，停发其所有活动经费。③ 或谓：如无蒋介石默许，高宗武不敢私访日本。由蒋之反应与处置观之，此种说法纯属臆度之词。

　　尽管蒋介石抗战态度坚定，然而在侵略吞并与绝不妥协的对抗之中，仍激现一道伏流，暗潮汹涌，争斗不止。日方的诱和谋略，不曾中止过，反而趋于多元化，军事及外交部门高层或亲自差遣官员，或假手新闻、财经、教育界等民间人士，布下多条诱和线索，分进合击。类此政治谋略，日方皆冠以"工作"称号。提到抗战初期对日谋和，一般人都熟悉汪精卫一派人的活动。此乃由于他们最后背离国民政府，另立南京"和平政权"，震动国际视听。其实，除汪精卫一线外，其他类似的谋和活动，或因试探性质居多，较少受人注意。综合中日文资料来看，至少还有几条路线：（1）孔祥熙路线——贾存德、马伯援对萱野长知，乔辅三对中村丰一；（2）何应钦路线——萧振瀛、雷嗣尚对和知鹰二；（3）张群路线——胡霖、

──────────

①　《蒋介石日记》，1938年10月1日。
②　《蒋介石日记》，1938年6月24、26日，7月9、22日。
③　周佛海：《中日事变秘闻——我的斗争记》，中国国民党中央文化传播委员会党史馆藏。

张季鸾对神尾茂。可见对日谋和并不是汪精卫一班人的专利，而是代表当时一部分人亟求和平解决的心理倾向。孔祥熙就是一个明确主张把握议和机会的代表。

蒋介石明知日方谋略旨在倒蒋、分化，有时却也禁不住想要探求虚实。他虽然对孔祥熙的谋和活动屡电遏止，但自己也亲自掌控过几次对日秘密谈判。[①] 最明显事例，是经由军部代表、华北驻屯军高级参谋和知鹰二与全面抗战前曾活跃于华北一时的萧振瀛，在香港秘密交涉的"萧振瀛工作"。此一工作，由日方发动，接触对象为军政部部长何应钦。1938 年 6 月中旬，日本大本营及御前会议决定实施武汉、广州作战，进取中国心脏地区武汉，逼使中国屈服而推出一波和平攻势。唯不同于其他谋和交涉，这是由日本军部策动的一项工作。6—7 月，双方代表数度接触，及 10 月下旬日军攻占广州、武汉，11 月初交涉便告停止。

就谋和活动言，"萧振瀛工作"具有三个特点：一是军部对军部，中方由蒋介石与何应钦共同指导；[②] 二是中方准备 "和平实现步骤""宣言原则""停战协定""腹案大纲" 等文件，堪称有备而来；三是蒋介石参与程度较深，不仅授予 "面谕"，而且亲自修正会谈文件。但蒋的基本立场明确而坚定，谆谆训令萧振瀛：必须坚守原则，要求日本绝对尊重中国行政主权及领土完整，一切恢复卢沟桥事变以前状态。这也是他自陶德曼调和以来对日问题的一贯立场。而何应钦愿意被动伸出触角，亦自有其慎重考虑，一则重施缓兵故技，以阻泥日军进取武汉的军事行动；二则刺探敌方情报，探取日军登陆华南的消息，且从日方提出条件，详加分析，作为应战决策参考。因此，何故意提出明知日方不可能接受的议和方案，如恢复卢沟桥事变以前状态、取消南北伪组织、停战撤兵等条件，图使日本知难而退。[③]

由于这是日本军部主导的工作，蒋介石认为性质特殊，所以亲自指导，

①　参见杨天石《找寻真实的蒋介石——蒋介石日记解读》，香港三联书店，2008，第 253 页。
②　从萧振瀛致蒋介石与何应钦函，可以证实。其于 10 月 1 日致蒋介石信谓："雷局长嗣尚再到香港后，一切商谈悉遵指示，慎密严正之范围，勉力进行"；10 月 20 日致何应钦电报又说："此次交涉经过，统于皓亥电详陈。所有谈判表示，完全遵照先后面谕电谕范围，不敢逾越。"见"国史馆"藏《蒋中正"总统"档案》（以下简称《蒋中正档案》）。
③　邵铭煌：《萧振瀛工作》，纪念七七抗战六十周年学术研讨会会议论文，台北，1997。

介入较深。其事后自省"为何复有徘徊迟疑"之语，亦即指此事。等到日军攻下广州、武汉，乃知又只是一场骗局，蒋即中止接触，从此不再对和议存有任何幻想。汪精卫则反其道而行，与日方接洽趋于主动积极。对于和战态度及立场，二人从此分道扬镳。

三　汪精卫逆流而行

1938 年 10 月，广州、武汉相继失陷，两个月后，汪精卫等主和人士潜离重庆，步上"和平建国"的不归路。在日本扶持之下，汪精卫统合华北"临时政府"、华中"维新政府"及"蒙古自治联合政府"，于 1940 年 3 月建立南京"中华民国政府"，成为沦陷区最大的一个异形组织。1945 年 8 月，日本战败投降，"满洲国"与汪记政权随之垮台。汪精卫为何会不顾名节而走上与侵略者共舞的歧途，甘为日本征服中国过程中的一颗棋子？性格使然，贪图权位，或欲有所为？应予探讨，究明真谛。

"精卫"烈士情结

汪精卫，本名兆铭，字季新。其一生在政坛上扮演过多重角色。清季革命时期，是一位文采斐然、胆识勇毅、热血奔腾的青年；民国初年，曾经是奔走调和各方势力的鲁仲连；孙中山去世后，汲汲营营于党权与政权，反常成为结派斗争的要角。全面抗战前的他，以行政院院长之位，与蒋介石共同担负起"安内攘外"之任；全面抗战时期，他位居国民党副总裁、国民参政会议长的高位，却与敌国日本从秘密谈判议和到出走建立政权，终遭到汉奸、卖国贼之讥评，而葬送名誉事业。

就本性言，青年汪精卫已经充分表现出浪漫主义的情怀，从他留学日本、参加革命、在同盟会机关报《民报》使用"精卫"笔名，即可察知有效法中国古神话"精卫填海"的痴绝。而其极致不外乎 1910 年 4 月自东京赴北京，谋刺清摄政王的暗杀行动。终汪一生，人们鲜呼"兆铭"本名，反而习称"精卫"之号，实由此而来。不过，汪精卫的铁血暗杀，并非兴起冲动，而是有迹可循。早在《民报》第 9 号上著文驳斥康梁派"革命可以生内乱说"时，汪精卫就慨然宣示过："使吾侪以报国之故，杀身流血，

而后人继起，得借乎以光复宗国，则含笑以入九泉，当亦无怍。"① 虽然暗杀具有吓阻的宣传效果，也有助长群众起义之声势，但汪精卫最初并不迷信这种霹雳手段，认为暗杀是"小儿"之见，只能作为最后武器，② 意即时机才是决定行动的前提要件。同盟会成立以后，革命条件大为改善，1907—1910 年，接二连三在两广、云南地区发动六次起义，屡遭挫败，部分志士深咎痛责，甚至消沉沮丧。孙中山认为："经过六次失败，精卫颇为失望，遂约合同志数人入北京，与虏酋拼命。"③ 除此原因，还有两个因素的作用：一为 1907 年，同盟会内部曾因日人馈赠孙中山一笔款项，请他离境事，引起一场攻讦纷争；一为 1909 年，清廷推出"预备立宪"新措施以收揽民心，压制革命之气焰。汪精卫目睹这些革命党内外形势的变化，判断最后一击时机已经到来。

1909 年 1 月，汪精卫从新加坡潜回香港，观念转趋激烈，决定行暗杀之举，为准备工作，曾经两度往返日本。夏间，他并与黄复生、黎仲实、喻云纪、陈璧君、曾醒、方君瑛等 7 人，合组暗杀小团体，在香港设立秘密机关，试验弹药爆炸。为了制造较稳定安全而有效力的炸弹，他们特别向巴黎的吴稚晖请教，乞速传授良法，④ 可见对暗杀行动之态度十分认真。但是，孙中山、黄兴、胡汉民等对他们并不认同，多方劝阻。胡汉民回忆说："精卫自河口失败后，遂有行个人暗杀之决心，余屡规止之。及往日本东京，力言暗杀之无济，与吾辈所宜致力于革命事业者……精卫答书，惟言所志已决，他不置辩。"⑤ 次年 1 月，北上行事前，汪复致书孙中山与南洋同志告别，说明此行在"使灰心者复归于热，怀疑者复归于信……弟等之为此事，目的在于破敌，而非在于靖内变也。所以靖内变之道，亦不外于此"。⑥

汪精卫对这种几近自戕的刺杀行为，有其一套"炊饭"理论。在行动

---

①　《民报》第 3 册，中国国民党党史会影印，1969，第 1289 页。

②　精卫：《希望满洲立宪者盍听诸》，《民报》第 2 册，第 670 页。

③　孙中山：《孙文学说》，秦孝仪主编《国父全集》第 1 册，中国国民党党史会，1973，第 501 页。

④　蔡德金、王升：《汪精卫生平纪事》，中国文史出版社，1993，第 9 页；《汪精卫致吴稚晖函》（1910 年），中国国民党党史会藏《吴稚晖档案》。

⑤　《胡汉民自传》，罗家伦主编《革命文献》第 3 辑，中国国民党党史会，1978 年再版，第 402 页。

⑥　冯自由：《中华民国开国前革命史》第 2 册，世界书局，1971，第 232 页。

前夕，他署名"守约"在《民报》第 26 号上发表《革命之决心》一文，激励革命党人要培养"义理之勇"，具备"不畏死""不惮烦"两种道德，并用"炊饭"作譬喻。文谓：

> 不畏死之勇，德之烈者也；不惮烦之勇，德之贞者也。二者之用，各有所宜，譬之炊米为饭。盛之以釜，蒸之以薪。薪之始燃，其光熊熊，转瞬之间，即成煨烬。然体质虽灭，而热力涨发，成饭之要素也。釜之为用，水不能蚀，火不能熔，水火交煎逼，曾不少变其质，以至于成饭。其熬煎之苦至矣，斯亦成饭之要素。①

革命之效果，一如"成饭"，革命党人不管为"薪"或为"釜"，都必须合力炊饭，等饭熟了，就可让"啼饥而待哺"的四万万人民共同享用。这一篇文字固在勉励党人，实际上正是汪个人内心的写照，且已暗自以"薪"为志，故在临行前，特再向胡汉民解释暗杀理由，说：

> 欲牺牲其身者，其所由之道有二焉：一曰恒，一曰烈。恒乎烈乎？斯二者欲较其难易，权其轻重，非可一言尽也。譬之治饭，盛米以釜，束薪烧之。釜之为用，能任重，能持久，水不能蚀，火不能熔，饱受煎熬，久而不渝。此恒之德也，犹革命党人之担负重任，集劳怨于一躬，百折不挠，以行其志者也。薪之为用，炬火熊熊，顷刻而烬，故体质虽毁，而热力涨发，饭以是熟。此烈之德也，犹革命党人之猛向前进，一往不返，流血溉同种者也。②

汪深知此行必无生还之望，遂血书"我今为薪，兄当为釜"留别胡汉民以明志。其欲借数人之微力，搏倒清廷，明知不可为而为，非浪漫何以致之！此浪漫情怀，不断反映在汪精卫之行事上。其诗词中反复出现"不望为釜望为薪"的坚决，亦足以印证。直到全面抗战初期，不顾一切出走求和，乃其"为薪"志念之总爆发。1944 年 11 月，胡适在美国得知汪病死

---

① 《民报》第 8 册，第 4072 页。
② 转引自雷鸣《汪精卫先生传》，政治月刊社，1944，第 55 页。

日本消息，深有感触，认为汪精卫一生吃亏在他以"烈士"出身，故终身不免有"烈士"的情结。汪总觉得"我性命尚不顾，你们还不能相信我吗？"胡适在抗战之初，曾是周佛海南京寓所"低调俱乐部"的成员，一度主张议和，后来出使美国，态度丕变，然其对汪精卫行事的观察，可谓鞭辟入里。

汪精卫的和战转折

平心而论，汪精卫在全面抗战初期是坚持抗战的。他在公开场合不时发表义正辞严的讲话，诸如："现在已到了最后关头，除了一致抗战以外，没有第二句话可说。全国军人要站在一块，全国民众也应站在一块，大家要为国家民族的生存而奋斗抗敌，至死不渝。""中国今日受日本帝国主义的侵略，穷凶恶极，无所不用其极，唯有抗日才能争取国家民族的生存，唯有全国同胞一致的自动牺牲之精神，从事抗战，才能争取最后的胜利。""我们誓必继续的将所有血汗都榨出来，以前的及现在的所有将士所有人民的血汗，合流一起成为江河，扑灭尽侵略者的凶焰，洗涤尽了历史上被侵略的耻辱。"汪甚至大声疾呼"为国家民族生存而死是光荣的"，"当汉奸傀儡是不成材料的无赖"。① 激越之情，不下于当时其他的激昂抗战言论。

但是汪精卫信心不足，忧心于国力不继，内复有中共，外且乏国际正义有效之制裁力量。因此，面对节节败退的抗战情势，愈感焦虑，故主张抗战的同时，仍不宜放弃谋求和平解决之道。1938 年 1 月中旬，陶德曼调和失败，日本政府片面发表今后"不以国民政府为对手"声明，随即召回驻华大使。中日正式外交中断。这是主和人士最不愿意见到的局面。在周佛海策动下，先后派出外交部亚洲司人员董道宁与高宗武秘密赴日，与军政要员会面，直接探询日方真实态度，迈出对日谋和脚步。6 月，日本透过意使柯莱居中调和，汪精卫亦派交通部次长彭学沛与意国驻汉口参事官秘密接洽，且拟就一致日本首相近卫文麿以表达谋和诚意的函稿，并报告蒋

---

① 汪精卫言论，分见《庐山谈话会第二期第二次共同谈话速纪录》，刘维开选编《庐山谈话会会议纪录选辑》（续），《近代中国》第 107 期，1995 年，第 63 页；《继续牺牲加紧生产》，徐达人《汪精卫骂汪兆铭》，岭南出版社，1939，第 12 页；《救国公债》，南京《中央日报》1937 年 9 月 7 日，第 3 版；黄美真、张云《汪精卫集团的投敌》，复旦大学历史系中国现代史研究室编《汪精卫汉奸政权的兴亡——汪伪政权史研究论集》，复旦大学出版社，1987，第 51 页。

介石。蒋劝阻他不可写信，才中止进一步接洽。不过，当时汪精卫主和有其基本立场，同年 7 月 2 日，国民党国防最高会议常务委员会议讨论如何应付英使调停事时，汪重申："我国为被侵略国，自始即未尝拒绝调停。对九国公约之调停如是，对德大使个人之调停亦如是。调停关键只在条件如何，合则接受，否则即敌人进攻已越武汉，亦不能接受。"① 所谓条件，即须以不妨害中国的独立与生存为前提。显示汪主张议和，是有基本原则的，非为和而和。谓其全面抗战伊始即主张卖国求和，实有失公允。

1938 年 10 月，广州、武汉相继失守，汪精卫意志明显动摇。当武汉危急之际，汪精卫先后接见德国海通社记者及英国路透社记者，发表谈话，表示中国从未关闭第三国调停之门，愿意随时和平，端视日本提出之条件是否能为中国接受而定。11 月 11—19 日，高宗武、梅思平两人衔命与日本军部代表影佐祯昭（陆军省军务课课长）、今井武夫（参谋本部中国班班长），在上海"重光堂"展开秘密谈判，20 日签订《日华协议记录》，一称为"重光堂密约"，确定议和基本条件和脱离重庆主和的具体步骤，成为促成汪精卫日后出走的关键。11 月 26 日，梅思平回到重庆。在上清路汪公馆，包括陈璧君、周佛海、陶希圣、陈公博等主和人士，密集会商对策。汪精卫一度犹豫不决，"会商多次，不能达到最后的决定，陈璧君乃坚决主张就走"。② 最后陈璧君临门一脚，注定汪日后的命运。

汪原定 12 月 8 日借口赴成都演讲，乘机飞往云南昆明，不料蒋介石突由桂林返抵重庆，只好紧急展延。12 月 18 日，是一个时机。当日上午，蒋介石召集在渝公务员训话，大骂人心萎靡，精神不振，禁令以后不准嫖、赌、跳舞、茶酒馆挥霍，如有发现，定加严惩，并限制每部每院只许一部汽车，应节省物资。③ 汪精卫不必听训，悄偕家属潜离重庆，成功置身国外的河内，毫无顾忌地提出议和诉求。汪精卫之谋和行动得以遂行，原因不外有二：一是他们与日本的交涉不完全受蒋介石监督，独立自主性强，而其他条路线的谋和都在蒋监控之下，适可而止；二是他们的对手是日本军部当权实力派，拥有主导对华政策的实权。

① 《国防最高会议常务委员会议纪录》（1938 年 7 月 2 日），中国国民党党史会藏。
② 陶希圣：《潮流与点滴》，传记文学出版社，1970，第 166 页。
③ 《在蒋介石身边八年——侍从室高级幕僚唐纵日记》，群众出版社，1991，第 81 页。

1939 年 1 月 1 日，国民党举行新年团拜后，接着召开中央委员谈话会，讨论对汪精卫出走的处置。冯玉祥出席了会议。他事后回忆道：会中提到"汪精卫飞走了"，"曾仲鸣被人打死了"，也有人说："蒋介石、汪精卫唱双簧"。持唱双簧说的理由，认为汪精卫离开重庆之前两个星期，汪夫人带同家属和行李乘专机先走了。当时重庆交通完全在军统局管制之下，人民出境购买机票都要办理登记，经过审核，高级官吏更要取得蒋介石批准。汪精卫与曾仲鸣、林柏生等多人搭乘专机飞昆明，事先既没有政府与党部交付任何任务，戴笠岂有不先报告蒋介石之理？谓汪精卫是潜逃出重庆，断不可能。[①] 此一怀疑，主要是针对蒋介石的抗战立场而发，日方也对汪精卫在河内观望不前有过不解。但据各方文献，包括蒋介石自记"殊所不料""拂袖私行"[②] 及其他政要之记述，证实无人事先得知汪精卫出走的信息。是年 3 月发生河内刺汪案，不无借以破除"唱双簧"之疑心。

河内风暴　汪蒋决裂

汪精卫与蒋介石，都是追随孙中山革命救国的热血志士。二人文韬武略，各有千秋，均颇受孙中山倚重。孙中山在世时，他们的关系和融。论资历，汪在蒋之上，更能亲近孙中山。1925 年 3 月孙中山去世后，汪脱颖而出，登上国民党领导高位。一年之后，两人出现裂痕。1926 年 3 月中山舰事件，成为汪蒋分裂之关键。该事件导致汪势衰而蒋势盛，原来要迫蒋离粤，反变成汪赴法国养病。此后，汪蒋的分合，引起党内风波与政局动荡。著者如：(1) 1927 年 4 月，汪由欧返国，拒绝与蒋合作，形成宁汉分裂对立之局。(2) 1929—1930 年，汪系改组派发起成立中国国民党护党革命大同盟，展开反蒋斗争，进行倒蒋运动。蒋介石厉斥改组派为国民党叛徒。国民党也永远开除汪精卫党籍。汪蒋交锋，反蒋势力大集结，演变成中原大战与扩大会议的政治风暴。(3) 1931 年 5 月，蒋主导汤山事件，引发支持胡汉民人士反弹，造成宁粤失和。汪亦联合反蒋各派，重演倒蒋戏码。双方对立，剑拔弩张，因九一八事变发生，才化解一场同室操戈。

外患当前，蒋汪尽释前嫌。1935 年 11 月，汪遇刺重伤，远赴欧洲疗

① 冯玉祥：《我所认识的蒋介石》，新潮社文化事业公司，2012，第 140、141 页。
② 《蒋介石日记》，1938 年 12 月 21 日。

养，西安事变后始返国。全面抗战前的四年间，蒋汪真诚合作，行"安内攘外"政策，乃二人关系仅见的最和谐的一个时期，为国家建设与抗战准备费尽心力。1937年7月，全面抗战爆发，蒋汪对于和战态度或有差异，初期仍能维持如战前一般的合作关系。一年多之后，广州陷敌，武汉撤守，二人和战立场明显分歧。汪不顾一切坚持走自以为是的"救国道路"，到国境之外，公开倡议和运，背离"抗建"国策。蒋汪关系陷入紧张，逐步走向破裂边缘。

1938年12月18日，汪精卫离开重庆飞至昆明，次日再飞抵河内，并按计划于日本首相近卫文麿发表所谓的第三次对华声明后，30日自香港发出前一日已拟定的响应近卫声明的"艳电"，建议国民党总裁蒋介石及中央主事者以近卫声明为基础，展开与日本议和谈判，谋事变之早日解决。1939年1月1日下午，国民党紧急召开五届临时中常会，决议永远开除汪精卫党籍，并撤除其一切职务。理由是他在抗战急要关头，擅离职守，匿居异地，传播违背"抗战建国"国策思想。海内外随后也掀起一片申讨汪精卫"艳电"议和主张的声浪。当晚，远在河内的汪精卫获得情报，原本期待国民党能够善意接纳议和主张落空，换来的却是对他严厉的党纪处分，所以与附从诸人心情"俱颇黯然"，"大家都沉思了一晚"，因此决定暂守沉默，静观事态。[1] 面对国民党的处分，汪精卫也没有做出任何反应。

此后，汪精卫对于未来行止面临重大抉择。一是日本内阁异动，引诱他出走的近卫首相下台，新的平沼骐一郎内阁组成，对华政策是否改变陷于不明状态；二是国民党中央唯恐事态恶化，密派中央要员谷正鼎携带护照和旅费，于2月中旬前往河内，恳劝汪赴欧休养。对前者，他于2月初召请高宗武自香港赶至河内，经数日密集商议，再度遣派高宗武赴日。高于2月21日抵日，3月16日回到香港，先后与影佐祯昭、原首相近卫、首相平沼、有田外相及板垣征四郎、多田骏、松冈洋右等军政要员晤谈，打探日方新动向。至于后者，谷氏使命显然没有达成。[2] 汪由于尚在等待日方决定，且期盼国内拥护人士的表态声援，故无意接受政府赴欧的安排。

---

[1]　雷鸣：《汪精卫先生传》，第354页。
[2]　《蒋中正致白崇禧电稿》（1939年2月24日），"国史馆"藏史料。蒋介石长电谓："谷正鼎由河内回渝，称汪仍主和，并不愿赴欧云，恐无可救药矣。"

　　高宗武回到香港，由于旧疾复发，没能亲往河内复命，而是将报告交陈璧君带去。高报告指出，日本对交涉解决中日问题，不够诚恳，日方所有允诺只有一个目的，要汪做他们的傀儡。从这时起，高想方设法劝汪中止与日本谈判。可是，报告送达汪手上时是 3 月 20 日，第二天便发生枪击血案。时间会如此凑巧，让高宗武不由得怀疑是日本人操作的离间手段，目的是让汪蒋决裂，逼汪走上绝路。① 河内军统局干员于 19 日接到行动命令，21 日凌晨，潜入汪精卫住所，采取锄奸行动。但刺杀汪精卫不成，反而误杀了汪的亲信，即其秘书曾仲鸣，且伤及其他亲属，令汪精卫极度痛愤。汪于是月 27 日发表《举一个例》一文，为主和言行提出强烈辩解，甚至公开 1938 年 12 月初汉口国防最高会议讨论陶德曼居间斡旋调和的机密会议记录。② 汪之举动完全出于报复性的情绪反应，竟至不惜与国民政府决裂。另一方面，日本政府此时也已决定，支持汪精卫到日本占领区组建一个受其控制的"中央"政权，作为逼迫重庆国民政府妥协的筹码，随后于 4 月初即派影佐祯昭一行数人潜赴河内，解救汪精卫等人。汪精卫 4 月下旬离开河内，5 月初安抵上海，在日方完全保护下，展开一连串筹建政权的工作。

　　河内爆发汪精卫遇刺案，结果是汪随从秘书曾仲鸣被枪击身亡。汪方一口咬定蒋介石是这宗刺杀事件的背后主谋。直到半个世纪后，当年出身军统局干员的陈恭澍发表《河内汪案始末》，③ 细说从前，但其间仍有蹊跷。河内一击，汪幸运躲过一劫，但激愤不平，决心离开河内，走上汉奸卖国的不归路，自毁人格与名节。渝方除汪不成，反逼其靠向日敌，树立"和平政权"，究系欲擒故纵，抑纯属意外，或另有文章？高宗武怀疑是日方诡计，提出另一种可能性。河内血案系军统干员奉命所为之说，虽有陈恭澍著书为证，但是从已公开的主导者戴笠的档案，找不到直接证据，期盼水落石出之一日。可议的是，隐居香港的高宗武，自陷于戴笠指派军统干员密切监视、伺机加以制裁的险境而不察。④

---

① 高宗武著，陶恒生译注《深入虎穴》，《传记文学》第 89 卷第 6 期，2006 年，第 107—108 页。
② 汪精卫：《举一个例》，原稿藏中国国民党党史会。
③ 陈恭澍：《河内汪案始末》，传记文学出版社，1983。
④ 军事委员会调查统计局（简称军统）的档案，由军事情报局保存，其中一部分与"国史馆"合作，完成数字化，以《戴笠专档》提供参考。尚未公开的部分，值得密切观察。

四　陷"都"重见"国民政府"

1939年5月初，汪精卫抵达上海后，召集同志，谋划与日议和事宜，31日赴日本磋商收拾时局办法。就国民政府立场，汪精卫在河内发表"艳电"，言行毁法乱纪，但仅施予党纪处分，即使各方通电要求政府严予通缉，绳以国法，政府并未实行。迨汪等进入上海，与日本密切交往，国民政府认定其所为已实质构成通敌罪行。6月8日，蒋介石主持国防最高委员会第八次常务会议，讨论中央执行委员会、国民政府转送海内外各级党部、民众团体、各省临时参议会的文电，以及监察院呈为汪兆铭背叛党国请予明令通缉以肃纪纲案，决议由国民政府明令通缉。① 蒋在会议记录上签名，正式对汪采取国法惩处。汪虽在日人保护之下，但渝方的暴力制裁行动从未放松过。

日本梅机关操作与失算

从河内到上海，对汪精卫等主和派所谓"和平运动"而言，系一大转变。其与日本距离缩短，行动更加主动积极。而国人与国际产生的印象，即是汪派已经和日本达成默契，必将采取进一步的妥协行动。金雄白（笔名朱子家）不讳言："汪氏在上海那一段时期，尽管对外标榜的是和平运动，但敏感的上海人，都明白将是在沦陷区建立政权的前奏。"② 国民政府亦已完全了解汪等脱离重庆的真正企图在于另组政权。

汪派于1939年5月下旬拟定"收拾时局的具体办法"。其要旨以收揽人心为先决条件，因此不变更政体和法统，而以变更"国策"为收拾时局之要务。日本政府为援助汪派树立"中央"政权之准备工作，于8月22日在上海设立"梅机关"，由影佐祯昭主持一切，直接听命于日本政府。机关成员来自海军的须贺彦次郎、外务省与兴亚院的矢野征记及清水董三、民间人士犬养健；也有新闻界人士如同盟社的松元重治、神尾茂，朝日新闻

---

① 《汪兆铭通敌叛国案》，中国国民党党史会藏《国防最高委员会档案》。
② 朱子家：《汪政权的开场与收场》第1册，春秋杂志社，1960年第4版，第37页。

的大田宇之助,《上海日报》的波多博等多人参加。① 此后, 在梅机关极力扶植下, 汪记政权的建立, 得以逐步向前进展, 所采取的具体步骤分别是: 访问日本, 取得认可; 与华北、华中既有政权磋商统合事宜; 成立 "中国国民党", 召开全国代表会议, 承袭党统; 四处拉拢附和分子, 储备政府人马; 与日本会谈, 签订 "和平密约", 获得支持。

在汪记政权筹建过程中, 最关键的一个步骤, 非谈判密约莫属。主动提议谈判的是日方, 而双方谈判的依据, 即《中日新关系调整纲要》及附件, 也由日方拟订提出, 其中必含有强烈的帝国主义侵略成分。梅机关成员多认为: 如果以此草案为基础与汪精卫谈判, 会令人怀疑日本的信义, 对日本至为不利, 即使汪精卫接受, 对 "和平运动" 不见得会奏效, 宜把草案送回, 请求日本当局重新考虑。② 犬养健更指称: 该草案完全以强化日本的占领政策为着眼点, 倘使付诸实行, 则华北事实上形同独立, 南方的海南岛也归属日本海军, 世界上恐怕再无出其右的傀儡政权。③ 梅机关长影佐祯昭一睹草案, "不禁为之黯然失色"。他与今井武夫直觉: 这是由于权益思想作祟, 日本政府各省乘机附加不少条款; 这个草案赤裸裸地暴露了为帝国主义设想之要求。④ 其实, 这些引汪精卫出走之始作俑者的事后说词, 徒然表露出他们的伪善面目而已。

日汪双方谈判, 日方以影佐祯昭为首, 汪方以周佛海为首, 分两个阶段进行。第一阶段, 1938 年 11 月 1—12 日, 间续举行 7 次谈判; 第二阶段, 12 月 28—30 日签字。谈判地点, 先是在六三花园, 后来改在愚园路 60 号。谈判采取秘密方式, 且相约谈判内容绝不对外泄露, 故称 "内约谈判"。日方拟订的《中日新关系调整纲要》草案, 主要包含 "调整原则"、"调整要项" 及 "调整纲要附件" 等项, 牵涉范围至为广泛, 条文繁复。综合言之, 汪方代表在谈判中, 对于若干问题讨价还价, 要如关于日军驻扎与撤兵问

---

① 黄美真、张云编《汪精卫国民政府成立》, 上海人民出版社, 1984, 第 42 页。梅机关位于上海北四川路, 因日人称其办公处所为 "梅华堂" 而得名, 日本参谋本部以其负责扶植汪伪政权工作, 故称之为 "梅工作"。见影佐祯昭「曾走路我記」、臼井勝美編『現代史資料 13・日中戦争 5』、東京: みすず書房、1966、372 頁。

② 影佐祯昭「曾走路我記」、臼井勝美編『現代史資料 13・日中戦争 5』、377 頁。

③ 犬養健『揚子江は今も流れている』、東京: 中央公論社、1984、196 頁。

④ 《今井武夫回忆录》, 天津市政协编译委员会译, 中国文史出版社, 1987, 第 110—111 页。

题、日本在经济上的独占问题、日本派遣顾问问题、"华北政务委员会"的权限问题等。经过连续几天谈判，由于在"驻兵"等17项重要问题上不能达成协议，会谈只得中止。影佐祯昭11月16日返日，报告谈判情况。12月8日，兴亚院会议决定：为使汪精卫的"中央政府"能够成立，打开僵局，应由梅机关负起责任，在为将来正式谈判预留余地的情况下，尽可能采取措施调整彼我双方意见。[①] 影佐接到指示后重返上海，对汪方软硬兼施，一面严肃忠告，迫令就范；一面花言巧语，甚至对汪精卫流下同情的眼泪。汪大受感动，认为"影佐还是有诚意"的。[②] 汪决定接受日方要求，并电召陈公博到上海参与谈判。12月18—20日，陈公博与梅机关的海军代表须贺彦次郎，就厦门及海南岛等沿海岛屿问题，经过6次谈判，达成协议。

周佛海与日方暗中接洽，12月28日再开谈判。汪方本有陈公博、周佛海、梅思平、林柏生、陶希圣5人参加；陈公博于当日匆促离沪，陶希圣也决意不出席。至30日，汪方由周佛海、林柏生、梅思平，日本梅机关由影佐祯昭、须贺彦次郎、矢野征记、犬养健等，共同签订所谓《调整中日新关系协议文件》，内容包括《中日新关系调整纲要》和"秘密谅解事项"两个部分。其中除《中日新关系调整纲要》之外，另附"调整中日新关系之基本原则"、"调整中日新关系之具体原则"及"秘密谅解事项"8件。陶希圣事后披露：日方提出的条件，所包含的地域，从黑龙江到海南岛，所包含的事项，下至矿业，上至气象，内至河道，外至领海，大陆上则由东南以至于西北，这一切的一切，毫无遗漏地由日本持有或控制。[③] 此一密约成为汪政权成立后与日本签订正式条约的基础，具有关键作用。

日汪密约的签订，日本取得梦寐以求而在"临时""维新"政府尚未能完全夺得的权利，十足揭示日本扶植汪记政权的野心。可是，此一极机密文件，就在日方得意之际曝光了。先是在谈判接近尾声，12月21日，国民党中统局策划、由女干员郑苹如等执行的刺杀"76号"特工首脑丁默邨的锄奸行动发生，虽以失败收场，却是轰动沪上的桃色风波，日后甚至成为

①　堀場一雄『支那事變戰爭指導史』、東京：時事通信社、1962、325 頁。
②　陶希圣：《潮流与点滴》，第 173 页。
③　陶希圣：《日本对所谓新政权的条件》，汪大义编撰《汪日密约》，岭南出版社，出版时间不详，第 45 页。

张爱玲写作《色戒》的题材。更让日汪震惊的是，日汪签订《调整中日新关系协议文件》之后4天，即1940年1月3日，主和派中坚人物高宗武与陶希圣，竟相偕潜离上海，前往香港。这两个事件相差13天，时机颇耐人寻味。高陶幡然脱离，系高宗武的决定，约陶希圣一起行动。高宗武自从随汪精卫到上海后，因察觉"和平运动"已经变质，意在扮演踩刹车角色。而日汪双方也发觉高宗武的可疑行径，对他有所设防。因此，日汪密约谈判桌上就没有高宗武的影子。但谈判依据的文件草案，高宗武不仅有机会看过，而且机巧地密摄一份私存，显示预谋出走的准备与决心。①

日汪密约谈判之前，1939年10月，高宗武即已透过军事委员会江浙行动委员会主任委员杜月笙派驻上海的代表徐采丞，至香港请杜月笙设法安排出走上海。杜氏认为高宗武一旦脱离汪精卫，并揭露和平内幕，对抗战前途当会产生重大影响，于是亲往重庆，面报蒋介石。后经两个多月秘密策划，眼见事机即将成熟，杜月笙、徐采丞同赴重庆报告。12月18日下午，蒋介石接见杜，与谈汪事。② 陈布雷也得知杜月笙是来谈上海统一组织活动事。③ 三天后，蒋又见另一位神秘客黄溯初；黄氏是高宗武的浙江温州同乡，高父高玉环的至友。④ 他非常同情高宗武的处境，恳劝高应尽快摆脱日汪阵营。由此观之，高宗武脱离上海事，已箭在弦上，等待最后时机。

高宗武决定离沪后，前往法租界环龙路陶希圣寓所，相约一同赴港。陶希圣参加密约谈判，深知日本包藏祸心的伪善，故当汪日于12月30日签订《调整中日新关系协议文件》时，乃称病不出席签字。1940年1月1日，陶希圣为免启人疑窦，仍"抱病"到愚园路汪精卫寓所拜年。1月3日上午，高宗武按照徐采丞、万墨林等人的安排，离开法租界寓所，登上美国轮船"胡佛总统"号。陶希圣则乘车到南京路国泰饭店前门，下车后进入大厦，出后门，再搭出租汽车直驶黄浦码头，登上"胡佛总统"号，与高宗武会合。1月5日，二人安抵香港。⑤ 1月7日，高宗武会见杜月笙、黄

① 高宗武著，陶恒生译注《深入虎穴》，《传记文学》第89卷第6期，2006年12月。
② 《蒋介石日记》，1939年12月18日。
③ 《陈布雷先生从政日记稿样》，1939年12月23日记事，东南印务出版社承印。
④ 《蒋介石日记》，1939年12月21日。溯初，本名黄群。1939年2月，高宗武奉命再度赴日本探询情况时，曾造访黄氏倾谈，隐然有异志。
⑤ 万墨林：《沪上往事》第1册，中外杂志社，1977年再版，第177—178页。

溯初之后，即致信蒋介石，并附上密件，函谓：

> 项晤玉笙（杜月笙号——引者注）、溯初两先生，得悉钧座爱护之情无以复加，私衷铭感，莫可言宣。宗武于五日抵此，回顾一年以来，各方奔走，只增惭愧而已。今后唯有杜门思过，静倾尊命。先此奉达，并托玉笙先生代陈一切。另带上密件共三十八纸，照片十六张，敬请查收。①

接下来是密件揭露的时机，蒋介石指令中央通讯社社长萧同兹坐镇香港执行，由于陶希圣眷属尚留在上海，为了安全起见，不宜立时发布。及1月21日，陶眷经杜月笙、万墨林协助安抵香港。次日，香港《大公报》头版，以醒目标题披露《中日新关系调整纲要》的译文，第三版整版又刊登原文照片，同时还登载高宗武、陶希圣致《大公报》的信函和发给汪精卫等人的电报。

高宗武、陶希圣的脱离，有其各自原因，且经过一段时间酝酿，连梅机关与"76号"特工总部都被蒙在鼓里。杜月笙在其中运筹帷幄，发挥很大作用。高陶二人出走，确实带给汪精卫以重大打击，尤其是揭露密约之举，使汪等自诩的"和平运动"陷入困境。汪精卫痛责高陶举动系"变乱"行为。②《大公报》披露密约当日，汪精卫正在搭船前往青岛，将与王克敏、梁鸿志会谈南北组织合并事，途中，一接到陈璧君告急电报，"焦可灼万状"。是晚，周佛海几乎"彻夜未睡"，愤然表示："高、陶两人，今后誓当杀之。"1月23日下午，周看到高陶致《大公报》信后，"不禁发指"，对日人犬养健和清水董三谈及此事，"愤极之余，不禁泣下"。③连金雄白后来在香港撰述汪政权史事时，依然不忘贬抑高陶以泄恨，直指二人为叛徒，因为争不到好名位才脱离，作为报复。④

① 《高宗武呈蒋委员长1月7日函》，"国史馆"藏《蒋中正档案》。
② 《汪精卫日记》（1），《档案与历史》总第11期，1988年，第2页。
③ 蔡德金注《周佛海日记》（上），中国社会科学出版社，1986，第233页。
④ 朱子家：《汪政权的开场与收场》第1册，第51页。

"国民政府""还都"南京

高陶事件，掀起一时风浪，但仅限在心理层面的扰乱，并无助于阻止汪精卫组建"和平政权"的进程。日本梅机关仍力挺到底，1940 年 3 月，汪精卫以"还都"南京形式建立"国民政府"，标举"和平、反共、建国"旗帜。有汪政权总策划师之称的周佛海，回顾"和平运动"的发展，称至此约略分为三个阶段：离开重庆，为第一期之始；离香港到上海，为第二期；由上海回到南京，为第三期，也是最后阶段，目的即在国民政府之"还都"。① 所谓"还都"，不外乎宣示"新政府"乃承袭国民政府法统而来，只是由重庆迁回南京，并非另立政权。因此，"国民政府"仍奉国民政府主席林森为名义上的主席。其实，这只是混淆视听的障眼手法而已。

1940 年 1 月 25 日，汪精卫与王克敏、梁鸿志在青岛会谈结束，翌日便和周佛海、梅思平商组"国民政府""还都筹备委员会"事宜。汪于 27 日返抵上海，立即设立"还都筹备委员会"，着手各项准备工作。委员会由汪派与"维新政府"联合组成，秘书长由汪记国民党中央党部秘书长褚民谊出任，副秘书长为"维新政府"内政部部长陈群。但在正式"还都"之前，还需要召开一次"中央政治会议"，决定政府组织与人事。易言之，"中央政治会议"及"还都"的筹备工作，是同时并进的。3 月 17、18 日，汪派人士纷纷抵达南京，准备参加将于 20 日召开的"中央政治会议"。不料，就在开会前一天，梅机关的犬养健奉日本中国派遣军总司令部总参谋长板垣征四郎的命令，传达主张将组府延至 4 月 15 日的旨意。汪派对突如其来的改变颇感泄气，深恐再次延期将置组府计划于破产地步。可见"还都"之事，汪精卫不能做主，端视日本的态度而定。周佛海即约见影佐祯昭，正告以"如果延至 4 月 15 日，此间必崩溃，故最迟不能过 3 月 31 日"。3 月 23 日"中央政治会议"结束次日，汪精卫在南京发表广播讲话，宣称"国民政府"将"还都"南京；其重大使命，就是实现和平，实施宪政。由于"国民政府"的成立，"和平运动"进入一个新阶段，今后要统一起来进

---

① 《周佛海日记》（上），第 267 页。

行，盼望反对"和平运动"的人来赞成，使和平赶快普遍于全国。①

汪精卫"还都"南京时日之所以一再迁延，症结在于日本的诚意。汪组府之同时，日方尚派代表与重庆接洽和平，如姜豪、司徒雷登（J. L. Stuart）之穿针引线。但真正发生作用的，是日本中国派遣军总司令部主导，在香港与渝方自称"宋子良"者进行代号"桐工作"的谈判。显而易见，日本有意以汪成立"国民政府"为棋子，要挟渝方。重庆主事者将计就计，虚与委蛇，借以扰乱汪的组府。"桐工作"自 1939 年 11 月起展开，至 1940 年 3 月，历时 4 个月，日方连"宋子良"真实身份都还难以确定。3 月 24 日，在香港的日方代表铃木卓尔接获重庆方面答复："关于承认满洲国问题，政府内部的意见形成对立，不易决定，确定之答复，希延期到四月十五日。"日本政府期望落空后，遂认为汪组府已准备就绪，倘再延期，恐将引起参加者动摇，甚至发生脱离的情况。② 至此，中国派遣军总司令部分析渝方缺乏谋和诚意，怀疑是破坏新"政府"的谋略，③ 终于决定 3 月 30 日为"国民政府""还都"的日期。

3 月 30 日上午，"国民政府"代理主席汪精卫率领各院部及委员会人员在南京宁远楼举行就职典礼。"国民政府"发表宣言，声称："国民政府"根据"中央政治会议"决议，"还都"南京，当坚决执行"中政会"郑重决议之实现和平、实施宪政两大方针，革除个人独裁，摧陷廓清阶级斗争遗毒，克日实现民意机关之设立、地方自治之举办，以及国民大会之召集、宪法之制定颁布等事项；并且自称系唯一合法的"中央政府"，重庆方面对内发布法令，对外缔约，皆属无效。④ 还都前夕，"维新政府"于 3 月 29 日宣布解散。30 日，"临时政府"也声明取消，"华北政务委员会"同时成立。可议的是，在如此重要的时刻，既无各国使节祝贺，连日本中国派遣军总司令西尾寿造也迟至翌日上午，才往"国民政府"表示祝贺之意。日本政府不过发表一些应酬式声明或谈话而已。是日，重庆国民政府外交部照会各国，郑重声明："汪伪组织纯为日本用以侵略中国主权，破坏国际间

① 汪精卫：《国民政府还都的重大使命》，《汪主席和平建国言论选集》，"中央电讯社"编印，1944，第 108—113 页。
② 《今井武夫回忆录》，第 142 页。
③ 堀場一雄『支那事變戰争指導史』、383 頁。
④ 《国民政府还都宣言》，中国国民党党史会藏原件。

法律秩序之傀儡工具，其任何行为当属无效。中国政府与人民绝对不予承认"；并重申整肃纲纪、伸张国法前令，通缉陈公博、温宗尧、梁鸿志、王揖唐、赵正平、赵毓松、诸青来、刘郁芬、王克敏等 77 人。① 全国各界亦纷纷通电声讨。

汪派脱离重庆抗战阵营，私与日本谋和，并擅赴日军占领区筹组政权，经过一年三个月之奔走，终以"还都"形式，在南京僭立汪记"国民政府"，其直接统治地域，包括以南京、上海、杭州、蚌埠为中心的苏浙皖地区，武汉及其周边地区，广州及珠江三角洲，江西南昌、九江地区，及后来的以徐州为中心的淮海地区。这些地区政治、战略、经济等方面，都具有重要性。② 但日本诱使汪派出组政权，真正意图乃在裂解中国抗战阵营，达到不战而屈人之兵的目的。事实证明，抗战营垒并未因汪精卫脱离而瓦解，抗日战争也没有因"国民政府""还都"而止息。

五　汪记政权坐困愁城

与虎谋皮

汪记政权袭用中国国民党与国民政府的名号和建制，使用中华民国的国歌与国旗。但由于日本坚持，只好在国旗上方附加一上书"和平、反共、建国"的三角形黄布条以示区别。如此"国旗"样式，甚是怪异，而有"猪尾巴"之戏称。日本政府自始至终把议和当作谋略在进行，毫无实现和平之诚意。汪记政权纵使成立，百般设法争取独立自主地位，也无济于事变之及早解决。从其过程中发生的四个事例，可以获得充分证明。

其一，近卫文麿之巧诈。1938 年 11 月，汪日双方代表在上海"重光堂"会谈，签订"日华协议"，记录中载明日本于和平达成两年内撤兵的承诺，次月近卫发表的第三次声明中，就遭军部压力而片面取消此一事关重大的条文。当时，汪精卫已经置身河内，无可挽回。况且，近卫首相又如此凑巧宣布下台。很明显的，这是日本施展的欺诈手段。汪精卫过于相信

---

① 秦孝仪主编《中华民国重要史料初编——对日抗战时期　第六编　傀儡组织》（本章以下简称《傀儡组织》）（3），第 193 页。
② 余子道等：《汪伪政权全史》上卷，上海人民出版社，2006，第 3 页。

日本谋和诚意，初尝苦果。

其二，影佐祯昭的坦白。影佐是主导诱降汪精卫的核心人物，先后任职于参谋本部谋略课及陆军部中国课。汪精卫自河内抵达上海后，影佐又是梅机关的主持人，专责协助汪精卫建立南京"国民政府"。他曾坦白地告诉日本驻香港总领事田尻爱义，日方进行的"和平工作"，其实只是一种"帮助战略的谋略工作"而已。简言之，就是以分化中国内部，另立一个亲日反蒋政权，以溃灭抗战势力为总目标，而汪精卫只是其总体战略中的一颗棋子。当"内约"谈判遇到瓶颈之际，影佐不惜流下"鳄鱼的眼泪"，打动汪精卫。其居心叵测，汪如有知，将情何以堪。

其三，"桐工作"的阻挠及拖延承认政权。汪精卫政权以"还都"南京形式建立前后，日本军部正与重庆国民政府紧锣密鼓地在香港秘密进行谈判，一再借故拖延汪伪政府的成立及其对汪伪政府的承认。日方此一依违两端的谋略，无非要用汪组府一事来威胁国民政府就范，与其进行和平谈判。另一方面，实由于尚未签订正式条约之故。由于汪方强烈要求，自7月5日至8月31日，双方代表在宁远楼举行"中日调整邦交会议"，共进行16次会议。[1] 这次谈判的条约，可谓"内约"的正式条约化，尽管条款在形式上不尽相同，实质却一成不变。会议结束，条约也草签了，日本仍然讳言承认。

汪方甚感不耐。11月18日，周佛海由影佐祯昭陪同亲赴东京，向有关当局催促承认之事。日本政府终于醒悟受到玩弄，不再等待重庆国民政府响应，27日通过全部条约，决定30日举行签约仪式。11月30日，汪精卫以"国民政府"主席身份与阿部信行共同签订《关于中华民国日本国间基本关系条约》及附属文书。重光葵形容这是"一个莫明其妙的复杂而离奇的协定书"。[2] 汪又与日本及伪满洲国代表臧式毅签署《中日满共同宣言》，声明"三国"互相承认。汪记南京政权，至是取得日本政府的正式承认，距3月成立已经8个多月，对汪来说，可谓侮辱至极。正式签约同日，国民政府通令悬赏几万元，缉拿汪精卫，令文谓：

---

① 《中日调整邦交会议》16次会议记录，中国国民党党史会藏原件。

② 〔日〕重光葵：《日本之动乱》，徐义宗、邵友保译，南风出版社，1954，第182页。

汪精卫即汪兆铭，通敌祸国，触犯惩治汉奸条例，前经明令通缉在案。该逆久匿南京，依附敌人，组织伪政府，卖国求荣，罔知悔悟。近更僭称国民政府主席，公然与敌人签订丧权辱国条约，狂悖行为，益见彰著，亟应尽法惩治，以正观听。为此重申前令，责成各主管机关，严切拿捕，各地军民人等，并应一体协缉。如能就获，赏给国币十万元，俾元恶归案伏法，用肃纪纲。①

外交部亦发表严正声明：日汪所订非法条约均属无效，他国如有承认伪组织者，当认为最不友谊之行为，即与之断绝外交关系。汪精卫为了确立政权地位，不得不吞忍日本之欺妄，处境维艰。

其四，不同甘只共苦的"大东亚战争"。1941 年 12 月 8 日，日军突袭美国海军基地珍珠港，启动自称的"大东亚战争"。美英旋即对日本宣战，太平洋战争从此发生，此距中国全面抗战已经四年。日本在深陷中国战场不能自拔时，又另辟太平洋战场，以美英为敌，无异饮鸩止渴。此一战争不仅促成世界反侵略阵线结盟，共同致力抵抗侵略国家，有利于国民政府的抗战形势，更是汪政权走向覆亡命运的分水岭。

汪精卫政权依附于日本帝国主义，二者命运息息相关。"大东亚战争"开始后，一年之间，日军势如破竹，所向披靡。汪伪政府甚受鼓舞，1942 年 5 月特派"外交部部长"褚民谊专使日本，祝贺日本的胜利。当时，汪精卫基于"生命共同体"的认知，以及对日本必胜的憧憬，发表"同生共死"以迎合日本欢心的声明，主动积极争取参加日本人心目中的"圣战"。日本政府始则不认为汪政权具有参战资格与实力，一再拖延阻拒，迨日本在太平洋战场形势由胜转劣，才基于扩大掠夺战略物资以养战的利益考虑，于 1942 年 12 月制定"对华新政策"，而改弦易辙，勉强同意其参战要求。②。1943 年 1 月，汪精卫政权经过一年多努力争取，如愿以偿地参加"大东亚战争"，正式向英美宣战，也因此从日本政府手中获得若干包着糖衣的"权益"，如收回租界、撤废治外法权、取消"国旗"旗杆上附加的黄色三角飘带等。

---

① 秦孝仪主编《傀儡组织》（3），第 195 页。
② 石源华：《论日本对华新政策下的日汪关系》，庆祝抗战胜利五十周年两岸学术研讨会会议论文，中国近代史学会与联合报系文教基金会，1995 年 9 月。

　　汪政权参战后，扮演后方基地角色，协力"圣战"，推行若干示好的具体措施，如调整为战时体制、厉行统制经济、严格管制粮食和战略物资、改造民心思想、发动献金及收回废金属运动和节约储蓄运动等；此外，也进行军事动员与部署。但是不论汪政权如何效力，日本不放心也不允许其派军投入战场。所以汪精卫并没有同享胜利的甜果，只能承受负担，对于日本之漠视，徒呼奈何。汪精卫"同生共死"的初衷，已注定走向与日俱亡的末路。

身不由己

　　汪政权成立之后，事实上并未能像一般政权正常运作。梅机关推动汪政权成立，完成任务后，主要成员分别受聘为汪伪政府顾问。影佐祯昭出任"军事委员会"最高顾问，须贺彦次郎任海军首席顾问，谷荻那华雄、晴气庆胤等任军事顾问。重光葵曾奉派出任驻汪政权"大使"，他坦白地指出：汪政府内之中央政治及地方行政机构，均受日本方面之三层监督：一是日籍顾问及职员的内部指导；二是"兴亚院"及其在各大城市设立之"连络部"的外部指导；三是驻在该地陆海军的综合监督。其"结果，好干涉他人闲事的日本人与厌恶干涉的中国人，绝不能融洽"。[①] 由于日本多方钳制，汪政权一切设想自然窒碍难行。陈公博在战后的自白书中，也指证日本不愿汪伪在沦陷区有效行使治权的事实。他说：汪精卫是以诚意对待日本的，而且近卫既已声明并无灭亡中国之心，因此日本应当让汪政权统一南北，使它得到行政上的自由，使它建立强有力的军队以维持治安，使它支配一切经济以保持国家人民的元气，使它可以自由处置贪官污吏，使人民安居乐业，使它可以保护人民，免受日本宪兵的非法逮捕。但这些都只是汪精卫的理想而已，陈公博进一步谓："而日本的见解那就大不同了。许多军队和官吏曾受日本支持的，他们不得不继续支持；至于贪污与否，与日本无关，有时或者因为贪污，他们才更容易利用。至于南北对立，更是他们夺取物资的机会。军队不必强有力，只须能够做到日本人步哨为已足。"[②]

---

① 〔日〕重光葵：《日本之动乱》，第 258 页。
② 陈公博：《八年来的回忆》，《陈逆公博罪行录》，时事新报出版部，1946，第 15 页。

可见，理想与现实之间总会有差距。汪精卫身处敌营之中，虽欲有一番作为，然以弱者的诚心，面对暴日的野心，谈何容易？1940 年 10 月，汪记政权成立半载，难以施展的情况未见改善。负责与日本折冲最力的周佛海，不得不采取行动。一是约晤影佐祯昭及犬养健，正色告以："国民政府还都半载，一事无成，中、日国民均将冷淡。还都本意原在作一中日合作模范，使重庆悔悟抗战之不必要……为促进和平计，日本不宜拿得太紧，须任国民政府自由发展，且援助之……故日本目前除强化国民政府外，无他法。"周特别请影佐返回东京后向日本当局转达。二是接见日本《朝日新闻》记者，坦陈"国民政府"半年来成绩并不佳，如此下去，实不能忍受；并强调必须使"国民政府"强化，在管辖区内做到独立自主，否则"国民政府"为无意义。[①]

除了以言辞表达对汪政权强化的热切希望之外，汪精卫更亲自出马，率同周佛海、林柏生、周隆庠等人，于 1941 年 6 月赴日访问，直接争取日本政府的实质强化措施，获致三项主要收获。第一，与日本首相近卫文麿发表共同宣言，说明"国民政府"务必在政治上、军事上、经济上、文化上提供中日"提携"协力之具体的事实，使民众得了然于"中日合作""东亚复兴"为两国国民之共同使命；日本政府亦对之提供更进一步的援助，俾"国民政府"能发挥其独立自由之机能，以努力于分担"东亚新秩序"之责任。第二，日本提供"国民政府"以 3 亿日元贷款。第三，由于日本斡旋，欧洲轴心国家，由德意首倡，相继承认"国民政府"，计有罗马尼亚、斯洛伐克、克罗地亚、西班牙、匈牙利、保加利亚、丹麦等 9 国，强化其"国际地位"。[②]

要言之，汪政权之欲求强化，无日本在政策上的支持则毫无可能。在日本许可下，汪伪政府先后推行"东亚联盟运动"、"新国民运动"及"清乡工作"等三项措施，其共同目标都在促进其政权的强化。汪谓："国民政府为什么要强化呢？其意义要使之强有力，能将和平基础树立起来，逐步拓展，以达到全面和平。然则，强化国民政府不是国民政府自私自利的动

---

① 《周佛海日记》（上），第 384、387 页。
② 《中国国民党第六届中央执行委员会第四次全体会议纪录》（1941 年 11 月），中央执行委员会秘书厅编印，中国国民党党史会藏。

机，而是为能更负责任更迅速的完成使命起见，如此则中央与地方应如身使臂，如臂使指，完成其为整个的体制，方才于强化之目的无悖。"① 这三项强化政权的措施，在"大东亚战争"之后推行更加积极。汪精卫有意借此提高对沦陷区的统治力，其实，背后都还要接受日本指导，仅以"清乡工作"为例加以说明。它是汪政权成立后进行的一件最具体和重大的工作，倾注"国民政府"政治、经济、军事、文化、教育各方面力量的大建设。②

汪政权名义上为统一的中央政权，实际上权力有限。"华北政务委员会"名为"国民政府"辖下地方机关，却仍唯日军马首是瞻，与汪伪政府貌合神离，各自为政。严格言之，汪伪政府初期所能管辖的区域，包括原属"维新政府"的苏、浙、皖三省及京、沪两市而已。③ 针对这一情况，最高军事顾问影佐祯昭于1941年初提议以"清乡"为因应对策，汪精卫欣然接纳。日本提出"清乡"方案，其政治目的不外有三：增强汪伪政府的政治力，以协助日本加强对占领区的控制；铲除敌对势力，以巩固日本在长江下游地区的占领；封锁抗战区的经济，以满足日本对国防物资的搜取。这才是日本以"清乡工作"为手段，向汪伪政府献策之根本所在。④

1941年3月24日，汪伪政府通过设立"清乡委员会"案，特派汪精卫兼"委员长"，陈公博、周佛海兼"副委员长"，李士群兼"秘书长"。该"委员会"与"行政院""军事委员会"是平行机关，权限颇大，地位也很高。汪伪政府自4月中旬起，积极策划有关"清乡工作"的活动。7月开始，在汪伪政府势力范围内出现一种奇异的景象，即用连绵数十里长竹篱笆隔绝而成的区域，称之为"清乡区"。汪伪政府仰赖日军武力协助，自1941年夏至1945年夏，在封锁区内分期进行"确立治安、改善民生"的工作。汪精卫对"清乡"抱着极大的期望，每期"清乡"都实地视察。在李士群主持"清乡工作"时，在"肃清"敌对分子与增加财税方面收到实效，尤其是对重庆国民政府地下组织的打击甚大，逼使军统局在1943年夏向周佛海下达制裁李士群令。日方对李士群的跋扈亦表不满，乃与周佛海联手设计，削

---

① 汪精卫：《怎样强化国民政府，怎样实现和平》，《汪主席和平建国言论选集》，第236页。
② 林春晖：《一年来清乡工作的回顾》，余子道、刘其奎、曹振威编《汪精卫国民政府"清乡"运动》，上海人民出版社，1985，第48页。
③ 朱子家：《汪政权的开场与收场》第1册，第139页。
④ 晴气庆胤『上海テロ工作76号』、东京：每日新闻社、1980、190页。

减其权力，并于 1943 年 9 月将其毒死，汪精卫也无法制止。总体而言，"清乡工作"反造成内部政治斗争及民众生活困扰，未能达到预期效果。1943年 5 月，汪伪政府撤销"清乡委员会"，将所有"清乡"事务改归"行政院"统率办理。汪政权强化统治力的设想化成泡影。

六 树倒猢狲散

1945 年 8 月，美国先后在日本广岛、长崎投下原子弹，造成 20 多万人死亡。日本政府终于承认落败事实，天皇于 14 日宣布接受同盟国提出的《波茨坦宣言》，无条件投降。汪政权完全依靠日本侵略者扶植，其存在自始至终与日本帝国主义的命运紧密结合在一起。日本无条件投降，已日暮途穷的汪政权骤失依靠，随之土崩瓦解。

日暮途穷 人心思汉

珍珠港事变发生，美英对日本宣战。此事件对汪精卫、周佛海等"和平运动"核心分子而言，不啻为一打击。周佛海曾经向一同斡旋"和运"的日方人士伊藤芳男坦承当初主张和议之失策，盖基于他们据以行动的两点认识：(1) 以为日军必继续攻占重庆、西安及昆明等地；(2) 以为日美或日苏战争必不致发生，均经事实证明错误。[1] 受周佛海吸收参加汪政权的金雄白记述：汪精卫潜抵上海，与日人接触后，始悉日人无悔祸之心；自日本偷袭珍珠港后，汪清楚最初对国际形势所做的判断有了剧变，失败的命运已经注定，常以热泪来表示内心的痛苦。金氏进一步透露：

> 从汪政权建立后，汪氏的心境日趋恶劣，屡屡在公开场合中，不期而涕泗滂沱。在会议桌上，偶有怅触，以无法自制而至于拍台掷椅，肝火炽盛到极点，遂使心境影响了他的形态。三数年间，我看到他渐渐地苍老了、憔悴了，尤其在阅读文件时，架上了一副老花眼镜，已无复如前之翩翩风度。[2]

---

① 《周佛海日记》（下），第 742 页。
② 朱子家：《汪政权的开场与收场》第 2 册，第 157、174 页。

　　果如金氏所述，则日本帝国主义日趋落败的形势，当为汪政权前景投下不祥阴影。面对难以挽救的危局，汪精卫心理上的凄怆与绝望也就不难理解。

　　汪伪政府中，除汪氏以外，十九纵情声色。[①] 当汪政权走向日暮途穷之时，内部更暴露出腐败的乱象。陈公博、周佛海本来就是生活糜烂之徒，此时更是尽情纵乐，醇酒妇人、唱平剧，无所不为。周佛海自称这是为了"排愁遣闷，徒图一时麻醉，不愿常想前途风浪之险恶，想亦无益。挽狂澜于将倒，个人亦无此力也"。[②] 上行下效，中下层的人亦多如此。连为汪政权辩护最力的金雄白，都毫不掩饰自己纵情声色，谓："因为自维死期不远，心理上有了变态，要趁未死之前，尽量享乐。有人看到我带了成群的女侣，过着豪华的生活，以为我是得意忘形。"[③]

　　与此同时，汪政权内部派系矛盾也愈演愈烈。成立之初，内部已形成以陈璧君为首的所谓"公馆系"，和以周佛海为首的所谓 CC 系，两派一直明争暗斗，互争权位。随着政权发展，派系再分立。1944 年 3 月，日本驻南京汪政权"大使"谷正之曾分析其内部的派系组织：首分非国民党和国民党两大系统。非国民党成员没有影响力，国民党系统拥有军事力量。国民党系统包括汪精卫派和周佛海派；汪派再分为公馆系、新公馆系、汪直系、改组系。公馆系，以陈璧君为核心，包括她的朋友和亲属，如林柏生和下属干部；新公馆系，包括李士群；汪直系由褚民谊和与汪个人有关者组成；改组系，以陈公博为中心。周佛海派，又分成二系，一为 CC 系，丁默邨属之；一为以梅思平为中心。

　　更值得注意的是，周佛海、陈公博两大要角眼看情势不妙，早就暗中派人与重庆国民政府联络，表达悔过之意。根据 1947 年 3 月 26 日国民政府减刑令，周佛海自 1941 年已向政府"屡经呈请自首"。[④] 1942 年 10 月，周佛海派渗入汪政权内部的军统人员程克祥往重庆面见戴笠局长和蒋介石，表明心迹。次年 5 月初，程返抵上海，携回戴笠的亲笔信，表示准其戴罪图

<hr>

① 朱子家：《汪政权的开场与收场》第 2 册，第 106 页。
② 《周佛海日记》（下），第 1133 页。
③ 朱子家：《汪政权的开场与收场》第 3 册，第 53 页。
④ 秦孝仪主编《傀儡组织》（4），第 1624—1625 页。

功，同时又带来电台、密码和报务人员，从此，周佛海与戴笠正式取得联系。① 他完全听从重庆指挥，不仅为重庆方面保释被捕人员，探送日军情报，使中央有所准备；且探刺日军物资所在，使盟军容易轰炸或地下工作人员容易破坏。1944 年 4 月底后，戴笠与周佛海的往来更加密切，戴告诉周佛海："日后胜利时，一定要'布置军事，配合反攻'。"②

　　陈公博与周佛海有所区别。他长期追随汪精卫，在投敌后深感前途渺茫，为了给自己留一条后路，背着汪精卫，与戴笠进行联系。战后陈氏妻子李励庄在申述状中言称，早在 1940 年戴笠就曾密电指示陈"掩护地下工作人员"，"详报汪氏与敌所订密约内容及交涉经过"，陈公博当即答复照办，"一切如约履行"。③ 后来，戴笠还准备在陈住处设立电台，由于日军气焰正炽，防范较严，加上陈公博在伪政府中的地位，此一计划未能实现，双方联系随即中断。"立法院"副院长缪斌，不让陈周二人专美于前，1942年 1 月，因私通重庆被发觉，汪精卫大感意外而予以究办，幸重光葵出面说情，缪才又改任"考试院"副院长。④ 彼等投机行为，诚所谓"人在曹营心在汉"，充分反映汪政权内部一种浮躁现象，尤其在汪精卫死后，愈加明显。1945 年 2 月，"安徽省长"林柏生透过李品仙向重庆输诚，足以说明汪政权内部充斥末日心态。李品仙报告蒋介石谓："最近盟军在太平洋节节胜利，北平、南京各地汉奸大势已去，为顾全其身家性命计，派人前来联系，愿助我反攻。目前皖伪省长林逆柏生派人持函来立联系，若我方准其悔悟，则另派专员前来洽商。"⑤

汪精卫之死与政权溃散

　　1944 年 11 月 10 日，日本"大东亚战争"局势明显恶化之际，汪精卫病故于日本名古屋，主要原因是身体遭枪击的旧创复发，虽经日本医生全力诊治，仍旧无效。汪精卫于 1935 年 11 月中国国民党召开四届六中全会时，遭南京晨光社记者孙凤鸣狙击，经过救治，一颗子弹一直留在背脊里，

①　周佛海：《简单的自白》，《周佛海日记》（下），第 1284 页。
②　《周佛海日记》（下），第 1285 页。
③　黄美真主编《汪伪十汉奸》，上海人民出版社，1986，第 181 页。
④　上坂冬子『我は苦难の道行く：汪兆铭の真実』下巻、东京：讲谈社、1999、180—181 页。
⑤　秦孝仪主编《傀儡组织》（4），第 1535 页。

至 1943 年 8 月，诱发骨髓肿症。同年 12 月，南京日本陆军医院为汪施行手术，取出子弹头，但病情未见好转。次年 3 月 3 日，在陈璧君及子女汪文惺、汪文彬、汪文悌等 20 人护同下，汪搭乘专机赴日本名古屋帝国大学附属医院就医。日本医生再次为他施行手术，但无力回天。汪病逝于"友邦"土地上，结束了其 62 年的生命。所谓"精卫填海，终成冤禽"，汪自号"精卫"，竟尔成谶！

当时，民间对他的死因，或疑为日人毒毙者。[①] 虽属无稽，亦令人联想日人之阴险。重庆《大公报》评论道："汪逆之死，像似一件大新闻，而严格说来，实半文不值。汪逆降敌，甘做傀儡，其人纵生，也早死去。今日之死，不过继心死而后又身死而已。"[②] 讽刺意味浓，道出一般人心里的话。汪精卫死后 20 年，1964 年 2 月，香港出现一份题为《最后之心情》的文件，据云乃汪去世前一个月，自知病将不起，在病榻上口授全文，由夫人陈璧君誊正者，或称之为"汪氏对国事最后之遗嘱"。[③] 至今，这份文件只见标题"最后之心情"为汪精卫题署之外，尚未发现其手稿，即使陈璧君誊正之稿，亦迄未披露。故有学者断定这是出于金雄白伪造的文件，[④] 其真实性如何，仍有待查证。

汪遗体运回南京后，停放于"国民政府"大礼堂，举行公祭。"国民政府"成立"哀典委员会"，以陈公博为主任委员，王克敏、周佛海、褚民谊为副主任委员。11 月 14 日，明令举行"国葬"。23 日，举行安葬大典，葬汪于南京明孝陵前的梅花山。是日，周佛海日记写道："嗟乎，一棺付身，万事皆了！今日目视汪先生灵柩入土，觉是非恩怨到此已烟消云散，吾辈何必认真以自寻烦恼？至汪先生，今虽盖棺，尚不能论定是非功罪，当以今后时局转移为依归也。"[⑤] 但是，汪精卫后来连"一棺"也不保，其坟墓于 1946 年 1 月下旬被国军七十四军工兵部队爆破，棺材、尸体运往清凉山

①　朱子家：《汪政权的开场与收场》第 5 册，第 121 页。亦有一说系由戴笠派某医生潜入医院，在药剂中置毒致死。参见良雄《戴笠传》上册，传记文学出版社，1982 年再版，第 190 页。

②　重庆《大公报》1944 年 11 月 13 日。

③　汪精卫：《最后之心情》，朱子家：《汪政权的开场与收场》第 5 册，第 156—164 页。

④　吴学诚：《汪伪政权与日本关系之研究》，"中国文化学院"硕士学位论文，1980，第 273—279 页。

⑤　《周佛海日记》（下），第 1112 页。

火葬场火化，尸骨无存。

汪精卫先日本败战而死去，得逃国法惩罚，堪称侥幸。综观其一生，经历三次大难不死：一不死于革命时期谋炸摄政王载沣不成被囚之时，二不死于1935年在南京为孙凤鸣的狙击，三不死于1939年3月河内黑夜的乱枪，最后竟寝寝以终，客死异域，恐非其所料。汪精卫建立南京"政权"，或许也冀图有所作为，但毕竟屈身敌国屋檐下，不得不仰人鼻息，凡所行事皆受日本控制与干扰，洵难施展。面对巧诈成性、霸气凌人的日本侵略者，纵欲争取些许利权，有若与虎谋皮。结果是中日战争并未因汪精卫的努力而获得提早解决，沦陷区人民生活地位也没有明显改善。汪精卫的所谓理想，到头来终成幻想。

语谓：树倒猢狲散。汪精卫一死，政权顿失重心，人心惶惶。先是，汪决定赴日就医之际，陈公博、梅思平、周佛海三人经日本医生密告，已得知汪病所患者为脊骨瘤，十九不能痊愈，赴日医治不过尽人事而已。三人"闻之泣下"，为此聚谈六七小时。周佛海记述其事，谓：

> 谈及汪先生奔走一生，在国家未统一之前，万一不幸，实太伤心；且万一不幸之事竟不幸发生，公博与余当此难局，决难应付。以汪先生之历史及资望，尚不能打开局面，何况吾辈？……细想今后治安如何维持？民生如何安定？公务员生活如何保障？精神如何振作？对外所谓作战物资如何供给？百孔千疮，均无一良策以救济之。欲逃避责任而不可能，终夜彷徨，不知所措，苦矣！①

彼等对前途感到悲观，信心动摇。汪精卫赴日之前，倚枕力疾作书，将政务预为安排："铭患病甚剧，发热五十余日，不能起床。盟邦东条首相派遣名医来诊，主张迁地疗养，以期速痊。现将公务交由公博、佛海代理。但望速早痊愈，以慰远念。"② 汪指定在他易地治疗时期，由陈公博代理"主席"一职，周佛海主持"行政院"。未料，汪此去一病不起，"国民政府"遂赖陈周共同扶持，至曲终人散。

① 《周佛海日记》（下），第995页。
② 朱子家：《汪政权的开场与收场》第2册，第178页。

　　汪精卫病逝次日，消息由日本使馆传至南京，伪政府内部一度陷于慌乱失措之中。周佛海于汪入殓当日哀叹道："既伤逝者，复念存者，今后之困苦危难，觉天下之大，无容身之地也。"其深晓大势已去，此后意志更加消沉，尝谓："顾念大局，危险万状。掀天撼地之大风浪即将来临，吾辈断无法渡此惊涛骇浪，必为大浪沉于海底。久之不能成睡。一了百了，一死而已。"①

　　汪精卫死后，陈公博于11月20日就任"行政院院长"及代理"主席"之职，发表声明："今后当奉行汪精卫手订之政策，凡汪生前之设施，皆为今日之设施，无论战争如何推移，时局如何迫切，均将决不动摇。"②但是，伪政府内部矛盾冲突益趋表面化。陈公博就任代理"主席"之前，周佛海属下竭力反对陈任第一高位，坚决主张周应当仁不让，认为与陈公博共事，较与汪精卫更难，如果让其继任汪精卫的职位，必将后悔。陈上台之后，不仅周佛海一派反对，也引起其他派系的不满。褚民谊向周佛海大发牢骚，表示坚辞"外交部长"，陈公博"凡事不使之预闻，跑龙套毫无意义"，林柏生也提出辞职。周佛海直称："最近汪先生直系之褚民谊、林柏生对公博总攻击，假使余任行政院长，若辈捣乱自在意中，今对公博如此，真出意外也。"其后，梅思平又向周佛海报告，对陈公博被广东派包围深表愤慨。周佛海亦认为"公博立场固困难，但对广东派如长此迁就，政府恐将解体也"。③这种内部派系倾轧，一直到伪政权覆灭为止。

　　至于沦陷区的情况就更加恶化。日军为了战争需要而进行漫无止境的掠夺和穷凶极恶的搜括，以棉花及纱布为例，"日人必欲竭泽而渔，真令人愤慨不已也"，④致使沦陷区经济衰败，物价飞涨。1945年2月，周佛海根据过去物价上涨趋势，推测至10月米价将涨至每石万元，使社会民生陷于极端苦难的深渊。连日本也不得不承认："当时在汪政权之治下，因应付日本对外战争之协力，及日本战势之恶化，民众疲惫已极，经济情况日趋恶劣。"⑤这是检验汪精卫"和平建国"至关重要的一点。

---

① 《周佛海日记》（下），第1108、1127页。
② 蔡德金、李惠贤编《汪精卫伪国民政府纪事》，中国社会科学出版社，1982，第257—258页。
③ 《周佛海日记》（下），第1113—1114、1117页。
④ 《周佛海日记》（下），第1114页。
⑤ 〔日〕服部卓四郎：《大东亚战争全史》第4册，军事译粹社翻译出版，1978，第7页。

幕落石头城

1940 年 3 月 31 日，"国民政府"成立次日，周佛海与共策"和平工作"的日友谈话，对一年来努力竟达目的，彼此甚为欣慰，得意地在日记中写道："国民政府还都，青天白日满地红旗重飘扬于石头城畔，完全系余一人所发起。"[①] 然而，日后命运则全操诸日本侵略者手中。及汪精卫一死，别称石头城的南京，显现一股日薄西山的苍凉感。陈公博、周佛海等人曾为政权的苟延而挣扎苦撑，同时也在盘算若日本投降如何实现与重庆合流。1944 年 12 月，陈公博再次向重庆传达"情势许可后，当执鞭相从"的心意；次年春，又化名"周进"，提交一份"剿共"报告。重庆方面立即将中共军队在各地区的番号及指挥员姓名制成详表，转交陈公博。陈即参酌该表，布置江苏、苏北、浙江三省防务。[②] 5—6 月，陈公博又与国民政府第三战区司令长官顾祝同等取得联络，互派高级代表"商量军事合作，共同剿共"。[③] 7 月初，军统局上海站的电台被日军宪兵队破获，人员遭逮捕。站长陈祖康向陈公博求援，经陈出面与上海特务机关及宪兵队交涉，才又交回电台及人员。

日本败局已定，汪记政权覆亡命运不远。"考试院"副院长缪斌使出最后一搏，充当和平密使，于 1945 年 3—4 月赴日活动，竟导致日本政局震荡、首相小矶国昭下台。缪斌明知日汪末路已近，仍执意出而谋和，无怪乎被讥为一幕回光返照的"丑剧"。8 月 14 日，日本天皇宣布无条件投降，日本政府驻南京"大使"谷正之通知陈公博，告以日本已决定投降。陈立即致电在上海的周佛海，促速至南京商量后事。16 日下午，陈公博主持"中央政治委员会临时会议"，报告日本无条件投降，和平既已实现，"国民政府"自应宣告解散；并决定将"中央政治委员会"改为南京临时政务委员会，"军事委员会"改为治安委员会，负责指挥办理各部门结束事宜及维持各地方治安，以静待中央政府接收。陈公博担任两个委员会委员长，周佛海、王荫泰副之。是晚，"国民政府"解散宣言播出。至此，汪记政权曲

① 《周佛海日记》（上），第 276 页。
② 黄美真主编《汪伪十汉奸》，第 182 页。
③ 《陈逆公博罪行录》，第 16 页。

终人散，"国民政府"走入历史。

陈公博逃亡之前，试图为最后自救的努力，致函蒋介石，提醒注意江浙一带的中共军队活动，为免沦陷区落入共产党之手，请求对一些将领如海军司令凌霄、第三师师长鲍文霈、南京宪兵司令陈皋等人，授予名义，以安其心。陈同时恳求任命他为南京中央陆军军官学校校长。① 陈一厢情愿的做法，没有得到响应，愈感到生命无安全保障。8月24日，日本派遣军副总参谋长今井武夫面见陈公博，报告"国民政府"善后处理的态度，以及副参谋总长冷欣将于26日抵南京布置受降事宜，并询问其出处。陈当面表示暂时赴日的希望。今井答允协助安排。25日晨，陈公博偕同妻子李励庄及私人秘书莫国康、"行政院"秘书长周隆庠、"安徽省长"林柏生、"实业部长"陈君慧等一行7人，在日军小川哲雄中尉护送下，乘机逃离南京，飞抵日本山阴县的米子。为掩人耳目，其后陈公博一行隐姓化名，伪称"东山商店一行"，避居京都金阁寺古刹。②

陈公博逃亡第四天，8月29日，日本同盟社发表一则离奇新闻："南京政府代主席"陈公博昨日自杀受伤，本日因伤重而毙命。死讯传至国内，舆论哗然。为了澄清事实，9月8日，国民政府令陆军总司令何应钦，向日本派遣军总司令冈村宁次提出备忘录："查陈逆公博等皆为中华民国之叛国罪犯，希贵官负责转致日本政府速予逮捕，并解交南京总司令部为要。"③ 10月3日，陈公博被引渡回国。

同时，国民政府接获日本声明接受《波茨坦宣言》后，8月11日，蒋介石下令：沦陷区各军应就现驻地点，负责维持地方，乘机赎罪，努力自新；非其命令，不得擅自移动驻地，并不得受未经许可之收编。次日，戴笠受命委任周佛海为军事委员会上海行动总队总指挥，令其指挥"税警总团""浙江保安队"等，负责维持上海市及沪杭一带治安。④ 此外，政府为能顺利接收沦陷区，针对汪伪政府军政要员做出处置，接连发出多道命令：

① 《陈公博致蒋委员长函》（1945年8月19日），转见《汪精卫汉奸政权的兴亡——汪伪政权史研究论集》，第463页。

② 《陈公博亡命日本记》（下），《传记文学》第29卷第3期，1976年，第61页。

③ 《中国战区中国陆军总司令部处理日军投降文件汇编》上卷，中国陆军总司令部编印，1945，第90页。

④ 周佛海：《简单的自白》，《周佛海日记》（下），第1286页。

任命任援道为南京先遣军司令，负责京苏一带治安；任命丁默邨为浙江省军事专员，负责浙江省及杭州市的治安；任命"华北绥靖军司令"关致中为暂编第一路军总司令，"第二方面军"孙良诚为第二路军总司令，"第三方面军"吴化文为第五路军总司令，"第四方面军"张岚峰为第三路军总司令，"第五方面军"庞炳勋为晋冀鲁豫"剿共"总司令，"第六方面军"孙殿英为第四路军总司令，负责暂时维持治安，静待国民党军到达。

国民政府对于一切附敌组织的态度是一贯的。1934 年 3 月，伪满洲国僭立，国民政府昭告中外，严惩此等汉奸卖国行为，绝不宽贷。1937 年 12 月，王克敏的"中华民国临时政府"成立，国民政府严厉斥责，明令"凡在日军非法占领区域，甘心附敌，参加伪组织者，决按汉奸治罪条例查明通缉严办"。[①] 抗战之初，基于事实需要，国民政府于 1937 年 8 月公布施行《惩治汉奸条例》，翌年 8 月重行修正，通令全国遵行。抗战胜利后，因处理汉奸案件标准未定，各地办理情形不免分歧。1945 年 11 月，国民政府再次修正公布《处理汉奸案件条例》11 条，同年 12 月，又制颁《惩治汉奸条例》16 条，对汉奸的量刑做具体规定，包括判处死刑、无期徒刑、有期徒刑以及拘役、罚款等项，并规定汉奸案件应迅速审判并公开之。[②] 战后汉奸审判，即根据上述法律为之。

国民政府一面办理接收工作，一面在各地展开惩治汉奸行动。负责逮捕任务的，先是陆军总司令部，后来为统一事权，则由军统局戴笠主持。戴笠奉命后，军统局内设立肃清汉奸案件处理委员会，并在上海、南京、北平、济南、太原、开封等 25 个地区设立分会，分别执行。戴笠深知汉奸问题复杂，处理不当，反不利于政府，主张依法逮捕审讯之余，倾向采"政治尤重于法律"立场，但部分中央政府官员及中共皆极力反对。[③] 侦捕行动自 9 月下旬起展开，至 1946 年 3 月初，据戴笠呈报称："自奉命主持逮捕全国各地汉奸以来，已捕获三千三百七十八名。"[④] 1946 年 3 月，戴死于空难，对肃奸工作不免有所影响。

---

①　〔日〕古屋奎二：《蒋"总统"秘录》第 11 册，中央日报社翻译出版，1978，第 166—167 页。
②　《国民政府公报》1945 年 10—12 月，中国国民党党史会藏。
③　张霈芝：《戴笠与抗战》，"国史馆"，1999，第 464—473 页。
④　《戴笠呈蒋主席三月七日电》（1947 年 3 月 7 日），"国史馆"藏《蒋中正档案》。

　　汉奸案件之审判，从 1945 年冬开始，审讯期间，万众关注。汪精卫僭立南京政权过程中，附和者经政府通缉在案者数以百计，战后经逮捕审讯，依情节轻重，一一受到法律制裁。第一个被以汉奸罪快速处决的是缪斌。1946年 4 月 8 日，高等法院以"通谋敌国、图谋反抗本国"罪名判处他死刑，5月 21 日执行枪决。[①] 这第一枪，声震石头城，不啻为汪记政权宿命之宣告。

　　对日八年全面抗战为中华民族存续的关键之战。在历史长河中，就像一道浩浩洪流，民族正气滚滚。发动战争的责任在日本，中国被迫应战，以解决争端，是非不得已的手段，其目的仍在期求两国的和平。其间，有些人随着侵略者吹奏的和平魔笛起舞，出而与其代理人暗通款曲，形成本章所述之历史过程。

　　古今中外，只要发生战争，必然就有人主战有人避战，避战者心态不一，有人主张采取和平方式消弭战火，以减少生民涂炭之苦难。主战、主和遂成为势不两立的坚持。在敌患当前、国难深重关头，主战，代表正义；主和，往往被冠上降敌卖国的标志。陶希圣，在全面抗战初期曾经力主和议，追随汪精卫出走海外，到沦陷区上海，协谋组建"和平政权"，后来在关键时刻幡然改变立场，脱离上海，携出密件向国民政府输诚，重回抗战阵营。他统称主和人士的通敌行为，是抗战的一股"乱流"。乱者，非正道也，寓有贬抑的含义。唯就史论史，其行径固违背民族大义，但是他们的谋和活动仅能隐秘为之，因此不如谓之为"暗流"更为允当。日本侵略者抛出和谈议题，则率出于谋略，即非战火的战争，日籍学者藤井志津枝统称之为"诱和"，盖以谍报工作视之。

　　尽管谋和与诱和称法不同，性质也有很大差异，但是这股暗流几乎与抗战相始终，即使到侵略者日本败象毕露之时，仍有人不死心，试图做最后努力，挽回颓局。唯一不同的是，发动者来自日本及汪伪政府高阶官员，他们合演一出荒谬剧，国民政府将计就计，竟导致日本内阁大风波，首相被迫下台。充当"和平"密使的缪斌，战后成为国民政府惩治汉奸首遭处决的对象，其真相至今仍遗留下可供遐想的空间。缪斌的奔走谋和，无异为诸多暗流中的一股逆流，最终还是免不了被抗战洪流淹没的命运。

---

　　①　重庆《中央日报》1946 年 5 月 23 日。

历史是一个不断发展的过程，不易看到它的起点，也不知道将终止于何时。洪流之下，暗流起伏，它们都构成历史的一部分，也起过或大或小的波涛。探求历史真相者，岂能不寄予关注并清楚交代之？历史上每逢外侮临头，主战一向代表正义爱国，受到昂扬民气的竭诚拥戴；主和则象征懦弱媚敌，必招致人民强烈抨击和唾弃。抗战期间，汪精卫选择了后者，甘冒投敌祸国之骂名，跳入火坑。由于唱和汪精卫"和平运动"的一伙党政要员，与蒋介石于公于私都有关系，因此外界怀疑如未获蒋介石默许，他们绝无法脱离重庆，甚至有汪蒋唱双簧之说，实则出自臆测，乃有心者造谣之成分大。蒋介石自卢沟桥事变起，明知武器军备等一切物质力量远不如日本，仍坚持抗战到底方策，虽一度犹豫不前，终仍坚持到底。他深信只要抗战到底，则国际形势终必转变，而日本亦终必归于失败。蒋素知汪精卫有主和的言行，但绝未料到竟会不顾一切出走。事实上，汪氏出走，所有改组派成员，除陈璧君和曾仲鸣外，聊无一人知道。[1] 孙科亦称汪精卫潜行前，中枢任何人皆不知。[2] 核心要角的周佛海坦言："心中常觉抱歉者，即离渝未曾事先请示蒋先生，但如请示，则必不能离渝。当时余抱大的政治理想，故冒大不韪，径行离渝。"[3]

日本运用和平攻势，分别向国民政府党、政、军、特、文化各界重要人士招手，进行和谈交涉，亦引起相关人士响应，但大都能固守抗战立场，终未能为其所惑，使日方徒劳无功。唯一成功的是对汪精卫的"和平工作"，却也未能为它发挥分裂抗战阵营、弱化蒋介石领导威信的效果。和谐乃苍生万物共存的法则，和平更是人类共荣之正道。当国与国之间不幸引发战争，相互摧毁时，生灵必遭涂炭。由于人性泯除不了贪婪，战争或为永难避免的梦魇。弱势一方，总有一些奢想和平而暗中与敌方接触交涉的人。他们的举止，绝不能见容于激昂的民气。尽管它是不见天日的暗流，岁月会沉淀一切，暗流终也会发出微溽声响。

汪记政权自 1940 年 3 月 30 日以"还都"形式僭立于南京起，至 1945 年 8 月 16 日终随日本战败而溃散，历时 5 年 4 个月又 17 天。唯在僭立之

① 黄美真、张云编《汪精卫集团投敌》，上海人民出版社，1987，第 446 页。
② 《关于汪精卫叛国》，新新出版社，1939，第 31 页。
③ 《周佛海日记》（下），第 989 页。

前，已经过两年多之密谋策划，故综观汪记政权整体演进过程，从酝酿、登场、发展，以迄落幕，几与八年全面抗战相始终，形成抗战史的一环，不能因其附和侵略者而视若无睹。何况广大的沦陷区，除伪满洲国之外，都在其统治之下，论抗战史，更不应置之不理。

根据美国政府一项调查报告指出：在沦陷区，民众囤积食物和日用品情形，比重庆国民政府统治区要普遍。自1943年起，两个地区的通货膨胀开始竞赛，至1944年达至严重阶段，此后沦陷区通货膨胀的情况，则较诸国民政府统治区还要恶劣许多。[①] 另外，日本一资料亦显示，由于日本在中国占领区不断消费物资，同时每年还要运回庞大物资供给日本国内，而日本相对运到占领区的物资却极少，只有增发纸币，必然导致通货膨胀。自1943年，占领区的通货膨胀呈现严重情势，特别是华中，多数中国人为了投机，囤积各种生活必需品。日本方面采取的对策，是针对市场上大宗商品，也是投机对象的棉纱棉布强制收购，而以金块支付一部分费用。为此，同年7月，日本政府运送25吨金块到中国，以支应收购需要，期能缓和通货膨胀，但是杯水车薪。进入1945年以后，为了准备美军登陆中国的防御工事，及汽油替代品酒精的生产设备，迫使增发"中储券"，每日用运输机从日本运来"中储券"数十亿元，不足时还自东京绕道朝鲜用火车输送。至日本投降时，上海的物价指数约为全面抗战以前的10万倍，米一石价格高达百万元。[②]

从以上两项客观资料可知，日本因战局颓势已成，加紧对占领区中国物资的搜括，导致人民生活痛苦遽增。汪记政权人人自危，如何还有心力改善沦陷区人民生活。语云："覆巢之下无完卵"，依附日本侵略者操弄而登台者，终必也随帝国主义的败降而垮台。

---

① John Hunter Boyle, *China and Japan at War 1937–1945: The Politics of Collaboration* (California: Stanford University Press, 1972), p.315.

② 鹿島平和研究所編『日本外交史〈24〉大東亜戦争·戦時外交』、東京：鹿島研究所出版会、1974、332頁。

第十四章

国民党统治的衰颓

1946 年国共内战爆发之时，蒋介石和国民党多数高级领导人信心满满，认为可以在三个月至多六个月内打败共产党，并且认为只要打败了共产党，其他经济和政治的问题都不难解决，国民党的一党垄断执政地位也可以继续维持。但是，形势的发展却并不如蒋介石的预期。事实上，在内战爆发不到一年之际，国民党就在经济、军事、政治等方面遭遇重大挫折。1947年 2 月的黄金风潮，引致通货膨胀高企，社会动荡；从 1947 年 2 月到 5 月，国民党军在军事进攻的重点战场山东屡遭挫败，损兵折将，影响到国民党内外的"剿共"信心；1947 年 5 月爆发的"反饥饿、反内战、反迫害"学生运动，遍及国统区各大都市，动摇了国民党统治。面对如此局面，蒋介石决定实行"戡乱动员"，采取各种强力措施，暂时维持了稳定。进入 1948 年以后，形势对国民党越发不利。从 1948 年 5 月到当年年底，因为"行宪国大"的召开，导致国民党内的政治乱局；因为金圆券币制改革，导致财政经济的崩溃；因为淮海（徐蚌）会战的失败，国民党军机动主力部队基本被歼。在短短大半年的时间里，国民党在政治、经济、军事三个方面都遭遇惨重的失败，面临着极为严峻的挑战。可以说，国民党统治的衰颓至此已不可逆转，国民党已经基本失去了其赖以与共产党争胜的实力和资本。

一 "行宪"引发的政治乱局

1946 年 12 月 25 日，国民党主导的"制宪国大"通过《中华民国宪

---

* 本章由汪朝光撰写。

法》，并于 1947 年 12 月 25 日正式施行。此时内战正酣，国民党就在内战的外部环境下，一方面实行"戡乱动员"，加强"剿匪"军事和镇压异己；另一方面紧锣密鼓地筹备民意代表选举，以便召开"行宪国大"，实现"还政于民"的"宪政"。

国民党原先的施政是在一党治下的"训政"，如今提出实行"宪政"，而"宪政"与"训政"究有区别，在"宪政"体制下，总要做些民主的表面文章，因此，"戡乱"与"行宪"本不无矛盾之处。"戡乱"要求限制人民自由，加强全面统制；而"行宪"则要求保障人民权利，放松对社会的控制。正因为如此，国民党内不少人担心因"行宪"而影响"戡乱"，对"行宪"态度消极。白崇禧建议，"行宪国大"应予展期，俟军事胜利后再开。戴季陶认为："在全国动员之时期，是否宜于举行大选，是宜详加考虑"；浙江、广东、河南、热河等省参议会亦致电蒋介石，主张不必"在内乱未息之际，粉饰太平"，建议暂不召开"行宪国大"。国民党中常会经过研究后认为，用党政军全力办选举，不可不慎重；以各地竞选情形，选举完毕后，本党内部一定分崩离析，民（社）青（年）两党因不满选举结果而横生枝节，何能集中力量"戡乱"；再者，一切问题均决定于"剿匪"之胜败，胜则迟选亦无妨，败则选举虽十分美满亦无补于土崩瓦解。但他们也认为，宪法实施程序由国大通过，延期无异违宪；如果宣布停止选举，将使国内外舆论对本党的怀疑益深，而且党内问题由来已久，如因此而蒙违宪之名，本党地位将益形低落。1947 年 11 月初，国民党秘书长吴铁城将中常会的意见呈报蒋介石，请其做最后决定。蒋介石的想法不无矛盾之处。他一方面认为："本来就现在的情形而说，共产党如此嚣张，社会民生如此不安，我们惟有集中力量，消灭共匪，根本就不应举办选举，以分散剿匪的注意力"；但另一方面，实行"宪政"又是国民党多年宣称追求之目标，继续"训政"将面临较大的内外压力，"为要适应环境，不得已而举办选举"。蒋因此决定，选举不能停办，如期举行为宜。①

"行宪"的基础是进行各项选举，1947 年下半年先后举行了国大代表、

---

① 《蒋中正档案·革命文献·戡乱时期（戡乱军事概况——一般策划与各方建议·三）》第 14 册，第 512、529—530 页，藏"国史馆"；秦孝仪主编《中华民国重要史料初编　第七编　战后中国》（2），中国国民党党史会，1981，第 813—815 页；秦孝仪主编《蒋公思想言论总集》卷 22，中国国民党党史会，1984，第 204—215 页。

立法委员、监察委员和各地方参议会的选举。因为国民党长期执政，独占政权，中共和民盟又被排除在选举之外，国民党在选举中没有真正有力的竞争者，这样可以使其通过选举展示"民主"而非真正实行民主。但在选举过程中，国民党也遇到了令其颇为头疼的问题，一是如何协调党内竞争，二是如何与青年党和民社党协议代表名额的分配。

由于国民党的一党独大地位，所谓竞选基本就是国民党的党内竞争。蒋介石在国民党六届四中全会上曾就选举提出指导方针，强调必须由党提名，不能自由竞选，但选举必须公开。为此，国民党中央确定竞选的基本方针是：党内相互竞选只在提名阶段行之，一俟候选人决定，不得再有自相竞争言行；候选人必须由党提名登记，本党党员必须投本党候选人之票，违者将受处罚。① 但是，不能"自由竞选"与"公开选举"本身即不无矛盾，不少有心参选的国民党人对不能"自由竞选"非常不满，便借"公开选举"为由自行其是；国民党各派系和各地方集团均企图争取在选举中获得更多席次，结果，在大半年的时间里，国民党上下为选举牵扯了大量精力，并因选举结果的"公平"与否而矛盾四起，乃至争得不可开交，甚至不顾"戡乱之大局"，这说明国民党中央的控制力已经急剧衰落。

国民党党内既在竞选上有着激烈的竞争，在协调与青年党和民社党的关系方面，也是矛盾重重。青年党与民社党担心，在国民党长期垄断权力资源的情况下，他们无法以"自由竞选"获胜，因此提出国民党应给他们分配一定的代表名额并确保其当选。这又引起国民党内强烈的反对意见，认为青、民两党的主张违背"民主"原则，是政治"分赃"；尤其是国民党各级地方党部，因为代表名额直接关系他们的切身利益，故反对声浪更为强烈。但是，国民党为避免在选举中演独角戏，只能同意分配部分名额给青、民两党，以非"民主"的方式行"民主宪政"，这种近乎滑稽的"行宪"就是当时"民主"的真实写照。

1947 年 10 月 30 日，国民政府公布《修正国大代表与立法委员选举罢免法》，规定：国大代表，50 万人以下之县市选举 1 人，超过者每增加 50

---

① 《国民党六届四中全会速记录》，中国国民党党史会藏档：6.2/71.3；中国第二历史档案馆编《中华民国史档案资料汇编　第五辑第三编　政治》（2），江苏古籍出版社，1999，第654—658 页。

万人增选 1 人；立法委员，300 万人以下之省市选举 5 人，超过者每增加 100 万人增选 1 人；经政党或 500 人以上提名，可竞选国大代表；经政党或 3000 人以上提名，可竞选立法委员。11 月 21—23 日，由 47 个省市及蒙古 18 盟旗、西藏 3 选区和职业团体的 2.5 亿选民，投票选举国大代表，凡不能办理投票者，在邻近区域或指定处所照规定程序办理，最后选出国大代表 3045 人。

此次国大代表和立法委员采用直接与无记名单记法选举，选民需要在选票上写出被选举人的姓名，在当时识字率不高的情况下，不懂书写的选民势必要请人代书，既违选举之秘密原则，又使舞弊之举较易发生；选民凭选举权证领取选票，投票时并未严格核对选票与其本人是否相符，为舞弊大开方便之门；在广大的小城镇与乡间，普通民众对选举之事懵懂无知，只能任人代办或操纵。据时人揭露，在选举中"操纵把持以及偷天换日之丑态，不一而足"；民社党领导人张君劢"强调此次选举仅是骗人戏法，包办选举，扣留选票，涂改选票违法事，不胜枚举，此实盗窃民主"。在国民党基本控制地方政权和政治资源的情况下，青、民两党的候选人落选者甚众，未能占满事先分配的名额。由于地方利益之所在，一些国民党中央提名的候选人也落后于地方支持的未提名候选人，由此又加剧了国民党内部的地域和派系矛盾。①

国大代表的选举结果，与青年党和民社党的期望相差甚远，令他们甚为不满，认为国民党违背事先的诺言，要求兑现两党的代表名额。为了不破裂与两党的关系，对外展示国民党的"民主"诚意，12 月 5 日，国民党中常会通过《政党提名补充办法》，决定在分配给青、民两党的选区，已当选的国民党代表须让予青、民两党，未经提名之党员当选者亦须退让。结果引来国民党内一片哗然，不少舆论也颇不以为然，在竞选舞弊的丑闻之外，动用行政方式改变选举结果成了此次选举中又一出滑稽剧，并为国民党内部矛盾之升温火上浇油。若干已当选为国大代表但又被要求让出的国民党员向国民党中央陈情请愿，表示他们当选的资格不能由政党或行政机

---

① 中国社会科学院近代史研究所中华民国史研究室编《中华民国史资料丛稿》增刊第 5 辑，中华书局，1979，第 162 页；金冲及：《转折年代——中国的 1947 年》，三联书店，2002，第 465 页。

构撤销，孙科也承认"此次选举太迁就事实，精神上已与宪法相违背"。12月29日，国民党中常会决定维持既有决定，即凡未经中央提名当选者必须放弃，否则撤销其当选资格，开除党籍。① 但是，国民党的所谓纪律处分此时已不能压服党员对权位的追求，在国民党中央开除党籍的严令之下，诸多未经提名的当选代表仍不愿退出，此事一时悬而未决。

国大代表选举之争执已成僵局，立法委员之选举又至。1948 年 1 月 21—23 日，立法委员选举在各地举行，最后选出 773 人。监察委员则由各省市议会、蒙藏地方议会（尚未成立）及海外侨民团体选举，共选出 150 人。选举的结果，更是大大出乎青年党和民社党之预料。虽然选举前国民党中央已有严厉的指示，但青、民两党当选为立法和监察委员者各不过 10 余人，远不及事先协议的名额，使两党有受骗上当之感。他们公开指责国民党是"党高于国、私重于公"；"若唯恐一党之失其专政，则又何必开国大办选举？"有民社党人用一则比喻辛辣地形容了国民党的态度："有人约你吃饭，说是诚意相邀，请他到家一叙，等到饭罢起身，忽然索讨饭帐，你问他不是来约你去吃的吗？他说不管，吃饭还有白吃的吗！"② 这确是在国民党一党独大之下，名为参政、实为帮闲的青年党和民社党形象与地位的真实而生动的写照。

国民党中央对青、民两党代表名额一事颇为头疼。选举结束后，再改变结果更为困难，有进一步引发党内分裂的危险，且有违背"民主"原则之讥；而不予改变又可能进一步刺激青、民两党的异议，使所谓党派合作更加名不副实。对于此种颇为尴尬的局面，国民党中央权衡利弊，决定尽量满足青、民两党的要求，以便使"行宪"不至于因此半途而废。1948 年 1 月 30 日，国民党中常会决定，当选之国民党员非经正式提名者，均由中央指派委员召集谈话，切实劝让。2 月 4 日中常会又决定，退让者可得总裁或中央党部的书面奖励和一定的经济奖励，否则将予以党纪处分。此次选举当选代表中需要让予青、民两党者不过 160 余人，但这些当选代表就是不愿"顾全大局"，直至"行宪国大"召开在即，已被下令退让的国民党国大

① 天津《大公报》1947 年 12 月 26 日；《申报》1947 年 12 月 30 日；中国国民党党史会藏档：6.3/137.23、138.1。
② 中国历史第二档案馆编，方庆秋主编《中国民主社会党》，档案出版社，1988，第 366 页。

代表，仍拒不理会中央命令，径行向国大报到，而青年党和民社党代表则以不出席国大相威胁。为避免破裂与青、民两党之关系，3 月 27 日，蒋对国民党代表训话，表示"将行使党章所赋予总裁之最后决定权"，由选举总事务所直接颁发当选代表证书，以免纷争。在蒋介石表态后，青年党和民社党同意出席国大，但国民党代表这次对蒋也不给面子，多位被要求退让的代表发起绝食抗议，另有 1322 名代表联署提议，要求接受这部分代表参加国大。最后，大会主席团决定将他们作为列席代表，享有正式代表除表决与投票之外的其他权利，总算使这个喧腾多时、闹得沸沸扬扬的代表名额问题最终落幕。就是为这样的"民主"，国民党从上到下有大半年时间被牵扯其中，结果非但没有加强党内团结，转变内外观感，反使党内外对选举结果均不满意，加剧了各种矛盾冲突，选举结果不是加强而是削弱了国民党的执政力量，实为得不偿失。①

1948 年 3 月 29 日，第一届国民大会在南京国民大会堂开幕。此次国大的唯一任务是选举总统与副总统，但是国民党籍代表总嫌国大的权力过小，亟思有所修正，在国大开幕后，他们首先动议修改国大"议事规则"，因此增加了"得听取政府施政报告，检讨国是，并得提出质询建议"的规定。为此，国大连续多日听取国民政府各部门负责人的施政报告，并进行质询。

4 月 9 日，蒋介石向大会报告国民政府的施政方针。针对与会代表最关心的经济和军事问题，蒋在报告中做了重点说明。在经济方面，他承认情况"确系相当严重"，"大多数人民生活穷困，生产萎缩，而形成经济失调的现象"。但他又声称："法币的准备非常充足，金融的基础非常巩固。金融基础的巩固，就证明我们经济的基础并未动摇。"在军事方面，他承认国民党军损失不少，但又强调"本着二十余年来统兵作战的经验，省察军事实际的情形，对于剿匪军事，确实非常乐观"。② 与会代表在质询中对如何解决问题也拿不出什么办法，会议通过的议案多为老调重弹，无济于事。

国大开会期间，由与会代表 1200 人联署，提请制定《动员戡乱时期临时条款》，授予总统"紧急处分权"。制宪国大通过的宪法对总统权有较多

① 上海《大公报》1948 年 2 月 5 日、3 月 28 日；《白崇禧先生访问纪录》，"中央研究院"近代史研究所，1984，第 848、854—856 页。
② 《第一届国民大会实录》，国民大会秘书处编印，1947，第 116—119、147—175 页。

的限制，但国民党尤其是蒋介石本人对此一直耿耿于怀，因为如照宪法之
规定，总统基本上为虚职，权力主要在行政院。蒋介石既要当总统，又不
愿当虚职总统，为此，国民党绕了个弯子，以"戡乱动员"为"非常时
期"，需要权力集中，以便令行禁止为由，提议制定"临时条款"，既赋予
总统更大的权力，又避免修宪之批评，而且要求"必须通过"。4 月 18 日，
国大通过《动员戡乱时期临时条款》，规定"总统在动员戡乱时期，为避免
国家或人民遭遇紧急危难，或应付财政经济上重大变故，得经行政院会议
之决定，为紧急处分"；"动员戡乱时期之终止，由总统宣告，或由立法院
咨请总统宣告之"。① 此一修改"以寥寥数语之特别规定，动摇整个宪法之
精神"，因为经此修改后，总统实际可以行政命令的方式，径行决定一切重
大事宜，等于拥有几乎是无限的权力；而且因为"动员戡乱"时期的终止
与否由总统决定，也就是说，只要总统愿意，他可以无限期地拥有"紧急
处分权"。《临时条款》的通过，为蒋介石出任总统扫清了障碍，也满足了
蒋继续独揽大权、个人专断之愿望。

　　此次国大的重头戏是选举总统和副总统。3 月 25 日，国民政府公布
《总统副总统选举罢免法》，规定国大代表 100 人以上可联署提出总统或副
总统候选人，以无记名投票形式选举，并以代表总额之过半数同意为当选；
如在首轮投票中无人过半数，则就得票多之前三名投票；如经两轮投票仍
无人过半数，再就得票多之前两名投票，并以得票多者当选。②

　　关于总统人选，无论就实力、就关系、就人望，自非蒋介石莫属，本
无悬念。只是蒋本人故作姿态，在选举前提出推荐胡适为总统候选人。4 月
4 日，在国民党中执会临时全会讨论总统候选人问题时，蒋介石表示自己将
不参选，并提出总统候选人最好是非国民党员及符合参选的五项条件，即
富有民主精神及民主思想，对中国历史文化有深切了解，对宪法能全力拥
护并衷心实行，对国际问题、国际大势有深切了解，忠于国家，富于民族
思想。但与会者多知此不是蒋之真心话，因为蒋同时表示，他将尊重党之
决策，接受党之命令。言外之意，不是他要当总统，但如果党一定要他当，
那又另当别论。蒋在私下里就总统权力问题对张群说了真心话，张领略于

　　① 　上海《大公报》1948 年 4 月 19 日。
　　② 　南京《中央日报》1948 年 3 月 26 日。

心，告诉中央全会的与会者："不是总裁不愿意当总统，而是依据宪法规定，总统是一位虚位元首，所以他不愿处于有职无权的地位。如果常会能想出一个补救办法，规定在特定期间，赋予总统以紧急处置的权力，他还是要当总统的。"所谓"补救办法"，就是后来国大通过的《动员戡乱时期临时条款》。有了此项条款，总统可以为所欲为，蒋介石便再也不提不当总统了。事后他还作态向胡适表示"歉意"，将胡适未能成为候选人归结为"不幸党内没有纪律，他的政策行不通"。4月6日，国民党中执会临时全会一致通过决议，以代表依法联署提名的方式推举蒋介石为总统候选人。①

4月16日，国大公告有2489人联署提名蒋介石为总统候选人。为了避免由蒋一人自说自话唱独角戏，又有109人联署提名资深国民党人居正为总统候选人。选举的结果当然毫无悬念。19日，蒋介石以2430票（过半数为1523人）当选为总统，居正以269票落选。

与总统竞选的波澜不惊相比，副总统竞选却是一波三折，波澜迭起。根据宪法的规定，除了在总统缺位时继任，或总统因故不能视事时代行其职权外，副总统没有其他权力，不过为总统的虚职副手。国大开幕前，蒋介石一是关注总统权力的宪法规定，以保持他的个人专断权力；二是关注与青年党和民社党的协调，以做足"民主"的文章。对于副总统人选，蒋事先并未有所规划，以致演成后来的乱局。

最早表示参加副总统竞选的是北平行辕主任李宗仁。1947年11月，傅作义出任华北"剿总"总司令之后，华北军政事务在"戡乱"名义下由"剿总"负几乎全部责任，李宗仁几无事可做，故亟思挪位；由于李宗仁的政治态度较为温和，形象较为清新，得到了一些自由派人士的好感与美国人的青睐，政治上有一定的资本；随着国民党全盘形势的日渐恶化，蒋介石失败的可能性正在浮现，从而为既有军事实力又有一定声望的桂系提供了问鼎中央的可能。所以对李宗仁而言，在旁人眼中有职无权的副总统，恰恰成了他进可攻退可守之舞台。1948年1月初，李宗仁公开表示参选副总统。其后，国民党元老于右任、军界元老程潜、东北耆老莫德惠、民社

① 中国社会科学院近代史研究所中华民国史组编《胡适来往书信选》下卷，中华书局，1980，第190页；《胡适的日记》第16册，1948年3月30日至4月8日，远流出版公司，1990；秦孝仪总编纂《蒋公大事长编初稿》卷7（上），中国国民党党史会，1978，第70—71页；程思远：《李宗仁先生晚年》，文史资料出版社，1980，第5页。

党领导人徐傅霖等先后宣布参选。据李宗仁自己估计："由于我本人洁身自处，作风比较开明，所以尚薄负时誉，党内外开明人士都把我看成国民党内民主改革的象征。我如加入中央政府，领导民主改革，自信可以一呼百应，全国改观"；而于右任已经"年迈"，程潜"对党国的功勋似尚不足与我比拟"；至于莫德惠和徐傅霖为国民党党外人士，实力和名望更不足虑。因此，李宗仁宣布参选后信心十足，频频露面亮相，向外界说明其政策主张，成为几位副总统参选人中呼声最高的一位。①

经过多年的"削藩"，抗战胜利后有实力与蒋介石中央相争的唯有桂系，而且桂系与蒋还有历史过节，蒋不能容忍其身边出现这样咄咄逼人的竞争者，眼看李宗仁竞选的风头越来越健，蒋介石方才开始部署副总统竞选事宜。他本想劝李宗仁退出竞选，但被李回以事先已征得其同意，此时不便半途中止。国民党内曾有副总统候选人应由党提名之动议，但经国民党中央多次讨论无法达成共识，各派系主张不一，几位副总统候选人已投入竞选，他们均反对党提名的方式。为了避免引起分裂，国民党最后决定总统、副总统候选人均由联署提名方式产生，但"自由竞选"的结果是演成国民党的激烈内讧，造成了国民党几近公开的分裂。

考虑到李宗仁竞选的风头正健，其他几位候选人均无法与之抗衡，蒋介石仓促决定推出孙科与李宗仁竞争。孙科长期担任国民党中常委兼立法院院长，1947年4月又出任国民政府副主席，他与蒋的关系原来并不十分密切，此次因为对付桂系的缘故，蒋介石将孙科推到前台，在由党提名的主张受挫后，即下令陈立夫主持的党务系统，全力为孙助选，结果在客观上形成了李宗仁与孙科对决的局面。

4月20日，国大公布副总统候选人名单，为孙科、于右任、李宗仁、程潜、莫德惠、徐傅霖。23日进行副总统选举，在2760张有效票中，李宗仁得754票，孙科得559票，程潜得522票，于右任得493票，莫德惠得218票，徐傅霖得214票，均未过代表总额的半数。根据选举法的规定，24日就得票多数之前三人再度投票，在2724张有效票中，李宗仁得1163票，孙科得945票，程潜得616票，仍无人过半数。两次投票的结果，虽然无人

---

① 《李宗仁回忆录》下册，政协广西壮族自治区委员会文史资料委员会，1980，第873、884—886页。

当选，但李宗仁均位居前列，前景看好。这样的结果颇令蒋介石不满，他亲自出面全力支持孙科，令党务系统发动各路人马为孙拉票，其手下人还散布李宗仁"亲共"及"戡乱不力"的言论，李宗仁受到越来越大的压力。24日晚，程潜因蒋介石要其退选之表示而宣布退出竞选，李宗仁随后以"有人以党之名义压迫统制，使各代表无法行使其自由投票之职权。以此情形竞选，已失其意义"为由，在25日晨也宣布退出竞选。至此，孙科虽成为唯一的副总统候选人，但他自觉如此情况，即便当选亦无趣，也在25日中午宣布退出。副总统选举一时难产，大会只能暂时休会。①

　　几位副总统候选人相继退出，令已经当选的总统蒋介石颇为难堪。缺了副总统，他这个总统角色也演不下去，蒋只能缓和对李宗仁的反对态度。他召见白崇禧，表示他并不袒护任何一方，要白向李转达他的意见，希望李继续参选。随后，国大主席团以不能在选举过程中放弃竞选为由，推胡适等敦请李宗仁等继续竞选。经此一番你来我往之较量，李宗仁、孙科、程潜均表示听候大会决定，恢复参选。4月28日，大会继续副总统选举投票，在2711张有效票中，李宗仁得1156票，孙科得1040票，程潜得515票，仍无人过半数。根据选举法的规定，李宗仁和孙科将在最后一轮投票中以简单多数决定谁当选。29日，国大进行副总统选举关键性的最后一轮投票，结果在2733张有效票中，李宗仁得1438票，孙科得1295票，李宗仁当选为副总统。

　　副总统选举尘埃落定，桂系自然兴高采烈，而蒋介石心情郁闷亦为必然。在蒋大力公开支持下，孙科仍然落选，说明国民党中央尤其是蒋介石个人的权威与控制力已经严重削弱。美国大使司徒雷登认为："作为国民党统治象征的蒋介石，已经大大地丧失了他的地位。大多数的学生甚至毫不客气地认为他是完蛋了。"最后一轮选举中，不少原来支持程潜的原三青团系统代表因为对党团合并的不满，没有遵照国民党中央的指令支持孙科，而是投了李宗仁的票。青年党和民社党因为对国民党在代表名额分配问题上出尔反尔的不满，也支持了李宗仁。主持选举事宜的党务系统负责人陈立夫认为："有很多代表对中央很不满意，本来他们不会去帮助李宗仁的，

──────────

① 《文史资料选辑》第60辑，中华书局，1979，第36—42页；《李宗仁回忆录》，第890—891页。

那时对中央不满的都去帮助他了。中央不希望李宗仁被选出来,大家偏要把他选出来。这一下意气用事就出了毛病。"① 经过激烈的争斗,李宗仁在副总统选举中获得了成功,但可以预见的是,作为总统的蒋介石对不听命于自己的副手不会有信任,而蒋李之间的互不信任,对正处于危机之中的国民党更是两败俱伤。

5月1日,历时一个多月的"行宪国大"在完成各项议程后,举行了闭幕典礼。20日,蒋介石和李宗仁在南京宣誓就任中华民国总统和副总统。从此以后,延续了21年的国民政府成为历史名词,总统府成为中华民国的最高权力机构。

第一届国民大会的召开,看似使国民党完成了从"训政"到"宪政"的过渡,可以对外宣称自己是通过"民意"选举而获得执政权的执政党,但实则对此等"民主"政治秀的本质,外界一清二楚,国民党和蒋介石仍然是政府的绝对主宰,权力完全掌控在他们手中。不过,国民党和蒋介石当时可能没有完全意识到的是,这次选举的进行和国大的召开,却在"民主"的名义下,使国民党受到严重的内伤,加剧了中央和地方以及各派系之间的矛盾冲突,国民党中央和蒋介石的威望尤其是实际的控制力急剧下降。本就软弱涣散的国民党,经此之后更加四分五裂,在与团结一致的共产党的军事、政治等方面的争夺中,更难以形成合力,不能不处于下风,从而成为其政治颓势的表征。

二 币改造成的经济崩溃

内战再起后,军费开支剧增,法币的过量发行问题始终无法解决,经济形势急剧恶化,导致1947年2月黄金风潮的爆发及宋子文的黯然离职。此后,国民党当局实施经济紧急措施,企图稳定经济和市场,但巧妇难为无米之炊,在收支不平衡日趋严重的情况下,无论采用何种方法,都改变不了赤字财政的现状,结果只能是钞票越印越多,通货膨胀越来越严重,法币的支付功能发生越来越大的危机。

进入1948年,国民党军事不断失利,控制地域在缩小,物资产出在减

① 《民国档案》1991年第4期;《成败之鉴——陈立夫回忆录》,正中书局,1994,第359页。

少，而货币发行还在大量增加，财政金融形势更趋恶化，赤字占支出的总数超过 3/4，军费支出又接近支出总额的 70%，政府开支几乎全靠印钞票，法币几乎失去支付功能，濒临崩溃的边缘。

对于如此严峻的经济形势，蒋介石不能不考虑采取更严厉的措施应对。5 月，蒋介石出任总统，翁文灏受命组阁，蒋认为"应速谋彻底改革之道，方能挽救此危局"；考虑"经济以改革币制为本，如以已有现款与美援物资为基金，而将原有通货存储收兑发行新币"。① 他令财政部部长王云五草拟币改方案，准备以此解决经济困难的局面。

秉蒋命研究币制改革方案的王云五为无党派人士，1946 年 5 月出任经济部部长，翁文灏内阁成立后，任行政院政务委员兼财政部部长。他认为："政府纵不想改革币制，也不得不改，则不如早为之计，而作自动的与有计划的改革"；但是他也认为："此须剿匪军事有把握，方能实施。否则军费无限制开支，而失地日多，匪患日炽，人心动摇，即断不能办币制改革。而军方首长，皆谓军事绝对有把握，并可于几个月内，即可将北方匪患肃清，于是方敢放手做去。"他拟订的币改方案，以废止法币、改用新币为主要内容，期以强力手段推行，管制经济，扭转危局。②

金圆券币制改革的酝酿过程"十分保密，除了极少数人接触并审议过此议案外，外界并没有研讨过"。但即便如此，在事先知其事的高官中仍不乏反对派，"对于改革币制与经济紧急措施尚未能统一意见"。③ 只是当时的经济形势已到了不改则难以为继的地步，在国民党决策体制基本是由蒋个人说了算的情况下，币制改革势在必行。唯也正因如此，此次币改事先不仅未经过十分认真详尽的规划、讨论和准备，而且刻意保密，缺乏国民党上下一致支持的心理与物质准备，从而也酿就了其后失败的结局。

7 月 29 日，蒋介石在浙江莫干山召见翁文灏、王云五、中央银行总裁俞鸿钧、外交部部长王世杰等讨论币改方案，决定从速实行币制改革。据时人回忆，蒋介石对翁文灏言："军事完全由我自己主持，与行政院无关。财政方面，应以财政部为中心，中央银行帮同处理。同心协力来挽救十分

① 《蒋介石日记》，1948 年 6 月 10、24 日，原件藏美国斯坦福大学胡佛研究所档案馆。藏所下略。
② 王云五：《岫庐八十自述》，台湾商务印书馆，1967，第 495—510 页。
③ 《蒋介石日记》，1948 年 7 月 10 日。

艰难的局面。"① 8 月上旬，在王云五的主持下，拟订了币改实施的各项具体方案。13 日，蒋介石决策"币制改革决于下旬实施"。②

8 月 19 日，国民党中央政治委员会开会，通过币制改革案。其后，行政院召开临时会议，亦通过币改案。20 日，蒋介石以总统名义发布《财政经济紧急处分令》，同时公布《金圆券发行办法》《人民所有金银外币处理办法》《中华民国人民存放国外外汇资产登记管理办法》和《整理财政及加强管制经济办法》，宣布实行币制改革，主要内容为：（1）以金圆券取代法币，金圆券 1 元含金 0.22217 克，折合法币 300 万元；发行以 20 亿元为限，十足准备，法币须在 11 月 20 日前兑换为金圆券。（2）禁止黄金、白银和外币的流通、买卖或持有；所有个人和法人拥有之黄金、白银和外币，应于 9 月 30 日前兑换为金圆券，凡违反规定者一律没收并予惩处。（3）国人存于国外的所有外汇资产，凡超过 3000 美元者，应于 12 月 31 日前申报登记；除保留部分用于日常生活外，均应移存于中央银行或其委托银行，未经核准不得动用；违反者处 7 年以下徒刑并处罚金，没收其外汇资产，告发者给予没收资产的 40% 作为奖励。（4）严格管制物价，所有物品及劳务以 8 月 19 日价格为准，不得议价；实施仓库检查并登记，从严惩处囤积居奇者。③

与《财政经济紧急处分令》的发布相配合，行政院于 8 月 22 日成立金圆券发行准备监理委员会，"掌金圆券发行准备之检查保管及金圆券发行之监督事宜"，由浙江第一商业银行董事长、上海银行公会主席李铭任主任委员；又于 25 日成立经济管制委员会，由院长翁文灏挂帅，负责物价管制、取缔投机囤积非法经营、调节物资供应、金融管理等策划督导事项。④ 在各重要经济区域设立经济管制督导员，其中最重要的上海区，督导员为央行总裁俞鸿钧，由蒋经国协助。为了督促币改的进行，蒋介石电令各省市政府，要求"同德同心，通力合作，俾此重大措施迅收最良效果"；"设或阳奉阴违，怠忽职守"，"中央亦必严厉处分，决不稍存姑息"。蒋同时发表书面讲话，希望民众"全力拥护改革币制的政策，彻底执行管制经济的法令。

---

① 全国政协文史资料研究委员会编《法币、金圆券与黄金风潮》，文史资料出版社，1985，第 53 页。
② 《蒋介石日记》，1948 年 8 月 13 日。
③ 《总统府公报》第 80 号，1948 年 8 月 20 日。
④ 《总统府公报》第 80 号，1948 年 8 月 20 日。

如有少数人不顾大局，只图私利，因袭法币贬值时期的作风，操纵新币，为投机垄断的工具，以危害其信用，那就是破坏我全国人民的生计，也就是我全国人民的公敌，政府自必依据国家总动员法令及刑事法规，视同卖国的奸匪，予以严厉的制裁"。①

上海是当时中国最大的工商业城市，集中了全国近半的现代工业生产和大半的金融业，金银外币与物资储藏也最为丰富，能否在上海顺利以新币替代旧币、控制物价并回收足量的金银外币，是此次币改成败的关键所在，所以国民党将币改的实施重点放在上海，并以全力推动。一时间，上海经济风起云涌，并牵动政治风向，成为全国瞩目之中心。

此次币制改革的主要内容，一是发行新币并回收金银外币，二是严格管制物价，而前者之成功与否，很大程度上又视物价能否稳定，以重建市场信心。此前上海多次物价管制的失败，使不少人对此次物价管制并不抱什么希望，也使负责上海"督导"工作的蒋经国深感压力之大。蒋经国认为："自新经济方案公布之后，一般人民对于币制的改革以及经济的管制，多抱乐观的心理，而政府人员则多抱怀疑的态度……捣乱金融市场的并不是小商人，而是大资本家和大商人。所以要严惩，就应从'坏头'开始。"②他将投机囤积、操纵物价、贪赃枉法的商人和官吏视为"后方的敌人"，号召大家"共同起来制裁他们，消灭他们"；强调"无论何人在法律面前应当一律平等……在上海应当做到不管你有多少的财富，有多大的势力，一旦犯了国法，就得毫不容情的请你进监狱，上刑场"。③一时间，上海的经管工作显得颇为轰轰烈烈。

蒋经国慷慨激昂的言辞和雷厉风行的做法起初颇有令人耳目一新之感。蒋经国扫除贪腐、执行经管的强硬做派，也得到不少上海市民的认同，因为他们手中的金银外币无多，更希望物价稳定，生活安定。币改之初，曾经一日数变的价格在严格管制下得以基本稳定，加上政府的强力宣传和推动，使得金圆券的兑换情况起初还算理想。金圆券首发的8月23日，上海收兑的金银外币约为100万美元，三天共收兑600万美元，其中大部分是平

① 潘振球主编《中华民国史事纪要（中华民国三十七年〔一九四八〕七至十二月份）》，"国史馆"，1995，第232—233、236—239、242—244页。
② 《蒋经国自述》，湖南人民出版社，1988，第167—168页。
③ 《申报》1948年8月24日；上海《大公报》1948年8月27日。

民百姓的贡献。

但是，金银外汇的大头主要掌握在资本家手中，而他们对币改的态度显然有相当的保留，大多数人起初处在观望之中，并未按规定兑换金银、登记外汇资产。上海因其经济发达而成为当时中国资本家阶层最为集中的城市，他们对国民党当政给予多方支持，也曾从中获取相当的经济利益。但是，上海资本家与国民党的关系在战后有了很大变化。因为国民党的经济统制政策压缩了民营资本的发展空间，使他们满怀怨言；因为恶性通货膨胀严重影响经济的正常运转，使他们对国民党的治国能力产生怀疑；加上国民党官员的贪污腐败，不以市场通行规则，而是利用特权，以权势操纵经济，也使他们啧有烦言，他们与国民党政府的关系处在疏离之中。经济紧急处分令发布后，登记外汇、严控物价的诸项规定，使上海资本家的正常经营难以为继，而且他们深知，以当时的政治经济军事状况，币改几无成功可能，交出金银外汇只能是有去无回，因此纷纷以软磨硬抗对付币改，而国民党继之以逼迫和威胁的手法令他们就范，更使他们大为反感与不满，成为他们与国民党关系的分水岭。

上海资本家对币改的观望不定与消极抵制，令蒋经国颇为恼怒，痛责"若干商人在当面对你说得好好的，而背后则是无恶不作"。"银行多做投机买卖，不晓得发了多少横财。现在要他们将外汇拿出来，都不大情愿。""上海有少数商人，实在太坏了。"① 为此，蒋经国在9月初以"囤积居奇、操纵黑市交易、扰乱金融秩序"等为由，先后下令拘捕申新纺织集团负责人荣鸿元、鸿兴证券负责人杜维屏（上海闻人杜月笙次子）、纸业公会理事长詹沛霖、中国水泥公司常务董事胡国梁、美丰证券公司总经理韦伯祥等，同时对油业公会理事长张超、米业公会理事长万墨林（杜月笙的总管）、永安纺织集团负责人郭棣活等予以警告。这些人都曾经是当政者的座上宾，杜月笙更是在1927年为蒋介石的四一二"清党"立下过"汗马功劳"，如今却落得如此下场，在上海资本家群体中引起的震动可想而知。

撇开其他因素不论，蒋经国在上海实施严格的经济管制，确有以此平抑物价、稳定经济的意图，并在币改之初取得了一定的成效。问题在于，强令限价违背了经济规律，限价后工厂因原料来源缺乏而减产停工；商店

---

① 《蒋经国自述》，第172、174页。

进货困难，只能以销售存货维持；外地物资和原料因限价而不愿运进上海，攸关民生的大米入沪数量从每日数千石剧降为数十石。这些情况必然导致市场和民心恐慌，发生抢购，动摇限价。9月9日，行政院公布《实施取缔日用重要物品囤积居奇办法补充要点》，规定个人和商家购买物品均不得超过三个月用量，违者即以囤积论；工厂商号存储之成品货品，如不尽量供应市销或抬价出售者以居奇论，物品没收并科罚款。[①] 此举旨在以行政手段压抑民间购买行为，维持物价的平稳，却使工商业界叫苦连天，因为他们的存货被要求以限价出售，以维持市面供应，卖一件便赔一件，但又不能大量采购或采购不到限价的原料，生产因此而无法继续。因为限价的因素，物品价格被控制在较低水平，又因为对纸币的不信任，人们都希望将手中的纸币换成实物，加以大量游资麇集于沪，因此市场销售空前活跃，各种物品均被大量抢购，上海百货业的存货基本卖光。有限的货品无法抵挡充斥于市的货币，这样，一方面是商家惜售或售空，另一方面是买货存物、投资投机活跃，买与卖脱节，价格攀升便不可避免，从而不断冲击着限价的规定。

9月30日为原定金银外币兑换的截止日，此时共回收黄金160万两，白银801万两，银元1683万元，美元4468万元，港币7960万元，[②] 其中上海回收的黄金和美元数量几占总数的70%。虽然币改初期管制物价及回收金银外币的情况尚称良好，但实际已有征兆预示币改前景的不容乐观。10月1日，财政部通令将金银外币的兑换期限延长两个月，说明兑换情况不如当局之预期，而且使当局再次失去了信用。此举被徐永昌评论为："如此无信，急切攫取人民现金之心情毕露，败坏国事至此，无赖可笑尚属余事。"[③] 此令公布后，各地即出现抢购潮。据时人记载：上海"人心惶惶，拼命抢购物资。各商店人潮汹涌，轧得水泄不通"。"一般小户人家，则竞向粮食、酱园、柴店、南货店购买米、油、酱、糖、肥皂等日用物品。一连十天光景，店家的橱窗全都抢空了。走进大小商店犹如进了冷庙，虽有观光的香客，但没有菩萨，这种局面苦坏了家无宿粮的人家。他们满街奔跑，到处排队，还是顾到了头，顾不了脚，不是愁米，就是愁菜、愁柴。号称国际

---

① 《总统府公报》第98号，1948年9月9日。
② 《中华民国史档案资料汇编　第五辑第三编　财政经济》（本章以下简称《财政经济》）（2），第363—367页。
③ 《徐永昌日记》第9册，"中央研究院"近代史研究所，1991，第128页。

商埠的上海，竟生了瘫痪病。"北平"抢购之风弥漫全市。米麦粮食店早已十室九空，香烟黑市漫天叫价，一日数变……热闹市中心的王府井大街，六时许即一片黑暗，家家铁门紧闭"。据北大学生罗荣渠记载："到处商店食铺都关门闭户，打开的鞋店只摆了几双最蹩脚的下等货给人看。香烟、面包、罐头、肉类都差不多绝迹了，有的话，再贵也有人抢着买……社会秩序要混乱了，为时想不远了吧？"①

面对经管顿挫的困境，蒋经国确实是"进退两难"。他基本上依靠行政和高压手段实施经管，对各种复杂的关系考虑不够，行事有操切鲁莽之处，不仅得罪了大资本家，而且其手下任意查抄物资的举动，也使不少小商人有自危感；及至限价难以为继，百物短缺，市面萧条，普通市民原先对他的好感也在逐渐消失。种种矛盾的交织演变，终以扬子公司舞弊案发而使蒋经国的"打虎"遭遇重挫，币制改革与经济管制的失败随之而来。

扬子公司为孔祥熙公子孔令侃所办，一向以其特权套购外汇、买空卖空、牟取暴利而为世人所侧目。此次蒋经国到上海实施经管，其手下多次检查扬子公司的仓库，发现存货甚多，如何处理，颇费蒋经国思量。在众目睽睽之下放过扬子公司，对外界无法交代，也影响其公众"形象"，难以推动经管的执行；而要查处他的表兄弟孔公子，其难度亦可想而知。实际上，蒋经国对此早有认知。还在币改酝酿期间，蒋经国就曾对蒋介石谈及："其以上海金融投机机关无不与党政军要人有密切关系，且作后盾，故将来阻力必大，非有破除情面，快刀斩乱麻之精神贯澈到底不可也。"② 币改开始后，他的手下发现扬子公司"仓库里面所囤的货物，都非日用品，而外面则扩大其事，使得此事不易处理，真是头痛"。③

不过，还不等蒋经国克服"头痛"，对孔令侃拿出"快刀斩乱麻"的强硬手腕，孔令侃已风闻，他赶紧找到其小姨妈宋美龄向蒋经国说项，未能说通后，他又说动宋美龄搬出蒋介石亲自干预，而蒋介石又不能不考虑各种复杂的政治、经济和亲缘关系，对孔家手下留情。此时正值国共东北会战的紧要关头，蒋介石于军务倥偬之中仍不忘徇私情，于 10 月 8 日自北平

①　罗荣渠：《北大岁月》，商务印书馆，2006，第 371、381 页。
②　《蒋介石日记》，1948 年 7 月 2 日。
③　《蒋经国自述》，第 185 页。

直飞上海，训示蒋经国放过孔令侃。9 日，孔令侃由宋美龄陪同面见蒋介石，在外界对孔家扬子公司案议论纷纷、众声喧哗之际，蒋介石接见孔令侃的意味再明白不过了。在当天的日记中，蒋介石将扬子公司舞弊案归为"反动派更借题发挥，强令为难，必欲陷其于罪，否则即谓经之包蔽，尤以宣铁吾机关报攻讦为甚。余严斥其妄，令其自动停刊"。① 18 日，蒋介石又就监察委员调查扬子公司不法举动事致电上海市市长吴国桢谓："关于扬子公司事，闻监察委员要将其开办以来业务全部检查，中以为依法而论，殊不合理，以该公司为商业而非政府机关，该院不应对商业事业无理取闹。如果属实，则可属令雇聘请律师，进行法律解决，先详讨监察委员此举是否合法，是否有权。一面由律师正式宣告其不法行动，拒绝其检查，并以此意约经国切商，勿使任何商民无事受屈也。"② 在蒋介石的干预下，蒋经国对扬子公司舞弊案一反其公开查处的表白，在日记中说："××公司的案子，弄得满城风雨。在法律上讲，××公司是站得住的。倘使此案发现在宣布物资总登记以前，那我一定要将其移送特种刑庭。总之，我必秉公处理，问心无愧。但是，四处所造成的空气，确实可怕。凡是不沉着的人，是挡不住的。"③ 他不能违逆蒋介石的意见，只能说扬子公司在法律上是"站得住的"，他自己是"秉公处理，问心无愧"的，只是外界"满城风雨"所造成的空气"确实可怕"。不过，"可怕"的究竟是外界的空气，还是国民党的作为，大概蒋氏父子也是心知肚明。

扬子公司舞弊案的实质，非为私人公司舞弊之个案，而关系到国民党是否能以此为开端，认真查处权势集团长袖善舞、营私舞弊之勾当，确立国民党自身的公正公平形象，不仅为社会各界，也为国民党内所关注。徐永昌"闻蒋先生日前亟亟到沪，十之八九因孔大少不法囤集等问题，蒋夫人速其访沪解围云云"。④ 蒋介石的机要秘书周宏涛回忆说："我风闻这天蒋公为了扬子公司囤积居奇案，在夫人的要求下召见经国先生，垂询上海金融管制执行情形，经国先生原本要法办经营扬子公司的负责人孔令侃，因

① 《蒋介石日记》，1948 年 10 月 9 日。
② 《蒋中正档案·筹笔·戡乱时期》第 16280 号，藏"国史馆"。
③ 《蒋经国自述》，第 188 页。
④ 《徐永昌日记》第 9 册，第 139 页。

而搁置，仅将货品充公。"① 如雷震所言："不平则鸣，今日社会不公平之现象，如不能纠正，则国民党之政权不易维持。即以改革币制而论，一般人咸云，政府决心收集私人外汇、黄金、白银，但必须先收集孔宋之此类资产，不然则不足以昭信于人"。② 扬子公司舞弊案因蒋介石的干预而烟消云散。蒋介石格于一损俱损一荣俱荣之家族亲缘关系，对孔氏家族曲以维护，在国事和家事的天平上，他选择了偏向家事，令不少人为之极度失望，蒋经国也承认：此案"未能彻底处理，因为限于法令不能严办，引起外界的误会。同时自从此事发生之后，所有的工作都不能如意的推动了，抵抗的力量亦甚大"。③

经历了 10 月的抢购风潮，限价实际已难以为继；再经历了查处扬子公司舞弊案的顿挫，蒋经国既无力也无颜再推动所谓的"打虎"运动。他不能不承认："经济管制的工作，发展到今天，确实已到了相当严重的关头。一般中产阶级，因为买不到东西而怨恨。工人因为小菜涨价，而表示不满。现在到了四面楚歌的时候，倘使不能坚定，即很快就会崩溃。"④

自 10 月中旬起，市场限价虽还在维持，但可售货品寥寥无几，商店货架空空落落，限价已失去其意义，币制改革也已成强弩之末。雷震"出街购零星物件，见街上有许多店铺关门，有一部分虽未关门，而窗橱则空空如也，市民抢购之风仍不稍戢。凡有货物之店，市民排队抢购，金圆券流通市面太多，实为一重大之原因"。⑤ 已经推迟两个月结束的金银外汇收兑情况更是惨淡，10 月份收兑黄金 5 万两，白银 103 万两，银元 672 万元，美元 329 万元，港币 187 万元，⑥ 尚不及此前兑换数的零头，排队兑换金银的场景早已被排队抢购物资的场景所替换，两种场景转换之速，正说明社会人心之变。

尽管蒋经国坚持继续执行限价政策，但政治高压终无法抵挡经济规律，

① 周宏涛口述，汪士淳撰写《蒋公与我：见证中华民国关键变局》，天下远见出版公司，2003，第 54 页。
② 《雷震全集·雷震日记》（1），桂冠图书公司，1989，第 50 页。
③ 《蒋经国自述》，第 191 页。
④ 《蒋经国自述》，第 191 页。
⑤ 《雷震全集·雷震日记》（1），第 79 页。
⑥ 《财政经济》（2），第 363—367 页。

限价政策已难以为继。10 月 24 日，蒋介石在北平召见翁文灏，"谈经济问题甚久，情形日非，商铺空室藏货，人民排队挤购，尤以粮食缺乏为最可虑耳"。① 蒋对是否坚持限价政策似已动摇。28 日，行政院举行经管会议，"大家都主张让步，决定粮食可自由买卖，工资可调整，百物都可合本定价。换句话说，一切都照旧放任了"。② 29 日，翁文灏携补充经济改革方案见蒋介石，蒋认为"经济改革计划与金圆政策似已完全失败，以限价已为不可能之事，则物价飞涨比前更甚，尤其粮食断绝难购，最为制命伤也"，遂于当晚"召党政高级干部商讨经济问题，市况与社会，几无物资，又绝粮食，若不放弃限价，恐生民变，故决定改变政策也"。③ 31 日，行政院通过《改善经济管制补充办法》，决定粮食依照市价交易，纱、布、糖、煤、盐由主管机关核本定价，其他物品授权地方政府管理，实际放弃了限价政策。此后，被压抑多日的市场价格立即强力反弹，米价一度暴涨近百倍，从 1 石 20 元直涨至 2000 元。11 月 5 日蒋经国辞去上海经管督导员职，他在上海执行经济管制的工作尤其是其"打虎"行动，以轰轰烈烈开场，以几无所成收场，只能在无可奈何中黯然离开了上海。

金圆券币制改革的两大支柱是限价和发行限额，限价既已放弃，发行限额事实上也无法维持。11 月 11 日，蒋介石公布《修正金圆券发行办法》，规定金圆券的发行数额另以命令定之，即承认原定发行限额无法维持，从而为通货膨胀的更趋恶性化打开了闸门。该项办法将金圆券 1 元的含金量改为 0.044434 克，即一举贬值 80%，与此相呼应，金圆券与各种硬通货的官价兑换比例均有较大幅度之下降。

金圆券币制改革失败，行政院院长翁文灏和财政部部长王云五都不能不提出辞职。11 月 26 日，孙科接翁文灏出任行政院院长。至于金圆券币制改革的真正决策者，蒋介石在公开场合从未承担过任何责任，他是这样评价币改失败的："自金圆券发行以来，中下级人民皆以其所藏金、银、外钞依法兑券，表示其爱国与拥护政府之真诚，不料军事着着失败，经济每况愈下，物资枯竭，物价高涨，金圆贬值，于是人民怨声载道，对政府之信

---

① 《蒋介石日记》，1948 年 10 月 30 日。
② 《蒋经国自述》，第 196 页。
③ 《蒋介石日记》，1948 年 10 月 30 日。

用全失……失败主义者弥漫，实为从来所未有也。只有持志养气，坚定信心，仰赖上帝之护佑，民族主义之必胜而已。"① 这是"欺人"，还是"自欺"，恐怕只有蒋本人才能解读了。

币制改革失败后，金圆券发行数量便如脱缰之马，贬值速度之剧烈，创下世界货币史的奇观。币改后不过 9 个月的时间，至 1949 年 5 月 24 日，金圆券发行数已达 679459 亿元，再加本票 145706 亿元，共 825165 亿元，为其最初发行限额的 4 万多倍。与此相对应的是物价狂涨，当月上海物价指数为币改之初的 500 多万倍，9 个月的上涨幅度接近于前 12 年的总和。当月米价最高为 1 石 3 亿元，黄金 1 两兑价接近 50 亿元，美金 1 元兑价超过 8000 万元。金圆券"信用日益低落，各地纷纷自动以银元、外币、黄金乃至实物等计值交换或流通，若干地区已视金圆券为废纸"。②

国民党推行金圆券币制改革的本意，政治实多于经济，法币信用全失，不改无以为继；财政一筹莫展，不改无法维持；经济濒临崩溃，不改难以运转。如此发展，其必然后果只能是国民党丧失其执政地位，故币改不能不行之。蒋介石曾经解释其决策币改的缘由是：

再三思维，如能先挽救军事，则其他党务、经政皆不难逐渐补救。否则，军事不能急求成效，则不如先在后方着手，如能稳定经济，则后方人心乃可安定，前方士气亦可振作。然后再谋军事之发展。只要军事能转败为胜，则党中叛徒与政治反动者皆必俯首就范，不成问题矣。故对党务决暂维现状，缓图改革，一俟经济改革有效，立即全力从事于军事，以期有济于党国也。③

国民党强行推出金圆券币制改革，政治考量占了首要地位。

然以政治手段解决经济问题，最终仍然无法避免经济规律的报复，因为"以非经济的办法，应付病危的经济，全系既无把握又无准备的赌博性

① 《蒋介石日记》，1948 年 11 月 3 日。
② 中国科学院上海经济研究所、上海社会科学院经济研究所编《上海解放前后物价资料汇编（1921 年—1957 年）》，上海人民出版社，1958，第 43—44 页；《财政经济》（3），第 920—921 页；中国银行总管理处《外汇统计汇编》初集，1950，第 264 页。
③ 《蒋介石日记》，1948 年 9 月 3 日。

质之决策，只能短期的麻醉，但求侥幸的成功。卒致失人心，伤元气，毁国信"。[1] 当金圆券币制改革失败时，素有民间舆论风向标之称的《大公报》发表评论说："因为改革币制，因为限价政策，因为物价强抑而复涨，全国人民消耗的元气是太大了，上海工商业所受的损失，不过是其中较为显著的一例而已。"《大公报》的评论质问道："但是从其中获到利益的究竟是谁呢？"答案自然对国民党不利，因为在《大公报》论者的心目中，获利者只能是官僚豪门，他们"不是逍遥海外，即是倚势豪强如故"。[2] 国民党及蒋介石既不能严密准备、慎微决策于前，又不能体察民意、善始善终于后，先天不足、后天失调的短命的金圆券币制改革，自然也就成为国民党执政时期失去社会人心的标志性事件之一。

　　金圆券币制改革，给豪门带来的或是获利的"狂欢"，而给民众留下的却是无比惨痛的记忆。不过是短短的七八十天，升斗小民以辛苦和血汗积攒的金银外汇（或许还是他们的全部家当）便化为几张转瞬即成废纸的金圆券而成乌有，甚而不少资本家大户也受了相当的损失。浙江大学校长竺可桢在币改之初将其个人存有的 800 美元兑换为金圆券，在币改失败后他说："无人敢信任政府矣。目前政府之所以不能取人民之信用，由于每次立法结果使奉公守法之人处处吃亏，而横行无忌的人逍遥法外，如扬子公司孔令侃即其例。更有何人愿守法？从此遂使奉公守法之人亦要偷盗犯法，此所谓率天下之人而尽归于偷盗也。如此政府安得不失败哉！"[3] 著名文化人储安平对当政者的炮轰可谓时论之代表："多少老百姓的血汗积蓄，就滚进了政府的腰包里去。政府拿这些民间的血汗积蓄，去支持他的戡乱，使所有国家的一点元气，都送到炮口里轰了出去！""一个只要稍为有点良心的政治家，对此能熟视无睹，无疚于中吗？"他直截了当地批评国民党的统治："七十天是一场小烂污，二十年是一场大烂污！污烂污烂，二十年来拆足了烂污！"[4]

　　面对民众的怨言和愤怒，无论是支持还是反对金圆券币制改革的国民

①　洪葭管编《中央银行史料》下卷，中国金融出版社，2005，第 1297 页。
②　上海《大公报》1948 年 11 月 7 日。
③　《竺可桢全集》第 11 卷，上海科技教育出版社，2006，第 246 页。
④　储安平：《一场烂污》，《观察》第 5 卷第 11 期，1948 年。

党高官其实都是心知肚明。反对币改的吴国桢回忆说："关于金圆券，所有的问题归结起来只有一点，就是它激怒了中国民众的各个方面、各个阶层，以致他们群起而攻击国民党政府。"① 推动币改的蒋经国也承认："每次想起人家将金钞兑了之后，今天是如何的在怨恨我，真是惭愧万分！"② 金圆券币制改革不仅完全没有达到其推出时最初的预想，而其最大的政治意义，就是使国民党在其统治重心所在的城市彻底失去了信用和人心，在上自资本家下至平民百姓的眼中，无论谁当政也较国民党为好似乎成了定论，这对企图通过币改而挽救病入膏肓的财政经济进而继续维持其执政地位的国民党而言，实为莫大之失败。

三　决定性的淮海（徐蚌）会战

就在金圆券币制改革失败的 1948 年 11 月，国民党军在东北辽沈会战中亦彻底失败。随后，解放军兵锋直指华北和徐淮地区，国共两军即将进行的淮海（徐蚌）会战，将直接决定国民党政权的命运。

1948 年 9 月 24 日，国民党军失守济南，作为南京门户、绾毂中原之要地的徐淮地区，随之面临着解放军的强大压力。10 月下旬，国民党统帅部判断中共下一步的军事行动将指向徐淮地区，而此时徐州"剿总"所辖部队分布在陇海路西起郑州东至海州的近千里战线上，成一字长蛇阵布局，态势不利，国防部因此主张将部队向徐州集中，并得蒋介石的首肯。24 日国防部下令孙元良兵团放弃郑州，向徐西撤退；刘汝明部放弃开封，向蚌埠撤退；将黄百韬、李弥兵团部署于徐东，邱清泉、孙元良兵团部署于徐西，第三、第四绥区部队守备台儿庄和商丘，以徐州为核心，构成十字形阵势，实施内线作战；同时令黄维兵团追随中野跟进，配合徐州作战。蒋介石认为徐州"剿总"司令刘峙的才干与人望不足以指挥未来的大战，他原本属意白崇禧指挥徐州作战，准备任命白统一指挥华中和徐州战区。但白对在徐淮地区指挥作战积极性不高，而且徐淮地区多为蒋介石嫡系部队，

---

① 裴斐、韦慕庭访问整理《从上海市长到"台湾省主席"（1946—1953 年）——吴国桢口述回忆》，吴修垣译，上海人民出版社，1999，第 67 页。

② 《蒋经国自述》，第 198 页。

白事实上也指挥不动，因此婉拒了蒋的命令。

11月5日，国民党军参谋总长顾祝同匆匆赶到徐州，召集军事会议，进行会战部署，决定徐淮地区的部队由杜聿明指挥（在11月底徐州"剿总"撤到蚌埠前，杜聿明的指挥仍受到刘峙的牵制），将第十六兵团孙元良部3个军从商丘调到蒙城，保障徐蚌段西侧；第二兵团邱清泉部4个军集结在安徽砀山和河南永城，掩护徐州西翼；商丘第四绥区刘汝明部2个军移驻临淮关（后改为第八兵团）；第十三兵团李弥部2个军由徐东碾庄南移至安徽泗县、灵璧机动；撤销海州第九绥区，所属1个军海运撤上海（后因运输工具不足改归黄百韬部）；第七兵团黄百韬部5个军（加入徐州和海州各1个军），由徐东新安镇移至运河西，掩护徐州东翼；第三绥区冯治安部2个军放弃山东临城和枣庄，退守台儿庄及其以南运河地区，掩护徐州北翼；第一绥区周碞部3个军防守苏北淮阴和扬州一线；徐州"剿总"直接指挥的4个军部署在徐州、苏北、淮北与蚌埠；十二兵团黄维部4个军自驻马店开阜阳集结，由国防部直接指挥；东北三十九军和五十四军转运蚌埠，准备加入徐淮作战。[①] 国民党统帅部在徐淮地区集结重兵，摆出了一副决战架势（国民党战史由此将这次作战定名为徐蚌会战），但他们对中共将要开始的作战行动的规模与打法仍缺乏准确的预估与判断，调整部署的时间过迟，各部队的行动也不够迅捷，只能在部署尚未最终完成的情况下应战。

中共方面，进行淮海战役是主动之所为。举行淮海战役的设想最早由粟裕提出，他认为国民党军在苏北两淮（淮阴和淮安）地区的兵力较为空虚，攻打两淮可以迫使国民党军分兵增援，为以后渡江南进创造条件，因此早在8月下旬就提出华野南下攻占两淮的方案。济南战役结束后，9月24日，粟裕致电中共中央军委和华东局及中原局，建议举行淮海战役，第一步攻占两淮，第二步攻占海州连云港，以此逼使国民党军分兵增援，改善中原战局。刘伯承和陈毅亦同意粟裕的意见。25日毛泽东致电粟裕等，认为"举行淮海战役，甚为必要"，但对作战方案提出了自己的意

---

① 该书编审组编《淮海战役亲历记》，文史资料出版社，1988，第53—54页；"三军大学"编《国民革命军战役史第五部——戡乱》第5册，"国防部史政编译局"，1989，第142—143页。

见，认为第一阶段应打黄百韬兵团，第二阶段再打两淮，第三阶段打海州连云港，以此作为一个大战役，"可以打通山东与苏北的联系，可以迫使敌人分散一部兵力去保卫长江"，便于下一步进行徐州作战。28日，毛泽东又致电粟裕、刘伯承、陈毅等，进一步明确"淮海战役第一个作战并且是最主要的作战是钳制邱李两兵团歼灭黄兵团"。这样，毛泽东就将粟裕原先提出的举行战术规模的两淮作战即"小淮海战役"，初步改为进行战略规模的徐淮会战即"大淮海战役"，以首先歼灭国民党军重兵集团作为战役的中心任务。毛泽东的设想体现了他的战略眼光。黄百韬兵团防守徐东，态势较为孤立，有利于分割歼灭，而在不动黄兵团的情况下，无论是打两淮还是打海州都将受其牵制，不如首先打黄兵团更为有利；打黄兵团又将面对邱清泉、李弥兵团的增援，战役规模势必扩大，有可能发展成两军的大规模会战。因此，10月11日，毛泽东致电华野和中野领导人，提出了关于淮海战役各个阶段作战中心、兵力部署、作战步骤等等的全盘构想：第一阶段集中兵力歼灭黄百韬兵团，完成中间突破；第二阶段攻歼海州和连云港；第三阶段在两淮方面作战；战役全过程须历时一个半月到两个月，兵力部署以攻击和打援并重为基本原则，并造成围攻徐州态势，引致对手错判，使邱、李两兵团不敢全力东援；同时以中野部队进行战略配合，牵制白崇禧集团；得手后即开辟苏北战场，打通苏北和山东联系，再以主力西出淮河流域作战，次年春夏打到长江边，秋季进行渡江作战。10月22日，毛泽东又提出由中野"举行徐蚌作战，相机攻取宿县、蚌县（蚌埠），坚决彻底干净全部地破毁津浦路，使敌交通断绝，陷刘峙全军于孤立地位"。[①] 中野在淮海战役中的作用也从广大地域内的战略配合改为一定区域内的战役协同，最后又改为直接加入战场作战。在毛泽东的决策下，由华野和中野协同一致，共同举行大规模的淮海战役，在徐淮地区歼灭国民党军重兵集团的设想逐渐成形。

　　11月上旬，根据当面国民党军正在调整部署的情况，粟裕、刘伯承等均判断徐州国民党军可能南撤，战场形势将出现重大变化，因此提出进行

---

① 中共中央党史资料征集委员会编《淮海战役》第1册，党史资料出版社，1988，第47—50页；《毛泽东文集》第5卷，人民出版社，1996，第157页；《毛泽东军事文集》第5卷，军事科学出版社、中央文献出版社，1993，第19、26、118—129页；《毛泽东选集》第4卷，人民出版社，1991，第1351—1352页。

淮海战役的新设想。8 日，粟裕致电中共中央，认为"如果能在江北大量歼敌，则造成今后渡江的更有利条件"，建议华野在歼灭黄百韬兵团后，不必以主力向两淮进攻，"而以主力转向徐（州）固（镇）线进击，抑留敌人于徐州及其周围，尔后分别削弱与逐渐歼灭之"；"在战役第一阶段之同时，应即以一部破坏徐蚌段铁路，以阻延敌人南运"。粟裕等的建议得到中共中央的高度重视。9 日，中共中央军委两次致电陈毅、邓小平和粟裕，指示他们："徐州敌有总退却模样，你们按照敌要总退却的估计，迅速部署截断敌退路以利围歼是正确的"；部署华野迅速歼灭黄百韬兵团，中野立即出击宿县，截断津浦路宿（县）蚌（埠）段；提出"现在不是让敌人退至淮河以南或长江以南的问题，而是第一步（即现在举行之淮海战役）歼敌主力于淮河以北，第二步（即将来举行的江淮战役）歼敌余部于长江以北的问题"；"望你们按照上述方针，坚决执行，争取全胜"；"应极力争取在徐州附近歼灭敌人主力，勿使南窜"。11 月 16 日，中共中央军委明确指示："此战胜利，不但长江以北局面大定，全国局面亦可基本上解决。"① 至此，淮海战役由中共最初设想的攻克两淮海州的局部战役，发展为歼灭黄百韬兵团并开辟苏北战场，打通苏北与山东联系的具有决战性意义的战役，再发展为以徐州为中心，在东起江苏海州，西至河南商丘，北起山东临城，南至安徽淮河的广大地域内，以连续作战方式主动寻歼国民党军重兵集团，基本消灭国民党军江北主力，为全国胜利奠定基础的大规模战略性决战。

由于即将举行的淮海战役的规模大大超出了粟裕原先的设想，已经成为华野中野两军共同参加的大规模会战，10 月 31 日，粟裕主动提出请陈毅和邓小平统一指挥此次战役。11 月 1 日，中共中央军委指示"整个战役统一受陈邓指挥"，指挥部署"由陈邓临机决定"。次日陈邓复电提出，因通信工具太弱，粟裕方面仍多由军委直接指挥。11 月 16 日，随着战役规模的扩大和形势的发展，中共中央军委电示，中野和华野必须准备在现地作战3—5 个月，弹药民工需要巨大，必须统筹解决，指示由刘伯承、陈毅、邓小平、粟裕、谭震林组成淮海战役总前委，以刘、陈、邓为常委，邓小平为总书记，"可能时开五人会议讨论重要问题，经常由刘陈邓三人为常委临

---

① 《淮海战役》第 1 册，第 131—132 页；《毛泽东军事文集》第 5 卷，第 182—184、231 页。

机处置一切"。① 淮海战役的指挥机构于此底定。

10 月 23 日，粟裕发出淮海战役预备命令，11 月 4 日发出战役命令，要求各部按预定部署行动，于 6 日黄昏向前线开进，8 日晚统一发起战斗。11 月 7 日，中共中央军委致电粟裕，指示"非有特别重大变化，不要改变计划，愈坚决愈能胜利。在此方针下，由你们机断专行，不要事事请示"，表示了对前方指挥员的高度信任。②

11 月 5 日，徐州"剿总"发现华野主力南下征象，遂令各部按当日刚刚决定的战役预案开始转移行动。6 日，华野各部开始战役行动，10 个纵队从山东南部浩浩荡荡分多路南下，西线 3 个纵队直插徐东，分割黄百韬兵团与徐州的联系；东线主力 7 个纵队由陇海路东段直指新安镇两侧；3 个纵队自苏北北进陇海路。此时，第三绥区冯治安部在华野的强大压力下退守台儿庄运河线。第三绥区副司令何基沣和张克侠均为中共秘密党员，根据中共的指示，他们在 8 日率所部第五十九军和第七十七军 2.3 万余人在徐州以北的贾汪起义，使运河防线门户洞开，华野主力迅速经此南下，从而赢得了重要战机。

驻守徐东陇海路新安镇一带的黄百韬兵团在战前的处境最为危险。黄百韬认为其"四面八方均有敌情，备左则右寡，备前则后寡，无所不备，则无所不寡"；而且"国防部作战计划一再变更，处处被动，正是将帅无才，累死三军"；不过他仍寄希望于被围后其他兵团来救，因为"这次战事与以前战役性质不同，是主力决战，关系存亡"，不然"同归于尽，谁也走不了"。③ 但事实与黄百韬的期望相距甚远。在接到徐州"剿总"的转移命令后，因等候接应第九绥区自海州西撤，黄兵团在新安镇多留了一天，至 7 日才开始向徐州方向运动。开始西撤后，由于自海州随行的机关、学校、"难民"等地方人员数万人夹杂其间，撤退队伍臃肿，行进缓慢，在通过运河铁桥时又因通行能力不足，而且事先缺乏周密准备，没有架设更多的浮桥，大大影响了行进速度。为了分流部队，加快行进速度，黄百韬命令六十三军南进至窑湾渡河，结果被华野苏北兵团北进部队截击，于 11 日被歼。

---

① 《淮海战役》第 1 册，第 103、107、111、164—165 页。
② 《淮海战役》第 1 册，第 117—120、129 页。
③ 《淮海战役亲历记》，第 190、69 页。

　　华野部队迅速南下后，徐州"剿总"总司令刘峙惊慌失措，为保证徐州的安全，令部署在徐东曹八集的李弥兵团西撤，拉大了与黄兵团的距离，也使黄兵团失去了有力的掩护与接应，完全陷于孤立。11 月 9 日，黄兵团大部渡过运河，并于当晚到达碾庄圩地区。由于部队仓促撤退，在行进途中队形混乱，黄百韬下令在原地休整一天。所谓兵贵神速，在对手大军逼近时，黄兵团却因人为的原因犯下一个又一个错误，行动迟缓，态势愈加不利。10 日晚，华野西线部队占领徐东大许家至曹八集一线，并与自苏北北上的部队会合，截断了黄兵团向徐州的退路，东线部队则自陇海路两面迅速进击，于 11 日基本完成了对黄兵团的包围。

　　黄兵团被围后，11 月 10 日，蒋介石在南京召开紧急会议讨论战局，决定黄兵团在碾庄圩固守，邱清泉兵团全部和李弥兵团一部自徐州东援；李弥兵团主力守徐州；孙元良兵团推进至津浦路夹沟至符离集地区，屏障徐州侧翼安全；刘汝明兵团集结在固镇、宿县地区，保障津浦路的安全；调中原的黄维兵团至徐淮地区，将淮北的 2 个军和东北调来的 2 个军组建为第六兵团，由李延年指挥，自蚌埠北进。这样，国民党军就在徐淮地区集结了 7 个兵团，包括其五大主力之第五军和十八军，为全面内战爆发以后国民党军最大的一次集结行动，企图在徐淮地区与中共部队决战，挽救严峻的军事形势。

　　黄百韬兵团退守的碾庄圩地区，在方圆 10 余公里的范围内分布有大小不等的若干村庄，由于地处徐淮平原开阔地带，缺乏制高点的支撑，对于防守并不十分有利，但李弥兵团在此驻守时筑有比较完善的工事，黄兵团入驻后又加以改进，构成了以地堡为骨干、以交通壕相沟通的环状防御阵地。经过调整部署，加上国民党统帅部正调动邱清泉、李弥兵团增援以及空军的支持，黄百韬起初自信可以坚守相当时日。华野本希望以连续攻击打散黄兵团的部署，争取速战速决，自 11 月 11 日起以 5 个纵队向黄兵团发起猛烈攻击，结果遇到黄兵团的顽强防守，伤亡较重，进展不大，不得不转入逐点争夺的阵地攻坚战。14 日，粟裕召集参战各部主官会议，传达中共中央军委关于此役预计会有 20 万人伤亡，以及战争可因此缩短一年的指示。会议总结了战斗打响后的经验，调整了部署，决定采取先打弱敌、乱其部署的战法，首先攻歼较弱的四十四军和一〇〇军；在作战方法上，强

调进行夜战和近战，以大胆穿插瓦解对手的防守，并集中炮火支持。① 经过调整后，16 日晚华野部队发起新的攻势，战至 18 日歼四十四军和一○○军，同时缩小了对二十五军和六十四军的包围圈。

黄百韬兵团被围后，邱清泉兵团和李弥兵团一部受命东进援救黄兵团，但在华野的坚强阻击下，邱、李兵团的推进速度缓慢，战至 11 月 15 日，邱、李兵团仍未有突破。为了给下一步作战创造条件，中共中央军委一度指示华野放缓对黄百韬兵团的攻击，并将阻击部队适当后撤，以此诱使邱、李兵团东进，切断其与徐州的联系，"徐图歼灭"。17 日，邱、李兵团进至徐东大许家一线，同时黄维兵团已进至徐西南蒙城，刘汝明兵团进至徐南固镇，李延年兵团在其后跟进。中共根据国民党援军正向徐州集中的情况，为了确保战役第一步目标的实现，令华野尽快解决黄百韬兵团。19 日晚，华野对碾庄圩黄兵团部发起总攻，黄百韬被迫率残部转移到大院上六十四军军部，企图继续固守待援，但在解放军的猛烈攻击下，黄百韬兵团已无力再坚持。21 日晚，二十五军残部在突围中被歼。22 日黄昏，黄百韬率六十四军残部突围失败，自杀身亡，黄百韬兵团 5 个军 12 万人至此被全歼。

在华野围歼黄百韬兵团的同时，中共中央即在部署下一步的作战任务。津浦路是徐州同南京联络的交通要道，也是徐州国民党军的补给大动脉。位于津浦路徐州蚌埠之间的宿县，扼津浦路通往南京之门户，又是徐州国民党军的后方补给基地，防御却十分薄弱。中共在战役尚未开始时即注意到宿县的重要战略地位，赋予中野"相机攻取宿县"的任务。随着淮海战役规模的扩大，为了切断国民党军退守淮河的通路，全歼徐淮地区的国民党军，11 月 10 日，中共中央军委指示陈毅和邓小平，要求中野"应集全力（包括三广两纵）攻取宿县，歼灭孙元良，控制徐蚌段，断敌退路，愈快愈好，至要至盼"。② 15 日，中野发起对宿县的攻击，并于次日下午全歼守军，从而切断了徐州国民党军的后方补给线和退路。所谓牵一发而动全身，攻占宿县是中共在淮海战役期间下出的又一着好棋，国民党军最终将为轻易丢失宿县而付出惨重的代价。

国民党统帅部在徐蚌会战开始后，决策调驻守中原的第十二兵团 4 个军

---

① 该书编写组编《粟裕军事文集》，解放军出版社，1991，第 409、446—450 页。
② 《毛泽东军事文集》第 5 卷，第 190 页。

及 1 个快速纵队共 12 万人驰援徐淮战场。十二兵团所辖的 4 个军多为国民党军精锐部队，尤其是十八军更为国民党军精锐主力，全副美械装备，能攻善战，自全面内战开始后一直是中共华野和中野部队的劲敌。11 月 8 日，十二兵团自驻地河南驻马店、确山一带出发，一路向东北方向，经新蔡、阜阳、蒙城直奔徐州，但因为所携重装备较多，道路崎岖，又需要涉越多条河流，且不断受到中共地方部队的袭扰，行动并不快捷，14 日才到达阜阳。此时黄百韬兵团在碾庄圩处境危急，邱清泉、李弥兵团的援救行动进展不大，徐州国民党军甚感兵力不足，蒋介石和刘峙均将黄维兵团视为救急的生力军，因此连电黄维，令其急进。但直至黄百韬兵团被歼，黄维兵团仍在徐州百余公里开外。所谓远水不解近渴，这支被蒋介石视为救急的劲旅，不仅没能解黄百韬之围，而且很快就陷入自身难保之境。

　　得到黄维兵团出动的情报后，11 月中旬，中共中央军委要求中野在部署跟进、扭击、侧击，尽力延迟其行进速度的同时，必须部署正面阻击黄维兵团，"不得误事"。中野遂部署在黄维兵团行进所经之地的地方武装彻底破坏沿途的道路、桥梁和渡口，并以各种方式袭扰黄维兵团，迟滞其行进速度；同时部署主力部队在蒙城方向正面阻击黄维兵团，并自涡阳方向出击黄维兵团侧翼，还准备对付刘汝明、李延年兵团的北进。刘伯承率中野司令部也于此时到达河南永城，同陈毅、邓小平等会合，共同指挥下一步的作战行动。

　　11 月 18 日，黄维兵团到达安徽蒙城地区，李延年兵团亦在准备自蚌埠北进。此时华野在北线对黄百韬兵团的围歼进入最后时刻，而邱清泉和李弥兵团在救援黄百韬兵团时，采取密集部署阵势，其后尾始终不脱离徐州后方，使华野一时无法彻底切断其后路，寻得下一步战机。衡诸战场情况，黄维兵团系远道而来，态势相对孤立，较易围歼。因此，刘伯承、邓小平和陈毅在 19 日致电中共中央军委，建议华野力争迅速歼灭黄百韬兵团，然后以一部兵力监视邱清泉、李弥和孙元良兵团，而以尚未使用的部队协同中野歼击黄维、李延年兵团，并认为"这个步骤最为稳当"，"似为上策"。军委于当日回电同意刘、邓、陈的意见。23 日，刘伯承、邓小平和陈毅根据北线黄百韬兵团已被全歼，南线李延年、刘汝明兵团迟迟不进的情况，致电中共中央军委，认为"歼击黄维之时机甚好"，提议以中野全部及华野

一部攻歼黄维兵团，认为"只要黄维全部或大部被歼，较之歼灭李（延年）、刘（汝明）更属有利"。次日军委复电"完全同意先打黄维"，要求华野"派必要兵力参加打黄维"，并指示"情况紧急时，一切由刘陈邓临机处置，不要请示"。① 华野和中野合力先打黄维兵团的方针由此确定，淮海战役的进程亦由初战而进入中盘。

11 月 23 日，蒋介石在南京召集国防部高官会议讨论战局。此时黄百韬兵团已覆灭，徐州部队的态势不利，与会者多主张退守淮河，但因宿县丢失，徐蚌交通中断，如何将徐州部队撤到淮河一线又成了新的问题。国防部提出，以徐州主力南进，黄维、李延年兵团北进，南北夹攻宿县，打通津浦路，实行守江必守淮的战略。② 为此，国防部命令已进至蒙城的黄维兵团继续向宿县方向前进，其兵团后尾离开蒙城后，与蚌埠方向的己方部队渐行渐远，正好落入中共预设的战场内，态势更趋不利。在黄维兵团正面阻击的中野部队，根据部署，自 23 日起从南坪集且战且退，于 24 日中午诱使黄维兵团主力渡过浍河。过河后，黄维即发现中野部队出现在其兵团四周，对其形成包围态势，遂急令部队再回头渡过浍河，企图迅速脱离战场，向蚌埠方向的李延年、刘汝明兵团靠拢，避免被围歼之命运。但是黄维兵团后撤时，行进秩序十分混乱，而且在中野部队阵前做横向移动，也使部队脱离战场非常困难，结果于 25 日被中野包围在宿县东南的双堆集地区。

十二兵团被围之初，黄维决定在中野的包围圈尚不够严密之际向南突围。11 月 26 日下令集中 4 个师，于次日晨首先向双堆集东南方向打开通路。担任先头突围任务的八十五军一一〇师师长廖运周，是长期潜伏在国民党军内部的中共秘密党员，他在得到突围命令后即与中共联系，于 27 日晨突围发起时率部起义，跟进其后的突围部队猝不及防，遭到中野部队的截击，突围行动遂以失败告终。此后黄维每天均派出数团兵力向东南方向做突围尝试，但始终未能打开缺口。28 日，参谋总长顾祝同改令黄维就地固守待援，致黄维兵团又成一盘死棋。

黄维兵团突围失败，部队转入就地固守，局促在以双堆集为中心、方

---

① 《淮海战役》第 1 册，第 167、171、175—177、189、197 页。

② 《郭汝瑰回忆录》，四川人民出版社，1987，第 333 页。

圆 10 余公里的狭小地域内。此地为平原地带，缺乏制高点，黄维在兵团被围后，即下令构筑以双堆集为中心，以地堡为支撑，以壕沟相连接的环状工事网。为了解决筑工材料不足的困难，黄维兵团又利用所携的重装备，将随行的汽车坦克装上泥土，构成较为坚固的核心工事，一面固守，一面心急如焚地等待增援部队的早日到来。

黄维兵团被围后，国民党统帅部决定调邱清泉和孙元良兵团自徐州向南，李延年和刘汝明兵团自固镇向北，沿津浦路南北对进，既解黄维兵团之围，又可打通津浦路，撤退徐州部队。11 月 26 日，邱清泉和孙元良兵团各出动 2 个军向南攻击。华野在歼灭黄百韬兵团后，即调动 8 个纵队的兵力南下，在徐州南面津浦路沿线构筑了宽数十公里的弧形阵地，采纵深梯次配备，阻击国民党援军。双方展开激烈战斗，国民党援军的前进速度甚为迟缓，离双堆集在 50 公里开外。此后由于国民党统帅部决定弃守徐州，北线国民党军暂停攻击，准备转进。南线李延年兵团位于离双堆集不到 30 公里的龙王庙，刘汝明兵团在固镇，对中野构成的压力最大。但李延年和刘汝明担心己部安全，不愿出力作战，尤其是刘汝明，因为出身西北军，自觉一直不受国民党信任，作战更是滑头，轻易不愿打硬仗。自徐蚌会战打响后，刘汝明一直避战，稍遇战斗即后撤，力图保存实力。刘部南撤固镇时，刘峙曾叮嘱他务必在宿县留下 1 个师，以加强宿县的防御，他却阳奉阴违，并称："他们老是想宰割我这点部队，如果要派一个师出击，我这个兵团还有什么作战力量？"[1] 李延年、刘汝明两部虽受命北进援救黄维兵团，但作战非常谨慎，始终不愿脱离蚌埠后方。粟裕曾计划集中华野 5 个纵队，分割李、刘两部，争取割离并包围李延年兵团再图歼灭，但李延年发现华野企图后，在 11 月 26 日下令迅速后退，放弃固镇，撤至浍河以南蚌埠一带，刘汝明兵团则撤至怀远及淮南矿区，拉大了与黄维兵团的距离。12 月 4 日，因杜聿明集团在北面被围，自身难保，蒋介石严令李延年、刘汝明兵团继续北进，但在华野和中野的顽强阻击下，至 15 日黄维兵团覆灭，距其还有 30 余公里。黄维兵团覆灭后，顾祝同于 16 日令李、刘两部迅速脱离，转进淮河，实行机动守备。李延年兵团随后退至临淮关和怀远，刘汝明兵团退至蚌埠以南。

---

① 《淮海战役亲历记》，第 464 — 466 页。

　　中野包围黄维兵团后，对其固守能力一度估计不足，准备以速战速决方式解决黄维兵团，结果造成了较大伤亡。11 月 29 日，毛泽东致电刘伯承、陈毅、邓小平，提出"解决黄维兵团是解决徐蚌全敌六十六个师的关键，必须估计敌人的最后挣扎，必须使自己手里保有余力，足以应付意外情况"。根据围歼黄百韬兵团的经验，12 月 4 日毛泽东又指示刘、陈、邓："对于战斗力顽强之敌，依靠急袭手段是不能歼灭的，必须采取割裂、侦察、近迫作业、集中兵力火力和步炮协同诸项手段，才能歼灭。"鉴于国民党统帅部正调动徐州、蚌埠两个方向的援军救援黄维，攻击黄维兵团的部队面临着两方面的压力，如不能及时围歼黄维兵团，俟国民党援军赶到后，可能陷于被动，因此总前委决定，从北线华野部队中再抽调部分兵力及华野全部炮兵增援中野，争取在较短时间内歼灭黄维兵团；同时由华野在北线继续围住杜聿明集团，在南线盯住李延年、刘汝明兵团，俟解决黄维兵团后，再由中野对付南线，华野解决北线。这一方针被刘伯承形象地解释为：吃一个（黄维兵团）、挟一个（杜聿明集团）、看一个（李延年、刘汝明兵团）。①

　　12 月 5 日，总前委发出对黄维兵团的总攻令，以中野 3 个纵队为东集团，担任主要突击；中野 2 个纵队及华野 1 个纵队为西集团，中野和华野各 1 个纵队为南集团，担任协同进攻；得手后各部合力总攻双堆集；要求"各部应不惜以最大牺牲保证完成任务，并须及时自动的协助友邻争取胜利"。6 日下午，中野和华野对黄维兵团发起有重点、多方向的总攻击，不断向其核心守备阵地推进。经过激烈的战斗，13 日，黄维兵团被压缩至双堆集周边数里的核心阵地，粮弹缺乏，军心动摇。当日，总前委调整部署，再调华野 2 个纵队加入南集团的进攻。14 日夜，南集团攻占双堆集临时机场，黄维兵团部受到直接威胁，黄维决定"四面开弓，全线反扑，觅缝钻隙，冲出重围"。15 日黄昏，十二兵团余部分头突围，但突围部队队形混乱，已无力冲出严密的包围圈。15 日晚，十二兵团 4 个军 12 个师及 1 个快速纵队共 12 万人被全歼（其中 1 个师起义），黄维等高级将领被俘。

　　国民党军黄维兵团被围，南北两线援军均无进展，津浦路交通断绝，徐州又成死棋，所谓徐蚌会战难以为继。11 月 28 日，蒋介石在南京召集军

---

① 《毛泽东军事文集》第 5 卷，第 291、317 页；《淮海战役》第 2 册，第 17 页。

事会议，研讨战局。此时，蒋介石已将可用之兵几全部投入徐淮战场；华北部队正面临中共东北野战军进关的强大压力，进退两难；西北部队距离遥远，调动缓不济急；唯一可调用兵力的华中地区，白崇禧又对蒋的命令阳奉阴违，软磨硬抗，一时也调不出更多的兵力。为了保住徐州所余的3个兵团，蒋决定"放弃徐州，出来再打"。杜聿明认为："要放弃徐州，就不能恋战；要恋战，就不能放弃徐州"，否则徐州的3个兵团也完了。他建议由黄维兵团继续固守双堆集，徐州部队避开华野在徐州南面的阻击阵地，先向西转进，经河南永城再转向南进，撤至安徽蒙城、阜阳间，依托淮河和蚌埠后方，再掉头北进，解黄维之围。杜聿明认为，这是个进可攻退可守的方案。事已至此，蒋介石也只有同意杜的方案，决定由刘峙率徐州"剿总"机关空运撤至蚌埠，督促李延年、刘汝明兵团加速北进，杜聿明率邱清泉、李弥和孙元良兵团经徐西萧县第一步撤至永城，第二步转进蒙城；同时调鄂西北宋希濂兵团3个军转运蚌埠，准备投入后续作战。但蒋介石同意杜聿明的建议较为勉强，他并未完全放弃救援黄维兵团的意图，这为其后他改变主意埋下了伏笔。

11月29日南京军事会议甫一结束，杜聿明于当晚飞回徐州，召集邱、李、孙等兵团主官开会，大家均认为只要实行"撤即不能打，打即不能撤"的原则，撤退是可以成功的，遂决定30日先行全面攻击华野部队，迷惑对手，然后实行"滚筒战术"，各部逐次掩护，保持队形，滚动行进。[1] 30日晨，国民党军部队、机关和随军撤退的地方人员30余万人开始撤离徐州。为了尽快脱离战场，各兵团争先恐后撤离既设阵地，未发动大规模佯攻，掩护部队也未尽到职责。数十万人马拥挤在徐州至萧县、永城公路沿途，行进缓慢。

在中野包围了黄维兵团，邱清泉兵团南援又被华野阻击之际，中共已经估计到徐州国民党军撤退的可能性，并预为部署阻击方案。当华野判明杜聿明率部经徐西撤退时，其主力部队的位置距杜集团大约还有一天的路程，粟裕当即于12月1日命令在杜集团正面的豫皖苏军区部队用一切方法迟滞其行进，同时命令华野主力，以尾随追击、平行追击和迂回拦截的方式，昼夜兼程追击杜集团。在一望无际的淮北大平原上，国共两军的千军

---

① 《淮海战役亲历记》，第28—32页。

万马展开了一幅逃与追的壮观画面。杜聿明集团由于有大量机关及地方人员随行，行进速度慢于华野追击部队，又因为种种原因耽误了一些时间，至 4 日在永城被华野追上。如果杜聿明此时决心轻装急进，还有脱离包围的可能，但蒋介石又改变主意，于 12 月 2 日和 3 日连续电示杜聿明，停止西撤，改向南面濉溪口方向前进，解黄维兵团之围。杜聿明明知实行此举的严重后果，但又不敢以"将在外君命有所不受"的态度违抗命令，只好召集兵团司令会议，由大家共同决定如何应对。与会的第二兵团司令邱清泉个性强悍，自恃其部队为精锐主力，尚可一战，主张听从蒋的命令向南打。在邱清泉的强势态度面前，李弥和孙元良虽不主张打，但亦不便多说。至此，杜聿明亦只能决策遵蒋命改向南攻击前进。4 日，杜电告蒋："职不问状况如何严重，决采逐次跃进战法，三面掩护，一面攻击，向东南作楔形突进，以与黄维会师。"6 日蒋电示杜聿明："此时应觅匪主力所在方向，先行决战，必须消灭匪之主力，乃可解决一切问题，南下自不成问题矣。"①蒋介石的决策使得杜聿明集团停止在永城一带改向南进，也使华野有更充裕的时间包围杜集团，从而注定了杜集团其后被围歼的命运。

杜聿明集团改变撤退部署后，杜决定采取"三面掩护、一面攻击"之战法，令李弥兵团在左，孙元良兵团在右，担任掩护，以邱清泉兵团居中，自青龙集向濉溪口方向猛力攻击前进。华野则集中主力，以正面阻击迟滞其进攻，以三面围堵缩小对杜集团的包围，至 12 月 6 日已将杜集团全部包围在永城东北的陈官庄、青龙集地区。此时杜聿明集团已基本失去攻击力，即使是最为好战的邱清泉，也不再坚持向南打的主张。6 日中午，杜聿明再度召集邱、李、孙开会，孙元良提议突围，得到邱清泉的同意，李弥虽不置可否，但表示愿听从命令。杜聿明遂决定，3 个兵团于当日黄昏同时向西南方向突围，到阜阳后再集结。因为突围毕竟有违蒋介石的命令，会后不久杜聿明又觉此计不妥，担心无论成功失败蒋均将怪罪于己，决定撤销计划，而孙元良自作主张，自行率部突围，结果所部 2 个军大部被歼，仅孙元良只身化装脱逃。至此，杜聿明部 2 个兵团 8 个军 20 余万人被围在以陈官庄为中心、方圆不过 10 公里的狭小地域，重蹈黄百韬、黄维两兵团之覆辙。

---

①　秦孝仪总编纂《蒋公大事长编初稿》卷 7（上），第 189—193 页；《淮海战役亲历记》，第 34 页。

　　杜聿明本为国民党将领中较具军事眼光和指挥才能者，但在徐蚌会战期间，他上受国防部、参谋本部和徐州"剿总"的掣肘，下有邱清泉等的牵制，始终不能独立自如地贯彻自己的主张，尤其是国民党军最高统帅蒋介石，独断专行，朝令夕改，使得杜聿明无所适从，加以其个人在关键时刻的优柔寡断，终使全军陷入被围的困境。杜在被围后电告蒋，望其"抽调大军，集中一切可集中的力量与共军决战"。蒋在回电中却告杜："现无兵可增，望弟不要再幻想增兵。应迅速督率各兵团攻击前进。"蒋介石曾计划再从华中调动十四兵团宋希濂部增援徐蚌战场，但因白崇禧作梗，部队迟迟不能成行。12 月 15 日黄维兵团被歼后，国民党统帅部因担心李延年、刘汝明兵团再遭围歼，令其后撤至淮河以南布防，杜聿明集团已完全陷于孤立无援之绝境。19 日，杜聿明派其参谋长舒适存飞南京要求调兵增援，但蒋介石告诉他：我已想尽办法，华北华中西北所有部队都被共军牵制，无法抽调。目前唯一办法就是在空军掩护下集中力量，击破一方，实行突围，哪怕突出一半也好。27 日国防部指示杜聿明："贵部于粮弹补足后，寻匪弱点，选择有利地形及方向，集中主力，先击破一面之匪，逐次跃进转移脱离匪军包围，易地与匪作战。"但杜聿明认为在没有接应的情况下突围是死路一条，又适值自 20 日起连续多日大雪，空投补给无法进行，杜集团数十万人缺粮少弹，困守于一片冰天雪地之中，外有华野部队的层层包围，内则将无良策，兵无斗志，所谓突围之举自无从提起。①

　　杜聿明集团被围后，华野部队经过 1 个多月的连续作战，部队减员较多，相当疲劳，加以粮弹等亦须补充，此时再要立即歼灭数十万人的杜集团有一定困难。同时，平津战役已经开始，如果迅速歼灭杜集团，有可能使国民党决策海运华北部队南撤。从战略与战术等多方面考虑，毛泽东在12 月 11 日令淮海前线："于歼灭黄维兵团之后，留下杜聿明指挥之邱清泉、李弥、孙元良诸兵团（已歼约一半左右）之余部，两星期内不作最后歼灭之部署。"14 日毛泽东指示粟裕："整个就现阵地态势休息若干天，只作防御，不作攻击。"此后，华野部队在 20 天的休整期内，以 8 个纵队继续包围杜聿明集团，以消耗较大的 7 个纵队调至二线休整，补充兵员与干部缺额，

---

　　① 《淮海战役亲历记》，第 40—41 页；军事科学院军事历史研究部编著《中国人民解放军全国解放战争史（1948.7—1949.1）》第 4 卷，军事科学出版社，1997，第 342—343 页。

充实粮弹储备，并加强对被围国民党军官兵的政治攻势。12 月 17 日，毛泽东为中野和华野司令部撰写了广播稿《敦促杜聿明等投降书》，以淋漓酣畅的文字，要求他们"立即下令全军放下武器，停止抵抗，本军可以保证你们高级将领和全体官兵的生命安全。只有这样，才是你们的唯一生路。你们想一想吧！如果你们觉得这样好，就这样办。如果你们还想打一下，那就再打一下，总归你们是要被解决的"。①

杜聿明集团撤离徐州时，为减轻负担，只带了一周的补给，被围后，粮弹补给全靠空投，因多日风雪交加，空投停止，粮食供应不上，部队连吃饭都成了大问题，加以天寒地冻，多数士兵饥寒交迫，逃亡投诚者甚众。为了解决基本的温饱问题，包围圈内的粮食和马、牛、羊、猪等家畜均被搜刮一空，最后甚至是狗、猫、田里过冬的麦苗等，举凡可食之物均被搜刮吃光。就在杜聿明集团是走是留一筹莫展之际，粟裕提出应乘杜集团未得充足粮弹补给、疲惫动摇之际发起总攻，并得到中央中央军委的批准。1 月 2 日，粟裕下达总攻令，以 4 个纵队为东集团，3 个纵队为南集团，3 个纵队为北集团，向杜聿明集团发动总攻，并首先以位于青龙集的李弥兵团为攻击的重点。1 月 6 日下午，华野各集团同时发起总攻，迅速突入李弥兵团的阵地，李弥率残部于次日被迫退至邱清泉兵团的防区，合力做最后的抵抗。杜聿明集团在华野的猛烈攻击下，防区一缩再缩，各部队纷纷失去联络，已无法再坚持。1 月 9 日晚，杜聿明、邱清泉、李弥等率部分头突围，华野发起围歼战。至 10 日下午，杜聿明集团全部被歼，徐州"剿总"副总司令杜聿明等高级将领被俘，第二兵团司令邱清泉战死，唯十三兵团司令李弥脱逃。

淮海（徐蚌）会战是国共两军战略决战的关键一役。此役历时 66 天，国民党军动员了 7 个兵团 2 个绥靖区 34 个军 82 个师 80 余万人，结果损失了 5 个兵团 1 个绥靖区 22 个军 56 个师共 55 万余人，其中伤亡 17 万人，被俘 32 万人，投诚 3.5 万人，起义 2.8 万人；中共华东野战军动员了 16 个纵队 1 个军 4 个地方军区，中原野战军动员了 7 个纵队 3 个地方军区，共 65 个师旅 60 余万人，结果损失了 13.7 万人，其中阵亡 2.6 万人，负伤 9.9 万

---

① 《中国人民解放军全国解放战争史（1948.7—1949.1）》第 4 卷，第 344 页；《毛泽东军事文集》第 5 卷，第 313、362、401、410、435 页；《毛泽东选集》第 4 卷，第 1369—1370 页。

人，失踪 1.2 万人；国共双方兵力损失之比约为 4∶1。中共在淮海战役期间动员的兵力实际少于国民党，武器装备也不如对手，结果却是完胜国民党，创造了战争史上的奇观。毛泽东曾经兴奋而形象地比喻说：淮海战役打得好，好比一锅夹生饭，还没有完全煮熟，硬是一口一口地吃下去了。[①]

　　淮海（徐蚌）会战结束后，国民党军可以动用的机动主力部队基本被歼灭，失去了与共产党争胜负的军事实力，加之财政经济的崩溃，政治上的四分五裂，国共实力对比发生了根本的变化，国民党由强而弱，共产党由弱而强，国民党统治由衰颓而走向终结，已经不是可能与否的问题，而是何时将要实现的现实预期。

---

　　① 《淮海战役》第 1 册，第 337—338 页及书末附表；《中国人民解放军全国解放战争史（1948.7—1949.1）》第 4 卷，第 362 页。

第十五章

国民党大陆统治的瓦解及其退台

一　国民党失去大陆的缘由

民国历史上有许多耐人寻味者，蒋介石以较少的部队打败北京政府完成北伐统一大业，战后中共军队再以较少的部队打败武器较精良、人数较多的国民党军队。如何解释这些问题？或许有学者会以历史的必然论来解释历史发展中的一些现象，然而是否有一个必然的轨迹可循，其中的因素为何？或有以人民的选择作为答案。但是，如果不是以后观之见去观察历史，去评论人的选择，或许说是被选择，对于如此巨大的改变，总要有一些反思。这些反思可能面临一些困境，最大者是解释的纷歧，内忧外患是常被提到的原因。蒋介石自己也认为是国民党内部的问题，有些则从国际的观点认为美国要负责，或有人认为是日本侵略的结果，更有从毁灭的种子的长远角度去解释；最大问题是立场与切入点，同情国民党者与同情共产党者，对内战的责任、大陆政权的转移因素的答案显然就不同。

孔尚任《桃花扇·哭主》中有一段话："养文臣帷幄无谋，豢武夫疆场不猛；到今日山残水剩，对大江月明浪明，满楼头呼声哭声。这恨怎平。"再比对蒋介石在日记中的反省："高级干部之无能无方，尚有何望。"[①] 这对于解读当年国民党政权的失败，颇有意味。

---

　*　本章由林桶法撰写。

　①　《蒋介石日记》，1948 年 8 月 7 日。

1945 年 8 月 15 日，日本投降，蒋介石的声望达到顶点，国内各地大肆庆祝，从城市到乡村，从战时的首都重庆到中共解放区的延安，人们兴高采烈欢欣鼓舞庆祝胜利。庆祝的活动有由党政机关推动者，亦有民众自发庆祝者，陪都重庆地区报纸以号外的消息吸引民众的关注，一份报纸甚至卖到 300 元，鞭炮价格涨了好几倍，市民争相走告，许多民众在街上狂叫。上海的餐馆挂出"庆祝胜利，八折廉价"的招牌，大卖"胜利套餐""胜利饼干""胜利馒头"等。许多行业纷纷以胜利做广告，招揽顾客，其中以餐饮的广告最多，上海的丽园餐馆打出"胜利快餐"，扬子舞厅以"庆祝胜利、世界和平、中华民国万岁、蒋委员长万岁、茶资一律半价"，金安百货公司以"庆祝胜利降价四折"。①

9 月 9 日，在南京中央陆军军官学校大礼堂，正式举行中国战区日本投降的签字仪式，何应钦代表中国接受日本冈村宁次的降书。蒋介石将胜利归于国民党的努力。蒋在国内的权力与威望在 1945 年日本投降后达到顶点。

国际方面，自开罗会议以后，中国成为世界四强，蒋与罗斯福、丘吉尔、斯大林并列为全世界最重要领导者，战后蒋负责中国战区包括越南北部的受降工作，美国以美军及美援支持进行接收工作，日本的投降亦以国民政府为对象。蒋虽然不满意美国的安排并没有事先与其洽商，但大抵而言，美国希望中国建立一个以国民党为中心的联合政府，因此积极协助国民政府进行接收与遣俘的工作。

《中苏友好同盟条约》签订后，苏联希望继续与国民政府谈判东北经济合作问题，希望国共能合作，章百家认为中共同意参加重庆谈判是因为斯大林的压力。② 蒋观察到苏联的对华企图，认为如果国民政府依赖美国，苏联将会不择手段破坏中国的建设，甚至制造中国的分裂。如果用武力压制中共，则苏联必支持中共。因此，他在战后之初，曾经主张对内、对外用政治与外交方法求得谅解与解决。

整体而言，蒋如能善用日本投降后的局势，应大有可为。然何以短短四年中，他不但被逼下野，而且失去大陆统治权，从"伟大的领袖"到

---

① 《申报》1945 年 8 月 26、23 日。
② 章百家：《对重庆谈判一些问题的探讨》，《近代史研究》1993 年第 5 期。

"人民的公敌",[1] 这是中国近代史研究者积极想寻找的答案。

我们先从领导者的特质来做观察。

作为领导者，蒋介石有许多正面的特质。其一，为人勤俭、不贪污，蒋对财务问题的处理，基本是出于维持其政权，而不只是为其个人的考虑，只是蒋个人的不贪污不能像曾国藩所说的"风俗之厚薄系乎一二人之所向"，他不能严格国民党的纪律，国民党不少官员仍然被认为是贪腐成风。其二，坚持民族主义，对日本侵略深恶痛绝，有抗日的决心，只是因准备不足和内外纷乱而暂时容忍妥协。蒋深知国际局势的重要，在日记中不止一次强调："中国外交政策惟求领土行政主权之完成。"但他也常抱怨美国干预中国内政，对美国的做法也有抵制。其三，有坚毅的性格，大部分的时间在筹谋国事，虽经历不同的挫败而都能坚持。蒋有信仰，面对各种变局，心情孤寂中能保持平静。他自幼在孤儿寡母的环境中成长，受到许多不平等的对待，在政治上也经历过三次被逼下野的窘境，然虽遇挫折，却能从自省中再出发。其四，大量阅读各种著述，汲取精神营养。蒋的阅读从传统经典到实用哲学，东西兼具，古今兼备，甚至为研究黑格尔哲学的精神而失眠，对于中共整风文件亦极感兴趣，善于运用这些著述教化党政军要员，以达到"立言"的目标。

当然，蒋介石的性格中也有不少负面因素。蒋看重上层领导，不善于利用群众，甚至反对群众运动，有意强调自己超脱于群众，保有统治者的权威，因此不能在中国这样的人口大国，发动群众支持其统治。从社会的观点言，蒋是一位保守派，虽有反省的习惯，却又不能实时改进，一犯再犯，常立志，又无法达成其志愿。对于施政，蒋及国民党虽有检讨，但往往流于形式，蒋日记中一再出现关于同样错误的检讨文字。而且，蒋重视用嫡系与乡党，其重用的军政要员几乎都与黄埔军校有关，另外其要员中浙江籍者甚多，许多侍从人员也是浙江籍，这与蒋重视的忠诚有关。

当然，仅从上述的个性因素，似乎很难看出蒋介石成败的关键性原因。陈立夫认为："抗战胜利后，我们每一步棋都走错了，检讨起来能怪谁？每桩大事都是总裁或最高国防委员会最后决定的。现在回忆这些痛苦的经过，

---

① 余敏玲：《"伟大的领袖"VS"人民的公敌"：从蒋介石形象塑造看国共宣传》，蒋介石与现代中国再评价国际学术研讨会会议论文，"中央研究院"近代史研究所，2011 年 6 月。

太难说了，谁该负责？当然我们不能把责任推给总裁一个人。"① 蒋有机会成为战后中国走向世界的领导者，最后却失去机会。蒋对失去大陆亦颇为自责，亟思反省，从 1949 年 6 月蒋在台北出席东南区军事会议，讲"本党革命的经过与成败的因果关系"起，至 1952 年 10 月，向国民党七大做政治报告止，三年多的时间，他在相关场合的演讲中，直接或间接检讨 1949 年失败原因，至少有 30 篇，约占同时期演讲总数的 27%。② 其检讨大多与演讲的场合及对象有关，如在政工会议上，强调组织训练和宣传比不上中共，在陆海空军通信参谋人员训练班上，强调通信人员没有良好的技术，不明白自己的责任，是"剿共"战事失败重大的原因。其中有些切中时弊，有些则过于空洞。

总略而论，国共争夺的转折点在战后，此处仅罗列战后导致蒋失败的若干重要原因如下。

过于依赖美国

美国是战后的强国，在遣返日俘依赖美国的轮船、运兵至接收地点、处理战败国家的问题等方面，国民政府须仰仗美国的支持，这些是可以理解的，但太依赖美援，则值得检讨。宋美龄对蒋介石对美的低声下气亦颇不以为然，蒋却无奈地表示："妻言：对人下气吞声，低头笑脸之苦痛，谁知吾人今日之处境。嗟乎，拯救如此大国，岂能如想像之易易者。若吾人不负十字架，则如何达成革命保种，救人救世之任务乎。"③ 表明其依赖美国有现实的需要。为何蒋在战后需要美国的强力支持，一是美国为二战后世界的主导国；二是战后中国百废待举，经济困窘，特别需要美国经济的协助；三是战后中国复员工作亟须仰仗美国。

然美国政府对于援华问题，内部因派别分歧而无明朗决策，此种分歧在政治上为民主党与共和党之争，在军事上为欧洲派（马歇尔 G. C. Marshall、艾森豪威尔 D. D. Eisenhower）与远东派（麦克阿瑟 Douglas MacArthur、魏德

---

① 《成败之鉴——陈立夫回忆录》，正中书局，1994，第 340 页。
② 刘维开：《蒋介石对 1949 年失败的检讨——以演讲为中心的探讨》，《政治大学历史学报》第 29 期，2008 年，第 88 页。
③ 《蒋介石日记》，1945 年 11 月 23 日。

迈 A. C. Wedemeyer）之争。蒋了解美国内部的意见纷歧，但他判断美国不会
改变对华援助的政策。

美国的对华态度，一方面要建立一个由美国主导的远东秩序，希望中
国不再发生内战，支持建立一个以国民党为首的联合政府；另一方面要避
免苏联主导中国政局。美援是美国干预外国事务的后盾，但在美国内部对
于如何处理对华关系也有许多矛盾，魏德迈在 1945 年 11 月 10 日由美返华
向蒋报告说，杜鲁门总统虽然支持他，但参谋首长联席会则不完全赞成，
并强调美国军队不会介入中国的阋墙之争。

国民党在内战中失利，许多人将之归咎于美国，然而蒋介石的重要幕僚
董显光则认为是全盘的问题，不是个别单独的因素。但是，魏德迈在参加美
国外交委员会听证会时，直接提到美国应为失去中国负最大的责任。

如同余英时对费正清的评论："费正清有关中美关系的各种言论，隐藏
着二个绝对不变的一贯原则，第一是美国的利益，第二是现实主义。"[1] 其
实这正是美国对外政策的重要考虑，这种矛盾表现在实际行动上，则是一
方面发表声明支持国民政府，另一方面逐步缩减及撤离美国在华的驻军。美
国的政策使国民党军队的武器补给大受影响，对于其信心的打击则更大。美
国从过度参与对华事务到逐步放弃对蒋支助，梁敬錞以"压""拖""弃"
"断"四个阶段来形容战后美国的对华政策。1949 年 8 月 5 日，美国国务院
发布对华白皮书，将对付共产党战略上的失败，归咎于蒋政权的基本弱点。
此举无异表示美国放弃对蒋政权的援助，这对于国共势力的消长自有某种
程度的影响。

蒋介石处理中共问题，曾经希望依靠美国的调停。如果真由美国完全
做主，中国内部可能会形成联合政府，但蒋对美国的妥协都是有条件的，
蒋不愿意组织联合政府，只得虚应行事，如此一来，反而失去独立处理国
内外事务的先机，是其失败的最大原因之一。青年党人张润苍（梦九）于
1950 年 6 月 6 日致函蒋介石，认为抗战胜利以来，中国朝野过于重视美国
外交，而忽视日本问题，实为失败的原因。[2]

国共内战之初，因为接受美国的调停，影响到国民党军队士气，而蒋

---

① 　傅伟勋、周阳山主编《西方汉学家论中国》，正中书局，1993，第 1 页。
② 　"国史馆"藏《蒋中正档案·特交档案》：39000053。

介石则碍于国际情势，不得不暂取委曲求全的态度，战略方面因此受到美国的影响。而后来国共战局愈演愈烈之际，东北的战事关系整个战局，倘无东北之败，自无华北的局部和平，徐州会战也不致全面败北，或无其后大陆的易手。不过，东北的战略是因为蒋介石的坚持，还是美国顾问团的意见，人们有不同的看法。美国方面多认为是蒋介石策略的失误，史学家道克·巴尼指出：蒋不理会最好的军事劝告，并派遣若干国民党最现代化的部队和装备至东北，当时共产党部队则在那里控制了大部分乡村地带，而且东北与大陆其他地区连接的补给和交通线脆弱不堪。① 换言之，蒋介石派军队到东北却受其拖累。而蒋却认为是受美国的影响，东北失利后，蒋指出：

> 军事失败的近因，乃是由于我们战略的错误，我们政府误信马歇尔的调处，将最精良的国军开到东北，以致内地空虚，各战场上都感到兵力单薄，战略上一经犯了错误，那在战术上是无法补救的，何况我们一般将领对于战术又毫无修养，对于剿匪战术上又未能深切的研究，如此当然失败的更快。②

其实美国对东北的战略也非一致，最先魏德迈将军建议蒋，先巩固长城以南至长江以北的地区，防守华北的交通线，并提出"撤退东北国军"的建议。当时在南京的美军军事顾问团负责人巴大维（David Barr）亦劝告蒋由东北撤退。马歇尔为防止苏联势力主导东北，则主张一定要守东北。最后以马歇尔的意见为主，国民党军主力开往东北，然就整个战局而言，如此做法却有检讨的空间。蒋囿于配合美国的战略，失去主动布防的机会。不仅东北如此，在国民党军大撤退的过程中，美国的影响大于蒋个人的考量。以青岛的撤退为例，本来早在1949年2月，国民党军就准备从青岛撤退，但美国不赞同，蒋只好妥协，暂不撤退，直到6月才撤退，这也影响到后来上海的撤退行动。过于依赖美国，为其对华政策所累，是蒋最后失败

---

① A. Doak Barnett, *China on the Eve of Communist Takeover* (New York: Frederick A Praeger, 1963), p. 11.

② "国史馆"藏《事略稿本》，1949年12月检讨。

的重要原因之一。

处理中共问题失当

蒋介石自"清党"以后，一直以"剿共"为手段，即使在抗战期间的联共，亦是碍于局势的妥协，并不是真正欲与中共合作抗日。抗战后期蒋对美国要求其迁就中共，容纳中共改组联合政府主张，深不以为然。即使在美苏的压力下与中共接触，蒋也认为应该变通，并下令各部队对中共要特别警觉。

蒋介石坚持不接受、不承认中共的态度，战后更是如此，国民党在战后初期以各种方式刻意彰显其拥有独尊的法统，并以此将中共贬为国家法统下的地方势力，以剥夺中共享有的受降接收权利，[①] 忽略了中共已经拥有百万正规军队及 18 个解放区的强大实力。因此即使蒋在美苏的压力下，不得不邀请毛泽东等来重庆举行会谈，但其谈判的原则是"政治与军事应整个解决，但对政治之要求予以极度之宽容，而对军事则严格之统一不稍迁就"。[②] 即使签订《双十协定》，蒋也并不满意，甚至严厉批判中共的要求，批评中共无"信义"。[③]

其后蒋介石虽应全国舆论的要求继续召开政治协商会议，然国共内战却愈演愈烈。虽然在美国协调下有三次停战协定，但停战都是为了发动下一次的战争。"行政院院长"阎锡山于 1950 年 2 月 6 日在联合扩大总理纪念周做政治报告时，认为国民党失败的原因，是政略不及中共。蒋虽研读一些中共内部的文章，早年也读过共产主义的相关著作，其实他对中共的了解是肤浅的，对战后中共的实力是漠视的。1945 年 10 月 13 日，蒋介石下达"剿共"密令，要求各军努力"进剿"，以完成任务。直到国共内战后期蒋仍以为可以打败中共军队，1948 年元旦文告中还说可以在一到两年内完成消灭中共的任务。如果这是策略上为激励人或可解释，但如果内心自我感觉良好，则是自欺欺人，这使得蒋在对中共的政略与战略上都与现实有极大的差距。

---

①　汪朝光：《1945—1949：国共政争与中国命运》，社会科学文献出版社，2010，第 5 页。
②　〔日〕古屋奎二：《蒋"总统"秘录》第 1 册，"中央日报社"翻译出版，1974，第 18 页。
③　《蒋介石日记》，1945 年 10 月 11 日。

蒋介石个人的领导风格

梁漱溟说："我说内战的主要责任在国民党，国民党高位者应当负责，自认失败，对不起国家，对不起人民。"① 黄宇人认为，蒋以个人第一，权力第二，儿子第三，国家第四，其二十年之工作，完全为保持自己的权力。② 吴国桢直指蒋介石独裁，并认为即使蒋下野到溪口，虽然没有名义，实际上仍然是总统。原来的副总统李宗仁曾和广西另一将军白崇禧一起逼蒋下台，他是代总统，但蒋仍是国民党总裁，作为国民党党员的李宗仁，依旧要接受蒋的命令，李的内阁也是由蒋任命。至于军事，李可以向他的部队下命令，但绝不能命令其他部队，即使命令，这些部队的指挥官也会向蒋请示进一步的指令。③ 对于蒋介石的责任，蒋经国曾经为其辩解，认为领袖的政策并没有错误。一个领导者的失败，有许多内外复杂的因素，但蒋的许多政治决策确实遭到批判。

有关蒋的性格，学者的看法不一。有的认为，蒋介石外表坚毅，性情刚烈，很怕内心空虚，所以身边总需要好女伴。有的认为，正因为从小缺乏对人的基本信赖，养成蒋成年以后幽暗、多疑、敏感的性格和雪耻情结。9 岁丧父以后，没有父权的压抑和阻碍，造成了他敢想敢做、不屈不挠的个性。④ 然而其性格的养成除家庭、学校教育、同侪之外，环境亦有重要影响，蒋并非无朋友，除小时的玩伴与同学外，留日期间与陈其美、黄郛、戴季陶、张群等交好，但自担任黄埔军校校长之后，军事方面长时期居于领导地位，与军事将领之间处于长官与部属或校长与学生之间的关系，公谊多于私情。蒋表现出敬重知识分子，也常邀请一些知识分子为其授课，如经济学等，北伐统一后，有时邀集一些知识分子如胡适、徐复观等商讨问题，他们与蒋还是"君臣"的关系，不是诤友。

蒋介石的主见甚强，要求部属绝对效忠、服从，自视甚高，具使命感，

① 汪东林：《梁漱溟问答录》，香港三联书店，1998，第 112 页。
② 《雷震全集》第 31 册，桂冠图书公司，1990，第 139—140 页。
③ 裴斐、韦慕庭访问整理《从上海市长到"台湾省主席"（1946—1953 年）——吴国桢口述回忆》，吴修垣译，上海人民出版社，1999，第 80 页。
④ 王奇生：《从孤儿寡母到孤家寡人》，吕芳上策划《蒋介石的亲情、爱情与友情》，时报文化出版社，2010，第 17 页。

不信任部属，有坚持与妥协并存的矛盾性格等。由于受过日本的军事教育，他要求军人绝对服从命令，当战事发生时下令军队死守，而当将领不服从导致军事失败时，则要求以最高的军纪进行处理，韩复榘被处死即是其例。由于自视甚高，其战略不容怀疑，国共内战时期，蒋对罗泽闿、杜聿明等退守沈阳的战略深不以为然。卫立煌就指责蒋介石用人是人人直接通天，弄得谁也不能统一指挥。刘斐也认为蒋过于自我中心。

蒋在位时指导战局，一方面是对自己的自信，另一方面是对其他将领的不信任。蒋下野后依然干预战局，自 1 月 21 日引退回奉化至 4 月 24 日离开，3 个月内，几乎每天都有党政要员造访，少则停留一天，多则停留 10 天，有时最多一天接见 9 人，以蒋的亲信部属如汤恩伯、吴忠信、张群、陈立夫、王叔铭等较多，其他派系如张治中或西南军系等甚少到此请益。对此司徒雷登（J. L. Stuart）谈道：

> 在同一时候，住在故乡的蒋总统有秘书、警卫、长途电话及其他设备来处理职务，晋见的人络绎不绝。田园诗似的词句描写他如何徜徉山水之间，访问乡间和善父老，逗着幼孙游戏，并享受古代式的田园退隐生活。事实上，他正做着军事及一切其他方面的策略。①

蒋介石干预政军事务，甚至直接指挥将领作战。中国古语云："将在外，君命有所不受。"蒋未必完全掌握一线作战的情形，然而却每一战场都要督导指挥，前线将领只得改变原有的战略，不能应变也不敢应变是失败的主因。负责"剿共"的两任参谋总长陈诚与顾祝同，只是执行蒋的决策而已。

蒋性格的另一问题是坚持中的妥协。蒋经常坚持自己的意见，如哪些地方要战哪些地方要守，到最后关头却又妥协。如东北战局渐不利时，蒋有意将主力撤往关内，但马歇尔不同意，只好妥协，使国民党军主力被消灭。抗战期间有几个城市到底要不要死守，蒋前后不一致。日本进攻南京时，蒋要求唐生智至少死守三个月，后来见情势不利，同意唐撤守。虽然同情蒋者认为局势不同必然要调整，但坚持中的妥协有时对战局而言是致命伤。

---

① 《司徒雷登回忆录》，李宜培等译，"中央日报社"，1955，第 141 页。

党政派系纷争严重

国民党的党国大佬居正在 1950 年元旦举行"开国纪念暨元旦团拜"时说道："我们过去的一切政治、军事、经济的失败，固由腐化错误而成，然最大的失败，我们应该承认是党的失败所致。"① 这方面最明显的是李宗仁副总统的当选（原规划为孙科）、立法院院长童冠贤的当选（原规划为李培基），甚至任命行政院院长都要考虑党内派系的意见与平衡。

国民党内派系之争早在民国初期就存在。国民党内成员复杂，有着不同的政治主张和利益冲突。② 孙中山去世后，汪精卫、胡汉民、蒋介石既斗争也合作，斗争不仅是权力的角逐，也夹杂着某些理念的论辩，党治与约法之争，这三位领导者各有其支持的势力，愈演愈烈。当蒋的地位逐渐稳定后，党内倾轧再起，这次改以几个拥蒋派系为中心而产生。1938 年由蒋所主导的三青团，成为国民党的主要拥护者，却也形成日后的党团斗争。抗战后期以蒋介石为中心的国民党内部秩序逐渐呈现某种脱逸控制的倾向，战后更为严重，陈立夫在国民党失去大陆之后成为箭靶，然党团之争非陈一个人或是 CC 系的问题，其中有路线、利益、团体之竞逐在内。即使进行整并的革新运动，表面的问题似乎解决，但私底下的派系依然严重。这从国民大会代表的选举就可看出端倪，选举结果于青年党、民社党等第三势力而言不尽理想，蒋为了达到平衡各党派的目的，只得要求国民党当选的代表退让，这使原本缺乏核心精神、只有个人利益的国民党当选者颇为不满，甚至有抬棺抗议者，可知当时事态之严重，中央已不能掌控党员。

此外，在"行宪"后行政院的改组过程中，考虑的人事安排不是适才适所，而是派系的平衡与蒋的意见，如此自无有魄力有担当的任事者，长期把持党务的 CC 系自然成为众矢之的。国民党失去大陆与党内斗争有极大的关系。

---

① 台北《中央日报》1950 年 1 月 2 日。
② 参见金以林《国民党高层的派系政治——蒋介石"最高领袖"地位是如何确立的》，社会科学文献出版社，2009，第 2 页。

军事的失败

国共自抗战结束后冲突不断，1947 年马歇尔调停失败之后，冲突更加白热化。1 月 8 日美国总统杜鲁门宣布马歇尔调停任务结束返美，发表《对中国局势之声明》，对于国共双方均感不满，对蒋的指责尤甚。1 月 29 日，美国驻华大使司徒雷登宣布退出三人小组与军事调处执行部，这两个组织正式解散，在此之前是边打边谈，从此之后是只打不谈。同时国防最高委员会鉴于中共不断扩张势力，为消弭中共军队的"叛乱"，于 1947 年 1 月 18 日通过《全国动员令及戡乱条例》，授权政府立即执行（7 月 4 日正式发布全面"戡乱"令）。之后国共军事冲突加剧，国民党军自 1947 年年中以后不再有绝对的优势。据国防部次长秦德纯称：1947 年被中共军队所毁之国民党军计 187 个团，被俘团长以上军官 148 人，阵亡团长以上 50 余人。[①]据中共方面资料，东北自 1947 年 12 月发动冬季攻势，到 1948 年 3 月结束，历时 3 个月，歼灭国民党军 8 个师，并有 1 个师投诚，计 15.6 万余人，攻占城市 18 座，压缩国民党军于长春、沈阳、锦州三个孤立地区。

即使如此，国民党军在 1948 年初仍有其优势，然毛泽东已经开始把原来打败国民党军 5 年的时间缩短为 3 年。辽沈战役，国民党军损失 47 万人，物资财力的耗费无法弥补，国际声望下坠。反观中共军队在东北全境已增加至 130 万人，超过关内中共军队的人数，士气高昂。平津战役，国民党军损失 52 万人。淮海战役（徐蚌会战），国民党军惨败，总共 55.5 万人被歼灭。三大战役国民党军损失 150 万人，且多为其精锐部队，对国民党军部署长江防御和全力反攻有严重影响，使之处于被动的防御，加以许多将领带兵投降，对国民党军的士气及战力打击甚大。

三大战役后，蒋介石被迫下台，李宗仁冀望和平，中共早做渡江的准备。北平和谈失败后，中共军队即于 1949 年 4 月 21 日渡江，23 日攻下南京，5 月 27 日攻下上海，28 日国民党军自上海撤退。6 月 2 日，国民党军自青岛撤退。接下来中共军队展开福建与广东的攻击行动，10 月 17 日攻下厦门，国民党军撤至金门，10 月 26 日中共占领广东，自此东南地区全为中共所占，国民党军仅剩金门、大小陈岛、一江山、舟山群岛、海南群岛等

---

① 《徐永昌日记》第 9 册，1948 年 2 月 15 日，"中央研究院"近代史研究所，1991，第 19 页。

沿海诸岛屿。西南地区为国民党军最后所系，蒋介石前往坐镇，但其军队士气大挫，将领投降者众，11月21日，国民党决定将政府由重庆迁成都办公，12月8日，"行政院"决议"迁都"台北，在西昌设总指挥。12月底大陆地区绝大部分为中共所统治，国民党军全面退败。

国民党军全面溃败的原因甚多，无法就每一个战役做细部的分析，只能综合较大的原因进行探讨。

其一，国民党军师长以上将领无作战与牺牲的决心，缺乏战斗意志，畏缩迟疑，对命令不彻底奉行。蒋介石认为国民党军被俘高级将领甚多，缺乏同仇敌忾之意志。蒋经国认为是国民党军思想模糊，精神涣散所致。廖耀湘兵团于1948年10月27日向黑山地区转进时，既无计划，又无部署，各部队长不掌握部队，反而只身逃亡，如龙天武、潘裕昆等军长只身逃返沈阳，置部队于不顾，觅机飞北平逃跑。毛人凤在检讨此战役时，亦将矛头指向卫立煌及一些重要官员擅离职守。淮海战役中，冯治安不愿打头阵，认为会牺牲，遇挫败则投降，还振振有词为投降找借口。再如何基沣、张克侠等先后投共，这对国民党军打击甚大。据统计，国共内战期间，国民党军高级军官（上校以上）投共的人数超过200人。投共与被俘不同，投共者大部分是对国共内战无信心，对于国民党军士气的打击甚大，西南地区的卢汉与罗广文、陈克非即是其例。

这种失败主义，从傅作义被围时可以看出。傅冀图与中共达成局部和平以换取中共军队撤退，部队调防犹豫不决，无法抵抗全面进攻的中共军队，北平方面并未发生战斗。1948年10月25日，傅作义与王克俊交换对北平及整个时局的意见，两人的结论是"国民党必败，共产党必胜"。自1948年11月，中共部队接二连三打败国民党军，12月24日，占领张家口，1949年1月15日攻占天津，战败的阴影对傅的压力极大。

国民党军的投降不仅对士气的打击甚大，武器的损失也很惨重。东北第六补给区司令刘云翼说，东北国民党军从未因弹药缺乏而失一城一地，中共军队进城掳获的武器数量可观。赵勤轩《沈阳，1948：解放沈阳纪实》书中提到：国民党军在沈阳遗留的弹药，可以装600节车皮。1949年国民党军撤出上海，留下子弹近1亿发。国民党军精锐武器每为中共军队进占城池时所得。

其二，国民党军中的中共情报人员问题。国共内战国民党军屡尝败机，将领也觉察到军事机密时常外泄。徐永昌曾对秦德纯说，国防部及徐州总部机要干部中，似有敌谍潜伏。秦谓如郭汝瑰厅长与何基沣、张克侠等应多加注意。[①] 再如东北"剿总"司令卫立煌的副秘书长兼办公厅主任汪德昭、胡宗南身边的亲信机要人员熊向晖等，均为中共地下党员。[②] 傅作义女儿傅冬菊是共产党员，在绥靖公署秘书杜任之策动下，傅开始与中共接触。中共地下工作人员，不仅策动国民党军投共，对中共顺利接管城市亦有许多帮助。

其三，军系间相互猜忌、不协同作战。东北保安司令长官杜聿明与军长孙立人不合，地方人士对熊式辉不满，士气低落，人心动摇。1947 年 6 月 11 日，中共军队围攻四平街，熊式辉向国防部报告时谈到，国民党军经多次会战后，军力耗损，且无增援，补充器材既少又迟，中共军队则增加迅速。杜聿明在大胜之余，国防部下令其冒险进攻，杜又与石觉、孙立人等重要将领，在战略上意见参差，形成将帅失和，使形势丕变。当时第一兵团主任秘书毛起鹬向蒋报告其军队为何会失败撤入越南，特别认为是各军观望的结果。

不协同作战在内战初期就已发生，孟良崮战役即是其例。当时张灵甫奉命死守孟良崮，附近有整十一、二十五、四十八、六十五等师和第七军增援，周围还有第五军，整九、二〇、六十四师增援，可是当张部在孟良崮被围时，有些部队观望不前，有些部队移动缓慢，显示国民党军相互支持出现问题。淮海战役国民党军的惨败亦是各自为政的结果。

其四，制度问题。国民党军的部队只服从有渊源长官的领导，另派指挥将领常常无法调度部队，军事系统中严格的上下服从的制度关系往往形同虚设。如东北局势紧张，派卫立煌去收拾残局，但卫立煌根本指挥不动新一军及新六军。刘峙也指挥不动杜聿明、邱清泉等人的部队。白崇禧更指挥不动驻信阳的黄维兵团。

军队的失败与平时的治军有关，徐永昌在 1948 年 9 月 26 日与熊式辉谈话时即指出："我们治军的手法不改，即战胜一、二次，亦无补于危亡，况屡败乎，济南之失，由于吴化文之叛变，吴固不致于叛变者，实有以驱之。"[③] 蒋

---

① 《徐永昌日记》第 9 册，1948 年 11 月 17 日，第 160 页。

② 杨奎松：《国民党的"联共"与"反共"》，社会科学文献出版社，2008，第 674 页。

③ 《熊式辉回忆录》，明镜出版社，2008，第 669 页。

介石在说明其军队失败原因时亦说道："我们今天失败主要的原因，是由于我们军事的崩溃。军事之所以崩溃，是由于我们军事上的制度——诸如教育制度、人事制度和经理制度，皆未能健全的建立起来。"① 监察制度即政工制度未能落实是关键。如 1949 年初，国民党军在解放军发起的三大战役中失败后，各军要求发饷的人数达 600 万人，蒋为此相当生气，认为怎可如此浮报。由于监察制度不能落实，军中许多思想的乱象就无法控制，军队亦不知为何而战为谁而战，一到战事的关键时刻，选择的不是牺牲而是投共。

其五，战略的问题。对于作战的失败，战略指导相当重要，国民党军不论是三大战役或中共渡江战役、上海战役，乃至最后的决战，似乎都犯了指导错误的毛病。黄杰在检讨西南作战时指出：1949 年 11 月中旬，在桂林参加长官公署作战会议时，对保卫西南战略曾坚决主张华中部队应向西转进靠拢黔滇边境，此案未获采纳，会议决定向南行动，结果部队运琼岛计划未成，反为中共各个消灭。如当时各兵团积极向西行动，接近滇黔边境，守住左右江以东地区南北之线，以昆明、百色、龙州等地为大后方，则贵阳易手不致如是之速，昆明之政变不致酿成，川康部队亦可向云南集结，诚如是，则西南地区犹有可为。② 这或许是后观之见，但当时战略几乎都出问题，最主要与情报搜集有关。军事的判断基础是情报，国民党军往往未能掌握中共军队的真实动向，进入交战区找不到中共军队，却处处都是中共军队，中共军队在暗，国民党军在明，常遭袭击。

国共内战中国民党军战略失败的首要问题是不能集中兵力，主力战线拉得太长，每一个点都要兼顾，占领地区越大，包袱越多，兵力越分散。中共的战略是能打则打，不能打则暂取守势，国民党军则不同，关内关外都要打，兵力明显不足。郝柏村认为，在美国调停失败后应集中兵力优势在关内，关外宜采守势。③ 当国民党军速战速决的战略失败后，改采战略守势，但又坚持固守已有的据点，给中共军队以各个击破的机会。就 1948 年东北的战局而言，国民党军夏季前应放弃长春，秋季前应放弃沈阳，以营口、葫芦岛、秦皇岛等港口为基地，后来全面防守，遭围攻后连退路也被

① 蒋介石：《革命实践研究院开学致辞》，张其昀主编《蒋公全集》第 2 册，"中国文化大学中华学术院"编印，1984，第 1924 页。
② 《革命文献·蒋"总统"引退与后方布置》，"国史馆"藏《蒋中正文物档》：002000000433A。
③ 《郝柏村解读蒋公日记》，天下出版社，2011，第 227 页。

切断，不仅影响东北战局，华北战局也受影响。

国民党军战略的第二个问题是机动性不足。国民党军拥有空军优势，却只能白天作战，不习夜战，一天只能行动 12 小时，中共军队虽无空军，但随时机动待命。空军配合陆军作战是当时国民党军最优势之处，但空军也需有天时、地利之便，往往在最需空军的时候，空军却未能予以有效支持，另常受制于陆空联合作战，轰炸的效果有限，接战与否的主动权在中共。

战略的第三个问题是战略战术不能有效执行。国民党军最先是想速战速决，消灭中共军队在解放区的势力，但一方面受限于美国的调停，不敢明目张胆地进攻，另一方面低估中共军队的实力，因此接战时不能有效压制对方。后来国民党军在全面"戡乱"时期，提出进行分区防御战及总体战，但通常只是停留在口号上，分区防御最后变成被各个击破。

反观中共的战略常与政略相配合，中共政略是希望以战后现有的解放区为基础，取得与国民党相对的合法地位，因此争取扩大占领区、获得国际支持为其发展的重点；利用重庆谈判、政治协商会议争取有利的筹码；通过废止国民党一党专政，建立联合政府，逐步夺取政权。中共以"巩固华北、争取东北、坚持华中"为其战略部署，并制定了"向北发展，向南防御"的战略方针，不惜放弃部分南方根据地，将部队依次北移，以便集中 10 余万主力控制热、察，争取东北，[①] 因此能化被动为主动，而当掌控优势时，集中进攻毫不松懈。如辽沈战役后，国民党军以为中共军队会进行统合休整，来年（1949）春天再进攻平津，但中共军队于 1948 年底即集结进攻平津，使国民党军不知所措。

国民党军不能顾到点、线、面的结合，不论是进攻或防守容易流于单打独斗，中共军队则较能贯彻上级指示，多方配合，国共成败立见。

官员贪污与学运动荡民心

国民党的崩溃以军事的崩溃最为严重，崩溃却是以学运不断与通货膨胀所带来人心动荡为起始。国民政府战后在许多方面处理不当，接收贪污为人所诟病。抗战期间中国的损失虽然惨重，但日本投降时也留下相当庞大的资产，日本的企业及工厂有相当的基础，如果接收复员得当，将是一

---

① 杨奎松：《毛泽东与莫斯科的恩恩怨怨》，江西人民出版社，1999，第 232 页。

笔大资产，接收复员的失败是国民党在大陆统治垮台的重要原因之一。

民国以来国府统治城市的经验较中共丰富，但接收却犯了严重错误，出现所谓"五子登科"（车子、房子、金子、女子、票子）的弊端，引起沦陷区人民的痛恨，认为接收即劫收，接收反而变成严重的累赘。至 1947 年 6 月底，两年来全国各地法院审理终结的贪污案 16794 件，涉案公务人员 17454 人，已科刑罚者 6258 人（占被告总数的 37.5%）。贪污成为风气，所谓"众官不贪，一官难贪，众官皆贪，一官难清"。上海宪兵队队长姜公美，非法封占人民房屋、窃取物资，国防部最后判其死刑。政府亦有心导正，1945 年 9 月 25 日，蒋介石电上海市市长钱大钧转汤恩伯总司令，要求整顿上海地区的奢靡风气，但难见成效。

在战后贪污的案件中，人们所关注的是孔宋家族的贪污问题，其中最为人瞩目的是 1947 年的扬子、孚中公司案。1947 年 7 月 29 日，《中央日报》记者陆铿报道，宋子文批准孚中暨扬子等公司结汇 3 亿多美元，占国家同期售出外汇的 88%，轰动一时，傅斯年还曾以《这样的宋子文非走开不可!》为题发文，要宋子文下台。后来才发现，在报道数字时少了一个小数点，《中央日报》为此发表更正。7 月 31 日，《中央日报》发表《孚中扬子公司结购外汇之实数启事》一文，证实"小数点上之错误"千真万确：本报所载各公司结购外汇之数目，有数处漏列小数点，以致各报转载时，亦将小数点漏列。孚中公司结汇实数为 1537787.23 美元，误成了 153778723 美元，扬子公司结汇实数为 1806910.69 美元，误成了 180691069 美元，两家总数 3344697.92 美元，误成了 334469792 美元。可是，因为大家不信任官媒，这样的报道并无人注意，何况孔宋家族的贪污之事早为大家所诟病。蒋在 8 月 1 日的日记中特别提到："近日为宋家孚中、孔家扬子等公司，子文违章舞弊私批外汇案，余令行政院澈查尚未呈复，而中央日报副编辑乃探得经济部所查报之内容先行登载发表，并误记数目以一百八十万元美金记为一亿八千万美金，因之中外震惊，余严督财部公布内容真相稍息群疑。子文自私误国殊为可痛，应严究惩治以整纪纲。"

除贪污问题，频繁的学生运动亦是一大问题。蒋介石及国民党的领导者往往将学运归之于中共从中策动，认为学生运动是中共运动学生的结果，但缺乏检讨是谁给中共运动学生的机会。战后学运的原因，一是对沦陷区

的学生，称为伪学生，学生都必须参加甄审，对敌伪专科以上毕业及肄业学生之资格则分南京、上海、武汉、广州、杭州、平津等六区进行甄审。对学生之甄审，分为毕业及肄业生两部分办理，毕业生甄审合格者，由教育部集中训练 3—6 个月后始发给证明；另于北平、上海、南京、武汉、广州、青岛、沈阳等 7 处，先后设立临时大学补习班，收容敌伪专科以上学校肄业学生，予以补充训练，并借以进行甄审，引起沦陷区学生的强烈反弹。二是复员不力，仅将沦陷区迁出的学校搬回原址，就大费周章，广大沦陷区各级教育的恢复、整顿与净化更无效果。

　　蒋介石在谈到战后问题时，尤指责学生为中共所利用，蒋经国谈大陆"沦陷"原因时认为系青年学生受中共"蛊惑"。[①] 根据司徒雷登的调查，战后大部分学生均赞成和平，反对分裂，且到了 1947 年初仍有 90%—95% 的学生并不赞成中共，但随着局势的发展，却有 50% 的学生同情中共。因此中共的宣传固为要因，但战后复员的若干措施如迁校、甄审制度等问题未能妥善因应，加以经济问题未能有效解决，造成通货膨胀，国共争斗不断，使青年学生对社会、政治、经济等产生不满，也为学生抗争及学潮的重要诱因。正如陈之藩致胡适函中提到：这次的学潮闹起来，一半是由教授帮闲，一半是由学生的操纵，一半是由当局的胡来。张其昀认为，学潮不能视为孤立的事件，学潮是一种病象，其病源在于中国的政治。[②]

　　当时的学生提出三反：反饥饿、反内战、反迫害；三要：要民主、要自由、要吃饭，政府都无法满足，使学生无法安心上课。以 1947 年言，193 所大专院校中有 82 校发生学潮，计约 150 次，影响所及，有一学期仅上课 6 周者。[③]

通货膨胀

　　或有人认为国共的成败在于土地政策，其实当时中共的土地政策并未影响到许多人，最严重、影响全民最深的应是通货膨胀，可以说这是国民党崩溃的主因。陈立夫将在大陆失败的原因归于财政金融没有搞好，他认

　①　李元平：《平凡平淡平实的蒋经国先生》，"中国出版社"，1988，第 188 页。
　②　中国社会科学院近代史研究所中华民国史研究室编《胡适来往书信选》下册，中华书局，1980，第 389—390 页。
　③　南京《大刚报》1948 年 2 月 24 日。

为："财政上的失败，是帮助共产党把有钱的老百姓变成'无产阶级'，是我们为什么要到台湾来的最大原因。"[①] 费正清 1945 年 10 月至 1946 年 7 月在中国逗留 9 个月，观察到中国希望美援，认为蒋介石和国民党控制的国民政府，由于滥发钞票而造成通货膨胀，进而导致更严重的贪污腐化，已经丧失民心。[②]

造成战后通货膨胀的原因相当复杂，与财政赤字增加、货币发行量增加、人心恐慌、囤积物资等因素有关。国民政府自 1945 年 12 月至 1949 年 6 月货币发行额，如表 15-1 所示。

表 15-1　货币发行情况

时间	发行额（法币，10 亿元）	时间	发行额（金圆券，10 亿元）
1945—12	1032	1948—08	0.544
1946—06	2117	1948—09	1.202
1946—12	3726	1948—12	8.320
1947—06	9935	1949—01	20.87
1947—12	33189	1949—04	760.74
1948—08—19	604534	1949—06	130304.60

资料来源：中国人民银行总行参事室编《中华民国货币史资料》第 2 辑，上海人民出版社，1991，第 596—597 页。

除上述问题外，另有两个问题，一是货币兑换问题。在兑换伪币方面，高估法币的币值，有认为法币兑换中储券收兑的理想比值是 35—50 元兑 1 元法币。由于高估法币，低估伪币，造成大后方的法币大量流入沿海地区，购买黄金、美钞、货品，资金大量东流，西南地区因人口复员回家，货品供应增加，产品滞销，物价下跌，不久资金又回流，使物价暴涨。暴涨暴跌都不是经济发展的常态。各城市汇兑率也未能统一。在武汉，法币与中储券的兑换比是 1∶40，在上海是 1∶150，在南京为 1∶200。如此一来，商人从中操控，使币制大乱。

二是外汇问题。1948 年 10 月初，行政院院长翁文灏出席立法院秘密会

---

① 《成败之鉴——陈立夫回忆录》，第 336—338 页。
② 《费正清对华回忆录》，陆惠勤等译，上海新华书局，1991，第 358 页。

议，说明全国物价波动情形及原因时认为："金融外汇处理欠佳，致金融市场在改币制后仍存在，实为物价上涨重要原因之一。金圆券有两个敌人，一为中共军队，一为香港，前者公开叛乱，破坏经济政策，后者为金融逃避所。"① 法币与美元的汇率，同时间不同地点差异甚大，1946 年初，在天津，法币与美元的汇率为 700：1，在上海为 1500—2000 元，投资者往来于两大城市间，在天津买美元到上海抛售，如此一来，肥了商人，却使物价呈现不稳。

1947 年后，物价全面上涨，各地涨幅不一，其中以太原、北平、天津等地最为严重。比较 1947 年与 1946 年同期，太原一年物价上涨 20 倍，北平上涨 16 倍，天津 13 倍，合肥、西安各 15 倍，青岛 14 倍。上海自从 1947 年 2 月发生黄金风潮，不仅行政院院长宋子文黯然下台，对物价的影响亦大，以上海为例。

上海。法币 100 元，1943 年可购买 1 只鸡，1946 年可购买 1 个鸡蛋，1947 年只能购买 1/3 盒火柴。1947 年 2 月 12 日，蒋介石电令郑介民赴沪查报，提到沪市美钞 1 元竟值法币 1.6 万元，黄金 1 两值 90 万元，米 1 石已涨至 10 万元以上，百物皆有价无市，而市侩复互相策应，尽其煽惑扰乱之能事，使得人心惶惶。这种情况到 1948 年 6 月还未改善，端午节将近，兼之各方法币皆向上海流入，百货暴涨，白米每石已至 700 万元，美元 1 元兑换已涨至 150 万元，经济危险的程度比军事更足忧虑。

虽然各地通货膨胀的情形不一，但都造成不同程度的影响，公教人员及一般人民的生活大受波及。价格飙涨，受害较深的是所得固定的受薪阶级，尤其是公教人员。公务人员的待遇，按行政院规定办理，战后初期生活还能基本不虞匮乏，然自 1946 年年中以后，所得不敷所需，行政院虽于 1946 年 10 月做出调整，仍赶不上通货膨胀的速度，以致许多人被迫转业，接收人员的贪渎现象虽属个人行为，但与生活压力不无关系。教育部部长朱家骅检讨时谈道：物价继续上涨，使各级教育人员之生活迄难安定，政府发给各校之复员经费，亦不足以完成其预定修建计划，不得不因陋就简。此实本人深引为憾之事。②

---

① 香港《华商报》1948 年 10 月 19 日。
② 朱家骅：《教育复员工作检讨》，《教育部公报》第 19 卷第 1 期，1947 年，第 7 页。

此外，由于通货膨胀，产生惊人的高利贷，在过去货品畅销物价膨胀的时候，工商业对于高利贷的负担，还可勉力应付；此时货物滞销，成本增高，制成品的价格却不能上涨，高利贷压得一般工商业喘不过气来，甚或陷于窒息，使工业生产无法计划，民间企业宁可囤积材料而不愿生产，倒卖之风盛行，资金不易筹措。

为遏止日益严重的通货膨胀，政府决定改革币制与管制经济，实施金圆券。1948 年 8 月，蒋按《动员戡乱时期临时条款》赋予之紧急处分权，不经立法院同意即发布《财政经济处分令》。蒋认为本来政府早有意改革，然因宋子文、张群等人畏缩不决未敢执行，故此次决然实行币制改革。

这次的改革，汇率为 300 万法币兑换 1 金圆，与美金的兑换比为 4∶1，黄金每市两兑金圆券 200 元，白银每市两兑 3 金圆。为建立人民对金圆券的信心，政府允诺金圆券的总发行量限定为 20 亿元，规定"黄金、白银、银币及外国币券在中华民国境内禁止流通、买卖或持有"，只有中央银行有权收兑、保管，持有者必须于 1948 年 9 月 30 日以前兑换成金圆券，过期未兑、未存者一经查出即予没收。政府还规定人民可以选择购买美金债券或折合成美金储存于中央银行；实施"限价政策"，各地物价一律冻结于 8 月 19 日之水平；禁止工人罢工、怠工。

这次币制的改革，不仅是一次币制的更新，更是一次管制经济的重要措施，然由于发行量过大，按照规定的金圆券与法币的兑换比值，当时发行的 600 亿法币，只需 2 亿金圆券即可收兑，而法定金圆券限额定为 20 亿元，金圆券的膨胀是必然的。美国驻华大使司徒雷登向其政府报告时指出："20 亿元金圆券的发行额，约等于目前通货的 10 倍"，并预言通货膨胀的力量可能达到无法控制的地步。① 收兑日期一延再延，使政府失去威信。金钞的收兑期，原定为 9 月 30 日截止，民众担心非法持有金钞，蜂拥至中央银行兑换，中央银行却于 10 月 1 日发布公告：查收兑黄金、外币展期至 10 月 31 日，收兑白银、银元、银角，展期至 11 月 30 日。这种不守信用的做法，也使许多商业银行心存疑虑。

为了抑制通货膨胀与防止不肖商人囤积，蒋介石认为上海是全国金融中心，整顿上海具有指标意义。早在币制政策实施前，8 月 13 日，蒋认为

---

① 《中美关系资料汇编》第 1 辑，世界知识出版社编印，1960，第 891 页。

实施币制后必须加强督导，特于上海、天津、广州三地设督导员，以俞鸿钧为上海区经济管制督导员，助以蒋经国、徐柏园；以宋子文为广州区经济管制督导员，霍宝树协助督导；天津以张厉生为督导员，王抚洲协助督导。蒋经国到上海后雷厉风行，查缉囤积，后因扬子公司涉及孔家成员，最后黯然辞职。10月29日，蒋介石承认：“经济改革计划与金圆政策似已完全失败。”蒋经国对此备感挫折，10月31日离开上海返杭州寓所。11月2日，蒋经国发表《致上海人民书》称：“在七十天的工作中，我深感觉没有尽到自己所应尽的责任，不但没有完成计划和任务，而在若干地方，反加上上海市民在工作过程中所感受的痛苦……我恳切希望上海市民应用自己的力量不再让投机奸商、官僚政客和地痞流氓来控制上海。”① 蒋经国不得已辞去上海区经济督导之职。其后上海物价一日间突涨四五倍，尤以民生所关之米价为甚，而且无米可买，各地皆闹米荒，抢米风潮渐起。

通货膨胀日渐严重，金圆券并没有结束通货膨胀，通货膨胀成为连续剧，金圆券的价值愈来愈低。1948年8月，规定银元1元换金圆券5角，8个月后，1949年4月，银元1元兑换金圆券360万元，发行大面额100万元的金圆券，使印有蒋介石像的金圆券变成废纸。1949年7月，政府再改币制，废除金圆券，发行银圆券，规定金圆券5亿元换银圆券1元，影响民生甚巨。

其他还有审判汉奸引发的争议。至1948年初，各省共审判办结汉奸案2.5万余件，共有4万余人被举为汉奸，近1.5万人被判刑，但在审判中汉奸的标准及认定引起争议。此外国府对于第三势力没有善意的响应，加上战后各项复员不力等都使得蒋介石及其政府渐失人心。虽说军事的失利是国民党失败的主因，以上诸多问题亦有其重大影响。至于国际因素，如苏联的扶助中共、日本侵华所导致的后遗症、美国对华态度的转变等或有推波助澜的效应，客观环境确实有许多不利的因素，但对于国民党失去大陆的统治权，蒋介石应负重要责任。

二　黄金与重要文物迁台

国共内战后期，蒋介石有见于党政军都出现问题，开始思考重起炉灶，

---

① 《蒋“总统”经国先生言论著述汇编》第1集，第483页。

国内乱象环生，他希望能找到一个较小而单纯的地方再重新开始。1948年11月24日蒋介石日记写道：

> 与经儿谈时局，甚叹党政军干部之自私无能，散漫腐败，不可救药，若欲复兴民族、重振革命旗鼓，非舍弃现有基业，另选单纯环境，缩小范围，根本改造，另起炉灶不为功。故现局之成败不以为意矣。

蒋介石在这里虽没有明指台湾，但其意涵则甚为明显。当时的台湾地区，共产党势力较小，蒋在1946年到台湾视察，甚感满意。因此在蒋来台之前即做了若干规划，人事上由蒋的嫡系陈诚掌台湾省政，资源上将黄金及故宫重要文物迁台，将军队的美式武器移置台湾，并思考如何使台湾成为三民主义的实验省，欲图再起。就具体做法而言，另起炉灶是要从多方面着手，包括党的改造、严密组织、建立制度、军队人事的调整、党政人事的调整等。

为了稳定"反攻"的基础，以便重起炉灶，蒋介石最重要的安排是将中央银行的黄金及故宫博物院等典藏的重要文物迁到台湾。

黄金运台

黄金运台的问题，有许多人极有兴趣，至今有争议点：其一，黄金运台的数量，从几十万两到几千万两的说法都有。其二，黄金运台后的用途，有人认为作为台币的准备金，有人认为已经用于国共战争，所剩无几。

本章所指的黄金，主要系指将储存于上海中央银行，而后直接或间接运至台湾的黄金。存于中央银行的黄金从何而来，有人认为是中央银行长期存放的黄金，但最重要的是1948年金融改革时收兑所得的黄金。

1948年8月23日，中央银行开始以金圆券兑换金银外币与法币。第一天市民排队，踊跃以金银兑换金圆券，一天的汇兑，中央银行即收兑黄金7748.36两，白银8776.96两，银元28361元，美钞819631.5元，港币136702元，共兑出金圆券5013777.39元。蒋介石对于币制改革引起正面的回响，民众兑换踊跃，甚感满意。

黄金、白银、外币的兑换截止日期原定为9月30日，此后人民持有即

为违法。上海9月29日、30日是兑换的高潮，30日兑出金圆券3600万余元。币制改革期间收兑的黄金、白银、外汇等总价值超过美金4亿元。蒋在日记中也提到收兑的成果："国家各银行外汇皆已集存于中央银行，其总数共计约一亿余美金，较之改革币制以前增加四千〔万〕美金，又两星期来人民以现金外币来兑金圆新币者约计共有五千〔万〕美金，其数可观，人民拥护政府之热忱令人益感愧怍。"① 据王云五的回忆，至9月底兑出的金圆券合计6亿余元。② 据翁文灏的报告，至9月底收兑净收入折合美金1.6亿多元。

1948年底，虽然政府制定的金融改革计划失败，但中央银行已完成收兑黄金及白银的工作。为确保这批黄金、银元的安全，蒋介石决定将其运至台湾保存。决定将这批黄金运台，从多方面可印证决策者是蒋介石，中央银行总裁俞鸿钧只是执行者而已。央行的政策虽有其独立性，但必须以政府的方针为依归，运送黄金涉及许多层面，非央行可自行处理者，而且，俞鸿钧做事基本是秉承上意，处理黄金运送亦不敢先斩后奏。资料显示，1948年10月初东北局势对国民党明显不利，蒋几次接见俞鸿钧，开始做黄金运台的部署，并于年底正式起运。在此同时，行政院院长孙科也知道控制中央银行的重要性，1949年1月8日，孙科于行政院会议中，以办理存兑金银措施失当为借口，将中央银行总裁俞鸿钧予以免职，蒋深感痛心，接见吴铁城副院长与财政部部长徐堪，嘱其转告孙科院长，不应发表俞鸿钧总裁的免职令，对孙科颇有微词，孙科的企图未能实现。③

1949年1月10日，蒋介石派蒋经国拜访俞鸿钧，希望其将中央银行现金移存台湾，以策安全。15日，蒋介石再度接见俞鸿钧和中国银行总经理席德懋，指示中央、中国两银行外汇处理要旨，勿使两行外汇消耗于无形，并为以后保留此一线生机。蒋先是要求俞鸿钧妥善安排这些黄金与白银，后又明确指示将这些黄金与白银运送至安全地方（台湾及厦门等地）。④

至于决定将黄金运台的时间，应该是在1948年10月底金圆券改革失败之后，当时因金圆券改革收兑了大量黄金、白银，存放于上海的中央银行。

---

①　《蒋介石日记》，1948年9月4日。

②　王云五：《岫庐八十自述》，第536页。

③　"国史馆"藏《事略稿本》，1949年1月9日。

④　蒋经国：《危急存亡之秋》，1949年1月10、16日。

黄金运台大致分为四批，总共 300 余万两黄金运抵台湾。

第一批运送又分成两次。1948 年 12 月 1 日，由上海海运至台湾，由俞鸿钧负责。基隆海关秘书课主任王树德谈道："海星号在一九四八年下半年，突然接到总税务司署的命令，先后两次为国民党政府财政部，运送黄金往厦门和台湾。"①12 月 4 日抵达台湾，约 2004459 两。

第二批于 1949 年 1 月由上海海运至厦门鼓浪屿中央银行，共 60 余万两，其中 50 余万两后辗转运到台湾，由吴嵩庆负责。1 月 10 日，蒋介石派蒋经国赴沪，指示将中央银行国库所存美钞、黄金、银元全部移存台湾。此时中央银行由刘攻芸负责，27 日蒋在溪口接见央行局长林崇镛，商谈中央银行现金运送厦门办法，听闻刘攻芸对此事面有难色，蒋感慨而言："世人能明理识义，始终如一者诚难得也。"② 2 月 10 日，蒋介石的秘书周宏涛回报："中央银行存金已大部如期运往厦门、台湾，现存上海者惟留黄金二万两（应为二十万两）而已。"③

第三批约于 1949 年 5 月中旬，由汤恩伯负责，由上海运至台湾，约 19.2 万两。

第四批在 1949 年 10 月，从厦门将剩余的黄金约 12.4 万两运到台湾。

此外还有从其他地区将黄金运台者，如 1949 年 2 月 7 日，由南京空运台湾黄金约 55.4 万两，另有从美国运至台湾者。总计前后从上海中央银行运出的黄金 300 余万两，其他地区 100 余万两，合计 400 余万两。

由于国共内战如火如荼地展开，各方需款孔急，常将黄金用来支付军事开销。从 1948 年底自上海运出的黄金，有些并未运到台湾，有些因应时局需要作其他的用途，并非完全存入中央银行。1949 年 10 月 28 日蒋介石在台召集"非常委员会"会议，"监察院院长"于右任及何应钦等参加，蒋特别报告国库的存金目前为 152 万两，约等于 7500 万美元，换算银元约为 1.5 亿银元。

蒋对于运台黄金的处置甚为慎重，令秘书长曹圣芬见林蔚文、陈诚，

---

① 王树德：《海关临危受命的一项紧急秘密任务》，《传记文学》第 59 卷第 1 期，1991 年。
② "国史馆"藏《事略稿本》，1949 年 1 月 27 日。
③ 周宏涛口述，汪士淳撰写《蒋公与我——见证中华民国关键变局》，天下文化出版公司，2003，第 94 页。

指示黄金运用三原则：一是必须用于"剿共"军费；二是仍为改革币制之基金，不宜过于分散；三是运存地点必须比台湾更为安全。

这批黄金最重要的用途，一是于 1949 年初及 6 月总共拨 80 万两（约值 5000 万美元），作为台湾银行发行新台币的准备金。再加其他花费亦多，黄金库存消耗颇巨，蒋日记记曰："自去年台币改制充实基金以后本年（1950）五月间金融稳定未有重大变化，惟存金日渐减少，至七月间中央存金除台行基金六十万两外，不足五十万两，乃竭力整顿税收紧束先出，至年底尚有四十万两存金殊为难得。"①

将运台的部分黄金拨交台湾银行，作为发行新台币的基础，有助于稳定新台币。蒋经国称："政府播迁来台初期，如果没有这批黄金来弥补，财政和经济情形，早已不堪设想了，那里还有今天这样稳定的局面。"② 国民党政府迁台初期的金融稳定，除了美援的因素外，运台的黄金确实发挥重要作用。台湾在 1948 年开始也面临通货膨胀的问题，1949 年 1—6 月，物价上涨 1332%。自实施币制改革后，通胀率开始下降，1951 年底通货膨胀基本结束，与运台黄金用于发行新台币的准备金有关。

二是用于支持战局。当黄金安全运至台湾后，大陆局势紧急，军队缺乏粮饷，蒋介石乃指示可以存金支应，作为"剿共"之用，以稳定军心。1949 年 8 月底，从台湾运送黄金 7 万两至大陆，其中 5 万两留穗，2 万两转蓉。1949 年底，吴嵩庆等"财务署"人员将台北的 5 万两黄金运至成都，即为支撑战局。此外黄金也用于军队的资遣，但其中部分并非由台湾运到大陆支应，而是由大陆各地所存的黄金直接支应。如 1949 年 11 月"国防部"讨论军队资遣时，经"财政部部长"关吉玉同意，拨 5 万两黄金及 20 万银元，此即由重庆"中央银行"所存的黄金拨付。

黄金运台的全过程几乎都由蒋介石所主导，李宗仁虽为代总统，却无着力点，最先并不知上海中央银行的黄金已运到台湾，得知后，一方面要求不能再将黄金运台；一方面则一再要求将黄金运回大陆。蒋称黄金运台系中央银行总裁俞鸿钧的决策，不但不将黄金运回大陆，还把中央银行在上海最后仅有的黄金全部设法运到台湾，李也深感无奈。孙科想要插手黄

---

① 《蒋介石日记》，1950 年"工作反省录"。

② 蒋经国：《我的父亲》，正中书局，1988，第 66 页。

金运台之事亦不得要领。

重要文物运台

蒋介石准备迁台时也注意到重要文物的运台问题，其中较重要者包括国立故宫博物院、国立中央博物院、中央研究院历史语言研究所典藏的重要文物，及中央图书馆的图书等。这些文物图书的迁移各有其负责者，如杭立武、谭旦冏、那志良等。

杭立武时任教育部政务次长、故宫博物院理事兼秘书及中央博物院筹备主任，加上其在抗战时期有搬运文物至大后方的经验，对于文物的迁运自然责无旁贷。他与故宫博物院朱家骅、王世杰、傅斯年、李济等理事商量，并与两院（故宫博物院及中央博物院）同人联系，向行政院院长翁文灏提议迁运。翁文灏为故宫博物院理事会理事长，建议召开理事会，共商决策。翁认为正值国共战争的紧要关头，如果迁运故宫文物，不免扰乱人心，但他也无意阻止迁运工作的进行，同意和理事们举行谈话会。

有关中央图书馆重要文献的迁移，蒋复璁常与教育部次长田培林、杭立武商议。田培林本来决定将中央图书馆迁至重庆，蒋复璁表示重庆不安全，主张搬到台湾，杭立武十分赞成。遂由杭立武联络中央博物院、故宫博物院、中央图书馆、中央研究院四个单位的重要成员；包括杭立武、朱家骅、王世杰、傅斯年、徐鸿宝（故宫博物院副院长）、李济等于 1948年 11 月 10 日在翁文灏的官邸举行谈话会。会中朱家骅以教育部部长的身份，提议将中央图书馆的文物一同运台，同时傅斯年以中央研究院历史语言研究所所长的身份提议，将该所文物随同搬运。会上既有这些共识，翁文灏同意搬迁，蒋介石也同意这个决议，而且表示应尽量搬运，因此可以说，文物的迁运不是某一个人的主张，而是许多人共同的决定。

当时准备迁运的主要机关有国立故宫博物院、国立中央博物院、国立中央图书馆、中央研究院历史语言研究所的文物、图书，以及外交部的档案，由杭立武召集会议，请各机关各推代表一人，成立一个联运机构，各单位代表公推杭立武主持其事。

迁运事宜决定后，各单位随即分开办理。中央博物院方面，12 月 4 日，举行第三届理事会第三次会议，决定先选择最重要的精品 120 箱运台，其余

藏品，在交通可能的情况下陆续迁运。随后，外交部也有部分重要档案，包括国际条约的文件等随同运台；国立北平图书馆部分图书，委托故宫博物院代运。[①]

至于迁运文物的选择，由于交通安排不易，各单位都认为唯一标准是提选精品。故宫博物院方面，最先经由理事的谈话会议，决定先运600箱为原则，而以参加伦敦艺展，后存于安顺办事处的80箱为主；其后再经开会，才决定将重要者全部运台。其他各机关也各自挑选比较重要的物品。中央图书馆当时的藏书100多万册，不可能全部运走，蒋复璁请故宫博物院副院长徐鸿宝选定图书，然后分4批运往台湾。

杭立武先派杨师庚、芮逸夫到台湾部署文物运台事宜。迁运分三次进行，第三批文物运出后，本来还有第四批迁运计划，因内部意见纷歧，加以战事紧急，遂告停止。

第一批迁运文物，后来由海军总司令部派"中鼎"轮代为载运，1948年12月21日，在南京下关装船，22日开航，各单位所交运箱数如下：故宫博物院320箱，3409件，含古物295箱、图书18箱、文献7箱，这一批文物包括参加伦敦艺展的80箱；中央博物院212箱；中央图书馆60箱，主要是明以前的刻本、校本、手抄本；中央研究院120箱（该院记载连同其他公物实际运台总数为217箱）；外交部重要档案60箱。以上共计772箱。

各单位所派押运人员和运台文物情况见表15-2。

表15-2　各单位押运者及重要文物数量

单位：箱

单位	押运者及数量		
	第一批	第二批	第三批
故宫博物院	庄尚严、刘奉璋、申若侠；320箱	那志良、吴玉璋、梁廷炜、黄居祥；1680箱	张德恒、吴凤培；1700箱
中央博物院	谭旦冏、麦志诚；212箱	李霖灿、周凤森、高仁俊；486箱	索予明；150箱

---

① 《故宫博物院、中央博物院、中央图书馆迁台经过》，"中央研究院"近代史研究所藏朱家骅档案：301-01-12-023。

续表

单位	押运者及数量		
	第一批	第二批	第三批
中央图书馆	王省吾；60 箱	苏莹辉、昌彼得、任简；462 箱，另有北平图书馆 18 箱	储连甲；150 箱
中央研究院	李光宇；120 箱	董同龢、周法高、王叔岷；856 箱	
外交部	余毅远；60 箱		

资料来源：那志良《抚今忆往话国宝——故宫五十年》，香港里仁书局，1984，第 201—206 页。

　　第二批文物运台时，因为海军方面一时无法调派军舰，决定租用商船，采包船的办法，不搭其他乘客或货物，以保证安全。当时由杭立武托友人向招商局接洽，租到了"海沪"轮。不过"海沪"轮何时到京，没有明确日期，如是反有充分时间供押运人员做准备工作，文物亦可从容选择，所以精品的运出，多在这一批，箱数也以这一批为最多。

　　1949 年 1 月 3 日，"海沪"轮开到南京下关，4 日先装故宫博物院及北平图书馆托运的文物，5 日装其他机关的文物，6 日开船。各单位所托运的箱数如下：故宫博物院 1680 箱，其中包括古物 496 箱，图书 1184 箱，四库全书即是其中重要的部分；中央博物院 486 箱；中央图书馆 462 箱，这批图书主要是善本图书；北平图书馆 18 箱；中央研究院 856 箱（该院记载连同其他公物实际运台总数为 929 箱，亦有记为 934 箱）。以上共计 3502 箱。

　　各单位所派押运人员如下：故宫博物院那志良、吴玉璋、梁廷炜、黄居祥；中央博物院李霖灿、周凤森、高仁俊；中央图书馆苏莹辉、昌彼得、任简；中央研究院董同龢、周法高、王叔岷。这一批的押运工作，原本请故宫博物院理事徐鸿宝率领，徐临时因事未能成行，改由各参加机关押运人员共同负责。

　　第三批文物运台，因中央研究院历史语言研究所的文物已运完，参加这批迁运工作的，只有故宫博物院、中央博物院及中央图书馆。1949 年 1 月 9 日三机关代表在中央博物院开会商讨，初步决定这一批共运 2000 箱，其分配数量是：故宫博物院 1700 箱、中央博物院及中央图书馆各 150 箱。

　　1 月 14 日，中央博物院第三届理事会第四次会议在南京朝天宫召开，由王世杰担任主席，出席者有朱家骅、傅斯年、胡适、翁文灏等，杭立武

代表徐鸿宝、洪兰友代表张道藩出席，并有陈雪屏、曹志宏、班镇中等列席，会议决议尽可能将留于朝天宫的4000余箱文物迁运台湾。

这一次由杭立武筹得运费60万金圆，本来预定照第二批办法，包租商船，唯当时京沪一带情势紧张，轮船公司忙于军运，无法供给一般机关所需，只好再度商请海军协助，海军总司令桂永清指派运输舰"昆仑"号担任这一任务。

这一批各机关实际运台的箱数是：故宫博物院972箱，其中古物643箱、图书132箱、文献197箱；中央博物院154箱；另有中央图书馆122箱。故宫博物院及中央图书馆都有箱件不能上船，而中央博物院所装，反较预定数为多，其中有汪精卫赠日皇翡翠屏风等4箱。

这一批文物，各机关所派押运人员如下：故宫博物院张德恒、吴凤培；中央博物院索予明；中央图书馆储连甲。这一批的押运工作，本已决定请故宫博物院文献馆馆长姚从吾率领，姚因事提前去台，遂仍照第二批办法，由各机关所派押运人员共同负责。各机关也仿照前例，发给押运人员派令及通行证。

除了上述运台文物外，1949年5月，教育部中华教育电影制片厂之器材400余箱，由沪运抵台中；重庆撤退时，河南省博物馆于抗战时期运渝古物，经教育部选择精品38箱抢运至台，寄存台中；江西省教育所有古物182件亦放该处。

当时的迁运决策，仅以中央博物馆、故宫博物院、中央研究院历史语言研究所、中央图书馆等几个较重要的单位为主，许多地方博物馆的文物都没有列在考虑之内，因此许多重要文物未迁运台湾。

在当时情况下，政府及相关人员对于重要文物的抢运态度是一致的，虽然在迁移过程中出现一些问题，但做出的迁移决定并非仓促。兹将抗战及国共内战期间重要文物的迁移情况做一比较（见表15-3）。

表15-3　抗战及国共内战重要文物迁移的比较

	抗战时期	国共内战时期
重要典藏机关	故宫博物院、中央博物院及江苏省立图书馆	故宫博物院、中央博物院、中央图书馆、中央研究院历史语言研究所、河南博物馆等机关

续表

	抗战时期	国共内战时期
筹划及迁移时间	1931 年九一八事变后进行筹划，第一批 1933 年 2 月启运	蒋介石下野前筹划，1948 年 12 月第一批启运
分批迁徙	五批先迁运上海（1933.2.6 — 5.15），再运南京（1936.12.8—12.17），三批分运西南宝鸡、汉中及西南等地（1937.8.14—12.8）	三批直接迁运来台（1948.12.21、1949.1.3、1949.1.28）
迁运的弊端与损坏	易培基案	铜器、瓷器破损，图书霉烂者，传有弊端，查无事实
计划	有计划	有计划
主事者	易培基、马衡、王世杰等故宫博物院理事	杭立武、王世杰、翁文灏、朱家骅、傅斯年、蒋复璁等故宫博物院理事
交通	火车为主（运往陕西宝鸡），配以水运（运往汉口），另以汽车转运	轮船为主，配以空运（重庆、河南博物馆的重要文物）
分地迁徙	先迁上海，再迁南京，再迁西南，陆路从陕西宝鸡再到汉中、成都、峨眉，水运至重庆至宜宾及乐山	从南京到台湾基隆，转运杨梅、台中糖厂，转运至台北
未运出者	存京文物包括故宫博物院、中央博物院及江苏省立图书馆，总计 19550 箱，抢运出 16655 箱	与南迁箱数相比运台者仅 1/4
装运原则	赴伦敦参展后直运南京，故宫内重要文物全部装箱	故宫博物院先运伦敦艺展的 80 箱，加之其他精品共 120 箱，以及中央博物院先选最重要精品 120 箱为第一批
安置	匆促。先犹豫，后建库房，进行安置	匆促。先派人查勘地点，进行安置，再行迁移

重要文物迁台与抗战时期迁移后方，其实都有波折，尤其战后运台，内部反对声浪甚大，师生反目、长官与部属争执者时有所闻，由于蒋介石重视文物迁运，因此得以完成。而有些文献，如国史馆部分档案，因未受重视，随机关流转，最终未能运台，对海峡两岸的历史研究者各有其利弊。

三　撤退来台及重起炉灶

政府机关的撤退

对于蒋介石及国民党政府来到台湾，有认为是一种有计划的政治撤退，

也有认为是仓促逃亡，是大崩溃。这样两极化的说法都不完全准确，当时政府机关的迁移既非完全没有计划，也不是计划周详，而是根据时局的转变在不断策划，进行调整。

首先就蒋介石来台经过言，蒋于1949年1月21日被逼下野后即回浙江奉化老家，极少出外活动，但仍运筹帷幄，许多党政军要人纷往溪口取经，溪口反成为政治中心，当时蒋没有完全预料到时局的快速变化，台湾不是其考虑的唯一退路。蒋在引退之前曾做若干军事部署，先守长江，长江不保，全力守上海；上海被占，再将重心移广州、重庆及台湾。台湾、重庆、广州、上海等都是其布防的重点。蒋在1946年来台湾考察，对台湾的印象甚佳，认为台湾未受中共影响，是一"净土"，但决定来台的时间甚晚，而非1948年底就已经做出决定。1949年3月18日，蒋开始计划将政府迁至台湾。4月21日中共军队渡江后，4月25日蒋离开溪口，但仍把希望放在大陆地区特别是上海地区的防守上，在沿海地区游历并观局势之变化。直到5月战局渐不利之后，蒋乃决定来台，5月17日抵达澎湖，26日转往高雄。

蒋介石下野前后亦曾考虑行政院的迁移。行政院院长孙科为因应战局，摆脱李宗仁的控制，决定将行政院迁至广州，蒋亦支持孙科。1948年11月前后，行政院开始做迁移部署。1949年1月7日，行政院会议决议将各机关核心移至广州，将大部分人员疏散于各地或南京以外各附属机关。蒋下野后，有关机关的迁移更为积极，行政院决议自2月5日正式迁至广州，其他部会亦陆续移到广州办公。当时为何不直接迁至台湾？最重要的是，国民党认为战局还有可为，如直接迁至台湾影响民心士气及国际关系甚大，因此只得逐步搬迁，但也因此造成府院及各部会间不同调的窘境。最先李宗仁反对行政院迁广州，立法委员的意见亦不一致，外交部虽决定随行政院迁广州，但重要国家的外交使节纷纷回国，不随政府迁至广州。

中共军队渡江后，广州局势开始紧张，行政院于5月30日提出"中央机关分地办公疏运办法"，6月开始陆续迁移。9月7日，政府宣布迁都重庆，9月底，许多机关已迁至重庆、海南各地，有些物资则直接运往台湾。本来蒋介石的战略思想是，控制川滇，把大西南作为后方，确保台湾，以贯彻其改造党政军，成为三位一体的主张，维持一个清一色的"小朝廷"。然由于大西南地区军事将领异心，加上中共已做多方部署，使重庆岌岌可危。

　　重庆危急之际，蒋介石于 11 月 14 日由广州至重庆，坐镇指挥，加紧部署西南"剿共"军事。22 日，国民党为加强重庆军事部署，俾使其成为西南反共军事中心，决定将行政机关迁蓉办公，28 日国民党政府正式迁至成都，12 月 8 日，又召集紧急会议，决议迁至台北，在西昌设大本营统率陆海空军，在大陆继续与中共作战。12 月 9 日，"行政院"举行来台后第一次政务会议，决定"总统府"及"行政院"址设于介寿馆办公，并派机至蓉接运留蓉人员。空总随即派 17 架飞机飞蓉接运。① 至此，国民党政府正式迁台，"五院十二部"人员于 12 月初陆续到台。

军事大撤退

　　本节所说的撤退，是指国民党在短期内以较大规模将部队迁移台湾而言。由这些部队的撤退过程也可说明，当时军队不是完全崩溃瓦解，但也不完全是按规划有秩序的撤退，每个地区军队的撤退考虑各不相同。自 1949 年 4 月 21 日中共军队渡江之后，国民党军队即节节败退，各地撤退情形见表 15-4。

表 15-4　国民党军队撤退情形

地区	时间	主官	人数
上海	1949 年 5 月 15—26 日	汤恩伯	5 万余人
青岛	1949 年 4 月 26 日—6 月 2 日	刘安祺	10 余万人，部分到上海转海南及东南地区
海南岛	1950 年 4 月 23 日—5 月 2 日	薛　岳	5 万余人
舟山	1950 年 5 月 13—18 日	石　觉	军民共计约 14 万人
大陈	1955 年 2 月 8 日—2 月底	刘濂一	3 万余军民
越南富国岛	1953 年 5 月 16 日—6 月 28 日	黄　杰	3 万余军民
缅甸	1953 年 11 月 7 日—1954 年 5 月 9 日	李　弥	分三批，6000 余军民

　　总计自 1949 年 5 月开始到 1955 年 2 月，撤退来台的军队 40 余万人，连同原在台驻防的部队 10 余万人，来台的军队近 60 万人。

　　1. 上海撤退。1949 年 5 月的上海战役，持续的时间不长。中共军队于 1949 年 4 月 21 日渡过长江，随后进逼上海。5 月 23 日，上海守军将领

---

　　①　台北《中央日报》1949 年 12 月 13 日。

汤恩伯呈蒋介石的亲笔函写道：上海作战本日下午态势稍有变化，三十七军核心阵地被"匪"突破三处，情势颇为恶劣，今晚如无适当之处置，有全军覆没之可能，故决改守黄浦江西岸，交警部队之红桥、新桥亦被"匪"突破，已令增加部队反扑中。交警及三十七军均无作战经验，交战即慌，部队甚易混乱，所幸意志尚坚定。上海作战之指导，有以下三项之原则：甲、上策，给"匪"以严重之打击后，转出三五万人，保留以后革命之资本；乙、中策，完全为争取精神上之胜利，拼光；丙、下策，不战而退或不战而乱。①

　　汤恩伯此时已考虑全面撤退问题，倾向赶快撤出。5 月 25 日，蒋介石指示蒋经国赴上海面告汤恩伯：缩短原定战线后，再图安全撤退，如能固守仍应不撤，撤退武器与物资，如来不及应设法毁灭，不使其落入中共之手。26 日，汤恩伯下令全面撤退，中共军队占领上海。当时拟撤退 7.6 万人，并已有详细的计划，但实际撤退过程受到多重因素的影响，据后来的统计资料，应为 5 万余人。

　　上海的撤退过程存在诸多问题。第五十四军军长阙汉骞向俞济时报告时指出："本军沪西作战未蒙重大牺牲，而于转进时反遭受巨烈损失。"第八师副师长许志雨指责当时石觉司令未尽责，如撤退部署荒谬、分配船只失宜等，使许多官兵无法顺利撤退来台。但蒋介石对汤恩伯能按计划撤退仍感满意。②

　　2. 青岛撤退。青岛撤退分两次，第一次在 1949 年 2 月，是未成功的撤退，本来撤退船只及部队都已经分配妥当，从规划言相当周密，并考虑了情报与船舰的安排问题，但因美国的反对，撤退行动暂缓。第二次撤退的决定与两项因素有关，一是美国答应增援青岛但并未完全实现，二是中共军队渡江后上海情势紧急，有增援之必要，蒋介石与刘安祺研究青岛弃守问题，蒋主张早撤，不再为美国守门上当。5 月 14 日，蒋下令刘安祺撤退。6 月 2 日，青岛守军全面撤退，蒋在日记中记载：青岛刘安祺部安全撤退，毫无损失，乃为不幸中之幸，唯今后对华北、东北空军之活动基地全失。③

---

① 《汤恩伯呈蒋介石函》（1949 年 5 月 23 日），《东南戡乱作战经过概要（一）》，档案管理局档案：0038/543.6/5090/1，第 227—230 页。
② 《陆军第九十九师转进台湾经过报告书》，档案管理局档案：38/543.4/7421/2。
③ 《蒋介石日记》，1949 年 6 月 4 日。

此次撤退由于有大量军舰支持，加以美军的协助，撤出大约 10 万人，分别撤至舟山群岛、海南和台湾。

3. 海南撤退。海南岛在 1949 年底大约有 10 万军队，海南防卫军总司令薛岳，下辖第一路李玉堂，第三十二军赵琳；第二路李铁军，第六十二军李宏达，海口警备司令黄保德；第三路容有略，第六十四军张其中，第四军薛仲述；第四路陈骧，第六十三军莫福如，琼南要塞陈衡。海南并无坚固的防御工事，张发奎对守海南岛认为毫无希望，加以美军又不肯保证后勤支持，蒋介石在复行视事后为此特别飞往定海一带勘察，并与美国顾问柯克（Charles Cooke）讨论自海南岛撤退问题，但柯克并不赞成从海南岛撤退。1950 年 4 月 19 日，蒋命柯克与海军司令桂永清前往海南视察，命令海空军加强增援，以阻止中共军队渡海，并为谨慎起见，要求柯克做好宣传工作，使中共不知国民党军队要从海南岛撤离。4 月 23 日之后，国民党军队陆续自海南岛撤退，大约撤出 5 万人。5 月 2 日，解放军占领海南岛。

4. 舟山撤退。1949 年 5 月，当上海为中共军队占领之后，国民党拟定了《台湾防卫战及各项准备要纲》，要纲指出，为不使台湾陷于孤立，务使长山岛、嵊泗列岛、舟山群岛及温州、福州、厦门、汕头等地沿海要点及岛屿，构成一个防卫整体，以掩护整补，准备"反攻"。5 月 27 日，毛人凤向蒋介石报告：汤恩伯部人员已撤至定海、舟山群岛。同日汤恩伯电蒋报告：第五十二、第七十五、第五十四、第二十一军以及第九十九师炮兵两个团已抵定海，并令二十一军及五十四军和九十九师两个炮兵团前往台湾，五十二军稍事增补后开往厦门，七十五军留定海，由浙江绥靖总司令周嵒指挥整补。随即成立舟山防卫司令部，由周嵒兼防卫司令官。7 月蒋召见石觉，令其为舟山防卫司令官，指挥浙东军事。①

1950 年 5 月 13 日，蒋介石致电其空军副总司令王叔铭、海军第二舰队司令黎玉玺、舟山防卫司令官石觉等将领，指示定海撤退要领。当时以"美援及日本赔偿物资运输计划"为代名，海空军全力支持，出动的船只分别由基隆、高雄等地出发：基隆港 5 月 5 日开出 5 艘，11 日开出 9 艘，12 日开出 5 艘；高雄港 10 日开出 5 艘，11 日开出 9 艘；另外从左营及金门开出 5 舰；加上其他征用的民间商船，共计 58 艘。本预定 5 月 14 日开始撤

---

① 《石觉先生访问纪录》，"中央研究院"近代史研究所，1986，第 327 页。

退，因雾大不便行动，接运各舰多未到达，5 月 16 日才正式开始撤退，并由蒋经国亲自接运，共计官兵 136774 人及民众 3000 人（有 14 万人、15 万人等不同说法）连同装备全部撤出。中共对于解放舟山群岛甚感欣慰，但也有一些遗憾。张震谈道：我军共歼敌 1.2 万余人，打破了国民党对长江的封锁，对华东地区的经济建设和海防的巩固具有重要意义。遗憾的是，我们没有能够将敌军的主力歼灭在舟山群岛。[①]

国民党为何决定将军队从舟山群岛撤退，解放军有精辟的分析：其一，由于海南岛的解放，台湾本岛失去防御的左触角，而舟山群岛也距台湾较远，维持海上补给十分困难。其二，舟山群岛前线，解放军已长期准备，以及海空军力量的发展，使国方感到舟山将处于解放军的强大攻势之下，决定趁解放军未发起攻击前撤退，避免被歼。其三，国方担心部署过于分散，共产党军队会趁台湾兵力空虚之机，越岛攻击台湾本岛。

5 月 19 日，解放军全面占领舟山全岛，国方对此次撤退行动的检讨是：船只不够、将领对撤退意见不一、撤退过程有抓兵之事等。当然，能将十几万人撤退也属不易。至此，国民党方面在大陆沿海仅剩大陈、金门、马祖等群岛。

5. 大陈岛的撤退。1951 年 3 月，蒋介石派他的左右手胡宗南进驻大陈地区，担任江浙"反共救国军"总指挥兼浙江省"主席"。当时胡宗南刚从国方在大陆的最后据点西昌离开不到一年，是最后撤离大陆的国方高级将领。胡宗南的长子胡为真回忆说：主要是为避免引起中共的注意，中共不知道我父亲到了大陈，他用的名字是秦东昌，秦是秦朝的秦，也就代表他以前在西安，陕西的简称就是秦，东昌就是东边昌盛，我父亲一开始在西安的住所，叫作东昌门一号，再来东昌这两个字也代表东边正在起来的意思，所以他取了这名字秦东昌，中共一直不知道，到了守大陈的末期才知道。[②]

在胡宗南的正规军尚未进驻大陈之前，整个大陈岛主要以游击部队为主，其中三十六纵队是"国防部"正式赋予"反共救国军"番号的游击部队，这支队伍是由人称"大陈王"的上大陈人王相义担任队长，有 1000 多

---

①　《张震回忆录》，解放军出版社，2003，第 404 页。

②　胡为真演讲，台北政治大学人文中心举办"民国人物与史事"演讲会，2014 年 6 月 11 日。

人，由美国的西方公司提供武器与情报，执行游击任务。1953 年 7 月朝鲜
战争结束时，浙江沿海绝大部分岛屿是共产党的势力范围，国方只剩渔山
（突击第五大队驻守）、北江和南江的一江山（突击第四大队、第二大队之
第四纵队、炮兵中队驻守）、上下大陈的大陈岛（突击第四大队、四十六师
驻守）、披山（突击第一、第三大队驻守）、北麂和南麂（突击第六大队驻
守）等共 8 个岛屿。

1955 年 1 月国方失去一江山后，距离一江山南方不到 8 海里的大陈岛
失去了屏障，战争一触即发，是年的农历新年，大陈居民是在防空洞里度
过的。大陈是蒋介石瞭望故乡最近的岛屿，也是他和故乡最后的联结。一
江山战役后，美国为了避免西太平洋战事再起，建议并且协助国民党撤离
大陈。大陈是防还是要撤，失去一江山后，"国防部部长"俞大维必须立刻
对大陈情势做出判断。几经挣扎后，蒋介石终于在 1955 年 2 月 7 日，发表
了为大陈撤退《告海内外军民同胞书》。整个大陈撤运，是以"金刚计划"
为代称，撤离日被命名为 D-Day，就是 1955 年 2 月 8 日。

2 月 8 日上午，台美海军混合舰队集结在大陈周边海域，蒋经国和最后
留在大陈的部队，在岛上举行了最后的升旗典礼。当时预计撤走的正规部
队有 1 万人，游击队 4000 人以及 4 万吨的军用物资，这是国民党据守的最
后一块浙江领土。2 月 11 日，上下大陈岛、渔山列岛和南麂列岛 16487 名
百姓和 1.8 万军人全部撤退到台湾。这是国共内战背景下的最后一波迁移。
当然，在"金刚计划"之外，1955 年 2 月 25 日，国方还完成了"飞龙计
划"，这是大陈列岛最南端的一座小岛南麂岛的撤离计划。至此，国民党保
有的大陆沿海岛屿只剩金门、马祖等岛。

6. 越南富国岛的撤退。所谓留越国方军队系指 1949 年 12 月底至 1950
年 2 月初，因国共内战失败，陆续退入越南的国方残余部队。这些残余部队
包括湖南黄杰第一兵团残部、白崇禧辖下广西诸部民团、贵州绥署二七二
师余启佑部及国民自救军刘范吾等残部、自云南退出的第二十六军彭佐熙
残部、华中战区第十七兵团刘嘉树在广西作战失利后的残部等。当时入越
的军队约计 3 万人，其中以黄杰的第一兵团为主，包括第十四军成刚部、第
七十一军李秉纲部、第九十七军蒋当翊部等，大约 1.5 万人，占总数的一
半。各部军队进入越南的途径不一。

　　1949 年 12 月 9 日，第一兵团司令黄杰接到"东南军政长官"陈诚电
示：并力西进，先入安南，保有根据地，相机行事，留越转台。黄杰于 12
月 11 日进入桂越边区爱店附近，派外事处长毛起鹍与法国洽商假道转进来
台事宜，获得法谅山边防司令康斯坦（Constans）同意，并签订三项协议：
（1）同意入境后将武器交法方封存，至离境时再交还携返台湾；（2）同意
假道返台，由法方派船送至台湾，停留期间一切安全及给养概由法方负责；
（3）同意入境之一切部队及省防军等，概由黄杰指挥。此后，因为种种原
因，陆续退入越南的军队在越滞留有年，未能及时返台，后集中驻扎在富
国岛。①

　　1953 年初，台湾有关部门提出具体的撤退留越军队计划，如海军方面
提出"海运抢运留越国军运输计划"，"国防部"提出"接运留越国军运输
补给勤务实施计划"（代名"富台计划"）②，"财政部"亦编列预算全力支
持"富台计划"所需的经常费及临时费等。1953 年 5 月底，留越军队开始
分 7 批撤退，第一批 3 艘登陆舰运载 4374 人，于 6 月 1 日抵达高雄；第二
批租用商轮，6 月 5 日抵高雄，载运约 3000 人；第三、四、五、六、七批
分别载运 4040 人、4716 人、5058 人、4885 人、3050 人。③ 至 6 月 28 日最
后一批抵台，总共出动 20 艘运输船只，多数为商船，每隔 3—5 天出发一
批，历经 44 天完成，共载运 3 万余人。

　　7. 驻缅甸军队撤退回台。1949 年 12 月 10 日，云南的卢汉宣告投共，
发布"云南起义通电"，扣留李弥（第八军军长）、余程万（二十六军军
长），随后于 16 日释放李弥，两军相继往滇南转进。台湾"国防部"本来
发布第二十六军撤至海南岛、第八军留在滇境，因西南局势岌岌可危，第
二十六军从蒙自机场开始撤退时，解放军已向机场进攻，第二十六军主力
只得退入越南，该军九十三师二七八团进入缅甸。第八军主力在元江附近
被解放军击溃，余部二三七师七〇九团进入缅甸，进驻猛阳，改组为"云
南省游击军总指挥部"，1951 年 2 月又改组为"云南省反共救国军总指挥

---

①　《毛起鹍留越军交涉活动》，"中央研究院"近代史研究所档案馆藏《外交部档案》：026/
0004。

②　《接运留越国军运输补给勤务实施计划》，《富国岛留越国军——史料汇编（3）》，"国史
馆"，2007，第 98—110 页。

③　《留越国军遣返台湾》，"中央研究院"近代史研究所档案馆藏《外交部档案》：026/0020。

部"，进驻大其力（Tachileik）一带。

大陆对于李弥部队退缅后的整训非常关注，1952年1月25日，正式照会缅甸政府，要求缅方于短期内将李部驱逐出境。1月28日，缅甸政府外长吴敏登（U Myint Thein）在联合国大会发言，指控台湾方面，以及泰国和美国支持缅境的李弥部队，要求友好国家协助驱离李部。李弥对此不予理睬，而在克拉克美军基地与美国梅利尔少将（Frank Merrill）及唐英（Frank Dorn）会晤，讨论行止。美国提出三项建议：进击云南、进入越南、坚守原地，李认为第三项最可行，美国暂时同意，要求李弥将部队潜伏缅甸待机。随后，缅甸政府不断在国际场合指责李弥部队进行侵略。美国驻台"大使"蓝钦（K. L. Rankin）亦连续到"外交部"了解并表达美国国务院的关切。①

1953年3月25日，缅甸政府向联合国秘书处提出"缅甸联邦所提关于中华民国政府侵略缅甸之控诉"，联合国随后于4月23日通过将李部撤出缅境的决议案。美国则不断向台湾"外交部"施压，认为李弥部队滞留缅甸已造成东南亚的不安，削弱了该区域的反共力量，希望台湾将该部队撤回。1953年5月22日至11月7日，台、美、缅、泰四方在曼谷举行联合军事委员会，历经6个月，主要针对李弥部的撤退问题进行讨论。美国根据联合国决议提出《实施联合国1953年4月23日决议之协议草案》，李弥虽有意见，但碍于情势，只得于9月10日及10月12日签下"撤退协议"和"撤退计划"。曼谷四方联合军事委员会开始筹划执行撤退任务。②

撤退行动的第一阶段自1953年11月至1954年2月，共撤出2000余人；第二阶段自1954年2月至3月，共撤出3000余人；第三阶段至1954年5月9日全部完成，撤出近千人，总计撤出6000余人。

综观以上几次撤退过程，其实都有许多问题，曾遭到各方的指责。如对于舟山的撤退，美国方面有许多人表示不满。美国记者伊立思（Ellest）于1950年5月著有台湾专论两篇《台湾——没有退路的海岛》《舟山之撤退显示台湾之不战而弃》，霍华德报系撰述员卢索尔（Loursorel）著有《舟

---

① 《缅甸在联大控我留缅国军》，"中央研究院"近代史研究所档案馆藏《外交部档案》，1953年3月2日会议记录，文件号121.1/0006。

② 本段及下段，见覃怡辉《金三角血泪史》，联经出版公司，2009，第165—168页。

山之放弃已增加台湾之危机》，都对台湾从舟山撤退深不以为然。海南撤退时，则发生自己的军队相互攻击之事。[①] 此外，来台后部队在陈诚的主导下，为因应台湾地区的安全，必须卸下武器，周至柔对此并不赞同，撤退来台部队对此规定也有不满，但亦无奈。

国民党迁台初期，台海局势确实相当不稳。朝鲜战争发生后，有学者认为朝鲜战争救了台湾，然美国第七舰队协防着重于亚太地区的整体安定，绝非完全支持蒋介石。1949 年台湾岛内的军队仅约 10 万人，如中共军队加强岛屿攻击，加上苏联空军的协助，于国民党而言，台海安全确有危机，因此将军队相继从沿海地区及滇缅、越南等地撤退，并一度考虑自金门撤退，其目的即在巩固台湾的安全，也确实有其成效。

迁台初期蒋介石的重起炉灶

蒋介石败退来台后深自反省，先从党内进行改造，1950 年 3 月 1 日复行视事后，开始进行党政军全面的整顿与改造。

其一，党的改造。国民党改造的重点，包括派系的整顿、党员的重新教育、人事的掌控、决策的落实等，革命实践研究院、总裁办公室为改造的核心。1949 年 8 月 1 日，总裁办公室正式成立，加强控制与训练、恢复"革命精神"是其重点。国民党改造的重点有以下几个方面。一是加强总裁的权力。国民党派系问题被蒋介石视为在大陆失败的主因，1950 年，在蒋的主导下，改造的第一步，便是停止第六届中央执监委员会的职权，而由国民党授权蒋介石遴选 15—25 人成立中央改造委员会代替之。总裁权力极度伸张。二是整顿 CC 系。1950 年 7 月 26 日，蒋宣布中央改造委员会名单，16 位改造委员中，有 8 位属三青团派，5 位为蒋的私人幕僚，与 CC 系有关的，只剩下张道藩、谷正纲、胡健中，CC 系领导人陈果夫、陈立夫兄弟不在其中，陈立夫甚至在"中央改造委员会"正式成立前一天，被蒋下令限期离台。三是加强党对各机关的控制力。蒋在 1952 年 9 月 17 日日记中写道："以党领军之精神，领导者乃负责之意，军队之人事与经理应由党负责，从中主持，更应为其党员与下级同志主持公道，保障与加强其权位也。"

---

① 《国外对我评论资料汇》，"国史馆"藏《陈诚副"总统"档案》：008-010602-00013-005。

四是加强党部重要干部的训练。成立革命实践研究院，要求重要干部必须经过再训练，蒋几乎每月甚至每周都到革命实践研究院发表演说。

其二，军队组织与制度的改革。1949 年 6 月 21—27 日，在台北召开东南区军事会议，出席者共计 180 余人，包括东南区陆海空军各将领与党政重要人员，以及中央主管业务之党政军重要干部。会议由陈诚担任主席，蒋介石于 6 月 24 日莅会致辞，并指示陈诚整理来台军队，尤应管束散兵游勇。6 月 26 日，蒋出席东南区军事会议总理纪念周时指出："我们在军事屡败之余，到台北来举行总理纪念周，实在觉得惭愧万分！……在目前这一个阶段，问题的中心尤其在于军事。军事不能支持，则其他政治经济的改进，都无法实现；反之，如果军事能够稳定发展，则其他一切政治经济的措施，都可以按日计程的推动。因此我们一般高级将领今后所负的责任，特别的重大。"①

东南区军事会议通过许多重要决议案，诸如：（1）组织东南军政长官公署，统一指挥辖区内军事政治；（2）设立革命实践学院，训练党政高级干部，重建革命基础；（3）统合陆海空勤教育设备，实施各兵种联合教育，并举行联合演习；（4）确立台湾为"复兴"基地，将嵊泗列岛、舟山群岛、福州、厦门及台湾构成一个防卫整体；（5）改组政工组织系统为幕僚机构，分别于军事机关、部队设置政治部（处）、政治干事或政工服务员等。② 其中尤以第一点"组织东南军政长官公署"及第四点"确立台湾为复兴基地"特别引人瞩目。这是首次在军事会议中明确将台湾立为"复兴基地"，标志了台湾在未来反共战争中的特殊地位；而同年 8 月 15 日东南军政长官公署的成立，以及由蒋介石心腹陈诚出任军政长官，不仅使包含台湾在内的东南各省有了统一的军政指挥机关，甚且蒋对台湾防务的战略规划也更能贯彻执行，无异为日后武力的重建揭开序幕。军队组织制度改革还包括政工制度的改革、军队的整编与整训、军队人事的调整、军队制度的建立等，"巩固台湾安全"是第一重要的考虑，"反攻大陆"亦是来台初期的重要企图。

蒋介石决心彻底改革军队政工制度，其六项目标包括：政治幕僚长制的确立、监察制度的确立、保防工作的加强、军队党务的恢复、四大公开的实行、政治训练的革新。为进行改造，1949 年 10 月成立项目小组，以黄

---

① 蒋介石：《本党革命的经过与成败的因果关系》，《蒋思想言论集》第 19 册，第 325—334 页。
② 《作战计划及设防》，"国史馆"藏《蒋中正文物档·特交档案》：002-080102-00008-003。

少谷、谷正纲为召集人，黄、谷会同政工局局长邓文仪，由政工局提供相关资料，进行研讨。黄、谷于 1949 年 11 月 26 日呈上《日前呈报改革政工制度一案》，即开始政工制度的改革。美国一再表示不认同政工的扩权，但蒋则不苟同美国的看法，对于政工制度颇为满意，肯定蒋经国实施"政治部"对团长以上忠贞程度的调查。

军队方面，进行部队整编，孙立人负责陆军的整训，但也需经"国防部部长""参谋总长""行政院院长"，甚至"总统"的核准，特别是陈诚的角色最为重要。陈诚在 1949 年至 1950 年代先后担任台湾省主席、"东南军政长官"、"行政院院长"等职，多次推动整编工作。

东南军政长官公署成立后，进行第二次整编，其当时下辖福州绥署、舟山指挥部、台湾防卫部、澎湖防卫部、厦门警备部及第六、第八、第十二、第二十一兵团，将各部队从 21 个军编并为 16 个军。10 月金门之战后又有第三次整编，隶属单位更为精简，下辖仅有舟山指挥部、台湾及金门防卫部、澎湖防守部，各部队从 16 个军编并为 11 个军。撤台后军队额数缩定为 60 万人，其中陆军为 42 万人。来台部队经过初步的整编，将留存的军队番号全部撤销，至 1950 年只留重新编组的 12 个军、39 个师。

军队整编的具体措施还有以下两点。

（1）军事主官任期制及轮流制。重要的主管官任职过久，不惟易于专擅，且难以促进新生。在美军顾问团的建议下，军中各单位的主要官员实行任期制，有两年者，有三年者，任期届满必须连任者，须经"总统"核准，方得连任一次，此制自 1952 年开始实施。[①] 此外，"参谋总长"一职，本来在大陆时期无一定的任期，亦无"三军"轮流担任的传统。20 世纪 50年代，为避免"参谋总长"一职皆由一个军种人员担任，改为由"三军"轮流担任，先后任职者有周至柔（1950—1954，空军）、桂永清（1954，海军，任内逝世）、彭孟缉（1954—1957，陆军）、王叔铭（1957—1959，空军）、彭孟缉（1959—1965，陆军）等，形成了轮流担任的传统。

（2）退役及退辅制度。迁台后的军队亟须调整，来台的官兵因年龄及身心等因素，有些已不适合继续服役，加速军中的新陈代谢确有其必要，因此，建立一项完整的退除役制度成为急迫之举。"国防部"人事业务讲习

① 《陈诚先生回忆录——建设台湾》（上），"国史馆"，2005，第 260 页。

班第三期综合座谈会的结论中指出："退除国军老弱方能确保国军精壮"，士兵退役后能转业的辅导转业，不能转业者，设"荣誉之家"作为他们终身安置所在。1952 年 10 月 22 日公布《陆海空军军官在台期间退除实施办法》，分别制定军官、士官、士兵退除法令，内容包括现役官兵退伍除役的程序、待遇的原则与标准及辅导安置的办法手续等，初步确立了退除役制度。随之成立"行政院退除役官兵辅导委员会"，负责具体工作事项。

其三，重要人事的调整。蒋介石一直认为在大陆的失败原因之一为派系的斗争与人事制度的不健全，来台者不论是政治或军事领导者，虽以蒋的嫡系居多，但依然延续大陆时期的派系斗争，令蒋深为不满，整饬人事便是其重起炉灶的重点。

台湾省主席方面，蒋介石下野前即安排陈诚接掌省政，取代原来的魏道明，陈诚即进行各方面的布局。陈诚权力甚大，包括军队的整训，虽由孙立人负责，但大的方针都由陈掌控。蒋要陈诚接任东南军政长官，但桂系极力反对，何应钦亦有疑虑，6 月的东南军政会议决议设东南军政长官公署，迟至 8 月 15 日才正式成立。蒋下野期间虽与陈诚往来频繁，但有些事情蒋对陈诚亦有所不满，如陈诚拒绝以粮饷支持福建，令蒋甚为生气。陈诚主台期间虽有许多重要措施，如实施入境管制、整顿公营事业、实行三七五减租、改革币制等，然基于蒋对陈的上述不满，加上迁台后要加强与美国的关系，特别是需要美援，1949 年 12 月 15 日，蒋改组"台湾省政府"，21 日由吴国桢接任"台湾省主席"。

吴国桢的接任完全是"外交"的考虑，却引起"台湾省议会"的不满，蒋为平息纷争，接见 20 余位台省议员代表，并接见"省民政厅厅长"蒋渭川，嘱其自动请辞，反对声浪才逐渐平息。但吴国桢掌省政并未带来美援，反而自恃美国支持，造成更多的人事问题。首先是吴国桢反对陈诚担任"行政院院长"，陈任"院长"期间，许多职务因为一岛"两府"（省府与"国府"）时有重叠及冲突；其次由于财政问题双方又起冲突，双双请辞，蒋对此深感无奈。

1953 年 1 月，时任"台湾省主席"的吴国桢，以健康欠佳为由，辞去"省主席"职务。蒋先未批准，后因美国不断探询蒋的意思，加以吴的态度傲慢，终于在 4 月 10 日正式批准其辞职，由俞鸿钧接任"省主席"，吴悄

然离台赴美。1954 年 2 月 7 日，吴国桢接受美国电视台的专访，批评国民党的一党专政。

蒋介石到台湾后的几个重点：巩固台海安全、党政军的人事调整、制度的建立、"反攻大陆"、确立"外交"的地位等，前三者在 20 世纪 50 年代算是"成功"的，但后两者则未能完成。蒋的"反攻大陆"还是植基于美援上，"外交"地位也与美国的支持与否关系密切，因此难有突破。蒋在台湾重起炉灶，几十年后来看，只能维持"小朝廷"的局面，且由于过分的思想钳制，特别是雷震案（1960 年 9 月）后，国民党的控制力更为强化，更为威权，使自由主义遭到严重挫败，这也是其形象受到指责的原因之一。

历史在横与纵的发展中，不论是社会、经济或文化、政治等，都有许多的联结，不是一个政治结构的改变，或是一项重大措施的实施与变革可以完全切割，其中都有一段相当漫长的过渡期，或者可以说都有其延续性。这样的延续有时是正面的，有时则是负面的作用，20 世纪 50 年代的台湾，正处于此种延续与断裂交错发展的环境中。迁台后，蒋介石虽力图重新整顿，但在整顿中再度出现大陆时期所留存问题的反弹，特别是人事纠葛严重，吴国桢事件（1954）、孙立人事件（1955）、毛邦初案等；又如统治精英间的恩怨，如陈诚与吴国桢、吴国桢与蒋经国、蒋经国与桂永清等，牵涉复杂。有人认为国民党是被经济拖垮，被中共打垮，被学运闹垮，但从来台初期的一些现象中，也可看出国共内战期间蒋介石失去大陆的统治有其复杂的原因。